대원불교
학술총서
14

대원불교
학술총서
14

불교 윤리
2

초기불교 전통에서
서구의 모더니즘 불교까지

다니엘 코조트(Daniel Cozort) &
제임스 마크 쉴즈(James Mark Shields) 편집
이동수 옮김

운주사

THE OXFORD HANDBOOK OF BUDDHIST ETHICS

© Oxford University Press 2017

THE OXFORD HANDBOOK OF BUDDHIST ETHICS was originally published in English in 2017. This translation is published by arrangement with Oxford University Press. UNJUSA is solely responsible for this translation from the original work and Oxford University Press shall have no liability for any errors, omissions or inaccuracies or ambiguities in such translation or for any losses caused by reliance thereon.

Korean translation copyright © 2024 by UNJUSA
Korean translation rights arranged with Oxford University Press through EYA Co.,Ltd.

이 책의 한국어판 저작권은 EYA (에릭양 에이전시)를 통해 Oxford University Press 사와 독점계약한 도서출판 운주사에 있습니다. 저작권법에 의하여 한국 내에서 보호를 받는 저작물이므로 무단 전재 및 복제를 금합니다.

약어 목록 • 8

제III부 비교 관점

제16장 서구 윤리와 비교한 불교 윤리   13
실라바딘 메이나르드 바센 Sīlavādin Meynard Vasen

제17장 인도-티베트 불교 윤리의 도덕 판단과 인식의 심리학   50
에밀리 맥레이 Emily McRae

제18장 규범 없는 윤리?   97
댄 아널드 Dan Arnold

제IV부 불교와 사회

제19장 불교 정의 사회   145
피터 하비 Peter Harvey

제20장 불교경제학   189
제임스 마크 쉴즈 James Mark Shields

제21장 불교 환경윤리   239
    스테파니 카자Stephanie Kaza

제22장 불교, 전쟁, 폭력   279
    마이클 제리슨Michael Jerryson

제23장 아시아 참여 불교의 윤리   329
    샐리 킹Sallie B. King

제24장 서구 참여 불교의 윤리   371
    크리스토퍼 퀸Christopher Queen

제V부 현대의 쟁점들

제25장 인권   429
    대미언 케이온Damien Keown

제26장 불교와 여성   470
    앨리스 콜렛Alice Collett

제27장 불교와 성   500
    에이미 패리스 랑겐버그Amy Paris Langenberg

제28장 낙태와 생식에 대한 불교적 관점   551
    마이클 G. 반하트Michael G. Barnhart

제29장 안락사　　　　　　　　　　　　　　588
　　　대미언 케이온Damien Keown

제30장 존재와 타자　　　　　　　　　　　627
　　　마르틴 코반Martin Kovan

제31장 불교와 동물의 권리　　　　　　　669
　　　폴 왈도Paul Waldau

찾아보기 • 717
역자 후기 • 723
저자 소개 • 731

약어 목록

AKB	*Abhidharmakośa-bhāṣyam* 아비달마구사론阿毘達磨俱舍論
AN	*Aṅguttara Nikāya* 앙굿따라 니까야(증지부增支部)
AN-a	*Aṅguttara Nikāya commentary* 앙굿따라 니까야 주석
Ap i	*Therāpadāna* 장로전長老傳
Asl	*Atthasālinī* 의탁월론義卓越論; 법집론法集論(Dhammasaṅgaṇī) 주석
BCA	*Bodhicaryāvatāra* 입보리행론入菩提行論(입보살행론入菩薩行論)
CWS	*Collected Works of Shinran* 신란親鸞문집
D	*Derge edition* 티베트 데르게 판 입보리행론 주석
D	*ĀDīrgha-āgama* 장아함경長阿含經
Dhp	*Dhammapada* 법구경法句經
Dhs	*Dhammasaṅgaṇī* 법집론法集論 또는 법취론法聚論
Dīp	*Dīpavaṃsa* 디파밤사 – 불교중심 스리랑카 역사서, 전체 22장의 게송으로 구성
DN	*Dīgha Nikāya* 디가 니까야(장부長部)
DN-a	*Dīgha Nikāya commentary* 디가 니까야 주석
It	*Itivuttaka* 본사경本事經
Jat	*Jātaka and commentary* 본생담本生談과 그 주석
Khp	*Khuddakapāṭha* 소송경小誦經(쿠다까 니까야Khuddaka Nikāya의 첫 문집)
Khp-a	*Khuddakapāṭha commentary* 소송경小誦經 주석
KN	*Khuddaka Nikāya* 쿠다까 니까야(소부小部)
Kvu	*Kathāvatthu* 논사論事
MECW	*Marx/Engels Collected Works* 맑스/엥겔스 문집
Mhv	*Mahāvaṃsa* 마함밤사(5세기 작성된 스리랑카 사서)
Miln	*Milindapañha* 나선비구경那先比丘經
MMK	*Mūlamadhyamakakārikā* 중론中論
MN	*Majjhima Nikāya* 맛지마 니까야(중부中部)

MN-a	*Majjhima Nikāya commentary*	맛지마 니까야 주석
Ms	*Mahāyāna-saṃgraha*	섭대승론攝大乘論
Mvs	*Mahāvastu*	대사大事 또는 불본행집경佛本行集經
Paṭi	*Paṭisambhidāmagga*	무애해도無礙解道
Peṭ	*Peṭakopadesa*	장석론藏釋論
PPMV	*Prasannapadā Madhyamakavṛtti*	쟁명구론淨明句論 중관견中觀見
PS	*Pramāṇasamuccaya*	집량론集量論
Pv	*Petavatthu*	귀신 이야기; 아귀사경餓鬼事經
PV	*Pramāṇavārttika*	양평석量評釋
PVin	*Pramāṇaviniścaya*	양결택量決擇
Q	*Peking edition*	베이징 본
SN	*Saṃyutta Nikāya*	상윳따 니까야(상응부相應部)
Sn	*Sutta-nipāta*	숫타-니빠타(경장經藏)
Sp	*Samantapāsādikā*	선견률善見律
Ss	*Śikṣā-samuccaya*	대승집보살학론大乘集菩薩學論 (학처요집學處要集)
T	*Taishō shinshū daizōkyō*	대정신수대장경大正新脩大藏經
Tha	*Theragāthā*	장로게長老偈: 비구 승가 시 모음
Thig	*Therīgāthā*	장로니게長老尼偈: 비구니 승가 시 모음
TSN	*Trisvabhāvanirdeśa*	삼자성게三自性揭
Ud	*Udāna*	자설경自說經
Uss	*Upāsaka-śīla Sūtra*	우바새계경優婆塞戒經
Vibh	*Vibhaṅga*	빕항가(분별론分別論)
Vibh-a	*Vibhaṅga commentary*	빕항가 주석
Vims	*Viṃśatikā-kārikā*	유식이십론唯識二十論
Vin	*Vinaya Piṭaka*	율장律藏
Vin-a	*Vinaya Piṭaka commentary*	율장 주석
Vism	*Visuddhimagga*	청정도론清淨道論
Vv	*Vimānavatthu*	천궁사경天宮事經
Vv-a	*Vimānavatthu commentary*	천궁사경天宮事經 주석

제Ⅲ부

비교 관점

제16장 서구 윤리와 비교한 불교 윤리

실라바딘 메이나르드 바센Sīlavādin Meynard Vasen

서론

이 장에서 나는 불교 윤리를 서양 철학의 3대 주요 규범 윤리 이론인 의무론 윤리, 결과주의 윤리, 덕 윤리의 맥락에 맞춰 서양의 윤리와 비교하고자 한다. 이 세 가지 이론은 차라리 세 가지 이론 집단이라고 불러야 맞겠다. 왜냐하면 이들 각각은 집단의 유사성으로 연결된 많은 형태가 있기 때문이다.[1] 나의 출발점은, 마치 그것이 사실인 양 불교 윤리가 어느 하나 또는 다른 이론 집단에 속한다고 증명할 수는 없지만, 하나 또는 다른 해석이 어느 정도는 결실을 볼 수 있다는

---

1 Ruth Rudd, Thomas Dhivan Jones, Damien Keown 그리고 Vajraloka 명상 센터 공동체 회원들께 감사드린다.

것이다.

'결실'은 여기서 두 가지 주요 측면을 의미한다: 첫째, 전부는 아니더라도 대부분의 불교 윤리 측면은 일관된 전체로 통합될 수 있으므로, 이 점이 불교 윤리에 대한 우리의 이해를 증진한다는 의미이고; 둘째, 그 비전에 따라 실제로 살도록 동기를 부여한다는 의미이다. 내 논제는 케이온Keown(1992)이 제안한 신-아리스토텔레스적 덕 윤리학의 형태에서 불교 윤리가 가장 잘 보일 수 있다는, 전부는 아니지만, 많은 사람이 받아들인 명제를 따를 것이다. 나는 이 명제를 더욱 심화하고 확장할 것이며, 또한 다른 관점들도 고려할 것이다.

세 가지 이론-집단 간의 차이점은 무엇일까? 가장 본질적 차이점은 결과, 규범, 훌륭함의 세 가지 키워드로 요약할 수 있는 형식적 특징 간의 차이점이다. 결과주의적 관점에서 행위의 결과는 행위의 정당성을 결정하는 것이다.[2] 행위는 결과와 관련하여 도구적이며 따라서 행위 자체는 옳고 그름이 아니다. 결과가 좋으면 행위가 옳게 된다. 하나의 결과는 또 다른 결과를 가리키며, 궁극적으로 좋은 결과는 일반적으로 가능한 한 많은 사람(또는 존재)을 위한 최대의 복지로 설명된다.

이에 반대되는 것은 의무론적 관점인데, 원칙적으로 행위의 결과를 행위의 정당성과 단절시키며, 행위가 규범에 맞게 따른다면 그 행위 자체가 옳다고 주장한다. 규범은 하느님의 말씀, 다르마(법적 의미에서), 칸트Kant의 정언 명령 또는 다른 무엇이 될 수 있다. 중요한

---

2 내가 '행위'라고 말할 때, 나는 규칙을 규칙-결과주의적 행위, 성격은 성격-결과주의적 행위 등을 함축한다.

점은 행위의 결과와는 별개의 정당성의 원칙이 있고, 그 문제의 규범이 원칙을 표현한다는 점이다.

덕 윤리학의 중심 개념은 훌륭함, 또는 덕이다.(나는 이것을 동의어로 간주할 것이다.) 어떤 행위가 훌륭한 행위라면 그 행위는 옳다. 즉 어떤 행위가 최고의 상태에 있는 인간의 표현이라면 그 행위는 옳다. 물론 추가되는 의문은 '최고의 상태'가 어떻게 구체적으로 명시될 것인가 하는 점인데, 이 문제는 내가 다시 얘기할 것이다. 여기서 중요한 것은 결과주의적 관점에서와 같이, 행위와 그 목적에는 관계가 있다는 점인데, 그러나 결정적인 차이점은 덕 윤리에서 행위는 외적 목적이기보다는 내적 목적이다. 달리 표현하자면, 행위의 목적이나 훌륭함은 행위를 통해서 이루어지는 것이 아니라, 행위 안에 있다. 즉 덕 윤리는 목적론적이고, 행위의 목적은 그것을 달성하기 위한 수단으로 구성되며, 목적은 수단과 관계없이 설명할 수 없다.[3]

그 세 가지 이론은 약한 의미로 적용될 수 있다. 즉 결과, 규범, 훌륭함에 대한 각각의 개념으로 단지 '사용'된다는 의미이다. 이 약한 의미에서 규범은 덕 윤리 이론에서 필요한 부분만 약간 수정되어 (mutatis mutandis, 준용) 다른 개념을 위해 역할을 잘 할 수 있는 것처럼 그들은 각각을 배제하지 않는다. 그러나 나는 문제의 개념이 결정적인 곳에서 세 가지 이론에 대한 더 강력한 정의를 사용할 것이다. 예를

---

[3] 나는 목적론을 목적과 수단이 서로 함축하는 관계를 의미한다고 생각한다. 이것은 수단이 단지 목적을 달성하기 위한 도구일 뿐이라는 결과주의적 추론과 대조된다. Arius 참조: '스코포스skopos(목표)는 궁수를 위한 방패와 같이 명중해야 할 대상이다; 목표(telos)는 표적을 관통하는 것이다.'(Annas 1993: 34에서 인용)

들어, 품성 덕목은 결과주의자에게 중요할 수 있지만 궁극적으로 그것을 옳다고 간주하기 위해서 더 나은 결과를 끌어내야 하며, 따라서 그것은 결과주의자에게는 비교적 중요하지 않은 것이 된다. 덕 윤리학자에게는 행위의 결과가 행위가 훌륭한지 아닌지 결정하는 데 중요하지만 결정적이지는 않다는 것 등이다. 더 강력한 정의定義에서 그 이론들은 한동안 서로 나란히 앉을 수 있지만, 결국 그들은 서로를 배제하기 때문에 더 강력한 정의는 더 많은 정보를 준다.

불교 윤리는 일반적으로 도덕적 행위 규칙(śīla)의 맥락에서 고려된다. 나는 윤리를 바라보는 이러한 방식이 너무 제한적이라고 생각한다; 도덕적 행위 규칙은 내가 아래에서 주장할 가장 근본적인 윤리적 질문 '어떻게 살아야 하는가'에 대한 대답의 한 측면일 뿐이다. 내가 최고의 삶을 사는 것이 무엇일까라고 스스로 묻는다면, 그것은 약속을 지키고 타인의 이익을 생각하는 것과 같은 도덕적 문제뿐만 아니라 즐거움, 건강, 공동생활 참여, 문화 활동 등이 포함된 일과 관련이 있다. 이렇게 보면, 불도 전체에서 오직 올바른 행실만이 불교 윤리의 영역이라 간주할 수는 없다. 다시 말해서, 나는 윤리와 도덕을 구분한다. 윤리는 어떻게 살아야 하는가에 대한 답으로 생겨나는 담론이다. 반면 도덕은 사회적 규범과 행위와 관련된 윤리의 한 측면이다.(cf. Williams 1985: ch. 10)

해석학적 질문들

불교 윤리와 서구 윤리를 비교할 때 가장 먼저 떠오르는 질문은 왜?

이다. 헤이스Hayes가 말했듯이 '많은 불교도는 … 불교가 덕 윤리를 준수하는지의 여부가 왜 중요한지 의아해할 수 있다. … 또는 결과주의의 풍미 중 하나와 … 오랜 전통의 불교에 철학적 꼬리표를 붙이면 무엇을 얻을 수 있다는 말인가?'(2011: 394) 이에 관련된 것은 비교의 적법성 문제다. 아시아에 문화적, 역사적 뿌리를 두고 있는 불교는 서구의 틀에 억지로 끼워 넣으려는 프로크루스테스(Procrustes) 식의 침대[4]에 맞지 않는 것 아닌가?

클레이튼Clayton(2006: 11-16)이 보여주듯이, 이 질문 그 자체가 딜레마로 나타날 수 있다. 딜레마의 한쪽 뿔은 불교의 '타자성'을 서양식 사고방식과 비교할 수 없도록 하여 모든 판단을 보류하고 가능한 한 중립적인 용어로 설명하는 데 국한하는 것이다. 이것은 존중이나 과학적 제한과 비슷할 수 있지만, 대화를 피하고 중요한 불교의 통찰력을 무시하고 무관하게 보이는 결과로 만들 위험이 있다. 딜레마의 또 다른 뿔은 불교에 대한 서양의 유사점을 추구하는 태도이다. 이것은 차이점을 간과하거나 과소평가할 위험이 있으며, 따라서 단순히 서양에 비유할 대상이 없을 때는 불교의 중요한 측면을 놓치게 된다. 불교의 '타자성'은 친숙한 개념의 틀에 강제로 집어넣음으로써 침해된다. 이렇게 하여 우리는 한편으로는 그 중요성을 무시하고, 다른 한편으로는 그 성격을 변형시키는 것 사이의 선택에 갇히게 되는 것 같다. 선택해야 한다면, 자기는 차라리 변형의 위험 쪽일

---

4 역주: 고대 그리스 신화 속 프로크루스테스라는 강도가 길가는 행인을 자신의 여인숙으로 유인해 쇠 침대에 묶은 뒤 침대보다 크면 머리나 다리를 자르고, 모자라면 반대로 신체를 늘렸다는 이야기.

것이라고 클래이튼은 말한다. '우리는 이해하기 위해서 "우리 자신의 말"로 사물을 설명해야 한다. 그렇게 하면 우리는 몇 가지 잘못된 해석을 얻을 수 있다. 그러나 해석자로서 나는 완전히 무지하기보다는 차라리 틀리고, 해석의 대상으로서 무시당하기보다는 오히려 오해받기를 원한다.'(16)

우리가 두 뿔 중에서 하나를 선택해야 한다면 나는 그녀의 말에 동의할 것이다. 그런데 나는 이 문제는 더 나아가 방치와 변형의 이분법을 초월할 수 있다고 생각한다. 가다머Gadamer는 그의 해석학에서 우리에게 그렇게 할 수 있게 만드는 도구를 제공한다. '진리와 방법(Wahrheit und Methode)'에서 그는 해석학적 과정의 역학을 대화로써 논의한다.(1989: 181) 그는 대화에서 일반적으로 상대방을 압도하거나 상대에게 압도당하는 경향이 있다고 말한다. 이 양극성은 대화의 목표가 상대방을 알아가는 데에 있지 않고 주제를 제기하는 것임을 알 때만 극복할 수 있다. 이 과정에서 상대는 그의 인격 때문이 아니라 그의 관점과 그의 견해의 형식적인 권리 때문에 중요하다.

마찬가지로, '낯선' 세계관을 알아가고자 하는 목적으로 연구하는 것은 출발점에 불과하다. 종교적, 역사적 또는 사회학적 현상으로서의 세계관에 관해 배우는 것은 흥미롭고 도움이 될 수 있지만, 그것은 대화에 참여하는 것과는 다르다. 대화는 본질적으로 주제에 관해 얘기를 꺼내는 것이다. 문제로 제기된 세계관이 그 역사의 과정에서 쌓아온 전통은 우리에게 주제에 대한 이해와 통찰에 도달하는 데 도움이 되는 파트너이다. 이런 식으로 우리는 우리 자신만의 지평을 가진, 자신만의 세계관을 가진 파트너로서 '낯선' 세계관과 대화에 참여할 수 있다. 우리는 우리의 지평과 함께 우리 자신의 세계를 대화에 가져오는데, 그것을 강요하거나 포기하기 위해서가 아니라, 다른 사람들이 그들 자신의 지평을 실행에 옮기고 위험을 감수하는 것처럼, 우리의 지평을 실행에 옮기고 위험을 감수하기 위해서이다. 목표는 서로를 알아가거나 유사점과 차이점을 보는 것이 아니라(비록 도움이 될 수 있음에도), 제기된 주제를 명확하게 하려는 것이다.

불교 윤리에서 제기되는 주제는 무엇일까? 나는 그것이 서양 윤리의 기본을 형성하는 '어떻게 살아야 하나?'와 같은 질문이라고 믿는다. 윌리엄즈Williams(1985: 4)가 주장했듯이, 이 질문은 기본적인 질문에서 파생된 것으로 보이는 '선善이란 무엇인가', '우리의 도덕적 의무는 무엇인가', 또는 '어떻게 하면 우리는 행복할 수 있는가'보다 더 기본적인 윤리이다.(Annas 1993: 27 참조) 소크라테스와 붓다는 고대 그리스와 인도 북부에서 각각 거의 같은 시기에 이 질문을 했다. 이 질문에 대한 붓다의 대답은 불교 전통의 시초가 된 팔정도를 따르라는 것이었다. 소크라테스의 대답은 훌륭함으로 발전되는 삶을 사는 것이었는데, 이것은 서양 윤리의 출발점 가운데 하나가 되었다.

만약 우리가 기독교, 유럽 계몽주의, 산업화, 20세기 전쟁 등에 의해 형성된 현대 서구의 지평에서 불교에 대해 같은 질문을 던진다면, 우리는 필연적으로 우리 지평의 이미지와 개념 네트워크 안에서 질문할 수밖에 없다. 다시 말해서, 질문은 가다머가 제안한 용어의 중립적 의미(1989: 273)에서, 우리의 편견 내에서 제기된다. 가다머는 편견의 가치를 회복하기를 원했다. 왜냐하면 그는 우리가 무언가를 해석할 때 특정한 개념이나 의견으로 시작하는 것이 얼마나 불가피한지,

그리고 그렇지 않으면, 시작도 할 수 없다는 것은 의문의 여지가 없다는 것을 알았기 때문이다. 어떤 것이 근본적으로 새로운 것이라면 우리는 그것을 인식조차 하지 못할 것이다. 이러한 편견은 우리가 사는 전통에서 비롯되며, 이는 우리 지평의 중요한 부분을 형성한다. 해석학적 과정에서 우리는 이러한 편견을 실행에 옮기고 포기하거나 확인한다.

불교 전통은 서양의 이미지와 개념의 네트워크에 직접적으로 맞지 않는 방식으로 어떻게 살 것인가에 대한 질문에 답한다. 이것은 서구인의 마음이 이 전통의 '타자성'과 자신의 편견 모두를 인식하게 한다. 그러나 다른 한편으로, 우리가 불교의 전통을 서구 전통 안에서 바라보기 때문에, 이전에 한 번도 묻지 않았던 질문을 던질 수 있고, 그렇게 함으로써 불교의 새로운 측면을 전면에 내세울 수도 있다. 불교적 관점은 반대로 우리의 편견에 새로운 시각을 던지는 답과 새로운 질문을 가져다줄 수 있다. 앞뒤로 움직이는 해석학적 대화는 우리의 편견을 작동시키고 동등한 위험에 처하게 한다. 즉 어느 쪽이든 의심의 여지가 없다는 의미에서의 '신성한' 것으로 간주하지 않는다. 불교 윤리를 틀에 강제로 끼우거나, 금박에 봉안할 필요가 없다. 관심은 전적으로 주제를 향하며, 대화의 상대 중 어느 한쪽을 향하지 않는다. 한 관점은 다른 관점보다 우선하지 않으며, 중요한 것은 대화 자체가 '어떻게 살아야 하는가?'라는 핵심적인 질문에 답하는 데 기여할 수 있어야 한다는 것이다.

덕 윤리로서의 불교 윤리

기원전 5세기의 고대 그리스 시대부터 18세기의 공리주의가 부상할 때까지, 덕 관점의 사고는 의무론적 개념과 종종 강하게 혼합되었음에도 서구 윤리학의 표준이었다. 매킨타이어MacIntyre가 '덕의 상실(After Virtue)'에서 주장하는 것처럼, 현대의 윤리 담론은 파편화되어 있지만, 이러한 파편화 아래에서 덕 윤리는 여전히 상식적인 사고방식이다. 그러므로 그는 덕 윤리의 현대적 형태를 발전시키는 것이 중요하다고 생각하고 수행, 서술, 전통의 개념을 바탕으로 그 윤곽을 기술한다. 이러한 개념은 해석학적 범위를 확장하고 있다. 훌륭함이나 미덕은 실천의 맥락에서, 수행은 서술의 맥락에서, 그리고 서술은 전통의 맥락에서 가장 잘 이해된다. 나는 이것이 자연주의적 관점으로 보완된 불교 윤리에 대한 매우 유익한 이론적 관점이라고 생각한다. 이것은 서구의 윤리적 사고의 편견을 반영하는 동시에 다른 형태의 사고를 위한 충분한 공간을 제공하는 것처럼 보인다.

1) 수행

불교에는 많은 수행 방법이 있다.[5] 예를 들어, 나는 팔정도의 세 번째 가지인 바른 말(正語, samyag-vāc) 수행을 들 수 있다. 누군가가 이 바른 말 수행을 할 때, 그 사람은 자신의 의사소통에서 정직, 진실, 친절, 조화와 같은 이 수행의 특성을 깨닫기 위해 거짓말,

---

5 다음 단락은 나의 이전 간행물(2014)에서 수정하여 개작한 것이다.

피상적인 말, 거친 말, 험담 등을 자제하려고 한다. 이를 점진적으로 수행함으로써, 그 사람은 개방성, 합리성, 심오함 및 다른 사람들과의 의사소통의 조화와 같은 이 수행의 장점들을 점점 더 깨닫는다. 이러한 장점들은 다른 사람들의 인정이나 감사와 같은 외적 결과와 상관없이 그 자체로 가치가 있다. 이런 장점들은 일반적으로 이러한 좋은 외적 결과를 갖지만, 때로 불리한 상황에서는 그렇지 않다. 그러나 외적 결과가 무엇이든 간에 수행의 목표, 즉 언급된 항목을 달성하는 것은 가치가 있으며, 그 목표는 이 수행의 자질을 개발해야만 달성할 수 있다.

매킨타이어는 수행修行을 '그 해당 활동 형태에 적합하고 부분적으로 확정적인 탁월성의 기준을 달성하기 위해 노력하는 과정에서 해당 활동 형태의 내부 장점들이 실현되는 인간 활동'으로 정의한다.(1984: 187) 따라서 수행은, 목표를 구성하는 탁월성을 개발함으로써 실현된다는 의미에서 목적론적이다. 수행은 또한 외부 환경에 독립적이라는 의미에서가 아니라, 수행 자체를 '의미 있는' 활동으로 만들기 위해 외부에서 아무것도 필요로 하지 않는다는 의미에서 자급-자족적이다. 그런 점에서 수행은 게임이나 예술 활동을 하는 것과 비슷하다. 게임 역시 내부 목표에 의해 특징지어지며, 그 의미는 게임 행위 그 자체에 있다. 게임을 하는 것은 때때로 돈을 벌거나 다른 것을 추구하는 데 사용할 수 있는 기술을 배우는 것과 같은 외부 목표를 가질 수 있지만, 그런 목적으로만 게임을 하는 사람은 올바른 의미에서 게임을 하고 있지 않다. 수행과 게임 모두의 세 번째 특징은 게임에 참여하는 사람은 게임이 밖에서 성립하지 않는 것을 믿는 인지적 방식에 있다는 것이다.(Gadamer 1989: 103) 연극을 보는 사람은 자신이 보는 것이 '진짜'가 아니라는 것을 알면서도 어떤 면에서는 그것을 믿고 있으며, 그것의 실체에 관한 질문은 무의미하다. 예술가, 의식의 '신성한 거행', 연인의 '로맨틱한 헛소리', 그리고 물론 놀이를 하는 아이들에게도 마찬가지이다. 게임이 진행되는 동안 '실제' 세계는 괄호 안에 묶인다. 그리고 네 번째 특징은 누가 연주하느냐는 그다지 중요하지 않다는 것이다. 즉 게임의 요체는 게임을 하는 사람이 아니라 게임 자체를 하는 것이라고 나는 말하겠다. 게임은 게임을 하는 사람을 통해 이루어진다; 게임을 하는 사람은, 어떤 면으로 보면, 게임 자체를 작동하는 수단이다.(101) 이런 식으로 게임을 하고 수행에 참여하는 것은 비인격적인 성격을 띠게 된다. 이것은 내가 다시 논의할 주제이다.

수행의 형식적 구조를 갖는 것은 바른 말(正語)과 팔정도의 다른 가지들뿐만 아니라, 초기불교의 사무량심四無量心(brahmavihāras)과 선지식善知識(kalyāṇa-mitratā), 대승 전통의 바라밀(pāramitās), 선불교의 서예와 그밖의 많은 계발과 같은, 전통적으로 불도의 계발에 속하는 다른 활동들도 포함된다.

실천의 맥락에서 행동하는 것을 아리스토텔레스는 프라테인〔prattein: 이 말에서 praxis(과정, 실행)라는 단어가 파생됨〕이라고 불렀고, 그가 만든 (생성) 행위라는 의미에서 불렀던 포이에인poiein과 대조된다. 만드는 행위의 목적은 행위 자체와는 별개의 선善을 가리키며, 행위는 그 행위의 목적과 관련하여 도구적이다. 예를 들어, 누군가는 가정생활을 위해 집을 지을 수 있지만, 가정생활을 하는 것은 더 이상의 목적을 위해 하는 것이 아니라, 그 자체로 내적 목적, 즉 가족으로서 번성하기 위한 실행(praxis)이다. 물론 가정생활도 포이에시스poiesis[6]가 될 수 있다. 예를 들어, 어떤 사람이 자신의 경력을 향상하기 위해 가족을 추구할 수 있다. 이 경우 경력은 추가 목표이며, 이 경우의 실행은 번성하는 경력을 갖는 것이다. 이런 식으로 게임이 효용을 고려하는 세계에 내재하여 있으면서 동시에 그것으로부터 들어 올려지는 것처럼, 수행은 행위 생성 네트워크에 내재하여 있으면서 동시에 그것으로부터 독립적이다. 게임이나 수행에는 그 자체의 규칙과 그 자체의 번성으로 구성된 목표가 있다. 이것은 문제의 수행 자질을 개발하는 것 말고는 아무것도 달성하지 않는다. 바른 말(正語)과 같은 불교 수행뿐만 아니라 다른 수행은 이러한 방식으로 외부 목표 세계에서 그것을 끌어올리는 역학을 가지고 있다.

2) 이야기 전개

고갱Gauguin과 같은 사람은 가족생활의 실천을 추구해야 하는지, 아니면 예술적 발전을 추구해야 하는지 딜레마에 직면했다고 깨달았다.(참조, Williams 1981: 20-25) 이 문제의 불교적 변형은 가족생활과 집중적인 명상 생활 사이에서 선택해야 하는 사람일 수 있다. 이것은 실천이 어떻게 충돌할 수 있는지에 대한 두 가지 예일 뿐이며, 서로

---

6 역주: 일반적으로 제작, 생성을 의미하는 그리스어. 아리스토텔레스는 인간의 지적 활동을 '보다(theorein)', '행하다(pratein)', '만들다(poiein)'로 삼분하고, 그것들에 대응하여 그의 철학 체계도 '이론학(theoretike)', '실천학(praktike)', '제작학(poietike)'의 3대 영역으로 구분했다.

다른 실천이 어떻게 결합할 수 있는지에 관한 질문을 제기한다. 이와 관련된 질문은 특정 실천이 어떻게 비판될 수 있는지이다. 사냥이나 막대한 부를 축적하는 것과 같은 활동은 기술된 형식의 실천 구조를 취할 수 있다. 실천은 우리가 본 것처럼 정의定義상 외적 결과를 근거하여 평가될 수 없다. 그러면 실천을 어떻게 평가할 수 있을까?

깨달음으로 가는 길에 관한 서술은 불교 수행의 다양성에 대한 일관성을 부여한다. 하나의 일대기로서 이것은 고타마가 어떻게 부모의 집을 나와, 광야로 가서, 깨달음을 얻어 붓다가 되고, 선생으로서 각지를 유랑했는지에 관한 잘 알려진 이야기이다. 이 이야기는 탐구의 모든 요소를 가지고 있으며, 다른 불교 성인들의 삶의 이야기에 여러 가지로 변형되어 나오는 것이다. 개념 형태로 된 불교 핵심 서술의 가장 고전적인 공식은 팔정도 공식인데, 대승 전통에서는 이것이 보살도로 묘사되고, 다른 형태의 불교에서는 다양한 방식으로 묘사된다. 본질적인 것은 삶의 통일성이라는 개념이 있고, 목표라는 개념과 연결되어 있고, 이 목표에 이르는 길이 있다는 점이다.

매킨타이어도 또한 인간 삶의 통일성을 하나의 서술로 설명한다. 그는 인간은 이야기하는 동물이라고 말한다. 우리는 로크Locke의 주장대로 백지상태로 태어나지 않으며, 그가 가장 행복을 가져다줄 것이라고 믿는 것을 기반으로 선택하는 상황-독립적인 개인 그 이상이다. 반대로, 태어날 때부터 우리는 이야기가 있는 사회에서 우리 자신을 발견하고, 우리가 우리 자신을 형성하는 이런 이야기들 속에서 우리의 위치를 찾아가는 것이다. 우리는 우리에게 무엇이 좋은지 말해주는 이야기에 깊숙이 박혀 있고, 우리가 선택한 좋은 것은 바로 이러한 이야기들을 근거한 것이다. 이런 이야기의 기본 주제는 매킨타이어에 따르면 탐구와 유사한 삶의 이야기다. 탐구는 목표에 접근함에 따라 점점 더 이해가 증진되는 목표를 향해 나아가는 것이 특징이며, 또한 모든 종류의 내부 및 외부 장애를 수반하는 예측 불가능성으로 특징지어진다.(1984: 215) 최고선(summum bonum)을 향하는 삶의 탐구라는 이 포괄적인 실천을 통해 우리는 개별적 실천을 평가할 수 있다. 주어진 실천은 총체적 탐구에 방해가 될 수도, 도움이 될 수도 있다. 그리고 역으로, 서술은 삶의 수많은 실천에 통일성을 가져오거나 가져오지 못할 수 있다. 삶의 서술은 내가 위에서 설명한 것과 같은 특성이 있는 실천과 동일한 목적론적이고 자립적 구조로 되어 있지만, 그것은 조직적 기능이 있으며 가장 포괄적인 실천, 또는 이차적 실천으로 보아야 한다.

매킨타이어는 인물의 개념과 개인의 정체성이 서술의 추상화로 이해될 수 있다고 주장한다.(1984: 217) 서술은 일차적이다. 우리는 가족과 사회의 서술에서 역할을 수행하고 이러한 역할에 따라 우리의 정체성을 형성하는 삶에서 우리 자신을 발견한다. 이 개인 정체성 서술에 대한 의존성은 불교의 중요한 주제인 내재적 자아에 대한 비판의 출발점이 될 수 있다. 이것은 내가 위에서 언급한 수행의 비인격적 성격과 일치하며, 이에 대해서는 아래에서 다시 설명하겠다.

고대 그리스에서는 삶의 통일에 합리성(logos)이 중요한 역할을 하는 것으로 여겨졌다. 유아 또는 다른 미성숙한 사람으로서 나는, 나에게 즐거움이나 성취를 가져다줄 것으로 생각하는 다른 목표들을 향해 노력하지만, 합리성의 발전을 통해 나는 이 모든 다른 목표들이 종종 서로 상충한다는 것을 알 수 있고, 따라서 이런 모든 목표의 성취가 이루어질 것 같지 않다는 것을 알게 된다. 1차 목표에 일관성을 가져오고, 고대 그리스인들이 에우다이모니아(eudaimonia, 행복)[7]라고 불렀던 삶의 통일과 삶의 목표라는 개념을 낳는 고차 목표가 나타난다. 그것이 주관적인 즐거운 경험이라는 의미의 행복이 아니라, 고차원적 개념으로 이해된다면 에우다이모니아는 '행복'으로 번역될 수 있다. 에우다이모니아는 다양한 철학 학파에 의해 다르게 살이 붙여진 희박한 개념이다.(참조, Annas 1993: 27-47) 이 비전에서 합리성은, 현대에서 종종 볼 수 있듯이, 감성이 비합리적이라는 주장과 반대되는 배타적인 인지적 의미를 갖지 않는다는 점에 주목하는 것이 중요하다. 고대 그리스와 로마의 합리성은, 우리가 어떤 사람을 '합리적인(rational) 사람'이 아닌 '사리에 맞는(reasonable) 사람'이라고 부를 때 이해되는 성숙한 감성과 상상력과 같은 마음의 특성을 배제하지 않았다.

아리스토텔레스의 윤리학에서 합리성과 감성은 분명히 연결되어 있다. 실천지實踐知(phronesis)의 질은 감성과 덕성의 발달에 중요한 역할을 한다. 그것은 성격 특성의 인지적 측면이며, 특정 감성 능력을 인도하여 올바른 방식으로 사용되도록 하는데, 즉 에우다이모니아로 향하게 한다. 예를 들어, 위험을 견디거나 위험을 감수하는 능력은 잘못된 순간이나 잘못된 장소에서 사용되면 무모함으로 변할 수 있다.

---

7 역주: 아리스토텔레스는 니코마코스 윤리학(Ethika Nikomacheia)에서 인간 행위의 목적으로 좋음을 얘기하고, 이러한 목적 간의 위계가 있음을 근거로 '최상의 좋음'의 존재를 논증한 다음, 이 최상의 좋음이 '행복'이라고 했다.

그러나 실천지의 지시를 받을 때 그것은 용기가 될 수 있다. 실천적으로 지혜로운 사람, 즉 프로니모스phronimos는 일반적으로 많은 삶의 경험을 갖고, 관련 감성을 발전시키고, 통합된 통일체로 훌륭함을 갖춘 사람이다. 그러므로 그는 모범이 되거나 조언자가 될 수 있으며 훌륭함의 기준이 될 수 있다. 아리스토텔레스의 비전에서 에우다이모니아로 향하는 진보는 인지적 미덕과 성격 미덕 모두를 개발하는 문제이다. 즉 에우다이모니아는 이 양자가 결합할 때 훌륭함으로 나타난다.

에우다이모니아의 실현에 대한 이러한 관점은, 케이온Keown(1992)이 보여주었듯이, 불교의 깨달음의 길과 구조적 특징을 공유한다. 열반은 또한 서로 균형을 이루는 인지적 특성과 인격적 특성 모두의 훌륭함에서 나오는 2차 목표이다. 때때로 불도에서 도덕률(śīla)을 계발하는 것이 지혜(prajñā) 계발을 위한 예비 단계인 것처럼 묘사되지만, 케이온은 이 견해가 오해에 기초하고 있으며, 두 측면이 똑같이 중요하다는 점을 보여준다. 불도는 발전의 길이며, 더 창의적으로 말하면 추구하는 길이며, 동시에 삶 자체의 훌륭함을 추구하는 열반의 내적 목표를 지향한다. 수행에서와 마찬가지로, 이것은 단지 도구적이고, 도착하자마자 잊는 것이 가장 좋은 여행의 결승선에 도달할 수 있는 방식으로 '도달'할 수 있는 목표가 아니다. 그보다는 오히려 여행하는 동안 인식된 목표가 바뀌고 진화하여, 등장인물은 보통 도착할 때 여행 그 자체가 진정한 목표임을 깨닫는 로드 무비의 목표와 비슷하다.

선종과 티베트 불교의 일부 형태에서는 목표가 있는 길이 있다는 것을 부인하는데(참조, Williams 2009: 119-122), 이는 예를 들어 팔리어 경전에서 볼 수 있는 길(道)에 대한 고전적인 설명과 모순되는 것처럼 보인다. 내 생각에는 이 명백한 모순은 이차적인 수행으로서의 삶의 서술이라는 내적 목표의 관점에서 보면 해소될 수 있다고 생각한다. 예를 들어, 외적인 결과라는 의미의 목표는 없지만, 명상, 이웃 돕기, 음악 연주 등은 그 자체로 목적이 있을 수 있는 동시에 열반의 성취를 지향할 수 있다.

3) 전통과 자연주의

바른 말(正語) 수행이나 다른 불교 수행이 이해되고 평가받기 위해서 불도의 서술 맥락이 필요한 것처럼, 불교의 서술은 불교 전통의 맥락이 필요하다. 여기에서 말하고자 하는 전통은 비트겐슈타인Wittgenstein의 '삶의 형태'나 장 프랑수아 리오타르Jean-Francois Lyotard의 '통합-서사(métarécits)'와 유사하다.

불교는 다양한 역사적 시기와 사회적 맥락에서 다양한 형태를 지닌 다양한 가문의 전통이라는 것이 분명하다. 그 기원이 된 북인도의 사문沙門(śrāmaṇa) 전통은 동아시아 문화의 후기 대승 형태와 매우 달랐고, 지난 60년 동안 성장해 온 현대 (포스트모던) 서구 불교문화는 다시 근본적으로 다르다. 한 맥락에서 '신성한' 것으로 여겨졌던 전통이 다른 맥락에서 배 밖으로 던져졌고 그 반대의 경우도 마찬가지다. 열반의 개념도 이와 유사하게, 초기불교의 더 부정적이었던 개념에서부터 대승불교와 밀교의 긍정적이고 상상력이 풍부한 개념에 이르기까지 많은 공식을 가지고 있다. 그러나 모든 다양한 표현에도 불구하고, 모든 불교 전통은 이야기, 이미지, 철학, 사회 제도 등의 언어로 불도가 인지적, 정서적, 사회적 자질의 탁월함으로 향하는 발전이라고 가리키고 있다. 초기불교의 고전적인 공식은 삶의 여덟 가지 영역이 어떻게 완전하게(samyak) 개발될 수 있는지에 대한 설명인 팔정도였으며, 열반은 팔정도 전체의 결실로 나타난다. 대승불교에서는 이를 보살도라고 설명하며, 초기불교에서는 더 함축적이었던 이타적인 면에 중점을 둔다. 보살도의 육-바라밀(pāramitās)은 세 가지 측면〔계(śīla), 정(samādhi), 혜(prajñā)〕을 공유한다는 사실에서 분명하듯이 팔정도를 재-공식화한 것이다. 불성(tathāgatagarbha, 여래장如來藏) 교리에서 불교 수행은 우리가 가지고 있는 본연의 완전함의 표현일 뿐이며, 우리가 아무것도 '하지' 않아도 된다고 말할 때조차, 불교 수행은 여전히 불성을 완전히 인식하고 깨닫기 위한 발전으로 생각된다.(Williams 2009: 112-122) 불교 전통 가문의 다양성에도 불구하고, 그들 각각은 열반 추구 서술의 배경이 된다.

 매킨타이어에 따르면 살아 있는 전통은 '그 전통을 구성하는 선한 것들에 관한 역사적으로 확장되고 사회적으로 구현된 주장이다.…'(1984: 222) 전통은 서술의 배경으로 중요하다. 왜냐하면 우리가 다른 사람들과 독립적으로 우리만의 삶을 추구하거나 우리가 우리 삶 이야기의 유일한 저자라는 것은 환상이기 때문이다. 그러나 무엇보다도 전통은 사회적으로 내재한 합리성의 형태이기 때문에 중요하다. 즉 무엇이 중요한지, 궁극적인 선이 무엇인지, 인간의 삶의 목적이 무엇인지, 따라서 궁극적인 선에 상응하는 훌륭함이 무엇인지에 대한 생생한 논쟁 때문이다. 각 전통에는 궁극적인 선에 대한 서로 다른 개념과 서로 다른 미덕 목록이 있다. 아리스토텔레스와 같은 사람에게 '선'은 폴리스polis[8]의 맥락에서 개인의 번영과 위대함과 관련이 있었고 따라서 겸손은 약점으로 여겨졌지만, 중세 기독교 수도사에게 '선'은 신에 대한 순종을 포함했고, 겸손은 미덕으로 여겨졌다. 둘 다 다른 형태의 삶의 일부이며, 선과 선에 의해 결정되는 미덕 목록에 대한 견해를 가지고 있다.

전통 안의 선에 대한 특정 개념을 전통 외부의 급진적인 회의론자로부터 옹호하는 것은 불가능하다. 이것은 '선' 개념의 순환성에 대한 문제를 제기한다. 선에 대한 개념은 전통에 기반을 두고 있으며, 전통은 그 선에 대한 개념에 의해 중요한 방식으로 형성된다. 그렇다면 선에 대한 모든 개념은 주어진 전통의 표현에 지나지 않고, 모든 전통은 단지 그 개념의 합리화에 지나지 않는 게 아닐까? 다르게 말하자면, 주어진 선에 대한 개념을 어떻게 비판할 수 있을까? 이런 시선으로 보면 상대 개념에 대한 반대에 굉장히 취약해 보인다.

윤리학에서의 자연주의는 그 반대에 대한 응답이다. 자연주의는 서로 다른 문화와 전통이 선에 대한 서로 다른 개념을 갖고 서로 다른 가치를 강조한다는 사실을 수용하면서 동시에 전통의 기초가 될 수 있다. 이는 상대주의자들에게 깊은 인상을 주는 관점이다. 자연주의는 문화 간의 유사점이 차이점보다 더 두드러지는 현상에 대한 근거를 제공할 수 있다. 윤리적 자연주의에 따르면, 인간은 자연적 존재로서 인간에게 좋은 것이 무엇인지를 봄으로써 무엇이

---

[8] 역주: 고대 그리스 도시 국가.

인간에게 좋은지를 결정할 수 있다. 자연주의의 기본 이념은, 모든 존재는 특정 잠재력을 가지고 있으며, 이러한 잠재력을 끌어내 모든 존재들을 번성하게 하는 것이 선이다고 본다. 이것은 자연주의가 흄Hume 이후 서구의 윤리적 담론을 지배해 온 사실/가치의 간극을 부정한다는 것을 암시한다. 흄에 따르면 사실과 가치 사이에는 근본적인 논리적 간극이 있으며, 자연적 사실로부터 가치를 도출하는 것은 불가능하다. 이것의 결말은 윤리적 가치에 대해 참 또는 거짓을 말하는 것이 원칙적으로 불가능하다고 말하는 윤리의 비-인지주의이며, 따라서 도덕정서설道德情緒說과 같은 윤리 이론에 길을 열어준다. 이에 반해 자연주의는 인지주의적 입장을 내포하고 있으며, '선'과 '악'에 대해 참 또는 거짓으로 진술할 수 있다고 주장한다.

아리스토텔레스는 서양철학에서 윤리적 자연주의의 한 형태를 처음으로 분명히 밝혔고, 그 이후로 스토아 학파의 피지스physis[9] 교리와 아퀴나스Aquinas의 '자연법칙'과 같은 많은 다른 형태가 개발되었다. 자연주의는 유럽 계몽주의 이후 흄Hume, 무어Moore 등의 비판으로 신뢰에 손상을 입었지만, 1950년대 이후 풋Foot, 맥도웰McDowell, 허스트하우스Hursthouse 등과 같은 사상가들은 이러한 비판에 대한 답변을 공식화하고 현대적 형태의 자연주의를 발전시켰다.

맥도웰McDowell(1995)은 사람의 '첫 번째' 본성과 '두 번째' 본성 사이를 구분한다. 그는 로고스logos, 즉 '의식과 합리성'을 획득한 늑대의 사고 실험을 수행하는데, 그 늑대는 자신의 필요와 본능으로부

---

9 역주: 그리스어로 '자연'을 의미하는데, 스토아 철학에서 '자연에 따라서'라는 말은 '이성에 따라서'라는 말과 같다.

터 거리를 둘 수 있을 뿐만 아니라, 반드시 그렇게 해야 하는 방식 안의 실험이다. 늑대는 자신의 의식에서 벗어날 수 없으므로, 사르트르Sartre의 말을 빌리자면, 선택을 강요당한다. 이 합리적인 늑대는 본능을 가진 그의 천성이 그에게 지시한 대로, 그리고 이전에도 그랬던 것처럼, 무리와 함께 사냥하는 데 전력을 다할 수도 있고, 아니면 너무 큰 노력 없이 전리품을 공유할 수 있도록 무임승차자로 합류하여 등장할 수도 있다. 늑대가 자신을 해치지 않고는 할 수 없는 것은 무리를 떠나거나 식사를 중단하는 것이다. 그가 내리는 선택, 그리고 점차 습관이 되는 선택으로 그는 제2의 본성을 발달시킨다. 이것이 집단으로 (사회나 사회 집단에서) 일어날 때 제2의 본성의 발달은 하나의 문화가 된다.

우리는 우리의 첫 번째 본성에 의해 제한된다. 인간의 종 구성원으로서, 우리는 개인으로서 그리고 한 종으로서 우리 자신의 생존을 위해 노력하며, 고통을 피하고 쾌락을 추구하며 꿀벌, 코끼리나 유인원과 마찬가지로 집단으로 산다.(Hursthouse 1999: 197-205) 우리는 해를 끼치지 않고 이와 관련된 목표를 무시할 수 없다. 그러나 우리의 제2의 본성은 이러한 한계로부터 자유로워지는 본질적인 방법에 있다. 나에게 자의식과 이성이 있을 때, 나는 나의 본성의 요구를 무시하거나 (말했듯이, 비록 해가 없는 것은 아니지만) 한계에 순응할 수 있지만, 이 순응조차도 두 가지 면에서 필연적으로 자유롭게 된다. 첫째, 나는 항상 나의 첫 번째 본성과 그 본성의 요구에 대한 하나의 해석이 있고, 두 번째로 나는 그러한 요구들에 다른 방식으로 순응할 수 있다. 그러나 이러한 결정 대부분은 의식적인 고려보다는 내 교육과 문화에서 온 습관에 바탕을 두어 이루어진다. 이러한 결정은 내 문화의 서술, 내 전통의 누적된 이유를 반영한다. 이것은 나의 두 번째 본성인데, 내게 자연스럽게 주어진 것으로 보이며, 많은 직접적인 선택을 수반하지 않는 것 같다. 그러나 이것은 본래 합리적이며, 근본적으로 반성할 수 있기 때문에, 이에 따라 스스로를 갱신할 수 있다. 이것은 외해에서 범선을 수리할 때 한 번에 하나의 부품을 교체해야만 되는 노이라트 절차(Neurathian procedure)에 따라 발생한다.[10] 삶의 형태를 외부에서 관찰하기 위해 삶을 보류할 수 없기에 전통을 평가할 수 있는 안식처, 즉 전통 외부에 중립적인 유리한 지점은 없다. 물론 특정 전통의 밖으로 자신을 놓아둘 수는 있지만, 필연적으로 다른 전통 안에 있는 자신을 발견하게 되므로 중립적인 관점을 가질 수 없다. 그러나 전통의 구성 요소는 내부에서 비판을 받고 변경될 수 있으므로, 시간이 지남에 따라 제2의 본성 전체가 변형될 수 있다.

 이것을 미루어 볼 때, 우리의 첫 번째 본성의 '사실'에 기초하여 두 번째 본성을 형성하는 많은 가능한 방법이 있음을 알 수 있다. 다시 말해서, 두 번째 본성은 첫 번째 본성에 의해 전적으로 결정되지는 않는다. 첫 번째 본성의 사실에 기초하여 두 번째 본성(문화, 성격,

---

10 역주: 노이라트의 배, 오스트리아 철학자, 경제학자, 사회학자 노이라트(Otto Karl Wilhelm Neurath; 1882-1945)가 만든 비유; '우리는 망망대해에서 자신들의 배를 재건해야 하지만 밑바닥부터는 새롭게 시작할 수 없는 선원들과 비슷하다. 가로 들보를 새것으로 교체하기 위해서는 한 번에 밀어 넣어야 하며, 이를 위해서는 배의 나머지 부분이 지지대로 사용된다. 이 방식에서는, 기존 가로 들보의 부목을 사용하여, 배를 완전히 새로운 모양으로 만들 수 있지만, 점진적인 재건 방법을 이용해야 한다.

삶의 형태)을 적극적으로 구성하는 것은 불가능하다. 이런 식으로, 흄이 말한 그대로는 아니지만, 사실/가치 사이에 간극이 생긴다. 그러나 첫 번째 본성은 두 번째 본성에 대한 부정적인 통제가 있다. 왜냐하면 첫 번째 본성은 자신의 요구가 충족되지 않을 때 말할 수 있기 때문이다. 비록 많은 형태의 삶이 가능하지만 좋은 삶이라 불리기 위해서는 최소한의 조건이 충족되어야 한다. 꿀의 원천 등을 발견했을 때 다른 벌들에게 알릴 수 있는 방식으로 춤을 출 수 있다면 꿀벌 자격이 있는 '좋은' 벌이라고 부를 수 있는 것처럼(참조, Foot: 2001: 16), 속담에 나오는 나쁜 놈, 마약 마피아 대부, '인간적으로 나쁘다'라고 부르는 것은, 그가 정의定義상 부정직하고, 무모하고, 불공정하기 때문이다. 이러한 자질로 그는 자신과 다른 사람들의 번영을 방해한다. 달리 표현하면, 인간은 두 번째 본성과 첫 번째 본성 모두를 최적으로 발달시킬 때 '훌륭하다'라고 말할 수 있다. 우리의 신체적, 심리적, 사회적, 정신적 자질을 완전히 펼치면 훌륭한 삶이 된다.

 이러한 윤리적 자연주의의 틀 안에서 다양한 형태의 덕 윤리가 존재할 수 있다. 덕 윤리들은 서로 다른 미덕 목록으로 표현되는 최고선(summum bonum)에 대한 서로 다른 개념을 가지고 있다. 그러나 그 개념들은 모두 덕 윤리의 한 형태로 볼 수 있으며, 그들의 문화적 전통이 인간의 본성을 어떻게 보는지를 살펴보면 좋은 삶의 개념을 이해할 수 있다.

 불교에서도 윤리에 대한 유사한 자연주의적 논증을 찾을 수 있다. 연기緣起(pratītya-samutpāda)의 기본 원리는 모든 것이 무상하다는 것을 암시한다. 불교의 또 다른 원리는 모든 인간은 본래 연속성에 대한 갈애渴愛(tṛṣṇā)를 가지고 있다는 것이다. 이 두 가지 원리는 충돌하며, 이러한 방식으로 우리의 존재는 존재가 스스로 일으키는 지속적인 불만족(duḥkha, 고苦) 상태로 특징지어진다. 이것들은 인간의 조건이 근본적으로 서로 충돌함으로서 나타나는 사성제四聖諦의 첫 번째(고苦)와 두 번째(집集)이다. 그러나 사성제의 세 번째 진리(멸滅)는 인간 본성의 또 다른 측면, 즉 연속성에 대한 갈증을 멈출 수 있는 방식으로 발전할 수 있다는 점을 지적한다. 따라서 사성제의 처음 세 가지 진리에서는 우리가 처한 자연 상태를 감안하면, 깨달음을 실현하려고 노력하는 것은 합리적이라는 점을 분명히 한다. 그런 다음 네 번째 사성제 진리(도道)에서 '어떻게 할 것인가'에 대한 설명, 즉 '어떻게 살 것인가'에 대한 불교의 대답이 이어진다. 예를 들어 후기 형태의 불교의 불성(tathāgatagarbha, 여래장) 교리에서는 이것이 훨씬 더 명확하게 표현된다. 모든 사람이 본래 자신 안에 불성을 가지고 있다고 말하지만, 이 불성은 번뇌(kleśa)로 덮여 있다. 궁극의 선은 이 불성을 드러내는 것이며, 동시에 성불의 결실을 발견하는 것이다.

누군가는 인간의 본성, 특히 불성에 대한 호소는 본질을 전제하고 따라서 무아, 공관, 연기의 교리와 모순된다고 반대할 수 있겠다. 그러나 여래장如來藏(tathāgatagarbha)의 전통은 불성을 이런 식으로 의미하는 것이 아니고, 오히려 공空과 의존적 공존, 즉 진여眞如 (tathatā)[11]의 표현이라는 것을 분명히 하고 있다. 나가오Nagao는 공의

---

11 역주: 대승불교의 중심 개념으로, 사물의 본래 그대로의 모습이라는 뜻. 흔히 공을 가리키는 말로 쓰인다.

본성을 아름답게 묘사한다:

> 허공에 있는 존재는 있는 그대로 존재한다. … 공空 때문에, 존재의 실재는 그 원인과 함께 말로 표현할 수 없고(avācya) 생각할 수 없다(acintya). 사실 현상 세계는 무엇보다도 아름다운 세계이고, 현상계의 존재란 말로 표현할 수 없을 정도로 경이롭고 즐거운 존재다.(1992:18-19, 참조. King 1991: ch.4)

이러한 방식으로 불교는 자연주의적 시각에 기반을 둔 전통으로 볼 수 있다. 인간의 본성(그리고 가장 넓은 의미에서 불교 특성의 일부 형태)은 깨달음의 가능성이 모든 사람(또는 모든 존재)에게 존재하며, 이 잠재력을 깨닫는 것이 인생의 최고선이라는 것이다.

불교 윤리와 결과주의

불교 윤리에 대한 다른 견해는 굿맨Goodman(2009)에 의해 표현된다. 그는 현대의 공리주의자/결과주의자인 피터 싱어Peter Singer(예: 2016)가 한 사람이 다른 사람보다 더 높은 수준의 복지를 갖는 것이 정당화될 수 없다고 주장했다고 지적한다. 두 사람이 같은 복지 수준이 될 때까지 자신이 가진 모든 것을 항상 임의의 다른 사람과 공유하는 것은 도덕적으로 정당하다. 이런 식으로, 부유한 서구 사람들은 가장 가난한 사람들과 같은 수준에 도달할 때까지 자신이 가진 모든 것을 다른 사람들과 공유해야 하는 도덕적 의무가 있다. 그는 더 나아가,

그의 이타주의 안에 모든 살아 있는 존재를 포함하고, 우리는 또한 동물에 대한 도덕적 의무가 있다고 말하고 있다.(Singer 1995)

싱어Singer는 흄Hume, 파피트Parfit 등의 서양철학에서 전개된 자아와 개인의 정체성에 대한 비판에서 이러한 견해의 형이상학적 토대를 찾는다. 이 비판에 따르면, 우리가 일상생활에서, 그리고 빈번하게 윤리에 의존하는 자아는 실제로 존재하지 않으며, 심리적 습관과 사회적 관습에 기반을 둔 환상에 불과하다.(Goodman 2009: 109-115) 싱어에 따르면, 이 비판을 진지하게 받아들일 때 다른 사람보다 자신을 더 심각하게 받아들일 이유가 없다. 이것은 또한 윤리학에서 행위-중립성 태도를 내포한다. 즉 내 아이이든, 완전히 낯선 사람이든 또는 나 자신이든 누가 어떤 행위 때문에 영향을 받는지는 도덕적으로 의미가 없다. 이런 식으로, 싱어 식 결과주의자는 자신이 급진적인 이타주의의 위치에 있는 것을 발견한다. 행위-중립성은 특히 직관에 반하는 것처럼 보이고, 감정에 윤리적 가치를 거의 부여하지 않는 결과주의의 높은 요구이다. 예를 들어, 윌리엄즈Williams(1981: 16)는 아내의 생명을 구할 것인지 완전히 낯선 사람의 목숨을 구할 것인지 선택해야 하는 구명정 위의 한 남자를 상상한다. 그가 그의 아내를 선택하는 것은 직관적으로 옳거나 최소한 허용되는 것처럼 보인다. 그가 자신의 선택에 대해 생각할 필요가 있다면, 윌리엄즈에 따르면, 그는 '생각이 너무 많다'이다.

굿맨은 싱어의 견해가 대승불교 보살의 이상과 유사하다고 올바르게 지적한다.(2009: 89-95) 대승 작가 산티데바[12]는 '보라, 나는 모든 중생이 선을 성취하도록 나의 몸과 나의 쾌락과 삼세에서 얻은 나의 선을 후회 없이 포기한다.'라고 말한다.(1995: 20) 굿맨에 따르면, 보살은 또한 자신의 관점을 포기하기 위해 높은 행위-중립성을 떠맡는다. 더욱이 궁극적으로는 가능한 한 많은 중생을 위한 더 많은 복지를 달성하기 위해 보살이 실제로 무엇을 하는지는 중요하지 않다. 보살은 가능한 한 많은 중생에게 해로움보다 이익이 많은 결과로 이어진다면 거짓말, 도둑질, 살생 등까지도 할 수 있다. 거짓말, 살생 등이 허용되지 않는 유일한 이유는 이러한 행위가 그 자체로 부당한 행위이기 때문이 아니라, 장기적으로 이러한 행위가 대체로 행복을 덜 낳기 때문이다. 여기에서 굿맨은 이것이 대승 교리의 숙련된 방편(upāya-kauśalya)과 일치하는 것으로 보는데, 이에 따르면 보살은 실제 궁극적으로 더 나은 결과가 될 때, 특별한 상황에서 겉보기에 부도덕한 행위를 하는 것이 허용된다.

굿맨은 대승불교의 윤리학을 공리주의/결과주의의 한 형태로 보는 이유로, 이타주의에 대한 강한 강조, 더 나은 결과를 위한 도덕 규범의 위반 가능성, 행위자-중립성, 자아 개념에 대한 근본적인 비판 등의 특성을 제시한다.

그렇기는 해도 나는 그가 틀렸다고 믿는다. 의심할 여지가 없이 보살은 싱어와 다른 결과론자들의 이상에 동의할 것이다. 그러나 그가 이러한 이상을 이런 식으로, 즉 행위의 본질적인 가치와 개인적인 감정의 관점을 넘어선 방식으로 실현하려고 했는지 나는 의심스럽다. 보살의 특징 중 하나는 모든 중생에 대한 측량할 수 없는 자애(Pāli,

---

12 역주: Śāntideva, 적천寂天, 8세기 인도 승려 학자. 대승집보살학론, 입보리행론(Śikṣāsamuccaya) 저술.

mettā)이다. 자애경(Karaṇīyamettā sutta)[13]은, 비록 대승 경전은 아니지만, 이 모든 것을 포괄하는 사랑의 이상에 대한 고전적인 설명이며, 모든 존재를 향하는 자애에 대해 '어머니의 외아들에 대한 사랑'이라고 말한다.(Sn 1.8) 다시 말하면, 이것은 열렬하고 개인적인 사랑에서 결국 모든 존재를 포함하는 측량할 수 없는 크기로 확장된다. 개인적이며, 행위-관련 관점을 넘어가거나 포기하는 것이 아니라, 출발점으로 삼는다. 깨달은 존재의 자비는 가장 높은 수준의 평정(Pāli upekkha), 최고 수준의 자애로 특징지어지며, 이는 강한 개인적 사랑과 중립적인 공평성과의 합성으로 설명될 수 있다. 그렇기에 여기에는 행위자라는 단어 자체가 본래의 의미를 상실했을 뿐, 행위-관련 사랑의 따뜻함은 여전하다. 보살이 굴욕을 감수하고 다른 중생을 먹이기 위해 자신을 희생하는 등 많은 대승 경전의 풍부한 과장법들은, 내 생각에, 이타적 의도의 많은 훈련으로 보아야 한다. 그것들은 자신과 대립하는 다른 사람의 더 큰 가치에 대한 진술이라기보다는, 우리의 뿌리 깊은 자기중심성을 뒤로 굽히는 것을 뜻한다.

이타주의는 자신과 타자라는 명백한 이분법의 자기-중심적인 면을 포기하고 급진적으로 타자-중심으로 전환하려는 것이 아니다. 이타주의에 대한 이러한 해석은 여전히 자신과 타자의 대립에 의존하고 있으며, 이러한 방식으로만 이를 강화할 뿐이다. 자기-중심성을 원하지 않는 것으로 선언하는 것보다, 개인적인 사랑을 출발점으로, 나와 타자와의 차이 없음을 실현하는 것이 목적이다. 그때 보살도의 목적이

---

13 역주: 경장經藏(sutta-nipata) 등의 팔리어 경전에서 발견된다. 서두에서 Karaṇīyam(행해져야 하는 것)으로 시작한다.

현재에서 점진적으로 구현되는 것이다.(참조 Keown 1992: 194) 그리고 그것이 바로 목적론, 덕 윤리의 중심 개념이다.

있는 그대로, 나는 분명히 독립적인 자아의 개념에 대한 비판이 그 안에 함축되어 있기를 바란다. 이것은 자기-중심적이라는 덕 윤리에 대한 자주 듣는 반론에 대한 응답인데, 왜냐하면 다른 사람의 복지에는 관심을 두지 않고 자신의 번영에 지나치게 관심을 두기 때문이다. 그러나 아리스토텔레스의 윤리학에서도 공동체의 선이 단순한 개인보다 더 높은 가치가 있다는 것은 이미 분명하다. 그는 공동체가 '더 고귀하고(kalon) 더 신적이기 때문에' 자신보다 공동체의 선을 위해 노력해야 한다고 말한다.(2002: 1094b10) 다시 말해서, 덕은 개인에서 공동체로 지향할 때 다른 수준으로 올려진다. 그는 공동체의 경계에서 멈췄지만, 우리가 그것을 모든 생명체를 포괄할 때까지 더 확장하는 것을 막는 덕 윤리 고유의 것은 없다. 이러한 방식으로 덕 윤리는 위에서 논의한 바와 같이(1차 및 2차) 실천의 비인격적 성격으로 시작해야 하는 독립적인 자아의 개념에 대한 근본적이고 유익한 비판을 수용할 수 있다. 이 비판에서 우리가 일상생활에서 경험하는 자아는 단지 잠정적으로 바라보는 방식일 뿐이며 점차 초월될 수 있다고 주장할 수 있다. 그러나 그 주제는 이 장의 범위를 벗어난다.

누군가는 붓다가 법(Dharma)을 열반의 '저쪽 해안'에 도달했을 때 버리고 가야 하는 뗏목으로 비유하여 설명했으며, 이것이 결과론적 추론의 분명한 예라고 반박할 수 있을 것이다. 그러나 케이온이 분명히 밝혔듯이, 뗏목의 비유를 깨달음 성취 후에 법이 초월되어 버려진다는 의미로 해석해서는 안 된다.(1992: 92-105) 법은 진정 깨달음의 수단이지만 깨달음은 법의 '결과'라기보다는 법의 실현이다. 뗏목의 비유는 특정한 견해와 교리에 너무 집착해서는 안 된다는 의미로 더 잘 해석된다.

불교 윤리와 의무론

언급한 바와 같이, 의무론적 윤리는 규범의 주된 '정당성'에 관심을 둔다. 언뜻 보기에는 불교 윤리와 유사해 보일 수 있다. 불교 윤리는 종종 오계(또는 때로는 여덟 가지나 열 가지 계율)의 준수로 요약되며, 이는 도덕적 규범의 지위에 있는 것처럼 보인다. 그런데 불교 윤리의 계율은 어떤 종류의 규범을 의미하는가? 일반적으로 '계율'로 번역되는 원래의 팔리어 용어는 식카파다sikkhapada이다. 이 말은 '어떤 것을 잘하고 싶은 욕망' 같은 것을 뜻하는 식카sikkha와 '길'을 의미할 수 있는 파다pada로 구성되어 있다. 물론 이를 한 단어로 줄이면 편하겠지만 '계율'이라는 단어를 선택하게 되면 윤리가 규범에 기초해야 한다는 선입견에 지나치게 의존하는 것이라고 나는 믿는다. '훈련의 규칙' 또는 '훈련의 원리'가 본래의 의미에 더 가까울 것이다. 이것은 팔리어 표준 공식(Pāli veramaṇī-sikkhāpadaṃ-samādiyāmi)이 '나는 하지 않을 것이다' 또는 '나는 결코 하지 않을 것이다'라기보다는 오히려 '나는 삼갈 것을 약속한다'라는 뜻으로 말한다는 사실로 확인된다. 이 공식은 다음과 같은 문제의 준수사항 뒤에 붙는다: 살생, 주지 않은 것을 취하는 것, 사음邪淫, 거짓말, 취하게 하는 것 사용.

이렇게 번역하면, 깨달음의 목적을 실현하기 위해 행위를 재훈련함으로써 의도와 행위를 수행하는 원리이며, 그 목적에서 분리되면 계율의 의미를 잃는다는 것이 분명하다. 즉 거기에는 조건부 의무가 있고, 절대적인 것이 아니다. 모든 중생을 깨우쳐야 하는 보살의 의무조차도 서원의 힘에 의한 의무일 뿐이다. 처음에는 외부에서, 아마도 부모, 사회 또는 심지어 스스로(마치 외부 규정처럼)가 규정한 윤리 강령을 따르는 게 유용할 수 있으며, 강령이 요구하는 것의 복종과 훈련이 우선이다. 이 단계에서는 훈련 규칙을 절대적인 것으로서 경험하는 것이 잠정적으로 유용할 수 있다. 그러나 그 길을 더 멀리 따라갔을 때는, 이 외부 강제력은 주어진 상황에서 자신과 다른 사람들을 위해 무엇이 더 깨달은 상태로 이어질 것인가에 대한 통찰력으로 대체되어야 한다.

그렇다면 불교 윤리는 어떤 지침을 제공할까? 숙련된 방편(upāya-kauśalya)의 대승 교리는 윤리의 본질적인 성문화成文化의 불가능성을 표현하며, 나는 이것이 훈련과 도덕률 규칙에 대해 지나치게 경직된 개념을 바로잡으려는 의도라고 믿는다. 즉 주어진 상황에서 올바른 행동 방식은 미리 공식화하거나 고정할 수 없다는 뜻이다. 숙련된 방편은 다양한 조건에 따라 다르며, 사람과 상황에 따라 '올바른' 행동을 하는 방법이 여러 가지가 있는 경우가 많다. 훈련 규칙뿐만 아니라 계율은 일상적인 결정을 내리는 데 적용되는 경험 법칙으로 매우 적합하고 대부분은 올바른 과정을 제공하지만, 이에 대한 보상은 없다. 사실 '절대적' 가치는 윤리 규범을 포함한 모든 것이 다른 것과 관련해서만 존재한다는 불교의 핵심 교리인 연기 교리와 모순된다.

행위를 위한 지침은 주어진 상황에서 더 깨달은 상태로 이끌거나, 또는, 달리 표현하면, 주어진 상황에서 그러한 깨달은 상태를 표현하는 것이다. 이것은 의무론과 결과주의의 경우처럼 특정 의사 결정 절차에 얽매일 수 없으며, 반드시 배워야만 하는 능력이다. 따라서 교육, 교양 함양(Bildung) 및 기타 형태의 윤리적 훈련이 매우 중요하다. 그 길을 완수했거나 적어도 모범이 될 정도로 발전한 사람들은 길잡이로 봉사할 수 있다. 물론 붓다 자신뿐 아니라 아라한, 보살, 기타 불교 성자와 같은 다른 사람들도 윤리적 모범 역할을 수행할 수 있다. 그들은 불교의 '윤리전문가'로서 아리스토텔레스의 덕 윤리에서 실천적 현자(phronimos)의 역할을 다한다.

그러나 불교와 일반적 덕 윤리에서 '선'의 종속적 성격은 아무리 강조해도 지나치지 않는다.(cf. McDowell 1998) 탐욕과 미움과 망상으로 범하는 행위는 맥락과 상관없이 나쁜 것이며, 계율은 실제로 하거나 하지 말아야 할 것을 표현하기 때문에 바로 훈련의 규칙으로 작용한다. 그러므로 그것들은 문화나 선에 대한 다른 개념, 또는 계율을 택했는지 아닌지에 관계없이 보편적으로 유효하다. 여기서 내가 주장하는 바는, 불교 윤리에는 불교도의 번영하는 삶인 열반의 개념에 대한 계율의 의존성이 있다는 것이다. 예를 들어, 잔인한 행위는 '옳지 않다'이다. 왜냐하면 잔인한 행위는 열반으로 이끌지 않고, 멀어지게 하기 때문이다. 따라서 불교 윤리학에서 의무와 책임의 개념은 덕 윤리, 또는 원한다면, 의무론적 요소로서, 그러나 위에서 설명한 용어의 약한 의미에서만 가능하다.

결론

아리스토텔레스가 처음 기술하고 현대 철학 윤리학에서 더욱 발전된 덕 윤리의 틀은 불교 윤리를 이해하기에 좋은 맥락으로 보인다. 내 생각에 덕 윤리는 해석의 진퇴양난을 피한다. 즉 왜곡과 방치의 위험이다. 덕 윤리는 불교의 모든 중요한 측면을 제대로 다룬다. 연기 교리, 사성제, 무아, 중도는 감정과 의도의 윤리적 가치, 윤리적 훈련, 현자의 역할과 마찬가지로 모두 비-인위적 방식으로 자리를 잡을 수 있다. 내가 보여주었듯이, 결과와 외부 목표, 의무와 규범과 같은 결과론과 의무론적 개념도 제 자리를 차지하지만, 적어도 불교 윤리에서는 이러한 개념들이 덕 윤리 맥락에서 더 적절하게 배치된다.

불교 윤리를 이 틀에 배치함으로써 우리가 얻는 것이 있는가? 나는 그렇다고 믿는다.[14]

첫째, 그러한 배치는 불교 윤리가 잠재력의 개발과 관련이 있다는 생각에 대한 적절한 맥락을 만든다. 덕 윤리는 자질 개발을 추구하는 데 내재하는 동기 부여의 힘을 가지고 있다. 어떤 것은 의무적이거나 허용되지 않는다는 생각(계율이 절대적인 규범으로 받아들여지는 경우처럼), 또는 완전히 충족할 수 없는 요구가 있다는 생각(보살 이상에 대한 공리주의적 견해의 경우처럼)과 달리, 개발과 성장은 본질에서 동기를 부여한다. 불도 수행은 본질적으로 깨달음의 잠재력을 개발하는 것이며, 덕 윤리 관점은 이것을 분명히 제시한다.

---

14 다음 단락은 나의 이전 간행물(2014)을 수정하여 개작했다.

둘째, 수행 개념의 맥락에서 불교 윤리를 설정함으로써, 우리는 전통적으로 '불, 법, 승에 귀의하는 것'으로 표현되는 불도 수행의 역학을 더 잘 이해할 수 있다. 명상-수행이나 계율(śīla)의 의미로서의 도덕적 행위를 할 때, 또는 다른 불교 수행을 할 때 피아노를 치거나 친구들과 축구 경기를 하는 것처럼 한다. 수행은 본질적으로 게임 그 자체를 하고, 기술을 갈고 닦고, 게임에 내재한 보상을 얻는 것에 관한 것이다. 외부 결과는 (때로는 환영할 만한) 부작용이고, 그것이 우위를 점한다면 게임은 더 이상 적절한 의미에서 진행되지 않는다. 물론 불교 수행은 피아노 연주와 같지 않다. 삼보에 '귀의하는 것'은 더 실존적으로 충전되어 또 다른 종류의 '게임'이 된다. 그러나 역학은 동일하다. 둘 다 외부 목표 세계에서의 도피처이며, 둘 다 게임을 하는 듯한 가벼움과 추진력을 가지고 있다.

셋째, 덕 윤리관은 불교 윤리에서 규범과 계율의 위치를 명확히 한다. 규범과 계율은 절대적인 의미가 아니라 파생된 의미를 갖는다. 이 점은 내가 위에서 논의한 것처럼, '계율'에 대한 원래의 팔리어 용어를 올바른 방식으로 번역한 사람들에게는 이미 분명한 것이다. 덕 윤리에서 선은 맥락에 의존하며 법이나 규칙의 공식화에 고정될 수 없으며, 덕 윤리의 틀은 이것이 불교 윤리에서도 마찬가지라는 점을 보여주는 데 도움이 된다. 불교의 계율은 수행의 규칙으로, 그리고 일상생활의 의사 결정 과정에서 경험적 규칙으로 중요하지만, 절대적인 존재는 아니다.

넷째, 덕 윤리관은 전통적인 불교 수행이 아닌, 예를 들어 가정생활, 결혼, 예술, 과학과 같은 실천도 어떻게 불도에서 결실을 볼 수 있는지를 알게 한다. 덕 윤리관은 이러한 수행을 통해 불도에 잘 맞는 자질을 개발할 가능성이 매우 크다는 점을 보여준다. 물론 그 역도 가능하다.

마지막으로 덕 윤리의 관점은 불교의 윤리가 서구적 사고의 윤리관과 일맥상통할 수 있음을 보여준다. 덕 윤리관은 많은 차이점과 유사점이 자리 잡는 틀이 될 수 있으며, 불교도들이 서양 철학자들과 토론하고 논의할 때 사용하는 개념적 도구를 제공할 수 있다.

인용 문헌

Annas, J. (1993) *The morality of happiness*. New York and Oxford: Oxford University Press.

Aristotle (2002) *Nicomachean ethics*. Translated by C. Rowe. New York and Oxford: Oxford University Press.

Clayton, B. (2006) *Moral theory in Śāntideva's Śikṣāsamuccaya: cultivating the fruits of virtue*. London and New York: Routledge Curzon.

Foot, P. (2001) *Natural goodness*. New York and Oxford: Oxford University Press.

Gadamer, H.-G. (1989) *Truth and method*. Second edition. London: Sheed and Ward.

Goodman, C. (2009) *Consequences of compassion: an interpretation and defense of Buddhist ethics*. Oxford: Oxford University Press.

Hayes, R. P. (2011) Review of *Consequences of compassion: an interpretation and defense of Buddhist ethics*. *Journal of Buddhist ethics*, 18, 288-395.

Hursthouse, R. (1999) *On virtue ethics*. New York and Oxford: Oxford University Press.

Keown, D. (1992) *The nature of Buddhist ethics*. Basingstoke, UK: Palgrave

Macmillan.

King, S. (1991) *Buddha nature*. Delhi: Sri Satguru Publications.

McDowell, J. (1995) Two sorts of naturalism. In: R. Hursthouse, G. Lawrence, and W. Quinn (eds), *Virtues and reasons: Philippa Foot and moral theory*. Oxford: Clarendon Press, 149-179.

McDowell, J. (1998) Are moral requirements hypothetical imperatives? In: *Mind, value and reality*. Cambridge, MA: Harvard University Press, 77-94.

MacIntyre, A. (1984) *After virtue: a study in moral theory*. Second edition. London: Duckworth.

Nagao, G. (1992) *The foundational standpoint of Mādhyamika philosophy*. Delhi: Sri Satguru Publications.

Śāntideva (1995) *Bodhicaryāvatāra*. Translated by K. Crosby and A. Skilton. New York and Oxford: Oxford University Press.

Singer, P. (2009) *Animal liberation: a new ethics for our treatment of animals*. New York: HarperCollins Publishers.

Singer, P. (2016) *Famine, affluence, and morality*. New York: Oxford University Press.

Williams, B. (1981) *Moral luck*. Cambridge: Cambridge University Press.

Williams, B. (1985) *Ethics and the limits of philosophy*. Cambridge, MA: Harvard University Press.

Williams, P. (2009) *Mahāyāna Buddhism: the doctrinal foundations*. Second edition. London and New York: Routledge.

추천 도서

Foot, P. (2001) *Natural goodness*. New York and Oxford: Oxford University Press.

Gadamer, H.-G. (1986) *The relevance of the beautiful and other essays*.

Cambridge: Cambridge University Press.

Keown, D. (1992) *The nature of Buddhist ethics*. Basingstoke, UK: Palgrave Macmillan.

MacIntyre, A. (1984) *After virtue: a study in moral theory*. Second edition. London: Duckworth.

Sangharakshita (2010) *The ten pillars of Buddhism*. Cambridge: Windhorse.

Williams, P. (2009) *Mahāyāna Buddhism: the doctrinal foundations*. Second edition. London and New York: Routledge.

Zahavi, D. (2008) *Subjectivity and selfhood: investigating the first-person perspective*. Cambridge, MA: MIT Press.

제17장 인도-티베트 불교 윤리의 도덕 판단과 인식의 심리학

에밀리 맥레이Emily McRae

서론

서구의 원칙-기반 윤리학에서 도덕적 판단은 도덕적 원칙 (또는 규칙)을 행동으로 옮기는 능력, 즉 구체적이고 특정한 상황에 추상적 도덕 원칙을 적용하는 능력이다.(도덕 원칙은 규칙과 달리 예외를 인정하지 않는다; Blum 1991 참조) 유용하게도, 도덕적 판단은 원칙과 행동을 연결한다. 예를 들어, 나는 다른 사람을 도와야 한다는 도덕률을 이해할 수 있지만, 이런 특정한 사람이 도움이 필요하다는 것과 내가 도움을 줄 수 있는 위치에 있다고 판단할 수 없다면 실제로 다른 사람을 도울 수 없다.

우리가 '특정 상황에 대해 원칙을 적용하는 능력'(Blum 1991: 710)이라는 용어로 도덕적 판단을 생각한다면, 사원 법규(Vinaya)와 그것의 적용에 대한 논의 외에는 인도-티베트 불교 윤리 문헌은 도덕적 판단에 대해 할 말이 거의 없다. 이것은 우리 가운데 불교 윤리를 규칙-기반으로 분류하지 않는 사람들에게는 놀라운 일은 아니다.(예: Hallisey 1996 참조) 그러나 우리는 서구의 덕 윤리학에서나 불교 윤리에서도, 도덕적 판단과 도덕적 행동이 추상적 지식과 특수한 지식의 조합에서 나오는 방식을 설명하려는 실용적 추론의 이론적 모델을 찾지 못한다.

주어진 상황에서 어느 것이 올바른 행동인지에 대해 사고하는 개인의 불교 윤리 사례는 거의 없으므로, 우리는 불교 윤리학자들이 서구 윤리학에 있는 도덕적 행위의 표준 문제, 즉 '나는 어떻게 해야 하나?'를 단순히 무시하는지 궁금할 수 있다. 붓다가 깨달음을 얻기 전 전생에서 도덕적, 정신적 성취를 이룬 이야기인 본생담(Jātaka) 설화에는 보살이 어려운 도덕적 상황에 어떻게 반응했는지에 대한 예가 많이 있지만, 그가 도덕적으로 무엇을 해야 하는지 궁금한 이야기는 거의 포함하지 않는다. (아마도 그의 도덕적 지혜가 이미 완성되었기 때문일 것이다.) 마호사다 본생담(Mahosadha Jātaka)에서 보살은 둘 다 어린아이의 어머니라고 주장하는 두 여성 사이의 갈등을 판결한다. 솔로몬 왕의 결정과 놀랄 만큼 유사한 도덕적 결정(1 Kings 3:16~28)에서, 보살은 선을 그어 아기를 그 위에 눕히고 여인들에게 누구든지 아이를 자기 쪽으로 끌어당기는 사람은 아기를 가질 수 있다고 말한다. 물론 진짜 어머니는 아기가 다치지 않도록 아기를 놓아주고, 보살은 마땅히 진짜 엄마에게 아기를 준다.(이 이야기에 대한 역사적 설명은 Brewster 1962 참조) 솔로몬 왕의 심판을 강조하는 바이블과 달리, 불교 버전은 보살의 숙련된 솜씨와 모성애의 부드러움을 강조한다.

반면에, 도덕적 판단 능력을 구체적인 특정 상황에 추상적 규칙을 적용하는 관점에서가 아니라, 가장 넓은 의미에서 도덕적 판단 능력을 식별하고, 평가하고, 사정하고, 그리고 일반적으로 도덕적 맥락에서 의미를 부여하는 능력으로 생각한다면, 인도-티베트 불교 윤리는 우리가 조사할 수 있는 풍부한 자원이 된다. 인도-티베트 불교 윤리학자들 사이에서 우리가 발견하는 것은, 감성, 욕망, 무지, 지각, 주의 및 상상의 탐구를 우선시하고, 엄격한 (서구 철학적) 의미의 도덕적 판단 개념을 그들의 분석의 주변부에 남겨두는 경향이 있는 정교한 도덕 심리학이다. 불교 윤리에서 '나는 무엇을 해야 하는가?'라는 질문보다 더 시급한 것은 '어떻게 하면 그것을 할 수 있는 사람이 될 수 있을까?'이다. 이러한 관심은 서구의 덕 윤리로 인도하는 '덕이 있는 사람은 어떤 사람인가?'라는 질문과 관련이 있지만, 궁극적으로는 구별된다. 왜냐하면 불교 윤리학에서는 초점을 도덕적으로, 정신적으로 발달한 사람이 어떻다는 일반적인 설명을 제시하는 데에만 두지 않고, 어떻게 모든 결점, 집착, 부정, 망상을 가진 보통 사람들(또는 적어도 평범한 승려)이 도덕적으로나 정신적으로 발전할 수 있는지에도 두고 있기 때문이다.[1]

이 장에서는 인도-티베트 불교 윤리학에서 도덕 심리학에 대한 두 가지 일반적인 주장을 논한다.

---

[1] 이것은 보살이나 붓다와 같이 도덕적으로 완성된 존재의 감수성에 대한 논의가 없다는 것을 의미하지 않는다. 그러나 나는 불교 윤리의 더 중심적인 프로젝트는 어떻게 불완전하고 고통받는 존재가 도덕적으로나 영적으로 향상할 수 있느냐에 있다고 제안한다.

첫째, 불교 도덕 심리학은 도덕적 동기에 대한 일반적인 관심과 도덕적 성공과 실패의 심리적 측면과 같은 서양 도덕 심리학의 관심사를 공유하지만, 불교 도덕 심리학은 도덕적 향상의 심리학에 주로 관심이 있다: 어떻게 하면 나와 다른 사람들의 도덕적 요구에 가능한 최선의 방법으로 대응할 수 있는 사람이 될까? 이 접근법은 일반적으로 도덕적 자기-함양의 심리학에 대한 탐구를 우선시하지 않는 전형적인 서구 도덕 심리학의 요구와 다르다. (이 일반적인 경향의 한 가지 예외는 스토아 철학자들의 도덕 심리학인데, 특히 세네카Seneca와 에픽테투스 Epictetus의 작품에서 볼 수 있다. Nussbaum 1994; Hadot 1995; McRae 2015 참조)

둘째, 그리고 이와 관련하여 나는 도덕적 인식과 관심을 기울이는 능력이 불교 도덕 심리학의 핵심이라고 주장한다. 그것은 우리가 도덕적으로 어떻게 인식하고 관심을 기울이는지, 어떻게 인식하고 주의하지 않는지, 어떻게 다르게 인식하고 주의하는 법을 배울 수 있는지에 관한 질문에 깊은 관심을 두고 있다. 나는 도덕적 철학 논증이 일반적으로 자기-함양 수행의 맥락에서 제시되며, 서양 윤리학에서 흔히 그렇듯이 도덕적 사고의 모델로서 제시되지 않는다고 주장한다. 나는 두 가지 불교 도덕 심리학 범주에 초점을 맞춘다: 불교 윤리의 주요 도덕적 감정 상태인 사무량심四無量心(brahmavi-hāras)과 괴로운 마음 상태인 번뇌(kleśas)다. 불교 도덕 심리학의 기본 범주뿐만 아니라, 우리의 사무량심과 번뇌에 대한 고찰은 또한 불교 윤리에서 자기-함양에 대한 일반적인 방향, 그리고 인식과 주의의 우선성을 설명한다.

사무량심과 번뇌에 대한 나의 분석에서 다음과 같은 몇 가지 하위 주제가 나타난다: (1) 인간의 마음을 말 그대로 무한한 잠재력을 지닌 것으로 보는 관점; (2) 우리의 인지적, 정서적 상태에서 심리적 자유와 선택의 행사에 대한 강조; (3) 도덕적 자기-함양 과제를 위한 개인적 인간관계의 관련성. 다음 이야기는 위에 열거한 인도-티베트 불교 윤리학의 하위 주제뿐만 아니라 자기-함양, 도덕적 인식, 도덕적 관심의 주제를 보여준다.

삽화: 아상가 이야기

19세기 티베트 불교의 거장 파트룰 린포체Patrul Rinpoche(1808-1887)는 그의 고전 논서 '나의 완벽한 스승의 말씀'에서 미륵불(미륵은 자비와 관련된 붓다이며 미래 시대의 붓다이다)을 꿈꾸며 자비 명상 수행을 위해 쿠카타파다Kukkatapāda 산으로 안거에 들어간 4세기 인도 학자이자 성자 아상가Asaṅga[2]의 이야기를 들려준다. 12년이 흘러갔고, '그는 열심히 명상했지만, 단 한 번도 상서로운 꿈을 꾸지 못했다.' 진전이 없다는 사실에 점점 낙담한 아상가는 포기하고 산을 내려가기 시작했다. 길가에서 그는 뒷다리가 구더기로 뒤덮여 절뚝거리는 개를 보았다. '참을 수 없는 깊은 연민에 휩싸여,' 그는 개를 돕고 싶은 강한 충동을 느꼈고, 손가락으로 뽑아내면 구더기를 죽이리라는 것을 깨닫

---

2 역주: 무착無著, 4세기 인도 승려 철학자. 대승불교의 위대한 영적 인물 중 하나, 그의 이복동생 바수반두Vasubandhu(세친世親)와 함께 유식유가행파(Yogachara school) 창시.

고 혀로 핥아내기로 했다. 그러나 그는 몸 전체가 썩고 고름으로 가득 찬 그 개를 볼 때마다 그렇게 할 엄두가 나지 않았다. 그래서 그는 눈을 감고 혀를 뻗어 내밀었다. … 그러나 그의 혀는 개에 닿지 않았고 대신 땅에 닿았다. 아상가가 깜짝 놀라 눈을 떴을 때 개가 사라지고 그 자리에 미륵불이 있는 것을 보았다. 12년 동안의 열성적이고 헌신적인 수행에도 불구하고 미륵불께서 더 일찍 자신을 보여주지 않은 것은 불공평하다는 아상가의 항의에 대해 미륵불은 다음과 같이 설한다:

> 내가 나를 보여주지 않은 것이 아니다. 너와 나는 분리된 적이 없었다. 그러나 너 자신의 부정적인 행동과 몽매함이 너무 강렬해서 네가 나를 볼 수 없었다.(khod sdig sgrib che bas ma mthong ba yin) 너의 12년간의 수행이 너의 부정적인 행동과 몽매함을 조금 줄어들게 했기에 네가 개를 볼 수 있었다. 바로 지금, 너의 큰 자비로 인해 너의 몽매함이 완전히 정화되어, 너의 눈으로 나를 볼 수 있게 된 것이다.(nga rang rngus mthong ba yin) 내 말을 못 믿겠다면 나를 어깨에 메고 주위 사람들에게 보여주어라.

그래서 아상가는 미륵불을 어깨에 메고 시장으로 갔다. 그러나 거기에 '습관적 성향에 의해 지각이 약간 덜 흐려진' 한 노파(문자 그대로 습관적인 성향이 '희석'된 노파, bag chags srab ba'i rgun mo)를 제외하고는, 누구도 그의 어깨 위에 어떤 것도 보지 못했다. 그 노파가

'당신은 썩어가는 개의 사체를 메고 다니네'라고 말했다.(Patrul 1994: 212)

아상가의 이야기는 이 장에서 탐구하는 인도-티베트 불교 도덕 심리학의 몇 가지 핵심 주제를 보여준다: 수행을 통해 자비를 함양하는 인간 정신의 무한한 잠재력, 부정적인 감정과 무지가 도덕적 인식을 왜곡시키는 방식, 도덕적 인식은 정도의 차이로 나타난다는 사실, 우리의 도덕적 지각을 명확하게 하고 정확하게 만드는 긍정적 감성의 힘. 이 장의 첫 번째 부분에서 나는 무한한 대자대비(사무량심)와 부정적인 정신 상태(번뇌)의 개념을 분석한다. 이 장의 두 번째 부분은, 특히 사무량심과 번뇌와 관련하여, 불교 도덕 심리학의 도덕적 지각, 주의, 도덕철학 논쟁의 역할을 조사한다.

사무량심

문자 그대로 브라만의 거처(종종 '신성한 거처' 또는 '숭고한 거처'로 번역됨)인 사무량심四無量心(Brahmavihāras)은 불교 윤리의 중심이 되는 고결한 정서적 경험이다. 즉 자무량심慈無量心(mettā, maitri, byams pa; 사랑), 비무량심悲無量心(karuṇa, snying rje; 연민), 희무량심喜無量心(mudita, dga' ba; 더불어 기뻐함), 사무량심捨無量心(upekka, btang snyoms; 평정)이다. 사무량심은 적절한 훈련을 통해 궁극적으로 모든 중생을 포괄하고, 그들을 점점 더 깊고 진실하게 느낄 수 있도록 무한히 확장될 수 있으므로, 네 가지 무한하거나 측량할 수 없는 특성인 무량심(Tib. tsad med gzhi)이라고도 한다.(McRae 2013) 20세기 티베트 철학자 켄포 응가왕 펠장Khenpo Ngawang Pelzang이 말했듯이 '사무량심은 초점을 맞추는 대상이 무한하고, 마음에 두는 형태가 무한하며, 그 결과가 무한하여서, 사무량심을 무한한 자질이라고도 부른다.'(2004: 136)

무량심은 원래, 그리고 가장 기본적으로는 일종의 명상적 집중 또는 '몰입'을 나타낸다.(Heim 2 2017) 이 점은 바로 5세기의 팔리어 율장 불교학자인 붓다고사Buddhaghosa[3]가 소화가 잘된 상태에서 '한적한 곳에서 잘 준비된 자리에 편안하게 앉아야 한다'라고 충고하면서, 사무량심에 대한 그의 논의를 시작한 이유 때문이다.(1956 IX.1.295) 무량심은 명상 수행을 통해 함양되고 경험되는 완전한 인지-감정 상태이다. 우리가 알게 되겠지만, 사무량심 각각의 무한한 자질은 혼자 할 수 있는 자기-성찰적 명상 수행과 다른 사람들과의 관계로 이루어지는 사회적 수행을 포함하여 끌어내고, 함양하고, 강화하도록 설계된 수행들과 관련되어 있다. 어느 정도까지는 사랑, 연민, 공감의 기쁨, 평정은 우리가 모두 일상적으로 경험하는 정신 상태이다. 그러나 이러한 상태에 대한 우리의 경험은 일반적으로 우리의 편견에 의해 왜곡되거나 짧게 잘려 나간다. 예를 들어, 우리는 죽어가는 애완동물에 대한 연민에 압도될 수 있으나, 전쟁이나 기근으로 인해 쫓겨 난민이 된 사람들에 대해서는 아무 느낌도 일어나지 않을 수 있다. 무량심과 관련된 실천의 주요 기능 중 하나는 사랑, 연민, 공감의 기쁨, 평정에 대한 우리의 일상적 경험 범위의 한계를 수정하고

---

3 역주: 佛音, 5세기 인도의 불교학자. 사분율四分律의 주석서 선견율비바사善見律毘婆沙를 저술.

확장하는 것이며, 그것들을 무한하게 만드는 것이다.[4]

1) 자무량심

사랑 또는 자애는 타자의 행복을 간절히 바라는 진심 어린 열망이다. 붓다고사는 이를 '불쾌감의 해소로 구현'되는 '행복의 측면을 증진'하는 것으로 설명한다.(1956) 그는 사랑은 '중생의 사랑스러움을 보는 것'에서 비롯한다고 주장한다. 성공적인 사랑은 악의를 감소시키고 결국은 없앤다. '(이기적인) 애착이 생길 때' 사랑은 실패한다.(IX.93) 사랑은 우리가 타자의 '미덕을 볼 수 있게' 해주는 것이다.(IX.98) 붓다고사는 악의와 원한을 사랑의 '먼 적' 또는 사랑의 반대로, 그리고 탐욕스러운 애착을 사랑의 '가까운 적'으로 구별한다. 따라서 타자를 사랑하는 것은 이기적인 방식에 집착하지 않고 진정으로 다른 사람의 행복을 바라는 것이다.(붓다고사의 작품에서 사랑에 대한 훌륭한 개요는 Heim 2017 참조)

사랑은 네 가지 무량심의 다른 특성과 마찬가지로, 감정을 포함하지만 단순한 감정이 아니다. 그것은 육체적 행위와 말하고 생각하는 습관을 포함하는 복잡한 경험이다. 파트룰 린포체Patrul Rinpoche[5]는

---

[4] 다음에서 나는 불교 윤리학에서 일반적으로 통용되듯이 brahmavihāras와 무량심이라는 용어를 상호-교환적으로 사용한다. 이 둘을 구별하는 유일한 사상가는 Khenpo Ngawang Pelzang인데, 그는 brahmavihāras에는 보살이 없고 '전지全知의 길'을 취하지 않기 때문에 brahmavihāras과 무량심은 동의어가 아니라고 주장한다.(2004: 135-136)

[5] 역주: 1808-1887. 티베트 불교 승려, 작가. 저서 The Heart Treasures of the Enlightened Ones을 미국에서 출판

사랑을 함양하는 사람은 공격적인 눈초리보다는 유쾌한 표정으로 타자를 바라보고, 당신이나 노인을 위해 일하는 사람들 같은 취약 계층의 사람들을 특별히 돌봐야 한다고 조언한다. 사랑하는 사람은 '(그녀가) 하는 말 한마디 한마디를 유쾌하고 진실하게 만드는' 어려운 기준에 부응할 수 있다. 파트룰 린포체는 사랑을 함양할 때의 더 미묘한 자기-중심적 함정에 대해 경고한다: '위선자가 되지 말고, 여러분의 친절한 말과 행위로 인해 다른 사람들이 여러분을 보살로 보도록 노력하지 마시오. 단순히 다른 사람들의 행복을 마음속 깊이 바라면서, 그들에게 가장 유익한 것만 생각하시오.'(Patrul 1994: 199)

파트룰 린포체는 사랑을 어린 자녀를 둔 부모의 태도에 비유한다. 부모는 '자녀의 배은망덕함과 관련된 모든 어려움을 무시하고, 모든 생각과 말과 행동을 전적으로 자녀를 행복하고 편안하고 안락하게 만드는 데 바친다.'(198) 육아에 대한 은유(특히 엄마의 보살핌)는 무량심의 자질에 대한 설명에서 흔히 볼 수 있다. 이러한 자질은 숭고하지만, 자녀들에게 향하는 부모들이 표현하는 일상적이면서도 깊은 보살핌에 뿌리를 두고 있다. 우리는 다른 존재들을 우리의 자녀이자 우리 자신의 어머니로 보도록 권장된다.

그러나 '나의 완벽한 스승의 말씀'을 포함한 많은 불교 텍스트는 또한 어머니의 사랑(또는 부모 사랑)의 한계를, 특히 무량심과 비교할 때의 한계를 강조한다. 대승장엄경론(Mahāyāna-sūtrālamkāra-kārikā)에서 아상가(미륵불의 말씀을 받아쓰며)는 보살의 큰 사랑은 '중생이 귀한 외아들에 대해 가질 수 있는 사랑과는 다르다'라고 썼다.(XVII.28) 티베트의 마스터 미팜 린포체(Mipham Rinpoche, 1846-1912)는 이 게송에 대해 다음과 같이 논평한다: '어떤 아버지나 어머니도, 그들의 외아들이 아무리 재능이 있고, 사랑스럽고, 도움이 필요더라도 그 외아들에게 이런 보살의 사랑을 줄 수는 없다.'(600) 이것은 부모의 사랑이 무량심에 접근하기 위한 정서적이고 인지적인 관문이라는 점은 시사하지만, 그러한 사랑은 그 적용에 있어서 받아들일 수 없을 정도로 부분적이기 때문에 자무량심의 전체 범위를 포착할 수 없다.(Ohnuma 2012, Powers and Curtin 1994 참조)

2) 비무량심

연민은 고통에 대한 정서적, 인지적 반응이다. 연민은 고통이 나쁘다고 인지하고 그것을 경감시키고자 하는 욕구 상태이다. 붓다고사에 따르면 연민은 '고통에 짓눌린 사람들의 무력함을 보는 것'에서 비롯된다. 적절한 연민은 '냉혹함을 가라앉게 하고' 우리가 타자의 고통이 도덕적으로 절박하다는 것을 충분히 인식하고 대응할 수 있게 해준다. 연민은 중생의 고통에 대한 응답으로서의 핵심적인 도덕적 요구이기 때문에, 대승불교 윤리의 주요 도덕적 지향인 보리심(bodhicitta), 다시 말해, 모든 중생을 이롭게 하는 도덕적 행위자로서의 자신을 완성하려는 근본적으로 이타적인 태도를 함양하는 데 중심적인 것으로 여겨진다.(Garfield 2011)

그러나 불교 윤리에서 연민의 중심성은 불교 도덕 심리학에 즉각적인 문제를 제기한다: 연민이 어떤 의미에서 다른 사람과 함께 괴로움을 겪는 것이라면, 연민은 어떻게 고통으로부터의 해탈을 추구하는 일반적인 불교의 과제와 양립할 수 있을까? 또는 다르게 말하면, 불교

사상가들이 주장하는 것처럼, 고통에서 벗어나고자 하는 열망이 우리에게 동기를 부여한다면 무엇이 연민을 불러일으킬까? 한 가지 대답은, 해탈을 주는 사무량심의 연민을 슬픔이나 우울과 같은 고통을 일으키는 상태와 구별하는 것이다. 붓다고사(1956)는 만약 우리가 타자의 고통과 마주쳤을 때 슬픔이나 비애를 느낀다면, 연민을 일으키려는 우리의 시도는 실패한 것이라고 주장한다.(IX.94) 그의 견해에 따르면, 연민은 슬픔이나 비애(연민의 '가까운 적')와는 다른 현상학적 특성이 있다. 이는 연민이 슬픔이나 비애와 달리 고통을 유발하지 않으므로, 해탈과 긴장 관계에 있지 않다고 주장하는 개념적 공간을 제공한다.

그러나 이러한 견해는 모든 인도-티베트 불교 윤리학자들이 공유하는 것은 아니다. 사실 일부 티베트 사상가들은 붓다고사의 모델이 완화될 수 있다고 말하는 연민과 해탈 사이의 긴장을 강조하고 심지어 그 긴장을 이용하기도 한다. 예를 들어 파트룰 린포체(1994: 212-213)는 연민-명상을 설명하기 위해 다음과 같은 가슴 아픈 이미지를 제공한다:

> 연민에 대한 명상을 위해 주어진 이미지는, 강물에 휩쓸려가는 아이를 보고 있는 두 팔이 없는 어머니의 모습이다. 그런 어머니의 괴로움은 얼마나 견디기 힘들겠는가. 아이에 대한 사랑은 너무 강렬하지만 팔을 사용할 수 없으므로 그녀는 아이를 붙잡을 수 없다.
> '내가 지금 무엇을 할 수 있을까? 내가 무엇을 할 수 있을까?'라고

그녀는 스스로 묻는다. 그녀의 유일한 생각은 그를 구할 방법을 찾는 것뿐이다. 그녀는 가슴이 찢어지는 듯 울면서 아이를 쫓아간다.

파트룰 린포체는 연민을 '참을 수 없는' 것, 그리고 '우리의 눈을 눈물로 채울 수 있는' 것으로 묘사한다. 이 때문에 연민은 상처를 준다.(Flakes 2007)

하지만 타인에 대한 연민과 자신의 고통 사이의 관계는 복잡하다. 15세기 티베트 철학자 총카파Tsongkhapa[6]는 그의 논서 '보리도차제론 菩提道次第論(Lam rim chen mo)'에서 고통의 다섯 가지 좋은 특성을 열거했는데, 이는 고통으로부터의 해탈을 달성하는 과제의 맥락에서 보면 다소 놀라운 과제이다.(Cozort 2009 참조) 고통의 좋은 특성 중 하나는 윤회하며 방황하는 존재들에게 연민을 일으키는 것이다. 자신의 처한 상황을 스스로 평가하고 나서 '다른 존재도 이런 고통을 받고 있구나'라고 생각하기 때문이다.(2000: 174) 우리는 또한 이 생각을 산티데바Śāntideva[7]에서 보게 된다: '고통의 미덕은, 고통이 일으키는 충격으로 인해 도취가 사라지고, 윤회하는 중생에 대한 연민이 생기고, 악에 대한 두려움과 승리자에 대한 갈망이 생기기 때문에 비할 데가 없다.'(2009: VI.21) 따라서 적어도 일부 불교 윤리학자에게 연민이 개인적인 고통을 유발할 수 있고, 개인적인 고통은

---

6 역주: 宗喀巴, 1357-1419, 티베트 불교 사상가, 겔룩종파 창시.
7 역주: 寂天, 8세기 인도 중관파 불교 철학자, 시인, 학처요집과 경계요집을 지어 삼매 수행을 완성. 저서로는 대승집보살학론, 경집, 입보리행론.

연민을 유발할 수 있다.

대승장엄경론은 고통받는 사람들에 대한 연민으로 인해 괴로워하는 사람들의 경우를 논하고 있다.

> 괴로움에서 해탈한 보살이
> 사랑으로 인해 괴로움을 경험한다;
> 처음에는 두려움이 있지만, 접촉하면
> 완전하고 강렬한 기쁨이 따른다.(XVIII.46)

이 관점에서 '괴로움으로 인한 괴로움'은 '괴로움에서 해탈한' 보살에게조차도 단지 연민 경험의 일부가 된다. 파트룰 린포체는 모두 법(다르마)을 높게 성취한 네 형제 수행자의 이야기를 들려준다. 형제 중 하나는 수백 명에게 설법하고, 다른 하나는 종교 예술에 능하며, 셋째는 밤낮으로 명상하는 명상의 마스터이다. 그러나 넷째는 괴로운 중생을 위하여 울며 나날을 보내는데, 넷째만이 '그것이 진짜 법을 행하는 것이구나!'라는 최고의 찬사를 받는다.(1994: 210)

그러나 연민을 느끼는 것과 그것에 의해 마비되는 것 사이의 경계를 찾기가 쉽지 않다. 분명히, 연민이 장애물이 아니라 도움이 되기 위해서는 '괴로움으로 인한 괴로움'에서의 첫 번째 '괴로움'은 괴로운 것이 아니고, 어느 정도의 해탈 가능성이 있어야만 한다. 위에 인용된 게송은 '일반적인 괴로움'과 보살의 '두려움 없음'으로 설명되는 연민 경험 일부로서 '괴로움으로 인한 괴로움'과의 차이를 시사한다. 자신과 타자의 고통 앞에서 두려움 없이 용기와 지혜로 접근하는 것 자체가 해탈이며, 아마도 '괴로움으로 인한 괴로움' 때문에 괴로워하는 사람의 '강렬한 기쁨'을 설명할 수 있을 것이다.

3) 희무량심

영어에는 무디타(Skt. mudita, Tib. dga' ba: 더불어 기뻐함)에 해당하는 단어가 없으며, 보통은 'sympathetic joy(공감의 기쁨)'로 효과적으로 번역되지만, 다소 우아하지는 않다. 무디타는 다른 사람의 성공, 덕, 행복에 대해 진정으로 기뻐하는 것이다. 붓다고사Buddhaghosa는 무디타mudita를 성공한 아들에 대해 어머니가 취하는 태도와 유사하다고 설명한다: 어머니는 아들의 성공에 진심으로 기뻐하며 아들이 더 많이 갖기를 바란다. 무디타는, 다른 사람의 성공이 나에게 이기심의 의미로 매개되지 않는, 다른 사람의 성공에서 얻는 기쁨인데, 이를 적절하게 함양하면, 모든 중생에게 확대할 수 있다. 파트롤 린포체Patrul Rinpoche에 따르면, 무디타는 부러움이 전혀 없는 상태이다.(1994: 213)

불교 윤리학자들은 종종 누군가의 성공을 기원하기가 쉬운 자연스러운 사람에게 먼저 초점을 맞춰 희무량심(더불어 기뻐함) 함양을 시작하라고 제안한다. 붓다고사는 먼저 '마음에 맞는 친구'에 초점을 맞추라고 조언한다. 왜냐하면 그는 항상 기뻐하고, 그리고 먼저 웃고 나서 나중에 말하기 때문이다.(IX.84) 파트롤 린포체와 켄포 응가왕 펠장Khenpo Ngawang Pelzang은 가까운 친척과 같은 매우 소중한 사람을 떠올리면서 명상을 시작할 것을 제안한다. 다른 무량심의 경우와 마찬가지로, 가장 편안한 사람을 떠올리며 명상이 이루어지면, 낯선 사람과 적을 포함한 다른 사람들에게 명상을 확장하려고 노력한다. 궁극적인 목표는 모든 중생의 성공과 행복에 대해 기쁨을 느끼는 능력이다.

우리가 매우 사랑하는 사람을 떠올리면서 희무량심에 대한 명상을 시작하라고 조언을 받는 이유는, 그들이 우리를 부러워할 가능성이 가장 적은 사람들이기 때문이다. 어떤 의미에서 질투와 '더불어 기뻐함'은 대상(다른 사람의 좋은 것)을 공유한다. 차이점은 그 좋은 것에 대한 태도에 있다. 불교 윤리학자들은 질투가 여러 가지 관계, 심지어 친구와의 관계에도 스며들 수 있다는 점을 인정한다고 널리 알려져 있다. 훈련되지 않은 사람들 가운데는 다른 사람들의 계속되는 성공에 부러워하지 않는 사람은 소수에 불과할 수 있다. 켄포 응가왕 펠장은 의심스러울 때 자신의 어머니와 함께 명상을 시작하라고 가르쳤다: '공감의 기쁨에 관해서 명상하시오. 여러분의 태도와 관련하여 우리는 모두 엄마와 아이입니다. 엄마의 행복을 아이가 질투하는 것은 불가능하므로, 기뻐하십시오.'(2004: 172)

4) 사무량심

사무량심捨無量心(Skt. upekkha, Tib. btang snyoms, 평정)은 네 가지 무량심 중 마지막 무량심이며, 도덕적으로 문제가 되는 편애를 일으키는 갈애와 혐오의 습관으로부터 자유로워지는 것이다. 우뻬카 Upekkha는 때때로 '공명정대'로 번역되기도 하지만, 이 번역은 어떤 사람이 취할 수 있는 지적 관점을 내포하고 있으므로 나는 이 번역에 반대한다. '평정'은 다른 무량심과 마찬가지로 시간을 두고 함양하고 자신을 습관화하는 세상에 존재하는 방식이다. 사랑, 연민, 더불어 기뻐함과 마찬가지로, 평정은 정서적, 인지적, 내재적 측면이 있다.

붓다고사는 평정을 모든 중생에 대한 '중립적인' 태도로 설명하고, 평정의 기능은 '모든 중생의 평등을 보는 것'인데, 그것은 '분노와 승인을 가라앉힘으로써 구현된다'라고 주장한다.(IX.96) 철학자 바수반두[8]는 대승장엄경론에 대한 그의 4세기 주석에서 평정을 '(즐겁거나 불쾌한) 경험 한가운데의 중독에서 벗어나는 것'으로 정의한다. (Thurman et al. 2004: 228) 9세기 인도 학자인 카말라실라Kamalaśīla[9]는 티베트에 큰 영향을 미친 학자로 평정을 단순히 '애착과 증오를 없애는 것'으로 설명한다.(2001: 48) 총카파Tsongkhapa도 비슷하게 정의한다: 평정은 '어떤 중생에 대한 애착과 다른 중생에 대한 적대감에서 오는 편견을 없애는 공평한 태도이다.'(2000: 36) 이러한 정의에 깔린 기본적 주제는 자신의 갈망과 혐오에서 근본적으로 자유로워지는 것이다. 다른 중생을 대상으로 하는 다른 무량심과 달리, 평정(사무량심)의 대상은 자기 자신이며, 더 정확하게는 '자기 마음의 집착과 혐오다.'(Pelzang 2004: 137; McRae 2013)

많은 불교 윤리학자들은 평정심을 갖는 것이, 다른 사람들에게 무관심하거나 무신경하다는 것을 의미하지 않는다고 주장한다. 붓다고사에 따르면, 행동의 위험이나 결과를 알지 못할 때 느끼는 둔한

---

8 역주: Vasubandhu, 世親, 4세기에서 5세기 인도의 승려 학자, 이복형 Asaṅga(무착 無著)의 유식학을 계승 완성.

9 역주: 연화계蓮華戒, 740-795, 인도의 대승 중관파 학승, 스승 Śāntarakṣita(寂護, 725-788)와 함께 티베트에 가서 불교를 가르침.

편안함을 가리키는 '무심한 평정'은 평정의 '가까운 적'이며(IX.101) 경계해야 한다.(Heim 2017) 파트롤 린포체와 켄포 응가왕 펠장은 평정에 대한 '상향 평준화' 접근 방식을 권장한다: 편애를 없앰으로써, 평정은 '지금의 부모에게 하는 사랑과 똑같은 사랑을 수없이 많은 중생에게 베풀 수 있게 하는 것이다.'(Pelzang 2004: 198; McRae 2013) 펠장은 적절한 평정을 위해서는 평정에 사랑과 연민이 스며들어야 한다고 주장한다. 사랑과 연민에 대한 지향은 어떤 사람의 평정심이 펠장과 파트롤 린포체가 '무심한 평정'이라고 부르는 것으로 되는 것을 방지한다. 즉 '특별한 동정심, 증오심 등의 어떤 감정도 없이 친구와 적 모두를 똑같이 생각하는 것'인데 이런 마음은 무익한 것이다.(Patrul 1994: 198)

5) 사무량심 사이에는 어떤 관계가 있나?

네 가지 무량심은 항상 집합적으로 제시되지만, 무량심들이 상호 보완적이거나 심지어 양립 가능하다는 것은 즉각적으로 명백하지 않다. 사랑, 연민, 더불어 기뻐함은 특별히 다른 사람들에 대한 감정적 투자가 필요한 것 같고, 평정은 그들로부터 감정적 분리를 요구하는 것 같다. 크리스토퍼 고완스Christopher Gowans는 사무량심에 평정을 포함하는 것이 개인적 관계의 윤리적 중요성에 대한 명시적인 도전이라고 시사했다.(Gowans 2015: 193 참조) 비록 남아시아 불교에서 대인 관계, 그리고 대인관계에 수반되는 추정과 사고방식이 종종 상당히 회의적인 시각으로 다루어지지만, 이러한 해석은 평정을 무관심, 결핍 또는 배려와 혼동하지 말라는 반복되는 경고를 수용할 수 없다.

'무심한 평정'에 대한 파트룰 린포체의 경고나 평정의 가까운 적은 무관심이라는 붓다고사의 주장을 상기하라. 이 사상가들은 사랑, 연민, 더불어 기뻐함, 평정이 서로를 보완하는 상태라고 제안한다.

평정과 다른 무량심들이 상호 보완될 수 있는 한 가지 방법은, 파트룰 린포체가 제안한 평정을 '상향 평준화'하자는 아이디어다. 이러한 관점에서 평정심은, 우리를 사랑하는 사람에게서 더 멀어지게 만드는 것이 아니라, 낯선 사람이나 적에게 더 많이 투자하는 느낌을 준다. 이상적으로는 모든 사람을 자신의 가족에 대한 정서적 투자 수준까지 올리는 것이다. 평정심은 우리가 우리의 갈망과 혐오를 감시하지 못할 때 발생하는 편애에 종속되지 않도록 공정하게 만듦으로써 사랑, 연민, 더불어 기뻐함을 지지한다. 이것이 파트룰 린포체가 우리에게 평정심을 먼저 수행할 것을 제안한 이유이다. 그렇지 않으면 우리의 사랑, 연민, 공감의 더불어 기뻐함은 편향될 것이다.(따라서 진정으로 무한한 것이 아니게 된다.)(Pelzang 2004: 195)

요약하면, 사랑, 연민, 더불어 기뻐함, 평정의 네 가지 무량심은 정서적, 인지적, 내재적 구성 요소를 포함하는 복잡한 도덕적 심리적 경험이다. 네 가지 무량심은 서로 깊이 통합되고 상호 보완한다. 각각은 육아라는 은유가 암시하는 것처럼, 어떤 형태로든 평범한 경험이지만, 수행을 통해 무한하게 확장될 수 있다. 그러한 수행은 종종 무한한 자질, 즉 무량심을 경험하는 데 나타나는 정서적, 인지적 장애를 극복하는 데 중점을 둔다. 다음 항에서 살펴보겠지만, 그러한 수행의 세부 사항은 인간의 감성과 욕망에 대한 미묘하고 정교한 이해를 보여준다.

번뇌

지금쯤 분명해졌겠지만, 무량심의 기능 중 하나는 특정한 부정적인 정신 상태를 교정하고 궁극적으로 그것을 없애는 데 도움을 주는 것이다. 예를 들어, 파트룰 린포체가 더불어 기뻐함을 질투로부터의 자유로, 평정을 갈망과 혐오로부터의 자유로 정의하는 것처럼, 사捨무량심은 종종 이러한 부정적인 상태가 없다는 관점에서 정의된다. 붓다고사는 때때로 무량심을 부정적인 마음 상태에 대한 해독제로 취급한다: '자무량심은 악의가 많은 사람에게 청정에 이르게 하는 길이고, 비무량심은 잔인함이 많은 사람에게, 희무량심은 혐오(권태)가 많은 사람에게, 사捨무량심은 욕심이 많은 사람을 위한 것이다.'(IX.108) 악의, 잔인함, 권태, 탐욕 등의 이러한 부정적인 특성은 인도-티베트 도덕 심리학에서 번뇌로 알려진 한 부류의 정신 상태의 예다.

번뇌煩惱(kleśas, Tib. nyon smyongs)는 자신과 다른 사람들에게 고통을 주는 부정적인 정신 상태이다. 때때로 '고뇌' 또는 '불안한 감정'으로 번역되는 번뇌를 티베트어 대사전(bod kyi tshig mdzod chen mo)은 다음과 같이 정의한다: '몸과 마음을 힘들고 피곤하게 하고, 사람을 부추겨서 불건전한 행동을 하게 함으로써 극도로 불편하게 만드는 정신 상태'. 그리고 번뇌에는 다음과 같은 특징이 있다: (1) 번뇌는 우리를 괴롭힌다. 즉 그것은 우리가 더 나은 순간에는 선택하지 않을, 어쩔 수 없는 부정적인 상태에서 경험하는 것이다. (2) 번뇌는 신체적, 정신적 측면이 있다. (3) 번뇌는 피로와 불편한 기분과 같은 자신에게 나쁜 영향을 생산한다. (4) 불건전한 행위를 부추겨 남에게 해를 끼친다.

번뇌는 불교 도덕 심리학에서 여러 가지 다른 방식으로 거론된다. 삼독의 뿌리라고도 하는 세 가지 핵심적 번뇌는 집착(dod chag, 탐욕貪欲), 증오(zhe stang, 진에瞋恚), 무지(gti mug, 우치愚癡)다. 티베트 불교 사상가들은 종종 삼독에 교만(nga rgyal)과 시기(phrag dog)를 더하여 다섯 가지 중심적인 번뇌를 언급한다. 아비달마Abhidharma는 여섯 가지 주요 번뇌를 나열한다: 탐, 진, 치 삼독에 교만, 의심, 삿된 믿음을 더한 것이다. 이 아비달마는 또한 더 작고 부수적인 번뇌 목록을 포함하는데, 거기에는 20가지(분노, 원한, 앙심, 시기, 나태, 산만, 태만, 무기력 등을 포함)가 있다. 때때로 84,000가지 다른 고통스러운 정신 상태가 있다고 주장하기도 한다!

1) 번뇌의 원인

아비달마는 괴로운 정신 상태의 세 가지 원인을 나열한다. 바수반두는 그의 아비달마구사론阿毘達磨俱舍論(Abhidharmakośa Bhāṣyam)에서 '(완전한 원인을 가진) 번뇌는 잠재적 경향(anusayas, phra rgyas)을 포기하지 않는 데에서, 번뇌 대상의 존재로부터, 그리고 잘못된 판단에서 비롯된다'라고 썼다.(V.34) 번뇌의 원인에 대해 약간 다른 분류법을 사용하는 총카파는 바수반두의 괴로운 정신 상태의 '근거(gzhi)' 범주에 있는 첫 번째 원인을 논의하면서, 그것은 '이전에 익숙해졌던 (어떤 하나에) 대한 번뇌에서 남겨진 씨앗'이라고 언급한다.(2000: 161)[10] 번뇌는 습관이 될 수 있고, 일반적으로 그렇게 되며, 그러한 습관의 심리적 추진력은 더 고통스러운 경험을 유발한다. 번뇌에 대한 반응이 매우 친숙해지면, 예를 들어 싸움을 걸고 싶은 사람이 때려눕힐 사람을 찾고 있을 때와 같이, 괴로워지는 핑계를 찾을 수도 있다. 번뇌 경험의 근거는 현대의 감정 철학자 아멜리 로티Amelie Rorty가 '자화磁化 성향' 또는 '다른 성향에 끌리고, 다른 성향을 불러일으키는 조건을 만들려는 성향'이라고 부른 것과 유사하다. 총카파와 마찬가지로 그녀는 이것을 감정적 삶의 주요 조직력 중 하나로 보고 있다.(1980: 106)

번뇌의 두 번째 원인은 번뇌의 '대상(yul)'이다. 바수반두는 그것을 '도발적인 대상과 접촉하는 것(nyon mongs skye ba'i yul nye bar gnas pa)'으로 정의한다. 이것은 아마 적어도 번뇌를 경험하는 사람에게 가장 분명한 고통의 원인일 것이다. 산티데바는 예를 들어, 분노는 물리적 공격(VI.43)과 같은 물리적 대상과(VI.43), 굴욕과 같은 정신적 대상에 의해 유발될 수 있다고 지적한다.(VI.52-54) 다른 불교 윤리학자들과 마찬가지로, 그는 이 대상의 원인을 경시하는 경향이 있는데, 이는 괴로움을 경험하게 하는 인과관계를 설명하는 측면에서 다른 원인보다 덜 중요하기 때문이 아니라, 다음 절에서 살펴보겠지만, 우리가 보통 그렇게 하듯이, 번뇌로부터의 해방 과제를 위해서 번뇌의 원인을 우리의 번뇌 경험의 대상에 고착하는 것은 도움이 되지 않기 때문이다.

---

10 총카파Tsongkhapa는 대상, 잠재된 경향, 도움이 되지 않는 생각에 대해 논의하는 대신에 대상, 근거 및 주제의 범주를 사용한다. 그렇지만, 바수반두의 번뇌 원인과 총카파의 원인 사이에는 상당한 중복이 있다.

번뇌의 세 번째 원인은 '잘못된 생각이나 도움이 되지 않는 태도(tshul bzhin ma yin pa'i yid la byed pa)'이다. 파트룰 린포체는 잘못된 사고방식이 치명적인 (그리고 불운한) 시기심으로 피어난 한 거지의 이야기를 들려준다:

> 옛날에 궁궐 문에 누워서 '왕의 목이 잘리게 되어 내가 왕의 자리를 차지하게 되기를!' 하고 생각하는 거지가 있었다. 이 생각은 밤새도록 그의 머릿속을 계속 맴돌았다. 아침이 되자 그는 잠이 들었고 그가 잠든 사이에 왕은 마차를 타고 나갔다. 바퀴 중 하나가 거지의 목 위로 굴러가 그의 목을 잘랐다.

파트룰 린포체Patrul Rinpoche는, 우리가 조심하지 않으면, 이와 비슷한 우스꽝스럽고 폭력적인 생각이 우리 자신의 강박-반추증의 대상이 될 수 있다고 경고한다. '마음챙김과 경계심으로써 법을 구하는 목적을 기억하지 않고, 항상 마음을 주시하지 않으면, 집착과 증오의 격렬한 감정은 매우 심각한 부정적인 영향의 축적으로 쉽게 이어질 수 있다.'(1994: 216) 그는 게셰 샤오파Geshe Shawopa를 인용하여 '끝없이 증식할 가능성이 있는 상상의 왕국을 다스리지 말라!'라고 경고한다.(216)

서구의 감정철학에서 감정의 의도성에 초점을 맞추는 것은 대상이 감정의 원인으로 작용할 수 있는 방식을 강조하면서도, 다른 원인의 역할을 모호하게 하는 경향이 있었다. 그러나 불교 철학에서 대상은 세 가지 유형의 원인 중 하나일 뿐이며, 반드시 근본적인 원인은 아니다.(McRae 2012a: 348-350) 이 대상 원인은 거지에 관한 이야기에서 흥미롭게도 빠져 있다. 그 거지의 질투의 대상인 왕은 거의 언급되지 않으며, 거지의 부러움을 유발하는 사소한 계기에 불과한 것으로 추정된다. 그러나 그 대상은 대개 괴로움을 느끼는 사람에게 가장 명백한 원인이 되는데, 예를 들어 '당신이 나에게 거짓말을 해서 당신에게 화가 났다'라고 생각할 때다. 여기에서 당신의 거짓말(내 분노의 대상)은 내 분노의 유일한 원인으로 추정된다. 그러나 불교의 분석은 분노와 같은 괴로움에는 다른 원인이 있다고 지적한다; 당신의 거짓말에 대한 나의 분노는 당신의 거짓말이 원인일 뿐만 아니라, 분노에 대한 나의 성향과 불교적 관점에서 볼 때 우리의 상황에 대한 나의 무익하고 그릇된 태도에서 기인한다. 〔바수반두와 총카파(2000: 160-161)는 번뇌 경험에 세 가지 원인 모두가 존재한다고 암시한다.〕

2) 변화를 일으키는 수행: 번뇌에 대처하기

불교 윤리학에는 번뇌에 대처하는 방법이 무수히 많다. 붓다고사의 사랑에 대한 논의는 분노(사랑의 주요 장애물)를 극복하는 적어도 11가지 방법을 제시하는데, 여기에는 분노한 사람의 사랑스러운 특성을 찾고(IX.16-20), 그에게 사려 깊은 선물을 주는 것을(IX.39) 포함한다. 티베트 불교 전통에는 괴로운 정신 상태를 극복하기 위한 수백 가지의 구체적인 수행을 자세히 설명하는 로종(lo jong, blo sbyong) 또는 '마음 훈련'이라고 불리는 완전한 장르의 텍스트와 수행이 있다. 이러한 수행은 일반적으로 다음 범주의 일반 접근 방식 중 하나(또는 그 이상)에 속한다: (1) 생각의 습관을 바꾸어 괴로움을 버리거나 예방; (2) 생각의 습관을 긍정적인 정신 상태, 특히 연민으로 교환(또는 변형); (3) 생각의 습관을 도덕적-정신적 발전의 '경로로 받아들임으로써' 습관을 변화시킨다.[11] 다음에서 나는 각 접근 방식에 대한 간단한 예를 보여주겠다.

괴로운 감정을 버리는 한 가지 방법은, 괴로움을 유발하는 전제를 비판적으로 검토하고, 이러한 전제를 정당하지 않거나 비합리적으로 보는 것이다. 이 접근법은 괴로움의 세 번째 원인인 잘못된 생각에 개입하는데, 일부 현대 인지 요법과 유사하다. 예를 들어, 증오나 분노에 대처할 때, 우리는 다른 사람이 우리의 분노나 증오를 촉발한 방식으로 행동하게 한 모든 조건을 다 알지 못한다는 사실에 대해 숙고할 수 있다. 우리는 상대방이 해로운 행위에 자제력이 부족하다고 보게 될 수도 있다. 예를 들어, 산티데바는 다음과 같이 쓴다:

> 나는 담즙 등이 심한 고통을 주더라도 분노는 느끼지 않는다. 내가 중생에게 화가 난 것은 무엇인가? 그들도 분노할 이유가 있다.
> 이 날카로운 고통이 바라지 않아도 샘솟는 것처럼, 바라지 않았는데도 자신의 의지에 반하여 분노가 솟아난다.
> 사람은 '내가 화를 낼 거다'라는 의지로 화를 내지 않으며, 또한

---

[11] 번뇌에 대한 일부 치료법은 이러한 범주 중 하나에 깔끔하게 속하지 않는다. 예를 들어 분개하는 사람에게 선물을 주라는 붓다고사의 권고 같은 것이다.(IX.39) 다른 치료법은 여기에 나열된 접근 방식을 하나 이상 결합할 수 있다.(McRae 2015a 참조)

'나는 화가 치밀 거다'라고 한 다음 화가 나는 것이 아니다.(VI. 22-24)

총카파는 이 구절에 대한 주석에서, "보살들이 남에게 상처를 받았을 때, 보살들은 '번뇌의 마귀가 보살들에게서 스스로를 다스리는 능력을 없앴기 때문에 보살들이 이렇게 된다'라고 생각한다"라고 쓴다.(2000: 161)[12] 자신의 상황을 인식하는 방식의 이러한 근본적인 변화는 자신의 고통스러운 반응을 줄이고 궁극적으로 없애는 데 도움이 된다. (우리가 분노를 정당화할 수 없는 것으로 볼 때 분노가 가라앉는다는 사실은, 서구의 감정 철학자들에 의해 언급되었다. 예를 들어 Frye 1983을 참조)

번뇌에 대처하는 두 번째 주요 접근 방식은, 특히 추론과 철학적 분석을 통해 번뇌를 포기할 수 없는 경우, 번뇌를 긍정적인 정신 상태로 바꾸는 것이다. 이 수행은, 위에서 논의한 바와 같이, 무량심이 일반적인 방법으로뿐만 아니라 특정한 긍정적인 자질이 특정한 번뇌에 대한 교정 역할을 한다는 의미에서, 번뇌에 대한 해독제라는 아이디어를 기반으로 한다. 티베트의 철학자, 의사, 요가 수행자인 감포파 (Gampopa, 1070-1153)는 괴로운 정신 상태에 대해 다음과 같은 해독제

---

12 이 구절들은, 분노로 우리에게 해를 끼치는 사람들이 어떻게 그들 자신의 번뇌의 '노예'가 되는지, 그런데도 우리(산티데바와 총카파의 독자)는 우리 자신의 번뇌를 관리하고 심지어 버려야 한다는, 그리고 우리에게는 그렇게 할 자유가 있다고 암시하는 흥미로운 문제를 소개하고 있다. 나는 이 난제를 다른 곳에서 탐구했다.(McRae 2012b)

를 제안한다: 집착(특히 정욕)에 대한 해독제로서의 추함, 특히 인체의 추함; 증오에 대한 해독제로서의 사랑; 혼란이나 무지에 대한 해독제로서 현상의 연기적 본성에 대한 명상; 시기에 대한 해독제로서 자신과 타인의 평등화; 그리고 교만에 대한 해독제로서 자신과 타인을 교환하는 수행.(1998: 224-229) 총카파는 자신의 분노에 대한 논의에서, 우리에게 잘못한 사람들에 대한 연민을 함양할 것을 제안한다. 왜냐하면 그들은 분명히 자신들의 번뇌로 인한 고통에 빠져 있을 것이기 때문이다.(2000: 166)

번뇌에 대처하는 세 번째 접근 방식은 번뇌를 '경로로 삼는 것'이다. 이 접근 방식에는 많은 종류의 수행이 포함되지만, 기본 주제는 자신의 도덕적, 정신적 발전을 위해 자신의 고통스러운 경험을 사용하는 것이다: 분석을 통해 번뇌를 버리거나 더 건전한 정서적 경험으로 바꾸려고 하기보다는, 고통스러운 경험의 힘을 활용하고 그것을 선으로 사용한다. 10세기 인도의 불교 철학자 다르마라크쉬따Dharmarakṣita는 고통스러운 경험을 깨달음의 길로 변화시킬 수 있는 보살을, 숲에서 사는 다른 동물들과 달리 독이 있는 식물을 먹고 생존할 뿐만 아니라 번성하는 공작에 비유했다.(Sopa 2001: 195; McRae 2015b 참조)

'일곱 가지 요점의 마음 수련법'이라는 제목의 영향력 있는 티베트 마음 수련 텍스트에서 12세기 마스터 체까와 예셰 도르제(Chekawa Yeshe Dorje, 1102-1176)는 도덕적, 정신적 발전의 실제적인 경로와 함께 제공하는 64개의 간결한 치유 강령을 제시한다. 세 칠부 초퀴 걀트센(Se Chilbu Chokyi Gyaltsen, 1121-1189)은 '깨달음의 길에 역경을 가하다'라는 제목의 이 요점 가운데 하나에 대한 설명에서 도덕적,

정신적 성장을 위해 고통스러운 경험까지도 사용할 수 있는 방법을 설명한다:[13]

> 반성하라. '나는 태초부터 적과 아군을 분별하지 못하여, 무엇을 버리고 무엇을 받아들여야 할지 분별하지 못하였다. 내가 무엇을 추구했든지 간에 모든 정신적 수행이 독선적인 노력이었기 때문에 나는 오류를 범했다. … 그러므로 오늘 나는 적과 친구를 구별할 것이다. … 이제 나 자신은 적이고, 중생은 친구다.'(Jinpa 2006: 98)

여기서 걀트셴은 일반적으로 적을 향해 가지고 있는 적대감을 사용하여 진짜 적, 즉 자기 자신에 대한 집착에 그 적대감을 적용할 것을 제안한다. 우리는 적대감의 에너지와 동기를 이용하지만, 그것을 도덕적, 정신적 발전을 촉진하는 방식으로 적용한다. 실망감? 걀트셴은 자기 집착이 실제로 다른 어떤 존재가 할 수 있는 것보다 더 해로운 적이기 때문에, 실망감을 다른 사람을 향해 적용하기보다 자기 집착에 적용해야 한다고 주장한다.

번뇌에 대한 세 가지 접근 방식 모두 우리의 사고방식과 감정을 근본적으로 바꾸도록 고안되었다. 그런데 그것들이 얼마나 효과적일까? 심리학자들은 최근에 위에서 언급한 일부 명상을 포함하여 다양한

---

[13] 도르제의 원래 슬로건은 다음과 같다. '세상과 그 주민들이 부정적인 것으로 끓어오르면, 불리한 조건을 깨달음의 길로 바꾸어라, 단일 출처의 모든 비난을 없애라. 모든 중생에 대하여, 그들의 큰 자비를 생각하라'이다.(Jinpa 2006: 83)

명상 수행이 불교 사상가들이 주장하는 변형 효과가 진짜 있는지를 테스트하는 데 관심을 두게 되었다. 불교 명상 수행이 수백 가지가 있다는 점을 감안할 때 예상할 수 있듯이, 이러한 연구의 결론은 혼합되어 있다.[14] 불교 연민 명상에 관한 일부 연구에서는 짧은 시간 동안 수행하더라도 연민의 능력과 공감 능력(얼굴 판독으로 측정)이 증가한다고 시사한다.(Klimecki et al. 2013; Kristeller et al. 2005; Trautwein et al. 요약. 2013 참조. 얼굴 판독 연구에 대해서는 Mascaro et al. 2013 및 Flanagan 2011: 43-49 참조) 그러나 이러한 연구에서는 연민을 느끼는 능력에 자연적인 한계가 있는지, 또는 불교 도덕 철학자가 주장하는 것처럼 충분한 수행을 통해 그 능력을 제한 없이 함양할 수 있는지가 분명하지 않다. 다른 연구에서는 무아에 대한 명상과 같은 일부 불교 명상 수행이 실제로 죽음에 대한 두려움을 증가시킬 수 있다고 시사하는데, 이러한 결과는 그러한 수행이 끌어내도록 고안한 것과 정반대의 반응이다.(Garfield et al. 2015 참조) 불교의 다양한 자기 함양 수행의 심리적 타당성에 적절하게 접근하기 위해서는, 분명히 더 많은 연구가 필요하다.

도덕적 인식, 상상력, 주의력

요약하면, 사무량심과 번뇌의 이론은 감정적 경험과 그것의 동기,

---

[14] 문제를 더욱 복잡하게 하는 것은, 연구에서 사용된 명상 수행의 설명이나 이름에서, 그것이 존재한다면, 전통적 명상 수행과 일치해야 하는 것이 무엇인지 항상 명확하지 않다는 것이다. Lutz 2007 참조.

발달, 그리고 인식 상의 중요성을 진지하게 받아들이는 도덕 심리학을 제시한다. 특히 서구 도덕 심리학과 대조되는 점 때문에, 두 가지 주장이 두드러진다: (1) 우리는 우리의 감정적 삶에서 선택권이 있다. 긍정적인 감정과 태도는 함양될 수 있고, 부정적인 감정과 태도는 버리거나, 교환되거나, 변형될 수 있다; 그리고 (2) 인간은 긍정적인 감정과 정신 상태에 대한 무한한 능력을 갖추고 있으며, 이는 집중적인 수행을 통해 함양될 수 있다.

이 장의 나머지 부분에서 나는 이 분석에서 나오는 또 다른 주제를 탐구한다: 사무량심은 도덕적 인식을 향상하고, 번뇌는 그것을 모호하게 한다. 수행을 통해 도덕적 인식을 향상할 수 있다는 것은, 이러한 주장에 필연적으로 따르는 것이다.

가장 기본적으로, 감각 지각에 대한 비유로서, 도덕적 지각은 도덕적 사실이나 특징에 대한 직접적이고 즉각적인 인식을 의미한다. (감각과의 유추는 아마도 불교의 도덕적 심리학 전통에서 특히 적절할 것이다. 이에 따르면 여섯 가지 감각, 즉 일반적인 다섯 가지 감각과 정신 감각이 있다.) 때로는 이유가 없어도 이전에 어떤 행위의 옳고 그름을 즉시 인식하는 능력을 언급할 때 사용된다. 〔이것은 철학자 찰스 스타키Charles Starkey(2006: 78)가 '규범적 도덕 인식'이라고 부르는 것이다.〕 나는 아이리스 머독Iris Murdoch, 로런스 블럼Lawrence Blum, 그리고 다른 사람들을 따라, 도덕적 인식을 더 넓은 의미에서 어떤 사람이 처한 상황의 도덕적 윤곽을 직접적이고 즉각적으로 지각하는 능력, 즉 그 사람이 처한 상황의 어떤 특징이 도덕적으로 두드러지는지, 어떤 도덕적 무게가 있는지, 그 상황에서 그 사람의 생각이나 행동이 갖는 명백하고 미묘한 도덕적 영향은 무엇인지, 그리고 심지어 그 상황을 도덕적으로 보는 능력이라는 의미로 도덕적 인식을 사용할 것이다.

불교 윤리 문헌에서 도덕 현상에 대한 논의에서 불러일으키는 인식에 관한 은유는 부족하지 않다. 이 장에서 이미 인용된 텍스트 내에서만 거론하더라도, 우리는 아상가가 미륵불을 '본다'(또는 보지 못한다)에 대해, 그리고 노파가 썩어가는 개의 사체를 '본다'에 대해 언급한 것을 보았다; 사랑은 '미덕을 보는 것'이며, 연민은 '고통에 짓눌린 사람들의 무력함을 보는 것'이고, 평정은 '존재의 평등을 보는 것'이라는 붓다고사의 주장; 그리고 파트룰 린포체의 '무수한 중생 모두를 여러분의 부모와 자녀로 여기십시오'(1994: 197-198)라는 조언, 그리고 질투로 오염된 마음은 더 이상 다른 사람으로부터 좋은 점을 보지 못한다는 그의 경고(213) 등이다. 불교의 많은 도덕적 명상 수행은 자신의 도덕적 비전을 바꿀 수 있는 능력을 강조한다. 이 장에 인용된 수행에서 보았듯이, 다른 존재를 자신의 어머니나 자식으로 상상하거나, 적의 무력함을 상상하거나, 자신의 미래에 있을 고통이나 행복을 상상하도록 권장되는 일이 드문 일이 아니다. 이들은 다른 도덕적 가능성(예: 적이 실제로 고통을 받고 있거나, 적이 실제로 당신에게 괴로움을 주려고 하지 않는 경우)을 보라는 명령이며, 종종 적의 고통에 대한 정신적 이미지를 형성하려고 시도하는 것과 같은, 시각적 이미지 함양에 의존하는 명령들이다.

이러한 것들은 놀라운 관찰이 아니다: 심지어 불교사상에 대한 소개에서조차도, 불교의 과제는 근본적으로 사물을 있는 그대로 보는 것이라고 설명한다.(예: Harvey 2011, Heim 2008, Rahula 1959 참조)

그렇다면 불교의 윤리적 과제가 도덕적 세계를 있는 그대로 보는 데 중점을 두고 있다는 것이 놀라운 일은 아닐 것이다. 그렇지만, 불교 윤리 문헌에서 인식 은유와 시각적 이미지가 곳곳에 존재하는데도 불구하고, 불교 윤리의 도덕적 인식의 역할에 대해서는 거의 언급되지 않았다.

인도-티베트 불교 윤리학자들은 우리가 도덕적으로 보거나 보지 못하는 방식에 깊은 관심을 두고 있다. 이것은 이 장을 연 아상가의 이야기에서 확실히 보여준 사실이다. 아상가가 구더기가 있는 개를 도덕적 관심을 둘 만한 가치가 있는 것으로, 개의 고통을 도덕적으로 두드러진 것으로 인식한 것이 분명하다. 그의 사무량심 수행은 그에게 대부분의 다른 사람들에게는 없는 도덕적 감수성을 부여하여, 더 이타적으로 행동할 뿐만 아니라, 세상을 다르게 바라보고, 이야기에서 암시하는 것처럼, 세상을 더 정확하게 보게 한다.

아상가는 찰스 스타키Charles Starkey가 '공감의 도덕 인식'이라고 부른 것을 완성했다. 아이리스 머독Iris Murdoch의 개념을 차용한 '공감의 도덕 인식'은 타인을 정확하게 볼 뿐만 아니라 '정의롭고 사랑스럽게' 보는 것이다.(2006: 81) 머독은 사랑은 단지 배려의 활동이며, 일반적으로 도덕적 삶의 많은 부분은 우리가 관심을 두기로 선택한 방법과 대상에 관한 것이라고 주장한다. 그녀는 '덕에 관한 한, 우리는 종종 우리가 명확하게 이해하는 것보다 더 많이 파악하고 보고 자란다'라고 쓴다.(1971: 30) 우리가 머독의 주장을 떠올리게 하는, 아상가가 시장에 갔던 사람들이나 노파와는 다른 방식으로, 사랑스럽게 그리고 정의롭게 미륵불에 관심을 두었기에, 미륵불에 대한 희망을 품게 된 것이다. 그는 보면서 성장한 것이다. 사무량심은 머독이 사용한 의미, '개인의 실체를 향한 정의롭고 사랑스러운 시선'이라는 개념에서 일종의 도덕적 관심으로 이해될 수 있다. 이것은 사무량심이 '중생에 대한 네 가지 관심'이라는 붓다고사의 개념을 포착한다.〔법취주法聚註(Atthasālinī) 195, Heim의 번역(Heim 2017: 9 n.60)〕 아상가와 개의 이야기가 보여주듯이, 이러한 종류의 자선적 관심은 머독의 말에 따르면, '적극적인 도덕 행위자의 특징이자 적절한 표시'이며 정확한 도덕적 비전과 상충되지 않고, 오히려 그 비전을 강화한다.(1971: 33)

많은 불교 윤리학자들처럼 머독은 사랑의 시선을 도덕적 지식에 연결한다; 그녀는 '사랑'은 '개인의 지식'이라고 말한다.(1971: 27) 이것은 분명히 파트룰 린포체가 아상가와 개의 이야기를 재현할 때의 주요 요점 중 하나이다: 개에 대한 자비를 통해 아상가는 자신이 처한 상황의 도덕적 윤곽을 명확하게 볼 수 있었고 도덕적 지식, 심지어 지혜까지 얻을 수 있었다. 이 도덕적 지식은 그를 근본적으로 변화시킨다. 이것은 곧 사라지는 순간적인 통찰력이 아니며, 중요한 정신적 변화를 나타낸다고 암시한다.

그렇다면 자비는 어떻게 우리의 도덕적 인식을 명확히 하고 도덕적 통찰력과 정신적 변화로 인도할까? 존 마크란스키John Makransky가 대승장엄경론에 대한 논의에서 언급했듯이, 무한한 사랑이 없다면, 우리는 악의, 질투, 폭력, 편견과 같은 반대 경향에 현혹되기 매우 쉽다.(2005) 이 텍스트에 따르면 '무한한 사랑(자무량심)은 미혹한 경향을 파괴한다. … 그것은 미혹한 감정의 마음이 만든 매듭을 풀어낸다.'(17.19) 여기서 요점은 무량심이 파괴적이고 미혹한 감정을 위한 감정적 공간을 남기지 않는다는 것뿐 아니라, 이러한 자질은 또한 망상을 만드는 경직된 사고와 감정의 습관을 깨뜨릴 수 있다는 것이다. (즉 마음이 만든 매듭을 풀어낸다.) 이런 식으로 자비는 위대한 통찰력을 포괄할 수 있다. 무량심은 우리가 어떻게 관심을 기울이고, 무엇에 관심을 두어야 하는지를 구조화하는 데 도움이 된다. 무량심은 우리의 주의를 끄는 것 때문에 적어도 부분적으로는 우리를 현명하게 만든다.

무량심이 우리의 관심을 불러일으키는 가장 중요한 것 중 하나는, 도덕 공동체 구성원의 기본적인 도덕적 평등이다. 나는 도덕적 평등이란 단순히 우리가 기본적인 존중과 보살핌을 동등하게 받을 자격이 있다는 의미에서 우리가 모두 도덕적으로 평등하다는 이념을 뜻한다고 본다. 도덕적 평등은 분명히 불교의 평정 개념의 핵심이며, 이는 붓다고사의 말, '중생들 사이의 평등을 보는 것'을 포괄한다. 그러나 평등은 또한 다른 무량심들의 중심이다: 즉 평등은 사랑, 연민, 그리고 다른 사람의 행복, 고통, 성공을 자신의 행복, 고통, 성공처럼 관심을 기울일 만한 가치가 있다고 보는 것이다.[15] 누군가를 사랑하거나, 사랑하는 사람이 고통을 겪을 때 연민을 느끼는 것은, 그 사람의 가치를 확인하는 것이다. 사랑하는 사람의 행복을 그 자체로 추구할 가치가 있는 목적으로 인식하는 것이다. 그것은 관심을 '나'와 '나의'에서 '너', '우리', 그리고 '우리의'로 돌리는 것이다. 이런 식으로 다른

---

15 파트룰 린포체(그리고 Kamalaśīla 및 Tsongkhapa와 같은 티베트 전통의 영향력 있는 많은 사상가들)에게 중생의 도덕적 평등은, 근본적인 동기(행복에 대한 열망과 고통을 피하려는 욕구)의 평등에 기반한다. 예를 들어, Patrul 1994: 196 참조.

사람의 복지에 관심을 기울임으로써, 우리는 인지적이고 감성적 수준에서 도덕적 공동체 모든 구성원의 도덕적 평등을 경험할 수 있다. 평등에 대한 우리의 이해는, 파트룰 린포체가 말했듯이, 지적이거나 '단순히 개념적'이어서는 안 된다; 그것은 우리의 감성적 반응을 포함하여 우리 심리의 모든 측면에 통합되어야 한다. 이것은 다른 사람들의 도덕적 평등에 대한 합리적 성찰의 중요성을 경시하는 것이 아니라(다음 절에서 논의됨), 도덕적 평등의 직접적인 경험의 중요성을 지적하는 것이다. 무량심은 어떤 특정 방식으로 우리의 주의를 돌리게 함으로써 중생의 도덕적 평등에 대한 직접적이고 본능적인 경험을 가능하게 한다.

반면에 원한, 증오, 시기와 같은, 소위 번뇌는 타인과의 도덕적 평등을 인정하지 않고, 우리가 존재 간의 근본적인 불평등을 가정하는 것에 익숙하게 만들기 때문에, 이것은 이런 감정들이 도덕적으로 위험한 하나의 이유이다. 이러한 감정들은 종종 우리 자신을 다른 사람들보다 근본적으로 더 중요하고, 더 실제적이거나, 더 자격이 있는 사람으로 보게 만드는 것을 포함한다. 예를 들어, 우리가 질투를 느낄 때, 우리는 다른 사람의 행복에 대한 욕구를 근본적으로 우리 자신의 욕구와 동등하게 여기지 않는다. 시기심을 느끼는 것은, 또한 우리가 부러워하는 대상이 우리에게 거의 알려지지 않은 과거, 또는 완전히 알려지지 않은 미래에 관한 것이기 때문에, 인간 삶의 복잡성에 관심을 기울이지 않는다는 확실한 신호이다. 이러한 불확실성은 시기의 포악함과 독기가 극단적이고 정당하지 않은 것처럼 보이게 만든다. 낙담과 같은 다른 번뇌의 감정은 자신의 행복을 (과대평가하기보다는) 과소평가할 수 있다. '홧김에 자기 코를 베는 여자'의 경우처럼 심술조차도 자신을 과소평가할 수 있다. 그러므로 번뇌는 우리를 자기-확대나 자기-방치로써 경험되는 자아-집착에 익숙하게 만들어, 도덕적 평등에 대한 우리의 인식을 방해한다.

그러므로 불교 윤리는 인식과 관심의 실패라는 관점으로 도덕적 실패의 심리학을 설명할 수 있다: 다른 존재를 도덕적으로 동등하게 여기지 않고 그들의 고통과 행복에 관심을 기울이지 않는다는 관점으로. 예를 들어, 우리는 아상가가 도덕적으로 보지 못하는 반대 이야기를 상상할 수 있다. 아마도 (1) 아상가가 개 옆을 지나갈 때, 미륵불의 현신을 알현하지 못했다는 생각에 너무 몰두하다가 개를 알아차리지 못한다. 또는 (2) 아상가가 개 옆을 지나가지만, 두려움과 혐오감에 사로잡혀 동정심을 느끼지 못한다. (3) 우리는 또 아상가가 개 옆을 지나가지만, 그것은 '그냥 개일 뿐'이라는 그의 믿음 때문에 동정심을 느끼지 않는다는 것도 상상할 수 있다.

첫 번째 경우, 아상가는 기본적인 면에서 도덕적 인식이 부족하다. 그는 문자 그대로 개를 보지 않는다. 이 현상은 선한 사마리아인 실험[16]에 기록되어 있는데, 이 실험에서 참여자 중 적어도 일부는 급히 강의에 참석하러 가려고, 도움이 필요한 사람을 문자 그대로 보지 못하고, 심지어 그 사람을 뛰어 넘어가면서도 그 사람을 보는 데 실패한 것으로 보였다.(Darley and Batson 1973) 두 번째 경우,

---

16 역주: 이 실험은 1973년 프린스턴대 신학교의 존 댈리John Darley와 다니엘 배트슨Daniel Batson이 종교지도자가 되기 위해 공부하던 실험 참가자들을 대상으로 진행되었는데, 골목길에 쓰러져 있는 남자를 설정하였다.

아상가는 문자 그대로 개를 보는 데는 실패하지 않지만, 자신의 두려움과 혐오감에 압도되어 개의 고통을 느끼지 못한다. (원래 이야기에서 아상가는 혐오감을 느끼지만, 그것에 압도되지는 않는다는 점을 주목하라.) 세 번째 경우, 아상가는 개를 보고 개의 고통을 느끼지만, 그는 개의 고통이 도덕적 의미를 갖는 것으로 보는 데 실패한다. 불교의 관점에서 세 가지 실패는 모두 번뇌에서 비롯된다. 세 가지 모두 도덕적 인식과 주의력의 실패이다.

불교 도덕-심리학에서 철학적 논증의 역할

인도-티베트 불교 도덕-심리학에서 도덕적 인식과 관심에 초점을 둔다고 해서 도덕적 추론이나 철학적 논증이 별로 중요하지 않다는 뜻은 아니다. 그것은 인도-티베트 불교 윤리학자들이 도덕적 추론의 기능을 이해하는 다른 방식을 가지고 있음을 시사한다. 인도-티베트 불교 윤리에서 강조되지 않는 것은, 서양 도덕 심리학의 전형적인 도덕 추론과 철학적 논증을 적용하는 특정 방식이다: 어떤 사람이 도덕적인 문제를 안고 있다는 것은, 자신이 무엇을 해야 하는지 결정해야만 함을 의미한다; 우리는 원칙(예: 공리주의 원칙과 같은) 또는 시험(예: 정언 명령)을 적용하여 다양한 행동에 대한 (또는 반대하는) 이유를 생각한다; 그리고 올바르게 추론했다면, 올바른 판단을 내리고 (이상적으로는) 그에 따라 행동한다. 이러한 도덕적 사고 모델은 서구 도덕 철학자들 사이에서 확실하게 보편적이지는 않지만(데이비드 흄David Hume과 애덤 스미스Adam Smith가 이에 이의를 제기한 것으로 유명하다), 그런데도 그것은 서구 도덕 심리학에 영향을 미치고 있다.

불교 윤리학에서 도덕 철학적 추론에는 전형적으로 객관적인 도덕적 판단을 내릴 수 있는 사고의 표준 모델이 제공되지 않는다. 이는 인도-티베트 윤리학자들이 도덕적 사고를 명시적으로 거부하기 때문도 아니고, 인도-티베트 불교 윤리에 대한 반합리주의나 반철학적 입장 때문도 아니다. (내가 보기에 그들은 도덕적 판단에 관한 일종의 흄-학파적 과제에 참여하고 있지 않다.) 오히려 불교 윤리학자들은 앞서 논의한 도덕적 자기-함양(어떻게 하면 도덕적으로 행동할 수 있는 사람이 되는가)의 문제와 같은 다른 도덕적 문제를 우선시하는 경향이 있다. 이러한 자기-함양 지향성 때문에, 도덕철학 논증은 일반적으로 (1) 강한 번뇌 경험에 대응하거나 (2) 통합하기 어려운 도덕적 현실에 익숙해지기 위해 사용된다.

분노나 낙담과 같은 강한 번뇌의 경험에 사로잡힐 때, 우리가 앞서 인용한 산티데바의 분노에 관한 논의 사례에서 보았듯이, 그 번뇌에서 자신을 해방하는 방법으로 철학적 논증이 예행 연습된다. 많은 불교의 도덕 철학적 주장은 치유 논거를 제시하는 경향이 있는 헬레니즘 철학자들과 공유하는데, 논증은 건전할 뿐만 아니라 실제로 고통을 줄여야 성공적인 것으로 간주된다.(Nussbaum 1994: ch. 1; McRae 2015a; 및 Burton 2010 참조) 이러한 주장은 도덕적으로 중요하지만, 일반적으로 여러 가능성 중에서 어떤 행동이 올바른 행동인지 결정하는 방법으로 제시되지는 않는다. 그것들은 도덕적으로 행동하는 데 필요한 심리적 자유(고통으로부터)를 되찾는 방법으로 제공된다.

도덕 철학적 논증들은 통합하기 어려운 중요한 도덕적 입장을 습관화하는 데에도 사용된다. 그것들은 우리가 우리 자신의 이익이나 우리 자신의 영속성 또는 자율성에 대한 가정을 부당하게 우선시하는 교묘한 방법과 같이 깊이 뿌리내려 있으나 정확히 규명하기 어려운 잘못된 믿음을 근절하기 위해 일상적으로 사용되는 수행으로 제공된다. 예를 들어, 자아와 타인의 평등에 대한 산티데바의 주장(VIII.90-103)을 생각해 보라:

> 나는 타자의의 괴로움을 물리쳐야 한다. 왜냐하면, 타자의 괴로움은 나 자신의 괴로움과 같은 것이기 때문이다. 나는 타자를 도와야 한다. 왜냐하면, 그들 존재의 본성은 나의 존재의 본성과 같기 때문이다.(VIII.94)
> 나와 타자가 똑같이 행복을 선호한다면, 나만을 위한 행복을 추구할 만큼 특별한 점이 무엇인가?(95)
> 나와 타자가 똑같이 두려움과 고통을 싫어한다면, 내가 타자가 아닌 나 자신만을 보호할 만큼 특별한 점은 무엇인가?(96)

이 게송을 발췌한 논증은 산티데바의 명상에 관한 장의 중요한 부분을 형성한다. 논증은 수행으로서 제시된다; 그것은 특정한 도덕적 결정을 내리거나, 일반적인 행위의 규칙(아마도, 다른 사람의 고통을 돌보는 일반적인 헌신을 제외하고)을 공식화하기 위한 모델로 제공되지 않는다. 오히려 그것은 의식적, 무의식적인 그릇된 믿음, 특히 타인의 행복과 고통보다 나의 행복과 고통이 더 주목받을 가치가 있다는 믿음으로 인한 도덕적 비전의 왜곡을 점진적으로 교정하는 도구로 제시된다.

붓다고사의 '청정도론淸淨道論'에 있는 한 명상 수행, 즉 그가 '장벽 허물기'라고 부른 자아와 타자의 평등을 내면화하는 수행은, 존재의 평등을 정신적 또는 윤리적 수행으로 이해하는 것과 올바른 행동을 결정하기 위한 사고 모델로 이해하는 것과의 차이를 보여준다.

> (장벽을 무너뜨린) 어떤 사람이 사랑스러운 사람, 중립적인 사람, 적대적인 사람과 함께 그 자신은 네 번째로 한자리에 앉아 있다고 가정해 보자; 그때 도적들이 그에게 와서 '존자님, 비구를 우리에게 주시오'라고 말하며, 그 이유를 묻자 그들은 '우리가 그를 죽이고 그의 목의 피를 제물로 사용할 것이오'라고 대답한다; 그때 그 사람이 '이 사람 또는 저 사람을 데려가라'라고 생각한다면, 그는 (존재 사이의) 장벽을 허물지 않은 사람이다. 그리고 그가 만약 '이들 셋은 데려가지 말고 나를 데려가라'라고 생각한다면 그는 여기서도 장벽을 허물지 않은 것이다. 왜냐고? 해하고자 하는 사람들에게 자기를 택하게 하여 자신이 해를 입어, 다른 사람들의 복리만을 구하기 때문이다. 그러나 네 사람 중 떤 한 사람도 도적에게 넘기지 않고, 그의 마음이 자기 자신과 세 사람에게 공평하게 향할 때 비로소 그는 장벽을 허문다. (1956: 299)

주류 서구 윤리학의 관점에서 흥미롭게도 여기에 빠진 것은, '그렇다면 그 비구는 어떻게 해야 하나?'라는 질문에 대한 답변이다. 이것은 우리가 평등 수행을 올바른 행위를 위한 사고 모델로 생각할 때 발생하는 명백한 질문이다. 그러나 붓다고사에게 사고 실험은, 서양 윤리학에서 흔히 볼 수 있는 비슷하게 만들어진 사고 실험의 어려운 도덕적 사고의 연습이 아니라, 수행의 철저함을 측정하기 위한 시험이다. 그는 명상 수행의 수준을 나타내는 '표시'를 개발하는 맥락에서 이 사고 실험을 논의한다.(IX.40, 43) '정화의 길'의 맥락에서 비구의 어려운 상황을 사고하는 것은, '이 상황에서 도덕적으로 어떻게 행동해야 할까?'라는 질문에 답하는 것보다, 자신의 명상 수행의 진행 상황을 평가하는 데 더 유용하다.

도덕-철학적 논증은 불교 윤리의 중요한 부분이지만, 사고, 감정, 행동, 습관에 실질적이고 지속적인 변화를 일으키기 위한 그러한 논증의 한계에 대한 인식도 있다. 논증의 결론이 우리가 느끼고, 주목하고, 상상하고, 지각하는 방식으로 그 결론에 완전히 통합되지 않고도 진정으로 그 결론에 동의할 수 있다는 인식이 있다. 이 도덕 심리학에 따르면, 예를 들어 우리는 자신과 타인의 기본적인 도덕적 평등을 진정으로 받아들이고 공언할 수 있지만, 우리의 많은 행위, 감정 및 욕망에서 이러한 '약속'을 표현하는 데 실패할 수 있다. 이것은 예를 들어 다양한 작업을 수행할 때 인종차별적이거나 성차별적인 내재적 편견을 보이는 자칭 평등주의자의 경우와 같이, 통합되지 않은 윤리적 약속과 암묵적인 편견에 대한 현대의 우려(천 년도 넘게 지속된)를 예상한다.(Kelly and Roedder 2008) 인도-티베트의 도덕 심리학에 따르면, 도덕적 실패와 도덕적 성공은 도덕적 개념에 대한 추론에만 의존하지는 않거나, 심지어 주로 의존하지 않는다; 정서적 조화,

주의, 지각 및 상상력의 역할은 과소평가될 수 없다. 그러므로 도덕-철학적 논증은 무한한 자질을 함양하고 번뇌를 없애는 데 도움이 된다.

끝맺는 말

나는 이제 분명하기를 바라지만, 도덕 심리학적 통찰에 관한 불교 윤리 문헌은 너무나 풍부하여 이 장에서 제대로 다루기에 역부족이다. 나는 불교 도덕 심리학의 두 가지 중심 범주, 즉 사무량심과 번뇌를 탐구했다. 사무량심과 번뇌는 함께, 긍정적이고 부정적인 감정의 힘과 잠재력을 진지하게 받아들이고, 감정을 포함한 정신 상태와 관련된 심리적 자유를 장려하는 도덕 심리학을 제시한다. 이러한 관점에서 정신 상태는 함양되고, 버려지고, 변형되고, 심지어 더 나은 상태로 교환된다. 사무량심과 번뇌는 서양 도덕 심리학의 범주가 아닐 뿐만 아니라, 이성과 감성, 인지와 정서, 몸과 마음, 또는 행위자와 수동자受動者라는 서양 도덕 심리학의 이분법적 범주화를 거부한다.

나는 불교 도덕-심리학의 주된 동기가 되는 질문 중 하나가 '어떻게 하면 선을 행할 수 있고 또 선한 사람이 될 수 있을까?'라고 주장해왔다. 이 방향은 '어떤 행위가 옳은 행위인가?'라는 질문을 지엽적으로 만드는 것과 같은 방식으로 도덕 탐구 방침(서구적 관점에서)을 바꿔버리기 때문에 수복할 만하다. 불교 윤리에서의 도덕적 자기-함양 지향성은 왜 도덕-철학적 논증이 도덕적 사고의 모델로서가 아니라 자기-함양을 위한 도구(고통의 경험을 버리거나 어려운 도덕적 진리에 습관화하는 방법으로)로 일반적으로 제공되는지 설명한다.

마지막으로 나는 도덕적 성공과 도덕적 실패 모두를 설명하기 위해 도덕적 인식과 주의력을 우선시하는 불교 윤리를 제시했다. 고통에 대하여 사랑스럽게, 정의롭게, 진정으로 대응할 수 있는 종류의 '좋은 사람'이 된다는 것은, 자신의 도덕적 상황, 특히 도덕 공동체의 구성원들 사이의 (통합하기 어려운) 도덕적 평등의 사실을 '보고' 관심을 기울일 수 있는 사람이 되는 것을 의미한다. 불교의 관점에서 번뇌는 인식을 흐리게 하고, 주의를 산만하게 하거나 무디게 하는 것이다. 사무량심의 함양과 번뇌의 변형이 보여주듯이, 도덕적 인식과 관심은 그 자체로 훈련 가능한 기술이다.

인용 문헌

Batson, C. M., and Darley, J. D. (1973) 'From Jerusalem to Jericho': a study of situational and dispositional variables in helping behavior. *Journal of personality and social psychology*, 27, 100-108.

Blum, L. (1991) Moral perception and particularity. *Ethics*, 101 (4), 701-725.

Brewster, P. (1962) Solomon's judgment, Mahosadha, and the Hoei-kan-li. *Folklore studies*, 21, 236-240.

Buddhaghosa (1956) *The path of purification*. Translated by Bhikkhu Ñāṇamoli. Colombo: R. Semage.

Burton, D. (2010) Curing diseases of belief and desire: Buddhist philosophical therapy. In: J. Ganeri and C. Carlisle (eds), *Philosophy as therapeia*. Royal Institute of Philosophy supplement, 66. Cambridge: Cambridge University Press, 187-217.

Cozort, D. (2009) Suffering made sufferable: Śāntideva, Dzongkaba, and modern therapeutic approaches on suffering's silver lining. In: C. Prebish and J. Powers (eds), *Destroying Mara forever: Buddhist ethics essays in honor of Damien Keown*. Ithaca, NY: Snow Lion, 207-220.

Curtin, D., and Powers, J. (1994) Mothering: moral cultivation and feminist ethics. *Philosophy east & west*, 44 (1), 1-18.

Flanagan, O. (2011) *The bodhisattva's brain: Buddhism naturalized*. Cambridge, MA: MIT Press.

Frakes, C. (2007) Do the compassionate flourish? *Journal of Buddhist ethics*, 14, 99-122.

Frye, M. (1983) *The politics of reality*. Berkeley: The Crossing Press.

Gampopa (1998) *The jewel ornament of liberation*. Edited by A. K. Trinley Chodron. Translated by K. K. Gyaltsen Rinpoche. Ithaca, NY: Snow Lion.

Garfield, J. (2011) What is it like to be a bodhisattva? Moral phenomenology in Śāntideva's Bodhicaryāvatāra. Available from: http://www.smith.edu/philosophy/docs/garfield_bodhisattva.pdf [Accessed 20 October 2014].

Garfield, J. L., et al. (2015). Ego, egoism and the impact of religion on ethical experience: What a paradoxical consequence of Buddhist culture tells us about moral psychology. *Journal of ethics*, 19 (3), 293-304.

Gowans, C. (2015) *Buddhist moral philosophy: an introduction*. New York: Routledge.

Hadot, P. (1995) *Philosophy as a way of life*. Edited by A. Davidson. Translated by M. Chase. Malden, MA: Blackwell Publishing.

Hallisey, C. (1996) Ethical particularism in Theravada Buddhism. *Journal of Buddhist ethics*, 3, 32-43.

Harvey, P. (2011) An analysis of factors related to the kusala/akusala quality of actions in the Pali tradition. *Journal of the International Association of Buddhist Studies*, 33 (1-2), 175-209.

Heim, M. (2008) Buddhism on the emotions. In: J. Corrigan (ed.), *Oxford handbook of religion and emotion*. New York: Oxford University Press, 17-35.

Heim, M. (2017) Buddhaghosa on the phenomenology of love and compassion. In: J. Ganeri (ed.), *Oxford handbook of Indian philosophy*. New York: Oxford University Press.

Jinpa, T. (2006) Mind training: the great collection. Boston: Wisdom.

Kelly, D., and Roedder, E. (2008) Racial cognition and the ethics of implicit bias. *Philosophy compass*, 3 (3), 522-540.

Klimecki, O. M., et al. (2013) Functional neural plasticity and associated charges in positive affect after compassion training. *Cerebral cortex*, 23 (7), 1552-1561.

Kristeller, J. L., et al. (2005) Cultivating loving-kindness: a two stage model of the effects of meditation on empathy, compassion, and altruism. *Zygon*, 40 (2), 381-408.

Lutz, A., Dunne, J., and Davidson, R. (2007) Meditation and the neuroscience of consciousness: an introduction. In: P. D. Zelazo, M. Moscovitch, and E. Thompson (eds), *Cambridge handbook of consciousness*. Cambridge: Cambridge University Press, 499-551.

Maitreyanātha, and Āryāsaṅga (2004) *The universal vehicle discourse literature (Mahāyānasūtrālaṁkāra)*. Translated by R. Thurman. New York: Columbia University Press.

Makransky, J. (2005) No real protection without love and compassion. *Journal of Buddhist ethics*, 12, 25-36.

Mascaro J. S., et al. (2013) Compassion meditation enhances empathic accuracy and related neural activity. *Social cognitive affective neuroscience*, 8 (1), 48-55.

McRae, E. (2012a) Emotions, ethics and choice: lessons from Tsongkhapa. *Journal of Buddhist ethics*, 19, 344-369.

McRae, E. (2012b) A passionate Buddhist life. *Journal of religious ethics*, 40 (1), 99-121.

McRae, E. (2013) Equanimity and intimacy: a Buddhist-feminist approach to the elimination of bias. *Sophia*, 52 (3), 447-462.

McRae, E. (2015a) Buddhist therapies of the emotions and the psychology of moral improvement. *History of philosophy quarterly*, 32 (1), 101-122.

McRae, E. (2015b) Metabolizing anger: a tantric Buddhist solution to the problem of moral anger. *Philosophy east & west,* 65 (2), 466-484.

Murdoch, I. (1971) *The sovereignty of good.* New York: Routledge.

Nussbaum, M. (1994) *Therapy of desire: theory and practice in Hellenistic ethics.* Princeton, NJ: Princeton University Press.

Ohnuma, R. (2012) *Ties that bind: maternal imagery and discourse in Indian Buddhism.* New York: Oxford University Press.

Patrul (1994) *The words of my perfect teacher.* Translated by Padmakara Translation Group. San Francisco: Harper Collins.

Pelzang, K. N. (2004) *A guide to the words of my teacher.* Translated by Padmakara Translation Group. Boston: Shambhala.

Rahula, W. (1959) *What the Buddha taught.* New York: Grove Press.

Sopa, G. L. (2001) *Peacock in the poison grove: two Buddhist texts on training the mind.* Boston: Wisdom Publications.

Starkey, C. (2006) On the category of moral perception. *Social theory and practice*, 32 (1), 75-96.

Trautwein, F.-M., Naranjo, J. R., and Schmidt, S. (2013) Meditation effects in the social domain: self-other connectedness as a general mechanism? In: S. Schmidt and H. Walsh (eds), *Meditation: neuroscientific approaches and philosophical implications.* New York: Springer, 175-198.

Tsongkhapa (2000) *The great treatise of the stages of the path to enlightenment.* Ithaca, NY: Snow Lion.

추천 도서

Flanagan, O. (2011) *The bodhisattva's brain: Buddhism naturalized*. Cambridge, MA: MIT Press.

Frakes, C. (2007) Do the compassionate flourish? *Journal of Buddhist ethics*, 14, 99-122.

Garfield, J. (2012) Mindfulness and ethics: attention, virtue and perfection. *Thai international journal of Buddhist studies*, 3, 1-24.

Gowans, C. (2015) *Buddhist moral philosophy: an introduction*. New York: Routledge.

Heim, M. (2008) Buddhism on the emotions. In: J. Corrigan (ed.), *Oxford handbook of religion and emotion*. New York: Oxford University Press, 17-35.

Murdoch, I. (1971) *The sovereignty of good*. New York: Routledge.

제18장 규범 없는 윤리?
불교의 환원주의와 이성의 논리적 공간

댄 아널드Dan Arnold

서론: 무아 윤리의 문제

불교사상은 현대 서구의 윤리 담론에서 끌어낸 용어로 특성화하는 데에 오랫동안 저항해 왔다. 이것은 의심할 여지없이, 주로 불교 철학자들이 윤리라는 개념 자체에 통합되어 있다고 합리적으로 생각될 수 있는 어떤 것의 실재를 부정하는 데 본질적으로 관심을 두고 있기 때문이다. 인도의 불교 철학자들이 취한 거의 모든 입장은 논쟁의 여지없이 사람은 '자아가 없다(anātmavāda, 무아론無我論)'라는 교리를 따르고 있다. 그런데 이 점은 윤리적으로 평가 가능한 행위의 주체가 결국 실재하지 않는다고 생각된다면, 윤리에 대한 확고한 개념이 있을 수 있는지 궁금해하는 것은 합리적이다.

불교도 스스로는 (아마도 특히) 정의와 같은 윤리적 사상을 이해하는 데 필요한 것처럼 보이는 종류의 자아에 대한 특징적인 반박을 고려할 때, 이러한 걱정이 자연스럽게 발생한다는 것을 잘 이해했다. 불교 철학자들은, 이와 관련하여, 이러한 종류의 걱정을 피해 가기 위해 택한 그들의 접근 방식이 바람직한 '중도'를 독특하게 성취했다고 함축적으로 확언했다. 그들은 불교의 입장이 사람들이 '진정으로' 무엇인지를 나타내는 본질적으로 변하지 않는 무엇이 있다는 견해(이 극단의 견해에 대한 반박이 무아 교리의 요점임이 분명하다), 즉 극단적인 영원주의(śāśvatavāda, 상주론常住論)뿐만 아니라, 극단적인 허무주의 또는 단멸론斷滅論(ucchedavāda, 제거적 유물론)도 피한다는 점을 확인했다. 의미심장하게도, 후자의 극단을 피하려는 불교도의 관심은, 행위(karma)는 언제나 윤리적인 결과, 특히 사람이 태어나는 삶의 형태로 나타난다는 (불교도들이 대부분의 다른 인도 철학자들과 공유하는) 교리를 유지하고 이해하기 위한 윤리적인 관심의 표현을 변함없이 찾는 것처럼 보인다. 따라서 허무주의를 피하려는 불교도들의 관심은 무아 교리가 업과 환생의 교리를 이해할 수 없게 만드는 점을 수반할 수 있다는 우려로 나타난다; 따라서 불교도들이 염려하는 것은 특히 윤리적 허무주의이다.

이러한 우려는 기본적 무아 교리를 소개하는 방법으로 오랫동안 선호되어 온 팔리어 준-경전 텍스트 나선비구경那先比丘經(Milinda-pañha)에서 분명하게 나타난다. 이 텍스트는 그리스-박트리아 왕 밀린다Milinda(그리스식 이름은 메난더Menander인 역사적 인물)와 나선(Nagasena)이라는 불교 승려 사이의 대화를 무대로 한 것으로 유명하다. 나선비구의 무아 교리의 가르침은 그가 왕에게 자신을 소개함으로써 즉시 시작되었는데, 밀린다 왕에게 자신의 이름이 나선이라고 말하면서, 스님은 계속해서 '나선'이라는 이름의 실제 지시대상이 없다고 말한다. 그는 '나선'이라는 이름은 '일반적으로 이해되는 용어이며, 통용되는 명칭일 뿐'이라고 강조한다. 왜냐하면 거기에는 그 대상에 관련된 영구적인 특성(영혼)이 없기 때문이다.(Rhys Davids 1890: 41; Siderits 2007: 51 참조) 따라서 나선비구로부터 이런 반직관적 주장으로 소개받은 밀린다는 즉시 불교 철학자들의 핵심적 관심사에 대해 윤리적 반론으로 특징지을 수 있는 것을 제기한다:

> 나선 존자여, 이 문제와 관련된 영구적인 개성(영혼)이 없다면, 귀하의 종파 스님들에게 가사와 음식, 잠자리 그리고 병자에게 필요한 물건을 제공한 사람은 누구이며 기도한 사람은 누구입니까? 그런 물건들을 받았을 때 즐거워한 사람은 누구입니까? 의로운 삶을 사는 사람은 누구입니까? 명상에 전념하는 사람은 누구입니까? 고귀한 도의 목표, 아라한의 열반을 성취하는 사람은 누구입니까? 그리고 살아 있는 목숨을 빼앗는 자는 누구이며, 자기 것이 아닌 것을 취하는 자는 누구입니까? 세속적 욕망으로 악한 삶을 사는 사람은 누구이며, 거짓말을 하는 사람은 누구이며, 누가 독주를 마시며, 이 이승에서도 쓴 업과를 맺는 다섯 가지 죄 가운데 하나를 범하는 자는 누구입니까? 만약 그렇다면 공덕도 없고 과실도 없습니다. 선악을 행하는 자도 없고 유발하는 자도 없습니다. 선업과 악업의 열매도 없고 결과도 없게 됩니다.(Rhys Davids 1890: 41, 약간 수정됨)

이렇게 밀린다는 불교 윤리의 개념 자체가 직관에 반하는 것처럼 보이게 만드는 우려를 제기한다. 그리고 사람에게 자아가 없다는 근본적인 불교의 무아(anātma) 교리를 설명할 때의 나선비구의 모습은, 밀린다가 이의를 제기하는 것이 일리가 있다고 수긍하며, 왜 무아 교리가 윤리적으로 문제가 되는 결과를 수반하지 않는지를 보여주는 데 주로 관심이 있다.

따라서 불교 전통은 많은 사람이 불교의 기본 교리가 일반적인 윤리적 직관에 거스른다고 추측하는 것을 잘 인식하고, 이러한 종류의 항의가 잘못 이해된 것이라고 주장하는 데 처음부터 관심을 두었다. 거의 모든 불교 철학자들은 자신들의 특징적인 자아에 대한 논박이 밀린다가 생생하게 상상한 허무주의를 멀찌감치 비켜 간다는 확신을 공유했고, 평범한 윤리적 직관의 명료성을 인과적 연속성과 관련하여 간단히 설명될 수 있다고 확신했다. 이에 따라, 극악무도한 범죄를 저지른 사람이 1년 후에 그 죄로 재판을 받는 바로 그 사람이 아니라는 의미가 있다는 주장도 맞고; 불교 철학자들이 특징적으로 강조한, 두 사람의 단계가 완전히 다르지 않다는 것도 사실인데; 오히려 철학자 존 로크가 '사람'이라는 범주에서 가장 두드러진 것으로 간주한, 기본적으로 법의학적 아이디어와 같은, 어떤 것을 유지할 수 있게 하는 인과적 연속성의 정도를 얻는다. [Locke 1975: Book 2, ch. 27, sect. 26. 참조. '사람'이라는 범주는 불교 전통에서 성가신 범주로, 자아(ātma)를 부정하는 전통을 수용하면서도 '인격(pudgala, 자성)'의 실재를 긍정하는 '인격주의(pudgalavādin, 자성주의)' 학파를 거의 만장일치로 비난했다. 그렇다고 하더라도, 나는 나가르주나[1]의 중관파(Madhyamaka)가 사실 인격주의 경향을

보인다고 주장하고 싶다.]

따라서 불교 철학자들은 인간의 행동이 윤리적으로 중요하다고 생각하는 동시에 자아에 관해서는 환원주의자가 될 것을 주장할 수 있다. 그렇기 때문에, 밀린다와 나선비구 사이의 문학적 대화가 있은 지 수백 년이 지난 후에 글을 쓴 인도의 불교 철학자 다르마키르티 Dharmakīrti[2]가 불교 전통이 가르치는 진리에 대한 인식론적 확신의 주된 이유는 어느 정도 붓다가 연민(karuṇā)의 모범을 보여주었기 때문인데, 그 정도가 너무나 놀라워 오직 사물이 실제 어떤지를 보았던 것을 바탕으로 가르쳤을 것이라고 주장할 수 있었다. (Franco 1997; Arnold 2008; Taber 2003 참조) 우리의 평범한 윤리적 직관을 유지하는 데 전념할 뿐만 아니라, 모든 중생의 복지에 관심을 두고 행동한 것으로 여겨지는 특별한 존재의 연민을 공경하는 전통은 확실히 윤리적 전통이 아니라면 아무것도 아니다. 그것을 이해하는 데 어떤 문제가 있을까?

인과관계 설명과 규범성의 문제

나는 불교 윤리를 이해하는 데 발생하는 문제 중 하나는 규범성의

---

1 역주: Nāgārjuna; 龍樹, 150년 추정-250년 추정, 인도의 불교 사상가, 중관파 창시자.
2 역주: 法稱, 6-7세기 인도의 불교논리학자. 불교철학과 인도사상 전반에 지대한 영향을 미쳤다 대표 저술로는 정량론定量論(Pramāṇaviniścaya)과 양평석量評釋 (Pramāṇavārttika) 등이 있다.

문제라고 제안한다. 그리고, 불교 철학자들은 인과적 연속성이 전형적인 윤리적 직관을 보존하는 데 얼마나 충분한지에 대해 할 말이 많지만, 나는 오히려 불교도들의 서원 지향성에서부터 무아 교리에 이르기까지 불교 윤리의 특성화와 관련된 것과 다소 다른, 확실히 불교 윤리 문제에 대해 우리가 지금까지 찾아왔던 개인의 정체성 문제와는 다른 각도를 나타내는 일련의 관심사를 고찰하고자 한다. 나는 불교도들이 바로 이성의 관념을 이해할 수 있는 위치에 있는지에 관한 질문, 즉 아마도 현대의 지배적인 관용구에서 불교 철학자들이 규범성을 설명할 수 있는지에 관한 질문을 특히 염두에 두고 있는데, 이것은 확실히 윤리 담론의 중심에 있는 생각이다.

그 규범성이 불교 철학자들에게 어떤 문제의 무엇인가를 제시하는 것은, 대부분의 불교 철학적 프로젝트를 위한 인과적 설명의 특별한 의미의 기능이다. 인과관계는 불교사상의 '근본 원리'에 중심을 두고 있다; 무아 교리의 이면에 있는 것은 연기설(pratītyasamutpāda)인데, 이것은 사람의 명백한 연속성을 설명할 때 (우리가 언급한) 일종의 인과적 연속성에 대한 불교 전통의 가장 일반적인 공식을 나타낸다. 따라서 불교도들이 자아의 실재를 부정하는 것이 타당한 이유는, (느낌, 감각, 생각, 존재) 경험의 모든 순간이 분석 결과, 문제의 사건 어느 것도 '실제로' 무엇인지에 대해 의미가 없는 수많은 비인격적 요인에 의존한다는 것이 밝혀지기 때문이다. 따라서 철학자 데이비드 흄David Hume과 마찬가지로, 불교도들은 전형적으로, '내가 나 자신이라고 부르는 것에 가장 친숙하게 들어갈 때, 나 자신과 같은 어떤 것을 발견하지 못한 채, 나는 항상 어떤 특정한 인식이나 다른 것을 우연히 발견한다. 그러므로 우리는 실제로 존재하는 모든 것은 상상할 수 없는 속도로 서로 이어지고, 끊임없는 흐름과 움직임 안에 있는 서로 다른 인식의 묶음 또는 집합이라고 결론지어야 한다.'(Hume 1978: 252) 그리고 이것은 경험의 모든 순간이 불교도들이 표현하듯이 원인과 조건에 달려 있다고 말한다. 실제로, 이 사상의 한 유명한 진술은 불교의 모든 가르침의 본질적이며 강력한 요약인, 하나의 만트라로 불교 세계 전역에 걸쳐 모습을 드러냈다: '여래는 원인으로 인한 존재의 원인과 그 소멸의 원인을 설명했다. 위대한 출가자는 이와 같은 교리를 가진 사람이다.'(이 만트라에 대해 Boucher 1991 참조)

이러한 환원주의적, 인과적 설명에 대한 불교의 특징적인 강조는, 분명히 많은 현대 철학자와 인지과학자들이 불교도를 철학적 동료 여행자로 인식하게 이끈 고려 사항 중 하나이다; 많은 현대 사상가들도 인간의 실존적 '본질'은 없으며, 진정한 영혼이나 데카르트적 자아도 없으며, 오직 순간의 연속, 그리고 인지과학자(신경학자, 심리학자, 진화 생물학자 등)의 점점 더 세밀한 분석에 건설적으로 양보한 하위 개인사건(주로, 현대 사상가에게는, 뇌에 관련된 사건)만 있을 뿐이라고, 다양한 방식으로 주장하면서 서구 철학의 모든 본질주의의 흔적을 강력하게 비판해 왔다. 그러나 불교적 환원주의와 오늘날 지배하고 있는 다양한 환원주의 사이에는 확실히 결정적인 차이가 있다: (대부분은 아닐지라도) 현대 사상가들이 취한 환원주의는 일종의 물리주의(즉 이에 따르면 사람이 되기 위한 모든 것이 최종적으로는 신체 및 중추신경계 안의 물리적 현상의 관점에서 설명될 수 있어야 한다는 종류의 견해)를 정당화한다; 그러나 불교 환원주의자들은 육체적 사건과 정신적 사건이 종류가 다르므로 정신적 사건의 순간이 육체적 사건에 인과적으로 의존할 수 없다고 주장하면서 물리주의에 강력하게 저항했다. (정신적 사건이 육체적 사건으로 환원될 수 없다는 것은, 실제로 다르마키르티의 환생 주장의 핵심이다. '불교와 과학' 밈meme[3]의 역사에 대한 더 많은 관심의 맥락에서 고려되는 현대 사상가들과의 이러한 차이의 중심에 대해서는 Lopez 2012를 참조)

그렇긴 하지만, 불교 환원주의가 현대 철학의 일부 지배적인 경향과 상당한 관련이 있다고 보는 것은 잘못된 것이 아니다. 실제로, 물리주의를 거부했음에도 불구하고, 불교 사상가들은 많은 현대 철학 프로젝트를 괴롭히는 동일한 철학적 과제에 직면했다. 이러한 현대 과제의 대부분은 일반적으로 마음의 '자연화'를 목표하는 것으로 특징지어진다. 즉 과학적 설명의 특징으로 여겨지는 부류의 인과적 용어로 정신 현상을 설명하는 것을 목표로 하는 것이다. 그리고 이러한 접근 방식을 지속해서 괴롭히는 어려움 중 가장 중요한 것은 사고의 탁월한 규범적 특성을 이해하는 것이다.(De Caro 및 Macarthur 2010 참조)

사고의 규범적 성격은 우리가 어떤 믿음이나 주장에 대해 우리가 틀릴 수 있음을 인식한다는 사실, 즉 우리가 생각하게 된 것과 무관한 문제에 진실이 있다는 사실에 있다. 따라서 깊이 생각한 사고는 일을 바로잡는 것을 목표로 한다. 이것은 칸트Kant가 강조한 바와 같이, 실제로 종종 우리가 생각하거나 행동하는 방식과 상당히 독립적인 어떤 특정한 사례에서 우리가 생각하거나 행동해야 하는 어떤 방식이

---

3 역자: 유전자가 아니라 모방 등에 의해 다음 세대로 전달되는 비유전적 문화 요소(문화의 전달 방식).

있다는 생각이다. 그리고 이 생각이 철저한 인과적 설명을 지지하는 사람들에게 제시하는 문제는, 무엇이 되어야 하는지에 대한 고려 사항이 어떻게 원인으로 여겨질 수 있는지 알기 어렵다는 것이다; 우리의 행동을 유발하는 것은, 단지 발생하는 것이지 발생해야 하는 것이 아닌 것 같다. 따라서 문제는 칸트가 말했듯이 '아직 일어나지 않은 당위가 어떻게 이 존재의 활동을 결정할 수 있고 그 결과가 감각적 세계에 나타나는 행동의 원인이 될 수 있는가'이다.(1997: 96) 이것을 이해하는 것은, 두 접근 방식의 지지자가 사고의 규범적 특성을 본질적으로 비규범적인 어떤 것(예: 우리가 하는 대로 행동하게 하는 심리적 성향이나 신경생리학적 상태)으로 환원하는 데 전념하는 한, 불교 환원론자와 현대 물리주의자 모두를 괴롭히는 철학적 과제이다. 이러한 환원은 우리의 가장 기본적인 윤리적 직관 중 일부를 이해할 수 없도록 위협하며, 이에 대한 인식은 왜 불교사상이 서구 철학 윤리 전통 측면에 따른 특성화에 지속적으로 저항했는지에 대한 배경을 제공할 수 있다고 시사한다. 그러나 그 요점을 발전시키기 전에, 임마누엘 칸트가 틀을 잡은 규범성의 문제에 대해 간략한 설명을 듣는 것은 가치가 있을 것이다; 무엇보다도 이것은 우리가 지금까지 조사한 문제를 윤리와 관련이 있는 모든 범위에 더 명확하게 초점을 맞출 것이다.

여담: 이성에 대한 반응으로서의 칸트의 '도덕법칙'

임마누엘 칸트Immanuel Kant의 전체 철학적 과제는 가장 기본적으로

'자유가 어떻게 가능한가?'라는 질문에 관한 것이다. 즉 우리가 사는 삶에 대해 합리적으로 책임을 져야 하는 우리 자신의 경험 가능성(이해 가능성)의 조건은 무엇인가이다. 이에 대해 칸트가 말한 많은 부분은, '도덕률'이라는 약간 우쭐한 관용구에 있으며, 우리는 일반적으로 칸트를 의무론적 윤리, 즉 의무의 문제가 중심이 되는 윤리 개념과 연관시키도록 배운다. (이런 틀을 짜는 방식은 우연하지 않게 유신론 전통의 종교 윤리와 잘 맞는다.) 그러나 칸트의 생각을 표현하는 이러한 방식은, 칸트가 '자유'를 의미하는 것이 실제로는 우리가 그 자체로 이성에 반응한다는 사실일 뿐이라고 말함으로써, 그것을 이해하는 데 다소 도움이 될 것이다. (칸트의 이 틀은 1996년 맥도웰의 수치와 두드러지게 관련이 있다.) 즉 우리가 자유롭다는 사실은, 즉각적인 지각적 현재에서 한 걸음 물러나서, 그것이 해야 했든지 아니면 할 것인지 아닌지에 관계없이 행해졌거나 행해질 수 있는 모든 행동이나 결정에 관해 물을 수 있는 독특한 인간의 능력으로 이루어진다.

   이 능력은 사람들이 정당성에 대한 요구를 인식할 때마다 가장 기본적으로 명백해진다. 우리는 일반적으로 어떤 행동이나 결정을 정당화하도록 요구받을 때, 그것이 인과적 설명(중추 신경계의 사건이 내 몸의 특정 움직임을 유발했기 때문에 그렇게 했다)을 요구하는 것이 아니고, 오히려 우리가 행한 대로 또는 우리가 목표로 하는 것이 옳다고 (혹은 그르다고) 생각하는 이성으로 이해한다. 따라서 무엇보다도 인간 행동과 관련된 다양한 인과적 고려 사항들에는, 자신이 어떻게 행동했는지, 그리고 그것이 마땅히 해야 했던 행동인지에 대한 논리적으로 뚜렷한 질문, 본질에서 심리적 또는 신경생리학적 성향으로 환원될 수 없는 질문이 항상 존재한다. 그러한 부가적 질문이 충분히 이해될 수 있는 수준으로 남아 있는 한, 우리는 그 자체로 자유의 관점에서 설명될 수 있는 독특한 인간 현상을 고려하고 있다고 말할 수 있다.

이러한 방식으로 인간을 자유로운 것으로 설명하는 것과 (무엇보다도) 물리 법칙에 종속되는 물질적 신체로 구성된 인간에 대한 그럴듯한 설명을 우리가 어떻게 조화시킬 것인가 하는 점은 칸트에게 있어 난해한 문제로 남아 있었다. 칸트는 인과 개념에 대한 자신의 지속적인 속박의 정도를 증언하는 '순수 이성 비판'의 유감스러운 구절에서 말한 것처럼, '자유를 통한 인과관계'가 있다는 것을, 적어도 '일관성 있게 생각할 수 있다'라는 점을 확언함으로써 '순수 이성 비판'을 완결할 수 있었다. 그는 우리가 믿음이나 이성을 갖는 것이, 무엇보다도 신체의 다양한 움직임 등을 어떻게 유발하는지 결코 설명할 수 없다고 추정했다; 그렇기는 하지만, 우리 자신이 자유롭다는 생각에 모순을 수반하지 않는 사실을 인지하는 것으로 만족해야만 한다는 것이다.

그러나 칸트는 이 문제에 대한 우리의 이해의 한계가 일관되게 자유라는 사실에 반하는 것으로 간주될 수 없다는 생각에 관해 더 강력한 논증(비록 믿을 수 없을 정도로 단순한 논증임에도 불구하고)을 가지고 있었다. '순수 이성 비판'에서 칸트 자신이 몰두한 결론에 추가한 것, 즉 우리가 그것이 어떻게 작동하는지 이해하지 못하더라도 모순 없이 우리가 자유롭다고 생각할 수 있다는 결론에 덧붙인 것은 '실천이성 비판'의 핵심 논거인데, 거기서 그는 이성이 '실천적'이라는 것을 가장 기본적으로 주장하는데, 말하자면 이성이 '의지의 결정적 근거' 가운데 하나라는 것이다. (내가 말했듯이, 이것은 인간에 대한 완전한 설명은 이성에 대한 응답으로서의 인간에 대한 언급을 포함해야만 한다는 점이다.) 칸트는 이성이 이런 의미에서 '실천적'이라는 것을 부정하는 사람은, 이성에 대한 우리의 반응은 결국 우리의 신경 진화 역사 현상의 부산물로 나타난 우발징후(또는 다른 방식으로 설명될 수 있는)라고 말할 것인데, 그 사람은 오직 그 주장을 함으로써만 자기가 제안한 진실성을 인정하는 것으로 누구라도 (심지어 자기까지도) 이해할 수 있다고 주장했다. 그러나 그것은 물론 이성이 실제로 실천적이지 않다는 것을 보여주기 위해서는 추론을 사용해야 함을 의미하고; 이성에 대한 우리의 반응은 그 실재를 부정하는 사람에 의해서도 필연적으로 나타난다는 의미이다. 그런 점에서 추론이 인간 행동에서 빼놓을 수 없는 역할을 한다는 점을 일관되게 부인할 수 없다. 칸트가 요점을 말했듯이, '순수 이성으로서, 이성이 정말로 실천적이고, 이성이 그 실재를 증명하고, 이성으로 행해진 것에 의한 개념의 실재가 증명된다면, 실천 가능성에 반하는 모든 미묘한 추론은 무익하다.'(1997: 3)

더욱이 우리가 무엇을 해야 하는지(또는 해야 했는지)에 관한 질문을 이해하는 한, 우리는 가장 기본적으로 이성에 반응하는 우리 자신을 발견하기 때문에, 우리가 도덕적 존재이기에 추론하는 능력을 발견한다는 칸트의 생각은 이치에 맞다. 칸트가 말했듯이, 우리의 자유의 가능성에 관한 '사변적 이성에 먼저 제기되는 실천적 이성', 즉 실천이성이 '우리에게 이러한 개념을 강요한' 것은, '도덕률은 먼저 우리에게 자유의 개념을 드러낸다'라는 주장으로 매우 적절하게 표현될 수 있다.(1997: 27) 다시 말해, 이론적 이성이 그 가능성을 보여주기 때문에 우리가 자유에 대한 관념을 갖는 것이 아니다; 실은 우리가 자유롭다는 생각은 이론적 이성의 관점에서 볼 때 현저하게 문제가 있는 것으로만 나타난다. (그래서 이 점이 여러 세대의 철학자들이 우리가 정말로 '자유로운'지, 아니면 어떤 종류의 결정론적 그림이 결국 옳아야 하는지의 질문에 관한 토론이 가능했던 이유이다.) 오히려 우리는 우리가 결정해야 할 어떤 방법이 있을 수 있다는 생각을 이해하는 한 이미 이성에 반응하는 자신을 발견한다. 그리고 어떤 것이든 그것을 해야 할 일로서 생각하는 것은 분명히 중요한 윤리적 의미를 지닌다. 이것이 바로 칸트가 이론적으로 설명하는 어려움에도 불구하고, 우리가 이성에 가차 없이 반응한다는 사실에 대해 '따라서 도덕률은 어떤 사변적 철학을 미결정 상태로 남겨두어야만 하는지를 결정한다'라고 합리적으로 말할 수 있었던 이유이다.(1997: 42)

우리의 최고의 이론이 이와 관련하여 권장하는 것으로 보이는 것과는 상관없이, 우리의 이성에 대한 반응이 그 방식대로 가차 없이 일어난다는 사실은, 만약 우리의 최고의 이론과 우리가 그 이론을 (생각하고, 논쟁하고, 진실을 알기 위해) 받아들이는 것과의 사이에 충돌이 있는 경우, 우리가 따라야 하는 것은 후자, 즉 이성은 '실천적이다'라는 논쟁의 여지없는 명백한 사실이다. 〔칸트가 지적한 바와 같이, '순수 실천이성이 사변 이성에 종속되도록 요구할 수 없으며, 따라서 순서를 뒤집을 수 없다. 왜냐하면 모든 관심은 궁극적으로 실천적이고 사변 이성의 관심조차도 조건부일 뿐이며, 실천적 용도만으로도 완전하기 때문이다.'(1997: 102)〕 만약 우리의 이론적 추론이 그것을 문제로 만드는 것 같다면, 예를 들어 우리가 받아들이고 있는 이론적 관점이 우리가 이성에 '정말로' 반응하지 않는다는 결론을 추천한다면, 그리고 어떤 인과적 설명이 우리가 존재한다는 환상에 대한 모든 것을 설명할 수 있다면, 갈등은 그 이론에 반하는 것으로 간주하여야 한다. 이론적 주장이 우선하여 고려될 수 있는 추론에 이론적 이성이 실제로 관여함으로써만 가능한 한, 이론적 이성이 실천적 이성보다 우월하다고 일관되게 생각할 수 없다.

다르마키르티의 이성의 논리적 공간의 환원

앞에서 말한 논점은 '신경윤리학'(그리고 신경신학, 신경윤리학 등)과 같은 최근 유행하는 프로젝트에 관해 합리적으로 문제가 있다고 생각되는 것이 무엇인지 시사한다. 특징적인 윤리적 활동에 관한 인지과학 연구-예를 들어, 유익하거나 즐거운 신경생리학적 발달을 일으키는 이타적 행동을 보여주는 연구(예: Davis 2011 참조)-에서 생물학적 존재로서의 우리에 대해 흥미롭고 중요한 지식을 제공할 수 있다. 그러나 그러한 연구가 왜 우리가 그러한 방식으로 행동해야 하는지 혹은 해야 하는지 말아야 하는지에 관한 질문에 대한 배경을 제공할 수 없는 한, 어떤 것도 그 연구의 관점으로 여겨지는 윤리적 활동이 될 수 없다. 오히려, 그것은 윤리적으로 중요한 활동이 본질에서 규범적인 용어로 특성화를 허용하는 한에서는 거의 틀림없이 윤리적인 활동으로 간주되고 탐구의 각도가 전적으로 경험적일 때 그 특성화는 완전히 사라진다.

[엘리자베스 앤스콤Elizabeth Anscombe이 말했듯이, 의도적으로 행동한다는 생각은 우리의 질문 "왜?"가 없었다면 존재하지 않았을 것이다. 특정한 것들, 즉 인간의 움직임들이 어떤 미지의 이유 때문에 "왜?"라는 질문의 대상이 되는 것이 아니라, 오히려 그녀는 '인간 행동으로서의 무엇인가에 대한 설명은 "왜?"라는 질문이 존재하기 전에는 발생할 수 없었고, 그전에는 우리가 그 질문을 다루도록 모호하게 촉구된 일종의 발화發話로 나타났다'라고 상술했다.(2000: 83) 어쨌든 인지과학의 경험적 연구에 비추어 윤리를 생각하려는 정교한 시도에 대해서는 Flanagan 2007을 참조]

나는 일부 불교 철학자들이 현대의 환원주의적 접근법을 괴롭히는 사고의 규범적 특성을 다룰 때 동일한 문제에 직면한다고 시사했다; 이제는 내가 아마도 모든 인도 불교 철학자 중 가장 영향력 있는 사람을 언급하면서 그 주장을 정당화할 때이다: 즉 그는 다르마키르티 (Dharmakīrti, c.600–660ce)인데, 그의 저술은 대부분의 티베트 승려 교육 과정에서 오늘날까지 연구되고 있다. 다르마키르티는, 많은 경험론자가 다르마키르티에 의해 단지 우리의 개념과 상당히 독립적인 실체의 무언가를 우리에게 '주는' 것으로 이해되는, 추정상 즉각적이고 비-개념적인 종류의 인식에 특권을 부여하는 일종의 경험주의적 직관을 예시했는데, 이에 따라서 우리를 독특하게 실체와 접촉하게 하는 것이다. 그 정도로, 일부 현대 학자들은 그를 철학자 윌프리드 셀라스Wilfrid Sellars가 이른바 '주어진 것의 신화'라고 부르며 영향력을 가지고 평준화했던 것과 동일한 종류의 비판에 취약하다고 여겼나. (Dharmakīrti와 Sellars의 비교는 Tillemans 2003: 97 참조. 다르마키르티가 셀라스의 비판에 취약하다는 생각은 드레이퍼스Dreyfus 1996, 2007에서 거부됐다.)

셀라스가 영향력 있게 주장한 것처럼, 다르마키르티의 견해와 같은 관점의 문제 중 하나는 노골적이고 해석되지 않은 '감각'은 셀라스가 '이성의 논리적 공간'이라고 부른 것에서 나타나는 종류의 것이 아니다. 셀라스가 설명하는 것처럼, '어떤 사건이나 상태를 안다는 것으로 특징지을 때, 우리는 해당 사건이나 상태에 대한 경험적 설명을 제공하지 않는다; 우리는 그것을 정당화하고 누군가가 말하는 것을 정당화할 수 있는 이성의 논리적 공간에 두는 것이다.'(1997: 76) 따라서 어떤 사람이 어떤 것을 안다고 특징짓는 것은, 그 사람이 사물을 이러저러한 것으로서 올바르게 받아들일 뿐만 아니라, 그렇게 받아들여야 할 책임도 있다고 특징짓는 것이다. 누군가가 그 사람이 그렇게 받아들이는 것을 정당화하라고 요구받았을 때, 우리는 그 사람이 어떻게 믿게 되었는지에 대한 설명이 아니라, 그렇게 믿게 된 이유에 대한 설명이라는 것으로 이해한다. 그러나 경험주의자의 이해를 참작할 때 지각은 우리에게 '이유'를 전혀 줄 수 없는 것처럼 보인다. 말하자면, 지각은 그러한 이유로 우리의 지식에 어떤 기여도 할 수 없다고 생각된다.

다르마키르티는 지각과 개념 사이를 근본적으로 예리하게 구분하기 때문에 바로 이런 문제에 직면한다. 다르마키르티의 전체 프로젝트에서의 이런 곤혹스러움과 이를 연결하려는 그의 시도 사이의 간극은, 이제 내가 보여주고자 하는 것으로, 언어 철학에 대한 불교 전통의 신호적 기여를 나타내는 명목주의의 혁신적인 버전인, 그 유명하고 난해한 '아포하apoha(배제)' 교리 발전의 요점 중 하나이다. 언어가 사고의 가능성에 필수적인 궁극적 실재의 영역을 나타낸다는 많은 브라만 사상가들에 반해, 불교도들은 일반적으로 언어 항목이 근본적으로 다양하고 일시적인 인간의 이익과 관련되어 있다고 주장하는 데 관심을 보였으며, 불교도에게 언어적 질서는, (많은 브라만 사상가의 경우처럼) 그 반대라기보다는, 일반적으로 심리학의 산물로 이해되었다. 이에 대한 불교의 관심은 또한 불교 철학자들의 최우선 과제인 기본 무아 교리도 반영한다; 불교도들은 언어 분석에서 나타나는 추상적 관념의 종류가 '자아' 관념(불교도들에게 지배적인 중요성)과 개념적으로 유사하다는 점을 인식했다고 말할 수 있다. 그러므로 언어적 보편성은, 자아에 대한 언급이 거기에 무엇이 존재하는지에 대해 궁극적으로 참된 설명이 되지 못하는 것과 같은 종류의 이유로, 최종 존재론으로 들어가도록 허용되어서는 안 된다.(이와 관련하여 다시 일어나는 일부 불교적 논쟁 전략에 대해서는 Hayes 1988: 20-24를 참조)

그렇다면 아포하apoha 교리의 요점은, 언어 항목이 세계의 궁극적 실재의 특징을 추적하지 않는 개념적 허구라는 점을 고려할 때, 언어가 어떻게 작동할 수 있는지를 보여주는 것이었다. 가장 기본적인 형태의 아포하 교리는 말의 지시대상이 실제 보편자가 아니라는 것을 주장한다. ('소'라는 단어는 소가 되는 것과 같은 실제로 존재하는 어떤 속성이나 모든 소의 집합과 같은 실제로 존재하는 확장을 나타내지 않는다.) 오히려, 소와 같은 단어의 지시대상은 결국 모든 소가 아닌 것을 '배제'함으로써 이해되어야 한다. 이 작업의 구체적 사항과 앞서 말한 간략한 묘사에서 볼 수 있는 명백한 순환 논리를 피할 수 있는지에 대해 할 말이 많다; 무엇보다도 우리가 소가 아닌 모든 것을 배제하는 것은 우리가 이미 소가 무엇인지 아는 한에서만 의미가 있다고 생각하는 것이 합리적이다.(Apoha에 대한 순환성 반대에 대해서는 Hugon 2011을 참조하고, 더 일반적인 apoha에 대해서는 Siderits et al. 2011을 참조) 우리는 이와 관련하여 다르마키르티가 말한 어떤 것을 고려할 것이지만, 나는 우리의 목적을 위해 가장 중요한 것은 아포하 교리가 우리는 실제로 '그와 같은 추론'에 반응하지 않는다는 것을 보여주는 것으로 적절히 받아들여질 수 있다는 점'을 강조하고 싶다; 오히려 다르마키르티의 견해는 우리가 행위의 '이유'로 생각하는 어떤 것이 실제로 어떤 설명적 의미가 있다는 것은, 완전히 다른 설명 아래에만 있다는 것이다. 다시 말해서, 우리는 이성이 정말로 실천적이라는 것(칸트가 확언한 것)을 효과적으로 부정하는 것으로, 그 유명한 난해한 아포하 교리에 대한 다르마키르티의 발전을 이해할 수 있다.

이것에 대해 명확히 하기 위해서는, 전형적인 불교사상에 본질에서 두 가지 다른 수준의 '진리'가 있다는 다르마키르티의 특징적인 이해에 대해 약간 말할 필요가 있다: 관습적 진리(속제俗諦)의 세계('자아'와 '사람'과 같은 것들에 대한 우리의 통상적인 언급이 자리 잡은 곳), 그리고 근본적으로 대안적이며, 그러한 것들을 포함하지 않는 실재에 대한 설명으로서의 궁극적 진리(진제眞諦)이다. 다르마키르티가 상속받은 불교 철학의 아비달마Abhidharma 전통에서, 실재에 대한 궁극적으로 참된 설명은 오직 덧없이 존재하는 사건[이 전통에서는 이를 법(dharmas) 이라고 함]에 대한 언급을 포함하며, 이것만이 궁극적 실재(paramār-thasat)로서 간주된다.[4] (그러므로 관습적 진리에 관한 서술과 아비달마

---

4 역주: 설일체유부의 견해에 따르면, 색·수·상·행·식으로 구분되는 오온에 대한 자성(pudgala) 등의 관념이나 언어표현은 세속적 존재世俗有(saṃvṛtisat)이고, 색·

전통에 의해 제안된 재-서술 종류 사이의 차이는 셀라스Sellars가 상식의 '이미지 구현'이라고 불렀던 것과, 그것에 대한 과학적 재-서술 간의 차이와 대략 유사하다.) 다르마키르티가 이 관념을 차용한 것에서 가장 중요한 것은, 그가 어떤 종류의 사물이 궁극적으로 실재하는지 명시하는 것이 가능하다고 가정하고, 따라서 관습적 진리라고 단언하는 순진한 그림과는 근본적으로 다른 세계의 궁극적 실재에 대한 설명이 가능하다고 단언했다는 것이다. (내가 결론에서 말할 것인데, 중관파 사상의 지지자들이 거부하는 것은 바로 이 두 가지 진리에 대한 이해다.)

다르마키르티의 기본적인 경험주의적 지향성은 이러한 종류의 그림에 직관적으로 그럴듯한 지지를 제공한다. 두 가지 진리에 대한 다르마키르티의 이해에서 추론 그 자체는 단지 '관습적 실재'로 특징지어지는 것 중 하나이다. 이것은 거의 모든 불교도가 긍정하는 경향이 있으며, 이성의 논리적 공간에 나타나는 사물(개념적 사물)의 종류가 다르마키르티의 관점에 따르면 궁극적으로 존재하지 않는 사물의 전형이기 때문이다. 그러한 개념 아래로 가져올 수 있는 특정 생물체 위에서, 또는 넘어서서 소가 되는 것(또는 포유동물이 되는 것, 또는 동물이 되는 것)과 같은 실제로 존재하는 속성은 없다. 즉 그러한 추상적 개념은 경험을 구성하는 무수한 요소들 위에 실제 '자아'가 존재하는 것 이상으로는 '존재'하지 않는다. 두 가지 진리에 대한 다르마키르티의 이해를 구별 짓는 것은, 그러한 것들이 궁극적으로 실재하는 존재들

수·상·행·식 등의 제법은 더는 쪼갤 수 없는 존재로서 승의유勝義有(paramārthasat)로 설명된다. 이때 세속유는 가설적 존재假有(prajñaptisat)와 동일시되고, 승의유는 실체적 존재實有(dravyasat)와 동일시된다.

에 대해서만 최종적으로 설명될 수 있어야 한다는 그의 견해이다. 이유를 주고 묻는 우리의 일상적인 관행에서 나타나는 종류의 추상성은 실제로 실재하지 않지만, 다르마키르티는 이러한 것들을 설명하는 본질적으로 더 실제적인 것을 명시하는 것이 가능하다고 주장한다. (하지만 결론에서 볼 수 있듯이, 중관파의 지지자들에게는 이성의 관습적 지위는 불충분한 지위에 해당하지 않는다.)

이에 따라, 우리의 추론의 내용을 구성하는 본질적으로 비실재적인 종류의 것들은, 궁극적 실재로서 확인되는, 인과적으로 설명할 수 있는 심리적 과정의 관점으로 설명된다. 이것에 대한 두드러진 요점 중 하나는, 우리의 관습적 진리로서의 '이성'이 실제로 무엇이든 하는 것으로 판명되는 것은, 따라서 다른 궁극적 진리의 서술 아래에서만 있다는 것이다. 다시 말해서, 우리의 추론의 '내용'은 우리의 행위에 대한 전체적 설명에서 최종적으로 파악될 필요는 없으며, 단지 이 내용을 '가지고 있는' 순간적인 정신 상태만 파악할 필요가 있다는 것이다. 다르마키르티의 경우 철학적으로 동기가 부여된 추론의 재서술은 그것이 실제로 무엇을 구성하는지 설명해준다. 이것은 다르마키르티에게 있어, 결론적으로 우리는 그러한 이성에 반응하지 않는다는 것을 의미한다.

이제 우리의 통상적인 추론 관행에서 나타나는 종류의 것들이 그것들을 설명하는, 실제로 존재하는 정신적 사건들에 비해 불충분한 종류의 실재를 갖는다는 사실은, 실재의 기준으로서 인과적 효능을 강조하는 다르마키르티의 특성에서 비롯된다. 이것은 경험주의의 핵심에 있는 직관적으로 그럴듯한 아이디어 중 하나이다; 확실히

'나무의 존재'와 같은 추상성은 특정 나무가 있는 방식과 어떤 것에서도 진짜 실재가 아니라고 말하는 것이 이치에 맞고, 차이점은 후자의 경우에서만 우리가 문제의 대상으로 실제로 무언가를 할 수 있다는 것이다. (우리는 특정 나무를 베어 땔감이나 건축용으로 사용할 수 있지만, '나무의 존재'라는 추상적 개념과 같은 방식으로는 상호 작용할 수 없다.) 구체적인 세부 사항에 대한 우리의 감각 인식에서, 즉 우리는 실제로 이 세상 그 자체에서 무언가에, 우리의 감각 기능에 영향을 미치고 직접적으로 우리가 그것을 인식하도록 만드는 어떤 것과 부딪히게 된다. 이와 대조적으로, 우리가 우리에게 영향을 미치는 것이 이것 또는 저것으로 이해될 수 있다는 생각을 가질 때(불이나 건물 또는 무엇이든지 적합한 것으로), 우리 자신의 설명적 관심사가 혼합의 일부가 된다. 우리가 지각에 주어진 것을 취하는 것이 편리하다는 것을 발견할 방법이 무수히 많다는 것은, 우리의 생각이 지각에 주어진 특정한 것이 아닌 방식으로 세상으로부터 자유롭게 떠다니고 있다는 증거다.

따라서 다르마키르티는 지각할 수 있다는 것은, 어떤 사람이 무엇이든지 실제로 인식하게 할 수 있는 것으로 이해되어야 한다고 주장했다. (어떤 특정 반추동물이 우리에게 어떻게 보이는지는 우리에게 달린 것이 아니라, 오히려 조명, 근접성 등의 객관적인 조건의 기능에 달린 것이다.) 대조적으로, 개념적 자각에 나타나는 사물의 종류는 다르마키르티가 말했듯이 '본성을 사유에 직접 투영하는 능력이 부족'하다는 특징이 있다. 〔나는 여기에서 Arnold 2012. 25-26에서 인용되고 논의된 다르마키르티의 정량론定量論(Pramāṇaviniścaya)을 인용한다.〕 지각적 인식과 개념적 사고의 차이에 대한 이러한 일견 그럴듯한 경험주의적 직관은 존재론적 주장의 기초를 제공한다. 특히, 이 주장은 '궁극적으로 실재' 하는 사물은 다른 세부 사항과 인과적으로 상호 작용할 수 있다는 것(따라서 지각 인식을 생성할 수 있는 것)이다. (그러므로 그것은 지각적 인식을 생산할 수 있지만) 반면에 '일반적인 어떤 것도 인과적 효능에 대한 적합성이 없으므로 실재가 아니다.' 〔나는 여기에서 Arnold 2012: 117에서 인용되고 논의된 다르마키르티의 양평석量評釋(Pramāṇavārttika)을 인용한다.〕

그러나 그가 지각적 인식과 개념적 인식을 구별하는 그의 독특한 예리함으로 인해, 다르마키르티는 항상 이들 사이의 간극을 메우기 위해 고심하고 있다. 그가 자세히 설명했듯이, 아포하apoha 교리는 정확히 이 임무를 수행하기 위한 것으로 이해될 수 있다. 다르마키르티는, 셀라스Sellars의 '이성의 논리적 공간'에 등장하는 것들이 인과적으로 유효한 세부 사항 단독으로 최종적으로 실재하는 존재론의 자원으로 주어질 때, 어떻게 설명될 수 있는지를 보여주기 위해 아포하 교리를 자세히 설명한다. 나의 주요 관심사의 측면에서 보면, 다르마키르티의 요점은 따라서 이성을 특징짓는 규범성을 최종적으로 비규범적이고 인과적 수준의 서술이라는 관점에서 설명하는 것이다. 그리고 그가 이렇게 근본적으로 다른 '논리적 공간'을 연결하는 방식은, 우리가 세계와 처음 접하는 인과관계와 우리가 여기서 설명하려는 개념적 판단 사이에 중간 정도의 어떤 것이 있다고 주장하는 것이다. 특히 세계와의 지각적 접촉은 정신적 표상(고전 영국 경험론자들에 의해 상정된 '감각 자료'와 유사)을 생성한다; 그리고 이것들은 아직 완전히 형성된 판단을 포함하지 않지만, 오히려 이러한 표상은 우리의 감각에 영향을 미치는 모든 것으로 인해 발생하며, 그리고 그만큼 그 자체로 인과적으로 효과적인 세부 사항이다. 그들은 다르마키르티가 개념적 내용의 구성을 설명하기 위해 취하는 '배제(apoha)'의 근거로 받아들여진다. 다시 말해서, 이 전략은 우리의 추론 관행에서 나타나는 추상성이 실제로는 실재가 아니고, 즉 어떤 주장의 진실과 같은 그러한 추상성이 아무것도 초래할 수 없다는 이유만으로, 아무것도 설명할 수 없다고 주장하는 것이다. 그럼에도 불구하고, 추론은 '이러한 참 또는 거짓으로 설명하는 내용을 가진 것(정신 상태)'임을 단언할 수 있다.(Schueler 2003: 58)

개념적 내용을 가진 특정한 정신 상태 또는 뇌 상태에 대한 호소는 우리가 그러한 추론에 반응하지 않고, 대신 그 추론이 오직 '경험적으로 조건화된 의지의 결정적 근거'를 나타낸다고 주장하는 한 가지 방법을 나타내고 있다. 이러한 종류의 관점에서 볼 때, 이러한 정신 상태 중 하나가 '가졌던' 개념적 내용은 우발징후로 판명된다; 즉 설명하는 것은 정신 상태 자체뿐이다. 다르마키르티는 (Georges Dreyfus가 말했듯이) '실제 정신적 사건으로서의 개념은 내용으로서의 개념과 구별되어야 한다'라는 점을 강조하기 위해 이러한 주장을 한다.(2011: 217) 따라서 우리의 추론의 개념적 내용은 본질적으로 비현실적이지만, 이 내용을 '갖는' 특정한 정신 상태는 실제로 발생한다. 그 점이 다르마키르티가 '측면, 행상行相(ākāra)', '영상影像(pratibimba)', '현현顯現(pratibhāsa)' 등으로 다양하게 언급한 정신적 표상이 지각적 내용과 개념적 내용 사이에 필요한 연결을 제공한다고 가정할 수 있는 이유이다. 이러한 정신적 표상은 그 자체로 지각

가능한 것들과의 접촉 때문에 인과적으로 생성되는 특정한 상태 또는 사건들이다. 그리고 상태 또는 사건들이 지각적 접촉 때문에 생성되는 한, 이러한 표상들은 그 자체로 실재하며, 그리고 그 정도까지는 그들이 '지니다'라고 말할 수 있는 어떤 의미론적 내용과 구별되어야 한다. 다르마키르티의 주석가 마노라타난딘Manorathanandin은 '보편성조차도 그것이 인지적 측면(ākāra)인 경우에 한에서는 특수한 것으로 인정된다'라고 설명한다.(Arnold 2012: 135에서 인용) 개념의 의미론적 내용은 오직 그것이 어떤 인식의 '측면' 또는 내용으로 나타날 때만 이용할 수 있고 실제로 발생하는 것과 같은 이러한 정신적 측면은 그 자체로 인과적으로 설명할 수 있는 세부 사항이어야 한다. 그러한 표상이 무언가에 종속되는 것처럼 보인다는 것은 더 나아가 엄격한 현상적인 사실이다; 특정 표상의 발생만이 실제로 실재로서 간주된다.

그러나 정신적 표상 자체가 세부 사항으로 간주되는 한, 우리는 여전히 이것이 이성의 논리적 공간을 나타내는 규범적이고 개념적인 내용을 어떻게 설명할 수 있는지에 대해 빚을 지고 있다; 다시 말해서, 정신적 표상이 진정으로 지각적이라면, 이것이 우리가 지각과 어떤 식으로든 관련이 있는 것으로 이해하고자 하는 개념적 사고에 어떻게 더 가까워지는지 지켜봐야 한다. 이것이 다르마키르티의 아포하(배제) 교리에 대한 상세한 설명의 출발점이다. 그의 생각은 정신적 표상 자체는 개념이 아니지만, 개념이 구성되는 수단인 '배제(apoha)'의 기반이라는 것이다; 그렇다면 정신적 표상은 그 간극을 메우기 위한 것으로 여겨지는 '배제'라는 개념적 과정의 기반이 된다. 그가 제안한 설명의 특징적인 생략 표현에 대해, 다르마키르티는 '비록 외부 대상의 능력을 구별하는 근거는 없지만, 우리가 지각하는 것에 대한 언어적 표현(śruti)은 그 자체가 외부 대상에 기반을 두고 있는 개념적 반영(vikalpa-pratibimba, 분별영상分別影像)과 연결되어 있다'라고 말한다.(Arnold 2012: 136에서 인용) 즉 우리가 세부 사항을 지칭하는 이름 자체는, 거기에 언급된 것으로 추정되는 실제 대상의 '능력(śakti)', 즉 인과적 효능에 의해 생성된 것들 가운데 하나가 아니다(사람이 나무의 서 있는 것을 볼 때, 그 특정한 대상은 정신적 표상을 일으키지만, 나무가 사람에게 '나무'라고 부르게 하는 원인이 되지 않는다); 그럼에도 불구하고 단어는 그 자체로 그렇게 생산된 '개념적 반영'과 관련이 있다.

따라서 다르마키르티는 우리의 지각으로 생성된 정신적 표상은 대상에 의해 생성된 인식(다르마키르티에 의해 그 효과 중 하나로 간주된)이 어떤 주제에 있어서 서로 유사하게 나타나는 한, 보편성에 대한 연결 고리 역할을 한다고 주장한다. 그 정도로, 특히 '인지에 나타나는 대상(jñānapratibhāsiny arthe)'에 대한 언급은, 말하자면 다르마키르티가 독특하고 특정한 많은 반추동물을 일반적으로 소라고 부를 수 있는 일종의 '동일성'을 가져오는 지점을 나타낸다. 인식으로 표현된 세부 사항은 사실 환원할 수 없을 정도로 독특하지만, 다르마키르티는 이렇게 정신적 표상에서 최소한의 현상적 유사성이 있음을 허용한다.

그런데 다르마키르티는 그가 그렇게 허용한 엄밀한 현상석 유사성은 그 자체가 인과적 용어로 설명될 수 있다고 주장한다; 특히, 어떤 개념이 언급하는 사물의 범위로부터 '배제'되는 것은, '동일한 효과를 생성하지 않는 모든 세부 사항이다.' 다르마키르티가 말했듯이, 그것은 '동일한 인과(ekasādhyasādhanatayā)'덕택에, 그리고 구별되는 존재들이 사물의 예시적인 종류로 인식에 결실을 맺을 수 있고 실제로 나타날 수 있는 그 잠재 성향(vāsanā, 훈습薰習) 덕분에, 우리는 유용한 인지적 규칙성을 상상하고 활용해야 한다. 마노라타난딘이 유사한 효과에 대해 말했듯이, '같은 존재, 즉 하나가 되는 것은 실제로 없다. 오히려 단일 효과(ekakāryatāsādṛśyam)라는 유사성이 있다.' (Dharmakīrti와 Manorathanandin 모두는 Arnold 2012: 137에서 인용되고 논의된 대로 여기에서 인용됐다.)

따라서 어떤 개념에 속하지 않는 것으로 '배제'되는 것은, 예상되는 종류의 인지 효과를 생성하지 못하는 모든 세부 사항들이다. 확실히, 인과적 능력의 동일성에 대한 이러한 호소는 일종의 대안적 보편성에 호소하는 것과 같다고 생각할 수 있다. 결국, 다르마키르티가 다양한 세부 사항이 일반적으로 동일한 종류의 인식을 유발할 수 있는 능력을 갖출 수 있다는 생각에 호소하는 한, 그 인과적 능력은 공유 속성으로 간주되며, 그 덕분에 결국 실제로 존재하는 유형이 있다고 말하는 것이 타당하다는 지점으로 다시 합류할 수 있다. 다르마키르티는 이러한 반대를 예상하면서, 이렇게 구성된 개념을 특징짓는 유일한 '동일성'은 개념을 사용하는 과정에서 지각적으로 마주치는 것에 의해 야기되는 판단에 부여된다고 강조한다; 우리 개념의 가정된 지시대상에 대해 실제로 또는 '궁극적으로' 동일한 것은 없다. 이것은 확실히 개념의 사용 전반에 걸쳐 불변하는 무언가가 있다는 것을 의미한다. 그러나 관련 동일성은 실제로 세상의 실제 사물의 속성이 아니라,

그로 인해 생성된 지각적 판단의 속성이다. 따라서 다르마키르티는 종류의 구성이 우리의 설명적 또는 실제적 이해관계와 관련되어 있다고 주장할 뿐만 아니라(우리가 소를 상상할 때, 우리가 '배제'하는 것은, 원하는 것이 우유인지 연료로 사용되는 거름인지에 따라 달라질 것이다), 또한 문제의 '종류'를 구성하는 '동일성'은 우리 머릿속에서만 (말하자면) 존재한다고 주장한다. 그렇다면 우리의 개념이 자연적 종류와 일치한다는 생각을 보증할 수 있는 실제적이고 독립적인 유사성은 없다; 오히려, 우리의 관심사에 따라 이런저런 방식으로 사물을 분류하는 것을 용이하게 하면서, 우리의 주의를 세부 사항으로 인도하는 경이적인 유사성만 있다.

우리가 이성에 반응하는 것을 부정하는 다르마키르티

앞서 언급한 다르마키르티의 주요 철학적 기여 중 한 가지에 대한 스케치는 다르마키르티가 우리가 그러한 이성에 정말로 반응하고 있다는 것을 부정하는 데 전념하고 있다고 생각할 수 있는 근거가 있음을 보여준다. 오히려 그는 셀라스의 '이성의 논리적 공간'에서 나타나는 모든 종류의 것이, 결국 다르마키르티에게는 궁극적으로 실재하는 것으로 간주되는 지각 가능하고 인과적으로 효과적인 세부 사항의 종류로 환원될(아니면 이러한 관점에서 설명될 수 있는) 수 있어야 한다고 주장한다. 그렇다면 우리가 우리의 '이성'이라고 생각하는 것이 실제로 어떤 설명적 의미를 갖는 것은, 철학적으로 동기가 부여된 재서술을 통해서만 가능하다; 진정으로 실재하는 것은 특정 순간의 정신적 사건의 발생뿐이며, 이는 환원할 수 없는 고유한 세부 사항뿐만 아니라 자연 종류(소, 포유류, 동물 등등)에 의해 채워진 세계를 대표하는 것으로 오해의 소지가 있는 (종종 유용할지라도) 주체들에 의해 발생한다.

그렇다면 우리의 실천적 이성에서 나타나는 것은, 다르마키르티에게 그가 궁극적 진리라고 제안한 완전히 다른 서술을 인정할 것이다. 그러나 궁극적 진리에 관한 서술이, 다르마키르티의 견해에 따르면, 궁극적으로 실재하는 존재, 즉 인과적 효능에 의해 구별되는 독특한 세부 사항에 대해서만 언급하는 한, 여기서 발생하는 유일한 실제 인과관계(유일한 참된 설명)는 다르마키르티가 지각적인 것과 개념적인 것 사이의 간극을 메우기 위해 상정하는 정신적 표상만 포함되는 것을 의미한다. 그러나 이는 이러한 정신 상태가 '가지고 있는' 개념적 내용이 우발징후로 판명된다는 것을 의미한다; 어떤 설명을 하는 것은 정신 상태 그 자체일 뿐이며, 다르마키르티가 궁극적 진실에 대한 설명으로 제안하는 표상이 우리에게 작용하는 것처럼 보이는 방식은 전혀 그렇지 않다. 이것이 내가 다르마키르티가 이성은 실제로 실천적이라는 것(칸트가 확언한 것)을 부정한다는 것을 의미하는 관점이다: 이성에 대한 반응성은, 다르마키르티의 설명과 같은 것에 따라 최종적으로 무엇이 존재하고 우리가 무엇인지에 대한 철저한 설명으로 파악할 필요가 없다. 오히려 '이성'과 관련된 모든 것이 차이를 만드는 것은 '경험적으로 조건 지어진'(특정 정신 상태에서 발생하는 것처럼) 것뿐이다.

그러나 다르마키르티의 설명은 단지 우리가 이성에 반응한다는 사실을 부정하고, 대신 인간의 이러한 특징이 완전히 다른 설명을 인정할 것이라고 단언하는 것이다. 그리고 칸트에게는 죄송하지만, 칸트가 말하는 것은 우리의 일상적인 윤리적 직관에 의해 필연적으로 전제되는 방식으로 우리가 자유롭다는 사실을 부정하게 되는 셈이다. ('이성에 대한 반응'이라는 관점에서 나의 특성화는 '그렇지 않으면 할 수 있었을 것'과 같은 기준을 불러일으킬 때와는 다른 자유에 대한 대화 방식을 나타낸다는 점에 유의하라; 인도 불교 사상과 자유의지에 대한 현대 토론과 비교한 탁월한 연구인 Meyers 2010에서 중요하게 나타난 후자의 기준에 주목하라.) 그런 점에서 다르마키르티의 아포하 교리 발전에서 표현되는 서약은 불교 윤리를 특징지으려는 시도와 매우 관련이 있는 것으로 드러났다고 나는 제안한다.

그렇다면 '도덕은 우리에게 먼저 자유의 개념을 드러낸다'라는 취지의 칸트의 논증을 떠올려보라. 이것은 우리가 무엇을 했거나 주장했던 것에 대하여 질문을 받을 때마다 우리가 해야 했는지 또는 주장해야 했는지로서 우리가 우리에게 무엇을 요구하는지 이해하는 한, 이성에 대한 우리의 반응이 가차 없이 나타난다는 취지의 주장이라고 내가 말했다. 그렇다면 '도덕이 우리에게 먼저 자유의 개념을 드러낸다'라고 말하는 것은, 우리의 자유의 가능성에 '사변적 이성에 먼저 제기되는 실천적 이성'이며, 따라서 실천적 이성이 '들어와서 이 개념을 우리에게 강요했다'라고 말하는 것이다. 그리고 그것이 옳다면, 다르마키르티가 부정하는 이성은 실은 '실전이성'이며, 대신 *그*가 이유를 대고 이유를 묻는 우리의 일상적인 관행에서 나타나는 개념적 항목들이 인과적으로 설명할 수 있는 심리적 과정의 환원으로서 받아들이는 것이라고 주장하는 점은, 우리가 칸트의 '도덕률'이라는 관념을 갖고 있다는 사실을 효과적으로 부정하는 것이다. 다시 말해서, 윤리적 활동을 그 자체로 이해할 수 있게 만드는 종류의 이성 교환 관행은 결국 실재에 대한 완전한 설명에 속하지 않는다는 것이다.

 그리고 내가 제안하고자 하는 것은, 불교사상이 특히 서구 윤리 범주의 특성화에 저항할 수 있다는 것이 이치에 맞는 이유 중 하나라는 점이다. 물론 일반적으로 칸트와 관련된 의무론적 윤리에 대한 입증된 대안이 많이 존재하지만, 그럼에도 불구하고 다른 모든 메타 윤리학(meta-ethics)[5]은 전부는 아니더라도 대부분 그가 특성화하고자 목표했던 의미에서 우리가 이성에 반응한다는 것을 전제로 한다고 주장하는 것이 옳았다고 생각하는 사례가 있다. 나는 이것이 바로 윤리에 대한 칸트의 접근이, 말하자면 신-아리스토텔레스의 덕 윤리에 상반된다고 가정하는 것이 (많은 사람이 그러하듯이) 오해로 이끄는 이유라고 주장하고 싶다. 나는 덕 윤리 이면의 직관 중에는 인간이 인식론적으로나 심리적으로 너무 복잡해서 우리의 합리적인 능력에 대한 확신이 잘못 놓인다는 것을 받아들인다; 진정한 결정이 요구되는 윤리적으로 도전적인 상황에서, 우리는 합리적인 사고의 결과에만 반응할 가능성이 거의 없다. 따라서 가장 중요한 것은 윤리적으로 적절한 방식으로 대응하는 습관을 들이기 쉬운 일종의 미덕(용기, 관대함, 정직)을 함양하는 것이다. 사실 불교도 역시 정신적인 진보가 전통에 의해 가르치는

---

5 역주: 규범 윤리학에 대하여, 도덕적 판단, 가치 판단 등이 어떠한 근거로 정당화될 수 있느냐는 물음에 답하고 더 나아가 '선'과 '악'의 윤리학적 개념을 명확히 하려는 연구.

진리의 '함양' 또는 '실현(bhāvana)'에 있다고 특징적으로 강조하는 한, 나는 불교 윤리가 덕 윤리와 특별한 관련이 있다고 주장하는 사람들과 함께하고자 한다.(예; Dreyfus 1995; Mrzik 2007 참조)

그러나 칸트 윤리학자는 이것을 인정할 수 있다; 실제로 칸트 자신은 우리가 윤리적으로 행동했는지(그가 말했듯이, 우리가 오직 이성이나 '격언'에 따라 행동했는지, 아니면 우리가 이런저런 심리적 성향의 이질적인 힘의 영향 아래 있는지)를 우리 자신조차도 결코 알 수 없다고 강조했다. 이러한 양보는, 칸트가 우리에게 윤리 강령을 제안하고 있다고 가정할 때만, 즉 그가 도덕률의 요구에 대해 그가 말한 것이 경험적으로 달성 가능한 종류의 방식으로 행동하는 권고로 제안된 경우에만, 칸트식 접근에 반대하는 것으로 간주할 수 있다. 그러나 내가 스케치한 해석으로, 그가 무엇을 하고 있는지에 대해 생각하는 것은 잘못된 방법이다; 칸트식 접근은 윤리적인 가르침을 제공하기보다 엄격한 형식적인 용어로 오직 윤리 이념에 필연적으로 불가결한 이성(자유)에 대한 반응을 특성화하는 것을 목표로 한다. 더욱이 이것에 대한 그의 특성화는, 우리가 문제의 자유를 실현하는지, 또는 우리가 항상 행동하도록 제약받는 수많은 인과적 요인들로부터 완전히 자유로워질 수 있는지를 알 수 있다는 것을 요구하지 않는다. 요점은, 오히려 이성에 대한 반응이 인간의 행동에 대한 모든 완전한 설명으로 나타나는 고려 사항 중 하나라는 것이다. 그리고 실제로 그것은, 우리가 애초부터 윤리 개념을 가지고 있는 만큼의 덕택 중 하나라는 것이다.

그러므로 칸트의 윤리학자들은 덕 윤리학자들이 강조하는 중요한 고려 사항에 주의를 기울일 여지가 충분하다. 반대로, 윤리에 대한 대부분은 아니더라도 많은 대안적 접근은 필연적으로 내가 스케치한 칸트식 설명과 같은 것을 전제로 한다는 관점에 대해 할 말이 많다; 즉 첫째로 무엇이든 '윤리적'인 것으로 간주할 수 있는 이성에 대해서만 반응이 주어진다는 견해 때문이다. (결국 신-아리스토텔레스 윤리학자는 어떤 덕목을 함양하는 것이 가장 중요한지 어떻게 결정할 것인가? 적절한 미덕에 익숙해진 사람들만이 윤리적으로 행동하기 쉬울 수 있겠지만, 확실히 우리가 어떤 미덕이 가장 바람직하며, 왜 그런지에 관한 주장을 처음부터 평가할 수 있는 것은, 추론에 의지할 수밖에 없다.) 따라서 많은 현대 윤리 이론가들이 내가 발전시키려 했던 칸트식 직관과 같은 것을 품고 있다고 가정하는 것이 옳다고 생각하는 한에서, 우리는 '불교 윤리'라는 개념 자체가 이상하게 보일 수 있음을 예상해야 한다. 왜냐하면 윤리적으로 평가 가능한 행동이라는 바로 그 아이디어가 다르마키르티와 같이 이성이 실제로 '실천적'이라는 것을 부정하는 어떤 설명으로도 이해할 수 없게 된다고 생각할 이유가 있기 때문이다.

중관파의 인과적 현실주의 거부와 이성의 회복

내가 보여주었기를 바라는 점은, 불교 환원주의자들이 현대 물리학자들과 마찬가지로 규범성을 설명하는 데 있어 동일한 철학적 어려움에 직면해 있다는 것이며, 그리고 내가 제안한 바대로, 그 점이 왜 불교 전통이 현대 윤리 관점으로의 특성화에 저항하는 것으로 판명되었는지에 관한 질문에 대하여 설명을 제공한다. (전부는 아닐지라도) 대부분 윤리 개념의 중심은 이성에 관한 개념이다; 그것은 칸트가 말했듯이, 우리가 왜 '도덕이 먼저 우리에게 자유의 개념을 드러낸다'라는 식으로 행했느냐는 질문을 받았을 때, 우리가 우리에게 무엇을 요구하는지 이해하기 때문이다. 그리고 그것은 거의 틀림없이 우리가 윤리적 행위에 대한 바로 그 생각을 이해할 수 있다고 생각하고 있기 때문일 것이다. 그러나 다르마키르티와 같은 관점에서는 이 전체 그림은 실재하는 어떤 것과도 일치하지 않는다. 이성의 공간에 관한 모든 것은 오히려 습관화된 심리적 과정에 대해서만 재기술되고 설명될 수 있다. 불교 전통에서 이 사상이 지배적인 것은 왜 불교 윤리가 특징짓기 어려운 것으로 판명되었는가 하는 문제에 대한 하나의 관점을 우리에게 준다.

그러나 나는 다르마키르티의 환원주의가 불교 전통의 무아의 기본 교리를 철학적으로 이해하는 유일한 방법을 나타내는 것은 아니라는 점을 강조함으로써 결론을 내리고 싶다. 사실 대부분의 티베트 불교 사상의 전통에 따르면, 전통의 지침이 되는 통찰의 결정적 역작을 나타내는 것은 중관파 사상이며, 중관파는 주로 다르마키르티에서 발견하는 그러한 명확한 표현의 철학적 직관 종류에 도전하는 것으로 이해된다. 다르마키르티는 그의 아비달마 선배들을 따라 궁극적 실재를 구체화하고 특징짓는 것이 가능하다고 단언하지만, 중관파의 지도적 신념은 이러한 접근 방식이 불교 전통의 가장 중요한 사상, 궁극적 진리를 심각하게 훼손한다는 것이다; 중관파의 주요 사상이 종종 표현하듯이 궁극적인 진리는 오히려 존재하지 않는다는 것이나. 이것의 결과는 관습적 진리의 극적인 회복을 가져오는 것이다; 관습적으로 기술된 세계보다 본질적으로 '더 실제적'인 것이 있다고 말하는 것이 이치에 맞지 않는다면, 우리에게 남은 것은 후자뿐이다. 그리고 내가 결론적으로 제안하고 싶은 것은, 관습의 회복에 대해 생각하는 한 가지 방법은 이성에 대한 반응의 개념이 회복할 수 있는 여지를 만드는 것이다. (내가 읽은 중관론에 대한 자세한 내용은 Arnold 2005, 2010, 2012를 참조. 특히 중관론의 윤리에 대해서는 Cowherds 2015의 에세이를 참조. 이 에세이는 중론 사상가 산티데바Śāntideva의 구체적인 사례에 초점을 맞추고 있으며, 산티데바에 대해서는 Bronwyn Finnigan의 현재의 책도 참조)

나가르주나의 철학적 저작으로 시작하는 중관파 전통은 다르마키르티가 계승한 두 가지 진리에 대한 특징적인 아비달마 부파(Ābhidharmika) 관점에 직접적으로 도전한다. 다르마키르티의 견해와 같은 관점에서는, 평범한 상식의 세계는 궁극적 진리의 서술에 의한 불완전한 실존적 지위로 대체된 것으로 인정된다. 따라서 그런 관점에서 무아 교리는, 우리가 으레 우리 자신이 존재한다고 생각하는 종류의 것들 대신에, 실제로 존재하는 것을 명시할 수 있음을 확인하는 것으로 이해되어야 한다; 자아는 없지만, 우리는 인과적으로 연속적인 일련의 순간적인 사건들이 실제로 존재한다고 말할 수 있다.

중관파의 주요 신념은 이 그림이 불교 전통의 중심적인 통찰, 특히 모든 존재가 의존적으로 발생한다는 통찰[6]에 폭력을 행사한다는 것이다. 우리는, 의존적으로 발생한 환상적 자아의식은, 궁극적으로 실재하는 존재들이 동일한 분석을 스스로 인정하지 않는 경우에만, 즉 궁극적으로 실재하는 존재들이 스스로 의존적으로 발생하지 않은

---

6 역주: 연기설.

경우에만 궁극적 실재로 설명된다고 가정할 수 있다. 그러나 요점은 모든 것이 그러하다는 규칙에 예외가 없다는 것이었다. 자아가 궁극적으로 실재하지 않는다는 것을 보여주는 분석은 또한 사람이 환원될 수 있는 종류의 사물이 궁극적으로 실재하지 않는다는 것을 보여주기 위해 동일한 분석이 취해져야 한다. 중관파에게는 존재론적 기반이 없으며, 우리가 마침내 마음과 무관한 사물의 진정한 진실에 도달했다고 생각하는 것은 이치에 맞지 않는다.

 그 이유 중 가장 중요한 것은 궁극적으로 존재한다고 가정할 수 있는 어떤 것이든 분석을 통해 그것을 설명하기 위해 상정된 바로 그 현상에 대해서만 이해할 수 있는 것으로 판명되기 때문이다. 어떤 것도 그것이 다른 모든 것과 완전히 독립적인 것으로 일관성 있게 생각할 수 없다. 이러한 직관을 뒷받침하는 나가르주나가 제기한 주장은 기본적으로 설명적이라고 가정할 수 있는 모든 종류의 범주에 대해 항상 다른 것과 관련해서만 이치에 맞는 것으로 판명된다는 것을 보여준다. 두 가지 진리에 대한 결과적인 이해의 결말은, 관습적 진리의 회복에 영향을 미치는 것이다; 설명 범주 자체가 상대적인 방식 중에서 가장 중요한 것은, 범주가 항상 설명해야 하는 바로 그 현상에 대해서만 이치에 맞는 것으로 밝혀지기 때문이다.

 이것은 확실히 불교도를 위한 가장 기본적인 설명 범주인 중관파의 인과관계 처리를 고려함으로써 간략하게 설명할 수 있다. 우리는 다르마키르티에게 인과적 효능이 궁극적 실재의 기준이며, 따라서 세계의 상식적인 그림에 관한 모든 것은 순간적인 세부 사항들 사이의 인과적 거래로 환원될 수 있어야 한다는 것을 보았다. 중관파의 상보적 통찰은 다르마키르티 자신이 인과적 설명과 관련하여 예상하는 우려를 고려함으로써 시야에 들어올 수 있다: 인과적 설명을 충분히 받아들일 수 있는 것은, 일상적인 관점에서만 가능한데, 어떻게 일상적인 관점에 대한 인과적 재서술이 문제의 진정한 진실을 나타낸다고 가정할 수 있을까? 다시 말해서, 인과관계 자체가 개념적으로만 접근할 수 있을 때, 어떻게 인과관계 설명이 궁극적으로 실제적인 세부 사항만을 포함한다고 가정할 수 있는가? 흄의 유명한 주장처럼, 우리는 인과관계의 경우에 발생하는 것으로 추정되는 '원인'을 결코 인식할 수 없다; 실제로 인과관계가 구조적으로 순차적인 한, 기억에 대한 언급은 반드시 인과관계를 추론하는 데 관여한다. 그러나 기억에 관한 언급은 다르마키르티 자신의 관점에 의해 개념적 인식과 지각적 인식을 구별하는 것 중 가장 중요하다. 어떤 것을 나무로 인식하는 것은 '나무'라는 단어의 사용에 대한 과거 경험의 기억을 포함한다. 다르마키르티 자신의 설명은 지각이 특권적이라고 여겨지는 것과 같은 인식적으로 결함이 있는 절차에 정확히 의존하는 것으로 보인다.

다르마키르티는 자신이 예상하는 걱정에 동요하지 않고, 태연하게 그 점을 인정함으로써 대응한다. 비록 인과관계 자체는 우리가 점유하도록 강요된 관습적 진리의 관점에서만 이해할 수 있지만, 그는 그럼에도 불구하고 바로 그 관점을 설명하기 위해 인과관계를 불러내는 것은 문제가 없다고 생각한다. 이에 반해 중관파의 지도적 사상은 다르마키르티가 이것을 일관되게 인정할 수 없다는 통찰로 표현될 수 있다. 특히, 우리는 인과관계에 대해 관습적으로 언급되는 다른 모든 것을 허용하지 않고서는 인과관계가 관습적으로만 이해될 수 있다는 것을 인정할 수 없다. 즉 인과관계가 독특하고 해석되지 않은 세부 사항들 사이에서뿐만 아니라(다르마키르티의 관점에서와 같은), 오히려 사람들의 설명적 관심과 관련해서만 개별화될 수 있는 일상적인 사건의 종류 중에서도 얻어져야 한다. 그러나 인간의 설명적 이해관계가 필연적으로 작용하는 한, 인과적 거래가 인간보다 본질적으로 더 실재적인 무엇인가를 대표한다고 일관성 있게 생각할 수는 없다. 개인적인 수준의 설명에 대한 어떤 언급이 필연적으로 명백한 것이라면, 어떤 사람(다르마키르티와 같은)의 주장도 그 수준에서 설명될 것이다. (이 문제에 대해서는 Siderits 2009를 참조. Siderits는 이 어려움을 우회할 수 있다는 전망에 대해 낙관적이지만, 내 생각으로는 중관파의 확신은 이 문제가 환원주의적 설명에 결정적으로 중요하다는 것이다.)

그러나 이것을 주장하는 중관파의 요지는 (불교 전통에 반하여) 자아가 결국 실재한다는 것을 확증하려는 것이 아니다. 오히려 요점은 상식적 관점의 사물들이 보여주는 관습적, 즉 우발적, 상대적, 의존적 존재가 무엇이든 가질 수 있는 유일한 종류의 '실존'을 나타낸다는 점이다. 중관파의 주장을 진지하게 받아들인다면, 사람들이 단지 관습적으로 실재한다는 것은 그들이 '실제로' 존재하는 것에 비해 본질적으로 결핍된 지위를 누린다는 것을 의미하지 않는다. 이 점은 제이 가필드Jay Garfield가 잘 포착했는데, 그는 구체적으로 중관파 윤리에 대한 우려는 '윤리적 진실이나 명령들이 "유일한" 관습적 진리로 우리에게 구속력을 가질 수 있는지에 대한 문세인 것 같다'라고 지적한다. 나는 이 우려를 해결하는 올바른 방법에 대한 가필드의 생각에 동의한다: '(우리의 윤리적) 주장에 "관습적으로"를 추가하면 그 힘이 약해지고, 윤리가 충분히 중요하지 않게 되는 것처럼 보인다. 그리고 물론, 관습적 진리와 궁극적 진리 사이에 상당한 차이가 있는 비-중관파의 경우, 이 점은 더 약해질 것이다. 반면에 … 이러한 진리가 중요한 의미에서 동일하다는 중관파에게는 그렇지 않다.'(2015: 77-78)

따라서 중관파는 여전히 자아가 궁극적으로 존재하지 않는다고 주장할 수 있다; 단지 이 사고방식은 그러한 결론이 그렇게 존재하는 다른 무언가가 있다는 것을 수반하지 않는다는 것을 더욱 강조한다. 그러므로 중관파는 모든 불교도와 함께 관습적으로 경험한 세계가 우리가 습관적으로 생각하는 방식으로 존재하지 않는다는 것을 단언하지만, 이 사고 전통은 결정적으로 그것이 '더 실재적'으로 보이는 것, 즉 그렇게 존재한다고 말할 수 있는 것은 아무것도 없다고 덧붙인다. 내가 중관파에 대한 학설을 주장하기 위해 취한 이해에 따르면, 새로운 종류의 사물에 대한 이론적 가정이 우리가 실제로 무엇인지를 우리에게 일관되게 말해준다고는 결코 생각할 수 없다. 왜냐하면 거기에는 '우리가 진정 무엇인가'와 같은 말을 해주는 것이 결국 존재할 수 없다는 단순한 이유 때문이다. 그러므로 무아 교리에 전념하면서도, 이것이 우리가 존재한다고 생각했던 자아 대신에 실제로 존재하는 것이 무엇인지 설명할 필요가 있다는 것을 부정하는 것이 가능하다. 사실 불교의 전통이 '나는 무엇인가?'라는 질문과 대답은 불교 수행으로써만 극복해야 할 문제라는 주장을 줄곧 고수해온 것은 타당하다고 생각된다.

나가르주나가 자신이 제시한 사상을 명확하게 만든 가장 극적인 방법 가운데 하나는 그의 걸작 중론中論(Mūlamadhya-makakārikā) 24장에 있다. 그의 텍스트에서 그 시점까지 모든 종류의 설명 범주가 정밀한 조사를 견디지 못한다는 것을 보여주면서 그의 특징적인 관용구에서 모든 사물의 본질(svabhāva)의 공성空性(śūnya)을 보여주었고, 여기서 그는 불교도로서 그에게 가장 중요한 반대되는 무엇을 예견한다: 그의 상상 속의 대담자가 만약 이 모든 것이 공허하다고 말한다면, 사성제四聖諦를 얻을 수 없다고 귀결된다. 나가르주나가 가정하는 거의 모든 반대와 마찬가지로, 이 걱정도 나가르주나가 모든 것이 공하다는 것을 보여주기 위해서는, 모든 것이 존재하지 않는다는 점을 보여주는 것이며, 그리고 분명히, 아무것도 존재하지 않는다면 사성제도 존재하지 않게 되는 것이라고 잘못 가정한다. '공성'은 '존재하지 않음'을 의미하지 않는다는 것을 분명히 하면서(그가 반복적으로 하는 것처럼), 나가르주나는 설득력 있는 답변을 제공한다. 오직 모든 것이 공허하기 때문에 사성제가 이치에 맞는다는 것이다. 나가르주나는 모든 것이 본질적으로 존재하기 위해서는, 모든 것이 변하지 않는 것이 될 것이라고 강조한다. 따라서 변화가 가능하고, 어떤 것이든 일어날 수 있는 것은 어떤 것도 궁극적으로 진정한 본질에 의해 개별화되지 않기 때문이다.(다른 모든 것과 독립적으로 존재하는 것은 아무것도 없으므로) 그리고 그것은 변화할 수 있으므로, 부수적인 현상으로 생겨나는 괴로움은 개선될 수 있다.

따라서 나가르주나는 불교 세계관에 관한 모든 것은, 설대석으로 모든 것이 의존적으로 발생하는 한, 즉 모든 것이 관습적으로 경험한 세계와 동일한 우연적이고 상대적인 지위를 나타내는 경우에서만 의미가 있다고 주장한다. 따라서 관습적 진리보다 본질적으로 '더 실재적인' 것이 있다고 일관되게 생각할 수 없다는 것을 보여준 나가르주나는 일반적인 윤리적 직관이 의미를 갖는 모든 수준의 설명에 대한 심오한 회복에 영향을 준다. 사람은 영속하는 본질을 갖고 있지 않지만(자아가 없음), 사람은 실재를 유지한다. 즉 우발적으로, 상대적으로 될 수 있는, 관습적 실재 상태로 유지된다. 〔여기서 특히 '사람'에 대한 이 요점에 관한 나의 표현은 논란의 여지가 있음을 주목해야 한다. 중론에 대한 준-뿌드갈라바딘(quasi-pudgalavādin)[7] 독법에 대한 나의 변호는 Arnold(출시 예정)를 참조〕

나가르주나가 관습적 진리의 세계를 회복하는 것이 중요하다고 여길 수 있었던 주된 이유 중 하나는, 모든 중생의 고통에 자비로운 관심이 필요하다는 것과 같은 대승불교의 가장 중심적인 윤리적 직관이 관습적 진리의 수준에서만 의미가 있기 때문이다. 자비의 주체와 객체는 인과적으로 연속적인 일련의 순간적 법(dharmas)이 아니라 사람이다. 이것이 바로 이 전통의 지지자들이 중론은 자비에 완전히 기반을 둔 사람들만이 올바르게 이해할 수 있다고 특징적으로 단언한 이유이며, 아주 많은 중관파 텍스트에서 강조하는 요점이다.(Candra-kīrti의 Madhyamakāvatāra, Huntington 1989: 157 참조) 표준 대승불교 서원에 대한 의례적인 존중을 나타내는 것과는 거리가 먼 이러한

---

7 역주: Pudgalavāda, 음역 보특가라론자補特伽羅論者, 기원전 3세기경 니까야 종파 장로 바스띠푸라Vātsīputra에 의해 창설되었다고 믿어지는 철학적 관점. 자성(ātman)은 없지만, 법(dharma)의 조건도, 조건 아닌 것도 아닌 사람(pudgala)이나 존재(sattva)는 있다는 주장.

강조는, 중관파에 대한 허무주의적 이해의 가능성을 배제하기 위한 것이다. 즉 밀린다 왕이 승려 나가세나와의 대화에서 제기한 걱정을 배제하기 위한 것이다. 중관파 지지자들은 모든 다르마에 본질이 없고 따라서 궁극적으로 존재하는 현상이 없다는 말을 듣는 것이 충격적일 것이라는 점을 잘 알고 있었다. 〔이러한 표현의 충격적인 가치는 분명히 요점 일부였으며, 이는 틀림없이 나가르주나가 중론(MMK) 24장에서 그의 의도를 명확히 할 기회를 주는 일종의 반대 의견들을 불러들이기 위한 것이었다.〕 그러나 만약 누군가가 이 주장의 진실을, 단지 자비와 양립할 수 있을 뿐만 아니라, 실제로 자비의 가능성을 가진 조건으로 받아들인다면, 이것이 허무주의적 주장이 아니라는 것은 분명하다. 그러므로 자비심을 항상 염두에 두면, 중관파의 주장은 아무것도 존재하지 않는다는 것이 아니라, 보살의 자비심을 행사하기 위해 이것 말고는 다른 세계가 없다는, 기존의 경험된 세계보다 본질에서 더 실제적인 것은 없다는 점을 쉽게 알 수 있게 된다.

내가 결론적으로 제안하고자 하는 중관파의 특징적인 관습의 회복은 이성에 대한 반응의 장소를 복원하는 것으로 이해할 수 있다. 중관파가 스스로 이런 식으로 표현하지는 않지만, 내가 보기에 다르마키르티와 같은 불교도들을 상대로, 우리가 이유를 대고 이유를 묻는 관행이 물론 궁극적 실재는 아니지만, 그것이 이러한 관행을 설명하는 본질에서 더 실제적인 무언가가 있어야 한다는 것을 의미하는 것은 아니다. 중관파는 오히려 우리의 일상적인 윤리적 직관과 그 직관이 전제하는 모든 것, 즉 자비의 주체이자 객체인 사람들, 저 행동보다 이 행동을 선호하는 추론들이, '실재'할 수 있는 모든 것처럼, 우발적이며 상대적으로 실재한다고 일관되게 단언할 수 있다.

그렇다면 다르마키르티와 같은 환원주의적 접근을 고려하면 왜 불교사상이 서구 윤리 이론과 불편한 적합성을 나타낼 수 있는지 이해하는 데 도움이 되며, 특히 일부 주류 불교 철학자들이 우리가 정말로 이성에 반응한다는 것을 부정하는 데 전념했다는 사실을 이해하는 데 도움이 되고, 중관파에 대한 고찰이 불교 전통은 다르마키르티의 접근 방식에 의해 틀림없이 위협받고 있는 윤리적 직관을 이해하기 위한 대체 자원이 있다고 보는 데 도움이 될 것이다. 불교도로서 중관파는 다르마키르티만큼 무아 교리에 전념하지만, 윤리에 대한 그 교리의 함의는 완전히 다르게 보인다. 나는 (중관파가 주장하는 것처럼) 무아 교리가 우리가 진정한 실재라는 것을 부정하는 것만을 약속하고, 대신 우리가 실제로 존재하는 다른 어떤 것이 있다고 추가로 긍정하지 않는 것으로 이해된다고 생각한다. 이런 이해를 고려할 때, 윤리 담론의 주제는 불교 전통의 자아-부정은 고스란히 남겨둔 채로, 우리에게 자비를 실천하는 것과 같은 것에는 뚜렷한 윤리적인 이유가 있다고 생각할 수 있게 열려 있다.

인용 문헌

Anscombe, G. E. M. (2000) *Intention*. Second edition. Cambridge, MA: Harvard University Press.

Arnold, D. (2005) *Buddhists, brahmins, and belief: epistemology in south Asian philosophy of religion*. New York: Columbia University Press.

Arnold, D. (2008) Dharmakīrti's dualism: critical reflections on a Buddhist proof of rebirth. *Philosophy compass*, 3 (5), 1079-1096. DOI: 10.1111/j.1747-9991.2008.00175.x.

Arnold, D. (2010) Nāgārjuna's 'Middle Way': a non-eliminative understanding of selflessness. *Revue internationale de philosophie*, 64, 253 (3), 367-395.

Arnold, D. (2012) *Brains, buddhas, and believing: the problem of intentionality in classical Buddhist and cognitive-scientific philosophy of mind*. New York: Columbia University Press.

Arnold, D. (forthcoming) The sense Madhyamaka makes as a Buddhist position: reflections on a 'performativist account of the language of self.'

Boucher, D. (1991) The Pratītyasamutpādagāthā and its role in the medieval cult of the relics. *Journal of the International Association of Buddhist Studies*, 14, 1-27.

Carpenter, A. (2015) Persons keeping their karma together: the reasons for the Pudgalavādain early Buddhism. In: K. Tanaka et al. (eds), *The moon points back*. New York: Oxford University Press, 1-44. The Cowherds (2015) Moonpaths: ethics and emptiness. New York: Oxford University Press.

Davis, J. (2011) What feels right about right action? *Insight journal*. Available from: www.bcbsdharma.org/article/what-feels-right-about-right-action/.

De Caro, M., and Macarthur, D. (eds) (2010) *Naturalism and normativity*. New York: Columbia University Press.

Dreyfus, G. (1995) Meditation as ethical activity. *Journal of Buddhist ethics*, 2, 28-54.

Dreyfus, G. (1996) Can the fool lead the blind? Perception and the given in Dharmakīrti's thought. *Journal of Indian philosophy*, 24, 209-229.

Dreyfus, G. (2007) Is perception intentional? In: B. Kellner et al. (eds), *Pramāṇakīrti: papers dedicated to Ernst Steinkellner on the occasion of his seventieth birthday*, Part I. Vienna: Arbeitskreis für tibetische und buddhistische Studien, Universität Wien, 95-113.

Dreyfus, G. (2011) Apoha as a naturalized account of concept formation. In: M. Siderits, T. J. F. Tillemans, and A. Chakrabarti (eds), *Apoha: Buddhist nominalism and human cognition*. New York: Columbia University Press, 207-227.

Flanagan, O. (2007) *The really hard problem: meaning in a material world*. Cambridge: The MIT Press.

Franco, E. (1997) *Dharmakīrti on compassion and rebirth*. Vienna: Arbeitskreis für tibetische und buddhistische Studien Universität Wien.

Garfield, J. (2015) Buddhist ethics in the context of conventional truth: path and transformation. In: The Cowherds, *Moonpaths: ethics and emptiness*. New York: Oxford University Press, 77-96.

Hayes, R. (1988) Principled atheism in the Buddhist scholastic tradition. *Journal of Indian philosophy*, 16, 5-28.

Hugon, P. (2011) Dharmakīrti's discussion of circularity. In: M. Siderits, T. J. F. Tillemans, and A. Chakrabarti (eds), *Apoha: Buddhist nominalism and human cognition*. New York: Columbia University Press, 109-124.

Hume, D. (1978) *A treatise of human nature*. Edited by L. A. Selby-Bigge. Second edition. Oxford: Clarendon Press.

Huntington, C. W., with Geshe Namgyal Wangchen (1989) *The emptiness of emptiness: an introduction to early Indian Mādhyamika*. Honolulu: University of Hawai'i Press.

Kant, I. (1997) *Critique of practical reason*. Translated by M. Gregor. Cambridge: Cambridge University Press.

Locke, J. (1975) *An essay concerning human understanding*. Edited by P. H. Nidditch. Oxford: Clarendon Press.

Lopez, D. S., Jr (2012) *The scientific Buddha: his short and happy life*. New Haven: Yale University Press.

McDowell, J. (1996) *Mind and world: with a new introduction*. Cambridge, MA: Harvard University Press.

Meyers, K. (2010) Freedom and self-control: free will in south Asian Buddhism. PhD diss., University of Chicago.

Mrozik, S. (2007) *Virtuous bodies: the physical dimensions of morality in Buddhist ethics*. New York: Oxford University Press.

Rhys Davids, T. W. (1890) *The questions of King Milinda*. Oxford: Clarendon Press.

Schueler, G. F. (2003) *Reasons and purposes: human rationality and the teleological explanation of action*. Oxford: Clarendon Press.

Sellars, W. (1997) *Empiricism and the philosophy of mind: with an introduction by Richard Rorty and a study guide by Robert Brandom*. Cambridge, MA: Harvard University Press.

Siderits, M. (2007) *Buddhism as philosophy: an introduction*. Indianapolis: Hackett.

Siderits, M. (2009) Is reductionism expressible? In: M. D'Amato (ed.), *Pointing at the moon: Buddhism, logic, analytic philosophy*. Oxford: Oxford University Press, 57-69.

Siderits, M., Tillemans, T., and Chakrabarti, A. (eds) (2011) *Apoha: Buddhist nominalism and human cognition*. New York: Columbia University Press.

Taber, J. (2003) Dharmakīrti against physicalism. *Journal of Indian philosophy*, 31, 479-502. Ethics without Norms? 381

Tillemans, T. (2003) Metaphysics for Mādhyamikas. In: G. Dreyfus and S. McClintock (eds), *The Svātantrika-Prāsaṅgika distinction: what difference does a difference make?* Boston: Wisdom, 93-123.

추천 도서

Anscombe, G. E. M. (2000) *Intention*. Second edition. Cambridge, MA: Harvard University Press.

Arnold, D. (2010) Nāgārjuna's 'Middle Way': a non-eliminative understanding of selflessness. *Revue internationale de philosophie*, 64, 253 (3), 367–395.

The Cowherds (2015) *Moonpaths: ethics and emptiness*. New York: Oxford University Press.

Flanagan, O. (2011) *The Bodhisattva's brain: Buddhism naturalized*. Cambridge, MA: MIT Press.

Garfield, J. (2015) Ethics. Chapter 9 in *Engaging Buddhism: why it matters to philosophy*. New York: Oxford University Press, 278–317.

Heim, M. (2013) *The forerunner of all things: Buddhaghosa on mind, intention, and agency*. New York: Oxford University Press.

Kant, I. (1997) *Critique of practical reason*. Translated by M. Gregor. Cambridge: Cambridge University Press.

Siderits, M. (2007) Buddhist ethics. In *Buddhism as philosophy*. Indianapolis: Hackett, 69–84.

제IV부

불교와 사회

제19장 불교 정의 사회

피터 하비Peter Harvey

서론

'정의 사회'의 개념은 자원의 분배와 사람들에 대한 처우에 '정의'가 있는 사회다. 이 개념의 핵심은 '공정성'과 개인에 대한 존중이다. 나는 팔리어나 산스크리트어로 '정의'라는 단어에 직접 해당하는 단어가 없다는 것을 알고 있지만, 그것은 개인들과 통치자의 행동을 인도해야 하는 자비로운 윤리적 규범이라는 의미에서 다르마(Dhamma/Dharma)의 의미의 한 측면으로 볼 수 있다.

불교는 고통에 직면하여 해탈이 필요한 중생의 기본적 평등을 상정한다. 또한 특히 인간은 서로 다른 업장에도 불구하고, 해탈의 잠재력이 큰 귀중한 환생이 있는 것으로 간주한다. 타인에 대한 존중은 '내가 즐겁지 않거나 즐겁지 않은 상태를 어떻게 타인에게 그것을 가할 수 있겠는가?'라는 성찰에서 볼 수 있다.(SN V.353-354; Harvey 2000: 33-34) 이것은 타인에게 그릇된 행동이나 그릇된 말을 가하지 않는 이유로 주어진다. 존중의 다른 측면들은 Harvey 2000: 36-37에서 논의된다.

경제적 분배 정의

러셀 시즈모어Russell Sizemore와 도널드 스웨어러Donald Swearer는 불교에서는 부의 분배 정의 문제(1990: 2)보다, 부의 획득과 사용 방식이 각각 윤리적이고 관대해야 하는 데에 더 많은 관심이 있다고 지적한다.(Harvey 2000: 187-192) 불교에서는 도덕적 덕목이 부로 이어지는 것으로 보이며, 시즈모어와 스웨어러는 부가 이전의 관대함의 결과이자 증거로 여겨진다고 주장한다.(3-4) 그럼에도 불구하고, 가난한 사람들을 돕는 것은 좋은 업을 생성하는 것으로 보이며, 그러한 도움을 받는 것도 또한 업과로 받을 자격이 있다고 보는 것이다.(12) 따라서

> 인과응보 (즉 업보에 기반) 교리가 사회의 부와 빈곤의 현재 분배에 대한 예외 없는 도덕적 설명과 정당화로 이해될 때, 분배 자체에 대한 도덕적 비판을 약화한다. 결과적으로 불교도들은 현재 사회를 어떻게 더 정의롭게 만들 것인가에 대해, 도덕적 불모지에 더 적절하게 상응하는 부의 분배가 아니라, 자비와 관대함과 같은 무착無著의 원칙과 미덕에 호소한다.(12;

Ornatowski 1996 참조)

따라서 '기존의 사회 제도를 비판하는 데 지침이 되는, 잘 정돈된 사회의 부의 재분배와 비전에 대한 규범이 있다. 이러한 규범은 주로 베푸는 행위, 즉 보시布施(dāna)와 더 높은 원칙인 무착에 호소하는 것과 관련이 있다.'(19)

위의 내용은 대체로 많은 불교도가 생각하는 사실에 충실하지만, 적어도 초기불교 텍스트에 대한 그러한 독해가 얼마나 진실한가에 대한 일부 부적절한 가정이 포함되어 있다. 이러한 텍스트들은 확실히 관대함은 업의 결과로서 부로 이어지고, 인색함은 가난으로 이어진다고 주장하지만(DNII.86, MN III.170-171, MN III.205), 어디에서도 이것이 부나 빈곤의 유일한 원인이라고는 말하지 않는다. 실은, 업인業因이 질병에 대한 가능한 다양한 원인 중 하나일 뿐이라는 사실(이 책 1권 p.52 '모든 것이 업보 때문인가?' 참조)은 이런 견해가 이 텍스트들에서 정당화될 수 없음을 시사한다. 따라서 사람의 부와 빈곤이 과거 업보에 기인할 수 있지만, 이것은 하나의 가능성일 뿐이다. 그러므로 모든 빈곤과 부는 업보에 따라 응당 일어난다고 가정하는 것은 옳지 않다. 업보가 '예외 없는 도덕적 설명'이라고 가정하는 것은 사실 업보 숙명론에 가까워지는 것인데, 이는 원래의 불교 비전에 맞지 않는다. 따라서 관대함, 무착, 자비에 대한 호소는 확실히 불교도가 더 정의로운 사회를 위해 일하는 데 핵심적인 설득의 요소이시만, 이것이 정의에 대한 호소 그 자체와 상충할 필요는 없다. 마비스 펜Mavis Fenn은 전륜성왕사자후경轉輪聖王獅子吼經(Cakkavatti-sīhanāda Sutta)이 (이 장의 '정치적 이상' 부분 참조) 빈곤을 막는 훌륭한 통치자의 의무에 관해 이야기할 때, 빈곤이 업보에 합당하다는 언급이 없다고 지적했다.(1996: 102, 121; 또한, Fenn 1991 참조) 그리고 산발적인 개인적 기부로 빈곤에 반응하는 왕은 무능하다고 간주한다: 왕은 빈곤이 체계화되는 것을 방지함으로써 보다 체계적이고 효과적으로 행동해야 한다.(Fenn 1996: 107) 더욱이 이 경전과 구라단두경究羅檀頭經 (Kūṭadanta Sutta)는 (이 장의 '경제와 복지에 관한 정부의 임무' 부분 참조) '모든 사람이 자신과 타인을 돌보고 신앙생활을 가능하게 하기 위한 충분한 자원을 가져야 한다'라는 단순한 사회 정의의 개념에 해당하는 견해, 그리고 '이러한 가치가 정치 체제에 통합되어야 한다는 개념'의 관점을 표출한다.(Fenn 1996: 108)

그럼에도 불구하고, 분배 정의의 개념은 적어도 어떤 빈곤과 부는 업보의 결과라는 생각에 따라 묵살될 수 있다. 게다가, 적어도 상좌부 불교 지역에서는, 다른 사람들에게 자신의 부의 정당성을 설득하려는 사람들은 다음 중 일부 또는 전부를 참조하여 그렇게 한다: (a) 그 부가 그들의 과거 행위의 업과(또는 '공덕')라는 생각; (b) 그것은 윤리적으로 만들어졌다. 그리고 (c) 그것은 현재의 관대함을 보여줌으로써 방종한 갈망의 결과가 아니다.(Reynolds 1990: 73) 사실 부자는 승가와 공동체에 아낌없이 기부함으로써 업과를 맺는 행위를 할 수 있는 더 큰 기회를 얻는 것으로 여겨진다. 프라 파유토Phra Payutto라고도 알려진 태국의 저명한 학자이자 승려인 프라 라자바라무니Phra Rājavaramuni가 말했듯이, '부자는 가난한 사람보다 더 좋은 일을 하거나 더 나쁜 일을 할 수 있다. … 부의 획득은 동시에 지역 공동체나

사회의 복지를 증진한다면 받아들여질 수 있다.'(1990: 45)

따라서 부유한 사람들의 자선 활동은 불교에서 존경받고 장려되는 자질이다. 그럼에도 불구하고, 라자바라무니는 부가 사회의 모든 구성원의 복지를 위해 사용되는 한, '부가 개인, 공동체, 또는 사회, 누구에게 속하는지는 중요하지 않다'라고 주장한다.(1990: 53) 실제로 현대에 와서 우리는 불교사상이 버마의 사회주의, 태국의 자본주의, 중국과 라오스의 공산주의를 지지하기 위해 동원되는 것을 보고 있다. 따라서 불교는 그 자체로 경제적 평등을 향한 중심적인 추진력은 없지만 (a) 통치자는 백성들 사이에서 빈곤을 피하려고 노력할 의무가 있고, (b) 부유한 사람들은 공동체의 다른 구성원에게 관대해야 할 의무가 있다.

승가와 국가의 관계는 일반적으로 '현 상태 부의 분배에 대한 지원과 함께 사회 변화에 대한 협력 및 개선 가능한 접근' 중 하나였지만 (Ornatowski 1996: 213), 사원 자체는 전통적으로 재분배 효과가 있었다.(Harvey 2000: 194-195, 204-206)

또한 이 책에서 논의된 바와 같이, 다양한 '참여 불교' 운동도 관련이 있다. 여기에는 다음이 포함된다: 스리랑카의 사르보다야 슈라마다나Sarvōdaya Śramadāna 마을 개발 운동(Harvey 2000: 225-234); 단순한 생활, 유기농업, 명확하고 낮은 이윤을 강조하는 태국의 산티 아소크 Santi Asoke 운동(Harvey 2013: 391-394); 태국의 사회 비평 참여 연대 술락 시바락사Sulak Sivaraksa(Harvey 2000: 218-227); 베트남 틱낫한 Thich Nhat Hanh 스님의 상즉종相卽宗(Tiep Hien, Order of Interbeing) (Harvey 2013: 411-412); 일본 일련종 불교의 분파 창가학회(Harvey

2013: 404-406).

사회적 평등과 결속

붓다는 모든 사회적 분할의 폐지를 옹호하는 사회혁명가는 아니었지만, 태어날 때의 계층이 과거의 업에 의해 결정된다고 보면서도 재능과 에너지가 다른 곳으로 이어진다면 이 계층의 한계 안에 머물러야 할 의무는 없다고 보았다. 그는 어떤 사람들은 태어날 때부터 우월하거나 열등하다는 소위 '카스트 제도'의 바르나varṇas와 같이 신성하게 정해진 것으로 추정되는 4개의 사회 계급 체계와 관련된 브라만교의 주장에 대해 비판적이었다.(예: DN I.119; DN III.81; MN II.83-90, 125-133, 147-157, 178-196; 추가 논의는 Krishan 1986 참조) 그는 태어나면서 천민이 되는 것이 아니며, 태어나면서 브라만이 되는 것이 아니라고 가르쳤다. 사람은 자신의 행위로 천민이 되고, 자신의 행위로 브라만이 되는 것이며(Sn 136), '브라만'이라는 용어를 차용하고 그 의미를 진정으로 고귀한 영적인 사람인 아라한을 지칭하도록 바꾼다. 그는 인류는 4종이 아니라 하나의 종이며(Sn 594-656; MN II.196-197), 사회에서 관찰할 수 있는 사회 계급은 영원하지 않고 점진적으로 진화했다고 주장했다.(DN III.93-95, Sn 648) 어떤 사람은 그가 하는 일의 종류에 따라 농부, 상인, 도둑, 브라만 성직자 또는 왕으로 정해지며(Sn 612-619), 다양한 계층의 사람들이 똑같이 선행과 악행을 할 수 있으며, 덕이 있는 승려에게 주는 선물은 그가 어떤 계급 출신인지와 상관없이 큰 열매를 맺는다.(SN I.98-99)

물론 스리랑카에서는 힌두교의 영향으로 일종의 온건한 카스트 제도가 발달했다. 이것은 주로 누구와 함께 식사하거나 결혼할 수 있는지에 관한 것이지만, 또한 불행하게도 서로 다른 카스트들로부터 서로 다른 사원 수도회를 모집하는 것으로 이어졌다.(Gombrich 1971: 294-317) 또한 많은 불교 사회에서 도축자, 때로는 어부와 같은 사람들이 불건전한 생활 방식 때문에 사회적으로 천하게 취급되는 일도 있었다. 태국에는 왕족 계급과 귀족 계급이 있었지만, 귀족의 자손이 각 세대에서 한 등급씩 줄어든다는 태국의 독특한 특징 때문에 그 비율은 낮다. 필딩 홀Fielding Hall은 19세기 버마에 대해 '어떤 종류의 귀족도 없었고, 지금도 전혀 존재하지 않는다. 버마인들은 아마도 다른 곳에서는 전혀 알려지지 않았던 평등한 공동체이다'라고 말한다.(1902: 54)

불교는 '사회적 통합의 네 가지 기반(Pāli. saṅgaha-vatthu, Skt. sagraha-vastu)'에 놓인 가치에서 볼 수 있듯이 사회적 화합과 결속을 매우 중시한다. 시갈로바다 수타Sigālovāda Sutta에서 볼 수 있는 것은 다음과 같다: 보시(dāna); 친절한 말(Pāli. piya-vācā, Skt. priyavākya); 도움이 되는 행동(Pāli. attha-cariyahā, Skt. tathārthacaryā); 공평한 대우와 평등한 참여(Pāli. samānattatā, Skt. samānārthatā), 또는 쾌락과 고통에 대한 공평함(Skt. samāna-sukha-duḥkhatā).(DN III.152, 232; AN II.32, 248; AN IV.218, 363; Mvs II.395; Rājavaramuni, 1990: 36, 40 and Payutto 1993: 69-71 참조)

자신과 타인의 이익은 서로 얽혀 있는 것으로 간주한다: '비구들은 어떻게 자신을 지키며 타인을 보호할 수 있겠는가? (마음 챙김의)

추구, 개발 및 함양으로 … 비구들은 남을 보호하며, 어떻게 자기 자신을 지키는가? 인내, 무해, 자애와 연민으로.'(SN V.169) 이상적으로는 모든 사람을 친근하게 대하는 것이지만(Rajavaramuni 1990:36), 친밀한 관계와 우정은, 착취당하기보다는 지지를 받을 뿐만 아니라 선한 영향을 받을 수 있으므로, 나쁜 사람보다는 좋은 사람들과 함께 가장 잘 함양된다.(Sn 259, DN II.185-187)

바른 행위, 바른말, 바른 생활

팔정도는 윤리적 규율(Pāli. sīla, Skt. śīla)과 관련된 세 가지 요소, 즉 바른 행위(正業), 바른말(正語), 바른 생활(正命)(MN I.301)을 포함한다. 바른 행위는 재가자 오계 중 세 가지를 지키는 것으로 정의된다: 중생을 의도적으로 죽이지 않는 것, 절도나 속임수에 의해 훔치기, 성적인 비행이다. 바른말은 네 번째 계율에 있는 거짓말을 하지 않는 것뿐만 아니라, 해로운 말의 다른 측면에도 관련된다.

말은 가족, 업무 환경, 그리고 공동체를 통해 파문을 일으키고, 사람들이 어떻게 상호 작용하는지에 대한 분위기를 설정하는, 다른 사람들뿐만 아니라 자신의 마음 상태와 행복에 영향을 미치는 강력한 방법이다. 맛지마 니까야(MN) III.48-49에서는 올바른 말하기의 네 가지 측면을 제시하는데, 그중 첫 번째 측면은 진실한 말이다: '거짓말을 버리고, 거짓말을 삼가는 사람, 진실을 추구하는 사람, 진리의 보증인, 신뢰할 수 있고, 의지할 수 있으며, 세상을 속이지 않는 사람'이다. 그러나 진실은 민감하게 전달되어야 하므로, '적절한 때에,

진실에 따라, 온화하고, 목적의식이 있고, 우호적인 마음'으로 흠잡을 데 없는 말이 되어야 한다.(AN Ⅲ.243-244) 이런 이유로, 붓다는 때때로 청중이 동의하지 않을지라도, 시의적절하고 진실하며 정신적으로 유익한 것만 말했다고 선언했다.(MN Ⅰ.395)

바른말의 두 번째 측면은 다음과 같이 설명된다:

> 그는 편 가르는 말을 버리고 편 가르는 말을 삼가는 사람이다. 그는 여기서 어떤 말을 들었을 때 다른 곳에서 그 말을 반복하여 그곳에 있는 사람들과 이곳에 있는 사람들을 나누려는 사람이 아니다; 또한 그는 다른 곳에서 들은 말을 여기서 반복하여 이곳에 있는 사람들과 그곳에 있는 사람들을 나누려는 사람이 아니다. 이런 식으로 그는 분열된 자들의 화해자요 우정의 촉진자이다. 조화는 그의 즐거움이고, 조화는 그의 기쁨이며, 조화는 그의 환희이며, 조화는 그의 말의 동기이다.

바른말의 세 번째 측면은 다음과 같이 설명된다:

> 그는 거친 말을 버리고 거친 말을 삼가는 사람이다. 어떤 말이든 온화하고, 귀를 즐겁게 하며, 사랑스러운 말은 마음에 와닿는 것처럼, 많은 사람이 원하고, 많은 사람에게 호감을 준다: 그는 이런 말을 하는 사람이다.

화난 말은 다른 사람들에게 가장 명백하게 나쁜 영향을 미친다.

심지어 자신이 아닌 다른 사람을 향한 소리를 듣는 것조차, 긴장을 유발하는 경향이 있다. 누군가에게 문제를 제기할 때 화를 내면, 상대방의 장벽이 높아져 제대로 듣지 못하는 경향이 있다. 비방하고 거친 말을 하는 사람은 도끼 같은 혀를 가지고 있다고 말하는데(Sn 657), 그런 혀를 사용하면 미래에 많은 고통을 겪게 된다. 무엇보다도 거칠지 않은 말은 서두르지 말아야 하며, 그렇지 않으면 '몸이 피곤하고, 생각이 괴로워지며, 소리가 괴로워지고, 목구멍이 영향을 받는다; 서두르는 사람의 말은 분명하지 않고 이해할 수 없다.'(MN III.234)

마지막으로 바른말의 네 번째 측면은 다음과 같이 설명된다:

그는 경박한 잡담을 버리고 경박한 잡담을 삼가는 사람이다. 그는 적절한 때에 말하고, 사실을 말하며, 목적의식이 있으며, 법(Dhamma)에 대해 말하며, 윤리적 규율에 관해 말하며, 적절한 때에 구별되고 목적을 가진 비유를 사용하여 소중히 여길 가치가 있는 말을 한다.

경박한 잡담은 때때로 지루한 사람들로 인한 문제로서 설명된다.(SN V.355) 또한 잡담에 탐닉하는 것은 마음이 계속 스스로 말하는 경향이 있으므로 명상 중에 마음을 진정시키는 것을 더 어렵게 만든다. 그러므로 올바른 말하기의 이러한 측면은 명상 안거에서 가장 중요하다.

올바른 생활은 부정직하거나 다른 방식으로 고통을 유발하지 않는 것이다. 잘못된 생활은 무기(무기 판매원), 생물(도살을 위한 동물 사육),[1]

고기(도살자, 육류 판매원, 사냥꾼 또는 어부), 알코올음료 또는 독극물을 거래하는 것이다.(AN III. 208) 잘못된 생활은 또한 속임수, 압박 전술 또는 탐욕에 기초한 삶의 방식으로 보이며(MN III.75), 따라서 붓다는 그의 전생에 보살로서 '바른 생활로 생계를 꾸렸다: 그는 무게, 가짜 금속과 도량으로 속이고, 뇌물을 받거나, 기만과 사기와 같은 비뚤어진 방식, 그리고 불구로 만들기, 구타, 결박, 강도, 약탈과 같은 폭력행위를 삼갔다.'(DN III.176) 자신의 부를 늘리는 방법에 눈을 돌리는 것은 괜찮지만, '속임수, 사기 및 거짓말: 속물적 돈 자랑'으로 윤리적 고려 사항을 무시하는 것은 '외눈박이'가 되는 것이다.(AN I.129-130)

대승의 우바새계경優婆塞戒經(Upāsaka-śīla Sūtra)은 또한 그물이나 덫을 만드는 것, 비단을 염색하고 가죽의 무두질을 피해야 한다고 덧붙인다.(T 24, 1488, 1048c02-08) 대보적경大寶積經(Mahā-ratnakūṭa Sūtra)은 다음과 같이 덧붙인다(T 11, 310, 312a29-b06):

10. 붓다의 아들은 칼, 몽둥이, 활, 화살을 가지고 무리를 지어 다니지 말고, 거짓 저울이나 측량으로 남을 속이는 자와 거래해서는 아니 된다. 그는 권위를 남용하여 다른 사람의 재산을 횡령하거나 질투로 다른 사람의 성공을 제한하거나 방해해서는 안 된다. 고양이, 여우, 돼지 또는 개를 길러서도 안 된다. 그렇게 하는 보살은 부차적 죄를 범함으로써 자신을 욕되게 한다.

---

1 Payutto 스님은 이것을 매춘부를 통제하는 것을 포함한다고 본다.(1993: 61)

현대적 맥락에서 불교도는 다른 형태의 잘못된 생계 수단을 목록에 추가할 수 있다.(Whitmyer 1994) 예를 들어, 동물 실험을 하고, 살충제를 개발하고, 무기 산업에서 일하고, 그리고 심지어 이것이 탐욕, 증오, 망상을 조장하거나 진실을 왜곡하는 것으로 보일 정도로 광고에 종사하는 것도 포함될 것이다.(Saddhatissa 1971: 52; Aitken 1984: 52)

길상경吉祥經(Maṅgala Sutta)은 큰 축복은 '속상함 없는 일(anākulā, 행복)'이라고 주장하며(Sn 262), 이는 물론 종종 고용인 사이 또는 고용인과 고용주 사이의 갈등에서 발생할 수 있다. 불설시가라월육방예경佛說尸迦羅越六方禮經(Sigālovāda Sutta)은 '고용주는 하인과 종업원을 그들의 장점에 따라 배치하고, 음식과 임금을 제공하고, 아플 때 그들을 돌보고, 그들과 맛있는 음식을 나누어주고, 적절한 시간에 퇴근하도록 함으로써' 보살펴야 한다고 말한다.(DN Ⅲ.191) 이에 대응하여, 고용인들은 부지런하고, 정직해야 하며, 그들의 고용주의 평판을 수호해야 한다. 대승 초기 문헌인 살차니건자경薩遮尼乾子經(Ārya-bodhisattva-gocara)²에서는 훌륭한 통치자는 '아내, 자녀, 하인, 하녀, 노동자와 제대로 나누지 않거나; 다른 사람을 과로하게 만들거나, 품위를 훼손하는 일을 시킴으로써 그들의 생계를 어렵게 만드는 자'를 문책해야 한다고 말하고 있는데, 이는 '잘못된 생활'이기 때문이다.(Jamspal 107b)

---

2 살차니건자경의 전체 제목은 Bodhisattva gocara-upāya-viṣaya vikurvaṇa-nirdeśa Sūtra인데, Ārya-satyaka-parivarta로도 알려져 있다. Jamspal은 그것이 기원전 2세기와 기원후 1세기 사이의 어느 시기에 지어졌다고 주장한다. 참조 107b는 티베트어 번역문에 표시된 페이지 매김에 대한 것이다.

정치적 이상

몇몇 텍스트들은 평화롭고 조화로운 사회를 보장하기 위해 불교 통치자가 따라야 할 이상을 요약하고 있다.(참조 Saddhatissa 1970: 149-164) 붓다는 당대의 일부 부족 공화국을 찬탄했다. 한때 그는 사람들이 다음과 같이 계속한다면 바지안Vajjian 공화국[3]은 번영할 것이라고 말했다:

> 정기적이고 빈번한 집회를 개최하고 … 조화롭게 만나고 조화롭게 헤어지고 조화롭게 사업하고 … 승인되지 않은 것을 승인하지 않고, 그들의 고대 전통에 의해 승인된 것에 따라 진행하고 … 그들 가운데 있는 장로들을 존경하고, 우러러 공경하고, 경의를 표하고, 그들의 말을 들을 가치가 있다고 여기고 … 다른 사람들의 아내와 딸을 억지로 납치하여 함께 살도록 강요하지 않고 … 국내외에 있는 바지안Vajjian 사당을 숭배하고, 존경하고, 공경하고, 경의를 표하고, 이전에 이루어지고 제공된 적절한 지원을 철회하지 않는다. … 아라한의 안전을 위해 적절히 준비하여 그러한 아라한들이 미래에 거기에 와서 그곳에 살 수 있도록 하고, 이미 거기에 있는 아라한들이 편안하게 살 수 있도록

---

3 역주: 갠지스강 북쪽 유역에서 붓다 당시의 고대인도 16대국 중 하나였던 밧지연합(Vajjian Confederacy)의 수도 베살리Vesāli를 중심으로 한 공화국, 세계 최초로 민주주의가 확립된 나라. 협치의 모든 결정은 사바Sabha라는 공화 회의에 참석한 시민들의 합의로 이루어짐.

한다.(DN II.73-75)

 이를 집단적 의사-결정, 화합, 전통, 장로, 여성, 종교, 거룩한 남녀를 존중하는 원칙이라고 볼 수 있다. 이러한 사회적 원칙의 중요성은 붓다가 승가의 번영을 보장하는 것으로 보거나 승가의 번영을 보장하기 위해 채택한 것이다. 그럼에도 불구하고, 그는 부족 공화국의 시대가 얼마 남지 않았음을 알 수 있었다. 부족 공화국이 점차 확장되고 있는 새로운 왕국에 의해 삼켜지고 있었기 때문이다. 실제로 붓다는 위의 원칙들이 이러한 신흥 왕국들에 의해 압도되어 사라질 것으로 보았다.

 붓다는 또한 왕권에 대한 견해를 가지고 있었다: 왕의 역할은 백성에게 질서와 번영을 보장함으로써 백성을 섬기는 것이었다. 세기경世紀經(Aggañña Sutta: DN II.80-98; Collins 1998: 448-451)에서는 인간 사회의 기원을 세계 진화의 주기가 시작될 때 상대적으로 이상적인 조건으로부터 도덕적으로 타락하는 과정 일부로서 설명한다.(Fenn 1996: 111-117) 여기에서, 첫 번째 왕은 가장 잘생기고 유쾌하고 유능한 왕으로서, 백성들의 쌀을 나눠 받는 대가로 범죄자를 처벌하기 위해 백성들에 의해 선택되었다고 한다.(DN III.92) 이는 일종의 '사회 계약' 왕권이론으로 볼 수 있다. 찬드라키르티Candrakīrti는 힌두교의 신성 왕권에 관한 생각에 반대하면서 나중에 다음과 같이 주장했다: '첫 번째 왕은 전능한 존재에 의해서가 아니라 자신의 행위와 백성들에 의해 창조되었다. 왕은 혈통과 본성에서 일반 사람과 동일하다.'〔Ṭīkā(Derge Tengyur fol.75a) 살차니건자경에서 인용〕

사회를 가장 잘 운영하는 방법에 대한 붓다의 조언은 종종 전륜성왕 (Pāli. Cakkavatti, Skt. Cakravartin)으로 알려진 이상적인 전설적 통치자의 관점에서 표현되었는데, 그의 윤리적이고 자비로운 통치는 하늘에 신성한 바퀴를 나타나게 했다고 한다. 전륜성왕사자후경(Cakkavatti-sīhanāda Sutta: DN III.58-79)[4]에서 그러한 통치자의 의무는 그가 법(Dhamma)을 존중하고 그것에 따라서만 통치해야 한다는 것이다. 전륜성왕은 그의 모든 백성과 동물과 새들도 돌보아야 한다; 범죄를 예방하고 도움이 필요한 사람들에게 베풀어야 한다; 그리고 무엇이 건전하고 불건전한 행동인지에 관해 승려들과 브라만들과 상의해야 한다.(DN III.61; Rājavaramuni 1990: 38-39) 고칼레B. G. Gokhale는, 인도 정치 이론에 대한 불교의 주요 공헌은 '국가 배후의 지도 정신으로서 더 높은 도덕성의 수용'이라고 말한다.[5]

본생담(Jātaka)에서 보살은 진정한 왕(rāja-dhammas)의 10가지 의무를 가르친다: 관대함, 윤리적 규율, 자기희생, 정직과 성실, 온유, 자제, 분노하지 않음, 상처를 입지 않음, 인내, 반대하지 않음/올곧음.(예: Jat III.274 및 Jat V.378) 설출세부說出世部(Lokottaravāda) 텍스트인 불본행집경佛本行集經(Mahāvastu: I.274-277)에서 왕에 대한 조언은

---

[4] 참조: Saddhatissa 1970: 154-157, 159-160; Collins 1998: 480-496; Fenn 1996: 100-108; Reynolds and Reynolds 1982: 135-72는 전륜성왕에 대한 발전된 상좌부 관점을 제공한다.

[5] Gokhale 1996: 22. 왕권에 대한 초기불교사상은 Tambiah 1976년 9-53년 참조; 전륜성왕의 이상은 39-53년 참조; 전륜성왕과 관련된 스리랑카의 왕권과 사회 질서에 대한 개념도 다루고 있는 Oblevesecere와 Reynolds 1972를 참조.

다음과 같다: 분노에 굴복하지 말고; 분쟁을 중재할 때 공정해야 하며; 관능적인 쾌락에 탐닉해서는 안 되며; 많은 이민자를 수용해야 하며; 가난한 사람들에게 호의를 베풀고 부자들을 보호해야 하며; 이웃 왕들과 우정을 쌓아야 하며; 윤리적으로 행동해야 하며; 금고와 곡물 창고를 돌보는 데 신중하고 부지런해야 한다.

왕이 비윤리적으로 행동할 때(adhammika), 이 나쁜 본보기가 백성의 다양한 집단에 퍼진다고 한다. 그러므로 계절이 어긋나게 되고, 신들이 짜증을 내어서 악천후를 초래하고, 농작물이 부족해지며, 거기에 사는 인간은 약하고 단명해진다.(AN II.74-76; Reynolds and Reynolds 1982, 153 그리고 Jamspal 111a-b 참조) 즉 왕은 자신의 행동과 영향력을 통해 사회와 자연의 도덕적 구조를 유지할 책임이 있는 것으로 보인다.(Payutto 1993: 63-68 참조) 스탠리 탐비아Stanley Tambiah는 이것을 왕권이 사회의 나머지 사람들의 행위에 미치는 '승수효과'라고 언급하며(1976:50), 이는 가치 없는 왕의 축출이 허용된다. 본생담(Jat 3.502-514)에서, 도둑인 왕이 전복된다.

불교 역사에서 인도의 황제 아소카(Aśoka, 기원전 268-239)는 자신이 실제로 그중 하나라고 주장한 적은 없지만, 전륜성왕의 이상에 따라 살기 위해 노력한 불교 통치자의 훌륭한 본보기로 특히 존경받는다.[6] 그가 물려받은 마가단Magadhan 제국은 영국이 정복할 때까지 볼

---

6 어찌 됐든, 그는 전륜성왕으로 보이게 되었다.(Divyāvadāna, Vaidya 에디션 1958: 239) Aśoka에 대해서는 다음을 참조. Ling, 1973: 151-174; Basham 1982; Swearer 1995: 64-66. Aśoka에 대한 후기 상좌부불교 관점에 대해서는 Reynolds and Reynolds 1982: 172-189를 참조.

수 있었던 가장 큰 인도였고, 먼 남쪽을 제외한 현대 인도 대부분을 포함했다. 아소카에 대한 중요한 지식의 원천은 그가 바위와 돌기둥에 새겨 공표한 많은 칙령이다.(Nikam and McKeon 1959; Dhammika 1993; Guruge 1993 참조) 6차 암석 칙령에서 그는 자신의 열망을 다음과 같이 표현했다: '모든 백성의 복지를 증진하는 것보다 나에게 더 중요한 일은 없다. 내가 성취하는 그러한 일은 이승에서 그들을 행복하게 하고 그들이 다음 세상에서 천상계에 도달하도록 돕기 위해 내가 모든 중생에게 진 빚을 탕감하는 데 기여한다.'(Nikam and McKeon 1959: 38) 아소카는 여행자를 위한 우물, 휴게소, 나무(그늘과 과일을 얻기 위한); 인간과 동물을 위한 약초와 뿌리 등 다양한 공공사업을 시작했다. 그러한 조치는 초기의 '대외 원조' 조치였을 것임이 틀림없는, 그의 실제 제국 너머의 인도 전 지역에서도 촉진되었다.(Nikam and McKeon 1959: 64-65) 그는 백성들에게 도덕적 규범, 특히 비폭력에 따라 살도록 권고했으며, 자신의 영역을 폭력적으로 확장하는 조상의 관습을 버렸다. 그는 또한 사냥도 그만두고 점차 채식주의자가 되어 각종 동물복지법을 통과시켰다. 비록 그는 개인적으로 불교도이고 불교 윤리에 따라 통치했지만, 불교를 국교로 삼지 않았고, 상호 종교적 관용과 존중을 촉구했다. 그는 불교 비구와 비구니뿐만 아니라 브라만 승려, 자이나교 비구와 비구니, 다른 종파의 수행자들도 지원했다. 그의 열두 번째 바위 칙령은 다음과 같이 말한다:

프리야다르쉬Priyadarśī[7] 왕은 모든 신앙을 가진 사람들, 종교 교단의 구성원들, 평신도들 모두에게 선물과 다양한 존경의 표시로써 경의를 표한다. 그러나 그는 모든 신앙인의 종교에 필수적인 자질의 성장만큼은 선물이나 명예를 소중히 여기지 않는다.

이러한 성장은 여러 가지 형태를 띨 수 있지만, 그 뿌리는 자신의 신앙을 칭송하고 다른 사람의 신앙을 부적절하게, 또는 적절한 경우에도 지나치게 헐뜯지 않도록 자신의 말을 조심하는 데 있다.

다른 사람들의 신앙은 모두 이런저런 이유로 존경받을 자격이 있다. 다른 사람들의 신앙을 존중함으로써 자신의 신앙을 높이는 동시에 다른 사람들의 신앙에 봉사하는 것이다. 그렇게 하지 않으면 자신의 신앙을 해칠 뿐 아니라 다른 사람의 신앙에도 해가 된다. 어떤 사람이 자기 신앙에 몰두하기 때문에, 그리고 자기 신앙을 미화하기 위하여 자기 신앙을 칭찬하고 남의 신앙을 헐뜯는다면, 자기 신앙을 심각하게 손상하는 것이다

그러므로 화합만으로도 칭찬할 만하다. 화합을 통해 사람들은 다른 사람들이 받아들인 다르마의 개념을 배우고 존경할 수 있기 때문이다.

프리야다르쉬 왕은 모든 신앙을 가진 사람들이 서로의 교리를 알고 건전한 교리를 습득하기를 바란다.(Nikam과 McKeon 1959: 51-52)

---

7 역주: 고대인도 왕의 별칭, '다른 사람을 배려하는', '인정이 많은'의 뜻, 여기서는 아소카 왕을 지칭.

위의 정신은 다양성 존중과 다문화주의에 대한 현대적 강조와 조화를 이룬다.

다양한 범위에서, 많은 불교 통치자들은 그러한 이상과 본보기를 따르려고 노력해왔지만, 때때로 그들은 '이기적인 선언'의 취지에만 마음에 두었다.(Tambiah 1976: 226) 스리랑카에서는 적어도 10세기부터, '왕은 발우와 가사를 보호하도록 승가가 왕권을 부여한' 보살이라는 사상과 함께 불교 재가자의 수장이자 수호자로 여겨졌다.(Tambiah 1976: 97) 버마의 버간 왕국 시대[8]의 왕들은 자신들을 전륜성왕과 보살로 여기게 되었다.(Tambiah 1976: 81) 태국에서도 수코타이 Sukhothai, 아유타야Ayutthaya 시대(14-18세기)와, 그리고 19세기에 이르기까지 왕들은 이러한 용어로 불리게 되었으며, 때로는 지상의 다음 붓다가 될 미륵보살과 동일시되기도 했다.(Tambiah 1976: 97) 왕들도 또한 왕이 지켜야 하는 위의 10가지 의무와 전륜성왕의 12가지 의무를 수행해야 하는 것으로 기대됐다. 그러나 다른 곳과 마찬가지로 '모호한 왕위 계승 규칙, 만연한 반란, 전반적인 정치적 발판의 취약성, 그리고 통치자, 휘하 추장과 경쟁자들의 군사적 운명과 함께 확장 및 축소되는 영토의 한계 때문에, 왕들의 목이 잘린 머리들이 자주 굴러다녔다.'(Tambiah 1976: 482) 반면에 중국 황제들이 불교에서 본 이점 중 하나는 불교의 비폭력 강조가 반란을 억제한다는 점이었다.

불교가 지배적인 종교였던 곳에서는:

---

8 역주: Pagan 또는 Bagan 왕국, 1084-1167, 현대 미얀마 지역의 첫 번째 고대 버마 왕국.

사회 질서의 핵심으로서의 왕권은 종교(sasana)의 생존을 위한 조건과 맥락을 제공한다. 그들은 서로를 필요로 한다: 질서 있고 번영한 사회의 지지를 받는 종교는 공덕 만들기가 가능하고 그 결실을 누릴 수 있는 '공덕의 밭(업과)'으로서의 역할을 할 수 있는 반면, 왕은 최고의 공덕을 만드는 사람으로서, 그의 공덕을 만들고 실현하고, 그의 왕권을 완수하기 위해 승가가 필요하다. (Tambiah 1976: 41)

승려들은 일반적으로 공공연한 정치 활동에 초연할 것으로 기대되지만, 항상 그렇지는 않다. 현대 티베트에서는 비구와 비구니들이 중국 공산주의의 티베트 식민지화에 반대하는 시위에 적극적이었다. 버마에서 승려들은 민주적 개혁을 최근에서야 일부 허용한 부패한 군사 정권에 반대하는 시위에서 때때로 대중을 이끌었다. 그러나 일부 승려들은 이슬람교도 로힝야Rohingya 소수민족에 대한 탄압 조치를 조장하기도 했다. 스리랑카에서 승려들은 특정 정당에 대한 충성을 공개적으로 표명했지만, 평신도는 종종 이것이 그들에게 부적절하다고 생각한다.

민주주의에 대한 태도

위에서 본 많은 이상은 선출된 정부에 의한 통치에도 적용될 수 있으며, 불교적 가치들은 민주적 통치에 열려 있다. 실제로 승가 내 사원에는 합의에 도달할 수 없는 문제에 대한 투표 규정이 있다. (MN II.247;

Vin II.93-100, Vin IV.206; Collins 1998: 436-448) 그렇기는 하지만, 통치하는 사람들은 종종 그렇지 않았다는 현실적인 수용과 함께, 다른 사람들에게 윤리적 본보기가 되어야 한다는 기대가 있다. 현명한 사람은 '왕과 도둑'에게 빼앗기는 것을 포함한 다양한 위협으로부터 자신의 재산을 보호한다고(ANIV.282) 말하는 점이 주목할 만하다.

다수결에 기초한 규칙이 좋은 법을 만들어낼 것인가에 관해서는, 만약 누군가가 불성, 즉 빛나는 마음에 초점을 맞추고(AN1.10), 사람들이 인간으로 다시 태어나기 위해 좋은 업보를 가졌어야 할 필요가 있었다면, 다수결에 대한 더 많은 확신을 가질 수 있을 것이다. 그러나 누군가가 인간의 행동을 부추기는 탐욕(貪), 증오(嗔), 망상(癡)에 초점을 맞추면 자신감이 떨어질 것이다. 표를 얻기 위한 탐욕과 편견에 영합하는 정치인은 위험하다.

부패한 정치인과 정책의 윤리적 위험에 대한 언론의 경고는 안전장치가 될 수 있지만, 이것은 분별력 있고 공정한 방식으로 행해질 필요가 있다; 불교 텍스트들은 현명한 사람들의 비판을 가치 있게 여기지만, '조사하고 평가하지 않고 말하는 어리석고 무지한 사람들의 비판은 가치가 없다고 여긴다.'(MN II.114) 입법자와 분리된 사법부를 갖는 것은, 법과 도덕이 동일하지는 않지만, 통치자일지라도 윤리적 규범의 대상이 된다는 불교사상과 부합한다.

미얀마/버마에서는 독실한 불교 신자로 알려진 아웅 산 수 치Aung San Suu Kyi가 민주주의를 다시 나라에 가져오는 데 초점을 맞추었으며(민주주의는 이전에 1948년부터 1962년까지 존재했다), 일본에서는 의회에서 세 번째로 큰 정당인 공명당이 창가학회創價學會의 정치적 분파에서 유래되었고 아직도 그 영향을 계속 받고 있다.

경제와 복지에 관한 정부의 임무

전륜성왕사자후경(이 장의 '정치적 이상' 부분 참조)에서는 새로운 전륜성왕은 한때 가난한 사람들에게 베푸는 것을 제외하고 그러한 통치자의 모든 의무를 따랐으나, 그 결과 오랜만에 처음으로 빈곤이 발생했다고 말한다. 빈곤의 결과로 도둑질이 일어난다. 한 도둑이 잡혀 황제 앞에 왔을 때, 그는 자신이 가난했기 때문에 훔쳤다고 설명한다: 그래서 황제는 그와 그의 가족을 부양하고 사업을 영위하고 출가자와 브라만들에게 공물을 바치도록 그에게 약간의 재물을 준다. 그러나 다른 사람들이 이 소식을 듣게 되면 도둑질만 늘어날 뿐이다. 따라서 황제는 다음 도둑을 처형함으로써 그를 본보기로 삼는다. 그렇게 되면 도둑들이 스스로 무장하고 도둑질한 자를 죽여 목격자가 남지 않게 된다.(DN III.64-68) 붓다는 다음과 같이 요약한다:

> 그리하여 궁핍한 사람들에게 재산을 주지 아니함으로 인해 가난이 만연해졌고, 가난한 사람이 늘어나자 주어지지 않은 것을 빼앗는 일이 증가했고, 도둑의 증가로 무기 사용이 증가했으며, 무기 사용의 증가로 살생이 증가했으며, 생명을 앗아감으로 인해 사람들의 수명이 감소했으며, 그들의 아름다움이 감소하였다.(DN III.68)

따라서 빈곤의 발전을 허용하는 정부는 범죄와 사회적 갈등의 씨앗을 뿌리고 있다. 구조적 빈곤은 법과 질서를 위협하고 따라서 사회적 결속과 개인의 도덕성을 저해한다.(Fenn 1996: 107) 물론 가난한 사람들 모두 범죄를 저지르지 않지만, 빈곤은 범죄, 특히 절도(그리고 아마도 반란) 가능성을 높이고, 어떤 경우에는 상대적으로 더 변명의 여지를 준다.. 이 경전이 각각 좌익과 우익의 강조라고 부를 수 있는 내용을 담고 있다는 점은 흥미롭다: 가난한 사람들을 보살펴야 한다. 가혹한 처벌은 사회에서 더 많은 폭력을 낳는다; 만약 복지 제공을 너무 쉽게 얻게 된다면, 이것은 복지에 대한 부당한 주장을 조장한다.

관련 주제는 구라단두경究羅檀頭經(Kūṭadanta Sutta)에서 찾을 수 있다.(DN I.134-136; Collins 1998: 476-480) 여기에서 붓다는 브라만 관행에 따라, 자신의 미래 복지를 확보하기 위해 아낌없이 제물을 바치고자 했던 과거의 부유하고 강력한 왕에 대해 이야기한다. 그리하여 그는 자기의 브라만 조언자인 전생의 붓다에게 이것에 대해 어떻게 해야 하는지 묻는다. 그에 대한 대답으로, 브라만은 왕국이 도둑과 강도에 의해 황폐해지고 있다고 지적한다. 이러한 상황은 처형, 투옥 또는 기타 억압적인 조치로는 해결되지 않을 것이다. 그러한 조치에서 살아남은 사람들은 계속해서 문제를 일으킬 것이기 때문이다.(오늘날 게릴라 방지 조치에서 자주 발생하는 것처럼) 그런 다음 브라만은 농작물을 경작하고 소를 기르는 사람들에게 곡물과 사료를 주고, 무역입자들에게 자본을 대주고; 공무원들에게는 적절한 생활 임금을 주는, '역병을 완전히 없애는' 대안을 제시한다.

그러면 그 백성들은 자기 직업에 열중하여 왕국에 해를 끼치지 않을 것입니다. 폐하의 수입은 많아지고, 땅은 평온하고, 도둑에게 시달리지 않을 것이며, 백성들은 마음속으로 기쁨을 느끼며 자녀들과 함께 놀며 문을 열어둔 집에서 살 것입니다.(DNI.136)

왕은 그 후 이 조언을 수행하고, 추가 조언에 따라 큰 제사를 지내지만, 동물들의 목숨을 바치지도 않았고, 나무도 베지 않았으며, 아무도 도움을 강요당하지 않았고, 오직 버터와 기름과 같은 제물만 바쳤다.(DNI.141) 곰브리치Gombrich(2006: 85)는 이 구절이 주로 브라만 희생제에 대한 비판이었고, 사업가들에게 자본을 대준 어떤 인도 왕도 알지 못한다고 언급했지만, 이 구절의 정신은 여전히 불교의 이상을 표현하고 있으며, 최근 많은 불교도에 의해 자주 인용되고 있다. 게다가 14세기 태국의 왕자 피야 리타이Pya Litai는 그의 저술 트라이부미-카타Traibhumi-katha에서 다른 왕들에게 무역을 위해 자본이 필요한 백성들에게 무이자로 빌려주라고 조언한다.(Reynolds and Reynolds 1982: 151-152)

위의 두 텍스트의 핵심 메시지는 만약 정부가 빈곤이 발전되도록 허용한다면, 이것은 사회적 갈등으로 이어질 것이며, 가난한 사람들을 돌보고 심지어 경제의 다양한 부문에 투자함으로써 빈곤을 피하는 것이 정부의 책임이라는 것이다.

대승불교 철학자 나가르주나[9]는 그의 저술 보행왕정론寶行王正論

---

9 역주: Nāgārjuna; 龍樹, 150년 추정-250년 추정, 인도의 불교 사상가, 중관파 창시자.

(Rāja-parikathā-ratnamālā, RPR)에서 우다이Udayi 왕에게 의사를 지원하고, 호스텔과 휴게소를 설치하고, 건조한 길가에 물을 공급해야 한다고 조언했다. 그리고:

> 맹인, 병자, 천한 사람, 보호자가 없는 사람,
> 불쌍한 사람, 그리고 장애가 있는 사람들이 동등하게
> 중단 없이 음식과 마실 것을 얻게 하십시오.(v. 320)

> 병든 사람들, 보호받지 못하는 사람들, 고통받는 사람들,
> 비천한 사람들과 가난한 사람들을 항상 동정적으로 돌보시고,
> 그들을 양육하기 위해 특별한 주의를 기울이십시오.(v. 243)

> 박해받는 사람들, 재해 희생자들, 고통받는 사람들,
> 병든 사람들, 정복된 지역의 중생들을 위해
> 광범위한 보살핌을 제공하십시오.(v. 251)

> 피해를 본 농부들에게
> 종자와 식량을 제공하고
> 세율을 낮추어 높은 세금을 없애십시오.(v. 252)

> 폐하의 나라와 다른 나라의
> 도둑과 강도를 제거하십시오.
> 가격을 공정하게 설정하고

이익 수준을 붙잡아 유지하십시오(물자가 부족할 때).(v. 254)

로장 잠스펠Lozang Jamspal이 말하는 살차니건자경(Ārya-bodhi-sattva-gocara)은, 총가파Tsong kha pa와 같은 티베트의 많은 불교 지도자가 특히 통치자에게 조언하는 내용(Jamspal xv 및 xxvii) 때문에 가장 선호하는 지침서라고 하는데, 이 경은 농작물 작황이 나쁘거나 기근이 닥쳤을 때는 가난한 사람들에게 해를 끼치는 방식으로 세금을 부과하지 말고 그들에게 원조를 해주어야 한다고 말한다.(Jamspal 104b) 납세를 거부하는 사람들은 정확히 도둑질하는 것이 아니고, '인색함이 불러온 극도로 비도덕적인 행위'를 하는 것이다.(Jamspal 108b)

불교 국가 왕들은 위와 같은 높은 이상에 부응하여 살아온 정도가 상당히 다양했지만, 스리랑카 사람들은 중세 왕들이 광범위한 관개 사업, 종교적 번영, 자선 사업을 바탕으로 농경의 풍요로운 시기를 주관한 것으로 간주한다. 출라방사Cūlavaṃsa 연대기(Geiger 1929년)에서는 우파티사 1세(Upatissa I, 362~409년)에 대해 '장애인들, 산고를 겪는 여성들, 시각 장애인과 아픈 사람들을 위해 그는 훌륭한 요양원과 구호소'를 세웠다고 말한다.(ch. 37, vv. 182-183) 그리고 마힌다 4세(Mahinda IV)에 대해 다음과 같이 말한다(956-972 또는 1026-1042):

그는 모든 병원에서 약과 침상을 나누어 주었고, 감옥에 있는 수인들에게 정기적으로 음식을 제공했다. 연민의 원천인 그는 유인원, 멧돼지, 가젤, 그리고 개들에게 쌀과 케이크를 그들이

원하는 만큼 나누어 주었다. 4개의 사원(vihāras)에서 왕은 가난한 사람들이 원하는 만큼 가져가라는 명령과 함께 생쌀을 산더미처럼 쌓았다.(ch. 54, vv. 30-33)

캄보디아에서 자야바르만 7세(Jayavarman VII, 1182-1218) 왕은 모든 사람에게 개방된 102개의 병원 체인을 건설하고 약초, 미네랄 및 동물 부위를 수집하여 이를 공급하도록 명령했는데, 각 병원에는 치유의 붓다인 약사불藥師佛(Bhaiṣajyaguru)을 모신 사당이 있었다.

시민의 의무와 권리

위 내용은 시민이, 세금행정과 세율이 억압적이지 않다면, 정부를 통해 제공되는 다양한 공공 혜택에 대한 지원으로서 세금을 납부할 의무가 있음을 시사한다. 그들은 또한 합법적인 사회에 흥미가 있으며, 윤리와 공정성에 기반을 둔 법을 준수해야 할 의무가 있다.

그러나 시민은 정부에 의해 억압받지 않을 권리가 있다: 세기경世紀經(Aggañña Sutta)이 암시하는 왕권의 사회계약 모델(이 장의 '정치적 이상' 부분 참조)에서 통치자의 정통성 바로 그 기초는 그가 통치하는 사람들의 복지를 보호해야 한다는 것이다.

무해를 강조하는 불교는 억압으로부터 자유로울 권리를 강력하게 지지하고 있다. 긍정적인 혜택의 권리에 관해서는 강조점이 다소 덜 강하며, 그러한 것들을 더 적은 혜택 수급권으로 보고, 다른 사람들이 그것을 제공하기 위해 선택하는 것이 더 좋은 것으로 본다. 그렇기는 하지만, 위에서 설명한 바와 같이 불교의 정치적 이상은 정부가 국민을 돌볼 중요한 책임이 있다고 분명히 보고 있다.

처벌

통치자는 빈곤을 예방하여 범죄를 예방할 뿐만 아니라 범죄가 증가하는 것을 방지하기 위해 적절하게 대처해야 한다. 세기경은 자신의 백성이 범법자를 처벌하기 위해 선택한 첫 번째 왕에 대해 설명한다. 왕은 자기 백성의 지지에 화답하여, '정당하게 화를 내야 할 일에는 화를 내며, 마땅히 책망받아야 할 일에는 책망하고, 마땅히 추방되어야 할 자를 추방해야 한다.'(DN III.92) 전륜성왕의 의무는 그가 '어떤 범죄도 활개치지 못하게' 하는 것을 포함한다.(DN III.61)

붓다 시대에 일부 왕들은 끔찍한 형태의 처형을 사용했지만(MN I.87; MN III.164), 무가팍카 본생담(Mūga-pakkha Jātaka, no. 538)에서는 왕이 가시가 있는 채찍으로 때리거나, 사슬로 묶거나, 창으로 찌르거나 꿰뚫어 넣음으로써 도적들을 가혹하게 처벌하면 지옥에서 환생한다고 말한다.(Jat VI.3-4)[10] 스티븐 콜린스Steven Collins(1998: 419-459)는 이 자타카를 '폭력에 대한 평가는 상황-독립적이고, 협상할 수 없으며, 처벌은 폭력의 일종으로, 그 자체가 범죄다'라는, 그가 '다르마 모드 2'라고 부른 전형적인 예로서 논의한다. 이는 '폭력에 대한 평가가 상황-의존적이고, 협상할 수 있다'라는 '다르마 모드

---

10 Andrew Huxley는 이 텍스트가 동남아시아의 특정 전통적 법률 텍스트에 미치는 영향에 대해 논의한다.(1991: 345)

1'의 다른 팔리어 자료와 대조된다. '다르마 모드 1'에서 왕에 대한 불교적 충고는 조급하거나 화를 내서 판결하지 말고, 적절히 판결하여, 죄에 맞도록 처벌하라고 한다.'(420)

자나산다 본생담(Janasandha Jātaka, no. 448)에는 어떤 왕이 사형제도를 끝내고 감옥의 문까지 열어준 보살행을 얘기한다.(Jat Ⅳ.176) 아귀사경餓鬼事經(Petavatthu, Book Ⅳ, story 1)에서 어떤 귀신이 왕에게 훔친 물건을 거래한 그의 전 친구를 처형하지 말라고 호소한다: 처형하면 친구는 지옥에서 환생하게 되지만, 풀려나면 선행을 할 수 있고 지옥에서 죄의 결과를 경험하지 않게 된다고 말한다. 왕은 그 후 범인과 함께 승려에게 가고, 승려는 그자를 석방하고 그자는 선행에 집중해야 한다고 조언한다.

현재의 달라이 라마는 이러한 생각을 반영하고 있다:

> 우리는 모두 부정적이고 불안한 감정과 부정적인 정신적 특성에 영향을 받기 때문에 죄를 저지를 가능성이 있습니다. 그리고 우리는 다른 사람들을 처형함으로써 이것을 극복하지 못할 것입니다. … 저의 가장 중요한 믿음은 범죄자들이 언제든지 개선될 수 있다는 것, 그리고 사형제도가 궁극적으로 이와 모순된다는 것입니다. … 저는 … 마음의 더 깊은 본성은 순수한 것이라고 믿습니다. 인간은 환경과 상황의 결과로 생기는 부정적인 생각 때문에 폭력적으로 됩니다.(달라이 라마 1998)

여기에 아잔 브람Ajahn Brahm(호주에 본거지를 둔 영국 승려)의 이야기가 관련이 있다. 그는 죄수들을 가르쳤는데, 한 교도관이 그에게 '스님의 수업에 참석한 모든 죄수는 석방된 후에 감옥으로 다시는 돌아오지 않았습니다'라고 말했다. 아잔 브람은 곰곰이 돌이켜 보면서, 이것이 다음과 같은 이유 때문이라고 생각했다:

> 감옥에서 가르치는 동안 나는 단 한 번도 범죄자를 본 적이 없다. 살인을 저지르는 사람은 많이 보았지만, 살인자는 본 적이 없다. … 나는 범죄보다 사람을 더 많이 봤다. 사람들을 그들이 범한 한 가지, 두 가지 또는 심지어 여러 가지 끔찍한 행위로써 정의하는 것은 비합리적이다. 그것은 그들이 행한 다른 모든 행위, 즉 많은 고귀한 행위의 존재를 부정한다. 나는 그들의 다른 행위들을 알아보았다. 나는 범죄자가 아니라 범죄를 저지른 사람들을 보았다. 내가 범죄자들이 아닌 사람들을 보았을 때, 그들 또한 그들의 좋은 면을 보았다. 그들은 범행을 부인하지 않고 자존심을 갖기 시작했다. 그들의 자부심은 커졌다. 그들이 감옥을 떠날 때, 그들은 감옥에서 영원히 떠났다.(브람Brahm 2014: 24-25)

아소카Aśoka 황제는 부당한 투옥과 처벌을 방지하고, 적절한 시기에 수감자를 석방하고, 수감자의 가족이 필요할 때 도움을 주기 위해 '법무부(Ministry of Dhamma)'를 설립했다.(Nikam and McKeon 1959: 58-63) 니캄Nikam과 맥키언McKeon의 '기둥 칙령 IV(Pillar Edict IV)' 번역본(60-61)에는 아소카 황제의 사형제도 사용에 대한 언급이 있지만, 노먼K. R. Norman의 더 최근 번역본에는 그러한 언급이 없다.(1975: 21) 리처드 곰브리치Richard Gombrich의 논평은 다음과 같다:

> 노먼이 처형을 언급하는 단어는 태형만을 지칭한다는 것을 보여 주었다. 따라서 아소카는 역사상 최초로 사형을 폐지한 (알려진) 통치자로 기록되었다. 실수하지 마시라: 사형을 집행하는 국가는 그만큼 국민을 타락시키고 붓다의 가르침에 어긋나는 것이다.

인도의 굽타Gupta 시대(320-540년)에, 아마도 주로 불교의 영향 때문으로, 힌두교 왕들은 그들의 제국에서 사형을 폐지했으며, 벌금이 가장 일반적인 형벌이었고, 심각한 반란의 경우에만 손을 절단했다. 나중에 불교도였던 하샤(Harṣa, 606-647) 왕도 사형을 폐지하고 종신형으로 대체했다.(Basham 1967: 120) 통일신라 시대의 승려 혜초慧超(8세기)는 인도 중부 불교국 왕들이 처벌로 벌금만 사용했다고 전했다. 그러나 당나라에서는 법전에 사형이 포함되어 있었다.(Ch'en 1973: 96) 대미언 호리건Damien Horigan(1996년: 285-286)은 일본에서 '독실한 불교 신자인 쇼무 천황聖武天皇(재위 724-749년)은 724년에 사형집행을 금지했다'라고 얘기한다. 이것은 나라 시대奈良時代(710-794)[11] 말기의 일이다. 마찬가지로 헤이안 시대平安時代(794-1185)에도 사형이 거의 없었다. 그러나 격동의 가마쿠라 시대鎌倉時代(1185-1333)[12]에 처형이 재개되었다.

---

11 역주: 영어본 원문에는 715-794로 표기되었으나 이를 바로잡았다.
12 역주: 영어본 원문에는 1192-1336으로 표기되었으나 이를 바로잡았다.

아마도 기원 1세기로 거슬러 올라가는 나선비구경那先比丘經 (Milindapañha)에서는 정신적으로 장애가 있는 사람들의 행위를 처벌해서는 안 된다고 말한다.(Miln 221) 승려 나선(Nagasena)은 처벌에 대해 질문을 받았을 때 불구로 만들고, 고문하고, 구타에 관한 밀린다왕의 언급을 묵살하지만, 도둑은 '견책, 벌금, 추방, 투옥 … 또는 처형'되어야 한다고 인정한다. 이것은 이 처형이 붓다에 의해 '승인(anumata)'되었기 때문이 아니라, 도둑들의 잘못된 행동 때문이다.(Miln 184-188)

대승불교 텍스트 중 살차니건자경薩遮尼乾子經은 다음과 같이 말한다:

> 통치자가 (악인에 대한) 처벌이 단순히 책망하는 것만으로는 효과가 없겠다고 믿을 때, 죽이거나, 감각기관을 손상하거나, 사지를 절단하지 않고, 자비에 초점을 두어 경고하거나, 꾸짖거나, 구타하거나, 재산을 몰수하거나, 국외로 추방하거나, 결박하거나, 투옥해야 한다.[13] 통치자는 강인해야 하지만, 이것보다 더 무거운 방법으로서는 안 된다.(Jamspal 105a)

나가르주나는 그의 보행왕정론에서 우다이Udayi 왕에게 살인자들을 처형하기보다는 추방하라고 조언했다.(RPR 337) 그는 더 나아가 다음과 같이 말한다:

---

13 그러나 Stephen Jenkins(2014: 435-436)는 허용 가능한 처벌 목록을 더 가혹하게 읽을 것을 제안한다.

특히 죄가 끔찍한 살인자들에게 연민을 일으키십시오;
타락한 성품을 가진 자들은 성품이 위대한 사람들로부터
자비를 받는 그릇입니다.(v. 332)

하루나 닷새 후 약한 죄수들을 풀어주시고,
다른 죄수들이 결코 석방되지 못할 것으로
생각하지 마십시오.(v. 333)

수감자들이 석방되지 않는 한,
그들은 이발, 목욕, 음식, 음료,
약과 의복으로 편안해야 합니다.(v. 335)

불효한 아들들에게 그들을 가치 있게
만들고자 하는 바람에서 벌을 주듯이,
형벌은 증오나 재물에 대한 욕망이 아니라
자비로 집행되어야 합니다.(v. 336)

그러나 많은 범죄에서, 사람들이 자신들이 저지른 행위에서 도피하도록 내버려 두는 것은 진정한 '자비'가 아니다: 이것은 사회의 평화와 질서 모두를 위협하고 사람들이 자신에게 도덕적으로 해로운 방식을 지속할 수 있게 만든다: '만약 통치자가 너무 동정심이 많으면, 그는 자기의 왕국의 사악한 백성을 징벌하지 않을 것이고, 이는 무법천지로 이어질 것이며, 결과적으로 왕은 강도들과 도둑들이 가한 해를 제거할 수 없을 것이다.'(Jamspal 115a-b) 사대천왕호국금광명경四天王護國金光明經(Suvarṇa-bhāsottama Sūtra)은 또한 왕은 '무법 행위를 간과해서 조사하지 않고 넘어가서는 안 된다. 그의 지역에서 이보다 끔찍한 다른 어떤 파괴는 없다'라고 말한다.(Emmerick 141-142, cf. 135-137)

살차니건자경에서 처벌의 목적은 범죄자들이 의무를 소홀히 하지 않고(Jamspal 105a), '다시 좋은 사람이 될 수 있다'라고 말한다.(Jamspal 108a) 데이비드 로이David Loy는 불교가 지배적인 종교였던 국가의 사법 제도의 공통된 특징은 '유일하게 받아들일 수 있는 처벌의 이유로는 교육과 개혁'이라는 점이라고 주장한다.(2000: 149) 티베트 관행에 대해 그는 레베카 프렌치 Rebecca French(159)의, '법적 절차의 목적은 카타르시스, 속죄, 배상 및 타협을 통해 분쟁 당사자의 마음을 진정시키고 분노를 완화한 다음 자연 질서와의 균형을 재조정하는 것이었다'를 인용한다.(1995: 74) 한편 버지니아 행콕Virginia Hancock은 '불교의 처벌은 (원칙이나 사실에 따라 추진되지 않고) 개인의 성격과 피해를 입은 공동체에 따라 확연히 다르며, 미래의 수행과 재활을 지향한다'라고 말한다.(2008: 121)

업보는 범죄에 상응하는 결과를 가져오는데, 이를 누군가는 응보적인 벌로 볼 수 있지만, 불교에서는, '불교의 범죄 이론은 무엇보다도 화해와 재활의 이론이다.'라는 말처럼 불행한 자연적 결과로 본다.(Hancock 2008: 127) 중요한 것은 지울 수 없는 사악한 본성을 표출한 행위에 대해 그 사람에게 복수하는 것이 아니라 그들이 더 나은 방향으로 변화하도록 돕는 것이다. 실제로, 죄수들에게 위파사나 명상을 가르치는 것이 죄수들이 자신들의 잘못을 받아들이고 자신

들의 방식을 바꾸도록 도와줌으로써 재범률을 감소시켰다는 증거가 있다.(Harvey 2009: 59-60)

불성의 관념, 또는 '이 마음은 빛이 나지만 번뇌로 더럽혀진다'(AN I.10)라는 초기불교의 관념은, 아무리 부정적인 정신 상태에 의해 가려지든 간에, 모든 사람의 깊은 곳에 있는 선의 잠재력을 가리킨다. 이것은 모두에게 개혁의 잠재력을 나타내는 것으로 볼 수 있다. 유명한 재활 사례로는 앙굴리말라(Aṅgulimāla; MN II.97-105)가 있는데, 그는 살인을 예사로 하고 희생자들의 손가락을 수집하곤 했다.(cf. Loy 2000: 149-151) 붓다에게 감화된 그는 지금까지의 삶의 방식을 포기하고 계를 받았다. 빠세나디Pasenadi 왕은 그를 그의 왕국에서 몰아내려고 하기보다는, 그가 존경하게 될, 계율을 지키는 수도자로서 그를 받아들였고(M II.101); 앙굴리말라는 후에 아라한이 되었다. 영국에서는 불교 교도소 방문 단체를 앙굴리말라 트러스트(Angulimala Trust: http://www.angulimala.org.uk)라고 부른다.

사형제도에 반대하는 불교적 주장이 분명히 존재하고, 이러한 주장들은 다양한 범위에서 행해지고 있지만, 여전히 불교 인구가 대다수인 국가들 가운데 사형을 집행하는 국가들이 일부 있다. 일본에서는 죄를 자백하고 회개한 후에야 사형이 집행되기 때문에, 사형수들은 수년간 집행 대기 줄에 남아 있을 수 있다. 캄보디아(1989년)와 부탄(2004년)에서는 사형이 불법이며, 스리랑카(1976년), 미얀마(1993년), 한국(1997년), 몽골(2012년), 라오스에서는 사실상 사형집행이 금지되고 있으며, 태국에서는 허용되고 있지만, 최근에는 국왕이 대부분의 사형 판결을 감형하고 있다.(Horigan 1996년: 287) 세계에서 인구

당 불교도 비율이 가장 높은 타이완, 베트남, 싱가포르에서는 사형제도가 시행된다.[14]

도덕과 법의 관계

어떤 나라이든 국민의 윤리를 법제화하는 정도는 가변적인 문제다.(Harvey 2000: 342-350 참조) 아소카Aśoka 왕은 동물을 죽이는 것에 대한 법적인 제한을 두면서도, 법적 강제보다는 신중한 성찰과 명상이 도덕적 개선을 위한 더 나은 수단이라고 느꼈다.(Nikam and McKeon 1959: 40, 33-34 참조) 불교 국가에서는 분명히 첫 번째 계율을 어기는 동물을 죽이는 것에 대해 특정한 법적 제한이 있었고, 지금도 있지만 제한적이다. 도축자들은 감옥에 보내지지 않는다. 마찬가지로 술을 파는 것은 '바른 생활(正命)'의 원칙에 어긋나지만, 어느 불교 국가에서도 금지된 것은 아니다. 그렇긴 한데, 버마의 왕들은 모두 불교 도덕을 강화하는 수사를 사용했지만, 동물 도살을 불법화한 알라웅파야(Alaungpaya, c.1755)와 바돈(Badon, c.1790)만큼 갔던 왕은 거의 없었고, 바돈은 심지어 술이나 아편 사용에 대해 사형 선고를 내린 것으로 보인다.

위에서 인용한 구절들은, 불교에서 통치자나 정부의 역할은 사회 무질서로 타락하는 부도덕을 방지하고, 그것을 엄격하게 시행하지는 않더라도 도덕의 장려를 시사한다. 살차니건자경에서는 '도살자, 새

---

14 Harvey 2009: 60-61; Infopleas: 세계 사형제도 https://www.infoplease.com/world/ 정치 통계/사망 통계; http://www.deathpenaltyworldwide.org/.

잡는 사람, 돼지고기 장수'는 처벌을 받아야 하지만, 단지 꾸짖고 경고만 해야 한다고 말한다.(Jamspal 106a-b) 이 경전은 또한 왕이 백성의 도덕성을 향상시키는 역할을 하는 것으로 보고 있다. … 왕은 백성들의 행복을 유지하고 그들을 선하게 만든다는 점에서 '즐겁게 하는 사람(rāja)'이라고 불린다.(Jamspal 102b) 사대천왕호국금광명경은 '불법적인 것을 억누르기 위해, 악행의 파괴자인 왕은 신들의 거처로 보내기 위한 선한 행위를 하는 중생들을 정착시킨다'라고 말한다.(Emmerick 135)

불교의 영향을 받은 전근대 법을 볼 때 우리는 무엇을 발견할 수 있는가? 모든 불교 국가 중에서 버마는 불교 규범의 영향을 가장 많이 받은 전통 법률 문헌을 가지고 있다.(Huxley 1995: 49-50) 스리랑카에서는 전통적인 법률 텍스트가 남아 있지 않으며, 카스트 제도가 분쟁 해결과 사회 조직의 기초였다. 태국과 크메르 전통에서 왕은 법의 주요 원천으로 여겨졌다. 중국에서 불교는 기존의 법적 전통에 오직 미미한 영향만 미칠 수 있었다. 놀랍게도 티베트의 법은 버마보다 불교사상의 영향을 훨씬 덜 받았는데, 이것은 아마도 티베트 북쪽에 있는 중앙아시아 국가들에서 법을 가져왔기 때문일 것이다.(Huxley 1995:55)[15] 동남아시아의 다른 지역과 마찬가지로 버마에서도 주요 법률 텍스트 유형은 다음과 같다:

1. 라자탓Rājathat: 왕실 판사늘에 대한 일반석인 지침을 포함하

---

[15] 비록 레베카 프렌치 Rebecca French는 불교사상이 티베트법이 적용되는 방식에 영향을 미쳤다고 보고하지만.(1995: 114)

는 왕의 명령(Huxley1997: 75) 중 덜 일시적인 것(Huxley 1995: 48).

2. 담마탓Dhammathat: '관습법'(Huxley 1995: 52), 특히 마을 수준에서 비공식 분쟁해결에 대한 지침을 제공한다.(Huxley 1997: 74) 대중 소비를 위한 법률 요약의 형태로, 담마탓의 규칙은 '인간 사회만큼 오래되었기 때문에 준수해야 하거나, 또는 붓다의 법(다르마)에 내포되어 있으므로, 보편적으로 올바른 것으로 인정되기 때문에 준수해야 한다.'(Huxley 1997: 73) 실제로 그것들은 '우주 경계의 벽면에 쓰인 오래된 법전의 편집'으로 여겨졌다.(Huxley 1995: 52)

3. 파야똔Pyatton: 영리한 판사들의 본생담 형식의 이야기(Huxley 1995: 49), 또는 구속력이 없는 선례의 형태로 '도움이 되는 법률정보'를 제공하는 사례 보고서.(Huxley 1997: 78)

담마탓dhammathat은 종종 승려(Huxley 1995: 48), 특히 사원 계율 전문가들에 의해 작성되었으며(53), 실제로 비나야(Vinaya, 계율)는 동남아시아 법률 문헌에서 자주 인용되며, 그 추론 스타일은 법에 영향을 미친다.(Huxley 1997: 70-71) 버마와 동남아시아의 다른 지역 모두에서 '법, 도덕 및 선한 행동' 사이에 뚜렷한 구분이 없는 점은 주목할 만하다.(위의 세 가지 유형 중 하나) 법률 텍스트는 종종 본생담(Jatakas), 윤리 및 예절에 관한 다른 저작들과 함께 묶여 있다.(Huxley 1997:81)

전통 버마법에 대한 강력한 불교의 영향에도 불구하고, 그리고 불교 문헌이 낙태를 사람을 죽이는 심각한 행위로 보고 있음에도 불구하고, 이 분야의 전문가인 앤드루 헉슬리Andrew Huxley는 낙태에 대한 어떠한 판결도 찾을 수 없었다.(Vin III.73; Harvey 2000: 313-326)[16] 헉슬리는 낙태가 '왕의 평화를 위협하지도 않았고, … 마을이나 마을 밖 수준에서 중재되어야 하는 배상 청구로 이어지지 않았기 때문이라고 추측한다. 따라서 라자탓이나 담마탓의 소관이 되지 않았다.

태국에서는 1978년의 한 연구에서 대다수 사람이 낙태를 부도덕한 것으로 보면서도, 사회경제적 근거와 더 넓은 범위의 의학적 근거에서 낙태를 허용하도록 낙태법을 자유화해야 한다고 주장했다.(Florida 1998: 24) 1981년 의회가 낙태 자유법을 논의하고 있을 때, 승려(비구)를 대상으로 한 설문조사에서 75%가 법안이 부도덕하다고 생각하면서도, 40%는 법안이 통과되어야 한다고 생각했고 40%만이 이에 반대했다.(비구니들은 찬성 12%, 반대 78%였다: 세계 불교도 연합회 리뷰 1981: 30) 이러한 견해의 불일치가 놀라운 것처럼 보일 수 있지만, 거기에는 논리가 있다. 한편으로는, 불교는 낙태가 불건전한 행위임을 분명히 한다; 또한 불건전한 행위의 불건전한 점을 부정하는 것 자체가 잠재적으로 불건전한 행위라고 주장한다. 반면에, 불교도들은 오직 부유한 사람들만이 안전한 낙태를 할 수 있는 상태에서, 여성의 건강을 위협하는 잘못된 불법 낙태 시술을 받는 여성들의 고통에 대해 걱정할 수 있다. 따라서 불교도는 낙태의 업보 결과가 미래에 발생할 것으로 예상할 수 있어도, 그 행위로 인한 법적 처벌의 필요성을

---

16 개인 통신.

덜 느낄지도 모른다. 따라서 일부 국가에서 발생하는 것처럼 낙태법 자유화를 지지하거나, 기존 법을 느슨하게 시행한다.

인용 문헌

Aitken, R. (1984) *The mind of clover: essays in Zen Buddhist ethics*. San Francisco: North Point Press.

Basham, A. L. (1967) The wonder that was India. London: Sidgwick and Jackson.

Basham, A. L. (1982) Asoka and Buddhism: a re-examination. *Journal of the International Association of Buddhist Studies*, 5 (1), 131-143.

Brahm, A. (2014) *Don't worry, be grumpy: inspiring stories for making the most of each moment*. Boston: Wisdom.

Ch'en, K. K. S. (1973) *The Chinese transformation of Buddhism*. Princeton: Princeton University Press.

Collins, S. (1998) *Nirvana and other Buddhist felicities*. Cambridge: Cambridge University Press.

Dhammika, S. (1993) *The edicts of King Asoka*. Wheel pamphlet nos 386-387. Kandy: Buddhist Publication Society. Available from: http://www.accesstoinsight.org/lib/authors/dhammika/wheel386.html.

Emmerick R. E. (trans.) (1970) *The Sūtra of Golden Light*. London: Luzac and Co. Ltd. Reference to Sanskrit pagination, as indicated in the translation.

Fenn, M. L. (1991) Unjustified poverty and karma (Pali kamma). *Religious studies and theology*, 11 (1), 20-26.

Fenn, M. L. (1996) Two notions of poverty in the Pāli canon. *Journal of Buddhist ethics* 3, 98-125.

Florida, R. E. (1998) Abortion in Buddhist Thailand. In: D. Keown (ed.), *Buddhism and abortion*. London: Macmillan, 11-30.

French, R. R. (1995) *The golden yoke: the legal cosmology of Buddhist Tibet.* Ithaca, NY: Cornell University Press.

Geiger, W. (1929) *Cūḷavaṃsa, parts I and II.* London: Pali Text Society.

Gokhale, B. G. (1966) Early Buddhist kingship. *The journal of Asian studies,* 26 (1), 15-22.

Gombrich, R. F. (1971) *Precept and practice: traditional Buddhism in the rural highlands of Ceylon.* Oxford: Clarendon Press.

Gombrich, R. F. (2006) *Theravāda Buddhism: a social history from ancient Benares to modern Colombo.* Second edition. London and New York: Routledge and Kegan Paul.

Gombrich, R. F. (n.d.) Buddhism and non-violence. Available from: http://www.vesakday.net/vesak50/article/pdf_file/08_Buddhism_and_Non.pdf [Accessed 23 December 2008].

Gurugé, A. W. P. (1993) *Asoka: a definitive biography.* Colombo, Sri Lanka: Ministry of Cultural Affairs and Communication.

Gyatso, Tenzin, Dalai Lama XIV (1998) Message supporting the moratorium on the death penalty. Available from: http://www.engaged-zen.org/HHDLMSG [accessed 4 February 2016].

Hall, F. (1902) *The soul of a people.* London: Macmillan.

Hancock, V. (2008) 'No-self' at trial: how to reconcile punishing the Khmer Rouge for crimes against humanity with Cambodian Buddhist principles. *Wisconsin international law journal,* 26 (1), 87-129.

Harvey, P. (2000) *An introduction to Buddhist ethics: foundations, values and issues.* Cambridge: Cambridge University Press.

Harvey, P. (2009) Buddhist perspectives on crime and punishment. In: J. Powers and C. S. Prebish (eds), *Destroying Māra forever: Buddhist ethics essays in honor of Damien Keown.* Ithaca, NY: Snow Lion, 47-66.

Harvey, P. (2013) *An introduction to Buddhism: teachings, history, practice.* 2nd edition. Cambridge: Cambridge University Press.

Horigan, D. P. (1996) A Buddhist perspective on the death penalty: of compassion and capital punishment. *The American journal of jurisprudence*, 41, 271-288.

Huxley, A. (1995) Buddhism and law: the view from Mandalay. *Journal of the International Association of Buddhist Studies*, 18 (1), 47-95.

Huxley, A. (1997) Studying Theravāda legal literature. *Journal of the International Association of Buddhist Studies*, 20 (1), 63-91.

Jamspal, Lozang (trans.) (2010) *The Range of the Bodhisattva, A Mahāyāna Sūtra: Āryabodhisattva-gocara, Introduction and Translation.* New York: American Institute of Buddhist Studies, Columbia University Center for Buddhist Studies, and Tibet House US. Reference to Tibetan pagination, as indicated in the translation.

Jenkins, S. L. (2014) A review of The range of the bodhisattva: a Mahāyāna sutra. *Journal of Buddhist ethics*, 21, 431-441.

Krishan, Y. (1986) Buddhism and the caste system. *Journal of the International Association of Buddhist Studies*, 9 (1), 71-83.

Ling, T. (1973) *The Buddha: Buddhist civilization in India and Ceylon.* London: Temple Smith.

Loy, D. (2000) How to reform a serial killer: the Buddhist approach to restorative justice. *Journal of Buddhist ethics*, 7, 145-168.

Nāgārjuna and the Seventh Dalai Lama (1975) *The Precious Garland and the Song of the Four Mindfulnesses* (translation of Rāja-parikathā-ratnamālā by J. Hopkins and L. Rinpoche), London: George Allen and Unwin.

Nikam, N. A., and McKeon, R. (1959) *The edicts of Asoka.* Chicago and London: University of Chicago Press.

Norman, K. R. (1975) Aśoka and capital punishment. *Journal of the Royal Asiatic Society*, Part I, 16-24.

Obeyesekere, G., and Reynolds, F. (1972) *The two wheels of dhamma: essays on the Theravada tradition in India and Ceylon.* Chambersburg, PA: American Academy of Religion.

Ornatowski, G. K. (1996) Continuity and change in the economic ethics of Buddhism: evidence from the history of Buddhism in India, China and Japan. *Journal of Buddhist ethics* 3, 198-240.

Payutto, P. A. (1993) *Good, evil and beyond: kamma in the Buddha's teaching.* Bangkok: Buddhadhamma Foundation Publications. Available from: http://www.buddhanet.net/pdf_file/good_evil_beyond.pdf.

Rājavaramuni, Phra (1990) Foundations of Buddhist social ethics. In: R. Sizemore and D. Swearer (eds), *Ethics, wealth and salvation: a study in Buddhist social ethics.* Columbia, SC: University of South Carolina Press, 35-43.

Reynolds, F. E. (1990) Ethics and wealth in Theravāda Buddhism. In: R. Sizemore and D. Swearer (eds), *Ethics, wealth and salvation: a study in Buddhist social ethics.* Columbia, SC: University of South Carolina Press, 59-76.

Reynolds, F. E., and Mani, B. (1982) *Three worlds according to King Ruang: a Thai Buddhist cosmology.* Berkeley: Asian Humanities Press.

Saddhatissa, H. (1970) *Buddhist ethics: essence of Buddhism.* London: George Allen and Unwin.

Saddhatissa, H. (1971) The Buddha's way. London: George Allen and Unwin.

Sizemore, R. F., and Swearer, D. K. (eds) (1990) *Ethics, wealth and salvation: a study in Buddhist social ethics.* Columbia, SC: University of South Carolina Press.

Swearer, D. K. (1995) *The Buddhist world of southeast Asia.* Albany, NY: State University of New York Press.

Tambiah, S. J. (1976) *World conqueror and world renouncer: a study of Buddhism and polity in Thailand against a historical background.* Cambridge: Cambridge University Press.

Whitmyer, C. (ed.) (1994) *Mindfulness and meaningful work: explorations of right livelihood.* Berkeley: Parallax Press.

추천 도서

Harvey, P. (2000) *An introduction to Buddhist ethics: foundations, values and issues*. Cambridge: Cambridge University Press.

Harvey, P. (2009) Buddhist perspectives on crime and punishment. In: J. Powers and C. S. Prebish (eds), *Destroying Māra forever: Buddhist ethics essays in honor of Damien Keown*. Ithaca, NY: Snow Lion, 47-66.

Nikam, N. A., and McKeon, R. (1959) *The edicts of Asoka*. Chicago and London: University of Chicago Press.

Ornatowski, G. K. (1996) Continuity and change in the economic ethics of Buddhism: evidence from the history of Buddhism in India, China and Japan. *Journal of Buddhist ethics* 3, 198-240.

Payutto, P. A. (1993) *Good, evil and beyond: kamma in the Buddha's teaching*. Bangkok: Buddhadhamma Foundation Publications. Available from: http://www.buddhanet.net/pdf_file/good_evil_beyond.pdf.

Saddhatissa, H. (1970) *Buddhist ethics: essence of Buddhism*. London: George Allen and Unwin.

Sizemore, R. F., and Swearer, D. K. (eds) (1990) *Ethics, wealth and salvation: a study in Buddhist social ethics*. Columbia, SC: University of South Carolina Press, especially ch. 1, by Phra Rājavaramuni.

제20장 불교경제학

문제와 가능성

제임스 마크 쉴즈James Mark Shields

서론

경제학은 종교나 윤리학처럼 모든 요소가 쉽게 호환되지 않는 방대한 요소를 포함하는 포괄적 개념이다. 경제학은 윤리학과 마찬가지로 종종 순수 '학문 분야'로 생각되고, 또한 비록 일반적으로 심오하고 아마도 위험할 정도로 세속적이라고 이해되는 것이지만, 종교와 마찬가지로 일상적인 인간 활동의 특정 범위나 영역을 한정하기도 한다. 잘 알려진 바와 같이, '경제학'의 언어학적 뿌리는 대략 '사유私有' 또는 '가정 관리(oikos, 가사)'라는 그리스어 오이코노미케oikonomikè에 있다. 아리스토텔레스에게 있어서 '경제학'은 이러한 의미에서 눈앞의 필요를 다룬다; 따라서 경제학은 인간이 '좋은 삶'을 성취할 수 있는 유일한 영역인 폴리스polis에서 다른 사람들과 적극적으로 참여하는 삶인 '정치'에 종속되었다.(Crespo 2009 참조) 따라서 아리스토텔레스에게 '경제학'과 '윤리학'은 양립할 수 없으며, 경제학이 아무리 가치가 있다고 하더라도 궁극적으로 에우대모니아Eudaimonia[1]를 성취하기 위한, 필요하지만 충분하지 않은 조건을 제공하는 윤리/정치로 향하는 서곡일 뿐이다.(참조, e.g., Politics I, 4, 1253b, 23-25; cf. Payutto 1992: 88, for a Buddhist parallel) 어쨌든 오늘날 '경제학'은 가정 영역을 훨씬 뛰어넘어 확장되며, 실제로 아리스토텔레스가 분명히 '정치적 삶'이라고 부른 영역까지 이른다는 데 일반적으로 동의한다. (이것은 확실히 마르크스Marx적 개념이었고, 틀림없이 불교의 개념이기도 하다.)

일반적으로 '불교'라고 알려진 특정 전통을 포함하여, 윤리 및 종교와 관련하여 경제의 중요성을 명확히 하려고 할 때의 문제점 중 하나는, 각 용어의 내재적 다중성이 더욱 배가되어 절망감으로 손을 떼고 싶은 유혹을 받는 것이다. 그러나 이처럼 크고 모호한 여러 용어를 결합함으로써 열리는 가능성의 폭은 또한 해방의 원천이 될 수 있다. 즉 지금까지 불교와 경제학의 예상하지 못했던 측면들을 단독으로 그리고 결합하여 부각하는 역할에 창조적인 조합을 실험하기 위한 자극이 될 것이다. 이러한 정신으로, 이 장은 불교와 경제학 사이의 일부 역사적, 사회학적, 교리적 연관성에 대한 개요뿐만 아니라 '불교 경제학'이라고 불리는 것을 구분하려는 최근의 시도에 대한 비판적이고 건설적인 분석을 제공한다. 그것은 포괄적인 것이 아니라, 불교와

---

[1] 역주: 그리스어 문자 그대로는 '선한 정신'이지만 보통 '행복' 또는 '복지'로 해석된다.

경제학 이론 및 실천 사이의 관계에 대한 몇 가지 핵심적이고 흥미로운 특징을 강조하기 위한 것이다. 이 장은 21세기 글로벌 자본주의의 맥락에서 진보적인 '불교경제학'을 구축하기 위한 다섯 가지 논제로 마무리된다.

불교와 경제 윤리

피터 하비Peter Harvey는 다음과 같이 쓴다:

> 경제 윤리는 광범위한 문제를 다룬다: 일이나 사업 관행의 유형, 일반적으로 일에 대한 접근 방식, 특히 기업가 정신, 소득의 사용, 부에 대한 태도, 부의 분배, 자본주의와 공산주의와 같은 정치 경제 체제에 대한 비판, 그리고 이 두 가지에 대한 이론과 실천 모두에서 대안을 제시한다.(Harvey 2000: 187)[2]

필연적으로 불완전한 이 목록을 살펴보면 하비가 '경제 윤리'라고 부르는 것은 단순히 경제적 아이디어, 이론 및/또는 관행에 대한 반성적이거나 비판적인 평가일 수 있음을 알게 된다. 다시 말해서,

---

2 이 책『불교 윤리: 초기불교 전통에서 서구의 모더니즘 불교까지』에서 논의된 많은 주제와 마찬가지로, 하비Harvey의 '불교 윤리 개론'은 문화적 전통뿐만 아니라 불교 문헌과 관련하여 경제 윤리를 이해하는 데 훌륭한 자료이다. 하비의 작업에 많은 빚을 지고 있지만, 여기서 내 의도는 규정적이지는 않더라도, 본질에서 더 철학적이고 '비판적-구성적'이다. 불교와 경제학 문제에 대한 영어 학술 저작 목록을 보려면 추천 도서뿐만 아니라 인용된 작품을 참조하라.

경제 윤리에 대해 어떤 윤리적 통찰의 대상에 관한 서술자 외에는 구체적으로 '경제적'인 것은 없는 것 같다. 아마도 이것은 윤리학의 다른 하위 분야, 적어도 사회 과학적 범주나 학문과 관련된 하위 분야에 해당할 것이다. 이것을 더 확장하면, 하비가 설명한 '경제학'의 영역은 '관계성' 또는 아마도 '상호주체성'으로 그럴듯하게 다시 설명될 수 있는 정도까지 상당한 양의 인간 사회 활동을 다루는 것으로 보인다. 노동, 생산, 교환, 부와 자산의 분배, 소비 등 이런 것들이 단지 현대, 산업, 후기 산업의 맥락뿐만 아니라, 인간의 사회적 실존에 얼마나 깊이 내재하여 있는지를 인식하기 위해 굳이 교조적 마르크스주의자가 될 필요는 없다.

그렇다고 하더라도, 한 가지 중요한 차원에서, 고전적 불교의 이상은 '가구주'(일반적으로 남성)의 생활에서 예시되는 바와 같이, 인간의 사회적 실존에 대한 '물질주의' 개념에 역행하는 것으로 보인다.('불교 경제학-그것은 모순이 아닌가?' Essen 2009: 31에서 언급했듯이; 그리고 Daniels 2005: 246 참조) 승가, 즉 사원 공동체 안에 주입되고 대표되는 승가의 이상은 노동, 교환, 임금, 잉여, 분배 등의 경제 활동으로 조건화되는 삶의 형태를 근본적으로 거부하는 것으로 이해되어 왔다. 그러나 우리는 역사적 승가(또는, 문화와 전통에 따라 변하는 사원 관행의 궁극적인 다양성을 생각할 때, 승가들)와 불교 승려의 이상을 내가 다른 곳에서 '비정치적'으로 보는 것을 주저해야 한다고 말한 것처럼(Shields 2016 참조) '비경제적'인 것으로 만들려는 유혹에 주의해야 한다. 이것은 적어도 세 가지 이유 때문이다. (1) 불교가 출현하고 발전한 사회적 맥락(들)에 관한 연구는 승가가 상인 계층의 구성원에게 특히 매력적임을 보여준다.(예: Reynolds 1990; Pryor 2001 참조); (2) 쇼펜Schopen의 연구(예: 2004)가 보여주듯이, 승가 공동체 자체가 '세속적' 경제 활동에 깊이 빠져 있었다. (3) 이상적인 용어로 볼 때, 붓다와 그의 직계 추종자들에 의해 시작된 전통(또는 전통들)은 일상사의 세계를 거부하기 위한 것이 아니라, 오히려 선택된 남성(그리고 궁극적으로 여성)을 위한 대안적인 길을 제시함으로써 이 세상을 보완하기 위한 것이라고 우리가 말할 수 있다. 그들의 활동이 사실상 다수, 즉 '가구주'의 삶을 지원할 수 있었다. 특히 이 마지막 요점은 더 많은 탐구와 설명을 요구한다.

요컨대 경제학에 대하여 전통 자체의 수사법 중 하나를 사용하는 불교의 관점은 '경제적 삶'의 완전한 수용과 이에 대한 전면적인 거부 사이의 '중도'로써 열매를 맺을 수 있을 것이다.[3] 물론 이것은 여전히 우리에게 많은 여지를 남긴다. 나는 이 중도에 대한 표준 개념이 '중용'의 한 형태로 여기에서 이해되기보다는, 지배적인 경제 체제, 특히 후기 글로벌 산업 자본주의의 기본 전제와 관행을 수용하는 것으로 이해하면서, 동시에 그것들의 과잉에 관한 경고 조항을 제공한

---

[3] Essen(2009: 31)은 불교의 '존재론과 목적이 자본주의의 그것과 다르므로, 각 이데올로기에서 비롯되는 경제적 수단과 목적이 논리적으로 다르며, 화폐 가치, 즉 화폐 대 업, 또는 화폐 대 공덕도 다르다'라고 주장한다. 어떤 차원에서는 이것을 반대할 수 없지만, 그것은 상좌부 전통에 대해 크게 무게를 둔 진술이며, 아마도 더 중요한 것은 불교의 '존재론'뿐만 아니라 그것의 '목적'에 대한 질문을 구한다. 나는 인간 번영(즉 고통이 최소화된 공동체에서)의 '목적'이 많은 형태의 불교에 중요하며, 이는 단순히 '정신적'일 뿐 아니라 물질적인, 즉 경제적인 '불교경제학'을 암시한다고 주장한다.

다는 점을 보여주고 싶다. 불교의 '의견 차이'는 아마도 비판의 진보적이고 심지어 '급진적인' 노선을 따라 더 유익하게 해석될 수 있을 것이다. 〔여기서 나는 사이먼 자덱Simon Zadek(1997)의 선례를 따르지만, 나의 접근 방식은 비교 사상에 기초한다.〕

고전 불교경제학

적어도 이상적인 용어로 표현되는, 텍스트 전통 내에서의 고전 불교의 주요 수사법은 미덕, 태도 또는 심리적/감정적 만족 상태(Pāli. santuṭṭhi, appichhatā)와 본질적으로 연결된 생활 방식의 단순성이다.(Tachibana 1992: 124-130 참조) 법구경(Dhammapada)은 종종 이 주제에 대한 표준구(locus classicus)가 있는 고전으로 여겨지지만(예: D. 15; 205, D. 25; 365), 이는 갈애(Pāli taṇhā; Skt tṛṣṇā)의 포기를 통한 고통으로부터의 해탈로 이해되는, 보편적으로 받아들여지는 불교의 깨달음의 구원론과 공명하는 가르침이다. 실제로 수도승과 여승, 즉 비구와 비구니라는 용어 자체는 평범한 가정, 사회, 경제, 정치 형태, 즉 일상적인 사회 질서의 생산적 측면과 생식적 측면 모두를 포기하겠다고 서원한 사람을 명시적으로 나타낸다.(Fenn 1996: 100 참조)

그럼에도 불구하고, 위에서 언급한 바와 같이, 초기 경전 전통은 또한 불교의 이상을 다른 출가 방랑자들, 특히 당시의 더 극단적인 금욕주의 출가자들의 이상과 구별하기 위해 애를 쓴다. 법구경에서 말했듯이: '내가 브라만이라고 부르는 사람은 욕망이 적은 사람,

가구주와 집 없는 탁발수행자 모두로부터 분리된 사람이다.'(26, 404) 승려에게는 가방, 우산, 시계 및 책과 같은 '유용한' 품목 외에도 가사, 발우, 면도기, 바늘과 같은 몇 가지 개인 소유물이 허용되었다. 불교에서 흔히 볼 수 있듯이, 그 정당화는 단순하며, '종교적' 추론보다는 심리적 추론과 관련이 있다: 소유물이 많지 않으면, 사람들은 그것들을 잃어버리거나 도난당할 염려가 적을 것이며, 아마도 더 많은 것을 원하는 경향이 적어질 것이고, 그에 따라 고통도 덜 받을 것이다.(M. I.85-87) 그것은 또한 여행을 쉽게 만든다.(비구와 비구니가 '집 없는 탁발수행자'가 아니었다는 사실에도 불구하고) 비록 여기서 '사용'이 반드시 현대 자본주의 경제의 주제인 '편의성'을 의미하는 것은 아니지만, 여기서 강조하는 점은 분명히 재화의 '사용 가치'에 있다.

그리고 승가의 이상은 비구와 비구니들이 '정신적'인 일에 시간 대부분을 할애할 수 있는 단순한 (적절하게) 자급자족적인 생활 방식이었고, 대부분 또는 전적으로 재가자의 기부로 지원되는 것이었다. 이 마지막 측면은 우리가 불교 승가 틀 안에서 '구조적 긴장'이라고 부르는 것을 암시한다: 승가는 한편으로는 그 존재 자체가 그것을 둘러싼 패권적 경제 및 정치 구조를 부정하는 반면, 다른 한편으로는 승가의 생존을 위해 항상 이러한 경제 및 정치 제도에 투자한 사람들, 특히 세속적 관점의 부와 권력에서 가장 '성공'을 얻은 사람들로부터의 기부에 의존해 왔다.(사회 이론과 '유토피아'에 대한 기독교와 불교 사원 선동의 사이의 근본적인 차이를 근거로 주상하는 Collins 2013 참조) 실제로 하비가 말했듯이 공식적으로 '사원의 단순성은 재가자의 기부를 끌어들인다.'(2000: 204) 승려들이 생산과 생식의 일반적인 순환에서 더 멀리 손을 뗄수록, 그들은 이 교환에서 '공덕'을 얻으려는 재가자들로부터 바로 이러한 순환의 '잉여 가치'(즉 기부와 새내기 승려 모집)를 더 많이 얻을 수 있다. [하비(2000: 204-205)는 탐비아Tambiah 1976와 분나그Bunnag 1973의 인류학적 연구를 인용하면서, 잠재적 부패의 문제는 사원 공동체 전체에 걸쳐 존경받는 특정 승려들에게 기부된 '부'를 공평하게 분배함으로써 실제로 해결될 것이라고 제안하지만, 이것은 위에서 언급한 보다 근본적인 구조적 긴장을 해결하지 못한다.] 스리랑카, 중국, 일본과 같은 일부 국가에서는 사원과 사원 기관이 이 과정을 통해 부유한 지주가 되었고, 그 결과 부분적으로는 경제적, 정치적 지배권력이 되었다. 승가 외부 또는 경쟁 기관으로부터 이따금 비평을 받았음에도 불구하고(적어도 일본의 경우에는 더 자주), 승가의 부와 권력 자체 개념에 대한 저항은 일반적으로 거의 없었다.

재가 신도에 관한 한, 그들의 경제 활동은 표면적으로는 붓다가 스스로 정한 특정한 지침을 따를 것으로 기대되었다는 것 또한 분명하다.(예: AN III.45, IV.281; DN III.188) 이것들은 전체적으로 (그리고 그것들이 내재한 우주론적, 구원론적 상부 구조를 제외하고) 다소 상식적인 지침들이다. 예를 들어 빅토리아 시대의 영국에서는 어울리지 않을 것들이다: 즉 부는 폭력을 일으키지 않고 만들어져야 한다; 재화는 자신을 위해 쌓아두는 것이 아니라 다른 사람과 공유해야 한다; 탐욕은 나쁜 것이다 등등. 요컨대;

불교도는 자기 일에서 활기차고, 열성적이어야 하며, 근면하고, 숙련되고, 능숙하고, 신중해야 한다. 그는 합법적으로 얻은 부는 네 가지 종류의 행복을 가져온다고 가르쳤다: 경제적 안정; 자신과 타인에게 아낌없이 쓸 수 있는 충분한 돈의 소유; 부채로부터의 자유를 동반하는 마음의 평화; 그리고 흠 없는 삶의 영위.(Batchelor 2001: 65)

이것은 언뜻 합리적으로 들릴지 모르지만, 나는 일반 불교도들을 위한 이러한 입에 발린 싱거운 말에서 정직한 부의 창출에 이르기까지 얻을 수 있는 것이 거의 없다고 주장한다. 특히 그들은 개인과 개인의 직접적인 환경을 거의 넘어서지 못하는 비교적 단순한 경제 체제를 가정하기 때문에, 이에 따르는 자연스러운 결과로서, 부의 분배의 정의보다는 부의 획득과 사용의 방식을 사용하여 사회 또는 체제적 문제보다는 개인의 의사 결정(그리고 업보)에 전적으로 초점을 맞추고 있다.〔Sizemore and Swearer 1990: 2, 13, Harvey 2000: 202; 또한 전륜성왕사자후경(Cakkavattisīhanāda Sutta)과 같은 초기 문헌에 근거한 이 견해에 대한 비판은 Fenn 1996: 107을 참조〕 오히려 우리는 현대의 경제 윤리를 위한 불교의 자원을 찾기 위해서는, 아마도 가장 중심적으로 '바른 생활(正命)' 개념을 포함한 보다 일반적인 가르침과 생각에서 추론하여, 다른 곳을 찾아보는 것이 좋을 것 같다.(Daniels 2004: 246 참조) 나는 자본주의와 공산주의 사이의 중도로서 '불교경제학' 이론을 발전시키려는 여러 현대적 시도를 논의한 후, 이에 대해 뒤에 다시 언급할 것이다.

슈마허에서 파유토까지의 '불교경제학'

불교와 경제학을 결합하려는 서구 학자의 첫 번째 진지한 시도는 슈마허E. F. Schumacher(1911-1977)의 고전적 에세이 '불교경제학'으로, 1966년에 처음 출판되었지만, 1973년에 그의 베스트셀러인 '작은 것이 아름답다(Small is Beautiful: A Study of Economics As If People Mattered)'[다소 비꼬는 듯한, 'Economics As If People Mattered(마치 사람들이 중요할 것 같은 경제학)'라는 부제를 달았다] 안의 한 장으로 다시 출판되었다. 여기서 독일 태생의 경제학자이자 오랫동안 영국 석탄 위원회의 수석 경제 고문을 지낸 슈마허는, 자본주의와 마르크스주의 양쪽에 있는 서구 개발 모델에 대한 전면적인 비판을 제시하며, '유물론자들의 경솔함과 전통주의자들의 부동성 사이의 중도'에 뿌리를 둔 새로운 삶의 형태를 요구한다.(1973:56)

비록 슈마허의 주장은 '불교경제학'이라는 짧은 장에서 전개되지만, 그의 논제의 근거는 '작은 것이 아름답다' 전반에 걸쳐 나타난다. 예를 들어, 그는 '평화와 영속성'이라는 제목의 장에서 인간의 번영(외적 '평화'와 내적 '평화' 모두로 이해되는)이 물질적 '번영'을 통해 달성될 수 없다는 주장을 도입한다. 왜냐하면 '그러한 번영은, 만약 조금이라도 달성할 수 있다면, 지성, 행복, 평온을 파괴하고 인간의 평화를 파괴하는 탐욕과 시기와 같은 인간 본성의 충동을 계발함으로써만 달성할 수 있기 때문이다.'(1973: 30) 현 글로벌 자본주의 경제 체제의 논리에 따르면, 번영의 유혹은 '(무한한) 욕구의 배양과 확장'을 필요로 하지만, '욕구가 증가할 때마다 통제할 수 없는 외부 힘에 대한 의존도가 높아지는 경향이 있으며, 따라서 실존적 공포를 증가시킨다.'(31) 다른 곳과 마찬가지로 여기서 슈마허는 1980년 이래 아마르티아 센Amartya Sen과 마사 누스바움Martha Nussbaum과 같은 사상가들이 개발한 소위 경제학에 대한 '역량-중심 접근법'을 예시한다. 슈마허의 불교경제학에서처럼, 센과 누스바움은 신자유주의 모델의 지나치게 단순화된 호모 에코노미쿠스Homo Economicus[4]를 비판하며, '필요'를 '역량'을 포함하도록 확장하여 정의하고, 경제적 문제에 대한 의사결정의 표준으로 '합리적 선택'(그리고 '정신적 상태'에 대한 배타적 호소)에 의문을 제기한다.(예: Robeyns 2009; Sen 1985; Nussbaum 2000 참조)

이것은 단순함과 중도라는 고전적인 불교 개념과 부인할 수 없는 반향을 불러일으키는 지점일 뿐 아니라, 내가 에피쿠로스Epicurus부터 스피노자Spinoza, 마르크스Marx에 이르기까지 '2차 유물론자'들의 작품과 함께 아래에서 논하고자 하는 점이다. 그러나 다른 곳에서와 마찬가지로, 여기에서도 슈마허는 이분법을 과신하여 몇 가지 중요한 뉘앙스를 단순화했다는 비난을 받을 수 있다. 예를 들어, 그는 '물질적' 추구와 '정신적' 추구 사이의, 그리고 '외적' 지식 또는 '명석함'과 '내적' 지혜 사이의 관습적이지만 지나치게 단순화된 구분을 끈질기게

---

[4] 역주: 경제인 가설. 인간은 경제적 보상의 극대화를 위한 이성적인 선택과 합리적인 행동유형을 보이는 존재이다. 이러한 가설은 인간이 경제적 보수를 제공하는 행동유형을 선택한다는 것을 전제로 하며, 인간 행동에 대한 동기 부여를 경제적 보상을 통해서 하려는 여러 가지 인간 행동 이론을 뒷받침하고 있다. 인간은 이기적 존재이며, 이기적이기 때문에 경제적일 수밖에 없다는 것이 경제인 가설의 핵심이다. 즉 인간은 인간 본성의 이기심이 자신에게 이득이 되는 생각과 행동을 하도록 하는데 이것이 경제인으로 살아가게 하는 원동력이 된다는 것이다.

밀어붙인다. 슈마허가 말하는 '해방'에 뒤따르는 이 더 높은 지혜는,

> 우리가 물질적 목적을 추구하고 정신적인 것을 소홀히 하는 데 주로 바쳐진 삶의 공허함과 불만족스러움을 볼 수 있게 해준다. … 인간의 욕구는 무한하고, 무한성은 물질적 영역이 아닌 정신적 영역에서만 달성될 수 있다. 인간은 반드시 이 단조로운 '세계'에서 초연해야 한다.[5]

여기서 나는 슈마허가 욕구와 '통제', 그리고 해방 사이의 관계에 대한 통찰력을 산만하게 하는 몇 가지 모호한 도덕적인 구분을 도입했다고 제안한다. 나는 아래에서 이 점을 다시 논할 것이다.

슈마허는 '경제학의 역할'이라는 제목의 또 다른 장에서, 존 스튜어트 밀John Stuart Mill의 경제학 또는 적어도 '정치경제학'을 '사회 철학의 한 분야'로 확장한 개념을 인용하며, '경제학의 역할은 다른 모든 분야와 너무나 밀접하게 연결되어 있어, 결론이, 심지어 그것의 고유한 지역에서도, 조건부에서만 참이며, 그 범위에 직접 포함되지 않는 원인으로부터 간섭과 반작용을 받는다'라고 얘기한다.(1973: 39) 불교는 중요한 종교적 전통이나 이데올로기로서 삶의 모든 면에서 자신의 행동을 변화시킬 것으로 기대되는 사상, 가치, 신념, 습관의 기초를 제공하기 때문에 이러한 폭넓은 이해는 '불교경제학'의 가능성을 열어

---

5 참조: Pryor(1990, 1991)는 전륜성왕사자후경(Cakkavatti-Sihanada Sutta: Dn.26)을 사용하여, 정신적 성장의 핵심 저해-요인인 빈곤을 줄이거나 제거함으로써 사람들의 '정신적 개선'(그리고 도덕성)을 촉진하는 것이 국가의 역할이라고 주장한다.

준다.

슈마허는 불교에 어떻게든 필요하거나 '필수적인' 경제학의 한 형태를 주장하는 것이 아니라, 고전 불교의 '논리'(또는 아마도 스티븐 콜린스Steven Collins의 용어를 빌리면 '상상력')가 현대의 경제 이론과 실천을 위한 더 나은 기반을 제공할 수 있다고 주장한다는 점에 주목하는 것이 중요하다. (여기서 '더 나은'이라는 말은 광범위하게 생각되는 인간의 번영과 관련하여 이해된다.) 슈마허는 '불교경제학'이 주로 팔정도八正道의 '바른 생활(正命)'에 기초한다고 주장한다. 그것이 다른 무엇을 암시하든, 바른 생활은 분명히 어떤 형태의 사회 체제에서 다른 사람들과 관계를 맺는 것을 의미하며, 이는 다시 노동, 생산, 상품의 분배와 교환의 매개체 일부를 수반한다.

이를 바탕으로 슈마허는 인간의 노동은, 넓게 그릴 때, 다음과 같은 경우에 해방 과정이 될 수 있다는 원칙에 기초한 '불교 노동 이론'에 대한 통찰력 있는 주장을 계속한다: (1) 모든 인간의 능력(육체적, 정신적)을 활용하고 발전시킬 때, (2) 이기주의를 전복시키거나 완화하여 공동 프로젝트에서 타인과의 유대를 촉진할 때, (3) '유용한' 상품, 즉 인간 개인 또는 사회적 존재에 '가치'를 제공하는 상품의 생산으로 이어질 때. 노동에 대한 이 세 가지 중복된 요구 사항은 자본주의 임금 노동 체제에서 '소외'에 대한 마르크스의 비판과 매우 일치하며(Kołakowski 2008: 182; see Pryor 2001: 155), 두 번째와 세 번째 요점은 윌리엄 모리스William Morris의 보다 '로맨틱'하거나 '미학적'인 사회주의뿐만 아니라 고전적 아나키즘의 특정 흐름에 귀를 기울인다.

이 주장의 핵심 특징이자 내가 계속 관련성이 있다고 믿는 것은, 현재의 사회경제적 체제에서 '일'이 '여가'로부터 추상화되고 심지어 '여가'에 반대되기까지 한다는 점이다. 결과적으로 노동은 필요악이며 (a) 물질적으로 생존하기 위해, 그리고 (b) 자신의 '자유 시간'(자유 시간을 가질 만큼 충분히 운이 좋아야 하지만!)을 즐길 수 있도록 수행해야만 하는 것이 되었다. 슈마허는 '불교의 노동 이론' 아래서는 상황이 달라질 것이라고 제안한다. 왜냐하면,

> 일의 대안으로 여가를 추구하는 것은, 인간 존재의 기본 진리 중 하나, 즉 일과 여가는 동일한 과정의 보완적인 부분이며 노동의 기쁨과 자연의 행복을 파괴하지 않고는 분리될 수 없다는 점에 대한 완전한 오해로 여겨지게 될 것이기 때문이다. (1973: 52)[6]

물론 우리의 현 체제에 있는 많은 노동의 특성을 고려할 때, 이것은 노동의 급진적 변화(따라서 경제 체제 자체의), 또는 명백히 '가치' 없는 활동(물론, 그들이 체제 일부로 창출하는 경제적 '가치'는 제외)을 견딜 수 있는 개인 또는 집단 능력의 근본적인 변화를 암시하는 것 같다.

---

[6] 슈마허의 이상적인 불교 사회는, 대부분의 실제 불교 사회와 마찬가지로, 구제할 수 없을 정도로 성차별적이라는 점에 주목해야 한다. 예를 들어, '완전 고용'이 목표이긴 하지만, '여성'은 전반적으로 '외근직'이 필요하지 않기 때문에, 그것은 남성만을 위한 것일 수 있다. 특히, 불교 경제학자의 눈에는 어린아이들의 어머니들을 마구 뛰어다니게 하는 것이 현대 경제학자들의 눈에 숙련공을 군인으로 고용하는 것만큼이나 비경제적일 것이다. (1973:53-54)

이 두 가지 선택 중에서, 이것을 문제로 본 대부분의 현대 불교도들은 후자를 더 적절한 불교적 옵션으로 선택했다. 그리고 이 옵션에서 불교도들은 경전적이고 전통적인 선례를 참작할 때 완전히 정당화되지는 않는다. 그래도 나는 그럴듯하게 불교적 대안의 가능성을 밀어붙이고 싶다.

여기에서 마르크스의 자본론의 처음 세 장에서 발전된 노동 가치 이론을 요약하는 것은 가치가 있을 것이다. 슈마허는 현대 자본주의 경제학을 이해하는 열쇠로 많은 비-마르크스주의자들도 인정한 마르크스의 경제에 대한 가장 중요한 통찰을 분명히 차용하고 있지만, 슈마허는 상품화, 소외 그리고 공동체의 파괴와 관련된 노동에 대한 마르크스의 생각에 내재한 깊이를 인정하지 않는 것 같다.(따라서 도발) 노동 가치 이론은 '사용-가치'와 '교환-가치'의 구분에 뿌리를 두고 있다: '사용-가치'로서, 상품들은, 무엇보다도, 서로 다른 수량을 가지며, 결과적으로 사용-가치의 원자를 포함하지 않는다.'(Marx 1993: 5) 게다가 다른 사용-가치는 다른 특성이 있지만, 다른 교환-가치는 다른 양을 가지고 있다. 따라서 말하자면 '사용'에 뿌리를 둔 경제에서 '교환'에 뿌리를 둔 경제로의 전환은 질적 고려에서 양적 고려로의 바뀜을 의미하며, 미끄러운 경사면에서 '물질주의'('상품 물신주의物神主義로 이해되는)로 한 걸음 나아가는 것을 함의한다. 그리고 일단 화폐(그리고 신용)가 물물교환 경제에서 '자본주의' 경제로의 필수적인 단계의 경제 방정식에 도입되면, 적어도 이론상으로는 무엇이든 다른 것과 교환될 수 있으며, 따라서 마르크스에게 중요한 노동, 그리고 더 나아가 노동자들 자신을 포함하여 모든 것이 상품이 된다.

실제 가치(즉 인간)는 노동력에서 비롯되지만, 화폐가 교환의 중심 요소로서 '사물'을 대체함에 따라 인간의 가치가 상실된다.

이 논문에 따르면, 현재 어디서나 볼 수 있는 화폐제도 이전에는, 다른 사람들의 노력, 필요, 욕구가 더 분명했을 뿐만 아니라, 성공적인 교환을 고려해야 했기 때문에, 기본적인 경제, 그리고 이에 따라서 사회적 관계가 달랐다. 이제 이 화폐제도 아래에서 인간의 사회적 관계는 그 자체로 금전적 '가치'를 기준으로 정량화된다. 마르크스의 멋진 구절에서처럼: '우리는 사람 사이에 물질적 관계가 있고, 사물 사이에 사회적 관계가 있다.' 즉 말 없는 사물은 욕망의 대상일 뿐 아니라, 그 자체로 가치 있는 대상이 된다; 그것들은 물신화되었다. (다시 이것이 물질주의의 시작이다.) 결코 생산계급에만 한정되지 않고, 인류가 그들의 '직업'으로 환원되고, 이와 동시에 사회적 관계는 '물질화'된다. 요컨대 '공동체'의 진정한 의미는 사라진다.(Luxemburg 2014: 225) 사회적 노동에 대한 각 개인의 몫은 '시장'에 의해 결정되며, 이전의 사회적 단위의 견고성은 '공기 속으로 흔적도 없이 사라진다.' (이것은 마르크스에게 완전무결하게 부정적인 것은 아니었다는 점은 주목해야 한다.) 마르크스는 이것을 물질적 불평등의 근거로 삼지만, 나는, 더 중요한 것은, 이 제도가 인간의 사회적 관계, 그리고 틀림없이 '인간 본성' 자체에 끼치는 해악이라고 생각한다.

로자 룩셈부르크Rosa Luxemburg[7]는 슈마허와 유사한 말로 이 아이디

---

7 역주: 1871-1919, 독일에서 활동한 폴란드 출신의 사회주의 이론가이자 혁명가로 서 폴란드사회민주당과 스파르타쿠스단, 독일공산당의 조직에 핵심적인 역할을 하였다. 사회주의 정권의 수립을 위해서 대중운동의 중요성을 역설하였는데,

어를 멋지게 요약한다. 그녀는 다음과 같이 쓴다:

> 현 체제에서, 시간이 지남에 따라, 인류의 대부분 또는 전부가 무의식적으로 스스로 만들어낸 맹목적인 사회 권력, 자본의 멍에로 인한 끔찍한 고통으로 신음할 것이다. 모든 형태의 사회적 생산의 근본적인 목적, 즉 노동에 의한 사회의 유지, 그 욕구의 충족이 여기에서 완전히 그 머리 위에 놓이며, 사람을 위한 생산이 아니라, 과소-소비, 지속적인 소비 불안, 그리고 때때로 엄청난 대다수 사람의 무-소비가 함께 일어나는, 이윤을 위한 생산은 지구 전체의 법이 되고 있다.(2014: 297)

여기서 우리는 신고전주의 경제학이 많은 사람에게 경제적으로 재앙적일 뿐만 아니라 아마도 더 중요하게는 모두를 위한 인간의 가능성과 공동체적 정체성을 다 파괴하는 체제라는 통찰력 있는 (그리고 예언적인) 비판을 볼 수 있다. 그리고 이것은 슈마허의 '불교경제학'과 잘 일치하지만, 오히려 비평의 체계적이고 사회적인 측면을 발전시키는 쪽으로 더 나아간다. 더욱이 마르크스의 노동 개념 속에는 인간의 생산 활동이 자연을 형성할 뿐만 아니라 인간 본성을 형성한다는 근본적인 주장이 있다. (예: Capital I; Marx 1993: 83; 또한 MECW 6: 192 참조) 다시 말해서, 거기에는 해를 끼칠 가능성이 큰 것만큼이나, 생신으로서의 노동에서도 다른 사람들, 그리고 자연과 함께, 세계에

1919년 1월에 발생한 2차 독일 혁명 때 체포되어 처형되었다. 대표 저서로는 '자본축적론', '러시아 혁명' 등이 있다.

서 '자아'로서 존재하는 방식이 급진적으로 변형된다는 의미에서 '해방'의 약속이 있다.(유물론, 이상주의 및 인간 본성과 관련된 이 이념에 대한 날카로운 분석은 Geras 2016: 89-90을 참조)

위에서 언급한 바와 같이, 슈마허는 자신의 불교경제학을 자본주의적 대안과 사회주의적 대안 사이에 두려고 시도한다. 비록 이 두 체제의 차이는, 그가 이해하는 바와 같이, 이 두 체제 사이의 어떤 타협보다는 근본적인 전제와 우선순위에 있다고 보는 것 같지만. 슈마허에 따르면, 현대 자본주의와 사회주의는 모두 사람보다 재화를, 행복보다 이익을, 공동체보다 개인을 우선시하는 '물질주의' 사이렌 노래의 먹잇감이 된다. 두 체제 모두에서 이론적으로는 아닐지라도 실제로는 상품의 생산, 소유, 소비가 그 자체로 목적이 되지만, 불교경제학에서는 이 모든 활동이 인간의 번영(특정한 '다르마' 개념)의 훨씬 더 중요한 목적을 위한 수단이다. 간단히 말해서, '불교경제학은 최소한의 수단으로 주어진 목적을 달성하는 방법에 관한 체계적인 연구'이다.(1973: 55) 경제학에 관한 한, 불교의 '중도'적인 측면은 경직된 금욕주의와 쾌락주의를 모두 피하는 삶의 방식을 장려하는 다르마에 대한 전통적인 이해로 귀결된다.

> 유물론자는 주로 재화에 관심이 있지만, 불교도는 주로 해탈에 관심이 있다. 그러나 불교는 '중도'이기 때문에 결코 육체적 행복에 적대적이지 않다. 해탈을 가로막는 것은, 부가 아니라 부에 대한 집착이다; 즐거운 것을 즐기는 것이 아니라 그것에 대한 갈망이 해탈을 막는다.(1973: 54)

이처럼 글로벌 산업 자본주의에 대한 20세기의 주요 대안인 사회주의의 문제는, 자본주의에 대한 반대가 너무 '극단적'이라는 데에 있는 것이 아니라, 적어도 중요한 측면에서 '충분히 멀리 가지 않는다는 데에 있다.' 슈마허는 특정 사회주의 사상의 가치를 분명히 인식하지만, 역설적으로 그것들이 실제 '경제적' 측면을 박탈당했을 때만 인정한다. 결국 사회주의는 '경제라는 종교의 극복을 위해 사회주의가 창출하는 비경제적 가치와 가능성'에만 관심이 있다.(1973: 239) 산업의 국유화와 같은 대규모 사회주의 경제 제안은 실패할 수밖에 없다. 왜냐하면 그 목적이 대개 자본주의와 경쟁하지 않고 그 자체의 게임, 즉 더 빠른 경제 성장(GDP와 같은 무의미한 추상화로 측정되는), 더 큰 효율성 및 우수한 계획을 달성하는 것이기 때문이다. 비록 더 명시적으로 '공적' 의미에서의 사회주의 체제의 틀에 잡혀 있기는 하지만, 탐욕이 다시 한번 승리한다. 요컨대, 불교경제학에서 문제가 되는 현안은, '문화'보다 덜 경제학적인(일반적으로 생각하는 것처럼) 것, 즉 삶의 수준이 아니라 삶의 질이다.(Schumacher 1973: 245; 슈마허의 텍스트 본문은 '삶의 평등'이라고 읽히지만, 나는 그것이 오타라고 추측할 수밖에 없다.)

불교경제학의 아비투스

그렇다면 우리가 여기서 다루고 있는 것은 대안석 경제 프로그램이라기보다는 주관성의 변화에 대한 제안, 또는 부르디외Bourdieu[8]를 들먹이게 하는 우선순위의 변화, 그리고 자아, 사회, 세계에 대한 기본적 추정의 변화를 가져오는 아비투스(habitus, 체질, 원습)에 대한 제안이다. 아비투스는 개인이 아닌 사회적 과정을 통해 생성되며, 한 맥락에서 다른 맥락으로 지속되고 이전될 수 있는 패턴으로 이어지지만, 특정 맥락에 따라 그리고 시간이 지남에 따라 변화하기도 한다. 아비투스는 '고정되거나 영구적이지 않으며, 예기치 않은 상황이나 오랜 역사적 기간에 걸쳐 변경될 수 있다.'(Navarro 2006: 16) 그리고 이 '혁명적' 변화는 어떻게 일어날 수 있을까? 슈마허는 덕 윤리와 일치하는 관점을 주장한다: 팔정도의 바른 생활(正命)로 요약되는 겸손, 단순함, 절제, 해를 끼치지 않겠다는 서약, 자신의 행동 결과에 대한 인식과 같은 근본적이고 고전적인 불교의 미덕을 채택하고 실천하는 것은, 점점 더 변화하는 인식과 행동으로 이어질 것이다. 하지만 여기서도 우리는, 마지막이 아닌, 구조와 사회 구성보다 자율성과 의지를 분명히 강조하는 것을 볼 수 있다: 우리는 아비투스보다 주관성을 더 선호한다고 말할 수 있다.

파드마시리 드 실바Padmasiri de Silva는 슈마허의 '전방에 있는 스탬피더stampeders'[9]와 홈커머homecomers[10]의 구분에 주목한다. 스탬피더는 끊임없는 노력을 설파한다. 모든 문제에는 새로운 법률, 기술 또는 제도적 관행과 관련된 구체적인 해결책이 있으며, 일반적으로 자본주의 경제 성장의 '논리'를 받아들인다: '천연자원에 문제가 있다

---

8 역주: Pierre Bourdieu, 1930-2002, 프랑스 사회학자, 교육-사회학, 미학-사회학에 깊은 영향을 주었다.
9 역주: 대중 행동 참가자.
10 역주: 귀가자.

면, 우리는 합성 물질로 전환한다 등등.'(de Silva 1975: 5) 반대로 홈커머는 다음과 같은 사람들이다:

> 이 악순환에서 벗어나려고 한다. 그들은 중요한 것은 정해진 발전 패턴을 가속하는 것이 아니라, 방향을 바꾸는 것이라고 생각한다. … (그 혹은 그녀는) 경제활동의 목적을 새롭게 검토하고 '누구를 위한 경제 활동인가?'라는 질문을 던진다.(5)

홈커머(귀가자)라는 용어는 승가에 합류하기 위해 요구되는 바로 그 정의인 '출가'를 강조하는 고전 불교를 고려할 때 도발적이다. [드 실바는 '홈커머'라는 용어는 종교적인 의미를 내포하고 있으며, 세계 종교의 고전적인 종교 문헌에서 발견되는 것과 같이, 인간과 세계에 대한 기본적인 진리로 돌아가야 한다는 것을 암시한다. 그러나 나는 이것은 몇 가지 문제를, 가장 중요한 것으로, 세상(가정)을 포기하는 전통의 적어도 몇 가지 측면을 회피한다고 생각한다.] 분명히 여기에서 슈마허의 대비는 규모와 단순성의 중요성을 강조하기 위한 것이다; 따라서 현대 자본주의 문화에서 '탈퇴'하는 것은 실제로 전통적인 사원(다른 무엇보다도)이 이러한 역할을 했을 수 있는 것처럼, 더 지속 가능한 아비투스로서의 '귀가'의 한 방법일 수 있다.

비슷한 맥락에서 슈마허는 '작은 것이 아름답다'의 '에필로그'에서 기독교 4대 주요 덕목인 사려(prudentia), 정의(justicia), 강인(fortitudo), 절제(temperantia)를 '유물론 철학'에 대항하는 보루로 불러온다.(1973: 277-280) 이 중에서 그는 모든 미덕의 '어머니'인 사려를 지목했는데, 이는 '즉각적인 공리주의적 이점을 가져오지 못하는 것은 무엇이든 보고 평가하기를 거부하는, 작고 비열하고 계산적인 삶의 태도와 반대되는 것을 의미한다.'(280) 이 용어는 윤리를 지식 또는 상황 인식과 정직하게 연결하기 때문에, 바른 생활(正命)을 '미덕'으로 생각하는 실체를 제공한다. 우리는 또한 '사려'를 '마음챙김'이라는 불교의 수사, 또는 더 구체적으로 '세심함, 근면, 진지함', '마음챙김과 노력, 에너지, 진력(viriya), 또는 선에 대한 책임과의 결합'으로 불릴 수 있는 아빠마다appamāda[11]의 미덕과 관련시킬 수도 있다.(Rājavaramuni 1990: 51) 요셉 피퍼Joseph Pieper에 따르면:

> 사려의 우위성은 선의 실현이 현실에 대한 지식을 전제로 한다는 것을 의미한다. 어떤 상황인지, 그 상황을 아는 사람만이 선을 행할 수 있다. … 소위 '좋은 의도' 그리고 소위 '좋은 의미'만으로는 결코 충분하지 않다. 선의 실현은 우리의 행동이 실제 상황, 즉 구체적인 인간 행동의 '환경'을 형성하는 구체적인 현실에 적합하다는 것을 전제로 하며, 따라서 우리는 명확한 객관성을 가지고 이 구체적인 현실을 진지하게 받아들인다.(슈마허 1973: 280에서 인용)

아마도 이 점을 완전히 인식하지 못하면, 여기에서 슈마허가 '사려'를 불러온 것은 적어도 에피쿠로스Epicurus, 루크레티우스Lucretius, 지오르다노 브루노Giordano Bruno, 스피노자Spinoza와 같은 사상가

---

11 역주: Skt. Apramāda, 성실함, 관심의 뜻, 불방일不放逸로 한역.

계열과 관련된 철학적 전통에서 이해되는 바와 같이 '유물론'의 망령을 허용한다. 사려는 에피쿠로스학파의 첫 번째 미덕이었다.(Stewart 2014: 285 참조) 사려가 '진실에 대한 지식을 현실에 상응하는 결정으로 바꾸는 것'에 다름이 아닌 것을 의미한다면, 경험적으로 검증할 수 없는 종교적 신념의 파괴적 (혹은 지엽적) 영향을 받지 않고, 있는 그대로의 세상에 대한 지속적인 관심만큼 더 중요한 것은 없다.(Stewart 2014: 257-258) 물론 이것은 또한 19세기의 대부분의 진보적이고 급진적인 경제 이론에 영감을 준 전통이기도 하며, 이는 개인과 집단 차원 모두에서 '현실'에 대한 우리의 관점을 왜곡시킨 사회적, 정치적, 경제적 체제의 대대적인 변화를 요구했다.

사실 테오도어 로스자크Theodore Roszak는 슈마허의 작업을 크로포트킨Kropotkin, 구스타프 란다우어Gustav Landauer, 톨스토이Tolstoy, 윌리엄 모리스William Morris, 간디Gandhi, 뭄포드Mumford, 알렉스 컴포트Alex Comfort, 폴 굿맨Paul Goodman, 머레이 북친Murray Bookchin의 아나키즘 전통 안에 놓는다. 이러한 연결의 이면에 있는 논리는 주로 규모에 대한 슈마허의 강조에 있지만, 나는 또한 경제 활동과 개인의 성장과 발전 사이의 깊고 지속적인 상호 작용에 대한 인식에도 있다고 제안한다. 폭탄을 던지는 혼돈을 조장한다는 고정관념에도 불구하고, 고전적 아나키즘은 '조직의 규모를 독립적이고 일차적인 문제로 다루어야 한다'라고 주장함으로써 정통 사회주의와 자본주의 모두와 구별된다.

(아나키스트) 전통은 사회주의적 가치와 밀접하게 관련되어

있지만, 그럼에도 불구하고 '순수한' 경제 체제보다 혼합된 경제 체제를 선호한다. 그러므로 자유 기업과 사적 소유의 규모가 개인의 개입으로부터 소유권을 분리할 만큼 크지 않다면, 그것은 많은 형태의 자유 기업과 사유에 호의적인데, 물론 이것은 현재 세계 대부분에서 관리 자본주의의 규칙이기도 하다. 거대함은 아나키즘의 천적이다.(Roszak 1973: 4)

그럼에도, 일반적인 이해에 대한 집단적 '반발' 전통과의 이러한 근본적인 연결에도 불구하고, 슈마허의 주장은 틱낫한의 주장과 마찬가지로 '내적', '정신적 변화'에 대한 (도덕적) 호소에 갇혀 있는 것으로 보인다.

사람들은 어디에서나 '내가 실제로 무엇을 할 수 있을까?'라고 묻는다. 대답은 당혹스러울 만큼 간단하다. 우리 각자는 자신의 내면을 정리하기 위해 노력할 수 있다. 우리가 이 작업에 필요한 지침은 과학이나 기술에서 찾을 수 없으며, 그 가치는 전적으로 그들이 봉사하는 목적에 달려 있다. 그러나 그 지침은 여전히 인류의 전통적인 지혜에서 찾을 수 있다.(Schumacher 1973: 281)

다시 말해, 문제의 본질에 대한 그의 모든 진정한 통찰에도 불구하고, 슈마허의 비판은 자본주의 경제 체제 자체의 근본적인 틀에 의문을 제기하지 못하고, 대신 그 제도의 비인간적인 경향에 대한 위안으로서 어떤 형태의 불교 도덕/정신적 지혜에 의존한다. 그것은 문제의 표면을 긁고 있지만, 그 뿌리, 즉 인간이라는 근본적인 데까지 충분히 파고들지는 않는다.

'불교경제학'을 해결하려는 다른 시도들은 슈마허에게서 발견되는 일종의 이상주의, 도덕주의, 그리고 잔류 이원론의 먹잇감이 된다. 예를 들어, 카루나틸레이크H. N. S. Karunatilake의 '이 혼돈의 사회'에 대한 분석(1976)은 협동적이고 조화로운 농업 공동체의 목가적인 그림을 그리면서 모델로서 인도 마우리아Maurya 아소카Aśoka 황제의 시대를 그리워하며 돌아본다.(Harvey 2000: 216-217 참조) 동일한 주제에 대한 보다 최근의 시도는 자본주의 그 자체보다는 소비주의에 대한 불교의 비판에 초점을 맞추는 경향이 있으며, 따라서 의심할 여지없이 사용되지만, 보다 체계적이고 구조적인 비판의 가능성에서 더 멀리 벗어난다. 따라서 1992년 저작인 '불교경제학: 시장을 위한 중도'의 저자인 태국의 승려이자 학자 파유토P. A. Payutto(1938-), 그리고 다르마 사회주의의 한 형태를 옹호한 붓다다사 비구 Buddhadasa Bhikkhu(1906-1993) 모두 이상적인 불교 전통을 도덕적 모범으로 지지하며, 자본주의와 공산주의 체제의 '세속적' 성격에 대한 비판에 초점을 맞춘다.[12]

비록 마르크스주의 사상의 복잡성에 대한 그의 인식에서 더 미묘한 차이가 있지만, 암베드카(B. R. A. Ambedkar, 1891-1956) 또한 이러한 후기 비평가들과 마찬가지로 가장 문제가 되는, '과실'을 바탕으로

---

12 파유토Payutto는 다양한 이름으로 출판해 왔는데, 이 장에 인용된 작품들에는 그가 라자바라무니Rājavaramuni는 이름으로 출판한 에세이 하나가 포함되어 있다.

마르크스주의를 해석하는 경향을 공유하면서, 역사적 불교에 고도로 이상적인 다르마를 지지하는 통행증을 준다.(예: Ambedkar 2011) 심지어 암베드카 이후 남아시아와 동남아시아에서 '급진적' 형태의 불교에 가장 가까운 것을 옹호했으며, '소비주의의 대안'이라는 제목의 에세이에서 자본주의의 많은 문제, 특히 실제 공동체의 파괴와 만연한 소외의 조장에 대한 신랄한 비판을 제시한 술락 시바락사(Sulak Sivaraksa, 1933-)조차도, '소비주의는 가장 심오한 수준에서 자율적인 개별 자아, 즉 사회적 관계와 자연과의 인간관계로부터 독립적으로 존재하는 자아에 대한 망상에 의해 그것의 생명력을 얻는다'라고 결론 내리며 그의 분석은 구조적이고 체계적인 것에서 개인과 정신적인 것으로 후퇴하도록 허용한다. (Sivaraksa 2001: 135-136; 마르크스에게 이것은 원인이 아니라 자본주의 체제의 결과이다.)

이 작가들 대부분은 부와 빈곤에 대한 불교적 접근을 개별적이고 우발적이며 그럴듯하게 결함이 있는 '비-불교적' 경제 체제의 산물이 아니라, (불가피한) 인간의 조건으로 강조하면서 파유토를 따른다. 파유토는 '빈곤'은 전적으로 개인의 인식(탐욕과 갈망에 뿌리를 둔 '부적절한 태도')의 문제라고 주장한다. 이처럼 불교는 가진 것에 대한 '자족'을 설파한다. 이것은 어느 정도는 맞는 말이지만, 경제적 격차에 대한 정당화와 '가난한 사람들은 항상 우리와 함께할 것이다'라는 태도로 넘어가기 쉽다. 그것이 고전적 출처의 인용으로 아무리 정당화될 수 있다고 하더라도, 불교에 관한 한 '탐욕을 자극하고 범죄 행위를 유발'하는 경우에만 해당하는 극도의 희소성만이 나쁠 것이라는 개념에는 근본적으로 잘못된 점이 있는 것 같다.(Swearer 및 Sizemore 1990:

2) 더 중요한 것은, 물질적 조건이 우리의 의식과 욕망을 '형성'할 수 있고 또 형성하는 것을 부정하며, 대신 자율성과 자유의지의 계몽주의 견해라고 할 수 있는 것에 의존한다. 모든 것은 한 사람의 '태도'를 중심으로 돌아간다; 체제(그리고 공동체)는 궁극적으로 고통의 원인(소외)과 해탈의 수단으로서 모두 무의미하다. 또한, 노동과 부의 분배 문제 (다시 말해, 경제학의 '사회적' 측면)에서 '적절한 획득과 사용'(개별적 또는 개인적 측면)으로 초점이 전환된다.(Swearer and Sizemore 1990: 5)

파유토는 불교의 사회윤리는 '자연법'(이로부터 불교 교리가 흘러나옴)으로 이해되는 다르마(Dhamma, 법)와 다르마의 통합과 표현을 허용하는 목적을 가진 인위적인 '인간의 법'으로 이해되는 비나야(Vinaya, 계율) 사이의 상호연관성의 관점에서 생각할 수 있다고 주장한다. 다르마 안에서 개인은 자신의 발전에 대한 책임이 있다.

> 공동체나 사회는 비나야를 통해 개인의 행동을 규제하기 위한 제재나 규칙을 제공한다. 붓다는 비냐야로써 사람들을 호혜적 또는 상호의존적 관계에 놓는다. ⋯ 개인의 내적 독립과 자유는 다르마를 통해 달성되고 유지되어야 한다.(Rājavaramuni 1990: 52)

많은 불교 윤리학자들처럼, 파유토에게 개인의 완성과 사회적 선은 '상호의존적이며 불가분의 관계'이다. 그럼에도 불구하고, 내가 주장해온 바와 같이, 이 '불가분성'은 a) '자아'(또는 '무아') 대 '사회' b)

'정신적' 대 '세속적' 문제에 관한 잔류적殘溜的이며 이원론적 가정으로 인해 부담을 안고 있다.(Payutto 1992에 이어 Essen 2009: 33 참조) 결과적으로 불교 윤리학자들은 '불가분성'에 경의를 표하면서도 상호 이익이라는 피상적인 수준에 문제를 방치하는 경우가 많다. 예를 들어, 승가는 물질적 지원을 사회에 의존하고, 사회가 지속하고 번영하는데 필요한 안전과 평화를 다르마를 통해 갚는다.(예: Reynolds 1990: 64 참조) 이것은 확실히 역사적으로는 정확하지만, 더 이상의 윤리적 사고나 발전에 거의 도움이 되지 않는다. 이것보다 더 많은 것이 있다면? 만약 우리가 다르마와 비냐야 사이의 관계를 더 근본적으로 통합적이라고 생각한다면 어떨까?

간단히 말해서, '불교경제학'으로 넘어간 것의 많은 기본 논제는 다음과 같다: 이상화되고 종종 탈역사화된 '불교'는 20세기의 지배적인 두 사회 경제 체제인 자본주의와 공산주의 또는 국가 사회주의 사이의 새로운 '중도'(또는 심지어 '제3의 길')가 된다. 이 그림에는 문제가 있다. 첫째, 언급된 바와 같이, '불교'는 여기서 종종 특정 국가와 사회 안에서의 실제 역사적 영향에서 추상화된다. 둘째, 실제 국가 사회주의가 대체로 도도새[13]의 길을 갔기 때문에, 상상의 분열을 연결해야 할 절박한 필요성도 시들해졌다. 나는 이것이 우리에게 사회경제적 형태와 관련된 불교뿐만 아니라, 아나키즘, 사회주의, 공산주의와 관련된 대안적 관점, 특히 철학적 유물론에 대한 이해와 헌신을 재고할 기회를 제공한다고 믿는다.[14] 우리는 현대의 불교 또는 불교에

---

13 역주: 멸종을 뜻함.
14 Uchiyama Gudō(1874-1911), Seno'o Giro(1889-1961), Ichikawa Hakugen(1902-

서 영감을 받은 경제학 비판이 구조적 변화보다는 개인의 도덕적 변화를 지지하는 경향이 있으며, 따라서 철학적 입장으로서의 유물론에 초점을 덜 맞추는 소비주의적 획득(또는 '상품 물신주의')과 동의어라고 말할 수 있다. 그들은 또한 종종 불교 전통에 대한 이상화된 비전을 제시하는데, 이는 표면적으로 탐욕, 이기심, 개인주의에 뿌리를 둔 서양 전통과 호의적으로 대조된다. 이처럼, 그들은 이상주의와 초월주의 형태로 향하는 경향, 또는 일본 비평가들이 말하는 논제주의(topicalism)와 같은 불교 내부에 뿌리를 둔 문제를 검토하는 데 실패한다.[15]

불교 유물론의 재고

나는 여기서 문제 일부가, 우리가 보았듯이, 불교가 무엇을 반대하는지, 그리고 무엇이 서구 사회를 가장 고통스럽게 하는지에 대한 표현으로서, 불교 작가와 학자들에 의해 떠돌고 있는 '유물론'이라는 용어에 있다고 제안한다. 게다가 (1) 사물과 소유물에 대한 갈증으로서의

1986), Taixu(1890-1947)와 같은 동아시아 '급진적 불교도'들의 20세기 초 실험 외에도, 나는 Badou가 '공산주의 가설'이라고 부르는 것의 재탄생 가능성에 관해 Alain Badou와 Slavoj Žižek이 이끄는 주로 유럽 사상가들의 최근 일련의 글에서 부분적으로 영감을 받았다.

15 Shields 2011 참조. 이러한 맥락에서 내가 다른 곳(2013)에서 주장한 것처럼, 모든 선입견과 독단에 대한 '보편적인 용매' 역할을 하는 그의 사상의 완벽한 예 [ne plus ultra]라고 주장됐던, 마르크스가 옹호한 '무자비한 비판'을 진지하게 받아들이는 '불교 비판'의 여지가 있을 수 있다.

'유물론'(즉 종종 '경제학' 자체와 연계되기는 하지만 소비주의), (2) 철학적 전제 및 관점으로서의 유물론(물질적 세계의 중요성을 강조하고 비물질적 세계의 존재를 경시하거나 부정함), (3) 마르크스가 전개한 '역사적 유물론'의 더 구체적인 논제 사이에는 중요한 차이점이 있다. (나는 코와코프스키Kołakowski(2008)[16]의 의견에 동의하기 때문에, 실제 의미가 거의 또는 전혀 없는 미숙한 개념인, 소위 '변증법적 유물론'이라고 불리는 네 번째 가능성을 의도적으로 피한다.)

오늘날 사람들 대부분이 이 용어를 사용하는 방식에서 발생하는 첫 번째 의미는 온갖 종류의 전통을 가진 불교도들에게 분명히 문제가 된다. 물질적 재화(또는 그 문제에 대한 무엇이든)를 소유하고 소비하려는 욕망에 기초하거나 헌신하는 삶은 불교의 가르침과 조화될 수 없다는 것은 말할 나위도 없다. 그러나 이러한 형태의 유물론에 대한 이러한 전면적인 거부가 다른 두 가지 형태의 유물론에 대한 거부로 이어질 필요는 없다. 사실 나는 불교도들이 적어도 이러한 다른 형태들을 고려함으로써 이로움을 얻을 것이라고 제안한다. 그것들은 특히 정치와 경제의 문제에 관해서는 불교사상과 맞을 뿐만 아니라 유용할 수도 있다는 가능성을 허용한다. 나는 이 문제에 대해 다른 곳에서 자세히 논의한 적이 있으므로(Shields 2013), 여기서는 간략히 요약만 제시하겠다.

마르크스에게 있어서 소외와 비인간화의 극복은, 프롤레타리아 혁명을 통한 '유적 존재類的 存在(Gattungswesen)'[17](또는 '사회적 존재'라

---

[16] 역주: Leszek Kołakowski, 1927-2009, 폴란드 철학자, 역사가. 특히 마르크스 사상에 대한 분석 비평으로 유명.

고 불리는)의 회복을 포함한다. 한 차원에서, 이렇게 주장을 하는 것은, 인류에게 일종의 '본질'이 있고, 마르크스 또는 프롤레타리아트가 그것이 무엇인지 알고 있다고 가정하는 것이다. 그런데도 코와코프스키가 설득력 있게 주장하듯이, 마르크스에게는 인간의 본성이나 '자아'는 '경험적으로 확인될 수 있는 특징의 집합'이 아니라 '인간을 진정한 인간으로 만들기 위해 반드시 충족되어야 하는 요건들의 집합'으로 생각된다.[18] 다시 말하면, 마르크스는 참으로 비역사적 인간성 규범을 전제로 하고 있지만, 이는 '어떤 자의적인 이상에 속하는 영구적이고 불변하는 자질의 집합이 아니라, 인간이 물질적 욕구에 구애받지 않고 자신의 창조력을 최대한 발휘할 수 있는 발전 조건의 개념'이다.(Kołakowski 2008: 217-218) 그렇다면, 인간의 성취는 일종의 유토피아적 완전 상태에 도달하는 문제가 아니라, 오히려 우리를 우리 자신의 노동의 노예로 만드는 조건으로부터 인류를 해방하는 문제이다.

---

[17] 역주: 자연적 존재이자 사회적 존재로서의 인간의 보편적 존재 방식이며 노동과 노동생산물을 통해 확인되고 실현된다. 이러한 점에서 유적 존재는 개별적 개인적 존재 방식이 아니라 자연적, 사회적 존재로서 인간의 총체적인 존재 방식이다.

[18] 이것은 인간의 번영에 대한 비전을 제시하는 모든 이데올로기에 필요한 것으로 보이는 인간 본성의 개념을 배제하지 않는다는 점에 유의해야 한다.(Geras 2016 참조) 나는 불교 역시 본질주의적이지 않은 '인간 본성'(아마도 '불성')의 의미를 포함하고 있다고 제안하고 싶다. 불교의 자아/마음 개념과 흄Hume의 개념 사이의 연관성이 종종 언급되지만, 나는 마르크스의 '자아'가 실제로는 '진행 중인 작업'이라는 점에서 불교의 자아/마음 개념과 훨씬 더 가깝다고 제안한다. 이 연관성에 대해서는 추가 분석이 필요하다.

불교가 수정된 유물론 논의에 의미 있게 기여할 수 있다는 주장에 대한 한 가지 반론은, 불교(어느 정도까지는 종교의 자격으로서이지만, 금욕적인 특성 때문에 더 그렇다)가 단순히 유물론과 양립할 수 없다는 일반적인 개념이다. 확실히 인도 불교의 사원 제도에는 금욕적인 뿌리가 있다; 단순하고 금욕적인 삶은 대부분 승가의 구성원이 되기 위한 타협할 수 없는 요구 사항이었고 지금도 남아 있다. 다시 말하지만, '물질적 소유의 추구와 달성을 통한 삶의 성취'라는 (소비지상주의자) 감각의 '유물론'이 어떤 불교 기준에서도 용납될 수 없다는 데 이의를 제기할 사람은 아무도 없을 것이다. 그럼에도 불구하고, 이것은 마르크스주의를 포함한 대부분 또는 모든 규범적 경향의 사상 전통에 확실한 참이다. 결국 마르크스 사상에서 소외는, 자신의 일에 의한 인류의 예속, 즉 '물화物化(Lukács)나 '상품 물신주의'(Marx)를 통한 인간의 예속과 다름없는데, 이는 '인간이 자신의 생산물을 있는 그대로 볼 수 없는 무능력, 그리고 인간이 힘을 휘두르는 대신에 인간의 힘에 노예가 되는 것에 대한 인류의 내키지 않는 동의'로 요약될 수 있다.(Kołakowski 2008: 227)

물질주의의 '쾌락주의적'인 형태조차도 '사물'에 대한 단순한 갈망보다 더 복잡하다. 있는 그대로의 세계에 초점을 맞추는 것은, 실제로 단순하고 세속적이며 일상적인 것의 가치를 안정시키는 것에 해당할 수 있다. 여기서 우리는 헨리 데이비드 소로Henry David Thoreau[19]의 월든Walden에 이르는 에피쿠로스 전통의 겸손하고, 잠재적으로 불교

---

19 역주: 1817-1862, 미국의 자연주의, 초월주의 철학자, 그의 대표작 월든Walden은 자연에서 단순하고 소박하게 사는 삶을 반영.

적인 '쾌락주의'를 생각하게 된다. 제한된 쾌락주의적 유물론을 수용하는 불교의 가장 강력한 사례는 아마도 중세와 초기 현대 동아시아 문화 맥락에서 출현한 선불교 전통일 것이다.

유물론의 유형들 사이에서 더 나아가, 우리는 에피쿠로스Epicurus, 데모크리토스Democritus, 루크레티우스Lucretius, 브루노Bruno, 그리고 (아마도) 스피노자Spinoza와 같은 고전주의 및 계몽주의 사상가들뿐만 아니라, 인도의 차르바카Cārvāka[20] 학파, 그리고 순자荀子와 같은 특정 중국 사상가들에 이어 마르크스주의자와 아나키스트들이 일반적으로 수용하는 철학적 유물론에 도달한다. 여기서 주안점은 쾌락보다 물질적 관계의 조건화 능력의 수용에 있다. 그런데도, 심지어 여기 마르크스주의 이론 내에서도 약간의 논쟁이 있다. 대부분의 정통 마르크스주의자와 함께 엥겔스Engels와 레닌Lenin이 의미와 가치의 기초로서 물질에 대한 유물론적 주안점을 따랐지만, 마르크스 자신은 유물론을 실재에 대한 이론, 즉 존재론 또는 형이상학으로서라기보다는 특수성과 우발성, 그리고 '인간'을 희생시키면서 이상과 전체를 특권화하는 경향에 대한 '경고'로 분명히 이해했다.

요컨대, 마르크스주의 유물론의 중심에는, 우리의 실존적 상황을 식별하고 궁극적으로 해결하려는 시도에서 눈에 띄지 않을 수 있는 인과적 요인을 가리키는 비판의 기본 요소가 있다. 이것이 '역사적 유물론'의 토대이며, 내가 주장하건대, 이 입장은 불교도와 불교학자들에 의해 대체로 무시되어 왔으나, 21세기 불교 윤리학을 통해서

---

20 역주: Cārvāka 또는 Lokāyata(路歌夜多로 음역); 순세외도順世外道로 불리는 유물론자.

생각하기에 적합하다고 판명될지도 모른다. 더욱이 마르크스의 역사적 유물론에 대한 보다 광범위한 논제는, 노동의 가치 및 효과, 그리고 생산 방식의 렌즈를 통해 주로 이해되는 그의 경제학에 대한 근본적인 개념에 뿌리를 두고 있는데;

> 단순히 개인의 물리적 존재의 재생산처럼, 오히려 유물론은 개인의 특정한 활동 형태, 개인의 삶을 표현하는 특정한 형태, 개인 편에서의 특정한 생활 방식이다. 그러므로 개인이 무엇인지는, 개인이 무엇을 생산하고 어떻게 생산하는지와 함께 일어나는 생산과 일치한다. 따라서 개인이 무엇인지는 그들의 생산의 물질적 조건에 달려 있다.(MECW5: 31-32, Geras 2016: 64-65 참조)

이어지는 내용에서, 그리고 미래의 작업에 대해 고개를 끄덕이며, 나는 우리가 21세기를 위한 '불교경제학'을 발전시키려는 모든 시도에 대한 하나의 과제로 인간의 노동과 생산에 대한 이 전체론적 접근(마르크스주의자는 아닐지라도 마르크스적으로)을 취할 것을 제안한다. 나는 불교 경제 윤리에 대한 몇 가지 더 최근의 제안에 대해 역사 유물론자의 비판을 제기하는 것으로 이 작업을 시작한다.

시장에서의 마음챙김

2001년 앨런 헌트 배디너Allen Hunt Badiner가 편집한 수필집 '시장에서의 마음챙김'은 불교경제학을 재고할 가능성과 동시에 슈마허와 파유토와 같은 비평가들의 뒤를 이어 개발된 많은 접근 방식의 한계를 엿볼 수 있게 해준다. 배디너는 이 책의 서문에서 슈마허의 불교경제학 정의를 인용한다: '상품의 소유와 소비는 목적을 위한 수단이며, 불교경제학은 최소한의 수단으로 주어진 목적을 달성하는 방법에 관한 체계적인 연구이다.'(2001:13) 배디너가 불교경제학도 '최소한의 피해'를 주면서 재화를 획득하는 데 관심을 가져야 한다고 덧붙이기는 하지만, 이 정의가 불교 윤리의 일부 측면에만 불편하게 맞을 수 있는 경제 활동에 대한 특정 공리주의적이고 심지어 소비주의적 패러다임을 가정한다는 느낌을 지울 수 없다. 나중에 배디너는 '불교는 행동의 변화에 영향을 미치기 위해 모든 의식을 바꾸는 것이다'라고 썼다.(xv) 다시 말하지만, 이 진술에는 부인할 수 없는 진실이 있지만, 나는 이것이 경제(또한, 그 문제에 관해서는 정치)에 대한 불교적 관점에 실제로 제한적인 요소가 아닌지 궁금하다. 대부분의 급진적 사상가들이 오랫동안 주장해 온 것처럼, 행동의 변화가 의식 변화의 핵심적인 부분이라면 어떻게 될까?

리안 아이슬러Riane Eisler는 이 문제에 대해 '과소비 시스템 관점'에서 '자본주의 대 공산주의, 산업화 대 산업화 이전 또는 이후, 첨단 기술 대 기술 미개발'이라는 게으른 이분법을 거부하는, 더 도발적인 견해를 제시했는데, 우리는 '물질 대 정신'을 추가할 수 있을 것이다. 아이슬러가 올바르게 지적했듯이, 경세 및 기술 시스템은 '그 시스템이 작동하는 더 큰 문화 시스템과 불가분하게 상호 연결되어 있다.' 따라서 우리는 '경제의 구성을 알려주는 기본 문화 모델'(2001: 41)을 면밀히 검토할 필요가 있다. 다시 말해서, 우리는 대부분의 현대 불교의 경제학 분석을 채색하는 순전히 심리학적 (그리고 궁극적으로 개인주의적) 관점을 넘어서야 한다. 아이슬러는 계속해서 인간 문화를 구성하는 두 가지 근본적으로 다른 모델, 즉 '동업자 모델과 지배 모델'을 구별한다. 그리고 '문화가 다른 한쪽으로 지향하는 정도는 … 우리의 모든 관계를 형성한다. … (그리고) '우리가 가족, 교육, 경제, 정치에 이르기까지 모든 제도를 구성하는 방식에 깊은 영향을 미친다'라고 주장한다.(41) 비록 이 대비는 여전히 다소 지나치게 단순화되었지만, 아이슬러의 일반적인 요점은 잘 받아들여지고 있으며, 추가적인 철학적-윤리적 연구의 근거로 사용될 수 있다.

기초로서의 바른 생활

위에서 언급한 바와 같이, 언뜻 보기에 불교 전통은 비경제적인 것으로 생각될 수 있다. 왜냐하면 사원 공동체인 승가가 상품 교환(생산과 재생산 모두)의 '세속적인' 시스템을 명시적으로 거부하기 때문이다.(Swearer 그리고 Sizemore 1990: xi) 그런데도 재가자의 지원에 의존해야 하는 '긴장'을 넘어서, 우리는 일부 사원 전통에서 일이나 노동의 가치 평가에 대한 더 긍정적인 측면을 발견할 수 있는데, 이는 적어도 상품의 교환이나 소비만큼이나 경제에서 근본적이며, 아마도 그보다 더할 것이다. '불교의 관점에서 일은 삶의 필수적인 부분이다. 붓다는 팔정도 수행의 구성 요소 중 하나로 "바른 생활(正命)"을 강조함으로써 이 점을 인식했다.'(Inoue 2001: 57)[21]

'바른 생활'은 분명히 개인적 영역, 정치적 영역 모두를 나타내며, 아리스토텔레스의 에우대모니아eudaemonia와 유사한 공동체에서 인간이 번성한다는 의미와 불가피하게 얽혀 있는 것처럼 보인다.(Critchley 1995: 1) 실제로 불교의 연기緣起, 무아無我 등의 개념과 관련된 올바른 생활(正命)은, 개인이 가차 없이 '사회적'(물론 그 반대도 마찬가지)이라는 점을 시사한다. 우리는 파유토의 작업으로 돌아가서 이것을 더 발전시킬 수 있다. '경제개념에 대한 불교적 관점'이라는 제목의 에세이에서 파유토는 고전적 불교의 탕하(taṇhā, 갈애渴愛)와 찬다(chanda, 욕慾, 낙樂)라는 두 가지 유형의 욕망 사이의 구분을 분석한다.(Rājavaramuni 1990: 51 참조) 그는 전자가 '이기적인' 쾌락의 성취를 지향하는 반면, 후자는 번영 또는 '복지'의 더 넓은 의미와 관련이 있다고 주장하는데, 이는 이타적이거나 최소한 상호의존적인 측면뿐 아니라 단기적 이익과 반대되는 장기적 측면에 중점을 두는 것으로 보인다. 파유토는 이를 두 가지 상반된 소비 유형, 즉 나쁜 것과 좋은 것으로 연결한다:

---

21 근검절약에 대한 헌신은, 베버Weber(2010)가 설명한 청교도 노동윤리와 비교할 수 있게 해주는 '명확하게 부르주아적'인 상좌부불교 경제 윤리의 특성을 나타낸다고 주장한 레이놀즈Reynolds(1990: 71)를 참조하라. 리틀Little(2001: 83-84)은 청교도들과 달리 상좌부불교도들은 (하느님의 은총 표시로서) 저축하기보다 베푸는 것(특히 종교적인 보시)을 강조한다고 주장하면서 이에 반대한다. 그의 말이 옳으며, 따라서 이러한 근본적인 불교적 충동은 '저주받은 몫'으로 대표되는 '일반 경제'에 대한 바타유Bataille(1988)의 개념과 일치할 수 있다.〔David Graeber(2004)가 아나키즘과 연관시킨 Mauss(2000)의 통찰에 따름〕

올바른 소비는 항상 복지에 기여하고, 인간 잠재력의 추가 발전을 위한 기반을 형성한다. 이것은 경제학자들이 종종 간과하는 중요한 점이다. 찬다chanda가 이끄는 소비는 욕망을 충족시키는 것 이상이다; 그것은 복지와 정신적 발달에 기여한다. 이는 글로벌 차원에서도 마찬가지이다. 만약 모든 경제 활동이 찬다에 의해 주도된다면, 그 결과는 단순히 건전한 경제와 물질적 발전을 넘어, 인류 전체의 발전에 이바지하고 인류가 더 고귀한 삶을 영위하고 보다 성숙한 행복을 누릴 수 있게 될 것이다.(Payutto 2001: 77-79)

나의 파유토에 대한 위에서의 비판과 마찬가지로, 나는 다시 한번 그의 근본적인 전제, 즉 우리의 마음(또는 태도, 욕망)만 바꿀 수 있다면, 우리는 있는 그대로의 경제 체제에 알차게 참여할 수 있을 거라는 가정에 문제가 있다고 본다. 다시 말해서, 이러한 이해로 이루어진 문제는 단순히 우리가 소비를 떠맡는 정신에 대한 것일 뿐이며, 소비 자체도 아니고, 우리가 그렇게 쉽게 (그리고 말 그대로) 구매하는 습관을 촉진하고 유지하는 산업 자본주의 시스템에 대한 것도 아니다. 센노오 기로妹尾 義郞[22]와 같은 '급진적 불교도'가 주장하는 것처럼, 아마도 유일한 대안은 혁명이거나, 아니면 적어도 지배적인 경제 및 정치 체제의 급진적인 구조 조정일 것이다.(Shields 2017, ch. 5 참조) 그러나 나의 요점은 현재의 불교경제학 사상으로는 현대 산업 자본주의에 대한 실질적인 대안을 상상할 수 없다고 제안하는 것이다.

---

22 역주: 1890-1961, 일본 일련종 마르크스주의 불교학자.

그러나 슈마허와 마찬가지로 파유토에는 보다 급진적인 노선을 따라 불교경제학을 재구상再構想(re-envisioning)하는 데 사용할 자료가 있다. 만약 우리가 탕하taṇhā와 찬다chanda의 구분을 순수한 심리학적 영역, 즉 욕망의 유형을 나타내는 이름으로부터 떼어내고, 그것들을 사회적, 정치적, 경제적 구조에 깊이 연루된 독특한 '습관' 또는 '존재 방식'으로 재구성再構成(reframe)한다면, 우리는 파유토의 잔류 이상주의의 함정을 피하고 '온건한 유물론'에 더 가까워질 수 있다. 게다가, 파유토는 소비뿐만 아니라 생산의 동기로서 '욕망'을 위한 합법적인 장소, 그리고 더 나아가 '인간의 욕구' 충족을 제공함으로써, 우리가 다시, '욕망'은 인간 번영의 토대라고 보았지만, '일반적' 또는 관습적 이해보다 상당히 변형된 형태로 이해했던 에피쿠로스나 스피노자와 같은 서구 사상가들의 대안적 전통으로 돌아가도록 허용한다. 마르크스는 또한 계몽되지 않은('부르주아') 존재 방식과 계몽된 ('프롤레타리아트' 또는 아마도 여기서 우리의 목적에 더 적합하게는 '급진적') 존재 방식을 분명히 구분했으며, 사실상 그 구분을 파유토의 그것과 거의 동일한 용어로 구성했다: '부르주아'(꼭 특정인이나 계급일 필요가 없는 이상형)가 타인(그리고 자연)을 착취함으로써 자신의 부, 권력, 지위를 유지하려는 의도를 가지고 있는 반면, '혁명가'(다시, 이상형)는 누구이든지 끊임없는 권력과 통제 추구를 거부하고, 인류(그리고 자연)의 '복지'가 유일한 목표가 되는 새로운 사회 건설에 헌신하는 사람이다. 이러한 구분과 파유토의 구분의 차이짐은 파유도의 '불교적' 관점이 여전히 자유주의적 개인주의의 가정에 매우 많이 갇혀 있다는 점이다.(비록 고전적 불교의 겉모습을 하고 있더라도)

파유토는 '바른 생활(正命)'에 대한 탐구의 연장선상에서, 끊임없는 이기적 쾌락 추구로서의 '행복 추구'에 대한 현대 서구 이해에 대한 지속적인 비판에 참여한다. 대조적으로, 그는 순진하고 잘못 인도되는, 욕망의 만족으로서의 '행복' 추구에 대한 보루로서, 사성제의 첫 번째 진리인 괴로움(苦)의 인식을 고양한다. 그는 이것을 불교에서 영감을 받은 두 가지 대안적 형태의 '행복'과 대조한다: (1) 파유토의 관점에서, 틀림없이 더 '고전적'이며, 더 높고 더 고귀한, 그가 '독립적인 행복'이라고 부른 … 훈련을 받고 어느 정도 내적 평화를 얻은 마음에서 생기는 행복; 그리고 (2) 나에게 훨씬 더 가치 있고 흥미로운 선택, 즉 '조화로운 행복'을 다음과 같이 부른다:

> 이타심에 기반을 둔, 복지를 지향하며 선의와 연민에 의해 동기가 부여되는 행복, 개인적인 발전을 통해, 사람들은 다른 사람들에게 행복을 가져다주고자 하는 욕망[불교에서 우리는 자애(metta)라고 부른다]과 같은 진정한 행복을 느낄 수 있다. 이러한 종류의 행복으로 우리는 마치 부모가 자식의 행복에 기뻐하듯이 다른 사람의 행복에서 즐거움을 경험할 수 있다.(2001: 92)

파유토의 두 번째 선택은, 보다 직접적으로 공동체에 뿌리를 두고 있으며, 인간의 번영에 대해 다시 한번 결정적으로 '세속적'이고 심지어 '급진적' 개념에 가까워지는 것 같으며, 이와 같은 수준에서 행복을 증진하는 '불교경제학'의 가능성에도 가까워지는 것 같다. 여기서 기본 전제는 '일' 또는 '노동'은 올바르게 구상되고 적절하게 실행되는 것으로, '자아'와 '공동체' 모두를 (동시에) 형성하는 한 형태라는 것이다.(Stewart 2014: 296 참조)

그런데도 속담에 나오는 아미시Amish[23] 외양간 사육이라는 다소 밝은 경제관에 필요한 교정책으로서, 우리는 노동이 빈번하게 소외와 비인간화(빈곤과 불의를 넘어서는 더욱 명백한 문제)의 원천이 될 수 있다는 마르크스주의적 통찰을 명심해야 한다. 이와 관련하여, 마르크스는, '유물론자'라는 꼬리표에도 불구하고, 자신의 관점을 이상주의와 유물론과는 동등하게 다르며, 이 둘을 하나로 묶는 진리인 '자연주의'나 '인본주의'에 더 가까운 것이라고 설명했다.(Kołakowski 2008: 113, Seno'o 1975: 359 참조) 이와 같이:

> 인간의 의식은 자연과의 사회적 관계를 생각하는 표현일 뿐이며, 종種의 집단적 노력의 산물로 간주하여야 한다. 따라서 의식의 변형은 의식 자체의 일탈이나 불완전성에 기인하는 것으로 설명되어서는 안 된다: 의식변형의 근원은 더 원초적인 과정, 특히 노동의 소외에서 찾아야 한다.(Kołakowski 2008: 114)

우리가 만약 이 통찰을 진지하게 받아들인다면, 그것은 일상적인 '의식의 변형'(무지 또는 망상), 고통(소외 또는 불만족으로서) 둘 다와 노동 사이의 명백한 연결을 끌어내기 때문에, 이러한 근본적인 불교적 관심의 원인으로서, 그리고 해탈이 아니라면 개선을 위한 잠재적

---

23 역주: 현대 기술 문명을 거부하고 소박한 농경 생활을 하는 미국의 한 종교 집단.

수단으로서 잠재적으로 비옥한 '불교경제학' 확장의 길을 열어준다.(Kolakowski 2008: 113-114 참조)

또 다른 현대 작가는 슈마허처럼 현대 경제학 이론과 실천에 '규모'와 '가정家庭'을 다시 도입해야 한다고 주장했다. 그러나 시인이자 문화평론가인 웬델 베리Wendell Berry(2001)는 '사려'보다는 현대인의 마음 습관에 대한 저항의 한 형태를 적절하게 설명하기 위해 구식이며 다소 아시아적인 느낌의 용어를 소개한다:

> 그 가치는 우리가 혼자가 아니라는 사실과 관련이 있다. 예절에 관한 생각은 우리의 행동이 우리의 처지와 상황, 심지어 우리의 희망에 적합한지를 문제 삼는다. 그것은 항상-긴박한 맥락적 상황과 영향력의 현실을 인정한다; 우리는 맥락을 벗어나 말하거나 행동하거나 살 수 없다. 우리의 삶은 불가피하게 다른 삶에 영향을 미치고, 다른 삶은 불가피하게 우리의 삶에 영향을 미친다. 다시 말해, 우리는 우리가 만들지 않았고, 우리가 파괴할 수도 없는 기준에 의해 측정되고 있다. 우리가 자연과의 관계에서 위기에 처해 있음을 아는 것은 그 기준에 의해서, 그리고 오직 그 기준에 의해서만이다.(2001: 13)

이러한 의미에서 '예절'은 '사려'나 '책임감'보다 불교경제학에 더 적절한 기반일 수 있는데, 베리가 지적한 것처럼, 개인의 위치보다는 맥락적 상황과 사회성을 추구하기 때문이다. 베리가 '개인주의의 정반대'라고 생각하는 단순한 미덕이나 마음가짐이 아닌 아비투스

(habitus, 체질)로서의 예절은 '개인'의 소원이 세상의 궁극적인 척도가 되는 현 경제 체제를 상당 부분 구조화하고 정당화하는 '행복 추구'에 대한 단순한 생각의 방어벽 역할을 할 수 있다.(Stewart 2014: 290)

결론

무신론적이며, 비-신화적이고, 자연-순화 형태의 불교 수행을 옹호하는 영국의 불교도이자 학자인 스티븐 배첼러Stephen Batchelor는 '시장에서의 마음챙김(Mindfulness in the Marketplace)'이라는 에세이에서 불교와 경제학에 대해 다음과 같이 말한다:

> 한 가지 견해는, 주류 경제 이론은 그 자체로 '몰-가치성(객관적인)'이어서, 불교적 가치 체계를 포함한 모든 가치 체계를 통합하고 반영할 수 있다는 것이다. 또 다른 견해는, 주류 경제 이론이 본질적으로, 예를 들어, 경제 활동 일부로서 불교의 '보시행報施行'을 적절하게 반영할 수 없다는 것이다.(2001: 65)

내가 신자유주의 (또는 '신고전주의') 경제 패러다임의 주도권을 고려할 때 전자의 불교도 수가 후자 진영의 불교도보다 훨씬 많다고 제안하지만, 어떤 면에서 이 점은 부인할 수 없는 사실이다.[24] 실제로

---

[24] '불교는 새로운 맥락적 상황에 쉽게 적응하기 때문에, 현대 불교 국가의 경제 계획에 맞출 수 있을 것이다.'(Essen 2009: 36; cf. Pryor 1991: 22) 아마도 좀 더 해가 없을 수 있겠지만, 이것은 내게 선禪에 관한 수즈키D. T. Suzuki(1959:

우리가 이 장에서 보았듯이, 불교경제학에 관한 대부분의 자유주의적이거나 진보적인 작가들(아시아인과 서구인 모두)은 불교가 세계 자본주의와 양립할 수 있다고 가정하는 경향이 있지만, 불교경제학은 그러한 과잉에 대한 일종의 도덕적 버팀목으로 작용할 수 있고, 또 그래야만 한다. 위에서 언급한 바와 같이, 그들은 그렇게 함으로써(세계 자본주의와 영합), 종교/윤리와 정치와 경제의 '세속적' 영역 사이의 분리 원칙을 다소 성급하게 받아들이고 있다.

슈마허Schumacher, 암베드카Ambedkar, 술락 시바락사Sulak Sivaraksa 등은 후자의 관점으로 기울어져 더 비판적이었는데, 여기에는 협상할 수 없는 특정 불교 가치와 현대 글로벌 자본주의 사이에 근본적으로 양립할 수 없는 무언가가 있다. 그러나 여기에서도 강조하는 점이 빠르게 개인화되고 도덕화되고 있다. 즉 이러한 변화가 새로운 다른 경제 체제에서 나타날 것이라는 가정 하에 '불교경제학'은 주로 '연민', 또는 '자선'과 같은 내부 변화의 문제가 되고 있다.

이 장은 내가 앞으로 몇 년 동안 추구할 훨씬 더 큰 프로젝트의 서막으로 의도된 것이다. (나는 여왕을 공격하는 과정에서 너무 많은 졸을 희생하지 않기를 바랄 뿐이다!) 서두에서 언급했듯이, 나는 이것을 교차-문화 철학의 후원 아래 수행되는 협력적이고 비판적-건설적인 프로젝트로 구상한다. 위의 내용 중 많은 부분이 중요했다; 여기서

---

63)의 악명 높은 언급을 생각나게 한다. 선禪은 '직관적인 가르침이 방해받지 않는 한 거의 모든 철학과 도덕 교리에 적응하는 데 극도로 유연하다. … (따라서 선은) 아나키즘이나 파시즘, 공산주의나 민주주의, 무신론이나 이상주의, 또는 모든 정치적 또는 경제적 독단주의와 결합되어 발견될 수 있다.'

나는 '급진적' 불교경제학(또는 경제 윤리)의 가장 두드러진 출발점에 대한 개략적인 개요로 결론을 맺는다.

논제 1: 불교 윤리, 특히 불교 경제 윤리는 진보적이고 급진적인 이론을 진지하게 받아들여야 한다; 여기에는 (1) 정치와 경제를 '종교'에서 분리하려는 경향(개념과 실제로서)에 대한 깊은 성찰; 그리고 (2) 사회생활에서 '노동'의 위치와 중요성, 그리고 '고통의 해방'을 향한 길에 대한 더 큰 인식이 포함된다.

논제 2: 역사적, 철학적 유물론은, 특히 마르크스와 고전적 아나키스트 사상가들의 작업에서 발전했지만, 서구 및 아시아 사상 전통 모두에서 선례가 있으며 노동, 생산 및 공동체에 대한 불교의 윤리적 성찰을 위한 비옥한 땅을 제공한다.

논제 3: '규모'의 중요성에 대한 슈마허(고전 불교 사원 덕목에 뿌리를 둔)의 논제는 국가를 포함한 위계질서와 권력구조에 대해서, 유사한 아나키스트 비판과 마찬가지로 불교경제학에 매우 중요하다.

논제 4: 일본 일련종日蓮宗 불교 전통에서 발견되는 것과 같이, 자아와 사회의 상호 침투에 대한 대승불교의 성찰은 종종 신자유주의적 가정을 되풀이하고 강화하는 개인주의적 해방 개념을 넘어서는 데 큰 가치가 있다.

논제 5: 아비투스(Bourdieu)와 가정家庭(Schumacher, Berry)에 관련된 현대적 관념과 결합된 '예절'이라는 전통적인 아시아의 미덕은 진정으로 진보적이거나 급진적인 불교경제학의 공동체적 요소와 비판을 통합하는 데 도움이 된다.

이 장에서 전개된 일련의 비판과 함께, 나는 '자아', '공동체', '인간 본성'에 대한 불교적 개념의 내면을 깊숙이 파고들어 도전하는 '급진적' 관점이, 시장 혼란이 계속되고, 생태계 파괴가 만연한 21세기에서, 불교경제학을 재고하는 데 보다 효과적인 접근법이라고 제안한다. 불교는 후기 자본주의 문화의 역동성에 의해 야기된 자신, 타인, 자연 사이의 소외된 관계에 도전하는 중요한 사회적 힘이거나 어느 정도는 그럴 수 있다.

인용 문헌

Ambedkar, B. R. A. (2011) *The Buddha and his Dhamma: a critical edition*. New Delhi: Oxford University Press.

Aristotle (1984) Politics. In J. Barnes (ed.), *The complete works of Aristotle*, Volume 2. Sixth edition. Princeton: Princeton University Press, 1986-2129.

Bataille, G. (1988) *The accursed share: an essay on general economy*. New York: Zone Books.

Batchelor, S. (2001) The practice of generosity. In A. H. Badiner (ed.), *Mindfulness in the marketplace*. Berkeley: Parallax Press, 59-66.

Berry, W. (2001) *Life is a miracle: an essay against modern superstition*. Berkeley: Counterpoint Press.

Bunnag, J. (1973) *Buddhist monk, Buddhist layman: a study of urban monastic organization in central Thailand*. Cambridge: Cambridge University Press.

Collins, S. (2013) *Self and society: essays on Pali literature and social theory, 1988-2010*. Chiang Mai: Silkworm Books.

Crespo, R. (2009) Aristotle. In J. Peil and I. van Staveren (eds), *Handbook of economics and ethics*. Cheltenham, UK: Edward Elgar, 14-20.

Critchley, P. (1995) *Aristotle and the public good*. Available from: www.academia.edu/705315/Aristotle_and_the_Public_Good [accessed 25 February 2016].

Daniels, P. (2005) Economic systems and the Buddhist world view: the 21st-century nexus. *The journal of socio-economics*, 34, 245-268.

De Silva, P. (1975) The search for Buddhist economics. *Bodhi leaves*, 69. BPS online edition. Available from: www.bps.lk/olib/bl/bl069.pdf [accessed 15 January 2016].

Essen, J. (2009) Buddhist economics. In J. Peil and I. van Staveren (eds), *Handbook of economics and ethics*. Cheltenham, UK: Edward Elgar, 31-38.

Fenn, M. L. (1996) Two notions of poverty in the Pāli canon. *Journal of Buddhist ethics*, 3, 98-125.

Geras, N. (2016) *Marx and human nature: refutation of a legend*. London: Verso.

Graeber, D. (2004) *Fragments of an anarchist anthropology*. Chicago: Prickly Paradigm Press.

Harvey, P. (2000) *An introduction to Buddhist ethics*. London and New York: Oxford University Press.

Inoue S. (2001) A new economics to save the earth: a Buddhist perspective. In A. H. Badiner (ed.), *Mindfulness in the marketplace*. Berkeley: Parallax Press, 49-58.

Kołakowski, L. (2008) *Main currents of Marxism: the founders, the golden age, the breakdown*. 3 volumes. New York: W. W. Norton.

Little, D. (2001) Ethical analysis and wealth in Theravāda Buddhism: a response to Frank Reynolds. In: R. Sizemore and D. Swearer (eds), *Ethics, wealth and salvation: a study in Buddhist social ethics*. Columbia, SC: University of South Carolina Press, 77-86

Luxemburg, R. (2014) Introduction to political economy. In P. Hudis (ed.), *The complete works of Rosa Luxemburg*, Volume 1. London: Verso, 89-300.

Marx, K. (1993) *Marx's Capital, a student edition*. Edited by C. J. Arthur. London:

Lawrence and Wishart.

Mauss, M. (2000) *The gift: the form and reason for exchange in archaic societies*. New York: W. W. Norton.

Navarro, Z. (2006) In search of cultural interpretation of power. *IDS bulletin*, 37 (6), 11-22.

Nussbaum, M. (2000) *Women and human development: the capabilities approach*. Cambridge: Cambridge University Press. 430 James Mark Shields

Payutto, P. A. (1992) *Buddhist economics: a middle way for the marketplace*. Bangkok: Buddhadhamma Foundation.

Payutto, P. A. (2001) Buddhist perspectives on economic concepts. In: A. H. Badiner (ed.), *Mindfulness in the marketplace*. Berkeley: Parallax Press, 77-92.

Pryor, F. L. (1990) A Buddhist economic system in principle. *American journal of economics & sociology*, 49 (3), 339-351.

Pryor, F. L. (1991) A Buddhist economic system in practice. *American journal of economics & sociology*, 50 (1), 17-33.

Pryor, F. L. (2001) Buddhist economic systems. In A. H. Badiner (ed.), *Mindfulness in the marketplace*. Berkeley: Parallax Press, 155-160.

Rājavaramuni, P. [P. A. Payutto] (1990) Foundations of Buddhist social ethics. In: R. Sizemore and D. Swearer (eds), *Ethics, wealth and salvation: a study in Buddhist social ethics*. Columbia, SC: University of South Carolina Press, 29-53.

Reynolds, F. E. (1990) Ethics and wealth in Theravāda Buddhism: a study in comparative religious ethics. In: R. Sizemore and D. Swearer (eds), *Ethics, wealth and salvation: a study in Buddhist social ethics*. Columbia, SC: University of South Carolina Press, 59-66.

Robeyns, I. (2009) Capability approach. In: J. Peil and I. van Staveren (eds), *Handbook of economics and ethics*. Cheltenham, UK: Edward Elgar, 39-46.

Roszak, T. (1973). Introduction to: E. F. Schumacher, Small is beautiful: economics as if people mattered. New York: Harper & Row, 1-9.

Schumacher, E. F. (1973) *Small is beautiful: economics as if people mattered*. New York: Harper & Row.

Sen, A. (1985) *Commodities and capabilities*. Amsterdam: North Holland Press.

Schopen, G. (2004) *Buddhist monks and business matters: still more papers on monastic Buddhism in India*. Honolulu: University of Hawai'i Press.

Seno'o G. (1975) Shinkō bukkyō e no tenshin (Converting to revitalized Buddhism). *Shinkō bukkyō no hata no shita ni*, 1. Reprinted in: Seno'o Girō shūkyō ronshū (The religious thought of Seno'o Girō). Tokyo: Daizō shuppan, 260-301.

Shields, J. M. (2011) *Critical Buddhism: engaging with modern Japanese Buddhist thought*. Richmond, UK: Ashgate Press.

Shields, J. M. (2013) Rethinking Buddhist materialism. *Journal of Buddhist ethics*, 20, 461-499.

Shields, J. M. (2016) Opium eaters: Buddhism as revolutionary politics. In: H. Kawanami (ed.), *Buddhism and the political process*. London: Palgrave Macmillan, 213-234.

Shields, J. M. (2017) *Against harmony: progressive and radical Buddhism in modern Japan*. Oxford: Oxford University Press.

Sivaraksa, S. (2001) Alternatives to consumerism. In: A. H. Badiner (ed.), *Mindfulness in the marketplace*. Berkeley: Parallax Press, 135-142.

Stewart, M. (2014) *Nature's god: the heretical origins of the American republic*. London: Norton.

Suzuki, D. T. (1959) *Zen and Japanese culture*. London: Routledge.

Sizemore, R F., and Swearer, D. K. (eds) (1990) *Ethics, wealth and salvation: a study in Buddhist social ethics*. Columbia, SC: University of South Carolina Press.

Tachibana S. (1992) *Ethics of Buddhism*. Richmond, UK: Curzon Press.

Tambiah, S. J. (1976) *World conqueror and world renouncer: a study of*

Buddhism in Thailand against a historical background. Cambridge: Cambridge University Press.

Weber, M. (2010) *The Protestant ethic and the spirit of capitalism*. Revised 1920 edition. Oxford: Oxford University Press. Buddhist Economics: Problems and Possibilities 431

Zadek, S. (1997) Towards a progressive Buddhist economics? Another view. In: J. Watts, A. Senauke, and S. Bhikku (eds), *Entering the realm of reality: towards dhammic societies*. Bangkok: INEB, 241-273.

추천 도서

Alexandrin, G. (1993) Elements of Buddhist economics. *International journal of social economics*, 20 (2), 3-11.

Daniels, P. (2005) Economic systems and the Buddhist world view: the 21st-century nexus. *The journal of socio-economics*, 34, 245-268.

Payutto, P. A. (1992) *Buddhist economics: a middle way for the marketplace*. Bangkok: Buddhadhamma Foundation.

Pryor, F. L. (1990) A Buddhist economic system in principle. *American journal of economics & sociology*, 49 (3), 339-351.

Pryor, F. (1991) A Buddhist economic system in practice. *American journal of economics & sociology*, 50 (1), 17-33.

Schumacher, E. F. (1973) *Small is beautiful: economics as if people mattered*. New York: Harper & Row.

Zadek, S. (1993) The practice of Buddhist economics? Another view. *American journal of economics & sociology*, 52 (4), 433-445

제21장 불교 환경윤리

창발적, 맥락적 접근

스테파니 카자 Stephanie Kaza

서론

인간-환경 시스템에 대한 전 세계적인 압력은 인류 역사상 그 어느 때보다도 높아져 여러 방면에서 광범위한 윤리적 참여를 불러일으키고 있다. 인구와 소비가 급증하고, 생물다양성이 급감하고, 인종, 계층, 성별에 따른 불평등이 증가하면서, 환경 문제의 범위는 점점 더 복잡해져서 단독 해결 수준을 넘어섰다. 압력이 가중됨에 따라 세계 종교 및 정치 지도자들의 도덕적 대응을 촉구하는 시민의 목소리가 더욱 다급해졌다. 온실가스의 증가 수준은 잠재적으로 모든 곳의 사람들과 모든 생물에게 파괴적인 결과를 초래하는 거대한 체계적인 기후 변화를 일으킬 것으로 예상된다. 고통, 슬픔, 불안, 그리고 임박한 상실감이 우주에서 인간의 행로를 바로잡으려는 높은 동기 부여와 함께 전 세계를 탐색하는 많은 윤리적 영혼을 자극하고 있다.

불교 철학과 종교적 가르침에는 인간-환경 관계에 관한 풍부한 가르침과 도덕적 지침이 포함되어 있어, 윤리적 대응을 위한 유망한 방법을 제공한다. 초기불교 환경윤리는 신도들에게 깨끗한 물과 신성한 나무를 보호하고 피해를 최소화하는 음식(예: 채식)을 선택하라고 촉구했다. 본생담(Jātaka) 및 기타 텍스트는 잔인함을 최소화하고 동물의 고통을 인정함으로써 동물에 대한 연민을 요구한다. 동아시아 선불교 출전은 중생과 생태계를 통한 에너지의 역동적인 흐름을 강조하고, 자연과의 미학적 조화를 지지한다. 일부 서구 사상가들은 불교가 세계의 종교 중 가장 친환경적이라고 주장해왔다. 다른 사람들은 이 주장에 대해, 환경 문제에 관한 종교적 참여에 대한 최근 관심의 물결에 지나치게 영향을 받았다고 이의를 제기했다. 윤리, 관행 및 현안에 대한 고전 불교 문헌과 주석으로 이루어진 다수의 선집이 불교 환경윤리의 토대를 마련했다.(Callicott and Ames 1989; Hunt-Badiner 1990 and 2002; Batchelor and Brown 1992; Chapple 1993; Tucker; and Williams 1997, Kaza and Kraft 2000)

이러한 담론은 학문적 불교 연구 내에서 모두 비교적 새로운 것이며, 종교 및 생태학의 학문 분야에서도 새로운 것이다. 토대를 마련하기 위해, 나는 가장 잘 알려진 사상가들과 그들이 불교의 렌즈를 통해 지금까지 관여한 문제를 인정하는 것으로 시작한다. 환경 문제 가운데, 세계 경제 발전은 인구 증가와 만연한 소비주의로 인해 지구 생태계에 막대한 피해를 주고 있다. 불교학자 리타 그로쓰Rita Gross(1998)는 많은 나라에서 높은 인구 비율을 초래하는 출산-촉진론자 문화 및 종교적 태도를 폭로하려고 불교적 분석을 이용했고, 이것이 불교 철학에서 뒷받침되지 않는다고 지적했다. 로이Loy(2008)는 탐욕, 분노, 망상의 세계적 원동력의 맥락에서, 삼독三毒을 조사하여 소비주의가 거의 모든 현대 문화에 어떻게 해로운 수준까지 침투했는지 보여준다. 시바락사Sivaraksa(2001)는 참여불교국제네트워크와의 작업을 통해, 개발 및 환경 비용과 관련된 만연한 빈곤과 불평등을 거론했다. 그리고 나는 탐욕, 욕망, 소비의 순환이 연기緣起의 강력한 고리를 통해 어떻게 구동되는지 탐구했다. 과소비를 줄이기 위한 다양한 불교적 접근은 나의 책 'Hooked(탐닉)'에서 다루어지고 있다.(Kaza 2005b)

서구 불교도들은 식품 윤리에 큰 관심을 보여왔고, 종종 이것을 환경적인 선택으로 간주한다. 오리건의 선 지도법사 얀 초젠 배이즈Jan Chozen Bays(2009)는 환경에 대한 인식을 포함하는 먹을 것에 대한 마음챙김 접근법을 개발했고, 베트남의 틱낫한Thich Nhat Hanh(2008) 선사는 인간, 지구의 건강, 그리고 웰빙의 공존에 대한 이해를 끌어내기 위해 '음식 인식'을 사용했다. 나는 이전 작품에서, 윤리적 인식을 뒷받침하는 채식주의와 식습관에 대한 불교적 동기를 검토했다.(Kaza 2005a) 식량 부족과 대량 기아 문제를 해결하기 위해, 비구 보디Bhikkhu Bodhi의 글로벌 구호 단체는 많은 곳에서 적절한 영양 섭취의 필요성을 해결하기 위한 자비롭고 체계적인 접근 방식을 제공한다.

지속 가능성의 열쇠로서의 웰빙과 회복력의 개념은, 개인적, 사회적 만족이라는 불교적 목표를 기반으로 하는 작은 불교 국가인 부탄의 국민총행복 프로그램으로 광범위하게 다루어져 왔다. 병원, 교도소,

학교와 같은 다양한 환경에서 걱정, 공격성, 고통, 그리고 불안을 줄이는 데 뚜렷한 성공을 거둔 서구에서의 마음챙김 운동에 의해서도 유사한 목표가 추진된다. 지금까지 이러한 훈련은 환경적 맥락에 최소한으로 적용되었지만, 홍수, 폭염, 가뭄과 같은 미래의 환경 재해에 효과적인 것으로 판명될 수 있다. 기후 지속 가능성은 농업, 에너지 선택, 건강 및 생물다양성에 중대한 영향을 미치는 현대의 가장 큰 도전 과제이다. 스탠리Stanley 등은 불교 지도자들이 지구 기후 행동에 대한 윤리적 요청에 참여할 것을 촉구했다.(2009) 불교평화우의회(Buddhist Peace Fellowship)는 온라인 세미나 및 활동가 훈련을 통해 환경 정의와 교차성[1]에 관한 문제를 제기해 왔다.

불교 환경윤리는 이러한 문제와 기타 환경 문제를 개인 및 조직 차원에서 해결하는 데 도움이 될 수 있으며, 글로벌 윤리 담론에 사려 깊고 절실히 필요한 도움을 제공한다. 지금까지의 저술 대부분은 도덕적 행동에 대한 세 가지 유형의 지침을 강조하는 윤리에 대한 서구식 접근 방식에 기반을 두고 있다: (1) 덕 윤리, (2) 결과주의 또는 공리주의적 윤리, (3) 의무론적 윤리. 서구 환경윤리학자들은 이러한 접근 방식을 사용하여 환경 범죄의 복잡한 측면을 다루기 위해 상당한 문헌을 구축했다. 전통주의 윤리학자들은 심층 생태학, 생태 페미니즘, 사회 생태학, 환경 정의 분야의 급진적인 환경 철학자들로부터 개인의 책임을 넘어 환경 행동을 구체화하는 체제 동인動因에 참여하도록 도전을 받아왔다. 그들은 오늘날 지구의 위기가 파괴적

---

[1] 역주: 신분, 인종, 성별, 장애 등의 차별 유형들이 별개로 존재하는 것이 아니라 서로 결합하여 영향을 미치는 것.

인 행동을 강화하는 복잡한 경제적, 정치적, 생물학적, 사회학적, 문화적 맥락을 반영한다고 주장한다. 불교학자들은 환경 문제에 대한 덕 윤리 지향을 뒷받침하는 많은 작업과 함께, 일반적으로 불교 환경윤리의 잠재적 틀에 대한 탐구를 위해 세 가지 전통적인 서구식 틀을 그려왔다. 그들은 윤리적으로 성찰하는 불교 수행자가 겸손, 검소, 무해, 자비와 같은 불교의 미덕을 개인적으로 함양함으로써 지구에 해를 덜 끼치게 될 것이라고 시사한다. 다른 이들은 업보의 법칙을 신중한 선택을 위한 강력한 도덕적 동기로 지적하면서 결과주의적 지향성을 주장했다.

이 장에서, 나는 지금까지의 불교 환경윤리 연구를 검토하고, 환경에 관한 불교도의 개인적 윤리를 보완하기 위한 불교의 사회적 윤리의 역할을 제안한다. 나는 서구의 급진적 환경 철학자, 체제 사상가, 불교학자와 활동가로부터 정보를 얻은 구성주의적 접근 방식을 취한다. '좋은 삶'이라는 덕 윤리의 이상은 환경 선택의 일부 맥락에서 엘리트주의자로 보일 수 있는 특권적 위치를 반영한다는 것이 내 생각이다. 대신, 나는 맥락적이고 대응적이며 창발적인 불교 환경윤리를 주장한다. 그러한 윤리는 특정 지리적, 문화적 맥락을 반영하고, 윤리적 딜레마가 발생하면 이에 대응하며, 기존 조건에서 나오는 해결책을 수용할 것이다. 나는 이것이 다양한 계통, 생물지리학, 문화적 규범에서 오는 문화 종교적 차이를 넘어 불교도들을 참여시킬 수 있는 가장 좋은 기회를 제공한다고 믿는다. 또한 다른 신앙 전통, 학문적 또는 시민적 관점에서 대화하는 파트너와 가장 광범위한 만남의 장소를 제공한다. 불교 환경윤리를 위한 원칙을 개발하는 것은,

이미 가해진 모든 피해에도 불구하고, 사려 깊은 방식으로 전진하려는 전 세계적인 노력의 영예로운 한 부분이 될 수 있다.

환경윤리에 대한 불교적 접근

불교 환경윤리에 관한 문헌은 비교적 최근의 학문적 분야의 발전에 있어서 광범위하고 탐구적이다. 아이브즈Ives(2013)는 환경과 인간-자연 관계에 관한 철학적 주장에서 자주 고려되는 주요 주제의 예비 구조를 제공한다. 이것은 이러한 주장을 다룰 수 있는 관련 불교 텍스트 자원과 개념에 대한 그의 평가를 위한 토대를 제공한다. 나는 여기서 이 논의의 범위를 확인하고, 불교 환경윤리의 미래 학술 연구를 위한 잠재적인 발판을 마련하기 위해 그것들을 요약한다. 그것들은 다음과 같다:

1. 인간의 본성.
2. 실재의 본성.
3. 우리는 실재를 어떻게 보고/알아야 하나.
4. 비-인적 관계를 소중히 여기는 방법.
5. 의사 결정과 실행을 위한 원칙과 지침.

불교 문헌은 인간의 본성을 (모든 사물과 마찬가지로) 무상하고, 고통으로 특징지으며(무상함으로 나타나는 육체적, 정신적, 정서적 딜레마로 인해), 식별할 수 있는 개별적 자아가 없다고 설명한다. 개인의 자율적 자아에 대한 관념을 부풀리거나, 확고히 하거나, 집착하려는 노력은 근본적인 망상을 강화한다. 불교 세계관에서 소위 '자아'는 끊임없이 변화하는 요소(오온五蘊)로 이루어져 있어, 영구 정체성의 가능성을 약화하고 부인한다. 자아는 감각, 인식, 느낌, 생각, 의식의 끝없는 흐름이 통과하는 침투 가능한 경계를 가진 느슨한 용기에 가깝다. 이러한 역동적인 자아관은, 광대한 우주에서 무한한 형태와 표현을 통한 활동적인 존재의 역동적인 흐름, 즉 기氣에 대한 중국인들의 이해와 잘 맞는다. 불교의 관점에서 자율적 자아의 실존 주장은 심각한 결함이 있으며, 경험적으로나 철학적으로 정당화될 수 없다. 인간의 참 본성에 대한 오해(이 불교적 관점에서)는, 환경적으로 근시안적이고 매우 해로운 것처럼 보이는 이 시대의 많은 행동과 태도를 설명할 수 있다. 현대 산업 사회는 높은 소비율로 잘 알려져 있으며, 그 대부분은 자기 정체성과 자기 확인에 중점을 두고 있다. 몇 가지 예를 들자면, 자동차, 의류, 제과 등의 대규모 글로벌 생산은 엄청난 환경 자원을 필요로 하고, 잘못된 목표를 끊임없이 추구하면서 막대한 낭비를 초래한다. 화석 연료 기반 개인 운송에 대한 선호는, 이미 과부하된 대기에 엄청난 탄소 오염과 기후 변화를 초래한다.

이러한 불교적 자아관은, 실재를 무한히 복잡한 일련의 행위자, 그리고 그 과정으로 보는 관점에 반영되며, 그중 어느 것도 영구적이거나 자율적 자아로 식별할 수 없다. 불교사상에 따르면, 이러한 과정의 본질에는 두 가지 기본 법칙이 깔려 있다. 첫 번째는 모든 현상의 상호 의존, 즉 연기 또는 공동 발생의 법칙으로, 모든 존재와 사건이 여러 요인, 원인 및 조건에 의해 공동 결정되고, 공동 생성되고,

공동 생산된다는 이해이다. 이러한 관점은 상호의존성에 대한 생태학적 견해와 잘 일치하지만, 물리적, 생물학적 작인作因과 상호 작용을 넘어 사상, 이념, 감정, 문화, 그리고 정신적 무형 에너지 역할을 포함한다. 두 번째 법칙은 업의 법칙, 즉 행위에서 생기는 결과이다. 이 법칙은 단일 행위로 인한 파생 효과의 합계를 설명하고, 여러 이전 행위의 관점에서 단일 행위의 기원을 이해한다. 이 두 가지 법칙은 자연에 대한 환원주의적 관점에서든 산업적 발췌에서든, 환경의 영향 범위를 이해할 수 있는 자연스럽고 체계적인 방법을 쉽게 제공하기 때문에, 현대 불교 환경 사상의 핵심이었다. 인드라의 그물 망인 연기의 그물은 중국 화엄종華嚴宗의 대승 가르침에서 강조되고 있으며, 무엇보다도 틱낫한 스님과 조애너 메이시Joanna Macy 등의 환경 논평에서 강조된다. 크래프트Kraft는 결과의 법칙은 인간과 그밖의 다른 영향에서 비롯되는 환경적 결과의 범주, '생태 업보'를 포함할 수 있다고 제안했다.(1997: 277) 이러한 생태 업보는 개인, 또는 나라나 국가와 같은 집단적 실체에 의해 발생할 수 있다.

아는 것의 본질, 즉 인간이 자신의 세계를 이해하는 방식을 어떻게 구성하는가는 불교 철학과 심리학에서 깊이 연구되었다. 이러한 과정은 불교 환경윤리와 관련이 있는데, 인간이 '자연'(또는 생물-지구물리학적 세계)을 어떻게 아는가는 인간이 '자연'에 대해 어떻게 행동하는지에 영향을 미치기 때문이다. 앎에는 과학적 가설 테스트에서 경험적 감각 입력, 에너지 분야 정렬에 이르기까지 광범위한 형식이 포함될 수 있다. 불교에서의 다중 인과적 복잡성에 대한 강조는, 단일 접근 방식을 고집하지 않으면서 많은 실체 구성 형식을 위한 여지를 허용한다. 윤리적 선택과 관련하여, 사성제四聖諦 가르침에 제시된 팔정도八正道에서는, '바른 견해(正見)'를 '바른 행위(正業)'의 핵심 전제조건으로 간주하며, '바른 견해'는 윤리적으로 적절한 환경 행위를 결정하는 데 도움을 준다. 바른 견해는 연기와 업보의 법칙, 즉 행위자와 행위에 대한 체계적이고 상호 공동-창조적 이해를 의미한다. 이러한 관점은 현대 산업 시대에 흔히 볼 수 있는 근시안적인 환경 행위에 대한 강력한 해독제가 될 수 있다. 바른 견해는 개인 이동을 위한 화석연료 의존, 상품 운송, 플라스틱 생산 등과 같은 행위의 장단기 결과에 대한 면밀한 성찰을 요구한다. 바른 견해를 가지고 수행하는 것은, 어떤 형식의 지식도 끌어낼 수 있다. 환경 문제에 관여하는 사람들은 창의적이고 윤리적으로 도움이 되는 방식의 지식 범위를 적극적으로 확장했다.

환경윤리와 관련된 상호의존적 공존의 중요한 부분 집합은 비인간 또는 '인간이 아닌 다른 존재'와의 관계 영역이다.(Abram 1997) 지금까지 서구에서는 동물 복지 정책과 동물의 권리문제를 위해 개발된 도덕적 원칙을 통해 동물, 특히 척추동물과의 관계에 중점을 두었다. 나무와 식물, 무척추동물, 균류, 단세포 유기체는 관심을 훨씬 덜 받았다. 산과 강과 같은 비-종족 실체는 종종 특정 문화에 신성시되는 경우에만 윤리적 관심을 받을 가치가 있었다. 동물에 대한 불교의 태도는 역사적 시기, 사회 문화, 음식 관행, 경제 지리학, 특정 불교 종파의 사상에 걸쳐 광범위하게 나타났다.(이 책의 31장에서 윌도 Waldau가 다루었다) 식물에 대한 태도, 특히 식물의 지각 정도는 불교 종파 간의 논쟁거리이다. 문화적 규범은 이러한 점에서 다양하지만,

불교 철학의 기초는 광범위한 주제에 도덕적 지위를 부여할 여지를 허용한다.

두 가지 접근 방식은 식물, 미생물 및 생물 지역 관계뿐만 아니라 동물 관계에 대한 윤리적 차원을 탐구하는 데 광범위하게 적용될 수 있다. 이것은 자비로운 행위와 숙련된 방편이다. 자비로운 행위는 독립된 자아가 아닌 연기의 법칙을 이해하는 '바른 견해'에 뿌리를 두고 있으며, '타자'를 관련 있는 것으로 보고, 심지어는 공동 발생 조건 분야의 일부로 보도록 이끈다. 이로부터 타자(모든 규모, 그리고 다양한)를 친절한 배려로써 고통을 덜어 주고자 하는 열망으로 대하는 윤리적 지침이 도출된다. 여기에는 개간 벌채에서부터 독성 오염에 이르기까지 다양한 환경적 고통이 포함된다. 숙련된 방편의 가르침은 사용 가능하고 효과적인 모든 도구를 사용하여 고통을 완화하기 위한 폭넓고 사려 깊고 창의적인 접근법을 장려한다.

마지막으로, 환경윤리는 결정을 내리고 행동을 취하기 위한 구체적인 원칙과 지침을 포함해야 한다. 불교 환경윤리는 승려와 재가 신자의 서원, 즉 기본 계율에서 확인된 것과 같은 도덕적 행위에 대한 불교의 토대에 의지할 것이다. 틱낫한(2008), 루리Loori(1999), 아이켄Aiken(1984) 등은 불살생不殺生, 불투도不偸盜, 불망어不妄語, 친밀한 관계를 남용하지 않기, 마음을 바꿀 수 있는 물질을 주거나 받지 않기의 5계에 대한 환경적 맥락을 고려했다. 각 지침은 개인에게 해악을 끼치는 것에서부터 사회생태계에 해악을 끼치는 것까지의 모든 수준에서, 학대 행위에 대해서 고려할 기회를 제공한다. 잠재적으로 이러한 지침은 생태학적으로 긍정적인 여러 미덕과 관행으로 보완된다. 아이브즈Ives(2013)와 케이온Keown(2005)은 다음을 지적한다: (1) 자애, 연민, 동정적 기쁨, 평정의 사무량심四無量心[2]; (2) 일상생활에서 자족, 겸손, 무욕, 무-탐욕; (3) 마음챙김과 환경 관계에 대한 반응성을 함양하는 숙련된 방편. 제임스James(2004)와 사니Sahni(2007)는 깨달음의 길로서 불교적 덕목으로서의 환경윤리를 주장하면서 덕행의 자연적 결과로서 통찰, 자각, 각성을 강조한다. 따라서 깨달음을 얻은 불교도는 덕을 행함으로써 자연스럽게 환경적으로 '바른 행위(正業)'를 하게 된다.

학문적 접근의 범위

전반적으로 불교 환경 사상 분야는 매우 최근의 것이며, 학문적으로는 매리 에블린 터커Mary Evelyn Tucker와 존 그림John Grim이 조직한 1996년 '하버드 불교와 생태학회'로 거슬러 올라갈 수 있다. 이것은 종교와 생태학에 관한 학문적 대화를 확립하고 합법화하는 데 도움이 된 일련의 12개 학회 중 첫 번째 학회였다. 학회의 탐구 논문에는 불교학자뿐만 아니라 승려, 교사, 활동가, 재가 신도들의 성찰이 포함되었다.(Tucker and Williams 1997) 그 당시 환경윤리에 대한 접근 방식은 다른 종교적 관점에 대응하여 관련 불교 원칙의 각종 모음을 활용했으며, 상좌부불교, 선불교, 티베트 불교의 최고의 제안을 강조했다. 지난 20년 동안 진지한 비평과 심도 있는 철학적 입장은 불교

---

[2] 역주: Brahmaviharas, 자무량심慈無量心, 비무량심悲無量心, 희무량심喜無量心, 사무량심捨無量心.

환경윤리에 대한 보다 사려 깊은 기반을 구축하며 탐구의 영역을 넓혔다.

예를 들어, 영국의 상좌부불교 학자인 이안 해리스Ian Harris는 초기 팔리어 가르침을 면밀히 살펴보고, 불교를 친환경 종교로 설정하는 여러 주장에 이의를 제기했다.(Harris 2002) 그는 낮은 환생 영역을 나타내는 것으로 이해되는 동물들은, 그 때문에 전생에서의 인간의 결점이나 불행한 행위의 징표이기도 하는 동물들과 인간의 관계가 문제가 있다고 지적한다. 그는 본생담이 비록 자비에 대한 가르침을 제공하지만, 반드시 인간의 문화 안에서 동물의 지위에 대해 진술하지는 않는다고 주장한다. 해리스는 또한 조애너 메이시와 다른 불교 환경학자(예: Barnhill 2001)가 불교사상의 모든 전통과 종파에서 공유되지 않는 강조점인 보석으로 장식된 인드라 그물에 대한 화엄 은유에 지나치게 의존한 점에 이의를 제기한다. 초기불교 경전에 대한 철저한 검토를 바탕으로, 그는 불교사상에는 환경윤리에 대한 근거가 없다고 이론의 여지없이 결론을 내린 슈미트하우쎈Schmithausen(1991)을 지지한다.

선불교 학자이자 수행자인 데이비드 로이David Loy는 독립되었다는 자아의 망상에 대한 불교의 통찰과 이 잘못된 오해에서 발생하는 모든 이원론을 긴밀히 연구하고 있다. 그는 이것을 자원 추출, 오염 및 소비주의와 같은 환경 문제를 포함한 거의 모든 인간 행동을 주도하는 '부족감' 또는 불만감으로써 나타낸다.(2008) 그는 (자연에서와 같이) 타자와 분리되었다는 자아에 대한 근본적인 망상이 불교적 이해의 길을 통해서 해탈을 요구하는 고통이라고 주장한다. 로이는 환경적 측면에서 오계의 불살생을 해석하는 데 있어서 이 핵심 주제를 구축하여 환경 피해를 유발하는 체제 동인에 대한 사회적 비판에 이 계율을 적용하는 선구적인 작업을 수행했다.

로이의 연구는 조애너 메이시가 불교 철학과 체제 사고의 원리를 비교한 것(1991)과 일치가 잘된다. 시스템에 대한 메이시의 학문적 이해는 시간과 공간에 걸친 연기의 복잡성을 강조하는 그녀의 환경 문제에 대한 분석의 핵심이다. 그녀의 활동가 훈련은 대승적 주제와 세계관을 바탕으로 폭넓은 참여 맥락을 제공한다. 그녀는 환경 운동가들이 쇠약해지는 감정을 효과적인 동기로 전환하도록 돕기 위해 불교 심리학과 긴밀히 협력한다. 불교 환경윤리에 대한 메이시의 지향은 실용적이며(숙련된 방편을 사용), 끊임없는 도전을 통해 '생태 보살'을 유지하기 위해 인식 훈련을 사용하여 적용(종종 특정 문제)된다. 그녀는 자연에 의해 조건화되고 자연과 함께 창조된 자아에 대한 역동적인 이해, 즉 '자아의 녹색화'를 생성하는 통찰력을 강화한다. 그녀의 작업은 화석 연료 의존에서 벗어나기 위해 급진적인 체제 변화를 수행하는 기후 행동 그룹에 특히 도움이 되었다.

몇몇 불교학자들은 불교가 개인의 덕을 함양하는 데 기반을 둔 환경윤리를 뒷받침하는 데 가장 적합하다고 주장해왔다. 대미언 케이온Damien Keown은 자신의 주장을 성적 특질과 낙태와 같은 유사 영역을 가진 철학적 사고의 맥락에 두었다.(2005) 사이먼 제임스Simon James는 특히 신불교 내에서 이와 같은 접근 방식을 연구하며, 깨달음으로 가는 길이 개인 윤리에 기반을 둔 방법을 보여준다.(2004) 그는 환경에 관심이 있는 사람은 검소함, 평정, 무해와 같은 윤리적 관행을 반영하는 행위를 선택할 것이라고 주장한다. 프라가티 사니Pragati Sahni(2007)는 팔리어 텍스트, 특히 본생담에서 환경 덕목을 취하여, 초기 가르침에서 불교 환경윤리의 토대를 마련한다.(2007)

여기에서 언급할 두 가지 다른 접근 방식은 불교사상에만 국한된 것이 아니고, 일반적인 환경윤리에 관련이 있는 것 같다. 철학자 앤서니 웨스턴Anthony Weston은 모든 환경윤리는 완전히 형성되기에는 먼 거리에 있는 여전히 진화하는 창발적 윤리라고 강력하게 주장한다.(1999) 그는 환경적 사고를, 서구와 아시아의 철학 전통뿐만 아니라 그들의 문화가 있는 땅과의 친밀한 관계를 통해 진화한 토착 윤리 모두보다 상대적으로 매우 짧은 기간으로 배치한다. 그는 여전히 떠오르는 이 담론에서 엄격하게 검증된 주장보다 탐색적 방향이 더 적절하다고 제안한다. 이것은 오늘날 급변하는 환경 가치의 맥락에서 나에게 더 개방적이고 생산적인 것처럼 보인다. 이런 종류의 담론의 한 예는 환경에 대해 '왜 우리가 관심을 가져야 하는가'에 대한 논쟁 위에 세워진 관점의 집합인 '윤리적 고지(Moral Ground이다)'이다. 이 책에서 편집자인 무어K. D. Moore와 마이클 Michael P. Nelson은 14가지 이유를 중심으로 구성된 다수의 목소리를 포함시키고 있다: 우리의 아이들을 위해서, 지구 자체를 위해서, 모든 생명체를 위해서, 우리가 세상을 사랑하기 때문에 등등.(2010) 논평의 총합은 많은 사려 깊은 성찰을 열어주고, 어떤 하나의 관점이 단독으로 제공할 수 있는 것보다 더 넓은 시야를 제공한다. 같은 방향의 불교 서적은 모든 중생의 불성과 깨달은, 인간-자연 관계에 대한 사회적 필요성에 근거한 논쟁을 전개할 수 있다.

긴장의 영역

연구 분야로서의 환경윤리는 일반적으로 환경 미덕을 구현하면서 환경 피해를 줄이고, 자연과 조화를 이루며 만족스러운 삶의 질을 누리기 위해 인간이 어떻게 최선으로 행동해야 하는지, 즉 개인의 윤리적 책임에 초점을 둔 주장과 철학을 구축해 왔다. 이는 종교적 원리이든 아니면 철학적 원리에 기반을 두었든지, 윤리 체계 대부분의 지배적인 접근 방식을 따른 것이며, 지금까지의 불교 환경윤리에도 어느 정도는 사실이다. 나는 사회윤리가 환경 문제와 관련하여 동등하고, 아마도 더 중요하다고 주장한다. 왜냐하면 거의 모든 환경 문제는 여러 가지 통치, 지리적, 문화적 단위에 걸쳐 체제적인 수준에서 다루어져야 하기 때문이다. 재활용과 에너지 사용 절감 같은 개인적 행위는 개인에게 고결한 만족감을 줄 수 있지만, 결국 환경 건강과 안정성에 미미한 기여를 할 뿐이다. 개인적 행위의 총합이 광범위한 사회 변화를 낳는다는 주장이 제기되어 왔지만, 이는 부분적으로만 맞는 얘기다. 생물다양성 상실, 수질 및 대기 오염, 서식지 파괴, 탄소 배출량 증가와 같은 지구의 생명 체계를 위협하는 가장 큰 위기는 개인의 윤리적 선택으로 해결할 수 없다. 이러한 것들은 정책과 규제, 계획과 구역 설정, 모범 사례 협약, 조화로운 글로벌 변화를 알릴 수 있는 사회윤리가 필요하다.

선불교 학자인 토마스 카술리스Thomas Kasulis는 불교와 같은 동양 사상 전통이 윤리에 대한 사회적 기반 접근에 매우 적합하다고 시사한다.(2006) 그는 규칙과 원칙에 대한 책임에 기초한 서양 윤리와 상황

대응(인지적, 정서적 모두)에 기초한 동양 윤리를 대조한다. 서구적 사고는 당사자 간의 관계가 관계적 상호작용을 통해 구축되어야 하며, 윤리적 지침이 이러한 관계를 구축하는 데 도움이 될 수 있다고 설정한다. 동양적 사고는 이미 존재하는 상호의존 관계를 강조하여 남을 위해 행동하는 것이 자신을 위해 행동한다는 인식을 생성한다.(2006) 반응 윤리는 상황에 따라 발생하며, 이미 자신과 관련된 타자에게 반응하려는 욕구로 인해 인도된다. 이러한 원칙에 기초한 윤리적 작업은 사회적으로 참여하는 불교 운동의 기본이다. 불교평화우의회(Buddhist Peace Fellowship), 참여불교국제네트워크(International Network of Engaged Buddhists), 불교 지구촌 구제회(Buddhish Global Relief)와 같은 단체들은 특정한 문화적, 정치적 상황에서 체제적인 불의, 빈곤, 특권을 다루기 위해 자신과 타자의 상호 의존에 기반한 관계적 불교 사회윤리를 촉진한다.

지난 세기에 걸쳐 환경 문제는, 아마도 지구 기후 변화에서 가장 잘 보여주듯이, 더 복잡하고 다양한 인과관계를 가지게 되었다. 날씨의 불규칙성, 그리고 재난과 함께 인구와 소비 압력은, 윤리적 지침이 잘 고려되지 않거나 문화적 규범으로 명확하게 강화되지 않을 수 있는 불확실한 세상을 만든다. 복음주의적 환경주의는 우선순위와 의사소통 방식에 있어 계급의 차이를 드러내는 자체적인 반발을 불러일으켰다. 환경윤리에 대한 불교의 공헌은 계속 증가하는 도덕적 딜레마에 대해 빠르게 진화하는 대응의 작은 부분일 수 있다. 여기서 나는 전개되고 있는 것의 역동적인 특성에서 영감을 받은 다양한 윤리적 반응을 주장한다. 기후 철학자 데일 제이미슨Dale Jamieson은

'우리는 어떤 결정적인 해결책에 대한 프로메테우스Prometheus[3]적 꿈을 버리고, 대신 새로운 세계에 초점이 맞춰지는 동안 일시적인 승리와 지역적 해결책이라는 지저분한 세계에 참여해야 할 것이다'라고 썼다.(2014: 10) 불교 환경윤리는 당면한 상황에 대한 직접적인 반응, 즉 이러한 창조적 공동 발생 그 자체에 기반을 두는 것이 가장 좋을 것이다.

환경 문제 해결에서 가장 큰 긴장 요인 중 하나는 직업 대 환경, 단기 대 장기, 농촌 대 도시, 보호 대 유지 등과 같은 대립의 틀을 강화하는 서구의 이원론적 사고 습관이다. 이 중 가장 기본적인 것은 '인간' 대 '자연'인데, 즉 인간이 자연계 위에 있고, 떨어져 있고, 분리되어 있으며, 자연을 '타자'로 간주하는 견해이다. (이러한 이원론에 대한 광범위한 문헌이 존재하며, 특히 환경 페미니스트 철학자들에 의해 잘 개발되었다.) 불교의 관점은 이원론적 사고의 지나친 단순화에 도전하고, 환경 문제의 모든 측면에 걸쳐 업과 상호의존적 체계 관점을 지지한다. 이것은 특히 대화가 막히거나 차단될 때 중요하고 유용한 기여가 될 것이다. 비-이원론적 사고는 이미 지속 가능성 구조, 중재 접근 방식, 그리고 생태계 관리의 일부이다. 이는 환경 사업에 대한 이러한 보다 포괄적 접근을 지원하기 위해 불교의 관점을 끌어낼 자연스러운 기회다.

또 다른 긴장의 영역은 어려운 환경 문제에서 도덕적 평가의 영역에 속하는 항목을 정확히 분류하는 것이다. 이 영역은 생태적 업보의

---

3 역주: 그리스 신화에서 제우스가 감추어 둔 불을 훔쳐 인간에게 내줌으로써 인간에게 맨 처음 문명을 가르친 장본인으로 알려져 있다.

개념을 사용하여 탐색하는 것이 좋다. 예를 들어, 일부 사람들은 동물에 대한 고의적 학대를 부도덕한 것으로 간주하지만, 산림 개간이나 농장에서 제초하는 것과 같이 식물에 대한 고의적 해악은 어떠한가? 각 행위의 생태적 업보의 결과는 무엇인가? 누가 피해를 받는가? 누가, 어느 정도 고통을 받는가? 소비주의의 영역에서는 일부 영역(식품 선택, 농업 관행, 에너지원)에서 미묘한 윤리적 논쟁이 존재하지만, 기후 관련 행위(운전, 비행, 난방, 냉방)는 윤리적인 문제로 거의 간주하지 않는다. 도덕화 과정은 패러다임을 바꾸거나 잊을 수 없는 (그리고 종종 고통스러운) 인상을 주는 강력한 경험으로 인해 점화될 수 있다. 불교 명상 수행은 어떤 사람이 그러한 경험을 더 잘 받아들이게 하고, 따라서 그들이 제시하는 윤리적 딜레마에 대해 마음을 열게 할 수 있다.

환경윤리의 다른 현대적 흐름과 그 영향

불교 철학과 윤리는 지난 세기에 걸쳐 현대 서구의 혼합된 이념에 있었으며, 현대 환경윤리 흐름에 영향을 미치는 데 뚜렷한 역할을 해왔다. 마찬가지로, 불교의 환경윤리를 정의하려는 노력은 엄청난 환경 피해를 합리화한 지배적인 세계관에 도전하는 다수의 새로운 서구 사상의 영향을 받았다. 여기에서 나는 환경윤리 및 철학에서 진화하는 담론 일부로서, 불교적 접근과의 중첩과 교차점을 고려하기 위해 이러한 사고의 흐름을 간략하게 검토하겠다.

철학자 아르네 네스Arne Naess(1989)와 사회학자 빌 데발Bill Devall

(1985)은 불교사상이 심층 생태 철학과 일치한다고 처음으로 밝혔다. 주로 모든 중생에 대한 비-이원론적 관점과 자아를 넘어 무한한 타자와 공유하는 광대한 실체와의 동일시를 통한 자아실현에 대한 강조 때문이다. 이것은 본질에서, 실재가 있고 독립적인 자아가 있다고 믿음으로써 생기는 망상의 고통을 덜어 주기 위한 불교의 해탈법이다. 몇몇 다른 여러 철학도 자연과의 친밀감을 함양하고, 생명에 대한 경외(Schweitzer 1969), 생명 애호(Kellert 1993), 경이감(Carson 1968)을 통해 인간과 자연 사이의 장벽을 낮춘다. 이 중에서 생명에 대한 경외는 살생하지 말라는 불교의 계율과 가장 일치한다. 경이로움과 생명 애호는 자연에 대한 서구의 낭만적 지향과 황홀한 정신적 감각과의 연합에서 파생되었으며, 이는 불교 수행과 문화에서 강조가 덜 된 것이다. 그럼에도 불구하고, 이 세 가지 모두는 다른 존재들과의 선禪의 친밀함을 위한 비옥한 토대를 제공한다.

몇몇 서구적 접근 방식은 그 시작의 장소로 육지나 지구 자체와의 인간관계를 직접적으로 활용한다. 알도 레오폴드Aldo Leopold는 그의 토지 윤리(1966)에서 개인 윤리를 개인적 관계보다 훨씬 더 큰 것으로 확장하여 생명 공동체에 대한 전체적인 생태학적 관점을 최초로 제시한 사람 중 하나이다. 생물 지역주의 운동은 지역의 토지 과정과 토지 기반 인류 문화의 기초를 촉진하기 위해 심층 생태학의 원칙뿐만 아니라 토지윤리를 활용했다.(예: Snyder 1990 참조) 지질학자 토마스 베리Thomas Berry와 물리학자 브라이언 스위미Brian Swimme가 개빌한 새로운 우주 이야기는 이러한 연결 감각을 우주로 확장했다. 이 이야기는 메리 에블린 터커Mary Evelyn Tucker와 스위미에 의해 인기 있는 영화로 만들어졌으며, 현재 전 세계에서 수많은 관객에게 다양한 언어로 상영되어 오고 있다. 이 철학에서 주된 요점은 인간의 삶을 중심이 아니라 전체 중 일부로 보는 것이다. 토지윤리 및 생물 지역주의 철학자들은 이것을 생태학적 관점에서 보지만, 우주 이야기는 현대 인간 시대에 정점을 이루는 피에르 테야르 드 샤르댕[4]의 진화론을 강조한다. 불교 자체는 이러한 흐름에 거의 영향을 미치지 않았지만, 이러한 흐름 각각의 대중화는 불교 환경 사상과 실천에 일반적으로 수용되는 분야를 만들어냈다.

종교와 생태운동과 학문 분야에서 발생하는 새로운 환경윤리도 이에 해당한다. 기독교 및 유대교 문헌과 윤리 원칙에 대한 신선한 해석을 통해, 불교 사상가들은 미국 종교 아카데미(American Academy of Religion)와 같은 포럼에서 종교 간 대화를 명확히 하는 데 참여하도록 초대되었다. 소비주의, 인구 증가, 음식 관행과 같은 주제들은 (하버드 종교 및 생태학 회의 책에서처럼) 서구와 아시아의 종교적 관점들 사이에서 공통점을 발견했다. 특히 과정신학過程神學(Process Theology)[5]은 생명을 역동적이고 공존하며 과정이 풍부한 것으로 보는 불교의 세계관과 몇 가지 중요한 유사점을 가지고 있다. 종교와 생태학의 학문적 영역은 불교 환경윤리를 발전시키는 가장 중요한 맥락

---

4 역주: Pierre Teilhard de Chardin, 1881-1955. 프랑스 예수회 수사, 이상주의 철학자, 유신 다윈주의 진화론자.

5 역주: 인간과 세계의 진화론적 성격을 강조하여, 신神도 변화해 가는 세계와의 영적인 교류를 통하여 발전해 가는 과정에 있다고 주장하는, 1960년대에 미국에서 새로 생겨난 신학 사조 가운데 하나.

중 하나였다. 이것은 환경 철학이나 불교 철학, 윤리학 분야보다 철학적 진화를 더 감지하는 자리였다고 해도 과언이 아니다.

몇몇 다른 사상의 흐름은 서구 환경윤리 발전에 중요했지만, 불교 환경윤리에서는 거의 주목받지 못했다. 이것들은 생태 페미니즘, 생태 정의, 그리고 예방 원칙과 같은 지속 가능성 가치의 근간이 되는 원칙들이다. 처음 두 가지는 페미니즘의 사회 해방 운동과 시민권 운동에서 도출되었는데, 둘 다 서구 불교 환경 사상에 큰 영향을 미치지 않았고, 그 반대도 마찬가지였다. 그러나 철학적 이원론과 암묵적 권력관계의 생태 페미니스트 해체는 대응 불교 논리에 의해서도 뒷받침될 수 있다. 예방 원칙은 가능한 한 해를 입히지 않는 것에 뿌리를 두고 있으므로, 불교 윤리와 일치할 가능성이 있는데, 살생을 금하는 계율과 확연히 대응된다. 논쟁의 여지가 있지만, 불교의 환경윤리는 공공 정책에서 이 예방 원칙과 이 원칙의 중요한 역할을 강화할 수 있다.

불교의 환경윤리와 소비주의

21세기의 더 도전적인 환경 관심사 중 두 가지는 소비주의의 확대와 급격한 지구 기후 변화이다. 이 장의 이 부분에서 나는 이러한 각 관심사를 불교 환경윤리에 대한 분석 및 적용 방식의 한 가지 예로 들고자 한다. 나는 분석을 위해 불교의 원리를 이용하고, 불교 삼성에 입각한 개인윤리와 사회윤리에 대한 구성주의적 접근을 제시한다. 나는 카술리스Kasulis(2006)가 설명한 대응적 실천에 기반한 윤리를 개발하기 위한 창발적이고 맥락적인 접근을 요청한다.

소비주의는 일반적으로 정체성, 안전 그리고 수용에 대한 정서적 욕구를 충족시키기 위해 물질적 재화와 서비스에 대한 중독적인 욕구로 볼 수 있으며, 때로는 자기 발전과 자기 성취를 위한 수단으로 촉진되기도 한다. 해양의 플라스틱 오염에서부터 식품과 토양의 농약 중독에 이르기까지 폭주하는 소비재와 구매가 환경에 미치는 영향에 대한 문서화는 잘 되어 있다. 불교의 분석은 다른 종교적 비판과 유사하게 개인적, 사회적 차원 모두에서 도덕적 의무들을 살펴보고 책임감 있고 윤리적인 행동을 요구한다.

이전 연구(Kaza 2010)에서 나는 불교적 이해에 기초한 세 가지 비판을 확인했다. 첫째, 소비주의는 정체성 형성의 핵심 과정을 통해 자아-기반의 자아관을 강화한다. 물질적 축적에 대한 집착을 통해 사람들은 물질적 대상을 실재적이고 영구적인 것으로 관련시키고, 이와 유사한 정체성으로 고정된 개인의 자아를 구현한다. 이러한 망상은 사람들이 이 세상을 상호의존적이고 역동적으로 공동 발생하는 세상으로 경험하는 것을 방해한다. 자아를 대상으로 보는 그릇된 견해에 집착하면 자기-강화적 소유물에 대한 욕구가 점점 더 커질 수 있다.

둘째, 소비주의는 생명체에 심각한 피해를 준다. 모든 종류의 소비재는 동식물에 고통을 주고, 소비재를 생산하는 사람뿐만 아니라 그것을 소비하는 사람에게도 해로운 영향을 끼친다. 모든 불교 윤리의 기본 원칙은 아힘사ahimsa[6], 즉 무해다. 따라서 불교도들은 소비재와 관련된 피해를 조사하고, 가능한 경우 그러한 피해를 완화하도록 도덕적으로 부름을 받았다.

셋째, 소비주의는 사성제四聖諦 가르침에 묘사된 고통의 근원인 갈애, 욕망, 불만을 적극적으로 조장한다. 제품은 실제와 상상의 고통을 완화하고 불쾌한 마음 상태를 즐거운 상태로 대체하도록 고안되었다. 갈애는 또한 불쾌하거나 바람직하지 않은 것에서 벗어나거나 안도감을 갈망하는 혐오를 포함한다. 생산 판매자는 소비자의 끝없는 욕구를 이용하여 거의 모든 형태의 인간 고통을 완화하도록 설계된 일련의 놀라운 제품을 제공한다.

불교 철학에는 욕망과 불만의 쇠약한 본질을 해결하기 위한 해독제와 통찰력이 풍부하다. 욕망의 깊은 생물학적, 심리적 조건에서 벗어나는 것이 불교 수행의 핵심적 해탈의 길이다. 불교의 환경윤리적 입장은 겸손, 검소, 만족, 무해를 강조하는 가르침 위에 세워질 수 있다. 욕망을 가지고 실행하는 것은 오온五蘊에 대한 심층 연구를 통해 오온이 소비주의를 통해 강화되었다고 구성할 수 있다. 지속 불가능한 소비 또는 부도덕한 수준의 소비를 조절하는 방법으로 개인의 '물건'에 대한 찬성/반대의 끌림을 연구할 수 있다. 대승불교의 숙련된 방편에 관한 가르침은 또한 개인의 덕 윤리를 지지하여, 사람들이 중도 스펙트럼을 따라 윤리적 이상을 지향하는 실용적인 선택을 하도록 돕는다. 개인주의적 환경윤리는 불교 원칙에서 상당히 쉽게 파생되며, 감소, 재사용, 그리고 재활용 프로그램이나 위해-감소-식

---

6 역주: 살아 있는 모든 생물에 대한 불살생·비폭력·동정·자비를 뜻함. 고대 '베다'의 제식에서 동물이 희생되는 관행에 대해, 붓다는 무고한 생명체의 도살을 막기 위해 아힘사를 주장했다.

품 윤리와 검소한 생활 방식 지원에 관한 미덕 논의에서 볼 수 있다.

소비주의를 다루는 불교의 사회윤리는 소비주의의 사회적 패턴을 주도하는 영향과 조건의 연결된 사슬을 조사하는 더 광범위한 포괄적 체제 분석이 필요하다. 이는 가족, 동료, 환경과 같은 사회적 맥락, 학교, 병원, 종교적 배경과 같은 사회적 제도, 그리고 무역 협정이나 제품 규제와 같은 정치-경제적 맥락에서 소비주의를 바라보는 것을 의미한다. 그러한 분석은 종교 및 윤리학자에게 극도로 복잡하고 벅찬 일이다. 사회적 환경윤리에 대한 그럴듯한 토대의 구축보다는 불교도 개인의 덕 윤리를 긍정하기가 훨씬 더 쉽다. 그렇기는 하지만, 소비주의와 관련된 개인의 윤리적 투쟁을 개인의 선택이라는 맥락을 형성하는 강력한 원동력과 구분하여 보는 것은 부정확하고 불완전하다. 이러한 선택은 무엇보다도 수익 동기, 브랜드 홍보, 시장 점유율, 계층 정체성 및 법적 수용성에 따라 결정된다. 불교의 사회윤리는 업과 연기의 법칙을 통한 체제 이해에 광범위하게 의존하는 윤리적 의사 결정에 대한 다른 방향을 요구한다. 그렇다면, 체제 맥락에서 개별 행동이 통합되고 광범위하게 포괄적인 사회적 목표와 일치할 때 가장 효과적일 것이다.

그러한 사회윤리의 두 가지 실천 요소는 숙련된 방편과 자비이며, 둘 다 개인적 결정을 수용하고 형성하는 확장된 사회연결망에 적용된다. 숙련된 방편의 실행은 개인적인 환경적 이상을 달성하려는 의로운 압력에 직면하여 도움이 되는 절제된 실용주의를 제공한다. 도덕적 이상을 달성하기 위해 자신의 모든 실존적 측면으로써 소비재에 대한 필요한 모든 연구와 성찰을 수행하는 것은 불가능하다. 예를 들어,

어떤 사람은 무해 원칙에 따라 채식주의자 식품 윤리를 선택할 수 있지만, 채소 재배의 화학적 영향으로 인한 환경 피해를 줄이는 데는 여전히 훨씬 부족할 수 있다. 다음으로 유기농 채식 식품 선택을 목표로 할 수 있지만, 여전히 산업 규모의 유기농 농장에서 농장 노동자에 대한 피해를 완화할 수는 없다. 사려 깊고 잘 조사된 식품 선택에도 불구하고 개인 또는 체제의 한계로 인해 운송이나 에너지 사용에서 유사한 수준의 도덕적 행위를 달성하지 못할 수 있다. 숙련된 방편의 접근 방식은 장기적으로 환경 지속 가능성을 지원하기 위해 진화할 수도 있고 그렇지 않을 수도 있는 사회 정치 체제에 대한 인식과 함께 가능한 경우 개인적인 행동을 장려한다. 자비의 실천은 소비주의의 영향을 줄이는 것과 관련된 윤리적 목표를 향한 꾸준한 진전을 목표로 좌절을 줄이고 인내심을 함양하는 데 도움이 된다.

불교도와 비불교도 등 많은 사람이 윤리적 관심으로 매우 의욕적인 노력을 기울였음에도 불구하고, 우리는 복지와 지속 가능성에 대한 유엔의 새천년 목표와는 먼 거리에 있다. 오늘날의 환경윤리는 전 세계 생물-지정학적 체제 전반에 걸쳐 극도의 복잡성을 가지고 작동하면서, 필요에 따라 출현하고 필요의 맥락에 부합해야 한다. 환경윤리는 도덕적 완전성에 대한 기대를 불러일으킬 수는 없지만, 대신 환경윤리가 관리할 수 있는 윤리적으로 도움이 되는 행동을 취하는 모든 사람의, 결점은 있으나 희망적인 노력을 지원해야 한다. 소비주의와 같은 환경윤리의 한 분야에 대한 인식은, 다른 도전적 분야에 대한 인식을 배양하기 위한 실천 기반을 마련할 수 있다. 아마도 현시점에서의 가장 도전적인 요구는 전 세계 기후와 해수면 안정성에 대한 위협을 해결할 수 있는 기후 윤리일 것이다. 정책 약속은 과학적 증거에 훨씬 뒤처지고, 기후 정의 문제는 이질적인 방식으로 국가들에 영향을 미치는 상황에서, 무엇이 국제적 논의의 윤리적 지침으로 부상할지는 아직 명확하지 않다. 이 장의 마지막 부분은 새롭게 떠오르는 담론에 불교적 관점을 제공하기 위한 노력이다.

불교의 환경윤리와 기후변화

환경과제로서의 기후변화는, 분배에서 세대 간 정의에 이르기까지, 현재부터 미래까지, 다양한 차원에서 도덕적, 윤리적 문제를 제기한다.(Jamieson 2014) 기후변화의 물리적 결과는 기후 과학자들에 의해 문서화가 잘되어 있으며, 2014년 기후 변화에 관한 정부 간 패널의 가장 최근 보고서에 요약되어 있다. 여기에는 빙하와 빙붕의 융해 속도의 가속화, 영구 동토층 해빙, 해양 산성화, 극심한 가뭄, 더 격렬해지는 산불, 그리고 더 극단적인 기상 현상이 포함된다. 기후 모델은 기후 관련 재난이 인간과 생태계에 미치는 영향이 증가하면서 더 흔해질 것으로 예측된다. 어떤 지역에서는 사람들이 이미 만연한 기근으로 고통받고 있으며, 다른 지역에서는 이주와 상실로 인한 정서적 스트레스와 사회적 혼란으로 고통받고 있다. 대기 중 이산화탄소, 그리고 다른 강력한 온실가스를 줄이기 위한 상당한 노력에도 불구하고, 인간 사회는 여전히 현재의 탄소 부하로 인해 발생하는 결과에 대처해야 할 것이다.

과학적 예측은 중요한 글로벌 정책 변화에 대한 동기를 부여하는 데 제한적인 성공을 거두었다. 정치적 저항은 탄소세 제안을 차단하고, 탄소 배출 목표를 낮추며, 불가피한 기후 변화 영향에 대한 완화 계획을 지연시켰다. 인간의 행동과 태도가 지구 기후의 방향을 결정한다는 점이 점점 더 명백해졌다. 최근에서야 종교지도자들과 기관들이 전개되고 있는 기후 위기에 대한 도덕적 대응을 요구하는 옹호 단체들에 그들의 목소리를 추가했다. 불교 단체들과 사상가들은 이 목소리들의 일부였고, 어떤 면에서, 기후 윤리를 발전시키는 데 더 많은 분열된 종파들보다는 더 적은 장벽을 가지고 있을 수 있다. 최근 몇 년 동안 불교도들은 갠지스Ganges, 브라마푸트라Brahmaputra, 살윈Salween, 양쯔(揚子江), 메콩Mekong, 이라와디Irawaddy 강과 같은 아시아의 거의 모든 주요 생명과 문화를 제공하는 강 시스템의 근원인 히말라야 산맥의 '제3극'의 빙하가 빠르게 녹고 있다는 점에 주목했다.(Stanley et al. 2009) 17개국 26명의 불교 지도자들이 기후 변화에 관한 불교 선언문에 서명했다. 인도, 일본, 캐나다 및 호주에 있는 불교 사원들은 대체 에너지 프로젝트를 시작했으며, 불교도를 위한 기후 자원은 Ecobuddhism.org 및 OneEarthSangha.org에 게시되었다. 그렇기는 하지만, 불교 지도자와 단체는 기후변화의 세계적 영향력에 상대적으로 제한적이며 이 문제를 최우선 과제로 다루는 불교 환경 단체는 거의 없다.

이전 작업에서 나는 불교적 사고에 참여하기 위한 세 가지 방법을 제안했다: 이원론적 사고의 노출, 불교적 기후 윤리 개발, 회복력 강화 구축이다.(Kaza 2014) 여기에서 나는 위에서 설명한 소비주의 분석 방식에 따라 불교 기후 윤리의 토대에 초점을 맞출 것이다.

이 불교적 분석은 2015년 프란치스코 교황(Pope Francis)의 획기적인 회칙 '찬미 받으소서(Laudato si)'[7]와 같은 다른 종교적 비판과 유사하다. 그러한 비판은 지구 위기의 규모를 다루고 개인과 사회적 수준 모두에서 도덕적 의무를 설명하며 책임 있는 윤리적 행동을 요구한다. 다른 소명과 달리, 불교의 관점은 자비와 숙련된 방편을 통해 고통을 덜어 주는 것을 목표로 한다. 기후변화를 실천 분야로 삼으면서, 불교의 도덕적 요구는 연기와 업보의 법칙에 대한 이해를 반영할 것이다. 의도와 자비를 강조하는 불교의 가르침은 기후변화의 윤리적으로 복잡한 과제를 헤쳐나가려는 결의를 강화할 수 있다.

불교의 도구는 도덕적 행위에 대한 중요한 장벽인 기후변화 부정을 해체하는 데 가장 유용할 수 있다. 노르가르드Norgaard는 노르웨이 시민을 대상으로 한 민족지학적 연구(2011)에서 기후 변화 부정이 지속되는 이유를 세 가지 일반적인 설명으로 돌린다: (1) 사람들은 효과적으로 행동할 만큼 충분히 알지 못한다. (2) 사람들은 관심사를 구분하면서 상당한 인지 부조화를 안고 살 수 있다. 그리고 (3) 사람들은 기후변화에 대처하는 데 상당한 정서적 장애를 가지고 있다. 불균등한 영향 주변에서는 무력감과 죄책감뿐만 아니라 두려움, 불안, 불확실성이 일반적이다. 어떤 사람들에게 가장 강력한 경험은 절망과 엄청난 손실만이 눈앞에 있는, 생명의 그물망 전체가 위협받고 있다는 느낌이다. 노르가르드는 기후 태도가 개인적인 통제 구역의 유지를 선호하는 정서적 규범에 따라 강화된다는 것을 발견했다. 기후 주제에

---

7 역주: 프란치스코 교황의 두 번째 회칙. 부제는 '공동의 집(지구)을 돌보는 것에 관한 회칙'으로 환경 문제, 인간 생태, 지속 가능한 발전에 대해 논함.

대한 전형적인 반응은 다음과 같았다. (1) '강인한' 태도를 보이며 무력감과 불확실성의 감정을 보여주지 않았다; (2) '냉정을 유지해야 한다.' 무엇이든, 특히 기후변화만큼 엄청난 것이라도 너무 심각하게 생각하지 말라; 그리고 (3) 기후 과제에 대한 정보를 알고 답을 가지고 있다는 것을 보여줄 만큼 '똑똑해야 한다.' 사람들은 자신의 정신 건강을 위해 효과적으로 그들이 할 수 있는 일에만 집중하고, 그밖에 삶에 대한 긍정적인 태도의 유지가 중요하다는 것을 알게 되었다.

　노르가르드는 '특권을 가진 사회적 위치에 있는 사람들은 "보이지 않는 역설", 즉 그들이 피하고 싶어 하고, 경험하지 않은 척하며, 일단 그러한 순간이 지나면 최대한 빨리 잊어버리려고 하는 어색하고 골치 아픈 순간을 만난다'라고 관찰했다.(2011: 217) 예를 들어, 사회경제적 특권층의 사람들은 산꼭대기 제거나 수압파쇄와 같은 오늘날의 극단적인 에너지 추출 방법과는 거의 접촉하지 않는다. 이러한 극단적인 방법들은 지역 문화가 고국의 빈곤에 대해 거의 또는 전혀 발언권이 없는 지역에서 발생하는 경향이 있다. 그렇게 할 수 있는 특권을 가진 사람들에게는 기후변화에 맞서면서 발생하는 도덕적 복잡성에 관여하는 것보다 부정하는 상태를 유지하는 것이 더 간단하다. 나는 이것을 선진국에서 편안하게 사는 사람들을 위한 환경적 특권이라고 부른다. 환경적으로 특권을 가진 사람들은 선택된 무지라는 편리함을 통해 그들의 생활 방식을 지원하는 해로운 에너지와 기후 관계를 영속화한다.

　이러한 과제를 해결하기 위해 나는 개인의 행동을 통해 기후 윤리를 뒷받침할 수 있는 불교 철학의 요소들을 살펴본다. 소비주의와 마찬가지로, 그러한 윤리는 자신의 탄소 발자국을 최소화하는 것을 목표로 무해와 검소함을 강조하는 가르침에 기반을 둘 수 있다. 실제로 개인의 기후 윤리는 탄소 오염 측면에서 소비를 조절하는 방법으로 구성될 수 있다. 예를 들어, 도보, 자전거 또는 대중교통으로 통근하는 것이 자동차나 비행기로 통근하는 것보다 더 도덕적인 선택이 될 것이다. 왜냐하면 개인적으로 대기에 탄소 오염을 덜(따라서 덜 해로움) 초래하기 때문이다. 에너지 사용이나 탄소 집약적 제품과 관련하여 마음챙김을 실천하는 것은 개인의 해탈로 가는 길이 될 수 있다. 기후 조절이 가능한 특권적인 주택의 유지와 관련된 개인의 끌림이나 동기, 아니면 붉은 살코기나 수입 과일과 같은 탄소 발자국이 높은 식품 선택에 대한 욕망을 연구할 수 있다. 기후 특권에 적응한 사람에게는, 단순한 실용적 선택에 매여 있는 일반적인 합리화를 피하기 어려울 수 있다. 숙련된 방편의 불교의 개념은 도덕적 선택을 평가하고 당면한 기후 선택에서 고통과 해방의 정도를 주의 깊게 확인하는 데 도움이 될 수 있다.

개인적인 기후변화 부정에 대해 더 직접적인 작업은 기후 관련 고통에 이바지하는 불교 심리학의 세 가지 기본 유형의 욕망에 관한 면밀한 연구를 통해 수행할 수 있다. 이 세 가지 유형은: (1) 탐욕, 더 많은 것에 대한 욕망(예: 더 큰 탄소 영향을 생성하는 더 많은 것); (2) 혐오, 무언가를 덜 하고 싶은 욕구(예: 기후 손실과 관련하여 개인적인 우려, 두려움 또는 슬픔을 덜 갖거나 단순히 어려운 기후 대화에 덜 참여); (3) 망상, 환상적 선택이나 스스로 만든 환상에 대한 열망(예: 기후변화가 실제로 '문제'가 아니라는 잘못된 확신, 또는 기술적인 수정이 모든 문제를 해결할 것이라는 믿음). 이러한 종류의 개인 수행은 현재 지속 불가능한 수준의 탄소 및 기타 온실가스 배출을 유지하는 개인행동 및 신념 체계의 복잡성에 대한 이해의 일부이다. 그러나 내가 소비주의에 관해 주장한 것처럼, 개인행동의 총합은 아무리 윤리적이고 사려 깊다고 해도, 재난을 최소화하는 데 필요한 기간 안에 상당한 차이를 만들기에 충분하지 않을 것이다. 다르게 생각하는 것은, 또 다른 형태의 기후변화 부정을 선포하는 것이다.

따라서 불교의 기후 윤리는 기후변화 시스템 수준의 동인動因을 다루기 위해 사회윤리를 통합해야 한다는 점이 명백해진다. 기후의 사회윤리는 현재 화석 연료에서 재생 가능한 에너지원으로 전환하고, 화석 연료 기반시설 개발에 저항하는 시민 캠페인에 동기를 부여하고 있다. 그것은 특히 대학 캠퍼스, 주와 시의 예산, 퇴직 연금에서 금융 포트폴리오[8]를 화석 연료로부터 분리하려는 광범위한 세계적 운동의 배후에 있다. 그것은 도시 교통 계획과 건물 설계를 알리고 있으며, 기후 정의에 대한 어려운 질문을 제기하고 있다. 전 세계의 기후 운동가들은 문화, 지리, 그리고 국가들을 연결하는 전략을 공유하면서, 그들의 관심을 개인적인 것으로부터 체제적인 것으로 바꾸었다.

내가 기후를 다루는 불교 사회윤리를 위해 제안하는 요소들은 내가 소비주의를 위해 논의한 요소들인 무해, 자비, 숙련된 방편이다. 무해는, 해악의 정도를 알 수 없는 곳에서 자제를 권고하는 중요한

---

8 역주: financial portfolios. (자산분배, 운용) 금융기관이나 개인이 보유하는 각종 금융자산의 명세표, 또한 투자대상에 자금을 분산 투자 운용하는 일.

제도적 정책 접근 방식인 사전 예방 원칙과 잘 일치한다. 이 원칙은 유럽 연합(EU) 법률에 잘 확립되어 있으며, 깊이 있고 사려 깊은 학술 문헌에 의해 뒷받침된다. 예를 들어, 사전 예방 원칙을 에너지 추출, 건물 설계 및 운송 효율성에 일관되고 광범위하게 적용하면 기후 피해를 상당히 줄일 수 있다. 또 다른 접근법은 도시, 주, 지역 또는 국가 수준에서 복지를 측정하는 사회적, 정치적, 경제적 지표를 개발하고, 이러한 지침을 사용하여 기후 피해를 최소화하는 것이다. 이를 위한 한 가지 노력은, 불교 국가인 부탄에 의해 세계 경제 기준인 국민총생산지수 GNP에 대한 직접적인 도전으로, 국민총행복지수(GNH: Gross National Happiness)라는 혁신적인 정책 목표를 통해 채택되었다.

자비의 실천은 일반적으로 다른 사람들의 고통, 이 경우에는 기후 변화로 인한 고통에 마음을 여는 개인적인 경험으로 이해된다. 그러나 불교의 사회윤리 일부로서의 자비는 지역과 문화를 초월한 이해의 표현이 될 것인데, 아마도 해수면 상승이나 극심한 가뭄을 예상하는 물리적 또는 사회적 완화 조치를 통해 나타날 것이다. 국가 간의 자비는 필요한 기후 작업을 수행하기 위한 기금지원의 관대함을 통해 종종 나타난다. 나는 자비심이 첫 번째 세계 기후변화 부정과 환경 특권을 타파하는 가장 직접적인 길이라고 믿는다. 기후 변화 영향의 진정한 규모를 믿기 위해서는 경험해야 한다. 대규모 홍수, 극적인 산불 또는 막대한 농업 경제적 손실에 직면하여 기후변화 부정을 유지하는 것은 어렵다. 직접적인 경험을 통해, 자비심은 기후변화의 진정한 사회적, 업보적 복잡성의 일별에서 탄생한 지혜의 통찰력에 의해 뒷받침된다. 자비의 실천은 또한 불가피하며 돌이킬 수 없는 해악으로 인해 발생하는 슬픔과 기타 감정 상태를 안고 살아가기 위한 사회적 맥락을 제공한다.(Moser 2012)

불교 개념으로서의 숙련된 방편은 기후변화의 많은 윤리적 과제에 접근하는 실용적이고 다양한 방법을 제공한다. 직접적인 구호는 주요 기반시설 대응(난민 캠프, 물과 식량 배급, 도로와 교량 수리)이 필요한 기후 재해에 대한 숙련된 해결책이 될 수 있다. 비상 대비는 이웃들이 정전, 홍수, 식량 부족에 대비할 수 있는 숙련된 방편일 수 있다. 이러한 것들은 비록 기후 윤리에 대한 독특한 불교의 기여는 아니지만, 위기의 전이나 위기 중에 사회적 평온과 평정을 유지하는 하나의 불교적 도덕 감수성을 반영할 수 있다. 숙련된 방편에 대한 텍스트는 정신적 목표가 고통의 본질에서 해탈하는 통찰력임을 나타낸다. 기후변화 부정의 망상적 지배력을 깨는 것은, 고통을 일으키는 기후 특권의 가정을 노출하는 것을 의미한다. 이것은 인간 실존의 모든 측면을 다루는 감정적 지뢰밭에서의 도전적인 작업이 될 것이다.

소비주의와 마찬가지로 여기서 나는 불교가 알려주는 개인과 사회 환경윤리 모두를 창발적이고 맥락적으로 볼 것을 제안한다. 기후과학, 사회과학 및 정책 분야는 기후 자체와 마찬가지로 빠르게 변화하고 있다. 기후 윤리는 이제 대중 행동, 소셜 미디어 경향, 글로벌 회의 및 공익사업 협상의 산물이다. 최고의 윤리적 관행을 위한 리더십은 도시와 주, 종교 간 단체, 그리고 종교, 정치적 지도자들한테서 나온다. 아이디어와 원칙이 진화하더라도 국민과 정부는 글로벌 담론의 구성원으로서 현장에서 계속 행동해야 한다.

기후 윤리에 대한 요청과 관련된 것은 당면한 중요한 작업에 계속 집중하기 위한 회복력에 대한 요구이다. 회복력은 기후와 관련된 영향으로부터 사회적, 경제적, 정치적, 심리적으로 반등할 수 있는 능력이다. 불교의 마음챙김 기반 스트레스 완화 기술은 현재 학교, 임종시설, 교도소 및 사업장에서 가르치고 있다. 긴급 구조원은 기후 위기에 대처하기 위한 이러한 회복력 훈련의 혜택을 받을 수 있다. 나는, 회복력을 키우기 위해서는, 기후변화와 관련된 괴로운 감정을 억제하거나 저항하지 말고 해결해야 한다고 생각한다. 이러한 불교의 깨달음 수행을 통해 길러진 감정적 자기 인식은 타인이 기후변화 부정을 극복하고 효과적으로 행동할 수 있도록 돕는 능력을 키울 수 있다.

기후 윤리의 출현 특성을 고려할 때, 나는 불교의 기후 윤리가 업보와 연기의 기본 법칙에 기초하고, 따라서 불교적인 깊은 시간 감각에 기초한다고 제안한다. 불교 용어 겁(劫, kalpa)은 억겁의 긴 역사를 가진 지구상의 인류 이전(그리고 이후)의 헤아릴 수 없는 긴 시간을 가리킨다. 기후 윤리는 긴 억겁의 기후 시간을 강조하여, 소규모 자기중심적 관점에서 인간의 노력에 더 적절한 규모로 인식을 전환할 수 있다. 이러한 장기적 관점은 우리가 앞으로 해결해야 할 급격한 기후변화를 포괄할 수 있다. 지구의 기후 안정을 이루기 위해서는, 수십 년에 걸쳐 불교의 사회윤리 또는 다른 윤리를 가진 많은 사람이 필요할 것이다. 무해와 자비의 실천, 숙련된 방편 사용, 그리고 깊은 시간 관점의 수용에 바탕을 둔 기후 윤리는 무엇이 필요할지에 대한 장기적 범위에 도움이 될 수 있다.

결론

이 장은 다른 사람들이 지지하는 덕 윤리의 접근을 넘어 더 넓은 시각을 갖는 불교적 환경윤리에 대한 나의 가능성 의식을 반영한다. 그것은 나의 선불교 수행, 그리고 환경적 사고와 가치에 대한 나의 학문적 훈련을 통해 알게 되었고, 지구의 건강에 대한 나의 매우 강한 관심에서 동기가 부여되었다. 불교 환경윤리를 발전시키는 가치는 나에게 이론적인 것이 아니다; 그것은 이 고향 지구를 '우리가 어떻게 돌볼 것인가'에 대한 진화하는, 그리고 매우 필요한 담론의 일부이다. 나는 지구 생태계의 상태에 대한 긴박감과 솔직함에서 이 입장에 이르렀다. 나는 법적 결정, 가계 선택, 시장 전략에서 환경윤리가 매일 이루어지고 있는 것을 본다. 이곳은 활동가, 장관, 엔지니어, 학생, 국회의원들이 모두 현장에서 윤리적 변화를 형성하는 데 도움을 주는 유익하고 역동적인 무대이다. 소비주의와 기후변화는 이러한 담론에서 가장 매력적인 두 가지 주제인데, 우리는 앞으로 오는 10년 동안 많은 변화가 있을 것으로 예상할 수 있다.

나는 이 두 영역을 이용하여, 개인의 덕 윤리와 구성주의적 사회윤리의 상호 보완적 발전을 주장해왔다. 과거의 불교 가르침의 폭과 깊이를 환경 사상에 대한 길잡이로 연결하는 데에는 분명 장점이 있지만, 시대적 소명을 반영하는 창조적 건설의 역할도 있다. 창발적 윤리는 담론의 성격, 누가 기여하고 있는지, 그리고 불교의 목소리가 전 세계에 걸쳐 인간-환경 관계의 방향을 형성하는 데 어떻게 도움이 될 수 있는지를 고려할 것이다. 불교도들은, 다른 옹호 단체들뿐만 아니라 지구 중심의 다른 신앙 전통과 제휴하여, 넓게 말하면, 환경윤리의 진화에 중요한 역할을 할 수 있다. 무해, 마음챙김, 자비와 같은 불교적 가치는 이미 서구 사상의 주류로 진입했다. 비-이원론적 사고와 같은 불교적 논리는, 자연과 자아에 대한 객관화된 관점에 도전하는 비판적 관점을 제공할 수 있다.

환경윤리 작업은 광범위하고 풍부하다; 자연 세계와 지구적 체제에 대한 깊은 성찰을 요구하는 것은 설득력이 있다. 정치적 갈등, 에너지 문제, 기후 영향의 한복판에서 불교도들이 기여할 여지는 분명히 있다. 이 장은 그러한 기여 중 하나이며 앞으로 더 많은 반응이 필요하다. 이 노력의 공덕이 전 세계의 수많은 중생과 그들이 거주하는 모든 장소를 위한 긍정적인 결과로 이어지길 바란다.

인용 문헌

Abram, D. (1997) *The spell of the sensuous: perception and language in a more-than-human world*. New York: Vintage Books.

Aitken, R. (1984) *The mind of clover: essays in Zen Buddhist ethics*. San Francisco: North Point Press.

Barnhill, D. L. (2001) Relational holism: Hua-yen Buddhism and deep ecology. In: D. L. Barnhill and R. S. Gottlieb (eds), *Deep ecology and world religions*. Albany, NY: State University of New York Press, 77-106.

Batchelor, M., and Brown, K. (eds) (1992) *Buddhism and ecology*. London: Cassell Publishers.

Bays, J. C. B. (2009) *Mindful eating: a guide to rediscovering a healthy and joyful relationship with food*. Boston: Shambhala.

Callicott, J. B., and Ames, R. T. (eds) (1989) *Nature in Asian tradition of thought: essays in environmental philosophy*. Albany, NY: State University of New York Press.

Carson, R. (1968) *The sense of wonder*. New York: Harper Collins.

Chapple, C. K. (1993) *Nonviolence to animals, earth, and self in Asian traditions*. Albany, NY: State University of New York Press.

De Silva, P. (1998) *Environmental philosophy and ethics in Buddhism*. New York: St. Martin's Press.

Devall, B. (1985) *Deep ecology: living as if nature mattered*. Layton, UT: Gibbs Smith Publisher.

Gross, R. (1998) Buddhist values for overcoming pro-natalism and consumerism. In: *Soaring and settling: Buddhist perspectives on contemporary social and religious issues*. New York: Continuum, 108-124.

Harris, I. (2002) Buddhism and ecology. In: D. Keown (ed.), *Contemporary Buddhist ethics*. Richmond, UK: Curzon Press, 113-136.

Hunt-Badiner, A. (ed.) (1990) *Dharma Gaia: a harvest of essays in Buddhism and ecology*. Berkeley: Parallax Press.

Hunt-Badiner, A. (ed.) (2002) *Mindfulness in the marketplace: compassionate responses to consumerism*. Berkeley, CA: Parallax Press.

Ives, C. (2013) Resources for Buddhist environmental ethics. *Journal of Buddhist ethics*, 20, 541-571.

James, S. P. (2004) *Zen Buddhism and environmental ethics*. Burlington, VT: Ashgate.

Jamieson, D. (2014) *Reason in a dark time*. New York: Oxford University Press.

Kasulis, T. P. (2006) Zen as a social ethics of responsiveness. *Journal of Buddhist ethics*, 13, 1-12.

Kaza, S., and Kraft, K. (eds) (2000) *Dharma rain: sources of Buddhist environmentalism*. Boston: Shambhala.

Kaza, S. (2005a) Western Buddhist motivations for vegetarianism. *Worldviews: environment, culture, religion*, 9 (3), 385-411. Buddhist Environmental Ethics 451

Kaza, S. (ed.) (2005b) *Hooked! Buddhist writings on greed, desire, and the urge to consume.* Boston: Shambhala.

Kaza, S. (2010) How much is enough? Buddhist perspectives on consumerism. In: R. K. Payne (ed.), *How much is enough? Buddhism, consumerism and the human environment.* Boston: Wisdom, 39-62.

Kaza, S. (2014) Buddhist contributions to climate response. *Journal of oriental studies*, 24, 73-92.

Kellert, S., and Wilson, E. O. (1993) *The biophilia hypothesis.* Washington: Island Press.

Keown, D. (2005) *Buddhist ethics: a very short introduction.* New York: Oxford University Press.

Kraft, K. (1997) Nuclear ecology and engaged Buddhism. In: M. E. Tucker and D. Williams (eds), *Buddhism and ecology: the interconnection of dharma and deeds.* Cambridge, MA: Harvard University Press, 269-290.

Leopold, A. (1966) *A Sand County almanac with other essays on conservation from Round River.* New York: Oxford University Press.

Loori, J. D. (1999) *Teachings of the insentient: Zen and the environment.* Mount Tremper, NY: Dharma Communications Press.

Loy, D. (2008) *Money, sex, war, karma: notes for a Buddhist revolution.* Boston: Wisdom.

Macy, J. (1991) *Mutual causality in Buddhism and general systems theory.* Albany: State University of New York Press.

Macy, J., and Brown, M. Y. (2014) *Coming back to life: the updated guide to the work that reconnects.* Gabriola Island, BC: New Society Publishers.

Moore, K. D., and Nelson, M. P. (2010) *Moral ground: ethical action for a planet in peril.* San Antonio: Trinity University Press.

Moser, S. C. (2012) Getting real about it: navigating the psychological and social demands of a world in distress. In: D. R. Gallagher, R. N. L. Andrews, and N. L. Christensen (eds), *Environmental leadership: a reference handbook.* Los Angeles: Sage, 432-440.

Naess, A. (1989) *Ecology, community, and lifestyle.* Cambridge: Cambridge University Press.

Nhat Hanh, T. (2008) *The world we have: a Buddhist approach to peace and ecology.* Berkeley: Parallax Press.

Norgaard, K. M. (2011) *Living in denial: climate change, emotions, and everyday life.* Cambridge, MA: MIT Press.

Sahni, P. (2007) *Environmental ethics in Buddhism: a virtues approach.* New York: Routledge.

Schimthausen, L. (1991) *Buddhism and nature.* Tokyo: The International Institute for Buddhist Studies.

Schweitzer, A. (1969) *Reverence for life.* New York: Harper and Row.

Sivaraksa, S. (ed.) (2001) Economic aspects of social and environmental violence from a Buddhist perspective. In: *Santi Pracha dhamma: essays in honor of the late Puey Ungphakorn.* Bangkok: Santi Pracha Dhamma Institute, 304-316.

Snyder, G. (1990) The practice of the wild. San Francisco: North Point Press.

Stanley, J., Loy, D. R., and Dorje, G. (eds) (2009) *A Buddhist response to the climate emergency.* Boston: Wisdom.

Tucker, M. E., and Williams, D. (eds) (1998) *Buddhism and ecology: the interconnection of dharma and deeds.* Cambridge, MA: Harvard University Press.

Weston, A. (1999) *An invitation to environmental philosophy.* New York: Oxford University Press.

추천 도서

Kaza, S. (ed.) (2005) *Hooked! Buddhist writings on greed, desire, and the urge to consume*. Boston: Shambhala.

Kaza, S., and Kraft, K. (eds) (2000) *Dharma rain: sources of Buddhist environmentalism*. Boston: Shambhala.

Loori, J. D. (1999) *Teachings of the insentient: Zen and the environment*. Mount Tremper, NY: Dharma Communications Press.

Macy, J. (1991) *Mutual causality in Buddhism and general systems theory*. Albany: State University of New York Press.

Nhat Hanh, T. (2008) *The world we have: a Buddhist approach to peace and ecology*. Berkeley, CA: Parallax Press.

Snyder, G. (1990) *The practice of the wild*. San Francisco: North Point Press.

Tucker, M. E., and Williams, D. (eds) (1997) *Buddhism and ecology: the interconnection of dharma and deeds*. Cambridge, MA: Harvard University Press.

제22장 불교, 전쟁, 폭력

마이클 제리슨Michael Jerryson

서론

2016년 2월 29일 오후 4시경, 18세의 티베트 승려 칼상 왕두Kalsang Wangdu가 스스로 소신燒身하였다. 자유 티베트 운동에 따르면, 칼상은 티베트 지역에 완전한 독립이 필요하다고 선언했다.(Wong 2016) 이 대의에 헌신하기 위해, 칼상은 중국 감자장족자치주甘孜藏族自治州에 있는 그의 사원 레초카 아리아링Retsokha Aryaling 바로 밖에서 소신했다.

2009년 이후 140명이 넘는 티베트 불교도들이 중국의 티베트인 처우에 항의하고, 티베트의 정치적 독립을 위해 소신했다. 이러한 죽음은 자기-소신에 대한 명시적 정당성을 넘어 윤리적인 문제, 즉 자기-소신의 의미를 제기한다. 소신은 자살의 한 형태일까? 만약 그렇다면, 그것은 하나의 폭력 행위인가? 2013년 3월 25일, 14대 달라이 라마는 '타임스 오브 인디아Times of India'와의 인터뷰에서 티베트 소신공양의 본질에 대해 다음과 같이 말했다:

> 사실, 자살은 기본적으로 폭력의 한 유형이지만, 선악의 문제는 실제로 동기와 목표에 달려 있습니다. 제 생각에 목표에 관한 한, 이 사람들은 술에 취한 것이 아니며, (그들은) 가족 문제가 있는 것도 아닙니다. 이것(자기-소신)은 불법佛法을 위한 것이고, 티베트의 국익을 위한 것입니다. 하지만 궁극적인 요인은 그들의 개인적인 동기라고 생각합니다. 그 동기가 너무 지나친 분노, 증오로 구성되어 있다면 부정적이지만, 동기가 더 자비롭고 차분한 마음에서 나왔다면, 그러한 행동도 긍정적일 수 있습니다. 그것은 엄밀히 말하면, 불교적 관점입니다. 폭력이든 비폭력이든, 모든 행동은 궁극적으로 동기에 달려 있습니다.(Times Now 2013의 비디오 영상에서 번역)

달라이 라마의 설명은 자기-소신을 폭력으로 보지 않는, 폭력에 대한 불교적 관점을 강조한다.

칼상 왕두의 자기-소신을 폭력 행위라고 생각하는 사람도 있겠지만, 불교 교리를 자세히 살펴보면 꼭 그렇지는 않다는 점을 알 수 있다. 폭력과 관련된 불교의 윤리적 위반은 상해나 부상의 증거가 필요하다. 이러한 교리적인 맥락에서, 14대 달라이 라마는 어떤 사람이 자기-소신을 하는 동안 긍정적이고 침착한 마음을 유지하면, 위반이 아니라고 주장한다.

불교도들이 고의로 타인에게 해를 끼치거나 상해를 입힌 많은 사례가 있다. 2,500년 이상의 관행과 다양한 전통을 가진 불교 전통에, 전쟁에 나가 분쟁, 고문 그리고 다른 폭력 행위에 가담하는 신도가 있다는 것은 놀라운 일이 아니다. 한국, 티베트, 중국, 일본, 태국과 같은 나라에서는 불교 사원들이 군사 전초기지 역할을 했고, 승려들이 반란을 주도했으며, 불교 원칙은 국가 수장들의 전쟁 수사학 역할을 했다. 이러한 폭력 행위 중 일부는 불교의 경전에 의존하고, 다른 행위들은 불교의 상징과 페르소나(personas: 인격)를 포함한다.

이 장은 경전 분석과 그에 따른 해석학적 과정에 기초하지 않고 불교 윤리의 주제에 접근한다. 대신, 이 장에서는 살아 있는 선택이라는 보다 넓은 범위의 불교 윤리와 그 선택과 관련된 교리를 고찰한다. 윤리는 사람들이 만드는 선택과 관련이 있다. 과거에 불교도들은 전쟁에 참전하기로 선택했고 다양한 폭력 행위를 저질렀다. 그들의 결정과 그들의 결정의 근거가 된 상대적 자료를 탐구하는 것이 중요하다. 이 장에서는 불교의 전쟁 참여 사례, 폭력에 대한 불교의 관점, 폭력에 대한 불교의 대응을 검토한다. 자살과 안락사에 관해서는 이 책 안의 별도의 장에서 논의된다. 따라서 불필요한 중복을 방지하기 위해, 이 장에서 자살과 안락사에 관한 논의는 간략하게 설명한다.[1]

---

1 자살과 달라이 라마의 인터뷰에 대한 자세한 내용은 이 책 30장 Martin Kovan의 '존재와 타자: 불교 윤리에서의 자살'을 참조. 안락사에 대한 자세한 논의는 이 책 29장 Damien Keown의 안락사 참조.

불교와 전쟁

불교에서 영감을 받은 갈등과 전쟁, 그리고 이를 둘러싼 윤리적 논쟁과 결정을 제시하는 것은 대단히 어려운 일이 될 것이다. 여기서는 포괄적인 목록 대신 예제의 간략한 연대기를 제공한다. 이 역사 기술은, 전쟁을 치르고 갈등을 빚는 불교적 결정이 변칙적인 현상이 아니라, 역사적 연속성의 일부라는 점을 보여주기 위한 것이다.

전쟁과 불교에 초점을 맞추려면 먼저 정국을 검토해야 한다. 기원전 3세기부터 불교국가 정부와 단체들은 다른 믿음을 가진 반대자들, 다른 나라의 불교도들, 그리고 심지어 같은 나라 내에서 다른 종파의 불교도들과 충돌하기로 선택했다. 대부분은, 불교의 권력과 정치 권력의 결탁은 폭력적 수법을 낳았다. 초기 경전들은 불교 원칙과 주권 사이의 관계에 대해 모호한데, 어느 정도는 붓다가 기원전 5세기 북인도 마가다Magadha와 코살라Kosala의 군주들로부터 결정적인 후원을 받았던 데에 기인한다.

국가가 발전함에 따라 불교 권력은 왕과 통치자들에게 전륜성왕轉輪聖王(Cakravartin, 보편적 통치: 문자 그대로 '바퀴를 돌리는 사람'), 담마라자(Dhammarāja: 불교 교리의 통치자), 몽골과 티베트의 경우 달라이 라마(지혜의 바다)와 같은 종교-정치적 칭호를 부여함으로써 왕과 통치자를 합법화하는 역할을 했다. 불교국가들은 내부뿐만 아니라 외부에서도 폭력을 행사한다. 초기 남아시아 종교 문헌은 통치자들에게 전쟁을 수반하는 외부 세력으로부터 신민을 보호하는 책임을 부여했다.

불교도들은 기원전 3세기 아소카Aśoka 시대부터 전쟁하기로 결정했다. 이 전쟁들은 무수한 원인과 요소들을 포함하고 있다. 그러나 이러한 원인과 요소들은 깨달은 지도자, 불교 수사학(Dhamma/Dharma: 법), 불교 승려들에 의해 전쟁 참가자들에게 신성화된다. 불교에서 영감을 받은 대부분의 전쟁은, 사원 생활과 국가 사이에 긴밀하게 연계된 결과이거나, 천년 왕국설의 요소를 포함하는 운동의 결과이다.

　서기 1세기에 불교 승려들은 그들의 전통을 중국으로 가져갔다. 300년 후, 종종 승려가 이끄는 중국불교 천년왕국의 봉기와 반란이 있었다. 불교에서 영감을 받은 반란은 악당 마라(402-517 CE)에 대항하여 탑가치Tabgatch[2] 제국 내에서도 일어났고, 수나라와 당나라(613-626) 동안 메시아적 승려들이 반란을 일으켰다. 당나라 때, 법경法慶은 열 번의 죽음으로 그들의 보살도를 완성할 수 있다고 주장하며 승병을 이끌고 반란을 일으켰다.(815) 백련사白蓮社는 메시아적 요소를 정토 수행에 통합했다. 13세기와 14세기에 불교도들은 자신들의 국가를 세우고 몽골 왕조를 전복시키기 위해 무장봉기를 일으켰다.

　대승불교 전통은 서기 4세기에 중국에서 고구려를 통해 신라로 전해졌다. 고구려, 백제, 신라는 중국의 피비린내 나는 왕권 쟁탈 기간(220-589 ce)의 불교 관행을 받아들였다. 신생 신라 왕국은 671년에 중국인들이 그들과 화해를 하게 된 것을 불교 수호자들의 공으로 돌렸다. 그런 다음 한국인(백제, 신라)들은 서기 6세기에 불교의 관습

---

2 역주: Tuoba, 또는 탁발씨拓跋氏라고도 불린 중국 북위 왕조를 세운 씨족.

과 신앙을 일본에 가져갔다. 일본에서는 점차 강력한 불교 사찰들이 생겨났고, 군대가 그들의 토지를 보호하도록 요청되었다. 헤이안 시대(794-1185년)에 사찰과 국가 간의 긴밀한 정치적 유대는 승려들을 갈등으로 이끌었다. 12세기에 중국과 한국(고려)의 승려들은 여진족, 몽골족, 일본군과 전쟁을 벌였다. 다음 세기에 일본 정토진종淨土眞宗 신봉자들은 아미타 정토를 두고 종말론적인 전투를 벌였다.

상좌부 전통 안에서, 16세기 태국 연대기에는 승려가 간첩이나 공모자로 등장한다. 1699년부터 1950년대 중반까지 라오족과 태국의 성자들(phumibun)은 태국에 대해 수십 차례 메시아적 반란을 일으켰다. 지도자들은 비범한 능력을 소유하고 있다고 주장했으며, 미래의 붓다인 미륵불의 태국식 버전인 프라 시 아리야의 설화(Phra Si Ariya)의 전승을 이용했다.(Nartsupha 1984: 112) 초자연적인 힘에 대한 이러한 주장은 단지 반란에만 있는 현상은 아니었다. 태국의 왕 탁신Taksin은 1767년 버마의 점령으로부터 백성을 해방했고, 자신을 상좌부불교에서 성인이 되는 4단계 중 첫 번째 단계인 입류入流[3]로 선언했다.

불교도들과 승려들은 그들의 신앙과 관행을 아시아 전역의 전쟁으로 돌렸다. 정토종의 가르침에서 영감을 받은 일본 농민들은 1500년대

---

3 역주: 상좌부불교에서 네 단계의 수행목표(向)와 그 도달경지(果)를 가리키는 말. 수다원須陀洹: 入流, 사다함斯陀含: 一來, 아나함阿那含: 不還, 아라한阿羅漢: 無學道의 넷에 각각 향과 과를 배정하여 여덟이 된다. 수다원은 입류入流라고 번역. 욕계·색계·무색계의 견혹見惑을 끊은 성자. 처음으로 성자의 계열에 들었으므로 입류라고 함. 이 경지를 수다원과·입류과, 이 경지에 이르기 위해 수행하는 단계를 수다원향·입류향이라 함.

의 전국시대에 불국정토를 촉진하기 위해 우주적 타당성 전투를 벌였다. 나중에 일본 선종 승려들은 1904년과 1905년의 러일 전쟁에서 군인으로 싸웠다.(Victoria 2006) 티베트 전통 내에는 투사 승려(ldab ldob)의 형제회가 있다. 비록 이 승려들이 군인은 아니지만, 적어도 무기 하나씩은 갖추고 있다. 그들은 주목할 만한 전사이며 인도 공화국 군대에서 티베트인으로만 구성된 특수 국경 부대에서 복무했다. 보다 최근에는 태국 군인들이 승군僧軍(thahān phra)으로 비밀 작전에 참여한다. 이 사람들은 주지에게 알리지 않은 채, 군인 신분을 서약하고, 총기 및 월급을 보유한다.(Jerryson 2011: 116-127)

식민지 시대와 탈식민지 시대에 불교도들은 기독교가 지배적인 식민주의자들에 대항하여 반기를 들었고 자신들의 정체성을 재확인했다. 우 오타마U Ottama와 같은 버마 승려들은 1930년대에 영국에 대한 반식민지 운동을 주도했다. 1940년대 중반 한국의 승려들은 미국의 군사적 영향력 증대를 '기독교적 힘'과 동일시하고, 악마와 마라의 악으로부터 세상을 정화하고자 하였다.(Tikhonov 2009: 8) 그들의 정서는 한국 전쟁(1950-1953) 동안 중국 불교도들에 의해 반영되었다. 거찬巨贊과 같은 주목할 만한 중국 승려들은 중국 불교도들에게 미국의 영향력 침탈에 저항하여 애국적 의무를 다하고 북한을 도우라고 자극했으며, 이는 그가 악을 제압하는 것과 같다고 보았다.(Yu 2010: 142) 그러나 외세에 대항한 한국의 불교 운동은 1950년대 들어 내부로 전환되었다. 한국의 조계종 승려들은 승려의 혼인 관행이 일제 식민주의의 부산물이라고 주장하며, 독신 문제로 기혼 승려들과 유혈 갈등을 빚었다. 베를린 장벽이 무너진 후, 불교계는 달라졌다.

현대 불교 분쟁의 가장 큰 피해를 준 곳은 타밀 호랑이(LTTE)[4]에 대한 스리랑카 내전(1983-2008), 중국이 통제하는 티베트에서 발생한 현재의 티베트 봉기, 그리고 라다크, 인도, 미얀마, 태국 남부에서 불교도와 이슬람교도와의 분쟁이다.

불교의 전쟁 이념

앞 절에 제시된 예들은 불교도들이 전쟁을 할 수 있는 무수한 정당화를 보여준다. 불교도는 토지와 재산 보호와 같은 세속적 이유, 그리고 천년왕국과 메시아적 열망과 같은 보다 추상적인 자격 요건을 가지고 있다. 그리고 불교 전통 내에서 정의로운 전쟁 이데올로기의 증거가 있다. 이것은 더 최근의 현대 사례에서 볼 수 있다.

더욱이 대미언 케이온Damien Keown은 말하기를, '현대의 인권 담론에서 가장 진정성 있는 불교의 후보는 연민(karuṇā)이지만, 많은 현대 국가(버마/미얀마와 같은 전통적으로 불교 국가조차도)는 시민들에 대해 거의 관심이 없는 것 같다. 따라서 당국이 인권 우선의 틀에 동의하도록 연민이 어떻게 작용할지는 분명하지 않다.'(2012: 224)

종종 불교도들은 전쟁을 통해 문명을 일으킬 필요성을 제기해왔다. 기억에 남는 한 가지 예는 잘 알려진 일본 불교 임제종 승려 샤쿠 소엔釋 宗演이다. 소엔은 미국에서 가르친 최초의 선불교 승려였다. 그의 제자 스즈키 다이세츠 데이타로鈴木 大拙 貞太郎를 통해 그들은

---

[4] 역주: Liberation Tiger of Tamil Eelam, 스리랑카 타밀족의 독립을 지향하는 과격파 조직, 일명 타밀 호랑이.

일본 불교 전통에 대한 서구의 친숙함을 확립하는 데 도움을 주었다. 러일 전쟁(1904-1905) 동안 소엔은 러시아에 대한 일본의 싸움을 정의와 평화의 문제라는 틀에 씌웠다: '일본이 매우 마지못해 들어간 현재의 적대 상황에서, 일본은 이기적인 목적을 추구하지 않고 문명, 평화, 개화에 적대적인 악의 복속을 추구한다.'(빅토리아 2006: 27)

비폭력 저항에 대한 작업이 나중에 간디Mohandas Gandhi와 마틴 루터 킹Martin Luther King Jr과 같은 중요한 인물들에게 영향을 준 러시아 소설가 톨스토이Leo Tolstoy는 샤쿠 소엔에게 편지를 썼다. 그는 두 나라 사이의 전쟁을 규탄하는 데 소엔이 참여하기를 희망했다. 톨스토이에게 보낸 답장에서, 소엔은 다시 한번 정의로운 전쟁 입장을 확인하면서, '부처님께서 생명을 빼앗는 것을 금지하셨음에도 불구하고, 부처님께서는 또한 모든 중생이 무한한 자비를 통해 하나로 뭉칠 때까지, 결코 평화는 없을 것이라고 가르치셨습니다.'(Victoria 2006: 29)

불교의 정의-전쟁 정신의 또 다른 두드러진 예는 남아시아에서 발견된다. 스리랑카에서 불교 승려들은 정치적으로 활발해졌고, 강력한 형태의 불교 민족주의를 옹호했다. 이것은 싱할라족 불교도와 타밀족 및 이슬람교도 소수민족 사이의 인종적, 종교적 긴장이 고조되는 부분이었다. 누만M. A. Nuhman은 이 시기에 극단주의 불교 단체들이 출현하여, 자티카 친타나야Jathika Chintanaya라는 새로운 이데올로기를 옹호했다고 언급한다. 문자 그대로 '민족주의 사상'을 의미하는 이 이념은 이슬람 세계의 현대 탈레반 이슬람주의와 유사한 배타적 국가 비전을 후원했다. 누만은 '자티카 친타나야는 일반적으로 비폭력과 자비의 종교로 여겨지는 불교 내에서 전쟁과 군국주의를 정당화한

다'라고 썼다.(2016:38)

자티카 친타나야 이데올로기는 1980년대 무장봉기에 승려를 징집한, 사회주의를 주도하는 인민해방전선(Janatha Vimukthi Peramuna)의 일부가 되었다. 이러한 이데올로기는 노골적인 불교 민족주의 정서를 표명하는 스리랑카 불교 단체에서 더욱 확대되었다. 여기에는 자티카 헬라 우루마야(Jathika Hela Urumaya: 국가 싱할라 유산), 싱할라 라바야(Sinhala Ravaya: 싱할라족의 포효), 라바나 발라야(Ravana Balaya: 라바나의 힘), 보두 발라 세나(Bodu Bala Sena: 불교 힘의 군대) 등이 포함된다.

불교와 폭력: 상해/부상

전쟁은 국정 운영에 포함되어 있고 이러한 매개변수 안에 정의되는 반면, 폭력은 그 의미를 암시하기 위한 특별한 맥락이 없다. 종교와 폭력에 대한 무수한 취급에서 종종 간과되어 온 것은, 특정 종교가 폭력을 이해하고 정의하는 독특한 방식이다.

불교가 서구 세계에 소개된 그 순간부터, 불교학자들은 불교와 불교도에 대한 수많은 오해를 바로잡아야 했다. 이러한 실수 대부분은 서구의 범주와 용어가 보편적이며, 따라서 불교에 적용 가능하다는 잘못된 가정 때문이다. 불교와 폭력의 관계를 이해하기 위해서는 불교와 불교 교리가 폭력을 표현하는 방식을 찾는 것이 중요하다. 종종 서구 학자들은 불교와 폭력에 대해 논의할 때 불교의 계율인 아힘사ahiṃsā를 끌어낸다. 학자들은 일반적으로 아힘사를 '비폭력'으로 번역하지만, 더 정확한 정의는 '무해' 또는 '비-상해'이다. 스티븐 젠킨즈Stephen Jenkins, 존 소보슬라이John Soboslai 및 다른 사람들이 주장하듯이, 이러한 뉘앙스는 불교의 폭력 분류를 이해할 때 중요하다.(Jenkins 2010/2011: 311; Soboslai 2015 참조)

이 장의 시작 부분에 있는 짧은 글에서 설명된 바와 같이, 14대 달라이 라마는 자기-소신자가 제정신이고 소신 중에 고통이나 괴로움을 표현하지 않는 한, 그것은 상해나 부상이 없으므로, 아힘사에 대한 위반이 아니라고 주장했다. 만약 아힘사가 폭력에 대한 불교적 견해를 이해하고 명확히 표현하는 수단으로 남아 있다면, 예시는 아힘사의 정확한 번역을 반영해야 한다.

살생에 대한 경전적 정당화

다른 종교 전통과 마찬가지로, 불교 경전에는 중생을 해치는 것을 금하고 관용, 자비, 평정과 같은 가치를 표현하는 금지령이 넘쳐난다. 그러나 폭력의 사용을 묵인하거나 폭력의 사용에 대해 해석학적으로 모호한 불교 경전들이 있다. 불교 경전에 따르면, 사람은 폭력적인 행동이나 심지어 폭력을 저지르려는 의도(부상/상해)를 통해 벌점이 누적된다. 이러한 행위 중 가장 심각한 것은 살생이다. 그것은 환영받지 못하는 불법적인 살생 행위이다.

존경받는 불교학자 폴 데미에빌Paul Demiéville은 모든 불교도가 그렇게 엄격하게 따르는 다른 계율은 없다고 주장한다. 그는 불살생이 '불교에 너무나 고착되어 있어 사실상 관습으로 여겨지는 특성'이라고 까지 말하기도 했다.(Demiéville 2010: 18) 이 관습은 아마도 삼가야 할 다섯 가지 계율, 오계(Skt. pañcasīla, Pali. pañcasīlāni) 중 하나로 가장 잘 이해될 것인데, 즉 살생, 도둑질, 거짓말, 마음을 흐리게 하는 음주, 성적 비행을 삼가는 것이다. 이 관행은 힌두교 전통의 다섯 가지 규제(yama)와 유사하며, 남아시아 전통의 사회윤리를 강조한다. 재가 신도 관행 외에도, 다양한 불교 종파에는 폭력에 대한 엄격한 금지가 포함된 경전과 주석 자료들이 있다. 그러나 여기에는 규칙에 대한 예외도 포함된다. 칼 슈미트Carl Schmitt의 예외 상태(Ausnahmezustand)에 대한 개념과 유사하게, 불교의 예외는 왕과 통치자에게 권한을 부여하거나 그들에게는 합법적이다.

이러한 예외는 진공 상태에서 생성되지 않았으며, 단순히 '예외'로 남아 있지 않았다. 폭력을 용인하거나 정당화하는 경전은 물리적 폭력 행위와 연결된다. 불교 작가들은 부왕 빔비사라Bimbisara를 살해한 마가다Magadha의 왕 아자타샤트루Ajatashatru와 같은 이전의 불교 통치자들의 폭력을 합리화하거나, 메이지 시대 시작(1868년)부터 일본의 제국주의 폭력과 같은 현재의 불교 국가(종종 종교를 옹호하는)의 행위를 묵인하려 한다.

불교학자들은 세 가지 일관된 변수를 통해 살생의 윤리적 매개변수를 이해하고 분석했다:

(1) 폭력을 저지른 사람의 의도(예: 우발적인지 의도적인지, 그리고 의도적이라면 마음속에 증오와 탐욕이 없는가?)
(2) 희생자의 특성(예: 인간, 동물 또는 초자연적)
(3) 폭력을 행사하는 사람의 지위(예: 그 사람은 왕, 군인, 도축자?)

불교 교리가 의도, 희생 윤리와 살생에 대한 허용의 윤리를 다루는 다양한 방식을 다루기 위해 다음 사례들을 전통적인 서양 교리 범주로 구분한다: 상좌부불교, 대승불교, 금강승불교(밀교).

1) '최선'의 의도

상좌부 교리

상좌부 교리에서 승려들은 재가 신자 수행의 본보기이다. 그래서 사원의 규칙과 금지는 살생에 대한 윤리적 우려를 이해하는 근거가 된다. 비나야(Vinaya, 계율)의 첫 번째 책에는 '숫타빕항가(Suttavibhanga, 경분별經分別)' 또는 '규칙의 분석'이 있다. 이 책의 수많은 계정의 살인 행위에서 과실치사와 살인 미수를 구별하고 있다. 예를 들어, 어떤 특정한 경우에서, 아버지를 우발적으로 밀쳐서 사망할 경우, 아무런 위반이 되지 않는다; 하지만 아버지를 밀쳐 죽이려는 시도가 실패하면 중대한 범죄가 된다. 그리고 고의적인 살해 의도로 인한 사망은 추방으로 이어진다.(Horner 1992: 139) 안락사와 낙태 문제에도 같은 논리가 적용된다. 만약 승려나 비구니가 빠른 죽음이나 임신 중절을 위한 기술을 옹호하고 그러한 조언이 죽음으로 이어진다면, 그 사람은 승가에서 추방될 것이다. 주의를 기울이지 않은 조언은 더 적은 처벌을 받는다. 정신 이상은 또한 살인 행위를 평가하는 역할을 한다. 붓다는 전생에서 브라만 로마까사빠Brahman Lomakassapa로서 수백의 생물을 죽였지만 올바른 정신 상태가 아니었다. 로마까사빠는 욕망에 사로잡혀 있었으며, 텍스트는 미친 사람의 범죄는 용서받을 수 있다고 설명한다.(Horner 1963-1964: 14-17)

대승 교리

대승의 숙련된 방편(upāya)과 공관空觀 개념은 폭력, 또는 이런 경우 살생에 대한 정당성을 제공한다. 그러나 이러한 합리화 안에서 행위자들은 폭력을 행사할 때 나쁜 생각이나 의도를 갖지 않아야 한다. 오히려, 그들의 의도는 자비롭고 숙련된 방편에 고취되어야 한다. 이러한 맥락에서 대부분의 예외는 행위자가 보살, 즉 깨달은 존재여야 한다는 것을 요구한다. 그러나 이것은 항상 그런 것은 아니다; 어떤 경우에는 악의가 없으면 폭력 행위를 용서하기에 충분하다. 선불교에서 마하지관摩訶止觀은 살인 행위가 소규모 전투와 유사하다고 설명한다. '자신의 마음을 (자연의 힘과) 유사하게 만드는 사람은 똑같이 할 자격이 있다.'(Demiéville 2010: 56) 마찬가지로, 살인에 대한 일본의 선禪 해석은 행위의 공허함을 강조한다. 살생은 마음의 정념을 없애고 내면의 불성을 기른다.(44)

의도는 대승의 폭력 윤리에서 중요한 구성 요소이다. 문제는 어떤 사람이 단순히 우발적으로 행동하는지 아니면 고의로 행동하는지가 아니라, 의도적 폭력을 허용하는 예외가 있다는 점이다.

하나의 강력한 의도는 우파야upāya, 즉 숙련된 방편이다. 숙련된 방편은 깨달은 존재가 다른 사람들의 깨우침을 돕기 위해 사용하는 방법이다. 아마도 이것의 가장 유명한 사례는 법화경 3장 '불타는 집(火宅)'이 나오는 부분일 것이다. 법화경은 중국과 일본의 천태종, 그리고 일본의 일련종의 핵심 경전 중 하나로 신성한 경전으로 여겨진다. 본문에서 붓다는 제자 사리불舍利弗(Śāriputra)에게 한 노인과 그의 자녀들에 대한 비유를 들려준다. 그 사람은 불타는 집에서 그의 아이들을 구하려고 시도하지만, 아이들은 자기들의 놀이에 정신이 팔려 그의 경고에 귀를 기울이지 않는다. 아이들을 떠나게 하려고, 그는 아이들에게 세 가지 선물을 약속한다. 아이들이 불난 집에서 빠져나갈 때, 이 선물 중 가장 큰 선물을 받는다. 사리불은 붓다를 찬탄하며, 설령 그 사람이 자식들에게 선물을 주지 않았더라도 거짓말을 했다고 정죄해서는 안 된다고 올바르게 해석한다. 그의 행동은 단지 그가 아이들을 매우 고통스러운 경험으로부터 해방시키려 했기 때문이다.

법화경은 숙련된 방편의 전략뿐만 아니라 폭력에 대한 모호한 인용도 제공한다. 서기 1279년, 니치렌日蓮은 그의 헌신적인 사무라이 추종자인 시조 킨고四條金吾에게 편지를 쓰고 법화경에 대한 시조의 믿음이 최근의 매복에서 그를 구해주었다고 설명한다. 그는 시조에게 향후 작업에서 법화경의 전략을 채택할 것을 분부하고, 23장의 한 절을 인용한다:

> '그대에게 적의나 악의를 품고 있는 다른 모든 사람도 이처럼 멸절될 것이다.' 이 금언은 결코 거짓으로 드러나지 않을 것이다. 전략과 검술의 핵심은 신비의 법칙에서 나온다. 깊은 믿음을 가지라. 겁쟁이는 기도에 응답을 받을 수 없다. (Nichiren 2009: 1001)

법화경에서 인용한 문장은 일반적으로 은유적인 것으로 여겨지지만, 일련은 사무라이에게 말하면서 이러한 맥락에서 과거와 미래의 폭력 행위에 대해 문자 그대로 이를 적용한다.

아마도 숙련된 방편의 폭력을 정당화하기 위한 가장 극단적인 한계는 대선권경大善權經(Upāyakauśalya Sūtra) 또는 숙련된 방편 경에 나오는 '숙련된 방편을 이용한 살인: 자비로운 선장 이야기' 장에서 찾을 수 있다. 붓다는 많은 전생 중 하나에서, 바다에서 배의 선장이었는데, 물의 신들에게서 배에 탄 강도가 500명의 승객과 선장을 죽일 작정이라는 말을 들었다. 꿈속에서, 신들은 선장에게 이를 막기 위해 숙련된 방편을 사용하도록 간청한다. 왜냐하면 500명의 사람은 모두 미래의 보살이고 그들을 죽이면 강도는 가장 어두운 지옥에서 측량할 수 없는 삶을 살게 될 것이기 때문이다. 이 텍스트에서, 대자비 (Mahākarunika)라는 이름을 가진 이 선장은, 7일 동안 잠자지 않고 이 곤경에 대해 숙고한다. 그는 결국 다음과 같이 합리화한다.

'이 사람이 상인들을 죽이고 지옥에 가는 것을 막을 방법은, 그를 죽이는 것 외에는 없다.' 그리고 그는 생각했다. '내가 이 일을 상인들에게 알리면, 그들은 성난 마음으로 그를 죽이고 절멸하게 될 것인데, 그리되면 그들 모두 큰 지옥에 갈 것이다.' 그리고 그는 생각했다. '내가 이 사람을 죽이면, 나도 그로 인해 지옥에서 10만 겁 동안 불에 탈 것이다. 그러나 이 사람이 이 오백 명의 상인을 죽이지 않아 많은 악업을 쌓지 않게 된다면, 나는 큰 지옥의 고통을 견딜 수 있다. 나 자신이 이 사람을 죽이리라.'(Tatz 1994: 74)

선장은 이후 강도를 살해하고, 붓다는 '나에게는 그 숙련된 방편과 큰 자비심 때문에 윤회(Saṃsāra)가 10만 겁 동안이나 삭감되었다. 그리고 그 강도는 극락세계로 다시 태어나기 위해 죽었다'라고 설명한다.(74) 여기에서 숙련된 방편은 자비에 의해 동기가 부여되어 살인의 업보를 개선한다.

금강승(밀교) 교리

정당화된 폭력에 대한 금강승 교리의 많은 윤리적 토대는, 대승 교리의 윤리적 토대와 매우 유사하다. 금강승 경전에서 폭력을 정당화하는 한 가지 주제는, 폭력을 저지르는 가장 보편적인 이유 중 하나인 방어이다. 그러나 질문이 생긴다: '방어가 필요한 침략적 결정은 무엇이며, 그 방어는 무엇을 수반하나? 금강승 경전에서 방어는 희생 의식과 장대한 전투를 통해 이루어진다.

탄트라 텍스트는 의식儀式에서부터 실용적 목적과 요가(명상)적 목표에 이르기까지 다양하다. 우리의 논의와 가장 관련이 있는 것은, 질병, 적, 감정으로부터의 평화; 돈, 권력, 공덕의 증대; 상대, 신, 정욕의 통제; 적, 신, 자아 감각 등을 죽이는 탄트라 의식의 목표이다.(Davidson 2005: 35) 방어 의식 중에는 인도 대비로자나경大毘盧遮那經(Mahāvairocana Abhisaṃbodhi Tantra)에서 증오하는 적을 진압하는 불의 제물(abhichara-homa) 의식이 있다. 범법적이고 폭력적인 성격이 확대되는 불의 제불에 대한 이질적이지만 일치된 논평이 있다. 인노의 불교학자이자 승려인 바뱌키르티Bhavyakīrti는 챠크라삼바라 탄트라 Cakrasaṃvara Tantra에 대해 다음과 같이 쓰고 있다:

그런 다음, 금강(vajra)에서 발생하는 모든 것의 파괴는 큰 고기와 함께 (성취될) 것이다. 그것은 모든 잔혹한 자들의 무서운 파괴자이다. 만일 이와 같이, 사람이 개고기와 돼지고기와 또한 구리색 볏이 있는 닭고기를 가지고 먹는 의식, 불의 제물(homa)과 희생 제물(bali)을 거침없이 행하면, 예외 없이 모든 것이 이루어지고 모든 왕국이 정복될 것이다.(Gray 2007: 252)

바뱌키르티의 주석은 방어적인 목적으로 동물의 폭력적인 희생을 요구하는 반면, 다른 텍스트들은 더 포괄적이고 공격적인 입장을 취한다. 금강승 교리는 특히 섭취 목적을 위해 동물을 죽이는 일에 관한 상좌부 교리와 상당히 다르다. 몽골과 티베트 전통에서는, 신도들이 작은 동물 대신 큰 동물을 먹도록 권장된다. 소와 같은 큰 동물의 죽음은 많은 사람을 먹일 수 있는 반면, 새우 한 마리의 죽음은 한 사람도 만족시키지 못한다.

방어는 단순히 국가에 대한 위협과 관련된 것만이 아니라, 임박한 대규모 전쟁으로 인한 선제공격도 포함한다. 이러한 방어적인 위치 중 가장 눈에 띄는 것은 시간 수레바퀴 탄트라라고 불리는 인도와 티베트의 시륜時輪 탄트라(Kālacakra-tantra)에서 볼 수 있다. 불교학자 람베르트 슈미트하우젠Lambert Schmithausen이 언급했듯이, 이 텍스트는 샴발라Shambhala의 보살왕(Bodhisattva King)의 군대가 야만적인 종교를 파괴하고 불교를 재건하기 위해 마침내 이슬람 세력을 정복하고 전멸시키는 종말론적 전쟁을 설명한다. 우리는 이 텍스트의 역사적 맥락에 주목해야 한다. 학자들은 이 텍스트가 11세기에 북부 인도에 대한 무슬림의 침략 기간에 만들어졌다고 추정한다.

일부 텍스트에서는 폭력을 구원 행위로서 보여주기 위해 숙련된 방편이라는 대승 원칙을 적용하는데, 이를 종종 해탈 살생이라고 말한다. 힌두교 신 마헤스바라Mahesvara[5]를 죽이고 그를 붓다의 깨달은 추종자로 다시 되살리는 금강수보살(金剛手菩薩, Vajrapannii)의 경우가 그렇다. 이와 유사하게, 닝마Ningma 종파 티베트 불교도들은 그들의 적을 해방시키기 위한 살생 의식을 하고 있다. (Mayer 1996: 108) 모든 불행의 정화로 번역되는 대승관상만나라정제악취경大乘觀想曼拏羅淨諸惡趣經(Sarvadurgatipariśodhana Tantra)은 '삼보三寶를 미워하는 자, 붓다의 가르침에 대해 그릇된 태도를 보이거나, 금강승 스승을 폄하하는 자들'을 죽이는 것을 옹호한다. (Schmithausen 1999: 58) 이 입장은 악한 사람을 죽이는 것이, 그 사람이 더 이상의 부정적인 행위(업)를 저지르는 것을 막는 자비의 개념을 통해 부분적으로 정당화된다.

그러한 자비로운 살인의 가장 유명한 예 중 하나는 841년 티베트 통치자 랑 다르마Lang Darma의 불교적 암살을 자세히 설명하는 티베트 불교사 췌중메톡닝뽀Chos byung me tog snying po이다. 그 당시 티베트 왕 랑 다르마는 사원의 권력과 통제력을 줄이는 정책을 감독했고, 반불교적으로 간주되었다. 작가 냥니마오드Nyang Nyi ma 'od는 그 승려가 한 불교 수호신으로부터 통치자를 죽이도록 지시하는 환상을 받았다고 전한다. 이 살인은 반불교 통치자로부터 나라를 해방시켰을

---

5 역주: 대자재천大自在天으로 번역, 색계色界의 최정상에 머무는 천신.

뿐만 아니라, 그의 살인을 통해 통치자를 해방시켰다. 이 해방 살인에 관한 이야기는 티베트 집단 기억의 일부이며, 이 살인은 매년 티베트 사원에서 '참cham'이라는 춤추는 의식에서 회상된다.(Meinert 2006: 100-101) 이 폭력적인 해방 관행은 9세기에 끝나지 않았으며, 비열한 왕들에게만 국한되지도 않았다. 티베트 불교 탄트라 의식의 살생과 피의 희생제 존재는, 예셰 오Yeshe O 왕(942-1024)이 공개적으로 그들을 반대하고, 해방 의례와 희생 제물의 탄트라 관행 사이의 구별을 위해 해석학적으로 논쟁할 만큼 충분히 널리 퍼져 있었다.(Dalton 2011: 106-108)

2) 생명의 무게: 피해자

상좌부 교리

의도와 상관없이 승려가 인간이 아닌 존재를 살생했다고 해서 추방되지는 않는다. 무시무시한 야차Yakkha와 다른 비인간 존재를 죽이는 승려들은 자백을 요구하는 중대한 범죄(thullaccaya)를 범한다.(Horner 1992: 146-147) 승려 우다인Udayin이 까마귀(또는 다른 동물)를 죽인 것도 자백에 해당하는 범죄다.(Horner 1983: 1)

그 주석들은 살생과 관련된 범죄에 대한 비슷한 해석을 제공한다. 유명한 인도 학자 승려인 붓다고사(Buddhaghosa, 불음佛音, 서기 5세기)는 그의 주석서 수마갈라-빌라시니Sumagala-vilasini[6]에서 살생에 관한 사원법을 분석하고 다음과 같이 주장했다:

---

6 역주: 붓다고사의 디가 니까야(Digha Nikaya: 장부長部) 주석서.

동물과 같이 (도덕적) 덕이 없는 생물의 경우, (살생 행위는) 그 생물이 작은 몸을 가지고 있을 때 덜 비난받을 만하고, 그 존재가 큰 몸을 가지고 있을 때 더 비난받을 만하다. 왜? 큰 몸을 가진 존재를 죽이는 데 더 큰 노력이 필요했기 때문이다; 그리고 노력이 같을지라도 (큰 생물을 죽이는 행위는 여전히 더 비난받을 만하다.) 왜냐하면 그 물리적 실체가 더 크기 때문이다. 인간처럼 (도덕적) 덕을 지닌 존재의 경우, 살생 행위는 그 존재가 덕이 적을 때 덜 비난받고, 그 존재가 위대한 덕을 지닐 때 더 비난받을 만하다. 그러나 (생물들의) 몸과 덕이 대등할 때, (살생 행위는) 그 노력이 미치는 손상과 힘이 경미할 때 덜 비난받을 것이고, 힘이 강력할 때 더 비난받을 만하다.(Gethin 2004: 171-172)

비나야Vinaya 규칙과 붓다 고사의 설명은 무엇보다도 상좌부 전통의 식습관을 설명한다. 태국, 라오스, 버마, 스리랑카 재가자들은 일반적으로 닭고기와 돼지고기를 먹고, 소는 훨씬 더 큰 동물이기 때문에 쇠고기를 피한다. 그들은 또한 인간성과 미덕과 관련하여 모호한 영역을 제공한다. 인간/비인간과 덕 있는 인간/덕이 없는 인간 사이의 이러한 구별은 다른 불교 문헌에서 제기되어 왔다.

가장 유명한 설명 중 하나는 싱할라족Sinhalese[7] 신화 역사 연대기인 마하반사Mahāvaṃsa[8]에서 나온다. 불교 왕 둣타가마니Dutthagamani는

---

7 역주: 스리랑카에 사는 부족의 하나.
8 역주: 대사大史라는 뜻. 불교를 중심으로 하여 5세기 중엽에 작성된 스리랑카의

엘라라Elara 왕이 이끄는 다밀Damil[9] 침략자들과 정의로운 전쟁을 벌인다. 피비린내 나는 전투에서 승리한 후, 둣타감마니는 수백만 명의 학살을 야기한 것에 대해 한탄한다. 깨달음을 얻은 여덟 승려(아라한)가 다음과 같은 설명으로 그를 위로한다:

> 이 행위로 인해 극락으로 가는 길에 아무런 장애가 발생하지 않습니다. 인간들의 주인이신 대왕이시여, 오직 한 사람 반만이 이곳에서 당신에 의해 죽임을 당했습니다. 한 사람은 삼귀의三歸依에 이르렀고, 다른 하나는 오계를 받았습니다. 나머지는 불신자들과 악한 생활을 하는 자들이며 짐승보다 못한 자들이었습니다. 그러나 대왕께서는, 여러 가지 방법으로 부처님의 가르침에 영광을 돌리게 될 것입니다. 그러므로 사람의 통치자시여, 죄책감에서 벗어나십시오![Mhv XXV 109-111(Geiger 1993: 178)]

승려들의 설명에는 앞서 논의한 불교도가 되기 위한 전제조건이 포함되어 있다. 이러한 맥락에서, 불교도는 삼귀의를 취하고 오계를 지키는 사람이다. 불교도를 비불교도와 구별함으로써, 이 이야기에서 살인은 기각된다. 왜냐하면 비불교도는 동물처럼 미덕을 거의 가지고 있지 않기 때문이다. 게다가 왕은 불교의 교리를 지지하고 수호하려는 순수한 의도가 있다. 마하밤사의 이론적 근거와 맥락은 수 세기 후 스리랑카 불교도들이 타밀 호랑이(LTTE, 1983-2009)에 대항한 26년간

역사책으로, 전체 37장章의 게송으로 되어 있음.
9 역주: Tamil의 고어.

의 내전에서 간과되지 않았으며, 1970년대 캄보디아 반공 운동과 같은 수사학의 한 형태로 동남아시아에 스며들었다.

1970년대 태국의 저명한 불교 승려 키티우토Kittiwuttho도 공산주의에 반대하는 태국의 군사 작전 동안 비슷한 근거를 사용했다. 키티우토에게 공산주의자는 짐승 같은 유형의 사람이었고 완전한 사람은 아니었다. 더 중요한 것은, 그녀 또는 그의 죽음이 불교 교리를 뒷받침하는 역할을 했다는 것이다.(Keyes, 1978: 153) 키티우토는 공산주의자를 죽이는 자신의 입장을 정당화하기 위해, '말 조련사 케시에게'라는 앙굿타라 니까야(Anguttara Nikāya: 증지부增支部)를 인용했다. 이 목적을 위해 널리 쓰이지 않는, '말 조련사 케시Kesi에게'는 붓다가 말을 조련하는 사람과 말의 유사성에 대해 말 조련사와 대화하는 내용이다. 어느 시점에서, 붓다는 길들일 수 있는 사람이 어떤 훈련에도 복종하지 않으면, 길들지 않는 사람은 죽임을 당한다고 설명한다. 그러나 이 진술 직후에 붓다는 죽음은 붓다가 그 사람의 필요를 포기하는 것이며, 따라서 그 사람의 궁극적인 잠재력이 죽는 것을 의미한다고 설명한다.(Thanissaro 1997)

대승과 금강승 교리

공관(Schunyavada) 학파는 범-불교적 입장인 무아(anátman)와 두 가지 진리(이제二諦) 모델, 즉 관습적 진리와 궁극적 진리에서 부분적으로 파생되었다. 불교도들은 영원한 무아(혹은 무-영혼)가 있고, 우리가 이 세상에서 지각하는 모든 것이 무상하며, 따라서 관습적 진리를 구성한다는 것을 인정한다. 철학자 나가르주나Nāgārjuna[10]는 이 원칙의 가장 저명하고 존경받는 옹호자이며, 모든 현상에는 본질이 없다고 주장하면서, 무아의 관념을 실재 전체로 확장한다. 공허는 실재를 존재론적, 인식론적으로 설명하는 역할을 하는 동시에, 인간의 생명을 평가하는 렌즈를 제공하기도 한다. 이 논리는 다음과 같은 질문을 제기한다: 인간의 생명에 진정한 본성이 없다면, 살인으로 파괴되는 것은 무엇인가?

살인을 정당화할 때 일반적으로 제시되는 한 가지 요소는, 의도된 희생자(들)의 비인간화이다. 이러한 비인간화는 상좌부에서 나타나는데, 승려들이 공산주의자나 타밀 왕 엘라라의 추종자들을 인간 이하로 간주하고 따라서 가치 있게 소모할 수 있는 것으로 간주한다. 대승 교리 내에서, 일부 인간은 깨달음이 금지된 사람들인 일천제一闡提(icchantikas)로 지정된다.

대승 교리는 전형적으로 포교를 지지하며, 사람들은 모든 중생을 해방하기 위해 노력하겠다고 보살 서원을 한다. 이 모든 중생을 아우르는 정신은 일천제를 예외로 한다. 가장 사악하고 타락한 피조물로 여겨지는 그들은 최악의 행위를 저질렀거나 기본 교리를 부인했다; 그들은 동물보다 낮은 수준으로 분류된다. 대승 전통의 열반경(Mahāparinirvāṇa Sutra)의 한문 버전과 같은 일부 텍스트에서는 일천제보다 개미를 죽이는 것이 더 해롭다고 여긴다. 이 경전에서 붓다는 그들을 죽이는 것이 어떠한 부정적인 업보도 발생하지 않는다고 설명한다.

---

10 역주: 용수龍樹, 150-250 추정, 중관학파 철학자, 대표 저술로 중론이 있다.

땅을 파고, 풀을 베고, 나무를 베고, 시체를 토막 내고, 꾸짖고, 채찍질할 때 죄업이 생기지 않듯이, 일천제를 죽일 때도 마찬가지로 죄업이 일어나지 않는다.(Ming-Wood 1984: 68)

아마도 비인간화에 대한 가장 극단적인 종교 수사학은 대승 교리 내에서 나올 것이다: 만약 사람이 실체가 없다면, 무엇이 살해되는가? 해답을 제공하는 한 경전은 종종 '지혜의 검으로 죽이는 방법'이라고 언급되는 불설여환삼매경佛說如幻三昧經(Susthitamati-Paripriccha)이라고 불리는 중국어본이다. 이 텍스트에서, 완전히 깨달은 존재인 문수사리는 붓다에게 만일 중생을 단지 이름과 생각으로만 상상한다면, 그녀 또는 그는 그 이름과 생각들을 죽여야 한다고 설명한다. 그러나 어떤 사람이 칼을 들거나 죽이는 마음을 정화하는 한, '자아와 중생의 생각을 죽이는 것은, 중생을 진정으로 죽이는 것이다. (그럴 수만 있다면) 나는 (나와 함께) 순수한 행동을 함양할 수 있도록 허락해 주겠다.'(Chang 1983: 65) 텍스트의 뒷부분에서 문수사리는 보살들의 폭력을 행사하는 죄책감을 달래려고 시도하며, 칼로 붓다를 죽이려고 한다. 붓다는 거기에는 살인도 없고 살인자도 없다고 설명한다. 따라서 문수사리는 붓다를 죽이려고 시도한 것에 대해 어떠한 부정적인 영향도 받지 않는다. 왜냐하면 궁극적으로 '거기에는 칼도 없고, 업도 없으며, 보복도 없고, 누가 그 업을 행하고 누가 업보를 받을 것인가?'도 없기 때문이다.(Chang 1983: 69) 이 실상에서 행해지는 행위들은 진정한 존재가 비어 있다. 따라서 폭력은 진정한 반향이 없다. 또 다른 중국 문헌인 '불설아사세경佛說阿闍貰經(Ajātaśatru)[11]의

'회한의 정화'는 비슷한 방식으로 부친 살해 행위를 정당화한다. 문수사리는 범죄자를 변호하고 행위 당시 행위자의 생각이 비어 있었기 때문에, 무죄를 선고받아야 한다고 설명한다.(Demiéville 2010: 42)

3) 살인 면허

상좌부 교리

사원 윤리는 재가 신도들에게 모델이 되는 모범적인 규칙이지만, 상좌부 비구들을 위한 227개의 규칙은 재가 신도들에게 요구되지 않는다. 다른 역할은 다른 윤리가 필요하다. 승려의 윤리는 도살업자나 군인의 윤리와 같지 않다.(비록 도살업자는 부정적인 업보를 바로 잡기 위해 많은 고뇌의 생애를 보내야 하는 것으로 유명했지만) 군인에 대해서는, 불교 경전은 그들 직업의 영향에 대해 어떤 특정 장소에서 모호한 채로 남아 있다. 일부 경전들은 군인들과 사원 간의 상호작용에 제한을 두거나, 군인들은 국가에 봉사하는 동안 수계를 받지 않을 수 있다고 선언하지만, 대부분 경전은 군인으로서 의무를 따른 것에 대해 직접적으로 비난하지는 않는다. 대신 이 군인 지위의 윤리학에서 거듭 강조되는 것은 군인의 정신 상태다.

이것의 한 예는 쌍윳다 니까야(Samyutta Nikāya: 相應部)의 4번째 책 8번째 장인 '감마니-쌍윳다Gamanisamyutta', 즉 '두목과 관련된 담론'에서 나온다. 붓다는 용병 두목 요드하지바Yodhājīva에게 전투에

---

11 역주: 아사세; B.C.490?~B.C.458?, 고대인도 마가다국의 왕. 데바닷타Devadatta의 말을 듣고 부왕 빔비사라Bimbisara를 죽이고 즉위하였으나, 뒤에 석가모니에 귀의하여 불교를 보호하였다. 재위 기간은 B.C.491-459이다.

서 분투하는 용병은 하늘에서 다시 태어난다는 가정하에 조언한다. 붓다는 용병이 다른 사람을 살육하고 죽이는 비천한 생각으로 죽으면 지옥이나 축생의 영역에서 환생한다고 설명한다.(Bhikkhu Bodhi 2000: 1334-1335) 이 시나리오에서, 요드하지바는 죽을 때 비열한 생각을 피하되 죽이는 행위는 피하지 말라는 주의를 받는다. 나쁜 생각에 대한 이러한 경고는 사람이 공격적 행동을 하든, 자기방어적 행동을 하든지 언제나 관련이 있다. 그러나 행위 자체에 대한 모호성은 존재하며 현대적 맥락에서도 발견된다. 최근 타밀 호랑이(LTTE)와의 내전에서 스리랑카 불교 승려들은 군인들의 마음을 자비와 연민으로 채우기 위해 설교했다. '차분한 마음'을 가진 불교 군인들은 전쟁터에서 실수를 저지르고 민간인을 해치는 경향이 적다.(Kent 2010: 172)

왕과 정의로운 통치에는 현대적 맥락에서 민족국가에 적용되는 고유한 윤리적 매개변수 세트가 있다. 주석서(atthakatha)에 따르면, 상좌부의 가장 초기의 정의로운 통치자 모델은 마우리아 황제 아소카 Aśoka였다. 십만 명 이상이 죽고 십오만 명 이상이 노예가 된 칼링가에 대한 성공적인 유혈 전쟁 이후, 아소카는 회개하고 불교 교리에 귀의했다. 전형적으로, 아소카의 치세는 불교 교리로 전향한 후 (따라서 정복한 후) 칭송받는다. 그러나 아소카는 그의 불교적 통찰 이후에도 그의 군대를 해산하지 않았다. 그는 사형이라는 국가 정책을 유지했으며, 문헌 기록에 따르면, 그가 의로운 불교 왕권으로 전환한 후에도 18,000명 이상의 자이나교도를 살해하고 다른 잔학한 행위를 저질렀다.(Jenkins 2010: 63)

초기불교 경전은 암묵적으로 국가를 지지한다. 이것은 부분적으로 붓다가 초기에 마가다 왕국과 코살라 왕국에서 주요 지원을 받았다는 사실 때문일 수 있다. 두 왕국에 대한 붓다의 관계는 때때로 그들의 내부 갈등으로 인해 강조되었다. 두 왕국의 도덕적이고 윤리적인 연락책으로서, 붓다는 침략 전쟁에 대한 방어 전쟁을 묵인함으로써 이러한 경우에 대응했다. 방어적 폭력에 대한 이러한 지지는 국가 폭력의 윤리에 대한 두 가지 유형 중 하나를 사용한다. 스티븐 콜린스 Steven Collins에 따르면, 상좌부 경전은 때때로 폭력을 피하기 위한 정언 명령을 제시한다. 다른 경우에 이 교리는 호혜를 통한 정당한 전쟁의 윤리를 제공한다; 붓다는 왕에게 판결과 형벌을 내리라고 권고하지만, 명료하고 차분한 마음을 가지라고 한다.(Collins 1998: 420)

이 후자의 유형은 붓다의 239번째 환생 이야기인 하리타-마타 본생담(Harita-Mata Jātaka, 청록색 개구리 탄생 이야기)에서 가장 잘 나타나며, 이 이야기에서 붓다는 최근에 마가다 왕국에 대한 코살라 왕국의 공격을 언급한다. 다른 환생 이야기와 마찬가지로, 이 이야기는 일반적인 독자층뿐만 아니라 특정 상황에 대한 교훈 역할을 한다. 이 이야기는 물뱀이 덫에 걸려 물고기 떼에게 습격당하는 이야기를 담고 있다. 물뱀이 청록색 개구리에게 도움을 청하자, 미래의 붓다인 개구리는 덫에 걸린 뱀에게 대답한다. '네가 네 영지로 들어간 물고기를 먹는다면, 네가 물고기 영지로 들어갔을 때 그 물고기가 너를 잡아먹는다. 자기 처소, 지역, 급식소에서는 아무도 약하지 않다.' 개구리의 설명에 따라 물고기는 뱀을 잡아 죽인다.(Cowell 1990: 165)

국가 폭력의 윤리는 나선비구경那先比丘經(Milindapañha)에서 여러 번 언급된다. 텍스트 전체에 걸쳐 인도-그리스 왕 메난데르 1세(Menander I)는 불교 승려 나선(Nāgasena)에게 불교 원리에 대해 질문한다. 네 번째 책인 '곤경의 해결'에서 왕은 중생을 죽이는 여덟 부류의 인간들을 열거한다: 음탕한 자들, 잔인한 자들, 둔한 자들, 교만한 자들, 탐욕스러운 자들, 궁핍한 자들, 어리석은 자들, 그리고 처벌로 다스리는 왕들.(Rhys Davids 1894: 17) 다른 일곱 부류의 사람들과 마찬가지로 왕은 천성적으로 형벌을 내리고 중생을 죽인다.

규칙의 이러한 측면은 이후의 대화에서 더 자세히 설명되는데, 왕은 만약 어떤 사람이 범죄를 저질렀다면 사람들은 범죄자에게 물건을 박탈하거나 결박, 고문, 사형 또는 참수를 요구할 것이라고 설명한다.(Rhys Davids 1894: 239) 어느 대화에서도 나가세나는 살인에 대한 왕의 견해에 이의를 제기하지 않으며, 불교 윤리에 관한 책에서 이러한 의무가 존재하는 것은 분명히 주목할 만하다. 정의로운 통치에 대한 이러한 접근 방식은 디가 니까야(Digha Nikāya: 장부長部)의 26권과 27권과 같은 다른 경전 자료에서도 찾아볼 수 있다. '태초 지식에 관한 설법'에서 왕은 법을 지키고 형벌을 집행하는 도덕적 책임을 맡는다. '전륜성왕 사자후경'의 경우는 조금 다른데, 불교 교리를 온전히 지키지 못하면 질서를 유지하기 위한 처벌이 필요하다는 견해다.

대승 교리

일부 문헌에서는, 종교 방어를 위해 행해지는 한, 살인이나 전쟁이 정당화된다. 티베트판 대승 대열반경(Mahāyāna Mahāparinirvāṇa Sutra)에서 불교도들, 특히 왕들은 무기를 들고 그들의 종교를 지키기 위해 싸울 것으로 기대를 받는다.(Schmithausen 1999: 57-58) 상좌부 교리와 유사하게, 대승 교리에는 재가 수행자들과 통치자들에 대한 다른 윤리가 담겨 있다. 몽골어 텍스트 '열 가지 유덕한 왕법'은 통치자들에게 불교의 가르침에 반하는 자들을 멸하고 필요할 때 가혹한 조치를 취하라고 지시하고 있다.(Wallace 2010: 93) 남아시아의 대살차니건자소설경大薩遮尼乾子所說經(Satyakaparivarta), 즉 불설보살행방편경계신통변화경佛說菩薩行方便境界神通變化經(Ārya-Bodhisattva-gocara-upāyaviṣaya-vikurvaṇa-Nirdeśa Sūtra)을 번역하면 대충 '보살 활동 분야에서 숙련된 방편의 주제를 통한 고귀한 가르침'이 되는데, 이 텍스트에서도 통치자를 위한 지침을 제공한다. 여기에는 불교가 승인한 고문, 사형, 그리고 다른 형태의 폭력을 집행하는 방법을 포함하고 있다. 본문에서 왕은 과도하게 자비를 베풀지 말고, '미개한 사람들'을 감금, 겁박, 구타, 결박 또는 해를 끼치도록 주의를 받는다.(Jenkins 2010: 64)

대승 교리는 상좌부와 유사한 폭력의 예외 구조를 제공한다. 그러나 공관空觀과 숙련된 방편의 원칙은 독특한 윤리적 고려 사항들을 만들어낸다. 이러한 원칙은 금강승 교리에서 공유되며, 이는 종종 대승 교리에서 발전했다고 한다.

금강승 교리

금강승의 기본 원리 중에는 깨달음을 얻었거나 깨달음의 길에 있는 존재인 보살의 대승 개념이 있다. 일부 텍스트에서는, 완전한 자비와 지혜를 부여받은 이러한 개인들은 윤리적 이중 잣대에서 이익을 얻는다. 문수보살에 대한 경전에서 볼 수 있듯이, 보통 사람들은 잠정 윤리에 얽매여 있지만, 보살들은 어떤 일이든 할 수 있고 심지어 살인을 저지를 수도 있다. 완전히 깨달은 존재는 악한 생각에 사로잡히지 않으므로, 그들의 행동은 다른 사람들과 다르다. 게다가, 그들은 사람들을 해방하고 그 종교를 보호하기 위해 숙련된 방편을 사용한다.

아마도 금강승 교리에서 가장 신성한 사람은 달라이 라마일 것이다. 그 법통은 17세기 중반에 5대 달라이 라마로 지명된 나왕 롭상 갸초 Ngawang Lobsang Gyatso와 함께 시작되었다. 5대 달라이 라마는 자신의 종교적 위상을 이용하여 살인을 자행했다. 요한 엘베르스코그Johan Elverskog는 5대 달라이 라마 나왕 롭상 갸초가 티베트에서 자신의 권력을 공고히 하려고 했던 방식에 대해 언급했다: '그는 또한 달라이 라마의 이름으로 사람들을 기꺼이 죽이고 불구로 만들 군인들이 필요했다. 그는 그가 찾고 있던 군인들을 상부 몽골족에서 발견했는데, 그들은 여러모로 그의 근본주의 겔룩파Gelukpa의 죽음의 부대가 되었다.'(2010: 221) 그가 겔룩파 전통을 확장하고 경쟁 불교 종파와 싸웠을 때, 5대 달라이 라마는 그를 대신해 폭력을 정당화했다. 5대 달라이 라마는 티베트 '봄의 여왕의 노래'에서, 상급 불교 수행자들은 정신 상태와 감정을 통제하기 때문에 정당한 폭력 행위를 저지를 수 있다고 설명한다.(Maher 2010: 85) 이러한 맥락에서 5대 달라이 라마는 자신의 종파 보호자인 몽골 통치자 구시리 칸Gushri Khan이 자행한 폭력을 정당화한다. 구시리 칸이 법(Dharma)을 수호했다는 사실과 더불어, 5대 달라이 라마는 그 통치자가 보살이었다고 설명한다.(88)

국가 폭력

발리슈나 고케일Balkrishna Gokhale은 초기불교 사상가들이 베버Weber식 국가 개념을 가지고 있었다고 주장한다(1968: 251): '그들에게 국가는 주로 왕과 그의 기관이 소유할 수 있는 무력이나 폭력 조직이다.' 국가는 질서를 유지하기 위해 폭력을 행사할 의무가 있었고, 지금도 많은 현대 불교 정부가 여전히 그 의무를 갖고 있다. 국가의 불교 원칙 이행이 시민들에게 피해를 준 방식은 다양하다: 안락사와 낙태에 관한 법률, 체벌, 차별을 지지하는 제도적 정책 등이 있다.

1) 법률

국법의 한 영역은 안락사와 낙태이다. 이 법들은 각 민족국가와 교조 집단에 따라 다르다. 대부분의 불교 국가에서는 안락사나 낙태를 지지하지 않는다. 인간은 그들의 부정적인 행위의 결과를 견뎌야 한다; 이러한 관점에서, 죽어가는 사람들은 그들의 고통을 통해 과거의 업보에 대해 속죄한다. 그리고 불교적 관념은 종종 생명을 잉태할 때부터로 정확하게 지적하기 때문에, 태아의 낙태는 자아의 종말이다. 이러한 입장은 낙태를 금지하지만, 낙태가 시행되는 태국과 같은 일부 국가에서 문제를 일으켰다. 태국의 불교도들은 태아의 영혼을 달래야 한다고 믿으며, 따라서 낙태된 태아는 화장을 위해 사원으로 보내진다. 일본의 불교도들은 사산, 낙태, 유산된 태아를 위해 태아 제사 미즈코 쿠요水子供養를 지낸다. 이 의식 동안 어린이의 수호자인

지장보살에게 공양을 올린다.[12]

2) 체벌

수 세기에 걸쳐 국가가 여러 차례 반복되는 동안, 불교도들은 불교 정신을 유지하기 위해 정부가 처벌을 내릴 수 있는 권리를 지지해 왔다. 법(다르마)을 보존하는 국가의 기능 외에도, 어떤 사람들은 체벌을 업보의 법칙 실행으로 해석한다. 그러나 다른 사람들에게, 처벌 제도는 그 자체로 부정적인 행위의 적용이다. 앞에서 교리의 정당화에서 지적했듯이, 불교도 대다수는 사형뿐만 아니라 고문을 포함하는 체벌을 묵인한다.

형벌에 대한 불교의 입장은 수 세기에 걸쳐 변해 왔다. 16세기에 몽골의 통치자 쿠투크투 세첸 쿵 타이지Khutukhtu Setsen Khung Taiji는 도둑질을 하면 눈을 멀게 하고, 거짓말을 하면 혀를 자르는 것과 같은 조치를 권고하는 '열 가지 유덕한 왕법'을 편집했다.(Wallace 2010: 93) 몽골에서는 1921년 사회혁명이 일어나기 전까지 다양한 형벌이 행해졌다. 태국은 '열 가지 유덕한 왕법'에서 볼 수 있는 것과 같은 법을 유지하지는 않지만, 국제사면위원회와 국제인권 감시기구와 같은 비정부기구는 때때로 용의자들을 사찰에서 고문하는 기술에 대해서 언급하였다.(Jerryson 2011: 139)

스리랑카의 불교학자 아난다 아베이세카라Ananda Abeysekara는 학자들에게 '불교' 그리고 '폭력'과 같은 끊임없이 진화하는 용어들

---

12 낙태에 대한 더 크고 자세한 논의는 이 책 28장 Michael Barnhart의 낙태와 생식에 대한 불교적 관점 참조.

특정한 맥락에 배치하라고 상기시킨다. 그는, 그의 현장 연구에서, 일부 고문 기술이 스리랑카의 '법륜을 때리다'(Sri Lankan dhammacakke gahanava)라는 의미를 함축할 수 있다고 지적한다. 이 고문에서 불교도들(때로는 JVP[13] 불교 승려들)은 몸을 바퀴 모양으로 뒤틀도록 강요당했고, 그 후 기절하거나 출혈로 사망할 때까지 몸을 회전시키고 구타당했다.(Abeysekara 2002: 230-231)

고문과 자해 사이에는, 특히 상해/부상의 불교적 가치에 비추어 볼 때 뚜렷한 차이가 있다. '법륜을 때리다'와 같은 예는 해를 끼치는 수단으로 사람에게 행해진다. 불교도들은 공덕을 쌓거나, 효성을 보여주거나, 헌신을 표현하기 위해 자기-고행의 형태를 적용해왔다. 이러한 관행은 불교 승려가 혈서를 쓰고, 신체 일부를 자르고, 극단적으로 태양에 노출하는 의식을 행하는 중국 전통에서 가장 자주 볼 수 있다.(Yu 2012) 이 장의 앞부분에서 언급했듯이, 불교도들은 자기-소신과 유사한 이러한 행위들을 자비로운 행위이며 불살생(ahiṃsā)을 범하지 않는다고 판단할 수 있다.

일부 국가에서는 사형제도를 지지하지 않는다. 예를 들어, 스리랑카는 사형에 반대해 온 오랜 역사가 있다. 1815년에 영국은 사형제도를 시행했지만, 1978년에 폐지했다. 그 후 이 정책을 복원하려는 시도가 주기적으로 있었다.

국가라는 개념은 초기불교 사상가들에 의해 당연시되었지만, 현대 불교 지지자들과 통치자들에 의해 대담해졌다. 한 가지 사례는 스리

---

13 역주: Janatha Vimukthi Peramuna, 마르크스주의 인민 해방 전선, 스리랑카 반군 참여.

랑카 정부가 '국가의 적'에 대해 무차별적으로 무력을 사용하는 것이다. 또 다른 주목할 만한 예는 태국 정부가 불교 군주제를 존중하지 않는 사람들에게 체벌을 가하기 위해 불경죄(lèse-majesté)를 적용한 것이다.

3) 정체성과 차별적 폭력

종교와 폭력에 대한 서구 학문의 방대한 자료는 주로 전쟁과 갈등과 같은 부정적인 정치적, 물리적 사례와 관련이 있다. 소외와 같은 주제는 요한 갈퉁Johan Galtung의 서술어인 '구조적 폭력'으로 강등되거나 아예 배제된다. 불교는 폭력이 소외, 차별, 예속의 맥락에서 특히 관련되기 때문에 상해/부상에 중점을 둔다. 특권에서 제외되는 것을 고맙게 여기는 사람은 아무도 없다; 오히려 사람들은 종종 그러한 배제로 인해 피해를 보았다고 말한다.

  아마도 불교 전통을 폭력의 영역과 연결하는 핵심은 불교도라는 어떤 사람의 정체성일 것이다. 레지나 슈워츠Regina Schwartz는 아브라함 종교에 대한 그녀의 평가에서, 폭력의 기원이 한 개인의 정체성 형성이라고 주장한다. 그녀는 '타인을 구별하고 분리하는 행위, 경계를 만들고 선 긋기 행위로 정체성을 상상하는 것이 우리가 저지르는 가장 빈번하고 근본적인 폭력 행위'임을 발견한다.(1997: 5) 아브라함 전통에서 다른 사람들과 분리하고 구별하는 이러한 경향은 불교 전통에서도 발견된다. 초기 남아시아 사회 불교 전통은 엄격한 정체성 표시가 없었고 간결했다. 그러나 일찍이 기원 1세기에 이르러 상황이 바뀌었다. 불교적 정체성 결정화는 불법(불교 가르침)의 신봉자들을 새로운 정치 영역과 타자성의 형태로 이끌었다.

　일반적으로, 불교의 정체성은 종종 민족 및 국가 표시와 같은 다른 식별에 첨부된다. 이것은 동남아시아에서 특히 두드러진다: 태국에서 태국인이 되는 것은 불교도가 되는 것이다(Jerryson 2011: 143-177); 미얀마에서 버마인이 된다는 것은 불교도가 되는 것이다.(Bechert 1984) 이 연결의 일부는 민족국가 건설 시대인 19세기 후반과 20세기 초반에 시작되었다. 안네 한센Anne Hansen은 식민지 캄보디아에 대한 자신의 저작에서, '간단히 말해서, 프랑스인들은 (자신들과 크메르 동료들을 위해) 불교를 현대적으로 이해하기를 원했고, 크메르인들은 현대 세계에서 불교도가 되기를 원했다'라고 썼다.(2007: 131) 이러한 민족국가 운영 기간에 남아시아와 동남아시아에서 민족적, 종교적 적대감이 불붙었다. 가장 최근의 이러한 반복되는 적대 행위는 민족주의와 그에 따른 민족 정체성의 우산 아래에 있다: 따라서 국가에 대한 공격은 불교에 대한 공격으로 이루어진다. 연구에 따르면 이러한 현상은 디아스포라에서 더욱 심화한다; 뮬런Eve L. Mullen은 미국의 티베트인에게 '티베트인으로 간주하는 것은 불교도이고, 불교도라고 하는 것은 적극적 애국이다'라고 시사했다.(2006: 186)

　민족국가와 국가건설의 시대에 티베트, 태국, 캄보디아, 버마 등의 불교도들은 자신들의 국적을 불교와 밀접한 관련이 있다고 생각한다. 이러한 정체성과의 결탁으로 인해 국가에 대한 공격은 불교에 대한 공격이 된다. (그리고 그 반대도 마찬가지이다.) 불교 전통에 대한 매개변수를 그릴 때, 문화적 관행과 신념에 큰 차이가 있음이 분명하다.

제22장 불교, 전쟁, 폭력 **315**

불교 내에서는 불교 신자로서의 신분에 더하여, 특권이나 결여를 제공하는 신분이 있다. 종교적인 텍스트는 성별과 인종적 고정관념으로 가득 차 있다. 이 장에서 그러한 고정관념을 철저히 다루기에는 충분한 공간이 없지만, 간략한 개요를 제공하는 것은 중요하다.

베르나르 포레Bernard Faure는 불교 전통에서 성차별이 너무나 뚜렷해서, 일관된 페미니스트 비판이 불교를 뿌리째 산산조각 낼 수 있다고 주장한다.(1998: 281) 이성애자가 지배하는 이야기에서 여성은 남성에게 복종한다―붓다와 그의 전생을 회상하는 이야기, 또는 신들과 보살들의 판테온에서 여성은 남성에게 복종한다. 불교 전통은 (자이나교와 함께) 여성에게 수계를 수여한 최초의 전통 중 하나였지만, 이것에도 다툼이 없었던 것은 아니었다. 붓다의 애제자 아난다는 세 차례나 비구니 입회 허락을 구해야 했고, 비구니 승가가 창건된 후 붓다는 여자가 포함되어 다르마의 수명이 단축되었다고 설명했다. 장로니게경長老尼偈經(Therāgáta)과 같은 여성 성인열전聖人列傳에서 발견되는 초기 여성불교 성인들이 있었지만, 남아시아 여성불교도들은 남성 영웅의 관점에서 자신들을 동일시하는 법을 배웠다.(Wilson 1996: 5)

수 세기 동안 대부분의 나라에서 비구니 승가를 유지하지 않았고, 태국과 같은 일부 국가에서는 이를 시작하지 않았다. 탄트라의 대안적 수행에서, 성체性體와 신성함의 구분은 크지 않다. 샬린 메이클리 Charlene Makley는 티베트 화신化身 라마(Tib sprulsku)의 선형적인 남성의 몸이 신성한 지역 우주의 중요한 지표 역할을 한다고 지적한다.(2007: 25) 집착을 극복하는 데 초점을 맞추고, 마라Mara[14]의 딸들과 같이 텍스트와 이미지에서 여성을 유혹자로 묘사하는 종교에 대해서는 할 말이 많다. 이러한 관점에서 볼 때, 가장 심각한 범죄인 바라이죄 波羅夷罪(pārājika)[15] 중에서 섹스가 살인보다 무겁다는 것은 우연이 아니다.

불교 관행은 또한 인종적 범주를 유지하는 데 사용되었다. 이들 중 가장 이른 것은, 남아시아 브라만 카스트 제도로 거슬러 올라가는데, 이는 붓다에 의해 공식적으로 질책을 받았다. 그러나 사원 지침에는 수계를 원하는 사람들에 대한 신체적 제한이 많이 포함되어 있으며, 초기불교 신봉자 대부분은 상위 카스트(특히 상인과 사제 카스트)에 속했다. 초기 남아시아 사회 체제 내에서 인종 구분은 피부색에 의해 물리적으로 나누어졌다; 더 어두운 피부 색소를 가진 사람들은 하위 카스트로 지정되었다. 밝은 피부 색소에 대한 선호는 주로 노동 조건의 결과이다. 하층 계급의 사람들은 야외에서 햇볕을 쬐며 일했지만, 부유한 사람들은 실내에 머물 수 있었다. 피부색으로 계급을 구분하는 이 초기 방법은 바뀌었지만, 이런 행태는 여전히 남아시아와 동남아시아의 현대 불교 사회에서 뚜렷하게 나타나고 있으며, 세계적인 미디어와 엔터테인먼트에 의해 강화되었다.

스리랑카 사회는 여전히 카스트 제도를 유지하고 있으며, 태국 사회도 밝은 피부를 선호하고 있다. 이러한 국가들 내에서, 태닝을 하기 위해 해변을 방문하는 사람들은 일반적으로 백인 관광객들이다; 미백 크림은 흔하게 광고된다. 밝은 피부 색소 침착에 대한 선호는

---

14 역주: 애욕의 신.
15 역주: 비구나 비구니가 승가를 떠나야 하는 무거운 죄.

불교 이미지에 비추어지며, 붓다는 밝은 피부 색조를, 그의 적들에게는 어두운 피부 색조가 반영된다. 태국의 불교 벽화에서처럼 일부 설명에서는, 마라와 그의 부하들은 더 어두운 피부색으로 묘사된다. 이러한 특징들은 불교 설화와 인종화된 주제를 통합하는 구조적 수준의 폭력을 시사한다.(예: Jerryson 2011: 143-177 참조)

성별과 인종과 같은 신분 식별을 넘어서는 것은 타자에 대한 더 높은 예우이다. 남아시아와 동남아시아에서는 불교 정부와 공동체는 이슬람 혐오 정책과 관행을 통해 '소속 정치'에 나서고 있다. 그 대표적인 예가 미얀마의 969운동이다. 숫자 9-6-9는 삼보三寶를 나타내는 것으로, 붓다의 아홉 가지 특성, 법의 여섯 가지 특성, 승가의 아홉 가지 특성이다. 버마 불교 승려들은 이슬람 상점 주인들이 할랄 인증을 나타내기 위해 786 기호 사용하는 것에 대응하여 이 기호를 만들었다. 니이 니이 캬우Nyi Nyi Kyaw는 이 운동이 '이 운동의 지도자들이 불교의 삼보를 대표하는 메시지를 전달하기를 원하고, 신성한 삼보의 특성을 상징적으로 그리는 불교도들에게 그것이 고귀한 노력임을 나타내기 때문에' 이 상징을 사용한다고 지적한다.(2016: 1998) 이 운동의 회원들과 그 계열 조직인 미얀마 애국자 협회(Ma-Ba-Tha)는 미얀마의 소수민족을 소외시키고 배척하려는 반무슬림 수사법에 반복적으로 관여해 왔다.

폭력에 대한 불교의 대응

서구에서 대중화되었듯이, 평화를 전형적인 사회적 노력으로 보는 많은 불교도가 있다. 크리스토퍼 퀸Christopher Queen은 '서구의 참여 불교' 서론에서 이러한 변화에 대해 다음과 같이 말한다:

> 불교도와 다른 세계 신앙의 수행자들에게 주로 명상, 기도 또는 사원 의식과 같은 전통 의식을 준수하는 관점에서, 아니면 '업의 법칙', '불성', '신의 뜻' 또는 '도'와 같은 교리에 대한 믿음의 관점에서 인간 삶의 질을 측정하는 것은 더 이상 불가능하다. (2000: 1)

이러한 불교도들에게는, 불교 명상에 참여하고 전통 의식에 참여하는 것만으로는 충분하지 않다; 사람들은 이 세상의 고통에 관심을 가져야 한다. 이런 방식으로, 불교도들은 정치적 행위의 시작부터 정당화, 선동, 정치적 갈등에 관여해 왔듯이, 그들도 이들을 해결하는 데 관여해 왔다.

마틴 루터 킹Martin Luther King Jr에 의해 노벨 평화상 후보로 지명된 틱낫한은 그의 작업에서 이 예를 사용한다. 틱낫한은 자신의 경전 자료 모음에서 법구경 주석서(Dhammapada-Aṭṭhakathā)의 한 부분을 자세히 설명하는데, 여기에서 붓다는 그의 가문 씨족과 이웃 씨족 간의 로히니Rohini 강 분쟁에 개입한다:

> 부처님께서 '폐하들이시여, 물과 인간의 생명 중 어느 쪽이 더 소중한가요?'라고 말씀하셨다. 왕들은 인간의 생명이 훨씬 더 귀하다는 데 동의했다. 부처님께서 말씀하시기를 '폐하들이시

여, 충분한 관개용수가 필요하기에 이 갈등이 생겼습니다. 오만과 분노가 타오르지 않았다면, 이 갈등은 해결될 수 있었을 것입니다. 전쟁은 필요 없습니다! 폐하들의 마음을 살펴보십시오. 오만과 분노 때문에 백성들의 피를 허비하지 마십시오. 오만과 분노가 풀리면 전쟁으로 이어지는 긴장은 사라질 것입니다. 이 가뭄의 시기에 강물을 어떻게 하면 양쪽이 동등하게 공유할 수 있는지 앉아서 논의하십시오. 양쪽에 같은 양의 물이 보장되어야 합니다.'(Thich Nhat Hanh 1991: 339)

갈등에 대한 붓다의 신중한 검토를 통해 공개적인 적대감으로 발아된 씨앗을 찾을 수 있었다.

문제가 어디에 있는지 찾았을 때, 붓다는 양측 모두에게 분쟁의 더 높은 비용을 인정하게 하고, 두 왕국의 이익을 위해 서로의 필요에 대해 타협하도록 압박했다. 붓다를 모델로 많은 불교도와 승려가 비슷한 방식으로 갈등 해결에 참여했다.

갈등 해결과 평화 구축의 한 예는 일본 불교에서 찾아볼 수 있다. 니치렌日蓮은 13세기에 군사적 목적으로 불교의 원리와 법화경의 사용을 주장했다. 그러나 20세기 중반에 이르러, 일련종 승려들은 불교 원리를 통해 핵확산과 분쟁 종식을 주장했다. 한 예는 1917년 일련종 불교 내에서 '일본산묘법사대승가日本山妙法寺大僧伽'라는 종파를 설립한 후지이 니치다쓰藤井 日達의 경우이다. 이 종파는 1931년 후지이가 모한다스 간디Mohandas Gandhi를 만나고 간디의 사티아그라하(satyāgraha, 진리의 포착)와 비폭력의 강력한 지지자가 되면서 새로운 방향을 잡았다. 히로시마와 나가사키에 대한 원폭 투하 이후, 후지이는 이 종파의 첫 번째 '평화 탑'(Skt śānti stūpa)의 건축을 감독했다. 법화경(11장)에서 영감을 얻은 후지이는 탑을 불교의 성스러운 장소이자 미래의 보편성에 대한 비전으로 보았다:

> 탑의 출현은 모든 사람의 마음에 감동을 줍니다. 이 탑을 숭상하는 사람들은 핵전쟁을 절대 거부하고 평화로운 세상이 올 것이라고 굳게 믿습니다. 탑의 비전은 정신적 변화를 일으키는 힘이 있습니다. 탑은 정신적 문명의 여명을 밝혀줍니다. (Green 2000: 139에서 인용)

21세기에도 '일본산 묘법사'는 핵무기를 줄이고 평화를 증진하기 위한 활동을 계속하고 있다.

비록 그 수는 적지만(약 1,500; Kisala 2006: 463), 그럼에도 불구하고, 그들은 그들의 노력을 세계화했다. 현재 전 세계적으로 80개 이상의 평화 탑이 있다.

불교의 갈등 해결의 또 다른 예는 20세기의 가장 피비린내 나는 갈등 중 하나에서 비롯된다. 폴 포트가 이끄는 크메르루주는 1975년부터 1979년까지 캄보디아를 지배했다. 그 4년 동안, 그들은 캄보디아 전체 인구의 거의 21%에 해당하는 170만 명에 대한 대량 학살을 연출했다.(캄보디아 대량 학살 프로그램) 그 여파로 캄보디아는 정치적, 사회적 갈등으로 가득 차 있었다. 화해 과정의 중요한 구성 요소 중 하나는 사회적 긴장을 치유하기 위해 노력한 마하 고사난다Maha

Ghosananda와 같은 캄보디아 불교 승려들에게서 나왔다.

마하 고사난다는 그의 평화 구축에 대한 업적뿐만 아니라 그의 초국가적 연계로 인해서 중요한 인물로 인정받고 있다. 그는 프놈펜의 불교 대학에서 공부한 후 인도로 가서 나란다 불교 대학에서 박사학위를 받았다. 이언 해리스Ian Harris는 마하 고사난다가 인도에 있을 때 '일본 평화 지향 불교 종파인 〈일본산 묘법사〉를 설립하고 간디의 일에 직접 관여한 후지이 니치다쓰의 영향을 받은 것 같다'라고 쓰고 있다.(2005: 207)

이후 마하 고사난다는 유엔 경제사회이사회 자문위원으로 활동하며 인간의 고통을 해결하기 위한 정치적 필요성을 옹호했다. 마하 고사난다와 같은 불교도들에게 캄보디아 사회는 용서를 통해 앞으로 나아갈 필요가 있었다. 틱낫한이 설명한 붓다의 중재와 유사하게, 마하 고사난다는 화해를 위한 캄보디아인의 노력을 하나로 모으기 위해 일했다: '화해는 권리와 조건을 포기하는 것이 아니라, 우리의 모든 협상에서 사랑을 사용한다는 것을 의미합니다.'(평화와 화해를 위한 연합 1997: 6)

결론

이 장에서는 전쟁과 폭력에 대한 불교적 접근의 예를 제시했지만, 포괄적인 것과는 거리가 있다. 이 논의의 목적상, 불교 원칙과 그 관련성에 대한 풍부한 학문적 논쟁에 대한 해석 활용과 검토를 피했다. 대신, 이 장은 전쟁과 폭력에 대한 불교적 선택과 정당화의 역사적 사례로 공간을 한정했다.

폭력에 대한 담론은 계속 확장되고 있으며, 이 장에서 다루지 않은 주제에 관한 충분한 연구가 있다. 이러한 영역에는 비-이성애 정체성 수용에 대한 불교의 도전, '인식론적 폭력'에 대한 스피바크Spivak[16]적 논의, 비디오 게임에서의 폭력, 가상 현실에서의 폭력이 포함된다. 불교와 신성모독 사이의 관계에 대한 탐구 등 폭력에 관한 새로운 하위 분야도 등장하고 있다.[17] 그러나 이 장에서 다루지 않은 주제 중 더 주목할 만한 하나는 동물들에 대한 처우이다. 다양한 불교 전통에서 다른 식단 제한이 있는 곳에서는, 동물 살해를 윤리화하는 방법도 다르다.[18]

이 장의 더 큰 공백은 행위자와 폭력에 대한 의도적인 집중에 있다. 이 장의 그 부분은 전쟁에 참여하는 불교도, 그들의 합리성, 그리고 그들의 살인에 대한 정당성을 다룬다. 그러나 결과는 제공하지 않는다. 거기에는 극단적으로 폭력적인 시나리오와 전쟁에 대처하고 살아남는 것에 관한 불교적 관점이 풍부하다. 폭력에 대처하는 불교도들에 대한 담론은 그 자체로 방대하다. 안타깝게도, 그것은 이 장의 범위를 벗어난다. 바라건대, 향후 불교, 전쟁, 폭력 분야의 연구는

---

16 역주: Gayatri Chakravorty Spivak, 1942~, 인도계 미국 학자, 문학 이론가, 페미니스트 비평가.

17 불교와 신성모독에 관한 Journal of Religion and Violence(4 [2] 2016) 특별호 참조.

18 동물과 폭력에 대한 불교 윤리에 대한 풍부한 분석은 Stewart(2014)와 Keown(2012) 참조.

가해자와 피해자 관점 모두에서 불교의 관점을 다루어야 할 것이다.

인용 문헌

Abeysekara, A. (2002) *The colors of the robe: religion, identity, and difference*. Columbia: University of South Carolina Press.

Bechert, H. (1984) 'To be Burmese is to be Buddhist': Buddhism in Burma. In: H. Bechert and R. Gombrich (eds), *The world of Buddhism: Buddhist monks and nuns in society and culture*. London: Thames & Hudson, 147-158.

Bhikkhu Bodhi (trans.) (2000) *The connected discourses of the Buddha: a translation of the Saṃyutta Nikāya*. Boston: Wisdom.

Chang, G. C. (ed.) (1983) How to kill with the sword of wisdom. In: *A treasury of Mahayana sūtras: selections from the Mahāratnakūṭa Sūtra*. University Park and London: Pennsylvania State University Press, 41-72.

Coalition for Peace and Reconciliation (1997) CPR update: a newsletter of the Dhammayietra Center. Phnom Penh: CPR.

Collins, S. (1998) *Nirvana and other Buddhist felicities: utopias of the Pali imaginaire*. Cambridge: Cambridge University Press.

Cowell, E. B. (ed.) (1990) *The Jātaka or stories of the Buddha's former births*. Reprint of 1895 edition. Delhi: Motilal Banarsidass Publishers.

Dalton, J. P. (2011) *Taming the demons: violence and liberation in Tibetan Buddhism*. Princeton: Yale University Press.

Davidson, R. M. (2005) *Tibetan renaissance: tantric Buddhism in the rebirth of Tibetan culture*. New York: Columbia University Press.

Demiéville, P. (2010) Buddhism and war. Translated by M. Kendall. In: M. Jerryson and M. Juergensmeyer (eds), *Buddhist warfare*. New York: Oxford University Press, 17-58.

Elverskog, J. (2010) *Buddhism and Islam on the Silk Road*. Philadelphia: University of Pennsylvania Press.

Faure, B. (1998) *The red thread: Buddhist approaches to sexuality*. Princeton: Princeton University Press.

Geiger, W. (trans.) (1993) *The Mahāvaṃsa or the great chronicle of Ceylon*. Reprint of 1912 edition. New Delhi and Madras: Asian Educational Services.

Gethin, R. (2004) Can killing a living being ever be an act of compassion? The analysis of the act of killing in the Abhidhamma and Pali commentaries. *Journal of Buddhist ethics*, 11, 167-202.

Gokhale, B. (1968) Dhamma as a political concept. *Journal of Indian history*, 44 (August), 249-261.

Gray, D. B. (2007) Compassionate violence? On the ethical implications of Tantric Buddhist ritual. *Journal of Buddhist ethics*, 14, 238-271.

Green, P. (2000) Walking for peace: Nipponzan Myohoji. In: C. Queen and S. King (eds), *Engaged Buddhism in the west*. Somerville, MA: Wisdom, 128-158.

Hansen, A. (2007) *How to behave: Buddhism and modernity in colonial Cambodia, 1860-1930*. Honolulu: University of Hawai'i Press.

Harris, I. (2005) *Cambodian Buddhism: history and practice*. Honolulu: University of Hawai'i Press.

Horner, I. B. (trans.) (1963-1964) *Milinda's questions*. London: Luzac and Company.

Horner, I. B. (trans.) (1983) *The book of the discipline (Vinaya-Pitaka): Volume III (Suttavibhanga)*. Reprint of 1942 edition. Oxford: Pali Text Society.

Horner, I. B. (trans.) (1992) *The book of the discipline (Vinaya-Pitaka): Volume I (Suttavibhanga)*. Reprint of 1938 edition. Oxford: Pali Text Society.

Jenkins, S. (2010) Making merit through warfare and torture according to the ĀryaBodhisattva-gocara-upāyaviṣaya-vikurvaṇa-nirdeśa Sūtra. In: M. Jerryson and M. Juergensmeyer (eds), *Buddhist warfare*. New York: Oxford

University Press, 59-76.

Jenkins, S. (2010/2011) On the auspiciousness of compassionate violence. *Journal of the International Association of Buddhist Studies*, 33 (1-2), 299-331.

Jerryson, M. (2011) *Buddhist fury: religion and violence in southern Thailand.* New York: Oxford University Press.

Kent, D. (2010) Onward Buddhist soldiers. In: M. Jerryson and M. Juergensmeyer (eds), *Buddhist warfare.* New York: Oxford University Press, 157-177.

Keown, D. (2012) Buddhist ethics: a critique. In: D. L. McMahan (ed.), *Buddhism in the modern world.* New York: Routledge, 215-232.

Keyes, C. (1978) Political crisis and militant Buddhism. In: B. L. Smith (ed.): *Religion and legitimation of power in Thailand, Laos, and Burma.* Chambersburg, PA: ANIMA, 147-164.

Kyaw, N. N. (2016) Islamophobia in Buddhist Myanmar: the 969 movement and anti-Muslim violence. In: M. Crouch (ed.), *Islam and the state in Myanmar: Muslim-Buddhist relations and the politics of belonging.* New Delhi: Oxford University Press, 183-210.

Maher, D. F. (2010) Sacralized warfare: the fifth Dalai Lama and the discourse of religious violence. In: M. Jerryson and M. Juergensmeyer (eds), *Buddhist warfare.* New York: Oxford University Press, 77-90.

Makley, C. E. (2007) *The violence of liberation: gender and Tibetan Buddhist revival in post-Mao China.* Berkeley: University of California Press.

Mayer, R. (1996) *A scripture of the ancient tantra collection, the Phur-pa bcu-gnyis.* Oxford: Kiscadale Publications.

Meinert, C. (2006) Between the profane and the sacred? On the context of the rite of 'liberation' (sgrol ba). In: M. Zimmermann (ed.), *Buddhism and violence.* Lumbini, Nepal: Lumbini International Research Institute, 99-130.

Ming-Wood, L. (1984) The problem of the icchantika in the Mahāyāna Mahāparinirvāna Sūtra. *Journal of the International Association of Buddhist Studies*, 7 (1), 57-81.Buddhism, War, and Violence 477

Mullen, E. (2006) Tibetan religious expression and identity: transformations in exile. In: E. Arweck and W. J. F. Keenan (eds), *Materializing religion: expression, performance and ritual*. Aldershot, UK: Ashgate, 175-189.

Nartsupha, C. (1984) The ideology of holy men revolts in north east Thailand. Senri ethnological studies, 13, 111-134.

Nhat Hanh, T. (1991) *Old path white clouds: walking in the footsteps of the Buddha*. Translated by M. Ho. Berkley: Parallax Press.

Nichiren (n.d.) The strategy of the Lotus sutra. Translated by Soka Gakkai International. In: *Writings of Nichiren Daishonin*. Soka Gakkai International, 1000-1001. Available from: www.nichirenlibrary.org [Accessed 17 January 2009].

Nuhman, M. A. (2016) Sinhala Buddhist nationalism and Muslim identity in Sri Lanka. In: J. C. Holt (ed.), *Buddhist extremists and Muslim minorities in Sri Lanka*. New York: Oxford University Press, 18-53.

Queen, C. (2000) Introduction: a new Buddhism. In: C. Queen and S. King (eds), *Engaged Buddhism in the West*. Somerville, MA: Wisdom, 1-34.

Rhys Davids, T. W. (1894) *Questions of King Milinda, part II*. Sacred Books of the East, volume 36. Oxford: Clarendon Press. Available from: http://www.sacred-texts.com/bud/sbe36/sbe3600.htm.

Schmithausen, L. (1999) Buddhist attitudes toward war. In: J. E. M. Houben and K. R. Van Kooji (eds), *Violence denied: violence, non-violence and the rationalization of violence in south Asian cultural history*. Leiden, Netherlands, and Boston: Brill, 39-67.

Schwartz, R. M. (1997) *The curse of Cain: the violent legacy of monotheism*. Chicago: University of Chicago Press.

Soboslai, J. (2015) Violently peaceful: Tibetan self-immolation and the problem of the non/violence binary. *Open Theology*, 1 (1), 146-159. Available from: https://www.degruyter.com/downloadpdf/j/opth.2014.1.issue-1/opth-2015-0004/opth-2015-0004.pdf [Accessed 3 June 2015].

Stewart, J. (2014) Violence and nonviolence in Buddhist animal ethics. *Journal of Buddhist ethics*, 21, 623-655.

Tatz, M. (trans.) (1994) Murder with skill in means: the story of the ship's captain. In: *The Skill in Means (Upāyakauśalya) Sutra*. New Delhi: Motilal Banarsidass, 73-74.

Thanissaro Bhikkhu (trans.) (1997) Kesi Sutta: to Kesi the horsetrainer. Anguttara nikaya. Available from: http://www.accesstoinsight.org/tipitaka/an/an04/an04.111.than.html [Accessed 25 July 2010].

Tikhonov, V. (2009) Violent Buddhism-Korean Buddhists and the Pacific War, 1937-1945. *Sai*, 7, 169-204.

Times Now (2013) Special: The Dalai Lama. 25 March 2013. Available from: https://www.youtube.com/watch?v=-XXZslT3mmE [Accessed 17 April 2013].

Victoria, B. (2006) *Zen at War*. Second edition. Lanham, MD: Rowman and Littlefield.

Wallace, V. (2010) Legalized violence: punitive measures of Buddhist Khans in Mongolia. In: M. Jerryson and M. Juergensmeyer (eds), *Buddhist warfare*. New York: Oxford University Press, 91-104.

Wilson, L. (1996) *Charming cadavers: horrific figurations of the feminine in Indian Buddhist hagiographic literature*. Chicago: University of Chicago Press.

Wong, E. (2016) Tibetan monk, 18, dies after self-immolation to protest Chinese rule. The New York Times, 3 March.

Yu, J. (2012) *Sanctity and self-inflicted violence in Chinese religions, 1500-1700*. New York: Oxford University Press.

Yu, X. (2010) Buddhists in China during the Korean War (1951-1953). In: M. Jerryson and M. Juergensmeyer (eds), *Buddhist warfare*. New York: Oxford University Press, 131-156.

추천 도서

Bartholomeusz, T. J. (2002) *In defense of dharma: just-war ideology in Buddhist Sri Lanka.* New York: Routledge Curzon.

Baumann, M. (2001) Buddhism: developmental periods, regional histories, and a new analytical perspective. *Journal of global Buddhism*, 2, 1-43.

Broido, M. M. (1988) Killing, lying, stealing and adultery: a problem of interpretation in the tantras. In: D. S. Lopez, Jr (ed.), *Buddhist hermeneutics.* Honolulu: University of Hawai'i Press, 71-118.

Jerryson, M. (2010) Introduction. In: M. Jerryson and M. Juergensmeyer (eds), *Buddhist warfare.* New York: Oxford University Press, 1-16.

Keown, D. (1999). Attitudes to euthanasia in the vinaya and commentary. *Journal of Buddhist ethics*, 6, 260-270.

McGranahan, C., and Litzinger, R. (eds) (2012) Self-immolation as protest in Tibet. *Cultural anthropology* (special edition). Available from: http://www.culanth.org/?q=node/526.

Reuter, C. (2004) *My life is a weapon: a modern history of suicide bombing.* Princeton: Princeton University Press.

Ruth, R. A. (2011) *In Buddha's company: Thai soldiers in the Vietnam War.* Honolulu: University of Hawai'i Press.

Schober, J. (2010) *Modern Buddhist conjunctures in Myanmar: cultural narratives, colonial legacies, and civil society.* Honolulu: University of Hawai'i Press.

Skidmore, M. (2004) *Karaoke fascism: Burma and the politics of fear.* Philadelphia: University of Pennsylvania Press.

제23장 아시아 참여 불교의 윤리

샐리 킹Sallie B. King

서론

이 장에서는 사회 참여 불교라고도 알려진 현대 참여 불교의 윤리를 살펴본다. 참여 불교는 (정부에 의해 억압되지 않는 한) 불교 세계 전역에서 발견되는 현대 불교 형태이다. 참여 불교는 단일 설립자나 본부가 없지만, 시간이 지남에 따라 여러 국가에서 그 사회가 직면한 과제에 대응하여 생겨났다. 참여 불교는 불교의 신념, 가치, 개념, 세계관, 그리고 수행을 바탕으로, 사회와 세계의 사회적, 정치적, 경제적, 환경적 문제에 의도적이며 비폭력적으로 관여하는 불교의 형태로 정의될 수 있다. 참여 불교는 새로운 불교 종파도 아니며, 어떤 기존 종파에도 속하지 않는다: 모든 종파의 불교도는 참여 불교도 일 수 있다. 참여 불교를 식별하는 것은, 특히 불교를 비폭력적인

방식으로 사회 문제에 적용하려는 지속적인 의도에 있다.[1]

참여 불교는 20세기 후반과 21세기 초에 스리랑카와 미얀마에서 볼 수 있는 또 다른 형태의 불교 운동인 현대 불교 민족주의와 신중하게 구별되어야 한다. 참여 불교와 불교 민족주의는 완전히 다른 두 가지 이데올로기이다. 참여 불교는 비폭력적이다. 민족주의 불교는 국가 내에서 비불교인에게 2급 지위를 부여하고, 때로는 소수민족이 국민의 일부가 될 권리를 부정한다는 점에서 암묵적으로 폭력적인 입장이다; 더욱이 직접적으로 폭력을 조장하는 경우가 많다. 민족주의 불교는 국수주의적이며, 그 존재 이유는 국가와 불교의 형태로 집단 자아를 지지하는 것이다. 민족주의 불교는 소수자들을 억압하기 위해 다수의 힘을 사용한다. 참여 불교는 종종 초당파적이며, 모두의 이익을 추구하고, 종종 갈등에 처한 그룹을 화해시키기 위해 노력한다; 때로는 이전의 불가촉천민 계급과 같은 곤경에 빠진 집단들을 대신하여 비폭력적으로 행동한다. 참여 불교는 모든 경우에 민주주의를 확고하게 지지한다; 민족주의 불교는 때때로 선동주의와 연관된다.

참여 불교에 대한 처음 설명은 아마도 참여 불교의 중요한 지도자들과 그들의 운동 일부를 간략하게 소개함으로써 가장 잘 설명할 수 있을 것이다. 14대 달라이 라마 텐진 갸초(Tenzin Gyatso´, 1935-)는 티베트인들의 정신적 지도자이자 티베트 자결권을 위해 비폭력적으로 투쟁하는 티베트 해방운동의 수장이다. 달라이 라마는 친절, 자비,

---

[1] 필자는 필자의 '자비로운 존재: 참여 불교의 사회적 윤리'(2005)와 '사회 참여 불교'(2009)에서 발췌한 내용을 재사용할 수 있도록 허락해 준 하와이 대학 출판사에 감사드린다.

그리고 보편적 책임을 강조하는 비-종파적 영성뿐만 아니라, 비폭력을 옹호하는 것으로 세계적으로 유명하다.

베트남의 선승이자 시인인 틱낫한(Thich Nhat Hanh, 1926-2022)은 '참여 불교'라는 용어를 만들어냈으며, 틀림없이 이 운동의 가장 중요한 사상가이다. 그는 베트남 전쟁 기간 중 국제적 명성을 얻었으며, 그 기간에 그는 '제3의 길'을 옹호하는 운동의 일원으로, 북베트남도 남베트남도 아닌 삶의 편에 섰다. 종전 후, 틱낫한은 프랑스에 거주하며, 그곳에서 전 세계 사람들에게 호소하는 불교 영성과 사회 운동의 한 형태를 만들고 가르쳤다.

아리야라트네(A. T. Ariyaratne, 1931-)는 깊은 빈곤에 허덕이는 스리랑카 시골 사람들을 지원하기 위한 불교 자조 운동으로 스리랑카에서 가장 큰 비정부기구인 사르보다야 슈라마다나Sarvodaya Shramadana를 설립하여, 경제적, 사회적, 문화적, 심리적, 정치적, 정신적 모든 욕구가 충족되는 사회를 건설하는 것을 목표로 삼았다. 스리랑카의 내전 동안, 사르보다야는 평화중재자로서 중요한 역할을 했다.

암베드카(B. R. Ambedkar, 1891-1956) 박사는 힌두 카스트 제도 내에서 소위 '불가촉천민'이라는 낙인으로부터 자유를 주장하기 위해 인도의 불가촉천민 '달리트Dalits'들을 힌두교에서 불교로 개종시키는 대규모 운동을 주도했는데, 이에 따라서 동시에 사회적, 정치적, 심리적, 정신적 이유로 불교로의 달리트 개종 운동을 시작한 것이다.

캄보디아에서 고사난다(Somdech Preah Maha Ghosananda, 1929?-2007)는 때때로 캄보디아의 간디라고 불렸으며, 대량 학살을 저지른 크메르루주가 몰락한 후 캄보디아의 평화와 화해를 위한 중요한 지도

자였다. 그는 난민 수용소에서 집으로 돌아오는 난민들을 동반하고, 크메르루주 이후 첫 번째 투표에서 캄보디아인을 지원하는 연례 담마 야트라Dhammayatra, 즉 평화행진을 창설했다.

태국에서는 많은 '개발 승려들'은 사원에 기부된 자금으로 종자 대출을 제공하는 등, 가난한 마을 사람들을 돕는 방법을 개척했다. '생태 승려들'은 동남아시아 전역에서 높은 멸종 위기에 처한 환경을 보호하기 위해 일하고 있는데, 특히 삼림 벌채와 댐으로 위협받는 생명, 토지, 어장 등을 보호하기 위해 노력하고 있다.

1988년과 2007년(사프란 혁명, Saffron Revolution)에 버마/미얀마의 거리는 정부의 행위에 항의하는 승려, 비구니, 학생들이 이끄는 사람들로 가득 찼다. 당시 미얀마는 잔혹한 군사 정권이 지배하고 있었고 국민은 민주주의와 인권을 위해 시위를 벌이고 있었다. 같은 해 내내, 참여 불교의 자칭 신봉자인 아웅 산 수 치Aung San Suu Kyi 여사가 이끄는 전국민주연맹은 더 인간적이고 민주적인 정부를 바라는 국민의 염원에 조직적인 정치 구조를 제공했다. 수 치 여사는 1989년부터 2010년까지 대부분을 가택연금 상태로 보냈다. 2015년 그녀의 정당은 압도적인 지지로 총선에서 승리했고 2016년에는 사실상의 국가 원수가 되었다. 1988년부터 2016년까지 아웅 산 수 치는 미얀마와 전 세계에서 비폭력의 영웅으로 여겨졌다; 그녀는 1991년 노벨 평화상을 수상했다. 수 치 여사가 사실상의 국가 원수였던 2016년, 미얀마 군부는 버마 소수민족 로힝야족에 대한 일련의 치명적이고 조직적인 공격을 시작했는데, 이 공격은 유엔과 미국이 '인종 청소'라고 규정했다. 이 글을 쓰는 시점에서, 아웅 산 수 치는 공격을 저지하기 위해 공개적으로 눈에 띄는 행동을 취하지 않았다. 그녀가 이 문제에 대해 진술한 몇 가지는 군의 행동을 옹호하고 군이 저지른 피해를 축소한 것이다. 이러한 상황에서, 그녀는 더는 참여 불교의 모범으로 간주될 수 없다. 반대로, 진정한 참여 불교도라면 이러한 공격을 막고 무고한 사람들을 위해로부터 보호하기 위해 그녀가 할 수 있는 모든 것을 했을 것이다.

대만은 쳉엔證嚴(1937-) 스님이 설립한 거대한 불교 자선 단체인 불교자제자선사업기금회佛敎慈濟慈善事業基金會의 고향이다. 전 세계에 400만 명 이상의 회원과 지부가 있는 이 단체는 세계에서 가장 큰 불교 자선 단체이자, 중국어권 세계에서 가장 큰 자선 단체이다. 비록 한 비구니가 이끌기는 하지만, 자제회 프로그램은 거의 전적으로 재가불자 자원봉사자들의 행동으로 구성되어 있다. 주요 프로그램은 건강, 국제 재해 구호, 교육, 환경 보호, 문화 그리고 자원봉사, 채식주의, 자비로운 가치의 증진 분야이다.

동아시아의 다른 중요한 참여 불교 단체들에 대해서는 간략하게 언급하겠다. 법고산法鼓山과 불광산佛光山은 대만의 매우 큰 인본주의 불교 조직이다. 일본에서는 니치렌日蓮의 가르침을 바탕으로 중요한 참여 불교 운동이 발전했다. 즉 창가학회創價學會(그리고 그 국제 지부인 창가학회인터내셔널), 릿쇼코세이카이立正佼成會, 닛폰잔 묘호지日本山妙法寺 모두 특히 세계평화를 위해 일하고 있다. 한국에서는 최근 환경, 평화, 빈곤 퇴치 등 다양한 분야에서 활동하는 법륜法輪 스님이 이끄는 정토회를 비롯한 여러 소규모 조직들이 생겨났다.(Tedesco 2003) 불교 세계 전역에는 다른 많은 참여 불교 운동과 조직이 있다.

모든 참여 불교도를 하나로 묶는 중요한 특성들이 있지만, 거기에는 분명히 다양성도 있다. 이러한 지도자와 운동을 참여 불교의 세 가지 주요 형태로 분류하는 것이 탐구하는 데 도움이 될 수 있을 것이다: (1) 비-이원론적 참여 불교-이 그룹은 틱낫한과 달라이 라마에 의해 예시된다. 그 특징은 그들이 갈등을 겪고 있는 사람들에 대해 말할 때 비-판단적이고 자비로운 접근 방식, 그리고 화해 또는 윈-윈 결과를 목표로 하는 갈등 해결에 대한 비적대적 접근 방식이다. (2) 예언자적 참여 불교-암베드카와 같은 이러한 형태의 참여 불교의 전형은, 그들이 충돌하는 사람들에 대해 강력한 이원론적이고, 비판적이며, 반대의 수사법과 분석을 사용할 수 있다. (3) 인본주의적 참여 불교- 이 형태의 참여 불교는 20세기 중국불교의 개혁가인 태허太虛 스님의 사상에서 가장 직접적으로 파생되었다. 오늘날 이 형태는 불교 르네상스에서 중요한 역할을 하는 대만에서 발견된다.

역사

학자들은 참여 불교를 불교의 역사에서 새로운 것으로 여겨야 하는지 아닌지에 대한 문제를 놓고 논쟁을 벌여 왔다. 그 이유는 쉽게 알 수 있다. 한편으로는, 불교가 오로지 윤회(saṃsāra)에서 탈출하는 것이라는, 과거와 현재의 많은 불교도의 정서를 쉽게 지적할 수 있다. 미래의 붓다는 생로병사로 대표되는 문제에 대한 답을 찾기 위해 출가 수행자가 되기 위해 집을 떠난다. 깨달음을 얻고 법을 가르친 후, 붓다는 반열반般涅槃(parinirvāṇa)을 성취하여 윤회는 다시는 돌아오지 않는다. 그의 가르침은 무착無著의 중요성을 강조한다. 이러한 감정을 고취하기 위해, 수행에는 부패하는 인체에 대한 명상이 포함된다. 윤회 자체는 본질적인 무지, 괴로움, 무상함으로 특징지어진다. 이런 식으로 사물을 보는 불교는 사회를 포함하여 윤회의 불치병을 치료하려는 무의미한 노력과는 아무 상관이 없을 것이다. 더욱이 오늘날과 과거에 많은 불교 수행은, 소위 공덕을 쌓는 불교 또는 '업' 불교, 즉 개인적으로 부정적인 업의 획득을 피하기 위한 노력, 그리고 긍정적인 업보를 얻으려는 욕망으로 동기가 부여된 행위, 그렇게 함으로써 좋은 환생을 얻는 지위가 되는 것으로 주로 구성된 불교 수행의 광범위한 형태였다. 공덕을 쌓는 불교는 현재와 미래의 삶에서 자신의 선, 자신의 행복과 고통에 주로 관심을 둔다. 이러한 종류의 불교는 참여 불교와 극명하게 대조된다.

다른 한편으로, 참여 불교를 불교의 역사에서 새로운 것으로 보아야 할지를 고려할 때, 팔리어 경전에 기록된 바와 같이, 붓다 자신이 세속적인 문제에 대해 여러 차례 가르쳤음을 상기할 필요가 있다. 붓다는 가족 내에서, 그리고 교사, 친구, 탁발수행자들에게 적절하고 사려 깊은 행동에 대해 가르쳤다; 그는 얼마나 많은 돈을 저축하고 사업에 얼마를 투자해야 하는지와 같은 재정 문제에 대해 가르쳤다; 그는 개인적으로 통치자들에게 조언했으며, 왕은 범죄자를 처벌하는 데 초점을 맞추지 말고, 빈곤과 같은 인간 악의 원인을 제거하는 데 중점을 두어야 한다고 가르쳤다. 그는 전쟁을 멈추기 위해 개입했고, 병든 제자를 직접 간호했고, 그의 추종자들에게 당시의 치유술을 배우라고 촉구했다.

더욱이 불교도들이 과거에 그들 사회의 필요에 상당한 방식으로 관여한 많은 사례를 언급할 수 있다. 위대한 아소카Aśoka 왕은 불교적 가치로의 전환을 바탕으로 인본주의적 정책을 수립했다. 전근대 동남아시아 전역에서, 사람들은 일반적으로 모든 규모의 마을에서 불교 사원을 발견했다. 그러한 사찰의 비구들은 순전히 종교적 기능 외에 어린이들에게 문해력과 수학의 기초를 가르치고, 마을 사람들의 의학적 필요를 돌보고, 마을 장로들에게 조언하고, 개인들을 상담하는 등 많은 세속적 기능을 수행했다. 수도에서 비구들은 종종 통치자들의 조언자로 봉사했다.

동아시아에서, 승려들은 또한 마을 아이들을 가르치고, 병자를 고치고, 통치자들에게 자주 조언했다. 중국에서는 사찰들이 호스텔, 의료 센터, 진료소, 고아원을 세웠다. 그들은 기근 때 구호용 곡식을 제공하고, 다리를 놓았으며, 길가에 그늘진 나무를 심었다. 일본에서는 규카이空海(774-835)가 일본 최초의 평민 자녀들을 위한 학교를 설립하여 교육과 함께 무상 급식을 제공했다. 도케이지東慶寺와 만토쿠지萬德寺는 남편으로부터 탈출하고자 필사적인 여성들에게 은신처를 제공해 '이혼 사찰'이라는 별명을 얻었다. 따라서 불교 역사에는 사회와 사회 문제에 대한 많은 참여가 있다. 그러나 과거 불교도들의 모든 사회적, 정치적 참여가 현대 참여 불교도들에게 그들 운동의 조상으로 받아들여지지는 않을 것이라는 점에 유의해야 한다. 예를 들어, 더 나은 전사가 되도록 일본 사무라이를 훈련시키는 선사는, 광신적인 충성과 폭력의 문화에 참여하기 위해 선을 넘었고, 따라서 참여 불교와 동일한 이데올로기로 볼 수 없다.

참여 불교는 20세기에 주로 그 세기에 불교국 아시아를 강타한 여러 위기에 대한 응답으로 발생했다. 제2차 세계대전, 냉전, 베트남 전쟁(이웃 국가들로 번진)의 상당 부분이 그곳에서 벌어졌고, 수백만 명의 사망자를 냈다. 캄보디아에서는 대량 학살이 있었고, 티베트에서는 외세의 침략과 문화적 집단 학살이 있었고, 두 나라 모두에서 다시 수백만 명의 사망자가 발생했다. 스리랑카와 같은 나라들은 식민지 지배자들에 의해 가난해지고 정치적으로 뿌리째 뽑혔다. 불교국 아시아는, 예를 들어 미얀마의 이전 군사 정부와 같이 극도로 억압적인 정부를 생성했다. 삼림 벌채로 인한 산사태가 광범위한 인명 손실을 초래하고 일부 어업과 농업 지역에 심각한 피해를 준 태국과 같은 일부 지역에서는 생태학적 위기가 상당히 심각해졌다. 불교국 아시아는 또한 20세기에 이르러 일부 서구 문화와의 만남으로 인해, 인도의 불가촉천민에 대한 억압과 아시아 전역에서의 여성에 대한 억압과 같은 장기적인 사회적 병폐를 목격했다. 마지막으로, 20세기 후반에 이르러, 불교국 아시아는 급격한 현대화, 서구화, 세계화의 힘에 지배를 받아, 수 세기 동안 존재해 온 문화적 패턴을 변형시켰다. 만약 불교가 이 엄청난 위기, 도전, 고통에 대응하지 않는다면, 불교는 분명히 사람들의 삶으로부터 점점 더 무관심해질 것이다. 궁극적으로, 어느 나라나 창의적이고 카리스마가 넘치며 용기 있는 지도자들의 세대는 새로우면서도 전통과 공명하는 방식으로 이러한 위기와 도전에 대응했고, 많은 경우 재가자와 수계를 받은 승가 사이에서 이러한 새로운 방식의 광범위한 수용을 촉발했다.

따라서 20세기의 위기와 도전은, 참여 불교가 일어나도록 요구한 주요 원동력이었다. 이러한 일차적 원동력에 더하여, 참여 불교에 대한 네 가지 이차적 영향을 간단히 언급할 수 있는데, 그것은 마하트마 간디(Mahātma Gandhi, 1869-1948), 현대성, 중국불교 개혁가, 그리고 서구의 영향이다. 간디에 관해서는, 많은 참여 불교도들이, 철저하게 비폭력적인 상태로 강력한 사회 운동을 만드는 방법을 보여준, 정신에 기반을 둔 사회 운동의 위대한 선구자인 그로부터 영향을 받았다는 것을 인정했다. (이러한 간디의 포용에 대한 두드러진 예외는 암베드카인데, 그는 간디의 카스트 제도, 그리고 이전에는 '불가촉천민'으로 불렸던 달리트 공동체의 취급을 잘못 인도되고 비참할 정도로 부적절하다고 여겼다.)

현대성은 세 가지 면에서 참여 불교에 강한 영향을 끼쳤다. 첫째, 참여 불교도들은 모든 경우에 불교를 현대 세계로 끌어들이는 데 관여하고 있으며, 오늘날 불교와 불교 사회의 요구에 부응하는 현대 불교를 발전시키고 있다. 둘째, 그들 중 다수는 현대 사회과학, 특히 사회학, 경제학, 정치학의 학문과 도구를 수입하여 그들이 속한 사회 문제에 적용한다. 셋째, 그들은 일반적으로 사회를 변혁한다는 사상, 즉 개인과 집단이 바람직한 방향으로 사회 제도를 변화시키는 방식으로 사회에 개입할 수 있다는 바로 그 사상을 수용한다. 예를 들어, 정부를 군사 정권에서 민주주의로 바꾸거나 경제 체제를 자본주의에서 사회주의로 바꾸는 것을 수용한다. 이 원형적으로 현대적인 생각을 수용하는 것은 이전의 불교 사회 참여를 '참여 불교'로 바꾸는 열쇠이다. 예를 들어, 고전적인 자비는 당신의 집 앞을 지나가는 거지에게 음식을 제공하는 것을 의미했다. 오늘날에는, 사회 변화의 가능성에 대한 현대적 인식과 함께, 참여 불교는 기아와 그 원인을 근절하는 데 관심이 있다; 결과적으로, 사르보다야 슈라마다나 운동(Sarvodaya Shramadana Movement)[2]은 수천 개의 스리랑카 마을에 도로, 컴퓨터 및 태양열 발전을 가져오고, 새로운 가내 산업을 창출하고, 소액 대출을 제공하는 새로운 은행 시스템 등을 만들어 스리랑카의 기아와 빈곤을 없애는 것을 목표로 하는 주요 기관을 만들었다. 이 모든 것을 하기 위해서는 사회의 근본적인 제도를 바꾸는 것을 진정한 가능성으로 상상할 수 있는 현대적인 사고방식이 필요하다.

중국의 불교 개혁가 태허太虛(1890-1947)는 빈사 상태의 중국불교를 되살리기 위해 노력했으며, 중국불교가 장례 의식과 여기 또는 정토에서 환생하는 행운에 초점을 두지 말고, 대신 현세와 현세의 삶에 집중할 것을 주장했다. 그는 지금 여기에서 인간의 필요에 봉사할 불교의 매개체로서, 인간계를 위한, 또는 인본주의적인 불교인 '인간불교'를 창시했다. 20세기 중반 중국 본토의 혼돈에서 온 수많은 난민이 대만으로 이 인도주의 불교사상을 가져왔고, 그곳에서 뿌리를 내리고 발전시켰다. 이 난민에는 인본주의 불교사상을 심화하고 발전시킨 위대한 학자 승려 인순印順(1906-2005)과 함께, 대만의 3대 인문 불교 기관 중 둘인 불광산佛光山의 창시자인 싱윤星雲(1927-2023) 스님, 그리고 법고산法鼓山의 설립자 셩엔聖嚴(1931-2009) 스님이 포함된다.

더욱이 태허, 인순, 그리고 인본주의 불교의 작업은 틱낫한 스님을 비롯한 베트남 지식인들에게 알려졌으며, 그의 참여 불교의 발전에

---

2 역주: 1958년 아리야라트네A. T. Ariyaratne에 의해 창설된 사회 운동.

한몫했다.(DeVido 2009) 그렇지만 틱낫한 스님은 베트남의 오래된 불교 활동가 전통도 또한 다른 영감을 주었다고 언급하고 있기는 하다. 태허와 대만 불교 모두는 일본 불교의 영향을 받았는데, 일본 불교에서는 사회봉사와 세속적 이익에 대한 기대가 일반적이었다는 점에 유의해야 한다.(Yao 2014)

마지막으로, 비록 참여 불교의 발전에는 서구의 영향이 있지만, 이는 많은 사람의 생각은 아니다. 참여 불교도는 세계화된 세계에 사는 현대 불교도로서, 전 세계의 사람들, 그리고 서구 사상이 확실히 지배적인 역할을 하는 사상과 정기적으로 교류한다. 일부 참여 불교도들은 서양 교육을 받는다. 아시아와 서구의 참여 불교도들은 '참여 불교국제네트워크', '샤카디타-국제여성불자협회(Sakyadhita; 붓다의 딸 운동)', '삼보 불교회'와 같은 참여 불교 기관들에서 정기적으로 교류한다.

그럼에도 불구하고, 참여 불교는 서구 사상에 의해 형성되지 않는다. 그 지도자들은 인권과 같이 유용하다고 생각되는 서구 사상은 포용하고, 정치적 정의와 같이 자기들이 문제가 있다고 생각하는 서구 사상은 방치하거나 비판하며, 이러한 사상과 다른 사상을 항상 불교적 관점에서 판단한다.(King 2005: 202f) 위에서 논의한 현대성의 사상과는 별개로, 참여 불교에 대한 서구의 가장 큰 영향은 아시아 전역의 기독교 자선 및 사회사업 유산의 살아 있는 존재이다. 수많은 학교, 병원, 고아원, 제공되는 음식과 약; 여성, 하층 계급 단체, 장애인, 그리고 억압받는 사람들을 위한 일; 이 모든 것과 아시아 전역의 기독교인들이 행한 훨씬 더 자선적인 일의 예는 기독교인들만큼 사랑과 자비를 옹호하는 불교도들에게 그 자비를 구체적인 방법으로 실천에 옮기고, 정신적인 것만이 아니라 물질적으로 (그리고 다른 존재들에게) 혜택을 주도록 도전한다.

윤리적 원칙과 실천

이 논의의 첫 번째 부분은 모든 참여 불교의 사례와 관련된 윤리적 원칙과 실천을 고려한다. 이후 부분에서는 경험적으로 확인된 비-이원론적, 예언적, 인본주의적 참여 불교의 하위 범주에 초점을 맞춘다.

1) 일반적 참여 불교

행동 의무

근본적으로, 참여 불교도들은 세 가지 측면에서 행동하는 의무를 강조한다: (1) 불교의 도덕성의 기준으로서 누락된 행위뿐만 아니라 누락의 위임행위를 요구함; (2) 자신뿐만 아니라 타인의 고통에도 참여함; (3) 자신이 '준비'되었다고 또는 준비되지 않았다고 믿는 것과 상관없이, 다른 사람의 고통에 참여함.

이러한 특성 중 처음 두 가지는 틱낫한의 재가자 오계의 변형에서 볼 수 있다. 오계의 전통적인 형식에서, 첫 번째 계율은 수행자에게 다음과 같은 서원에 따라 생활하도록 요청한다: '나는 생명을 빼앗지 말라는 계율을 지킬 것을 서원합니다.' 틱낫한이 재편성한 그 계율은 다음과 같다:

나는 생명의 파괴로 인한 고통을 인식하고, 자비를 함양하며, 사람, 동물, 식물 및 광물의 생명을 보호하는 방법을 배울 것을 서원합니다. 나는 살생하지 않으며, 다른 사람들이 살생하도록 하지 않을 것이며, 세상에서도, 내 생각에서도, 내 삶의 방식에서도, 어떠한 살생 행위도 용납하지 않기로 결의합니다.(1993:13)

첫째, 전통적인 계율은 살인 행위를 피하는 것이 도덕적으로 충분하다는 윤리를 암시하는 것으로 해석될 수 있다. 틱낫한의 버전은 도덕성의 틀을 수동성(잘못된 행동의 자제)에서 활동성(계율의 의도를 성취하기 위해 올바르게 행동하고, 또 행동해야만 함)으로 이동한다. 둘째, 계율은 더는 전적으로 개인적인 것이 아니라, 이제는 개인적이며 사회적인 것 둘 다이다: 나는 내가 하는 일에 관심을 가질 뿐만 아니라, 다른 사람들이 하는 일에도 관심을 가져야 한다; 내가 살생하지 않을 뿐 아니라, 다른 사람들이 살생하지 않고 생명을 보호하는 방법을 배우도록 개입해야 한다. 여기서, 자신의 손을 깨끗하게 유지하려고 노력하는 것만으로는 충분하지 않다. 그렇게 하면, 부정적인 업보가 발생하는 것을 피하는데, 이는 보통 싸움에서 자신을 제거하는 것이 (업보 면에서) 더 안전할 거라는 믿음을 부추기는 태도이다. 실제로 틱낫한의 윤리학에서는 싸움에 깊숙이 들어가 행동을 취해야 한다. 게다가 어떤 사람의 사고의 전체적인 틀은 업보의 득실로 따질 수 없다. 이제 그 틀은 모든 중생의 모든 고통에 대한 세계적인 인식이다; 한 사람의 관심사는 모든 삶에 대한 것이다.

여기에서, 그리고 실제로 참여 불교 전반에 걸쳐 후자의 발생이 불교사상의 맥락에서 큰 이론적 단계를 나타내지 않는다는 것을 알 수 있다. 사람들은 고전적인 개념들을 참여 불교의 방식으로 매우 쉽게 해석할 수 있다. 예를 들어, '참여 불교 해석'이 행복한 내세에 대한 자기-중심적 욕망을 지지하는 공덕을 쌓는 불교보다 무아와 무착에 중점을 두는 붓다의 가르침에 더 충실하다는 주장을 할 수 있다. 따라서 참여 불교는 무엇보다도 불교계의 개혁 운동이다. 그러나 공덕 불교와 같은 사상의 인기로 인해, 참여 불교는 종종 실천에서 중요한 변화를 나타낸다.

복지가 모든 사람의 중요한 관심사라는 점을 고려할 때, 사람들은 참여 불교가 불교계에서 일종의 대승불교 전통 관점의 승리를 나타내는 것인지 궁금해할 수 있다. 그러나 참여 불교는 상좌부뿐만 아니라 많은 대승 전통에 대한 도전을 나타낸다. 위의 세 번째 요점은, '참여 불교'는 자신이 '준비'가 되었다고 믿든 안 믿든 간에, 현재 이곳에서는 다른 사람들의 고통에 동참하는 수행자들이 필요하다는 것이다. 여기에서 도전받고 있는 널리 퍼진 대승신앙은 깨달음, 즉 최상의 보살심을 깨달을 때까지 남을 도우려는 노력을 미뤄야 한다는 것이다. 따라서 선불교 전통에서 잘 알려진 '심우도尋牛圖'는 '행복한 손으로 장터에 들어가는 것'을 그림으로 묘사하는데, 이는 선 수행의 궁극적인 단계이며, 이러한 개념은 참여 불교의 가치와 매우 조화를 이루고 있는 것으로 보인다. 그러나 '장터에 들어가는 것'은 열 가지 단계의 수행 중 열 번째로 묘사되며, 이는 선 수행자가 인간 사회의 범위를 훨씬 넘어서 소(불성을 나타냄)와 단둘이서 있거나, 또는 홀로 시골 오두막에 있거나, 또는 광대한 공간의 텅 빈 선원禪園, 즉 원상圓相으로 사라지는 아홉 번째 단계를 뒤따르는 것이다. 심우도에서는 수행자가 도움 보살로 세상에 다시 들어갈 준비가 되는 것은, 이 모든 일이 있고 난 뒤에야 비로소 가능하다.

그러므로 틱낫한의 가장 가까운 동료인 찬콩(Chân Không, 1938-)은 틱낫한을 만나기 전에 가난한 사람들을 위하여 사회사업에 참여하는 비구니가 되고 싶다는 그녀의 소망을 말했을 때, 이전의 지도 법사에게 낙담했다고 회상한다. 그 스님은 그녀에게 말하기를 '너는 경전을 더 공부하고 깨달음을 얻기 위해 노력해야 한다. 깨달음을 얻은 후에는 무수한 중생을 구할 수 있을 것이다.'(Nhat Hanh 1993: 15f) 물론 대부분 이러한 집행 연기는 영구적인 연기로 이어진다. 이 매우 높은 준비 수준에서는 사회적 참여를 시작할 '준비' 단계에 결코 도달하지 못한다. 이러한 태도와는 대조적으로, 참여 불자들은 사회적 참여를 연기해야 하는 것으로서가 아니라, 현재, 어떤 실천 단계에서든 수행해야 하는 것으로 본다. 이것은 다음 관점으로 이어진다.

정신성과 사회적 참여의 일체

사회적 참여를 연기해서는 안 될 뿐만 아니라 연기할 필요도 없다. 참여 불교에서, 사회적 참여는 일반적으로 정신적 수행의 방법이자 그 수행의 결실을 표현하는 것이다. 즉 정신적 수행은, 적어도 항상 그렇지는 않지만, 일상생활의 어려움에서 벗어나도록 요구하는 것으로 정의되지 않는다. 예를 들어, 틱낫한은 마음챙김 명상 수행을 강조한다. 그는 추종자들에게 조용하고 평화로운 환경에서 매일 명상을 하는 것과 같은 상당히 전통적인 방식으로 수행하도록 가르치지만,

그는 또한 일상생활의 한가운데로 들어가거나, 또는 모든 일상생활을 고취하는 방식을 하나의 수행으로써 가르친다:

> 명상은 사회를 떠나는 것이 아니고, 사회에서 벗어나는 것이 아니라, 사회로의 재진입을 준비하는 것입니다. 우리는 이것을 '참여 불교'라고 부릅니다. 우리가 명상 센터에 갈 때, 우리는 모든 것, 즉 가족, 사회, 그리고 이것들과 관련된 모든 복잡한 문제들을 뒤로하고, 평화를 찾고 실천하기 위해 개인으로서 온다는 인상을 받을 수 있습니다. 이것은 이미 환상입니다. 왜냐하면 불교에는 개인과 같은 것이 없기 때문입니다. (Nhat Hanh 1987a: 45)

틱낫한이 말했듯이 '개인과 같은 것은 없으므로(anātman)', 개인과 사회는 '상호 영역'이 없다. 그러므로 자기 자신을 위해서 하는 개인주의적 수행이라는 생각 자체가 처음부터 말이 안 된다. 마음을 집중하는 수행 등을 하기 위해 벗어날 때가 분명히 있지만, 그러한 시간은 항상 만유를 포함한 전체의 더 큰 맥락에서 행해진다. 틱낫한은 상호-연결성과 대승의 불이不二 사상을 강력하게 강조하며, 개인과 사회, 자아와 타자, '정신적' 수행과 '세속적' 삶 사이의 개념의 벽을 지속해서 허물고 있다. 어떤 사람이 사회에서 잠시 벗어난다면, 그동안 그가 무엇을 하든지 그것은 사회 재진출을 위한 것이다. 이처럼 '행복한 손으로 장터에 들어가는' 보살은 먼 미래의 신화적 존재가 아니라, 비록 매우 불완전하지만, 현재의 존재가 될 것이다. 사회에 있을 때나 사회에서 떨어져 있을 때, 방석에 앉아 명상할 때나 정권 교체를 위해 거리에서 시위하는 동안에도, 훈련, 시험 및 참여의 매 순간 언제나 수행한다. 정신적 수행은, 이러한 더 큰 관점에서 행해질 때, 개인이 사회적 참여에 필요한 이타심, 자비심, 내면의 힘과 용기를 발달시키는 데 도움을 주는 만큼 사회적 참여의 일부로 간주된다. 사회적 참여는 끝없이 다양한 도전, 그리고 자신이 발전했다고 생각하는 이타심과 내적 힘에 대한 현실성 테스트를 제공한다는 점에서 정신적 수행이다.

이런 생각은 자제회慈濟會에서도 찾아볼 수 있다. 자제회 운동의 창시자인 쳉엔證嚴 스님은 사회봉사에 참여하는 사람들이 정신 수행에 참여하고 있음을 매우 분명하게 밝힌다. 자제회는 병자, 노인, 및 자연재해 피해자에게 의료, 물질, 그리고 사랑의 보살핌을 제공하는 데 중점을 둔다. 그러나 이것은 이 운동에서 기부의 절반에 불과하다. 쳉엔이 말했듯이, '가난하고 불쌍한 사람들은 도움을 받고, 부자와 운이 좋은 사람들은 그들의 사랑을 활성화한다. 따라서 둘 다 서로에게 감사할 수 있다.' 그녀의 관점에서, 도움이 필요한 사람들이 도움을 받을 수 있는 것처럼, 그녀의 추종자들에게는 '그들의 사랑을 활성화'할 수 있는 기회를 얻는 것은 똑같이 중요하다; 그 운동은 가난한 사람들과 운이 좋은 사람들 모두의 이익을 위한 것이다. 궁핍한 사람은 운이 좋은 사람에게 실제적이고 필요한 것, 즉 자비를 발전시켜 영성, 내면의 평화, 기쁨을 키울 기회를 주는 것으로 보인다. 쳉엔은 추종자들에게 다음과 같이 조언한다:

적든 많든 할 수 있는 것은 무엇이든 주십시오. 평정심과 인내심으로 끈기 있게 노력하십시오. 여러분들은 곧 '주는 사람도 없고, 받는 사람도 없고, 선물도 없다'라는 경지에 이르게 될 것입니다. 주고받는 것은 사물의 자연스러운 질서의 일부일 뿐입니다. (Shih 1999: 49, 51)

간단히 말해서, 쳉엔은 명상 수행에 참여할 수 있는 만큼 일관되고 정력적으로 베푸는 수행에 참여함으로써, 불교의 숭고한 정신적 목표들, 즉 금강경에서 표현되는 정도까지 이타적으로 되는 것 중 일부를 성취할 수 있다고 주장한다. 분명히, 병원에서 환자와 동행하거나, 자연재해 생존자를 위로하거나, 재활용 센터에서 플라스틱병을 분류하는 등, 자원봉사자들의 봉사 활동은, 도움이 필요한 사람들에게 도움이 되는 만큼이나 정신적인 훈련으로 간주된다.

자비심: 자애, 자비, 보살
일반적으로 상좌부 국가에서는 자애(mettā), 대승 국가에서는 자비(karuṇā), 서구 청중을 대상으로 하는 경우 '사랑'이라고까지 언급되는 모든 형태의 자비심은 참여 불교 윤리의 가치 영역에서 가장 중요한 토대임이 분명하다. 물론, 이것은 처음부터 불교에서 고전적으로 강조하는 것이지만, 참여 불교에서는 불교도가 자비와 사랑, 친절을 실전에 옮겨야 한다는 점을 특징적으로 강조한다. 그러므로 메이시 Macy는 '자애'가 봉사에 대한 동기 부여, 타인과 조화롭게 일할 수 있는 능력, 그리고 무엇보다도 사르보다야Sarvodaya 운동의 중심 전제

인 비폭력을 개발하기 위해 함양되어야 하는 근본적인 태도로 사르보다야 운동에 제시된다고 보고한다. 그녀는 계속해서 '자비는 사르보다야 운동에서 다른 사람들을 위하여 자애를 행동으로 옮기는 것으로 여겨진다'라고 말한다. 자비는 사르보다야 운동의 시작부터 중심이었던 서비스와 '자기-제공'의 개념을 포함한다. 사르보다야 운동 지침은 '사람을 불쌍히 여기는 것만으로는 충분하지 않다. 그들을 돕기 위해 행동하라'라고 말한다.(1985: 38-39)

참여 불교에서 자비심의 직접적인 대상은 개인에서 전 지구적 수준에 이르기까지 다양하며, 어떤 갈등의 양쪽 또는 전체를 향하는 경우가 종종 있다. 사르보다야 슈라마다나 운동은 스리랑카 내전 기간에 광범위한 평화 정착 활동에 참여했다. 휴전이 선언되자, 사르보다야는 일련의 대규모 야외 자애 명상을 후원하기 시작했고, 그들 중 일부는 휴전 성공 가능성을 높이기 위한 목적으로, 전쟁 중인 양측과 스리랑카의 모든 인종 및 종교 단체들을 포함하여 50만 명 이상의 참가자들을 끌어들였다. 집단 명상 참가자들은 다음과 같이 서약했다:

> 나는 국내와 지구 전체에 정신적 각성을 가져오기 위한 대규모 명상 노력에 참여하고 있다. 나는 모든 민족적 배경, 국적, 종교, 정치적 견해를 가진 사람들을 차별 없이 통합하는 데 이바지한다. 나와 우리의 이러한 노력을 통해 폭력과 전쟁이 중단되기를 바란다.(Sarvodaya Shramadana 1999: 11)

이러한 의도로 참가자들은 자애 명상을 배웠고, 이는 모든 민족적 배경, 국적, 종교, 정치적 견해를 가진 사람들을 위한 자애의 함양으로 절정에 달했다. 명상 대회가 끝날 때면, 참가자들은 5분 동안 그들의 자애를 모두에게 발산하도록 지시받았다. 참가자들은 매일 평화를 위해 일할 것이며, 폭력을 지지하거나 다른 민족이나 종교에 대해 부정적인 말을 하는 사람들에게 도전하고, 평화 만들기가 아닌 폭력만 홍보하는 기자들에게 도전하기로 서약했다. 이 명상 수행은 여러 가지를 동시에 달성했다: 이 수행은 많은 스리랑카인이 폭력의 종식을 원했고, 따라서 폭력을 조장하는 사람들의 심리적인 힘을 감소시켰다는 점을 공개적으로 증명했다; 이 수행은 전쟁 문화의 한복판에서 평화의 문화를 구축하는 데 도움이 되었다; 그리고 참가자들의 결의와 헌신을 강화하는 데 도움이 되었다.

　중국불교 전통에서 보살들의 모습을 보면, 엘리트 수행자들은 모든 중생을 위해 불도를 성취할 것을 맹세하며 보살 서원을 하고, 대중들은 위대한 천상의 보살들을 헌신적으로 바라보며 그들의 도움을 빌었다. 오늘날, 참여 불교도들에 의해 보살에 관한 몇 가지 새로운 수행이 개발되었다. 특히 자제회는 수행자들에게, 관음보살에게 도움을 청하는 사람으로서가 아니라 자비행의 훌륭한 본보기로서, 자비의 보살인 관음보살을 위해 헌신하는 것을 격려하며, 그리고 동시에 자원봉사자들에게, 그들 자신이 관음보살의 눈과 손이 되어, 관음보살이 도움이 필요한 모든 사람을 보기 위한 수백만 개의 눈과 도움을 주는 수백만 개의 손으로 사용할 수 있게 되는 점을 이해하도록 강력하게 장려한다. 다시 말해, 자제회는 엘리트 회원들만이 보살의 역할을 하도록 격려하기보다는, 수백만의 재가 자원봉사자들이 수동적이기보다는 능동적으로, 도움을 구하기보다는 도움을 주며, 보살행에 참여하도록 격려한다. 그들은 '보살행'을 그들이 참여하는 보살핌과 돕는 일, 즉 가난한 사람들, 병든 사람들, 재난으로부터의 생존자들을 돕는 일뿐만 아니라, 자신과 다른 사람들이 그들의 자애와 자비를 발전시키도록 격려하는 일과 같은 의미로 이해한다. 쳉옌 스님은 '누구라도 진정으로 보살이 되고 싶은 사람은 이 세상에서 보살이 될 수 있다'라고 그들에게 장담한다.(Shih 1999: 51)

14대 달라이 라마는 다른 접근 방식을 사용하여 유사한 목적, 즉 보살 이상의 보편화와 실현을 위해 노력하고 있다. 달라이 라마는 그의 많은 공개 강연과 글에서, 보살의 이상에서 특정한 불교 언어를 제거하고 그가 '보편적 책임'이라고 부르는 세속화된 형태의 이타주의를 촉진한다. 이 보편적인 책임은 전통 문헌에서 볼 수 있는 고전 불교사상에 근거한다:

> 광범위하게 상호의존적인 실재實在의 특성을 고려할 때, 만약 나와 타인을 습관적으로 구분하는 것이 어떤 의미에서는 과장이라는 것이 옳다면, 그리고 만약 이에 기초하여 우리의 목표가 다른 모든 중생으로 향해 자비를 확장해야 한다는 저의 제안이 옳다면, 우리는 자비가 개인과 사회적 행동 둘 다의 중심에 속한다는 결론을 피할 수 없습니다.(1999: 173)

이렇게 보살과 같은 관점을 바탕으로, 달라이 라마는 그의 불교도가 아닌 세계적인 청중들을 위해 세속화된 형태의 보살행을 장려한다.

> 저는 우리가 제가 보편적 책임이라고 부르는 감각을 함양하는 것이 필수적이라고 확신합니다. … 수반되는 것은 … 우리의 마음과 생각을 자기 자신에게서 벗어나 다른 사람을 향하도록 방향을 조정하는 것입니다. … 우리가 다른 사람들에게 도움이 될 기회를 보았을 때, 우리 자신의 편협한 이익을 돌보는 것보다 다른 사람들에게 도움을 주는 것을 우선시하는 마음의 태도입니다.(1999: 162f.)

그는 보살행이 지금 여기에서 실질적인 보살핌과 봉사를 수반한다는 것을 분명히 한다. '다른 모든 사람에 대한 책임감은 또한 … 우리에게는 우리 사회의 각 구성원을 돌볼 의무가 있다는 것을 의미합니다. … 그러므로 우리는 아프고 고통받는 사람이 결코 무력하거나 거부당하거나 보호받지 못한다고 느끼지 않도록 보장할 필요가 있습니다.'(1999: 169) 궁극적으로 이 수행이 염원하는 이상은 전통적인 대승 보살의 이상인 대자대비(mahākaruṇā; Tib. nying je chen mo)이다:

> 우리가 의도적으로 마음을 열어 타인의 고통에 대한 감수성을 높일 때, 타인의 가장 미묘한 고통에도 쉽게 감동하여 타인에 대한 압도적인 책임감을 느끼게 될 정도로 점차 자비심을 확장될 수 있다고 믿어집니다. 이로 인해 자비로운 사람은 다른 사람들이 그들의 고통과 그 고통의 원인을 모두 극복하도록 돕는 데

전적으로 헌신합니다. 티베트어로 이러한 궁극적인 수준의 성취를 닝제첸모라고 하며, 문자 그대로 '대자대비'입니다.(1999: 124)

그러나 우리가 이미 보아온 '참여 불교'의 '행동 의무' 원칙, 즉 깨달을 때까지 보살행을 연기하는 것을 거부하는 원칙에 따라, 달라이 라마는 '각 개인이 윤리적으로 완전한 삶을 영위하기 위해 이러한 정신적 발달의 높은 경지를 달성해야 한다고 제안하는 것은 아니라고 분명히 밝히고 있다. 오히려 지금 여기에서, 불완전한 존재로서, 타인을 위해 '그들이 할 수 있는 일'을 하는, 사회에서 사는 재가자들의 삶에 영감을 주는 역할을 할 수 있는 '궁극적 성취'의 수준을 지적하고 있을 뿐이다.(1999: 124, 163)

비폭력

참여 불교도들이 비폭력에 전념하는 주된 이유는 그들의 자선이 모든 범위를 포괄하기 때문이다; 누군가를 해치려는 바람은 보편적인 자애, 자비와 일치하지 않는다. 비폭력은 또한 통합된 불교의 정신적, 사회적 운동에 대한 참여 불교도들의 헌신에 내재하여 있다. 이것의 예는 틱낫한의 특징적 개념인 '평화로움'이다: '평화롭게 되지 않으면, 우리는 평화를 위해 아무것도 할 수 없습니다. … 평화롭지 않으면 평화운동에 이바지할 수 없습니다.'(1987a: 80) 물론 단순히 바라는 것만으로는 우리가 '평화롭게' 되는 것은 아니다; 그렇게 되려면 어떤 정신적 수련이 필요하다. 즉 보편적 자애, 비-특혜주의, 이타심,

내적 평화 등을 함양할 필요가 있다. 이러한 자질들은, 결국 폭력에 도움이 되는 자질들, 즉 두려움, 분노, 그리고 자신이 속한 집단에 대한 선호의 발달을 저해한다. 따라서 틱낫한에게 내적, 외적 평화는 상호-의존적이다; 사회 운동에 비폭력적으로 참여할 수 있도록 개인의 평화를 함양한다.

또 다른 참여 불교도의 비폭력의 주요 근원은 업보와 인과관계의 관점에서 생각하는 그들의 사고이다. 예를 들어, 캄보디아에서 대량학살을 자행한 크메르루주가 점차 권력을 잃어감에 따라, 마하 고사난다Maha Ghosananda는 모두가 모두에 대한 용서를 제창했다: '저는 압제자들, 즉 크메르루주를 사랑하는 것이 캄보디아인들이 달성하기 가장 어려운 태도일 수 있다는 점에 의문을 제기하지 않습니다. 그러나 보복, 증오, 복수는 순환을 계속할 뿐 절대 멈추지 않는다는 것이 우주의 법칙입니다.'(1992: 69) 이 메시지를 전하기 위해 마하 고사난다는 참여 불교도들이 많이 인용한 법구경의 게송으로 눈을 돌렸다: '타인에 대한 비난과 복수의 생각을 품고 있는 사람들에게는, 증오가 결코 멈추지 않을 것이며, 비난과 복수를 품지 않는 사람들에게는 증오가 반드시 멈출 것이다. 증오는 결코 증오로 진정되지 않기 때문이며, 증오는 사랑으로 달래진다. 이것은 영원한 법칙이다.'(1992: 27) 여기에서 언급된 '영원한 법칙'은 업의 법칙이다. 즉 의도적인 행위는 그 행위를 하는 사람에게 비슷한 종류의 결과를 초래한다. 따라서 업의 법칙 때문에, 폭력을 사용해서 고통을 끝내는 것은 불가능하고, 폭력을 쓰면 고통과 폭력이 재발할 수밖에 없다. 폭력적인 상황을 극복하기 위해, 참여 불교도들은 일반적으로 인과관계에 근거한 사고

방식으로 돌아선다: 연료를 제거하라, 그러면 불이 꺼진다; 문제가 생기면 문제의 원인을 제거하라; 전쟁을 끝내려면 전쟁의 원인을 제거하라. 따라서 사르보다야 운동은 스리랑카 내전을 종식하기 위한 노력의 일환으로, 빈곤과 민족적 증오를 전쟁의 근본 원인으로 파악하고, 이러한 원인을 제거하기 위한 많은 프로그램을 개발했다.

사회 문제 참여에 적용하기 위해 조정된 표준불교 개념, 가치 및 수행의 활용

참여 불교도들은 불교도로서 말하고, 일반적으로 상좌부와 대승 모두의 고전적 불교 개념, 가치, 관습의 관점에서 사회적 참여에 대한 그들의 가르침을 정당화한다. 우리는 이미 이것을 보았다; 여기서는 한 가지 추가 예시로 충분할 것이다: 즉 사르보다야 슈라마다나 운동이 사용한 사성제이다. 팔리어 문헌에 제시된 고전적인 형태의 사성제는 다음과 같다. (1) 고(苦, duḥkha: 윤회적 삶에 내재한 불만족); (2) 집(集: 고의 원인); (3) 멸(滅: 고의 소멸); (4) 도(道: 고의 소멸에 이르는 길). 첫 번째 성스러운 진리는 문제(duḥkha, 고)를 말하고, 두 번째 성스러운 진리는 문제의 근본 원인(무지와 갈애)을 밝히고, 세 번째 성스러운 진리는 문제가 해결될 수 있음을 확인함으로써 희망과 동기를 부여하며 그 해결된 상태가 어떤 것인지에 대한 아이디어(열반과 같은)를 제공하고, 그리고 네 번째 성스러운 진리는 문제를 해결하는 방법에 대해 자세히 설명한다.(팔정도八正道) 이 정도가 불교의 고전적 사상이다.

아리야라트네Ariyaratne는 사성제를 사회 문제의 분석과 해결 방법에 대한 본보기로 사용한다. 극도로 빈곤한 스리랑카 마을에 대한 그의 작업에 초점을 맞춘 첫 번째 성스러운 진리(문제를 언급함)는 빈곤, 갈등, 침체를 특징으로 하는 '퇴폐적인 마을'이 된다; 두 번째 성스러운 진리인 원인은 무지, 이기주의, 악의, 소유욕, 불화와 같은 요인에서 이 '악'의 원인을 규명한다; 세 번째 성스러운 진리인 '희망'은 나눔, 협력, 건설 활동, 평등, 사랑, 이타심으로 특징지어지는 마을을 상상한다; 마지막으로, 네 번째 성스러운 진리는 어떻게 하면 마을이 경제 개발, 건강 프로그램, 교육 프로그램, 문화 개발, 그리고 정신 개발을 통해 스스로 젊어질 수 있는지에 대한 사르보다야 운동의 아이디어를 제시한다.(Macy 1985: 34) 그런 다음 사르보다야는 필요한 모든 분야의 프로그램 개발에 착수했다. 이런 식으로, 프로그램들은 새로운 것이지만, 분석의 형태와 심지어 사고의 많은 내용은 새로운 용도로 사용되기는 했지만 고전적이다. 예를 들어, 문제가 된 '퇴폐적인 마을'의 원인으로 지목된 무지, 이기주의, 악의, 소유욕 등은 상좌부 전통에서 고(Dukkha)의 원인으로 지목된 것과 같은 요소들이다. 사르보다야 마을에서 바라는 최종 상태의 특성으로 명명된 사랑과 이타심은 고전적 열반 상태의 두드러진 요소들과 동일하고 이를 자연스럽게 따른다. 따라서 경제적 발전과 함께 정신적 개발이 빈곤 퇴치를 위해 필요한 사르보다야 '개발' 프로그램의 필수적인 부분이라는 것은 놀라운 일이 아니다.

이것은 불교 참여 운동이 고전적이고 중심적인 불교 교리를 창소석으로 사용한 하나의 예에 불과하다. 개념적으로, 모든 참여 불교도는 사성제, 연기, 인과관계, 업, 고, 무아, 인간의 깨달음 가능성, 불성과 같은 고전적인 불교 개념을 자주 사용한다. 가치관에서 그들은 비폭력, 자비, 자애, 이타심, 이타주의를 강조한다. 정신적 수행(bhāvana)에서 그들은 재가자 계율로 보시, 마음챙김, 보살 이상, 관음보살(자비의 보살)에 대한 헌신과 같은 수행을 강조한다. 확실히, 사르보다야가 사성제를 사용한 사례에서와 같이, 이들 중 많은 부분이 참여 불교도들에 의해 새로운 방향으로 받아들여진다. 그러나 같은 이유로 전통적인 불교도에게 새롭거나 도전적일 수 있는 것이, 고전적인 불교 개념, 가치 및 관행에 대한 새로운 표현 방식으로서 말하는 참여 불교도들에 의해 정당화될 수 있고 자주 정당화된다.

2) 비-이원론적 참여 불교

비-이원론적 참여 불교는 비-불교 세계에서 가장 인기 있는 두 명의 불교 스승인 달라이 라마와 틱낫한에 의해 예시된다; 이처럼 비-이원론적 참여 불교는 서구의 많은 사람에게 참여 불교를 나타낸다. 게다가, 비-이원론적 참여 불교의 특징인 비-적대성과 비-판단은 서구 사회운동가들 사이에서 거의 알려지지 않고 거의 이해되지 않고 있다. 따라서 현대적이고 사회운동적인 형태의 불교를 구상하고 구축하는 것이 참여 불교가 불교국 아시아에 끼친 가장 큰 공헌일 수 있지만, 필연적으로 비폭력을 수반하는 비-이원론적 사회 행동주의 사상을 표현하고 행동하는 것은 아마도 서구의 윤리적 사상에 대한 참여 불교의 가장 큰 공헌일 것이다. 참여 불교 윤리학에서 비-적대적 요소의 가장 근본적인 철학적 기반은 아마도 '나'와 '타자'가 상호의존적이며 따라서 공통의 이해관계를 가지고 있다는 인식일 것이다.

달라이 라마는 이렇게 쓴다:

> 만약 자아가 본질적인 정체성을 가지고 있다면, 타자의 이익과 격리된 자기 이익의 관점에서 말하는 것이 가능할 것이다. 그러나 이것은 그렇지 않고, 자기와 타자는 관계라는 관점에서만 진정으로 이해될 수 있으므로, 우리는 자기 이익과 타인의 이익이 밀접하게 연관되어 있음을 알 수 있다. 실제로 연기적 실재의 이 그림 안에서 우리는 다른 사람의 이익과 전혀 무관한 자기 이익이란 있을 수 없다는 점을 알 수 있다. 실재의 중심에 있는 근본적인 상호 연결성으로 인해, 너의 관심은 또한 나의 관심이다. 이를 통해 '나'의 관심과 '너' 관심이 밀접하게 연결되어 있음을 알 수 있다. 깊은 의미에서, 그들은 수렴된다. (1999: 47)

즉 연기와 무아는 비-이원론적 참여 불교 윤리에서 비적대적 요소의 근본적인 논리적 토대이다. 자아와 타자가 실제로 서로 분리되어 있지 않다면, 논리적으로 서로의 이해관계가 분리될 수 없다. 따라서 우리가 상호 연결되어 있고 우리의 이익이 상호 연결되어 있다는 것을 아는 것은, 우리가 갈등 상황에 있을 때, 만약 우리가 우리의 행동에 능숙하다면, 관련된 모든 사람의 진정한 이익을 충족시킬 수 있는 상호 이익이 되는 결과를 찾아야 한다.

불교사상의 연기론과 무아관에 수반되는 자아와 타자의 개념적 결합은, 참여 불교도의 이해에서 달라이 라마가 '타인의 고통을 견딜 수 없음'으로 설명하는 보편적인 공감의 감정으로 경험적으로 보완된다. 그리고 그는 이를 모든 윤리적 행동의 기초로 간주했는데, 이는 '모든 인간의 자질 중 가장 소중한 것'인 자비의 근원이기 때문이다.(1999: 64, 73) 경험적 공감과 자비가 결합한 자아와 타자의 이론적 상호 의존은 비-이원주의적인 참여 불교의 특징적인 비-적대성의 윤리적 입장에서 절정에 달하며, 자기와 대립하는 사람에 대한 개인적 적개심, 반목 또는 악의를 피하고, 궁극적으로 '적'과 같은 개념을 전혀 인식하지 않는 것이다. 따라서 캄보디아의 참여 불교도 마하 고사난다는 간디의 영향뿐만 아니라 비-적대성과 비폭력 사이의 필연적인 연관성을 단언하면서 다음과 같이 말한다:

> 우리는 갈등, 전투, 권력 다툼을 어떻게 해결합니까? 화해의 진정한 의미는 무엇입니까? 간디는 비폭력 행동의 본질은 적대자가 아니라 적대감 종식의 추구라고 말했습니다. 이것은 중요합니다. 상대방은 우리의 존경을 받습니다. 우리는 암묵적으로 그 또는 그녀의 인간성을 신뢰하고 악의가 무지에서 비롯된다는 것을 이해합니다.(1992: 62)

마하 고사난다에게 비-적대성은 주로 보편적 자비에 기반을 두고 있었다. 그것은 또한 필연적으로 비-판단주의를 수반했다:

> 사랑은 마음이 고귀하든 천하든, 선하든 악하든 모든 중생을 포용합니다. … 불건전한 마음을 가진 사람들은, 자애가 가장 필요한 사람들이기 때문에 반드시 포함되어야 합니다. 그들

중 다수는 성장에 필요한 온기가 부족하여 선의 씨앗이 죽었을 수 있습니다. 그 씨앗은 자비가 없는 세상에서 차가움으로 소멸 했습니다.(1992: 68)

인과관계에 대한 인식, 즉 원인과 결과의 보편적 법칙에 따라 근본적으로 형성된 사고방식에서, 비-판단주의는 아주 자연스럽게 나타난다. 이 관점에서는, 선이나 악이 변하지 않거나 내재한 방식으로 '존재'하는 자아나 영혼은 없다. 우리가 존재하는 것은 원인과 조건의 산물이다. '불건전한 마음'이 있는 사람들은 그들이 노출되었던 불건전한 원인과 조건 때문에 그러는 것이지, 그것이 본래 불건전한 그들 자신이기 때문이 아니다. 더욱이 원인과 조건이 변화함에 따라 우리의 행동과 심리 상태도 변화할 수 있다. 정적인 '존재'는 없으며, 시간이 지남에 따라 스스로 강화되는 끊임없이 변화하는 사고와 행동 양식만 있을 뿐이며, 새로운 원인과 조건이 도입되면 언제든지 바뀔 수 있다. 이러한 이해는 비판적인 반응보다는 동정적인 반응을 가리킨다.

우리는 틱낫한의 유명한 시 '내 진짜 이름으로 나를 불러주세요'에서 이러한 인과성과 무아의 별자리를 본다. 이 시에서 틱낫한은 다음과 같이 쓰고 있다:

나는 하루살이입니다/ 나는 하루살이를 먹는 새입니다;
나는 개구리입니다/ 그리고 나는 또한 개구리를 먹는 풀뱀입니다;
나는 12살 소녀입니다. 작은 배를 탄 난민이에요.
해적에게 강간당한 후 바다에 몸을 던졌던/

그리고 나는 해적입니다. 내 마음은 아직 보고 사랑할 능력이 없죠.(1987a: 64)

틱낫한의 놀라운 '나'라는 언어는 결코 강간범 해적과 동일시하고 싶지 않은 독자를 혼란스럽게 한다. 그러나 이것은 정확히 틱낫한의 요점이다. 그는 자신의 시에 대한 주석에서 이렇게 쓴다:

내가 만약 해적 마을에서 태어나 그와 같은 환경에서 자랐다면, 나는 이제 그처럼 해적이라는 것을 알 것이다. 내가 해적이 될 가능성이 크다. 나는 나 자신을 그렇게 쉽게 비난할 수 없다. … 만약 당신이나 내가 오늘 그 어촌에서 태어난다면, 우리는 25년 후에 바다의 해적이 될지도 모른다.(1987a: 62)

이 시와 주석에 표현된 관점은, 틱낫한을 도덕적 책임의 기초를 제거하는 것으로 보는 일부 사람들에게 문제가 된다. 그러나 이것은 틱낫한의 의도가 아니다. 오히려, 그는 비극에 수렴되는 모든 요소를 포괄하도록 독자의 시야를 넓히는 것을 목표로 한다:

나는 많은 아기가 시암만에서 매일 수백 명씩 태어나는 것을 보았고, 우리 교육자, 사회복지사, 정치인 등이 이 상황에 대해 아무 조치도 취하지 않는다면, 25년 안에 그들 중 상당수가 해적이 될 것입니다. 그건 확실합니다. 만약 당신이 총을 들고 해적을 쏜다면, 당신은 우리 모두를 쏘는 것이 됩니다. 왜냐하면

우리는 모두 이 상황에 어느 정도 책임이 있기 때문입니다. (1987a: 62)

틱낫한의 요점은 우리가 인과관계의 넓은 그림을 인식하도록 도와줌으로써 우리의 이해를 넓히고, '타자'와의 싸움에서 상징적으로 손을 떼고, 거리를 두고 그들을 '악'이라고 판단하면서 다소 안도하며 그들을 판단하려는 충동을 허용하지 않음으로써 우리의 자비를 확대하려는 것이다. 확실히 그는 해적 등으로부터 아이들을 보호하는 것을 옹호할 것이다; 그는 또한 해적 지망생이 획득했을지도 모르는 다른 사람들에게 해를 끼치려는 충동에 따라 행동하지 않도록 보호하는 것을 옹호할 것이다; 실제로 이러한 필요는 함께 진행되며, 그에 따라 행동하는 것은 관련된 모든 사람에 대한 자비를 유지한다. 마지막으로, 그는 또한 빈곤, 세계 경제 질서, 무지, 절망 등에서 비롯되는 해적이나 기타 병폐의 근본 원인을 제거하기 위한 노력에 참여하는 모든 사람을 옹호할 것이다. 달라이 라마는 이 관점을 다음과 같이 요약한다:

이것은 사람들이 그들의 행동에 책임이 없다고 말하는 것이 아닙니다. 하지만 그들이 주로 무지에서 행동하고 있을지도 모른다는 점을 기억합시다. 폭력적인 환경에서 자란 아이는 다른 방법을 모를 수 있습니다. 결과적으로, 비난의 문제는 대체로 중복됩니다. (1999: 107)

비-이원론적 참여 불교의 비적대적 측면에서 중요한 점은, 비록 갈등 관계에 있는 사람들이 심한 폭력을 저지르고 있을 때조차도, 그들에 대한 자애와 자비를 유지하려는 강한 표현과 의식적인 의도이다. 미얀마의 사프란 혁명 기간에 승려와 비구니들은 거리에서 항의 시위하면서 자애경(Mettā Sutta)을 낭송하며, 고통받는 미얀마 국민뿐만 아니라 미얀마를 통치하는 군사 정권을 위하여 자애를 호소했다. 중국에 대한 티베트 항쟁의 경우, 중화인민공화국이 티베트에 가한 폭력이 극에 달했을 때, 달라이 라마는 모든 붓다와 보살들에게 티베트인과 중국인 모두에게 그들의 자비를 보내달라고 간청하는 '진실의 말씀 기도'를 썼다. 폭력적으로 행동하는 사람들에게 자비심을 불러일으키는 근거는 무엇일까? '폭력적인 압제자들에게도 자비를 베풀 가치가 있다/악마적 감정에 미쳐서 그들은 악행을 저지른다/그것은 그들 자신과 다른 사람들에게 완전한 패배를 가져온다.'(Gyatso 1992: 87) 즉 달라이 라마의 자비는 중국인들, 심지어 티베트인들을 직접적으로 공격하는 사람들까지 포괄하는 것으로 확장된다. 왜냐하면 그들은 티베트인들에게 폭력적인 공격을 가함으로써 업보 면에서 자신들에게 심각하게 해를 끼치고 있기 때문이다.

비-적대성과 모든 것을 포용하는 자애의 결과로서, 당사자들을 화해시키고 모두에게 유리한 해결책을 찾으려는 노력은 일반적으로 비-이원론적 참여 불교의 목표가 된다. 베트남에서 틱낫한과 그의 동료들은 전쟁 기간에 북쪽이나 남쪽이 아니라, 오직 삶의 측면에서 '제3의 길'을 옹호했다. 이와 유사하게, 종교와 민족이 서로 대립하는 스리랑카 내전 동안 사르보다야는 전쟁을 타밀 힌두교 측이나 싱할라 불교 측의 탓으로 돌리지 않고, 빈곤과 민족적 증오를 탓하며 '모두를 위해 작동하는 지속 가능하고 정신적으로 균형 잡힌 섬'을 옹호하고 일했다.(Sarvodaya n.d.)

3) 예언자적 참여 불교

암베드카B. R. Ambedkar 박사가 예시한 예언자적 참여 불교는 예언자의 목소리를 채택한 수행자들로 구별된다. 즉 대립하는 당사자들을 화해시키거나 결속시키려고 노력하여 '우리' 대 '그들'의 대립적 입장을 피하려는 비-이원론적 참여 불교와는 달리, 예언자적 참여 불교는 갈등에서, 자신의 쪽이 반대편에 대항하는, 더 친숙한 이원론적 입장을 취하고 있다. 비-이원론적 참여 불교에서, 상대방에 대한 자비심은 갈등에 대한 사고의 필수적인 부분이다. 예언자적 참여 불교에서는, 다른 쪽이 문제의 원인이고 단순히 변화할 필요가 있다; 정의로운 분노는 분명히 폭력은 아니더라도, 다른 쪽과의 관계에 역할을 할 수 있다. 그럼에도 불구하고, 예언자적 참여 불교는, 불교의 가치와 신념(암베드카 불교에서는 특히 인간의 내재적 존엄성과 평등에 대한 믿음, 그리고 가장 높은 정신적 목표를 향해 성장할 수 있는 보편적인 인간 잠재력)에 기초하여 사회의 병폐(암베드카 불교에서는 카스트 제도)와 투쟁하면서 엄격하게 비폭력적인 상태를 유지하고 있는 만큼 참여 불교로 남는다.

불가촉천민으로 태어난 암베드카 박사는 라지 이후[3] 인도에서 가장 교육을 많이 받고, 중요한 지도자 중 한 명이 되었다. 그는 라지

---

3 역주: British Raj, 영국 정부가 1876-1947 통치한 식민지 인도의 공식 호칭.

이후 인도의 첫 번째 법무부 장관이자 헌법의 주요 저자였지만, 여전히 때때로 폭력적인 카스트 제도의 편견의 대상이 되었다. 암베드카는 수년간 힌두교를 개혁하고 카스트 제도에서 힌두교를 해방하기 위해 고군분투했지만, 결국 힌두교가 이 점에서 스스로 개혁하는 것이 불가능하다고 판단하고, 힌두교와 관계를 단절하고, 카스트 제도를 정당화하고 성문화한 '마누Manu의 책', 마누 법전(Manusmṛti)의 사본을 공개적으로 불태웠다. 다년간의 탐색 끝에, 그는 불가촉천민 공동체를 위한 길로 그가 추천한 공적 행위이자 모범으로서 불교로 개종했다. 암베드카와 불가촉천민 공동체 모두에게 불교로의 개종 행위는 정신적 행위 못지않게 사회적, 정치적 행위이며, 불교의 수용만큼이나 힌두교와의 결정적인 단절이다. 암베드카 불교로 개종하는 중요한 요소는, 암베드카가 구성한 22개의 서원을 하는 것인데, 이 중 8개는 개종자가 힌두교를 포기하고 힌두교 신들과 여신들을 믿지 않으며 숭배하지 않을 것임을 명시적으로 표현한다.

　암베드카가 힌두교에 대해 대립하고 적대적인 입장을 취할 필요가 있다고 느낀 이유는 분명하다. 평생의 경험을 바탕으로, 그는 힌두교가 '불가촉천민'의 영혼을 독살해서, 그들을 압제자에 대항하여 반란을 일으킬 수조차 없을 정도로 개탄스럽고 무기력한 상태로 몰아넣었다는 결론에 도달했다. 그가 보기에, 힌두교와 깨끗이 결별하고, 그들을 억압하는 것, 즉 카스트 제도 자체를 거부할 만큼 스스로 고무하지 않고서는, 자신들을 스스로 일으켜 세울 가능성이 없었다. 반대 입장에 필요한 것은 무엇보다 심리적인 것이었다. 개종자는 힌두교와 자존감의 부정은 포기하는 동시에, 불교와 자신의 자존에 대한 긍정을 수용할 필요가 있었다. 그러므로 개종 서약서에서는 '환생'을 하고 있음을 알린다. 늙고, 억압받는 사람은 사라지고, 누구 못지않은 자유로운 사람이 탄생한다. 다른 형태의 참여 불교와 마찬가지로 이 새로 태어난 사람은 모든 중생에 대해 자비와 자애를 실천할 것이라고 맹세한다.

암베드카 불교는 예언자적 참여 불교의 유일한 예가 아니다. 태국의 '가장 잘 알려진 재가불교 지식인이자 사회 비평가'인 재가 참여 불교도 술락 시바락사Sulak Sivaraksa는 종종 매우 비판적이고 예언적인 목소리로 태국 정부의 비민주적 행위를 규탄하고, '기성 불교'가 국가에 복종하고 가난한 사람들의 필요에 무관심하다고 비판한다.(Swearer 1996: 196f) 그리고 스리랑카 불교도들에게 그들이 스리랑카 타밀인들에게 저지른 범죄를 인정하라고 촉구한다. 또 다른 예는, 두드러지게 비-이원론적인 운동이라 할지라도, 때때로 대립적이고 따라서 예언자적인 전술을 사용할 수 있음을 보여준다. 미얀마의 사프란 혁명 기간에 거리에서 시위하는 승려들은 발우를 거꾸로 뒤집어 군부나 그 지지자들로부터 음식 기부를 받지 않겠다는 뜻을 나타냈다. 이것은 그들의 반대자들이 공덕을 쌓기 위해 선호하는 전통적인 방법을 직접적으로 거부했고, 이는 또한 두말할 필요 없이 승가가 군사 정권이 도덕적으로 파산했다고 판단했다는 점을 공개적으로 선언한 것이다.

4) 인본주의적 참여 불교

대만의 인본주의 불교는 태허太虛 스님과 인순印順 스님을 따라, 불교의 초점을 죽음과 환생에서 벗어나 바로 지금 여기로 향하게 한다.

결과적으로, 인본주의 불교도들은 일반적으로 삶의 모든 단계에 있는 인간, 동물, 환경에 대한 봉사를 불교 생활과 수행의 초석으로 삼는다. 그들은 전형적으로 불교적인 삶의 방식과 수백만의 재가자들이 자원봉사를 하는 많은 실제적인 체험형 프로젝트를 통해 환경주의, 채식주의, 조화로운 관계, 그리고 인간의 복지를 증진한다. 프로젝트에는 의료, 노인 돌봄, 고아와 아동 보육, 국내외 재난 및 긴급 구호, 교육, 재활용, 환경 보호, 문화 개발, 종교 간, 그리고 공동체 간 우호 등이 포함된다.

인본주의 불교는 적극적인 자비의 매우 강한 윤리를 표현하고 그 적용에 있어서 무조건 보편주의적이라는 점에서 비-이원주의적 참여 불교와 같다. 그러나 인본주의 불교는 주로 대만의 특수한 역사로 인해 비-이원적 참여 불교와 매우 다른 정치적 입장을 가지고 있다. 1949년부터 1987년까지 대만은 중국 본토에서 공산당의 승리로부터 도피한 집권 국민당에 대한 정치적 반대를 진압하기 위한 엄격한 계엄령 아래 있었다. 많은 사람이 공산주의에 대한 동조나 승인되지 않은 정치 활동에 대한 약간의 의심으로도 투옥, 고문 또는 처형되었다. 이 기간에 본토에서 공산주의를 피해 도망쳐 온 불교 승려들은 상당한 의심과 위협(공산당 간첩일 가능성이 있다고)을 받았고, 재빨리 몸을 낮추고 모든 정치적 활동을 확실히 피하는 법을 배웠다.

남아시아와 동남아시아, 그리고 티베트의 비-이원주의적 참여 불교는, 참여 불교를 지배 세력과의 거듭되는 투쟁으로 몰아넣은 20세기 위기(전쟁, 식민주의, 침략, 대량 학살)에 대응하여 크게 일어났다. 대만에서 불교는 위기 당시(계엄령 지배 아래의 해) 정부와 대립하여 의문을 제기하기에는 너무 약했다. 강하고 개혁적인 대만 불교는 위기가 끝날 때까지 발전하지 못했다. 따라서 비-이원론적 참여 불교와 달리, 인본주의 불교의 대만 정부에 대한 정치적 입장은 일반적으로 협력적이고 건설적이며 대립적이지 않았다. 중요한 것은, 인본주의적 불교가 위기 상태가 아니라 단순히 일상생활의 일부일 때, 참여 불교로서 어떻게 보일 수 있는지에 대한 한 가지 버전을 나타낼 수 있다는 것이다.

인본주의 불교 운동 중에서도, 자제회는 특히 비정치적인 입장을 취해 왔다. 쳉엔 스님은 사실 대립 정치의 회피를 자제회원들의 필수 조건으로 삼았다. 그녀의 추종자들은 '자제 십계'를 준수하라는 요청을 받으며, 그중 10번째 계율은 구성원이 '정치 또는 시위에 참여'하는 것을 금지한다.(Tzu Chi 2011) 이러한 입장은 지진, 홍수, 식량 부족 시 재난 구호를 목적으로 중화인민공화국과 심지어 북한에 많은 수의 자제회 자원봉사자들이 진입할 수 있게 했기 때문에 상당한 유용성이 입증되었다. 엄격하게 비정치적인 입장이 아니었다면, 자제회는 결코 이 나라들에서 받아들여지지 않았을 것이 확실하다. 게다가 1990년대 중반부터 중화인민공화국의 불교 기관들은 대만 인본주의 참여 불교와 일치하는 종류의 자선 및 사회 서비스를 제공하기 시작했다. 프로젝트에는 재난 구호, 노인 요양, 산부인과 병동, 의료진, 빈곤아동을 위한 학교가 포함되어 있으며, 중국 전역에 흩어져 있다.(Laliberté 2011) 이것은 중국 본토 불교와 참여 불교에 있어서 매우 중요한 발전이며, 대만 인본주의적 불교가 정부와 갈등 관계를 보였다면 다시 불가능했을 것이다.

결론

참여 불교는 이타심, 자비, 평화라는 불교 윤리의 이상을 이 세상에 실제로 적용하려는 노력이다. 참여 불교는 이상과 거리가 먼 세상에서 자리를 찾기 위해 그러한 윤리를 타협하려는 욕구가 없는 매우 이상주의적인 운동이다. 오히려 세계를 불교의 이상 수준으로 끌어올리는 것을 열망한다. 이처럼 참여 불교는 고도로 실험적이고, 진행 중인 작업이다.

인용 문헌

Chan Khong (Cao Ngoc Phuong) (1993) *Learning true love: how I learned and practiced social change in Vietnam*. Berkeley: Parallax Press.

Cheng Yen (1999). A new millennium of goodness, beauty and truth. In: D. W. Chappell (ed.), *Buddhist peacework: creating cultures of peace*. Boston: Wisdom, 47-52.

DeVido, E. A. (2009) The influence of Chinese Master Taixu on Buddhism in Vietnam. *Journal of global Buddhism*, 10, 413-458.

Ghosananda, Maha (1992). *Step by step: meditations on wisdom and compassion*. Berkeley: Parallax Press.

Gyatso, T., XIVth Dalai Lama (1992) *A prayer of words of truth*. Translated by R. A. F. Thurman in Tibet and the Monastic Army of Truth. In: K. Kraft (ed.), *Inner peace, world peace: essays on Buddhism and nonviolence*. Albany: State University Press of New York, 87-88.

Gyatso, T., XIVth Dalai Lama (1999) *Ethics for the new millennium*. New

York: Riverhead Books.

King, S. B. (2005) *Being benevolence: the social ethics of engaged Buddhism*. Honolulu: University of Hawai'i Press.

Laliberté, A. (2011) Buddhist revival under state watch. *Journal of current Chinese affairs*, 40, (2), 107-134.

Macy, J. (1985) *Dharma and development: religion as resource in the Sarvodaya self-help movement*. Revised edition. West Hartford, CT: Kumarian Press.

Nhat Hanh, Thich (1987a) *Being peace*. Berkeley: Parallax Press.

Nhat Hanh, Thich (1993) *For a future to be possible: commentaries on the five wonderful precepts*. Berkeley: Parallax Press.

Sarvodaya Shramadana (1999) *Sarvodaya peace meditation programme: introduction and guide to participants*. Ratmalana, Sri Lanka: Sarvodaya Vishva Lekha.

Sarvodaya Shramadana (n.d.) The solution to continuing war: an overview of the Sarvodaya People's Peace Plan. Available from: http://www.sarodaya.org/PeaceInitiative/SarodayaPeoplesPeacePlan.htm [Accessed 9 February 2001].

Swearer, D. K. (1996) Sulak Sivaraksa's Buddhist vision for renewing society. In: C. S. Queen and S. B. King (eds.), *Engaged Buddhism: Buddhist liberation movements in Asia*. Albany: SUNY Press, 195-236.

Tedesco, F. (2003) Social engagement in South Korean Buddhism. In: C. Queen, C. Prebish, and D. Keown (eds), *Action dharma: new studies in engaged Buddhism*. London: RoutledgeCurzon, 154-182.

Tzu Chi Foundation (2011) The spirit of the ten Tzu Chi precepts. Available from: http://tw.tzuchi.org/en/index.php?option=com_content&view=article&id=837%3Athe-spiritof-the-ten-tzu-chi-precepts&cat-id=116%3Atzu-chi-path&Itemid=324 [Accessed 18 February 2016].

Yao Y. (2014) Japanese influence on Buddhism in Taiwan. *Journal of the Oxford Centre for Buddhist Studies*, 6, 141-156. Available from: http://jocbs.org/index.php/jocbs/article/view/77/97 [Accessed 8 July 2016].

추천 도서

Gyatso, T., XIVth Dalai Lama (1999) *Ethics for the new millennium.* New York: Riverhead Books.
King, S. B. (2005) *Being benevolence: the social ethics of engaged Buddhism.* Honolulu: University of Hawai'i Press.
Macy, J. (1985) *Dharma and development: religion as resource in the Sarvodaya self-help movement.* Revised edition. West Hartford, CT: Kumarian Press.
Nhat Hanh, Thich (1987) *The miracle of mindfulness: a manual on meditation.* Revised edition. Boston: Beacon Press.
Nhat Hanh, Thich (1993) *For a future to be possible: commentaries on the five wonderful precepts.* Berkeley: Parallax Press.
Queen, C. S., and King, S. B. (eds) (1996) *Engaged Buddhism: Buddhist liberation movements in Asia.* Albany: SUNY Press.

제24장 서구 참여 불교의 윤리

크리스토퍼 퀸Christopher Queen

참여 불교란 무엇인가?

사회 참여 불교는 제2차 세계대전 이후 아시아와 서구에서 국제적으로 주목을 받게 되었다. 1950년대 인도의 달리트Dalit 계층[1], 즉 하층 카스트 시민들의 불교로의 개종 운동인 스리랑카의 사르보다야 슈라마다나Sarvodaya Shramadana 마을 개발 운동과 같은 사회 운동에 이어 1960년대와 1970년대에 베트남 반전운동과 티베트 해방운동이 뒤따

---

1 역주: 인도 카스트제도하의 불가촉천민(Untouchable)을 가리킨다. 카스트에 따른 인도인의 신분은 브라만(승려), 크샤드리아(왕이나 귀족), 바이샤(상인), 수드리(피정복민 및 노예, 천민) 등 4개로 구분되는데, 달리트는 이 4개의 카스트에도 속하지 못하는 최하층의 계급이다. 그러나 현재 인도에서 공식적으로는 이 계급이 없다.

랐다. 전후 일본에서는 일련종日蓮宗에서 영감을 받은 평화운동, 대만에서는 정토종淨土宗에서 영감을 받은 사회봉사 운동, 그리고 한국, 태국, 캄보디아에서는 인권과 환경 보호 운동이 일어났다. 1960년대 이후 서구에서는 폭력, 전쟁, 빈곤, 환경 파괴, 인종 관계, 사법 제도, 인적 서비스 및 기타 문제를 해결하기 위해 불교사상과 수행에서 영감을 받은 수많은 시민 사회 단체가 설립되었다. 참여불교국제네트워크(INEB) 및 샤카디타-국제여성불자협회(Sakyadhita; 붓다의 딸 운동)(Sakyadhita International Association of Buddhist Women)와 같은 글로벌 연합은 동양과 서양의 차이를 메웠다.(Queen and King 1996; Queen 2000; Queen, Prebish, and Keown 2003)

참여 불교는 한 세대의 학자들에 의해 연구되어 왔다. 어떤 사람들은 불교가 항상 사회적으로 참여해 왔으며, 전륜성왕사자후경轉輪聖王獅子吼經 또는 나가르주나의 보행왕정론寶行王正論과 같은, 군주에게 조언을 제공하는 불교 문헌이나, 또는 3세기 아소카Aśoka 마우리아Maurya나 중국의 수 왕조(581-618)와 같은 불교 왕들의 공공복지 프로젝트에서 사회적 행동의 전조를 발견했다고 주장하지만, 이러한 예는 오늘날의 반문화 운동의 패턴에 맞지 않는다. 틱낫한Thich Nhat Hanh이 1960년대 베트남 반전운동에 붙인 이름인 참여 불교는, 불교 계몽 군주나 정부의 정책이 아니다. 달리트 불교도들의 반-카스트 운동, 티베트 승려들의 반중국 시위, 사르보다야 운동의 마을 기반 개발 프로젝트와 평화 시위는, 그들이 광범위한 고통과 피해의 원인이라고 믿는, 그들이 속한 사회, 정치, 군사와 기업 구조에 공개적으로 반대하는, 계를 받은 승려들과 재가 지도자들로부터 영감을 받은 대중적인 비정부 운동이다. 그들의 사회적, 정치적 행동은 공공 이익의 관점만으로는 측정될 수 없으며(정부와 비-불교 단체들은 유사한 목표를 지지할 수 있음), 오히려 불교의 가르침과 수행이 사회 전체의 도전에 평화적이고 집단적인 대응을 동원하기 위해 해석되고 적용되는 방식으로 측정된다. '참여 불교'와 '사회 참여 불교'라는 용어는 이러한 설정 안에서 검토에 유용한 윤리적 구분을 나타낸다.

전통적인 불교 윤리는 종종 세 가지 공식으로 표현되었다. '악을 피하고, 선을 닦고, 마음을 정화하라'라는 법구경(Dhammapada), 대전기경大傳記經(Mahāpadānasutta), 그리고 초기 형태의 승려 계율인 바라제목차婆羅提木叉(Patimokkha)에 나온다. 도덕률, 집중, 지혜의 '세 가지 훈련[三學: śila(戒), samādhi(定), prajñā(慧)]'은 붓다의 첫 설법 사성제四聖諦에서 팔정도八正道의 단계를 확인한다. 아상가Asaṅga[2]의 윤리에 관한 장(인도, 5세기), 아티샤Atiśa[3]의 '깨달음으로 가는 길의 등불(菩提道燈論)'과 그 설명(티베트, 11세기), 교넨凝然(1240-1321)의 율종강요律宗綱要(13세기)와 같은 대승불교 윤리의 형식적 표현은 '악을 피하고, 선을 닦고, 모든 중생을 구한다'로 요약된다.(Chappell 1996: 351)

불교 윤리의 이러한 목표는 '악의 회피'로 정의되는 재가자 오계(pañcasīla) 및 고대 사원 계율 비나야(vinaya)와 같은 규율의 길;

---

2 역주: 무착無著, 4세기 추정, 인도 승려, 그의 이복동생 Vasubandhu(世親)와 함께 유식유가행파(Yogachara) 설립.
3 역주: 982-1054, 인도의 승려. 왕자로 태어났으나 왕위를 계승하지 않고 출가하였다. 법명 Dipankara srijnana.

회피와 자제의 규칙으로 특징지어질 수 있는 덕의 길; '선행'을 정의하는 숭고한 태도인 사무량심四無量心(brahmavihāras) 및 성자의 완전성인 바라밀(pāramitā) 목록; 그리고 대부분의 대승 경전에서 입증된 '모든 중생을 구하겠다'라는 보살 서원으로 타인을 돕겠다는 대자대비(mahā karuṇā)를 보여주는 재가자, 출가자, 신적 존재의 우월성이 우바새계경優婆塞戒經(Upāsaka Precept Sūtra)에서 설명되는 이타주의 길이다.(Queen 2000: 11-17)

이러한 개인의 규율, 덕, 이타주의의 길과는 대조적으로, 참여윤리는 집단행동을 통한 고통의 사회적 근원을 다룬다. 개별 행위자에게 숙련된 언어, 행동, 생활 방식을 권장하는 팔정도의 도덕률(śila)과 달리, 사회적 존재에 대한 외부 위협에 대처하기 위한 집단행동 또는 '참여'의 개념은 현대 사회과학에서 확인된 '사회적 고통'의 개념에 영향을 받을 수 있다.(Kleinman et al. 1996) 전후 세대의 참여 불교도들에게 사회적 고통은 인도의 카스트 제도, 베트남 전쟁, 스리랑카 촌락의 빈곤, 중국 침략자들의 티베트 정복과 정치적 지배 등으로 인해 발생한다. 이 목록은 산업사회의 구조적 인종차별, 개발도상국의 민족 전쟁, 세계 경제 착취, 초국가적 소득 불평등, 생태적으로 취약한 공동체와 궁극적으로 모든 형태의 생명을 위협하는 기후 위기를 포함하여 쉽게 확장될 수 있다. 이러한 상황에서 인간, 동물, 그리고 생태계의 안녕에 대한 위협은 어떤 한 행위자의 행위를 초월하는 제도화되고 비인격화된 힘으로 야기된다. 이러한 의미에서 고통받는 사람들을 희생자로 간주할 수 있는데, 이는 전통적인 불교 담론에서 찾아볼 수 없는 분석 범주이다.

한편으로는 개인의 규율, 덕, 이타주의의 불교 윤리와 다른 한편으로는 사회적 참여의 윤리 사이의 괴리는 근본 사상으로 거슬러 올라갈 수 있다. 사성제에 나타난 초기불교의 구원론은, 무상(anicca)과 무아(anatta)와 함께 존재의 보편적 속성인 괴로움(고苦, dukkha)이 독(Pāli. kilesa, Skt. kleśa)이라고 불리는 괴로움을 겪는 사람의 정신적 습관에 기인한다는 주장에 근거한다. 탐욕貪慾(lobha), 진에嗔恚(dosa), 우치 愚癡(moha) 또는 갈애渴愛(Pāli. taṇhā, Skt. tṛṣṇā)로 열거되는 정신적 습관들은 붓다의 첫 번째 설법에서 소개된 두 번째 성스러운 진리(집集)를 구성한다.

이 고통의 주체는 고통을 받는 개인이며, 고통의 원인은 진화하는 정신-육체적 성격을 구성하는 상태에 선행하는 그 또는 그녀의 심리 상태에 있다. 이러한 상태의 축적된 행위(업)는 과거 여러 생애에 걸쳐 일어났고, 앞으로 오는 생애에 고통 또는 해방의 상태를 생성할 것이다. 이러한 환생 또는 윤회적(saṃsāra) 존재는 전통적인 불교 윤리의 형이상학적 모체이다.(Harvey 2000: 8-20) 이러한 맥락에서, 불교 수행자는 효과적인 신념, 태도, 활동을 수용함으로써 자신의 고통을 완화하기 위해 노력한다. 이 일은, 붓다가 제자들의 포교 사업의 의도를 '다수의 이익을 위해, 다수의 행복을 위해, 세상을 향한 자비를 가지고'라고 설명했듯이 파급 효과를 낳을 수도 있다.

다른 한편으로, 고통받는 한 사람의 정신적 독성의 사회적 효과는 다른 사람들의 정신적 독성과 합쳐져 빈곤, 불법 또는 전쟁과 같은 일반적인 고통의 조건을 만들고 증폭시킬 수 있다. 여기서 의로운 군주(dhammaraja)는 병원, 푸드 뱅크, 도로 건설, 분쟁 조정 및 동물 보호소와 같은 공공사업에 개입할 수 있다. 보살들은 숙련된 방편(upāya kauśalya)을 사용하거나, 집단 재난으로 고통받는 사람들을 구하기 위해 광대한 공덕을 전달할 수 있다. 그러나 이러한 시나리오에서는 도움을 주는 사람과 도움을 받는 사람을 연결하는 이타주의의 윤리를 인식하는 것이 중요하다. 단순한 자비와 동정심은 우리가 이 이야기들에서 발견한 사회적 행동에 동기를 부여한다.(Aronson 1980; Jenkins 2003) 여기서 누락된 점은 빈곤, 무법, 전쟁과 같은 사회적 조건이 제도화되고 비인격화되었으며, 모든 수행자(단순히 의로운 왕이나 유덕한 성인이 아니더라도)가 자신을 포함한 사회적 고통의 희생자들을 위해 협력해서 행동할 수도 있다는 인식이다. 이것이 참여 불교가 앞선 고전 불교와 구별되는 점이다.

참여 불교에 관한 연구는 사회적 고통의 구조와 제도를 목표로 하는 폭넓은 실천을 밝혀냈다. 아시아의 달리트 불교도와 베트남 승려 외에도, 서구의 예로는, 나치의 아우슈비츠 대학살과 맨해튼 거리의 도시 노숙에 대한 증인으로 참석한 '선禪 평화중재자 명상회(Zen Peacemakers' retreats)'가 있다. 그리고 불교평화우위회(Buddhist Peace Fellowship), 교도소다르마네트워크(Prison Dharma Network)와 같은 단체의 항의 및 봉사 활동이 있다. 이러한 불교의 참여는 고통이나 고통의 구제를 중재하는 기관들뿐만 아니라 이러한 구조들의 개별 희생자들의 곤경을 대상으로 한다. 전반적으로, 과제는 구조적이며 반응은 집단적이다. 성직 제도와 사역 프로그램을 통해 개별 환자를 돌보는 불교도들은 그들이 섬기는 구조를 개혁하려는 노력에 자주 참여하고 있다. 여기에는 군사, 산업, 교정, 의료 또는 교육 환경이 포함될 수 있으며, 종종 1961년에 어빙 고프만Erving Goffman이 설명한 종류의 '총체적 기관'이다.

최근 몇 년 동안 세 가지 새로운 현실이 참여 불교의 관행을 형성했다. 하나는 인쇄물, 소셜 미디어, 인터넷을 통해 자신의 목소리를 내는 신세대 불교도이다. 수미 론든Sumi Loundon의 '블루진 붓다'(Blue Jean Buddha; 2001)와 '붓다의 견습생'(Buddha's Apprentices; 2005), 브래드 워너Brad Warner의 '다르마 펑크스'(Dharma Punx; 2004)와 '역류'(Against the Stream; 2007), 그리고 마흔 이하 작가들의 다른 작품들의 출판과 함께, 이른바 X세대, Y세대, 천년 불교도라고 불리는 사람들의 견해가 폭넓은 청중을 얻었다. 불교평화우위회와 같은 사회참여단체의 리더십은 젊은 활동가들에게 넘어갔고, 다르마 긱스Dharma Geeks와 같은 새로운 온라인 단체와 데이비드 채프먼David Chapman 등의 작가들은 명상의 상품화부터 불교 윤리 자체의 본질까지 다양한 주제에 대한 팟캐스트와 블로그를 제공하고 있다.

또 다른 발전은 아시아와 서구 사이의 참여 불교 구분이 무너진 것이다. 참여불교국제네트워크(INEB), 샤카디타-국제여성불자협회(Sakyadhita, 붓다의 딸 운동), 자유 티베트 운동, 국제 창가학회, 일본산묘법사대승가日本山妙法寺大僧伽, 자제회慈濟會와 다른 많은 국제기구의 번영은 사회적 고통의 본질과 세계 안정에 대한 다양한 과제에 대한 공통의 관점을 촉진했다. 예를 들어 버클리에서든 방콕에서든 참여 불교도는 사회적, 자연재해의 희생자들을 '집단적 악업'으로 비난하지 않을 것이다. 아시아 운동가들은 지진이나 빈곤 구제에 특화되어 있지 않지만, 서구 운동가들은 제도적이고, 공식적인 탄압에 항의한다; 이 모든 활동은 세계화되었다. 기술 혁신의 증가하는 도전과 사회 정의를 위한 투쟁은 영어-사용권, 유럽계 미국인, 또는 산업화한 사회에 국한되지 않는다. 이러한 도전과 투쟁은 정보, 상품, 서비스 및 여행의 세계적인 흐름으로 시민과 단체들이 연결된 곳이면 어디에서나 목격될 수 있다.

마지막으로, 우리는 현대성과 세속성을 인정하지 않고는 아시아와 서구에서 불교 수행의 진화를 고려할 수 없지만, 이러한 거대한 용어들은 정의될 수 있다. 최근 관찰자들은 '참여 불교'를 불교 모더니즘의 산물이자, 서구 그리고 아시아(상업적 필요가 증가하는)에서 불교사상과 실천의 상업화에 필요한 균형추로 여겼다.(McMahan 2008; Carrette and King 2005) 이 장은 불교 모더니즘과 이른바 '영성의 판매'라고 불리는 것에 대한 현재의 논의에 이바지하기 위한 시도이다.

다음 두 절에서는 (1) 영향력 있는 4명의 불교도의 태도와 경력을 비교하고, (2) 세속적 환경인 산업, 군대, 임상 실습 및 교육에서 불교에서 영감을 받은 마음챙김 훈련 프로그램에 관한 토론을 들여다봄으로써 서구의 참여 불교에 대해 자세히 살펴볼 것이다. 이러한 축소판 사례연구는 의도, 훈련, 브랜드명 부여 및 설정의 차이가 참여 불교를 정의하는 데 어떻게 도움이 될 수 있는지 보여주기 위해 제공된다. '비참여 불교'가 반드시 있어야 한다는 암시는 모든 불교를 참여로 여기는 수행자들뿐만 아니라, 사회봉사와 행동주의를 실천하고 있지만, 그것을 '참여 불교'라고 부르지 않기로 선택한 불교도들을 혼란스럽게 했다. 우리는 이러한 문제를 실체가 아니라 정의定義의 문제로 간주할 것이다. 마찬가지로, 마음챙김의 세속적 적용 논쟁에 대한 우리의 검토는 스트레스 감소, 성과 향상, 삶의 만족도에 대한 그들의 효능에 의심을 제기하려는 것이 아니다. 오히려, 전통적인 불교도들이 이해하는 도덕성과 해탈의 길로서 그 효능에 대해 의문을 제기하기 위한 것이다. 이러한 설정에서 '불교'라는 꼬리표가 제대로 지워지고, 인간적이고 사회적인 가치가 상실된 것인가?

네 명의 불교도: 참여인가 아닌가?

'불교 모더니즘 만들기(The Making of Buddhist Modernism; 2008)'의 마지막 페이지에서 맥마한David L. McMahan은 불교가 앞으로 갈 수 있는 두 가지 길을 설명한다. 하나는 '현대 서구 사상, 사회적 관행, 가치에 대한 도전, 비판, 증대 및 대안 제시'이고, 다른 하나는 '불교가 모호한 뉴에이지 영성, 자조 요법, 그리고 순전히 개인적인 자기 개선의 길로 퇴조한다'라는 것이다. 첫 번째 시나리오에서,

> 불교의 정교한 명상 기법은 그 활발한 윤리적 성찰과 결합하여 일부 현대 심리 치료와 뉴에이지 영성을 괴롭히는 자기 몰두와 사회적 부적절성을 초월할 수 있는 심리적, 정신적 자기-계발의 형태를 제공한다. 더욱이 참여 불교는 인권, 전쟁과 평화, 환경주의, 그리고 다른 긴급한 사회적, 정치적 관심사에 대한 담론에 독특한 관점과 새로운 어휘를 가져와 그들의 개념적 자원을 확장한다.(McMahan 2008: 260)

두 번째 시나리오에서는,

> 불교는, 윤리적인 영향은 거의 없는 상업적인 수사로서 순전히 개인화된 자조 방식이 되었다. … 서구 (그리고 점점 더 세계화되고 있는) 대중문화의 가치와 소비주의 및 상업주의에 너무나 철저하게 수용되어 불교도가 풍부한 자원을 가지고 있는 이러한 현대 문화의 요소를 비판하는 능력이 무력화된다.(McMahan 2008: 261)

맥마한이 '세계민속불교'라고 부르는 후자의 길에는, '선禪-팝콘, 선-차, 붓다-비키니, 붓다-바'가 어지럽게 널려 있을 수도 있고, '참여 불교'로 대표되는 봉사와 사회비평의 잠재력을 놓치거나 묵살하는 수행 불교의 삶 속에서 표현될 수도 있다. 그들은 카르마, 환생, 명상, 깨달음과 같은 전통적인 믿음과 수행을 수용하는 데 있어서 종교적일 수도 있고, 이러한 특징 중 일부로부터 거리를 두는 데 있어서 자신들을 세속적이라고 주장할 수도 있다. 이러한 수행자修行者들은 규율, 미덕, 이타주의의 길을 설명할 수 있지만, 그들은 참여(사회봉사 또는 사회 개혁)를 내재적인 것으로 보지 않거나, 심지어 정신적인 길에 적합하다고 여기지 않을 수 있다. 이러한 구분을 명확히 하기 위해, 현대 불교에서 잘 알려진 네 가지 목소리를 살펴보겠다.

세속주의의 진보는 일부 서구 개종자들이 승려 수계로 이어지는 엄격한 훈련을 추구하는 것을 막지 못했다. 로버트 서먼(Robert Thurman, 컬럼비아 대학교), 조지 드레퓌스(George Dreyfus, 윌리엄스 대학), 로버트 버스웰(Robert Buswell, UCLA)과 같은 불교학자들과 잭 콘필드Jack Kornfield, 버니 글래스먼Bernie Glassman, 카르마 렉시 초모Karma Lekshe Tsomo, 라마 수리야 다스, 페마 쵸드론Lama Surya Das, Pema Chödrön과 같은 다르마 지도 법사들은 수계 서원하고 승려의 법복을 입었다. 사원 수행을 추구해 온 눈에 잘 띄지 않는 수많은 서구인 중에서, 어떤 이들은 참여 불교와 관련된 행동주의와 봉사의 형태를 받아들였고, 어떤 이들은 그렇지 않았다.

서양에서 태어난 두 명의 상좌부 승려가 대안을 설명한다. 보디 스님(Bhikkhu Bodhi: 1944년 출생, 속명: 제프리 블록Jeffrey Block)과 타니사로 스님(Thānissaro Bhikkhu: 1949년 출생, 속명 제프리 드그라프Geoffrey DeGraff)은 뉴욕에서 성장했고 아시아에서 엘리트 사원 교육을 받았다. 타니사로는 존경받는 태국의 숲 승려 아잔 푸앙 조티코Ajaan Fuang Jotiko 밑에서 수행했고, 보디는 스리랑카의 저명한 발랑고다 아난다 마이트레야 테로Balangoda Ananda Maitreya Thero 밑에서 수행했다. 두 사람 모두 팔리어 경전과 주석 문학의 번역가이자 해석가로 인정받고 있으며, 많은 출판물이 그들의 공로로 인정받고 있다. 타니사로는 1991년 자신이 공동 설립한 샌디에이고 근처의 '메타 포레스트 사원'의 주지이고, 보디는 뉴욕과 뉴저지의 사원에서 가르치며 2008년에 설립한 불교 세계 구호 단체를 지휘한다.

타니사로와 보디는 참여 불교와 관련하여 서로 다른 입장을 취해 왔다. 1997년 타니사로는 널리 사용되는 교과서인 '불교(The Buddhist Religion)'의 편집장을 맡았고, 서구에서 불교를 각색한 정통성에 대해 질문하는 장을 기고했다. '많은 경우에 불교사상의 유용流用은 그 주제들이 원래의 틀에서 벗어나 근본적으로 다른 맥락으로 추론된다는 점에서 '외삽 불교'라고 불릴 수 있는 것으로 이어졌다.' 예로서, 그는 로마 가톨릭 사색가들이 선의 가르침과 기술을 채택한 점을 인용한다; 그리고 참여 불교는, '모든 사물의 상호의존성에 관한 불교의 가르침을 사회와 환경 개혁에 대한 행동주의적인 접근의 요구로 해석한다.' 그는 이러한 각색이 나중에 아시아로 다시 수출된 불교의 가르침에 서양의 가치를 위험한 방식으로 강요하는 것으로 본다. 이러한 가치들은 '불교의 (서구의) 연구가 발전한 관용과 절충주의의 풍토', 즉 문화와 윤리적 상대주의, 반성직주의, 양성평등, 명상과 심리 요법의 혼합, 그리고 '(불교의) 다양한 아시아 전통 중 몇 안 되는 공통분모 중 하나'인 환생의 교리에 대한 의구심을 포함한다.(Robinson, Johnson, and Thānissaro 1997: 300-309)

반면에 전통적인 상좌부 교리와 제도에 대한 타니사로의 헌신은 그의 '메타 포레스트 사원(Metta Forest Monastery)'에서의 지도력에 반영되는데, 그의 사명은 '2,500년 전에 붓다가 가르친 다르마와 비냐야(승가 규칙)에 따라 수행할 수 있는 남자들에게 비구가 되는 계를 수여할 기회를 주는 것'이다.(Metta Forest Monastery 2016) 이것은 맥마한이 사회 참여 불교의 대안으로 내세웠던 세계적인 민속불교가 아니다. 사실 타니사로의 정통주의는 고대 상좌부불교에서 제시된 규율과 미덕의 길의 전형으로 여겨질 수 있다. 오히려 그의 전통불교에 대한 고집은 참여 불교에 대한 거부와 일관되게 맞물려 왔다.

이와는 대조적으로, 보디는 사회적 참여 불교의 목소리를 내는 옹호자가 되었다. 2004년 인도양 지진과 쓰나미로 인한 고통에 마음이 움직인 보디는 구호 사업을 위해 16만 달러를 모금했지만, 서구에서 이 선물을 베푸는 불교 단체가 거의 없다는 사실에 놀랐다. 2007년 그는 '불법佛法을 따르는 불교도의 과제: 수행자 계간지'를 출간했다:

> 내가 보기에 우리 서구 불교도들은 사성제의 첫 번째 성스러운 진리(고통)를 주로 우리 중산층 생활 방식의 배경에 대해 정의하는 인지적 공간에 머무르는 경향이 있는 것 같다. 불만 씹어 삼키기; 과포화의 권태; 충족되지 않는 관계의 고통; 또는 환생의 굴레와 같은 불교 이론에 굴복하여 … 나는 우리가 친절과 자비에 대한 고상한 명상에 참여하고 사랑과 평화의 아름다운 이상을 신봉한다는 것을 알고 있다. 그러나 우리는 주로 개인적인 변화를 위한 내적, 주관적 경험을 추구한다는 점에 유의하라. 이런 유형의 자비는 소매를 걷어붙이고 현장에 발을 들여놓는 경우가 매우 드물다. 자연재해나 사회적 박탈로 타격을 입은 사람들의 실제 고통을 줄이기 위해 현실적으로 설계된 효과적인 행동의 실용적인 프로그램으로 변환되는 경우는 매우 드물다. (Bodhi 2007)

보디는 개종시키려 하지 않고, 구호와 개발 원조를 제공하며, 가난과 불의의 원인을 해결하는 크리스천 에이드Christian Aid, 월드 비전 World Vision, 아메리간 유대인 월드 서비스American Jewish World Service 등의 단체를 꼽으며 '불교에는 왜 그런 것이 없느냐'고 묻는다. 물론 우리는 불교 교리, 윤리적 이상, 원형, 전설, 역사적 선례에서 이를 뒷받침하는 틀을 찾을 수 있다.

2008년 보디는 불교 글로벌 구호(BGR; Buddhist Global Relief)를 설립했다. 미국과 아시아, 아프리카, 라틴 아메리카의 십여 개 국가에서 BGR은 '기아와 영양실조로 고통받는 사람들에게 직접적인 식량원조를 제공하고, 생태적으로 지속 가능한 농업을 촉진하며, 소녀와 여성의 교육을 지원하고, 여성들이 가족을 부양하기 위한 올바른 생계사업을 시작할 기회를 제공한다.' 등록된 자선 단체는 온라인을 통한 호소, 연례 '배고픈 사람에게 음식을 먹이자(Feed the Hungry)' 집회에서 걷기 및 콘서트, 그리고 유니세프UNICEF, 캐어CARE, 다이렉트 릴리프Direct Relief, 옥스팜 아메리카Oxfam America, 국제 의료 단체(International Medical Corps)와 같은 종교 간, 그리고 세속 조직과의 파트너 관계를 통해 기금을 모금한다. BGR은 그 동기가 뚜렷하게 불교적이라고 본다. '부처님께서는 국가가 후원하는 자선 행위를 통해 빈곤을 없애고, 땅의 모든 주민을 지키고 보호하는 것이 정부의 의무라고 가르치셨습니다. 그렇지만, 상대적으로 부유하게 사는 우리는 정부의 개입 없이 우리의 관심 범위를 지구촌 전체로 넓혀야 합니다.' 이 진술은 최근 수십 년 동안 진화해 온 불교의 사회적 참여 경로의 전형일 수 있다.(Buddhist Global Relief 2016)

서구에서, 계를 받은 불교도만이 사회적 참여를 수행의 필수적인 부분으로 생각하는 것은 아니다. 재가불자들 사이에서, 우리는 1953년 스코틀랜드 던디Dundee에서 태어난 작가, 교사, 전직 승려로 금강승, 상좌부, 대승 전통에서 훈련을 받은 스티븐 배첼러Stephen Batchelor의 경력과 샌프란시스코에서 태어난 애플사(Apple Inc.)의

창업자이자 평생 선불교 수행자였던 스티브 잡스Steve Jobs(1955-2011)의 경력을 비교할 수 있다. 두 사람 모두 현대 불교의 세속적 얼굴을 대표하게 되었으며, 잡스는 작가 잭 케루악Jack Kerouac의 '다르마 범스'(Dharma Bums, 1958), 로버트 퍼시그Robert Persig의 '선禪과 오토바이 정비 기술'(Zen and the Art of Motorcycle Maintenance, 1974)과 같은 서구 버전의 아시아 영성에 대한 열렬한 매력을 표현했다. 그리고 배첼러는 승려, 재가 법사, 현대 불교 주석가로서의 경력에서 현대 불교 관행의 모순과 지적 만남을 표현했다. 어린 시절 LSD를 실험하고 인도를 여행한 후, 잡스는 캘리포니아에 있는 타사하라산 선원(Tassajara Zen Mountain Center)의 안거에 참석하고, 일본의 선 승려 오타가와 고분(乙川 弘文) 밑에서 공부하는 등 평생 명상 수행을 하기로 마음먹었다. 그의 세대의 많은 사람과 마찬가지로, 잡스도 스즈키 순류鈴木 俊隆의 '선심禪心 초심初心'(Zen Mind, Beginner's Mind, 1970), 쵸기암 뜨룽파Chögyam Trungpa의 '영적 유물론 타파'(Cutting through Spiritual Materialism, 1973)와 같은 서양 불교의 고전에 영향을 받았고, 특유의 청바지와 흑색 터틀넥 유니폼으로 준-승려의 공공 이미지를 채택했다. 그는 자신의 첫 번째 맥Mac 컴퓨터 디자인 팀을 위해 '여행은 보상이다'와 같은 선禪적인 슬로건을 만들었고, 불교식으로 결혼했으며, 졸업생들에게 하루하루가 마지막인 것처럼 살라고 당부하는 졸업식 연설을 했다. 어떤 사람들에게는, 암과의 투쟁에 직면하여 삶과 죽음의 문제를 기꺼이 다루려는 잡스의 의지는 그가 불교를 진심으로 받아들였다는 표시였다.(Silverman 2011)

그러나 가족이나 직원처럼 개인적으로 스티브 잡스를 아는 사람들에게 그의 선불교 수행은 역설적이었다. 그는 자신의 기준에 맞지 않는 사람들에 대해 거의 참지 못했다고 한다. 그는 소송을 철회하고 첫 아이의 생모와 결혼하기 전에 불임이라고 주장하면서 법정에서 첫 아이의 유산에 대해 싸웠다. 그는 회사를 떠난 후 1997년에 애플의 새로운 자선 프로그램을 종료했고, 그의 70억 달러 재산에서 개인적인 자선 활동에 대한 기록은 없었다. 아마도 잡스가 불교적 자비심을 드러낼 것이라고 기대했던 사람들에게 가장 잘 알려진 것은 애플 제품에 부품을 공급하는 아시아 공장들의 작업 환경에 관한 질문에 대한 그의 무심한 듯 보였던 반응이었을 것이다. 중국 셴첸深圳의 폭스콘Foxconn 산업단지에서 노동자들의 자살이 잦아졌을 때 잡스는 '공장에서의 자살률이 전체 중국 인구의 자살률보다 낮지 않은가?'라고 물었다. 결국 인간의 구조적 고통에 대한 박애주의적이고 행동주의적인 반응으로 정의되는 참여 불교는 스티브 잡스의 선禪 수행의 요소가 아닌 것으로 나타났다.

작가이며 법사이자 전직 승려인 스티븐 배첼러Stephen Batchelor는 스티브 잡스와는 다른 청중들에게 다가갔다. 배첼러는 티베트 라마에게 받은 훈련과 수계, 인도의 고엔카S. N. Goenka에게 배운 위파사나 명상, 한국 사찰에서의 선禪 수행 경험을 통해 명상 교사이자 영향력 있는 책의 저자이며 번역가로서 국제적인 경력을 쌓을 수 있는 기반을 마련했다. 여기에는 달라이 라마가 소개한 그의 저술 '티베트 안내'(The Tibet Guide, 1987)와 '서구의 각성: 서구 문화와 불교의 만남'(The Awakening of the West: Encounters of Buddhist with Western Culture, 1994년); 나가르주나Nāgārjuna와 산티데바Śāntideva의 고전 번역과 이에 대한 그의 스승 게셰 랍텐Geshé Rabten의 주석; 그리고 가장 영향력 있는 것은, 전통적인 가르침이 현대 불교도들에게 의미가 있을 수도 있고 없을 수도 있는 방식에 대한 자신의 진화하는 성찰이 포함된다. 최소한의 학술적 참고 자료와 함께 고백체로 쓰인 이 개관들은 '타자와 홀로: 불교에 대한 실존적 접근'(Alone with Others: An Existential Approach to Buddhist, 1983), '의심의 신앙: 불교의 불확실성 일별'(The Faith to Doubt: Glimpses of Buddhist Uncertainty, 1990), '신앙 없는 불교: 깨달음을 위한 현대 안내서'(Buddhism without Beliefs: A Contemporary Guide to Awakening, 1997), '불교 무신론자의 고백'(Confessions of a Buddhist Atheist, 2010), 그리고 '불교 이후: 세속 시대를 위한 다르마 재검토'(After Buddhism: Rethinking the Dharma for a Secular Age, 2015)를 포함한다.

배첼러는 이 글들에서 붓다와 그의 가장 위대한 추종자들이 형이상학적 주장과 관련하여, 불교 수행을 위한 그들의 처방이 불가지론적이었고 다양했다고 일관되게 주장한다. 실존주의자인 마틴 하이데거Martin Heidegger와 폴 틸리히Paul Tillich의 개념을 차용한 '타자와 홀로'에서 그는 사성제, 카르마, 환생과 같은 특정 '표준 전통적 주제'에 대한 논의를 생략하고, 오히려 '내가 불도의 중심이라고 생각하는 특정 지점들로 … 너무 많은 주변적인 고려 없이 방향을 틀었다'라고 설명한다.(Batchelor 1983: 21) 32년 후, 배첼러는 '불교 이후'에서 여전히 카르마와 환생 그리고 기타 초기 전통의 신화적이고 형이상학적인 특징들을 윤리적 실천의 네 가지 '과제'에 대한 주변부로 취급하고 있다. 과학적 환경주의의 세속적 비전은 카르마 이론의 일반화된 추측보다 과거와 미래에 대한 인간의 책임에 대해 더 설득력 있는 동기를 제공한다고 그는 주장한다.

> 생물학, 물리학, 생태학, 심리학, 그리고 역사는 우리 자신의 정신 상태에 대한 가장 친밀한 세부 사항에서부터 극지방의 만년설이 녹는 가장 파괴적인 설명에 이르기까지, 조건부 발생으로 만들어지는 육체에 대해 무한한 예를 제공한다. 이 비전은 마찬가지로 우리의 도덕적 감각을 일깨우고 미세하게 조정할 수 있다. 그것은 다르마를 확실하게 현실로 끌어낸다. 우리의 망연자실한 시선 앞에서 고타마가 말한 괴로움(dukkha)은 그 어느 때보다 즉각적이고, 분명하며, 광범위하게 그려진다.(Batchelor 2015: 305)

이러한 접근 방식은 불교도의 윤리적 실천이 사회적 참여 불교를 포함하도록 확장할 기회를 제공하는 것으로 보인다. 배첼러가 인정했 듯이, '우리는 우리 자신의 가상적인 환생에 관하여 우리 자신을 걱정하기보다는, 우리가 지금 우리의 삶을 사는 동안, 이 행성의 거주자, 인간, 동물, 그리고 식물의 지속적인 번영에 대한 높아진 책임감을 떠맡도록 도전받고 있다.' 그러나 놀랍게도 그는 다음과 같은 경고를 남겼다:

> 그러나 이 비전은 '사회 참여 불교'에 대한 탄원을 구성하지 않는다. 그것은 다르마가 항상 가지고 있던 것을 회복하기 위한

탄원이다. 즉 세상의 고통을 받아들이고, 반응성을 버리고, 우리가 더는 이기심에 의해 결정되지 않는 방식으로 세상에 대응하는, 여전히 명확한 중심을 경험하는 것이다.(Batchelor 2015: 305-306)

여기에서 배첼러는 봉사, 박애 또는 항의에 대한 조직적 프로그램에 반영된 사회적 행동이 현대 불교 수행의 중심 위치를 차지해야 한다는 주장에 대해 오래된 양면성을 표현한다.

그의 가장 널리 읽히는 책 '신앙 없는 불교'에서, 배첼러는 정치, 사회 및 금융 제도가 현대 생활의 혼란과 갈망에 기여하기 때문에 '사회적으로 참여하는 다르마 수행의 비전은 각 수행자가 세계화되고 상호의존적인 세계의 고통에 대응하기 위한 공감의 윤리에 따라 의무가 있음을 인식해야만 한다'라고 언급한다.(Batchelor 1997: 112) '서구의 각성'에서, 그는 암베드카Ambedkar 불교도들의 사회 운동과 카스트 제도의 억압을 종식하기 위한 영국의 투사인 상가락쉬타Sangharakshita 스님[4]을 인용한다.(Batchelor 1994: 331-333) 이러한 인용문들은 참여 불교의 사례를 분명히 뒷받침한다. 그러나 배첼러가 그의 '세속적 다르마 10가지 논제'에서 사회 참여를 나열할 때, 그것은 맨 아래에서 마지막 단계를 차지한다: '수행자들은 사회와 제도의 구조적 폭력뿐만 아니라, 그들 자신 안에 존재하는 폭력의 근원을 이해하고 감소시키려 한다.(Batchelor 2015: 322) 전통적인 불교 정신에 대한 현대석 표현을 찾는 배첼러의 지속되는 프로젝트의 맥락에서,

---

4 역주: 속명 Dennis Philip Edward Lingwood; 1925- 2018, 영국의 정신적 스승, 작가, Triratna Buddhist Community 창설.

사회적 참여에 대한 이러한 각각의 언급은 그가 인정하지만 받아들이기를 주저하는 것처럼 보이는 집단적 고통의 의미에 대한 때늦은 생각이거나 지나가는 화살로 나타난다.

이 네 명의 불교도에게서 우리는 세속주의, 현대성, 사회 참여의 도전에 대한 다양한 반응을 볼 수 있다. 승려 타니사로와 보디는 불교 아시아의 공통된 상좌부 뿌리에도 불구하고 상업과 정치 권력에 의해 주도되는 사회에 대해 대조적인 방식으로 반응한다. 타니사로는 자신의 글과 사원에서 사회 참여 불교를 부정하며, 대신 방콕과 LA와 같은 곳의 불협화음에서 벗어나 태국의 전통적인 삼림 수행을 주장한다. 한편 보디 스님은 세계의 많은 지역에서 만연한 굶주림과 굶주림에 대한 불교적 반응에 대한 근거를 팔리어 경전에서 찾는다. 스티브 잡스의 선禪 수행은 그에게 애플 제품을 만드는 공장의 압제적인 노동 조건을 종식시키거나, 사회 전체의 구조적 고통을 완화하기 위해 회사의 부를 사용하도록 촉발하지 않았다. 마지막으로 스티븐 배첼러는 불교의 가르침을 속세 청중들에게 전달하는 방법을 찾았고, 작가, 법사, 자원봉사 교도소 승려로서 그의 진실한 인간성과 타인에 관한 관심을 보여주었다. 그러나 그는 개인적 영성에 초점을 맞추는 불교 수행의 핵심 과제와 사회적 고통의 제도적 원인 사이의 설득력 있는 연관성을 보여주지는 못했다.

마음챙김 수행은 사회 참여인가?

서구에서 참여 불교의 본질과 위치를 고려할 수 있는 또 다른 방법은 떠오르는 명상과 마음챙김 훈련인데, 때로는 불교 단체와 교사들이 제공하지만, 불교와 관련 없는 상표를 가진 세속 단체가 후원하는 경우가 더 많다. 이러한 프로그램 중 가장 성공적인 것은 MIT에서 교육을 받은 과학자 존 캐배트-진Jon Kabat-Zinn에 의해 1979년 개발된 마음챙김 기반 스트레스 완화(MBSR: Mindfulness Based Stress Reduction)이다. MBSR은 매사추세츠 대학 의료 센터의 암 환자를 위한 통증 클리닉에서 수년간 시험 되었고, 다양한 임상 환경, 공립학교, 직원 교육, 군 신병 훈련소, 그리고 기업 이사회실에서 사용할 수 있도록 조정되었으며, 인터넷을 통해 전 세계 청중에게 마케팅되었다. 2014년까지 미국 전역과 30개국에서 명상 수업을 가르치는 천 명 이상의 MBSR 강사가 있었다.(Pickert 2014) 캐배트-진은 매사추세츠 통찰 명상 협회와 다른 곳의 불교 수련회에서 배운 마음챙김 기법을 적용했지만, 홍보 문헌에서 불교 경전이나 증언을 거의 언급하지 않고, 임상 연구를 참조하여 그 효과를 일관되게 검증해 왔다. MBSR의 응용 프로그램은 애플Apple, 페이스북Facebook, 이베이eBay, 구글Google, 트위터Twitter와 같은 실리콘 밸리 회사들, 그리고 휴즈 항공기 회사(Hughes Aircraft), 제너럴 밀즈General Mills, 애벗 연구소(Abbot Laboratories), 제너럴 모터스General Motors, 포드Ford, AOL 타임 워너 AOL Time Warner, 골드만 삭스Goldman Sachs와 같은 주요 기업의 직원들을 위해 개발되었다. 국방부로부터 430만 달러의 보조금을 받아, 미 해병대와 미 공군 드론 조종사들을 '높은 스트레스 환경에서의 회복력과 임무 효율성을 개선'하도록 훈련하기 위해 '마음챙김 기반 마음 피트니스 훈련(MMFT: Mindfulness Based Mind Fitness

Training)'이 개발되었다. 임상 심리학과 심리 치료에서 MBSR의 파생물은, '마음챙김 기반 인지 치료(MBCT)', '수용 및 헌신 치료(ACT), 변증법적 행동 치료(DBT), 마음챙김 기반 재발 방지(MBRP), 마음챙김 기반 트라우마 치료(MBTT), 마음챙김 기반 섭식 자각 훈련(MB-EAT) 등을 포함한다. 미국인들은 2007년까지 마음챙김 관련 프로그램에 약 40억 달러를 지출했으며, 국립보건원은 2014년 말까지 마음챙김 응용 프로그램에 관한 연구에 1억 달러 이상을 지출했다.(Pickert 2014; Wylie 2015)

일상생활의 마음챙김에서 개인을 안내하고, 라이브 스트리밍 기술[5]을 통해 실시간으로 선생님들과 반 친구들이 함께 만나는 명상과 마음챙김에 대한 대화형 과정을 제공하고, 정신적, 사회적 네트워킹 목표를 공유하는 불교 공동체인 '가상 승가'를 만들기 위해 수많은 상업용 인터넷 사이트가 나타났다. 가장 성공적인 온라인 플랫폼 중 두 가지는 헤드스페이스Headspace와 부디스트 긱스Buddhist Geeks이다. 명상 전용 스마트폰 애플리케이션('앱')인 헤드스페이스는 2010년 전직 불교 승려인 앤디 퍼디콤비Andy Puddicombe와 전직 광고회사 임원인 리치 피어슨Rich Pierson이 런던에서 설립했다. '마음을 위한 체육관 회원권'으로 마케팅되는 헤드스페이스는 구독자들에게 마음챙김 프로그램을 월 12달러 95센트 또는 영구 회원권으로 419달러 95센트에 판매한다. 헤드스페이스는 2015년까지 200만 명 이상의 구독자를 모았다.

---

5 역주: 전송되는 데이터들이 중간에 끊기지 않고 부드럽게 처리되도록 하는 기술.

교육용 팟캐스트[6], 화상회의, '인생 수련회(가상 명상 세션)'를 제공하는 '온라인 잡지'인 부디스트 긱스는 2006년 나로파 대학교(Naropa University)에서 종교학을 전공한 빈센트 혼Vincent Horn과 라이언 오크 Ryan Oelke 사이의 대화에서 발전했다. '신선한 관점을 찾는 최신기술에 능한 불교도'에게 팟캐스트를 제공하는 이 웹사이트는, 첫해에 100만 회의 다운로드를 달성했고 두 번째 해에는 월 10만 다운로드로 증가했다. 2015년 한 팟캐스트에서, 빈센트 혼은 '클라우드 기반 승가', 신경과학 실험에서 티베트 승려들을 테스트하는 데 사용되는 뇌파(EEG) 헤드셋과 같은 새로운 명상 기술(technodelics), 그리고 마지막으로 전통적인 불교 윤리, 명상, 지혜로부터 점점 빠르게 '분리'되는 마음챙김에서 '부디스트 긱스'의 미래를 예측했다. 그는 이 과정이 이미 '마음챙김이 자유로운 잠재력을 잃거나, 자본주의 문화의 더 부정적인 측면에 휩싸이는 점에 대한 우려'를 끌어냈다고 인정하지만, 혼은 '불교의 추가적인 요소인 자비, 집중, 심지어 명상적 통찰력'이 분리될 것으로 예상한다. 동시에 그는 '새로운 종류의 참여 관점'을 기대한다:

참여적이고 사색적인 운동이, 20세기에 조직된 행동주의와 지역화된 공동체 형태가 아니라, 대신 전 세계적인 범위에 영향을 미치는 놀라운 기술의 힘과 현대의 딥 러닝을 사용하는 방식에서는 어떤 모습일까요? 이것이 우리가 묻고 있는 질문들입니다.

---

6 역주: podcasts, 인터넷을 통해 다운로드할 수 있도록 디지털 형식으로 제공되는 프로그램.

우리가 답을 가지고 있다는 것은 아닙니다.(Tricycle 2013)

수십억 달러 규모의 모든 산업은 면밀한 조사를 받게 될 것이며, '운동', '혁명', '사업' 또는 '유행'으로 다양하게 불리는 세속적인 마음챙김 훈련의 부상은, 불교 수행과 연구의 세계 안팎에서 지지자와 비방자가 있었다. 아마도 가장 널리 인용되는 MBSR과 그 파생물에 대한 비판은, 2013년 허핑턴 포스트 웹사이트에 나타났는데, 샌프란시스코 주립대학교의 경영학 교수 론 퍼서Ron Purser와 선禪 교사이자 작가인 데이비드 로이David Loy가 올린 '맥-마음챙김을 넘어서(Beyond McMindfulness)'라는 제목의 글이었다. 불교 명상의 지도 교사인 저자들은 '마음 가득한'과 '마음챙김'이라는 단어가 포함된 무수한 책 제목들 '…의 선禪' 그리고 '…의 도道'에 전념하는 이전의 경향들과 비교하면서 시작한다. 저자들은 마케팅 요령이 현재 마음챙김 훈련이 제공되는 많은 환경에서 검증 가능한 결과를 압도했다고 주장한다. 그들은 마음챙김 훈련사, 수행자, 그리고 연구자들에 의해 보고된 생리적, 심리적 이점에 대해 의문을 제기하지 않기로 선택하는 반면, 대신 그들은 운동의 '어두운 측면'이라고 생각하는 것에 초점을 맞춘다: 즉 원래 마음챙김의 전통적인 불교의 계율과 수행에 내장된 도덕적, 윤리적 가치의 부재이다.(Purser and Loy 2013)

팔정도는 우리가 본 바와 같이 도덕률(戒), 집중(定), 지혜(慧)의 세 부분으로 구성된다. 도의 모든 단계는 상관관계가 있고 상호강화가 이루어진다고 여겨지지만, 퍼서와 로이가 이루고자 하는 중요한 연결점은 집중의 세 가지 유형 중 하나인 마음챙김이 도덕률의 세 가지 범주인 바른 말(正語), 바른 행동(正業), 바른 생활(正命)과 분리되어 생각될 수 없다는 것이다. 그런데 그들은 그것의 세속적인 적용에서, 마음챙김이 일반적인 종교, 특히 불교뿐만 아니라 도덕 자체와도 분리되었다고 주장한다. 더욱이 불법(다르마)의 또 다른 공식을 불러내어, 이러한 적용은 고통을 유발하는 정신적 독의 제도적 표현을 다루는 데 실패했다는 것이다.

> (마음챙김 훈련을) 지지하는 많은 기업은 혁신적 변화가 자신으로부터 시작된다고 주장한다: 만약 마음이 더 집중되고 평화로워질 수 있다면, 사회적, 조직적 변혁이 자연스럽게 뒤따를 것이다. 이 공식의 문제는 오늘날 불교가 강조하는 세 가지 불건전한 동기인 탐욕, 악의, 망상이 더 이상 개인의 마음에 국한되지 않고 개인의 통제를 벗어난 힘으로 제도화되었다는 것이다. (Purser and Loy 20)

그 결과, 도덕률 훈련이 없는 상황의 마음챙김 명상 수행에서 비롯된 평정과 정신적 명료함은 탐욕, 악의, 망상에 의해 동기 부여된 그들의 말, 행동, 생활이 다른 사람들에게 미칠 수 있는 영향 때문에 수행자들을 산만하게 할 수 있다. 도덕성이 결여된 상태에서의 마음챙김 훈련은, 그들이 탈출하기 위해 명상으로 돌렸던 스트레스와 고통을 촉발하거나 악화시킨 사회적, 제도적, 경제적, 정치적 조건에 대해 수행자들을 눈멀게 할 수 있다.

가장 많은 관심을 받은 마음챙김 훈련의 네 가지 응용 프로그램,

즉 기업, 군대, 심리 치료 및 교육 환경에 맞게 조정된 마음챙김 프로그램을 살펴보자. 각각의 경우에, 우리는 마음챙김 훈련이 기업의 이익 챙기기, 군사적 폭력, 그리고 심리 치료적, 교육적 위법행위 같은 탐욕, 악의, 망상의 독에 대한 집단적 표현을 다루는지에 대해 질문할 수 있다. 산업, 군대, 진료소나 학교에서 세속적인 마음챙김 훈련의 현대적 적용이 '인권, 전쟁과 평화, 환경주의 및 기타 긴급한 사회적, 정치적 관심사에 관한 담론에 독특한 관점과 새로운 어휘', 즉 맥마한의 참여 불교의 설명, 아니면 그 반대, '윤리적인 영향이 거의 없는 순전히 개인화된 자조 방식'을 가져왔나?

1) 기업의 마음챙김

많은 부분 캐배트-진의 MBSR을 기반으로 하는 기업 마음챙김 프로그램이 현재 전 세계 주요 기업의 직원들에게 제공되고 있다. 한 가지 모델은 2013년 차드 멍 탄Chade-Meng Tan('멍Meng'으로 알려졌다. 그리고 그의 공식 회사명은 'Jolly Good Fellow'로 알려짐); 소프트웨어 엔지니어, 홍보 담당자이자 전 '타사하라산 선원' 선원장이었던 마크 레서 Marc Lesser; 스탠포드 대학교의 임상 응용 정서 신경 과학 연구소 소장이자 인도와 네팔의 티베트 라마들의 전 통역관인 필립 골딘 Phillipe Goldin이 공동 설립한 구글의 SIYLI(Search Inside Yourself Leadership Institute)와 같은 사내 마음챙김 교육 부서이다. 멍의 2012년 저서 '당신 자신을 검색하시오: 성공과 행복을 (그리고 세계평화를) 성취하는 예상치 못한 길[Search inside Yourself: The Unexpected Path to Achieving Success, Happiness(and World Peace)]'을 바탕으로 이 연구소는 '우리는 마음챙김을 일에 쏟는다'라는 신조를 패러디로 설명한다.

> 선禪 지도법사, 엔지니어 그리고 스탠퍼드 신경 과학자가 방으로 들어와 … 그들은 세상을 바꾸는 조직을 시작합니다. 이것은 우리 연구소의 설립자 마크 레서, 멍, 필립 골딘의 단순화된 이야기입니다. 마음챙김, 비즈니스 및 과학에 대한 그들의 결합된 전문성은 SIYLI가 제공하는 것의 핵심입니다.(Search Inside Yourself Leadership Institute 2016)

이 연구소가 다른 기업과 전국의 개인들에게 제공하는 과정은 '집중력을 향상시키고, 도전에 직면했을 때 회복력과 적응력을 높이고, 스트레스 반응을 줄이며, 창의성과 혁신적 사고에 대한 접근성을 개선하고, 개인적이고 전문적인 정렬을 만든다'라고 주장한다. 이 목록 등에서 '세상을 바꿔라' 또는 '세계평화'를 촉진한다는 멍의 책과 연구소 웹사이트의 주장을 뒷받침할 목표를 찾기는 어렵다. 실제로, '당신 자신을 검색하시오' 프로그램에서 인용한 모든 혜택은 개인의 복지와 관련이 있다; 어떤 것도 직장에서의 커뮤니티 구축이나 기업 외부의 세계에 대한 서비스와 관련된 것은 없다.

기업 환경에서 마음챙김 훈련의 또 다른 징후는 2009년 소렌 고르다머Soren Gordhamer가 기술 산업 종사사들, 그리고 점점 더 많은 기업가와 정신적 가르침 및 수행과 관련된 유명 인사들을 대상으로 설립한 '위스덤 2.0 컨퍼런스'의 성장이다. 샌프란시스코의 메리어트 마르퀴스에서 열린 2016년 컨퍼런스에는 24개국에서 3,000명의 등록자가 참여했으며, 티베트 승려들의 모래 그림 그리기, 요가와 명상 세션, 그리고 존 캐배트-진과 잭 콘필드Jack Kornfield, 샤론 살츠버그 Sharon Salzberg, 조안 핼리팩스Joan Halifax, 트루디 굿맨Trudy Goodman 등 법사들의 연설이 있었다. '위스덤 2.0' 측은 연례 회의 및 지역 워크숍에 대한 홍보에서 '전 세계 공동체와 빠른 속도로 상호 연결되는 시대에서… 마음챙김의 가치에 관한 열정적인 대화에 불을 지폈다'라고 주장한다. 위스덤 2.0은 LA 컨퍼런스 당일 티켓을 300달러에서 2,500달러까지 제공함으로써 상업과 영성 사이의 연관성을 분명히 보여준다:

> 디지털 시대에 의식 있는 기업가 정신의 힘과 가능성을 탐구하는 친밀한 모임에 참여하십시오. 점점 더 많은 사람이 단순히 돈을 버는 것이 아니라, 현실 세계의 문제를 해결하는 의미 있는 방식으로 돈을 벌고 싶어 함에 따라, 위스덤 2.0 LA는 이 운동을 지원하고자 합니다. (Wisdom 2.0 2016)

친밀한 모임 중에는 '돈(CW$)과의 대화: 급진적인 비즈니스 교사로서의 돈'이라는 제목의 세션과 '현재의 평화'라는 제목의 명상 세션이 있다.

2014년 샌프란시스코에서 열린 위스덤 2.0 컨퍼런스에서 활동가들은 '구글 방식의 기업 마음챙김으로 가는 3단계'라는 제목의 패널이 진행되는 동안 마음챙김 명상 강사들로 가득 찬 회의장에 진입했다.

침입자들은, 고소득 직원들이 구글 캠퍼스를 비롯한 실리콘밸리 기업들로 이동하는 개인 버스 정류장 인근 저소득 임대인들의 퇴출에 항의하는 현수막을 펼치고 '퇴거 없는 샌프란시스코'라고 적힌 전단을 나눠주기 시작했다. 샌프란시스코에서는 임대료가 낮은 아파트가 일상적으로 '뒤집혀'-리모델링 후 재임대하거나 실리콘 밸리 직원들에게 큰 이익을 보고 판매된다. 경비원들이 시위자들을 내보내기 위해 이동하는 동안, 한 패널리스트는 청중들에게 음성 시스템으로 '우리들의 생각과 다를 수도 있는 진심 어린 사람들과 함께 있는 것이 어떤 것인지 알기 위해 여러분들은 몸으로 느껴 보세요. … 어떤 것일지 잠시 시간을 내어 보세요'라고 권유했다. 이러한 것들을 더 잘 '보기' 위해 명상 강사들은 경비원들이 방문객들을 쫓아낼 때까지 '눈을 감고' 마음챙김 명상을 수행했다. 패널이 '구글 방식의 기업 마음챙김'으로 돌아올 때, 지역 주택 정의 문제에 대한 논의는 도입되지 않았다.(Wylie 2015)

2) 군대 마음챙김

2004년, 조지타운 대학의 부교수이자 전 미 육군 정보 장교인 엘리자베스 스탠리Elizabeth Stanley와 마이애미 대학의 신경-과학자 애미시 자Amishi Jha는 미 해병대를 위한 마음챙김 훈련을 시험하기 위한 시범 연구를 개발했다. 국방부는 그 결과에 깊은 인상을 받았고 MBSR을 전투 훈련의 모든 서비스에 적용하기 위해 2백만 달러를 수여했다. '마음챙김 기반 마음 피트니스 훈련(MMFT, 엠-피트로 발음)'이라고 불리는 8주간의 프로그램은 '호흡의 마음챙김, 다양한 자세에서의 명상, 집중적인 주의, 고통스러운 감각으로 작업, 심신의 이완, 스트레스 감소 및 장시간의 침묵'을 사용한다. 이 프로그램은 '복원력을 구축하고 개인과 팀 성과를 최적화하는 것'을 목표로 한다. 드론 조종사들은 네바다주 크리치 공군기지의 지휘센터에 있는 여러 화면 앞에 앉아 자신들의 숨결과 신체 감각에 집중함으로써, 위성과 전쟁 지역 이미지, 헤드폰 소음, 그리고 다른 조종사들의 목소리에서 오는 정보 과부하를 극복하도록 훈련을 받는다. 스탠리는, 전투 부대 훈련을 위해, 'M-16 소총을 쏘는 방법을 배우는 군인들은 호흡에 주의를 기울이고 호흡 과정을 동기화하여 손가락의 움직임을 유발하여 숨을 내쉴 때 방아쇠를 당기는 것을 배운다'라고 쓰고 있다. 미 육군은, 엠-피트 프로그램이 도입된 이후, 110만 명의 군병력을 위한 긍정적 심리학 훈련을 개발하기 위해 펜실베이니아 대학의 마틴 셀리그먼 Martin Seligman 교수에게 지원한 3,100만 달러를 포함하여 '종합적인 병사 피트니스' 프로그램에 1억 2,500만 달러를 추가로 투자했다.(Purser 2014)

더욱 효율적인 살생을 수행하기 위해 불교에 기반을 둔 마음챙김 기법을 사용하는 것은, 바른 생활(正命)과 오계의 첫 번째 계율, '나는 살생을 삼가는 수행을 서원합니다'의 촉진과 같은 근본적인 불교 도덕 가르침에 위배되는 것이 명백한 가운데-고대 계율이, 이 맥락에서 도덕적 절대성이나 신성한 계율이 아닌 윤리적 '훈련'으로서 제시되었다는 점은 주목할 만하다- 일부 불교 지도자들은 엠-피트 프로그램을 옹호했거나 적어도 그것을 비난하기를 거부했다. 불교 잡지 '탐구심 (Inquiring Mind)'에서, 존 캐배트-진은 다음과 같이 주장했다. '마음챙김으로 짜여진 것은 해를 끼치지 않는 방향이다. -그것은 보는 자와 보이는 것 사이의 상호 연결성을 보도록 초대한다. … 초기 동기가 해를 끼치는 것일지라도 작업을 마칠 때쯤에는 다른 동기가 생길 수 있다. 나는 그것을 믿어야 한다.' 2009년 자Jha 박사는 신경과학과 불교 명상 사이의 접속을 연구하는 '마음과 삶 연구소'의 달라이 라마에게 엠-피트 프로그램의 발견 결과를 제시했다. 그녀는 군사 훈련에 불교 명상을 적용하는 것에 대해 개인적인 의구심을 표명하고 성하聖下의 조언을 구했다. 그의 통역사와 상의하기 위해 잠시 멈춘 후 달라이 라마는 '제로'라고 말했다고 한다. 한 번 더 멈춘 후에 그는 덧붙였다. '나는 당신의 일을 인정합니다. 그게 다예요.' 마지막으로, 1970년대 미국에 버마인의 마음챙김 명상 도입의 선구자인 잭 콘필드 Jack Kornfield는 두 명의 육군 장성과 한 명의 하원의원과 함께 엠-피트 프로그램을 위한 8명의 자문 위원회에서 활동하고 있으며, 이는 프로그램에 대한 그의 승인을 암시한다.

'마음챙김 기반 마음 피트니스 훈련(MMFT)'에 대한 광범위한 비난에서, 영국에 기반을 둔 불교 명상 지도 법사인 크리스토퍼 티트머스 Christopher Titmuss는 '불교의 마음챙김 수행이 국제 전쟁 범죄를 지원하기 위해 사용되는가?'라고 묻는다. 바바라 게이츠Barbara Gates는 이 질문에 주목하면서, 불교의 전쟁과 평화 윤리에 관한 주제로써 잡지 '탐구심(Inquiring Mind)'을 편집하는 동안, MMFT 프로그램에 대한 양면성을 계속해서 밝혔다. '불교계에서는 군대와 함께 마음챙김 훈련을 하는 것이 어떤 영향을 미칠지에 대해 뜨거운 논쟁이 있다. 편집자로서 나는 여전히 이 문제에 대해 내가 어디에 서 있는지 확실히

알지 못한다.'-티트머스는 자신의 입장을 분명히 한다:

> 부처님께서는 살생을 삼가도록 인간을 설득하고, 민족국가, 부족 및 정치 조직이 관련된 주요 분쟁에 대한 해결책을 협상하겠다는 결심을 결코 굽히지 않으셨습니다. 부처님께서는 전쟁 살육의 장을 지지하기 위해 사용되는 정당화를 통한 타협이 아니라, 인간 존재의 역학에 대한 비폭력적 관점을 위해 지칠 줄 모르고 목소리를 높이셨습니다.(Titmuss 2014)

3) 마음챙김 치료와 가르침

우리는 이제 심리-치료와 교육 분야에서 세속적인 마음챙김 훈련의 적용으로 눈을 돌린다. 우리는 직원 및 군사 훈련의 경우와 마찬가지로, 임상이나 학교 환경의 마음챙김 기반 프로그램에 대하여 옹호자와 반대자가 있다는 것을 발견한다. 우리는 위에서 이러한 마음챙김 앱이 불교 심리학의 세 가지 독(三毒)의 제도적 표현으로 이해될 수 있다고 시사했다. 수십억 달러 규모의 마음챙김 산업이 기업이나 직원 교육을 통해 얻은 이익은 불교의 독인 탐욕(lobha)의 제도화를 시사한다. 국방부가 지상군과 드론 조종사들의 군사적 성과를 높이기 위해 배치한 수백만 달러 규모의 MMFT 프로그램은, 물론 훈련병이 아니라 전쟁의 궁극적인 목표를 향해 불교의 독인 악의(dosa)에 대한 제도화를 시사한다. 우리가 마음챙김에 기반 심리 치료와 교육 기술의 급성장하는 프로그램으로 눈을 돌리면서, 우리는 세 번째 불교의 독인 무지 또는 망상(moha)과 어떤 형태로든 마주칠 것인지를 묻는다.

2014년까지 영국에서는 1,000개 이상의 '마음챙김 기반 인지 치료 (MBCT)' 과정이 제공되었다. 국립보건원의 43개 신탁(전문 분야)은 이러한 과정을 제공하고 상환하며, 옥스퍼드, 뱅고르, 엑세터와 같은 주요 대학들은 급증하는 비의료 전문 분야의 강사 양성을 돕는다. 연구에 따르면 MBCT는 우울증 재발률을 44%까지 줄이고 정신적 고통을 겪고 있는 다양한 환자를 위한 향정신성 약물의 감소 또는 중단을 촉진할 수 있다. 동시에, 관찰자들은 수행의 급속한 성장에 수반하는 두 가지 골칫거리 경향을 확인했다. 하나는 '사람들이 영화에서 자신을 보고 있는 것처럼 느끼는 비인격화'와 같은 부작용이 점점 더 빈번하게 나타나는 것이다. 이는 교육을 받지 않았거나 자격이 부족한 강사들의 증가라는 또 다른 추세와 관련이 있을 수 있다. 런던 남부에 있는 모즐리Maudsley 병원의 상담 정신과 의사인 플로리안 루스 박사Dr Florian Ruths에 따르면,

> 마음챙김 기반 치료법들에 대해 많은 열광이 있고, 그것들은 매우 강력한 개입입니다. 그러나 그들은 또한 부작용을 가질 수 있습니다. 마음챙김은 우울증과 불안을 포함한 정신 질환에 잠재적으로 취약한 사람들에게 전달되므로, 이러한 질병에 대한 기본 사항에 대하여 알고, 언제 전문가의 도움을 받아야 하는지 말해줄 수 있는 사람들이 가르쳐야 합니다.(Booth 2014)

미국국립보건원의 일반 조사에 따르면, 2006년에서 2007년 사이에 전체 응답자의 10퍼센트에 해당하는 2천만 명의 성인 미국인이 명상을

시도했다. 미국에서 매우 다양한 훈련을 받은 실무자들에 의해 관리되는 마음챙김 프로그램이 급격히 증가함에 따라, 부작용 발생률도 그에 비례하여 증가했다. 잘못된 소개나 지시를 통해 '영혼의 어두운 밤'에 들어간 명상가들을 연구하고 구조하는 데 선두를 달리고 있는 사람은 브라운 대학교 의과대학의 정신 의학 및 인간 행동학 조교수인 윌로비 브리튼Willoughby Britton 박사이다. 브리튼 박사는 주요 불교 센터의 안거 프로그램 중 정신 쇠약을 경험한 명상가들에 대한 정보와 세속적인 훈련 프로그램으로 인한 쇠약을 경험한 명상가들에 대한 정보를 비교하여, 사례연구 데이터베이스를 개발하고, 명상 질환이라고 불리는 것에서 회복 중인 환자를 치료하기 위한 치료 시설을 설립했다. 그녀의 연구 프로젝트인 '다양한 명상 경험'과 그녀의 치료 시설인 '치타 하우스'를 통해 브리튼 박사의 팀은 전통적인 불교 명상의 목표들(삶의 무상, 실체 없음, 불만에 대한 통찰을 촉진하는)과 세속적 스트레스를 줄이고 실행 능력의 향상을 목표로 하는 마음챙김 훈련 사이의 근본적인 불일치를 발견했다. 이러한 다양한 목표와 '어두운 밤' 연구에서 보고된 질병의 종류 사이의 상관관계는 현재 진행 중이다. 대다수의 마음챙김 프로그램을 받은 졸업생들은 마음챙김에 대한 긍정적인 경험을 보고하는데, '하지만 또 다른 전화를 받고 고통에 빠진 사람을 만나고, 그들의 눈에서 황폐함을 보고 이것이 일어나고 있다는 것을 부인할 수 없습니다'라고 브리튼은 말한다. 이러한 경우에 불교적 망상(moha)이 문제가 되는지는 더 두고 볼 일이다.(Rocha 2014)

교육 환경에서 세속화된 마음챙김 훈련에 대한 논란은 다른 고려 사항에 근거한다. 비즈니스, 정부 및 의학 분야에서 마음챙김 기반 개입이 폭발적으로 증가한 것처럼, 학교에서의 마음챙김도 국내적으로나 국제적으로 모두 도약했다. 2007년 캘리포니아California '베이 에리어Bay Area'에서 온라인과 대면 과정, 콘텐츠 및 강사를 보유한 비영리 교육 기관으로 설립된 '마음챙김 학교(Mindful Schools)'라는 조직은 현재 50개 주와 100개 이상의 국가에서 활동하고 있다. 초등학교 연령대의 어린이를 대상으로 하는 이 프로그램은, 일반적으로 신체 이완, 비-판단적 인식, 의식적 마음챙김 호흡, 타인에 대한 행복의 정신적 투영에 중점을 둔 짧은 시간의 명상, 즉 세속화된 형태의 불교의 사념처수행四念處修行(satipaṭṭhāna: 몸과 생각을 판단하지 않는 알아차림), 호흡관(ānāpānasati: 호흡 알아차림), 그리고 자애명상(metta bhāvana: 자애 수행)을 수업 시간에 소개한다. 이 프로그램에 참여한 학생들의 반응 대조 연구는, 관심과 집중, 감정 조절, 공감, 사회적 기술, 성적을 개선하고; 스트레스, 불안, 반사회적 행동을 감소시키는 것을 보여주었다. 학급 교사들은 커리큘럼 전달, 학생들과의 의사소통 개선, 스트레스 감소 및 직무 만족도 증진에서 효율성 향상과 성공의 느낌을 보고했다.(Mindful Schools 2016)

마음챙김 교육 프로그램을 비판하는 사람들은 이러한 연구 결과에는 의문을 제기하지 않지만, 그 프로그램이 종교 교육을 공립 학교에 은밀하게 도입하여 헌법에 명시된 교회(종교)와 국가의 분리를 위반하는 정도에 초점을 맞춘다. 대표적인 비평가로는 '치유의 신들'(2013)과 '시험의 기도'(2012)의 저자이자 인디애나 대학교의 종교학 교수인 캔디 귄터 브라운Candy Gunther Brown인데, 그녀는 불교 명상을 세속화하는 것은 어휘를 바꾸는 것에 불과하다고 주장한다. 마음챙김 교육자들은 불교 경전을 인용하는 대신 수행의 이점을 선전하는 과학적 연구를 인용한다. '불교'나 '명상'이라는 단어는 지워졌지만, 종교의 과시적 요소는 남아 있다: 명상과 기도의 자세와 손동작, 구체적인 명상 지침, 그리고 붓다에 대한 언급이나 신의 호출만 빠져 있으나 중보기도의 언어로 타인의 안녕을 기원하는 것이 그런 요소이다. 브라운은 자신들의 불교적 훈련과 헌신을 인정하는 학교 기반 마음챙김 옹호자들을 지적한다: 케이벌리 모건Caverly Morgan은 오리건주 포틀랜드 고등학교의 신용 마음챙김 프로그램인 '학교에서의 평화(Peace in Schools)' 설립자인데, 그는 8년 동안 선원禪院에서 훈련을 받았고; '인사이트 LA'의 설립자 트루디 굿맨Trudy Goodman은 '다르마 긱스'의 설립자인 빈센트 Vincent와 에밀리 혼Emily Horn에게 마음챙김이 '스텔스(은밀히 침투하는) 불교'의 한 형태이며, … 아이들이 불교도 수업에서 가르치는 것과 같은 마음챙김의 수행에 '그들이 원하든 원하지 않든' 참여하도록 한다고 설명했다.(Brown 2016)

분명히, 교육적 마음챙김 프로그램에 대한 브라운의 비판에는 우리가 검토한 다른 세속화된 마음챙김 개입에 관한 주장이 포함되어 있지 않다. '마음챙김 학교', '학교에서의 평화' 및 이와 유사한 프로그램은 공공 부문에서 그들의 서비스에 대한 의욕적인 시장을 찾았다. 그리고 그들의 고객과 마찬가지로 단호하게 비영리적이므로 상업주의라는 비난을 받지는 않는다. 마찬가지로, 마음챙김 기반 교육은 우리가 불교 수행과 연관시키는 윤리적 가치를 촉진하는 것으로 보인다: 즉 도덕적 미덕의 함양, 사회적 조화, 자립, 심리적 웰빙, 그리고 보너스로서 공립학교의 근무 조건과 결과에 대해 종종 불평하는 교사들 사이의 바른 생활 감각 향상을 촉진하는 것으로 보인다. 심지어 불교 수행의 사회적 참여를 평가하는 기준, 즉 개인에 대한 혜택을 넘어 집단적이고 제도적인 변화를 촉진하는 능력도, '마음챙김 학교'와 다른 판매업자들이 보고한 결과에서 충족되는 것처럼 보일 수 있다. 비평가 캔디 브라운이 인정하듯이,

> 미국 공교육에 위기감이 감지되고 있다. 종교적 혼란은 인종차별 철폐, 새로운 이민, 가속화되는 도시화와 동시에 일어났는데, 이는 많은 관찰자가 성적 부진, 따돌림, 폭력, 스트레스, 비만, 섹스, 마약이 만연해 보이는 사회 발전을 비난했다. 대법원 판결을 계기로 학교는 기도와 성경 읽기와 같은 개신교의 종교적 관행을 도덕적, 윤리적 성품을 심어주는 데 사용할 수 없다. 교사와 행정가들은 불교 명상가들이 종교와 동일한 도덕적, 윤리적 미덕을 주입하는 '세속화된' 수행을 가르치겠다는 제안을 환영한다.(Brown 2015)

즉 이러한 '은밀한 스텔스 불교'의 사례는 실제로 산업, 정부, 의학 분야에서 경쟁하는 방식으로 수행자와 사회에 봉사한다. 직장에서 겪는 고통의 제도적 원인을 식별하고 해결하기 위한 기업의 마음챙김 프로그램의 실패 없이; 보다 효율적인 살인을 위해 전투원을 준비시키는 도덕성에 의문을 제기하는 엠 피트 트레이너의 실패가 없이; 그리고 의료 및 정부 당국이 마음챙김 강사나 치료사에 대한 기준을 설정하고 취약한 환자들 사이에서 증가하는 질병과 고통을 예방하는 데

실패하지 않는다면, 학교 내 마음챙김은 기업과 군사 세계의 사촌들에 수반되는 부작용 없이 많은 것을 제공할 수 있는 것으로 보인다.

그러나 어리석음(moha)의 독, 즉 불교적 망상 또는 무지는 마음챙김 기반 프로그램의 가속화된 확산의 요소로 남아 있을 수 있다. 불교의 윤리적 가르침의 요소들이 임상적, 사회적 또는 교육적 응용에서 구별될 수 있지만(자애, 연민, 공감의 기쁨, 공평함 등의 미덕이 마음에 떠오른다), 마음챙김과 다른 기술들이 내재한 불교 수행의 더 큰 목표는 스트레스 감소, 직무만족 등의 결과를 명확하게 초월한다. 예를 들어, 무상, 실체 없음(無我), 정신적 고통에 대한 깨달음을 잠재적으로 뒤따를 수 있는 심오한 개인적, 사회적 변화는 단순히 호흡을 따르고 생각과 감정의 오고 감을 허용하는 것만으로는 가능하지 않다.

캘리포니아 버클리 대학교의 불교학 교수인 로버트 샤프Robert Sharf는, 어떻게 서양의 통찰과 마음챙김 명상의 선구자들이 마하시 사야도Mahāsī Sayadaw(1904-1982)와 같은 20세기 버마 개혁가들 밑에서 공부했는지, 그리고 1960년대, 대부분의 예비 과정을 뒤로한 채 재가 신자를 위한 명상 기법을 만들었는지 보여주었다.

> 현대의 위파사나 운동의 성공은 바로 위파사나, 즉 '해탈 통찰력'을 운영하는 방식에 있다. 위파사나는 전통적으로 암기, 내면화, '마음에 품기(sati; 念)' 같은 핵심 아비달마 불교의 범주를 통해 함양된 일종의 분석적 분별력으로 이해되었다. 이를 위해서는 무엇보다도 불교 인식론에 대한 진지한 이해가 필요했다. 마하시와 같은 개혁가들은 사티sati를 '마음챙김'으로 접근하고, 위파사

나를 '맨몸의 자각'의 명상적 경험으로 취급함으로써 이것을 버릴 수 있었다. 도道와 목표는 하나가 되고, 단순한 기술을 기꺼이 따르려는 사람이라면 누구나 고급 단계의 통찰력을 얻을 수 있다.(Sharf 2014)

도와 목표가 하나가 되고 단순한 지시를 따를 수 있는 사람이라면 누구나 통찰력을 얻을 수 있다는 글을 쓰면서, 샤프는 근대 버마 개혁가들과 그들과 비슷한 계책으로 선불교를 발명한 그들의 중세 중국의 먼 선조들의 주장을 전하고 있다. 그는 그것이 그렇다고 단언하지 않는다. 이것은 긴 이야기이지만, 세속적인 마음챙김 기반 프로그램의 현대적 부상과의 관련성은 분명하다. 교실, 진료소, 호텔 무도회장, 전쟁터에서 사용하기 위해 의식적으로 마음챙김의 '단순한 기술'을 분리한 존 캐배트진과 그의 추종자들은 그들이 불교를 제공하지 않는다는 것을 알고 있었고, 그들이 그렇다고 주장하지 않는 것이 옳았다. 여기서 어리석음(moha)은 대중을 속이는 것이 아니라, 세속적 마음챙김 훈련 자체의 이점에 대한 진정한 망상일 가능성이 있다. 캐배트진, 콘필드 및 기타 전통적으로 훈련된 불교 교사들이 기업 CEO, 전투 부대, 드론 조종사들의 마음챙김 훈련이 '보는 자와 보이는 자 사이의 상호 연결성을 보게 하는 해롭지 않은 방향'을 수반한다고 주장할 때, 그들은 또한 제도적 착취와 폭력에 대한 마음챙김의 중립성을 부정하거나, 아니면 그들이 인간의 선함(불성?)은 결국 빛을 발할 것이라는 생각에 사로잡혔다.

참여 불교의 윤리: 새로운 방향

'참여 불교 윤리 이론의 요소'라는 제목의 최근 논문에서 킹Sallie B. King은 전통적인 개념인 다르마와 십이연기十二緣起(Paṭicca samuppāda)에서 자연법의 버전을 발견하고, 윤리적 계율, 즉 오계(pañca-sīla)에 내포된 진보적 이타주의, 그리고 현대 태국의 주석가인 붓다다사Buddhadāsa에 의해 명시된 덕-중심, 원칙-기반의 윤리를 발견한다. 불도의 숙련자는 '마음이 자아나 자기 소유물을 움켜쥐거나 집착하지 않는, 몸과 말의 행동이 진정으로 완전하게 덕이 있는 사람이다. 다른 종류의 윤리나 도덕은 그저 오르락내리락 기복적 사건일 뿐이다.' 킹은 또한 그녀가 인용한 참여 불교 지도자들에게서 발견될 수 있는 특징들을 열거한다: 비-적대성, 비-판단주의, 실용주의, 비폭력, 그리고 고통에 직면하여 행동해야 할 의무. 결국 그녀는 '더 전통적인 불교 윤리에서 찾을 수 없는 참여적 불교 윤리의 단일한 특징은 없다'라고 주장한다. '여기에 인용된 참여 불교 윤리 이론의 모든 특징은 붓다의 말씀, 대승 경전 및 기타 전통적 가르침에 의해 정당화될 수 있고, 정당화되고 있다.'(King 2009: 201)

나는 아시아와 서구의 참여 불교 지도자와 운동에서 나타나는 바와 같이, 참여 불교의 본질은 사회적, 환경적 조건, 구조, 제도에 의해 야기되거나 매개되는 고통의 집단적 성격에 대한 인식이며, 이러한 강조는 전통적인 불교사상과 수행에서 자주 표현되지 않는다고 주장했다. 이것은 불교의 고(苦, dukkha)의 본래 의미를 구성하는 '불만족'의 심리적 경험을 부정하는 것은 아니지만, 공통된 경험을 공유하는 개인과 집단이, 인종, 카스트 또는 성 정체성, 작업 조건, 전쟁이나 질병의 존재, 또는 자연환경의 변화, 예를 좀 들면, 과거나 현재의 자신의 마음 상태나 행동을 합리적으로 비난할 수 없는 방식으로 고통을 겪는다는 점을 종종 인지한다. 사회적 고통에 대한 이러한 개념은 최근 자신을 불교도라고 단호하게 밝힌 수행자들 사이에서 나타나고 있다. 그리고 그들이 자신과 다른 사람들에게 영향을 미치는 고통의 사회적 제도적 원인을 다루는 한, 많은 사람은 그들을 '참여 불교도'라고 더욱 식별했다. 물론 외부적이고 비-개인화된 고통의 원인을 다루는 방법은 상황에 따라 매우 다양하며, 여기서 숙련된 수단이라는 전통적인 개념이 유용하게 적용될 수 있다.

다양한 형태의 참여 불교는 현대 관찰자들에게 도전적인 질문을 제기한다: 현재의 불교 윤리 이론은 불교의 이름으로 사회적 고통에 대처하는 지도자, 조직, 그리고 수백만 명의 수행자의 부상을 설명하기에 적합한가? 참여 불교의 윤리가 필요한가? 만약 참여 불교가 제4의 윤리적 실천―또는 내가 다른 곳에서 제안한 것처럼, 네 번째 수레乘(yāna)―으로 여겨질 수 있다면, 우리는 어디에서 그것의 독창성을 설명하기 위한 분석적 범주를 찾을 수 있을까?(Queen 2000: 11-26)

최근 몇 년 동안 불교 윤리를 설명하기 위해 철학적 윤리에 대한 두 가지 서구의 접근법이 제안되었다: 하나는 아리스토텔레스에 의해 제안된 덕 윤리이고, 다른 하나는 벤담Jeremy Bentham과 밀J. S. Mill과 같은 19세기 사상가들과 관련된 결과주의적(공리주의적, 실용주의적) 윤리인데, 대미언 케이온Damian Keown은 '불교 윤리학의 본질'에서,

팔리어 경전 전반에 걸쳐 입증된 바와 같이, 개인적인 미덕의 함양이 붓다의 가르침의 중심에 있다고 주장했다.(Keown 2001) 보다 최근에, 찰스 굿맨Charles Goodman과 바브라 클레이튼Barbra Clayton은 산티데바Śāntideva와 같은 대승 사상가의 글에서 강력한 결과주의적 요소들을 지적했다. 그들의 주장은, 초기 상좌부 윤리가, 내가 '규율'(재가자와 승려의 계율준수)과 '덕'(자비로운 태도와 자질 함양)이라고 부르는, 수행을 통한 자기 정화에 초점을 맞추고; 대승 사상가들은 모든 중생을 구원하겠다는 보살 서원이 암시하는 보편적인 구원의 가능성에 초점을 맞추는데, 그러나 그 일에 얼마나 많은 생애가 걸릴지 모르는, 내가 '이타주의'라고 부르는 윤리적 초점으로의 변화로 관찰된다고 요약될 수 있다. 클레이튼은 산티데바의 프로그램을 세 단계로 요약하면서 덕과 결과 모두에 대한 보살의 헌신을 설명한다: 불건전하고 해로운 자질과 습관의 취득으로부터 자신을 보호; 그러한 자질과 습관으로부터 자신을 정화; 다른 사람의 이익을 위해 양도하거나 바치기 위해 자신의 공덕이나 업과業果를 함양.(Clayton 2009) 여기서 우리는 '해악을 피하고, 마음을 정화하며, 남에게 선을 행하라'라는 익숙한 공식(규율, 덕, 이타주의)을 다시 보게 된다. 이러한 이론에는 사회적 고통에 참여하는 길에 대한 설명이 빠져 있다.

모든 중생을 구하겠다는 대승의 서원이 집단적 고통을 다루는 것처럼 보인다는 것을 인정할 수도 있지만, 많은 의문이 남는다. 전통적인 경전에서 업과를 다른 사람에게 양도하거나 바치는 것이 실제 봉사 프로그램에서 설명되거나 실행되는 경우가 얼마나 자주 있을까? 그러한 사회적 행동은, 단순히 열망이 아니라 실제라고 가정할 때, 공덕과 업과를 얻는 방법으로 여겨지는가? 아니면, 원래의 서원을 위해 다른 사람에게 '소비'하는 방법으로 간주되나? 사회봉사나 행동주의는 보살들을 위한 윤리적 실천의 진정한 형태인가, 아니면 자기 정화에 성공한 그들의 부산물인가? 스티븐 젠킨스Stephen Jenkins와 같은 일부 관찰자들은 인도와 티베트 불교 문헌에서 배고픈 사람들에게 음식을 제공하거나 가난한 사람들에게 봉사하는 사회적 행동이 권장되거나 수행되는 구절을 기록했다. 그러나 이러한 경우의 목표는 불교 수행의 적절한 작업, 해로운 습관의 회피, 건전한 습관의 함양, 그리고 궁극적으로 환생으로부터의 해탈, 즉 열반(상좌부불교) 또는 불성(대승불교)의 성취에 대한 물질적 장애를 없애는 것이다. 이 텍스트들에는 '무수한 중생'이 기아, 빈곤, 전쟁을 일으키는 비인격적인 사회 시스템, 구조, 제도, 심지어 자연재해의 희생자일 수 있으며, 이들이 숙련된 사회적 개선 조치의 대상이 될 수 있다는 징후는 없다. (Jenkins 2003)

　이러한 질문들을 염두에 두고 사회적 참여 불교의 윤리를 탐구하기 위해 두 가지 조사 방법을 제안한다. 첫 번째는, 암베드카B. R. Ambedkar가 1956년 개종에 이르기까지 수십 년 동안 참여 불교를 공식화하는데, 이는 존 듀이John Dewey의 잘 기록된 미국 실용주의의 공헌으로 촉발되었다. 1913년에서 1916년 사이에 컬럼비아 대학교에서 박사 과정을 밟는 동안, 암베드카의 지도교수 중 한 명인 듀이는 다르마라는 이름의 사회봉사와 행동주의에 대한 암베드카의 '새로운 수레新乘(Navayana)'를 설명하는 데 도움이 되는 통찰력을 제공했다. 이들 중에는 자유, 평등, 박애와 같은 사회적 이상의 제도적 기반과 듀이가 1934년 예일 대학교의 테리 강의[7]에서 '공통 신앙'이라고 칭한 종교 자체의 사회적 연계에 초점을 두고 있다. 듀이는 불교사상에 정통하지 않았지만, 암베드카는 카스트, 종교, 사회 변화에 관한 그의 저술에서 듀이의 생각과 불교 개념의 일치를 반복적으로 보여준다. 듀이와 암베드카에 따르면, 종교적 가치와 윤리적 규범이 진화하고 충돌하는 곳은, 공공 기관, 심의 기관, 재판소; 상업 시장과 소비자 충성도를 위한 경쟁; 그리고 정보 매체, 학술 담론, 학교와 대학 교실에서의 감성과 지성의 싸움에 있다.(Nanda 2002; Queen 2004, 2015; Straud 2016)

현대 참여 불교의 사회학적 전환을 이해하기 위한 두 번째 자료는 조애너 로저스 메이시Joanna Rogers Macy가 1978년 시러큐스 대학교(Syracuse University) 박사 학위 논문, '상호의존: 초기불교 가르침과 일반체계이론[8]의 상호 인과관계'라는 제목으로 처음 수행한 작업이며, 이후에 '불교와 일반 체계 이론의 상호 인과관계: 자연 체계의 다르마'(1991)로 출판된 것이다. 광범위한 사회적, 환경적 원인에 대해 투쟁을 계속하고 있는 서구 참여 불교의 대표적인 목소리로서, 이제 80대가 된 메이시는 여전히 긴박감을 가지고 윤리 이론에 대해

---

[7] 역주: Terry Lectures, Dwight H. Terry의 기부로 1905년 예일 대학교에서 설립된 강좌. 현대 과학과 철학에 비추어 인도주의적 관점에서 종교를 고려하는 데 학자와 대중 모두를 참여시키는 프로젝트.

[8] 일반체계이론(General Systems Theory)은 1947년 생물학자 베르탈란피 Bertalanffy가 제창한 것으로서, 모든 연구 분야에서 그 연구대상을 각각의 요소들이 상호작용하는 복합체로 인식하고, 그에 대한 어떤 원리나 원칙을 상술하기 위한 체계에 관한 학제 간 연구를 통칭하는 말.

글을 쓰고 있다. 그녀가 고대 불교와 현대 철학 체계 사이의 일치점을 발견한 것은 독창적이고 체험적이다. 연기緣起(상호 인과관계)의 가르침을 인공지능 피드백, 자기 조직화와 전체 조절, 형성된 계층 (특히 자신과 사회) 사이의 정보와 에너지의 이동에 대한 시스템 등의 분석을 나란히 놓고 검토하면서 메이시는 우주론[영구하지 않은(무상), 상호의 존적(연기)], 인식론(아는 자와 알려진 것의 공동 발생), 심리학(몸과 마음의 공동 발생), 윤리 이론(행위자와 행동 결과 공동 발생), 사회심리학(자아와 사회의 공동 발생), 사회 변화(상호 도덕성, 개인과 사회 변형의 변증법)에 관한 통찰을 제공한다.(Macy 1991)

여기에서 이러한 제안을 개발하는 것은 불가능하지만, 연결 지점을 식별하고 추가 조사를 위한 방법을 제안할 수 있다. 참여 불교의 실천을 불교 윤리의 사회학적 전환이라고 부르는 것은 두 가지 면에서 의도된 것이다. 20세기 후반 불교 해방운동의 특징인 인권의 보편적 원칙을 구현하고, 전면적인 사회적 비판과 자발적인 대중 봉기(폭력이 없는)가 유럽과 미국의 18세기 후반 혁명을 상기시키는 것처럼, 그 해방운동의 분석도 마르크스Marx, 프로이트Freud, 제임스James, 뒤르켐Durkheim, 베버Weber와 같은 사상가들이 종교를 개인이나 사회 변화의 독립 변수로 진지하게 받아들였던 19세기와 20세기 초에 등장한 새로운 사회과학의 관점이 필요하다.(Glock and Hammond 1973) 20세기 물리학과 정보과학의 이론적, 기술적 진보와 함께, 훔볼트Humboldt의 학제 간의 자연주의(Wulf 2015)와 다윈Darwin의 진화과학이 보여준 사회사상에 끼친 자연과학의 영향력 증대는, 미국의 듀이Dewey와 유럽의 루트비히 폰 베르탈란피Ludwig von Bertalanffy

와 어빈 라즐로Ervin Laszlo가 발전시킨 관점을 설명하는 데 도움이 되는데, 이들은 메이시Macy의 시스템 분석에서 인용됐다. 참여 불교는 현대 세계의 창조물이며, 종교를 고려하는 현대 철학으로 가장 잘 이해된다.

듀이는 다윈의 '종의 기원'이 출판된 해인 1859년에 태어났고, 그의 철학은 유기체적이고 진화론적인 것으로 가장 잘 알려져 있다. 그의 '민주주의와 교육'(1916)의 첫 페이지는 사회 변화에 대한 그의 설명을 위한 발판을 마련했다:

> 생물과 무생물 사이의 가장 두드러진 차이점은 전자는 갱신을 통해 자신을 스스로 유지한다는 것이다. … 삶이란 환경에 대한 행동을 통해 스스로 갱신하는 과정이다. … 사회 집단의 갱신을 통한 어떤 경험의 연속성도 문자 그대로 사실이다. 교육은 가장 넓은 의미에서, 이러한 삶의 사회적 연속성의 수단이다.(Dewey 1944: 1-5)

이 책이 초안 상태로 그의 강의 노트에 있을 때, 듀이 밑에서 공부했던 암베드카는 나중에 이 구절들, 그리고 이와 비슷한 구절들을 빨간 연필로 표시했다.(Queen 2004) 암베드카가 그의 가장 영향력 있는 저서인 '카스트의 소멸'(The Annihilation of Caste, 1936)'과 '붓다와 다르마(The Buddha and his Dhamma, 1957)에서 보여주듯이, 교육, 역사, 종교의 철학은 지적 탐구, 비판적 가치 평가, 사회 재건 작업의 적자생존 측면인 사회적 흐름의 환경에서 이해되어야 한다. 이러한 투쟁의 구체적인 환경은 정부, 법원, 학교, 종교 성지, 상업 시장과 같은 사회 제도이며, 이들은 사상가, 지도자, 집단의 영향을 받는다. 암베드카가 '자유, 평등, 박애' 다음으로 가장 좋아하는 유럽의 표어는 극작가이자 페이비언 협회(Fabian Society)의 리더인 조지 버나드 쇼George Bernard Shaw가 암베드카가 두 번째 박사학위를 취득한 런던정치경제대학교를 위해 만든 모토였다. '교육하라, 선동하라, 조직하라'라는 모토는 대규모 불교 개종에 이르기까지 수년 동안 이미 반-카스트 비정규군들의 투쟁 구호가 되었지만, 이제는 붓다와 암베드카 자신의 이미지와 함께 포스터에 등장한다.

듀이는 전통적인 의미에서 종교적인 사람은 아니었지만, 그는 '보편적 믿음'이라는 제목의 테리 강의를 자연과 역사의 흐름 속에 인간의 행동을 내포함으로써 끝맺었다.

지금 살고 있는 우리는 먼 과거로 확장되는 인류의 일부이며, 자연과 상호작용하는 인류입니다. 문명에서 우리가 가장 소중히 여기는 것은 우리 자신이 아닙니다. 그것들은 우리가 하나의 연결 고리인 지속적인 인간 공동체의 행위와 고통에 의해 존재합니다. 우리의 책임은 우리가 받은 가치의 유산을 보존, 전달, 교정하고 확장하여 우리 뒤에 오는 사람들이 우리가 받은 것보다 그것을 더 견고하고 안전하게 받을 수 있고 더 널리 접근할 수 있으며 너 관대하게 공유할 수 있도록 하는 것입니다. 여기에는 종파, 계급, 인종에 국한되어서는 안 되는 종교적 믿음을 위한 모든 요소가 있습니다. 그러한 믿음은 언제나 암묵적인 인류의 보편적 믿음이었습니다. 그러한 보편적 믿음을 명시적이고 전투적으로 만드는 것이 남아 있습니다.(Dewey 1934: 87)

듀이는 여기에서 참여 불교도와 그들이 실천하는 사회봉사와 행동주의의 많은 중심적 주제를 다룬다: 현재에 대한 도입부로서의 생생한 과거의 감각; 자연 속에 둥지를 튼 자아와 개인의 개성을 초월한 지속적인 인간 공동체 등이다. 타자에 대한 책임은 과거의 가치를 보존하고 전달하고자 하는 사람들의 행위와 고통으로 표현된다; 종파, 인종, 계급에 의해 제한되는 사람들의 이익을 위해 그것들을 교정하고 확장한다(그리고, 우리는 카스트, 성별, 그리고 장애를 추가해야 한다); 그리고 이러한 사회의식의 잠재적인 요소들을 명시적이고 전투적으로 만드는 것이다. 이러한 호전적인 분위기가 확실히 모든 참여 불교도의 특징은 아니지만, 그것은 60년 동안 암베드카의 추종자들에게 반향을 불러일으켰고, 지속적인 투쟁에 직면하여 사회적 변화를 시급히 갈망하는 동서양의 다른 참여 불교도들에게서 목격될 수 있다.

조애너 메이시가 대학원 과정에서 발견한 일반체계이론(암베드카가 대학원 과정에서 듀이의 실용주의 발견을 연상시키는)은 그 사이에 누구도 자세히 설명하려고 시도하지 않은 매우 독창적인 불교 윤리 해석으로 이어졌다. 듀이John Dewey, 제임스William James, 그리고 피어스C. S. Peirce의 실용주의와 같이 1960년대에 형성되었던 일반 체계 이론은, 자연과학과 사회과학을 철학과 인문학과 나란히 놓고, 조직과 상호 작용의 공통 패턴을 식별하려는 움직임을 반영했다. 다윈 이론이 초자연적 작용에 대한 언급 없이 생물학적 출현을 설명한 것처럼, 일반 체계 이론은 물리적 에너지, 생명 형태, 인간 의식, 사상과 문화 체계를 포함하여 미립자에서 문화적 수준에 이르기까지 조직의 각 수준에서 출현 특성을 찾는다. 1940년대에 컴퓨터의 사용으로 공식화된 인공지능과 정보 이론에 의해 증강된 체계 이론가들은 모든 수준에서 상호 작용과 변환의 동적 모델을 제공했다. 1970년대에 집필한 메이시는 통합, 적응, 출현, 위계라는 체계 원리를 초기불교 가르침의 특정 윤리 문제에 적용했다.(Queen 1986)

이 장에서, 나는 참여 불교가 정신적 실천의 윤리적 지평을 확장하여 자신의 태도와 행위, 즉 전통적 용어를 사용한다면 자신의 업장을 초월하는 원인과 조건으로 고통받는 사람들을 포괄한다고 주장했다. 참여 불교도는 일반적으로 집단행동으로만 해결할 수 있는 사회적 불의와 제도적 억압에 관심이 있다. 봉사 중심의 불교 수행은 사회적 행동주의만큼이나 종종 죽어가는 사람을 위한 온정적인 호스피스 간병의 부족이나 교도소 수감자에 대한 비인도적인 처우와 같은 제도적 조건에 대한 인식에서 촉발된다. 나는 아시아와 서구의 전통적인 불교에서 개인의 규율과 덕 윤리, 그리고 이타적 열망과 봉사의 결과주의가 우리가 조사한 해방운동에서 암시되고 예시된 고통의 집단적 본질과 고통의 치유를 설명하지 못한다고 주장했다. 듀이와 메이시의 사회 이론이 도움이 될 수 있는 곳이 바로 여기에 있다. 메이시는 이렇게 쓴다.

일반 체계 이론은 개성의 특별하고 참여적인 본성을 이해하고 상상하는 새로운 방법을 제공한다. 피드백이라는 과정을 통해, 한 사람이 자신의 세계를 수정하는 말과 행동이 차례로 그 사람을 형성한다. 더욱이 그 사람의 존재 자체는 생물학적, 사회적 관계의 그물망으로 구성되어 있으며, 여기서 그 사람은 다른 열린 체계와 마찬가지로 하나의 '홀론holon'(통합된 전체이자 더 큰 전체 중 일부)이다. 열린 체계가 상호 작용함에 따라, 원자든 유기체든 그것들은 더 큰 자급자족 패턴을 형성하며, 이는 결국 더 포괄적이고 다양한 형태를 구축하는 것과 관련된다.(Macy 1991: 185)

메이시는 계속해서 사회적 고통의 증가와 그것을 완화하는 승가와 국가의 잠재적인 역할에 관해 설명한 초기불교의 세기경世紀經(Aggaña Sutta)을 참조하여 '자아와 사회의 공동 발생'이라는 체계적 개념을 설명한다. 그러나 오늘날의 참여 불교가 고전 시대에는 존재하지 않았던 만큼, 메이시의 불교의 사회적 행동 이론은 현재 우리가 보는 운동, 즉 그녀와 암베드카를 비롯한 많은 사람이 주도한 운동에 더 쉽게 적용할 수 있다.

상호 인과관계와 사회 변화에 관한 연구의 마지막 장에서, 메이시는 불교 이미지와 현대 체계 이론에서 두드러진 나무와 불꽃의 밈이 어떻게 사회적 참여 불교 윤리의 모범이 되는가를 보여준다:

일반 체계 이론과 초기불교 가르침 모두에 중요한 이 이미지들은 우리 삶의 상호 의존성과 변화가 일어나는 과정을 전달하는 역할을 한다. … 에너지와 정보의 변환에서 일어나는 과정은 불꽃과 같지만, 하위 체계에서 그물 모양으로 되고 더 큰 가지로 합쳐지는 홀론 구조는 나무의 구조이다. 붓다의 가르침이 증명하듯이, 덧없음과 관계의 깨달음은 자아의 벽을 무너뜨린다; 그것은 불안한 세포에서 우리를 해방하여 마음을 자애로, 자제와 나눔에 대한 의지로 풀어준다.(Macy 1991: 219-220)

여기서 우리는 위에서 관찰한 원칙과 실천의 요소들을 충분히 설명할 수 있는 참여 불교 윤리의 개요를 엿볼 수 있다. 이것들은 조직의 하부 구조와 상부 구조에 있는 정신적, 사회적 변화의 기초이며, 나무의 유기적 뿌리와 가지로 상징되지만, 메이시의 텍스트에 대한 인공지능 체계 분석에서 이론적으로 상세하게 알아낸 것인데, 불교의 존재론과 현대 과학 패러다임의 핵심에 놓여 있는 무상과 상대성에 이러한 구조를 종속시키는 자애, 자제, 공유와 같은 것이다. 이와 유사한 공식은 존 듀이의 글에서 쉽게 찾을 수 있다.(McDermott 1981) 듀이의 철학과 일반 체계 이론의 윤리적 의미 중 일부가 아시아와 서구의 존경받는 불교 사상가들에 의해 소개되는 방식으로 발견되고 적용되는 한, 학자들은 이러한 제안을 더 깊이 고려하고 비판해야 한다. 그러한 프로젝트는 그 자체로 건설적인 도덕 철학의 훈련으로서 가치가 있지만, 우리는 또한 그러한 심사숙고가 앞으로 어려운 시기에 참여 불교를 실전하는 사람들에게 가치가 있기를 바란다.

인용 문헌

Aronson, H. B. (1980) Motivations to social action in Theravada Buddhism: uses and misuses of traditional doctrines. In: A. K. Narain (ed.), *Studies in history of Buddhism*. Delhi: B. R. Publishing, 1-13.

Batchelor, S. (1983) *Alone with others: an existential approach to Buddhism*. New York: Grove Press.

Batchelor, S. (1994) *The awakening of the west: the encounter of Buddhism and western culture*. Berkeley: Parallax Press.

Batchelor, S. (1997) *Buddhism without beliefs: a contemporary guide to awakening*. New York: Riverhead.

Batchelor, S. (2015) *After Buddhism: rethinking the dharma for a secular age*. New Haven: Yale University Press.

Bodhi, Bhikkhu (2007) A challenge to Buddhists. Lion's Roar [formerly *Buddhadharma: The Practitioner's Quarterly*]. Available from: http://www.lionsroar.com/a-challenge-tobuddhists/) [Accessed 4 September 2016].

Booth, R. (2014) Mindfulness therapy comes at a high price for some, say experts. Available from: https://www.theguardian.com/society/2014/aug/25/mental-health-meditation [Accessed 6 November 2016].

Brown, C. G. (2015) Mindfulness meditation in public schools: side-stepping Supreme Court religion rulings. Available from http://www.huffingtonpost.com/candy-gunther-brownphd/mindfulness-meditation-in_b_6276968.html [Accessed 6 November 2016].

Buddhist Global Relief (2016) Guideposts, core beliefs. Available from: https://buddhistglobalrelief.org/active/guideposts.html [Accessed 5 November 2016].

Carrette, J., and King, R. (2005) *Selling spirituality: the silent takeover of religion*. London: Routledge.

Chappell, D. W. (1996) Searching for a Mahayana social ethic. *Journal of religious ethics*, 24 (2), 351-375.

Clayton, B. R. (2009) Śāntideva, virtue, and consequentialism. In: J. Powers and C. Prebish (eds), *Destroying Mara forever: Buddhist ethics essays in honor of Damien Keown*. Ithaca, NY: Snow Lion, 15-30.

Dewey, J. (1934) *A common faith*. New Haven: Yale University Press.

Dewey, J. (1944) Democracy and education. New York: Macmillan.

Glock, C. Y., and Hammond, P. E. (eds) (1973) *Beyond the classics? essays in the scientific study of religion*. New York: Harper and Row.

Goffman, E. (1961) *Asylums: essays on the social situation of mental patients and other inmates*. New York: Anchor Books.

Harvey, P. (2000) *An introduction to Buddhist ethics*. Cambridge: Cambridge University Press.

Jenkins, S. (2003) Do bodhisattvas relieve poverty? In C. Queen, C. Prebish, and D. Keown (eds), *Action dharma: new studies in engaged Buddhism*. London: RoutledgeCurzon, 38-49.

Keown, D. (2001) *The nature of Buddhist ethics*. New York: Palgrave.

King, S. B. (2009) Elements of engaged Buddhist ethical theory. In: J. Powers and C. Prebish (eds), *Destroying Mara forever: Buddhist ethics essays in honor of Damien Keown*. Ithaca, NY: Snow Lion, 187-206.

Kleinman, A., Das, V., and Lock, M. (eds) (1996) *Social suffering*. Berkeley: University of California Press.

Macy, J. (1991) *Mutual causality in Buddhism and general systems theory*. Albany: State University of New York Press.

McDermott, J. J. (ed.) (1981) *The philosophy of John Dewey*. Chicago: University of Chicago Press.

McMahon, D. L. (2008) *The making of Buddhist modernism*. Oxford: Oxford University Press.

Metta Forest Monastery (2016) Welcome. Available from: http://www.watmetta.org/about. html [Accessed 3 September 2016].

Mindful Schools (2016) Mindful schools homepage. Available from: http://www.mindfulschools.org [Accessed 6 November 2016].

Nanda, M. (2002) *Breaking the spell of dharma and other essays*. New Delhi: Three Essays Press.

Pickert, K. (2014) The art of being mindful. *Time magazine*, 183 (4).

Purser, R. (2014) The militarization of mindfulness. Available from: http://www.inquiringmind.com/Articles/MilitarizationOfMindfulness.html [Accessed 6 November 2016].

Purser, R., and Loy, D. (2013) Beyond McMindfulness. Available from: http://www.huffingtonpost.com/ron-purser/beyond-mcmindfulness_b_3519289.htm [Accessed 6 November 2016].

Queen, C. S. (1986) *Systems theory in religious studies: a methodological critique*. PhD diss., Boston University.

Queen, C. S. (ed.) (2000) *Engaged Buddhism in the west*. Boston: Wisdom.

Queen, C. S. (2004) Ambedkar's dhamma: source and method in the construction of Engaged Buddhism. In S. Jondhale and J. Beltz (eds), *Reconstructing the world: B. R. Ambedkar and Buddhism in India*. New Delhi: Oxford University Press, 132-150.

Queen, C. S. (2015) A pedagogy of the dhamma: B. R. Ambedkar and John Dewey on education. *International journal of Buddhist thought and culture*, 24, 7-21.

Queen, C. S., and King, Sallie B. (eds) (1996) *Engaged Buddhism: Buddhist liberation movements in Asia*. Albany: State University of New York Press.

Queen, C. S., Prebish, C., and Keown, D. (eds) (2003) *Action dharma: new studies in engaged Buddhism*. London: RoutledgeCurzon.

Robinson, R. H., et al. (1997) *The Buddhist religion: a historical introduction*. Fourth edition. Belmont, CA: Wadsworth.

Rocha, T. (2014) The dark knight of the soul. Available from: http://www.

theatlantic.com/health/archive/2014/06/the-dark-knight-of-the-souls/37276 6/ [Accessed 6 November 2016].

Search Inside Yourself Leadership Institute (2016) Available from: https://siyli.org/ [Accessed 6 November 2016].

Sharf, R. (2014) Mindfulness and mindlessness. *Philosophy east & west*, 64 (4), 952-953.

Silverman, S. (2011) What sort of Buddhist was Steve Jobs, really? Available from: http://blogs.plos.org/neurotribes/2015/10/26/what-kind-of-buddhist-was-steve-jobs-really [Accessed 6 November 2016].

Straud, S. R. (2016) Pragmatism and the pursuit of social justice in India: Bhimrao Ambedkar and the rhetoric of religious reorientation. *Rhetoric society quarterly*, 46 (1), 5-27.

Titmuss, C. (2014) Are Buddhist mindfulness practices used to support international war crimes? Available from: http://christophertitmussblog.org/are-buddhist-mindfulnesspractices-used-to-support-international-war-crimes [Accessed 6 November 2016].

Tricycle (2013) The Buddhist geek: an interview with digital innovator Vincent Horn. Available from: http://tricycle.org/magazine/buddhist-geek/ [Accessed 6 November 2016].

Wisdom 2.0 (2016) Wisdom 2.0 homepage. Available from: http://www.wisdom2summit.com/ [Accessed 6 November 2016].

Wulf, A. (2015) *The invention of nature: Alexander von Humboldt's new world*. New York: Knopf.

Wylie, M. S. (2015) How the mindfulness movement went mainstream—and the backlash that came with it. Available from http://www.alternet.org/personal-health/how-mindfulnessmovement-went-mainstream-and-backlash-came-it [Accessed 6 November 2016]

추천 도서

Batchelor, S. (2015) *After Buddhism: rethinking the dharma for a secular age*. New Haven: Yale University Press.

Bellah, R. (1970) The sociology of religion. In: *Beyond belief: essays on religion in a posttraditional world*. New York: Harper and Row, 3-19.

Macy, J. (1991) *Mutual causality in Buddhism and general systems theory*. Albany: State University of New York Press.

McDermott, J. J. (ed.) (1981) *The philosophy of John Dewey*. Chicago: University of Chicago Press.

McMahon, D. L. (2008) *The making of Buddhist modernism*. Oxford: Oxford University Press.

Queen, C. S. (ed.) (2000) Introduction: the shapes and sources of engaged Buddhism. In: *Engaged Buddhism in the west*. Boston: Wisdom, 1-44.

Queen, C. S. (2004) Ambedkar's dhamma: source and method in the construction of Engaged Buddhism. In S. Jondhale and J. Beltz (eds), *Reconstructing the world: B. R. Ambedkar and Buddhism in India*. New Delhi: Oxford University Press, 132-150.

제V부

현대의 쟁점들

제25장 인권

대미언 케이온Damien Keown

서론

불교에서 인권의 중요성은, 이 주제가 최근 수십 년 동안 받은 관심에서 분명하게 드러난다. 달라이 라마(티베트), 아웅 산 수 치(Aung San Suu Kyi, 미얀마), 아리야라트네(A. T. Ariyaratne, 스리랑카), 마하 고사난다(Maha Ghosananda, 캄보디아), 술락 시바락사(Sulak Sivaraksa, 태국)와 같은 여러 아시아 국가의 대표적인 불교도들은 인권이라는 언어를 사용하여 여러 차례 사회적, 정치적 문제에 대한 그들의 우려를 표명했다. 불교도들은 인권을 옹호하고 증진하기 위해 기관들을 설립했다. 여기에는 캄보디아 인권연구소, 티베트 인권민주주의센터, 태국 국가인권위원회가 포함된다. 불교 인구가 많은 몇몇 아시아 국가들(태국, 미얀마, 라오스, 캄보디아, 베트남)도 2009년 설립된 '아세안 정부 간

인권 위원회(AICHR: ASEAN Intergovernmental Commission on Human Rights)'의 회원국이다.

그러나 불교의 인권 기록 자체가 흠집이 없는 것은 아니다. 스리랑카 내전에서 양측 모두 인권 유린이 기록되었고, 2009년 적대 행위가 중단됐지만, 이슬람교도와 기독교 소수민족에 대한 공격을 비롯해 불교도들의 괴롭힘, 협박, 고문, 착취, 폭력 등이 끊이지 않고 있다.(Statement 2015) 미얀마에서는 불교 파벌들이 라카인주(Rakhine State)에서 로힝야 무슬림들Rohingya Muslims을 상대로 집단 학살을 저질렀다. (아웅 산 수 치는 자신이 이제 인권 운동가가 아니라 '정치인'이라고 주장함으로써, 그러한 만행을 비난하지 않은 자신의 태만을 변호했다.) 일본과 중국에서 불교는 억압과 통제를 위한 국가 제도와 결탁했다.(Shiotsu and Gebert 1999; Schmidt-Glintzer 2010: 123) 가장 저명한 불교 인권 운동가 중 한 사람인 현 달라이 라마는 소위 '샤그덴Shugden 논쟁'에서 종교의 자유를 부정한 혐의로 피소되었다.(Mills 2003) 불교는 또한 여성의 권리를 보호하는 데 실패했다는 비난을 받아 왔다.(Tesdroen 2010: 209; Satha-An and 1999)

그러나 인권에 대한 불교 기록의 문서화는 우리의 주요 관심사가 아니다. 대신 우리의 초점은 인권 개념과 불교 교리 그리고 윤리와의 관계에 있다. 이러한 종류의 논의는 종종 크리스토퍼 고완스Christopher Gowans가 다음과 같은 용어로 공식화한 역설을 설명하는 것으로 시작된다: '인권이 전통적인 불교 문헌에서 명시적으로 인정되거나 지지되지 않았다는 것은 널리 인정되고 있다. … 그런데도 인권은 오늘날 대부분의 (모두는 아니지만) 참여 불교도들에 의해 지지되고 옹호되고 있다.'(2015: 245) 우리의 과제는, 이러한 역설을 출발점으로 삼아, 인권이 불교 교리로부터 확실한 토대를 얻기 위해서 반드시 자리를 잡아야 하는 지적 교량 구조를 조사하는 것이다. 중요한 첫걸음은 '권리'라는 개념이 불교에서 이해할 수 있는지, 만약 그렇다면, 인권에 대한 호소가 불교적 가치와 일치하는지를 묻는 것이다. 이것이 이 장의 첫 부분에서 우리를 사로잡을 것이다. 두 번째 부분은 불교의 가르침 안에서 가능한 인권의 토대를 검토할 것이다.

권리, 인권, 그리고 불교 윤리

인권의 지적 역사는 복잡하기에, 여기서 어떤 깊이로도 탐구할 수 없다.(Ishay 2008; Donnely 2013 참조) 우리는 단순히 오늘날의 인권의 직접적인 선례가 '자연권', 즉 인간의 본성에서 나오는 권리로 언급되었다는 점을 주목할 수 있다. 17세기부터 철학자와 정치가들은 이러한 권리를 정의하고 헌법, 선언문, 헌장, 성명서에 명시하기 시작했으며 현대까지 하나의 전통으로 이어오고 있다. 가장 잘 알려진 현대 인권 헌장은 1948년 12월 유엔 총회에서 선포된 세계인권선언(UDHR: The Universal Declaration of Human Rights)이다. 인권 사상은 이 문서의 출판 이후 계속 발전해 왔으며, 추가적인 협약과 선언이 뒤따랐다. 특히 중요한 두 가지는 경제적, 사회적, 문화적 권리에 관한 국제협약, 그리고 시민의 정치적 권리에 관한 국제협약이다. 둘 다 1966년 UN의 승인을 받았으며, 10년 후에 발효되었다. 이 세 문서는 종종 총칭하여 국제인권장전(International Bill of Human Rights)이라고 말한다. 차별

(예: 인종이나 성별에 근거한)과 같은 특정 문제를 해결하고, 특정 집단 (예: 아동, 이주 노동자, 장애인, 원주민과 같은)의 권리를 옹호하기 위해 후속 조치가 제정되었다. 이러한 다양한 인권 주도의 '세대' (Montgomery 1986: 69f.)는 집합적으로 광범위한 권리와 자유를 확보하며, 이를 깔끔하게 분류하기는 어렵지만, 다음의 다섯 가지 주요 영역으로 분류할 수 있다(Glendon 2001: 174): (1) 개인의 권리(예: 생명, 자유, 종교의 자유), (2) 법 앞에서의 권리(예: 법 앞에서의 평등과 공정한 재판을 받을 권리), (3) 정치적 권리(예: 집회의 자유와 투표권), (4) 경제적, 사회적 권리(예: 사회보장과 고용의 권리), (5) 공동체와 집단의 권리(예: 대량 학살에 대한 보호, 아동의 권리). 2006년 제네바에 본부를 두고 출범한 47개 회원국으로 구성된 인권이사회는 유엔 인권 고등판무관의 감독 아래 회원국들의 인권 의무 준수를 검토하는 임무를 맡고 있다.

방금 설명한 권리의 성격, 범위, 토대는 논쟁의 여지가 있지만, 주요 철학적 접근법은 간략하게 확인될 수 있다. 자연주의자들은 인권이 앞에서 언급한 '자연권'의 확장이라고 주장하며, 인간이 '이렇게 그 자체로' 또는 '단순히 인간성의 관점에서' 누리게 되는 것이라고 말한다. 자연주의자들은 '도덕과 이성에서 인권을 위한 객관적인 토대'를 식별한다.(Freeman 1994: 512) 이러한 관점의 한 가지 버전, 즉 전근대 자연법 전통의 관점에서, 권리는 '공익'(개인과 그 공동체의 번영)의 촉진을 위해 합리적으로 요구되는 것으로 간주된다. 언급한 바와 같이, 자연주의적 개념은 인권을 어떤 의미에서 인간 본성에 내재한 도덕적 가치의 근본적이고 독립적인 질서의 표현으로 이해하기 때문에 토대주의[1]로 불린다.(Rorty 2010) 반대로 반-토대주의자들은 인권을 지지하지만, 인권을 위한 이론적 근거가 존재한다는 사실을 부인한다. 대신 그들은 '우발성, 구성, 상대성'(Freeman 1994: 511)을 강조하는 맥락적 기반에서 인권 존중을 정당화하고 정서의 역할에 특별한 중요성을 부여하려고 한다. 회의론자들은 인권에 대한 믿음을 다양한 방식으로 공격한다. 어떤 사람들은 이를 '마녀'나 '유니콘'과 같은 단순한 허구로 일축하는 반면(MacIntyre 1981: 69), 다른 이들은 이러한 집행을 직접적으로 책임지는 기관이나 메커니즘이 없다는 이유로 공허하다고 주장한다. 상대주의인 회의론자들은 문화와 도덕적 가치의 경험적 다양성을 생각할 때, 인권이 보편적일 수 있다는 점을 부인한다. 아마도 이러한 상반된 의견에 직면하여 인권에 대한 합의 개념이 대중화된 것은 이해할 만하다. 여기서, 다양성이 인정되고 철학적 차이는 '다른 문화가 그들 자신과 다른 문화에게 책임을 지우는 일련의 중요한 중첩되는 도덕적 기대치'에 대한 합의에 도달하기 위해 괄호로 묶인다.(Twiss 1998: 31) 우리는 이 장의 두 번째 부분에서 이러한 입장 중 일부의 예를 만나겠지만, 지금은 인권과 인권을 국제 규범으로 촉진하려는 제도에 대해 일반적으로 불교가 어떤 태도를 보여야 하는지 살펴보겠다. 어떤 사람들은 불교가 인권

---

[1] 역주: foundationalism, 흔히 참된 지식은 '정당화된 참된 믿음'이라고 하는데, 이때 한 믿음이 참이고 그것이 정당화되기 위해서는 진리 의심의 여지가 없는 근본 믿음에 기초해야 한다는 주장이 있을 때, 이를 토대주의라고 부른다. 이 근본적 믿음은 다른 믿음들에 의해서 정당화되는 경우와 달리, 자체적으로 확실한 믿음, 가령 직접적 경험이나 직관에 기초한다.

운동과 너무 밀접하게 연관되는 것에 대해 주의를 기울이고, 문화적, 개념적인 두 종류의 반대를 제기한다.

1) 문화적 반대

첫 번째 반대 의견은 인권과 인권의 이질적인 문화적, 역사적 기원에 관한 것이다. 피터 융어Peter Junger가 지적한 것처럼, '인권'이라는 꼬리표는 '서유럽의 전통과 그 지역의 편협한 역사의 산물'이라는 점을 부인할 수 없다.(1998: 56) 소비슈Sobisch와 브록스Brox가 관찰한 바와 같이, 세계인권선언(UDHR)과 같은 문서에 대한 많은 회의론은, '사회가 문화적 차이를 무시하거나 심지어 부인하면서 민족 중심적인 생각에 순응하도록 강요된다는 의미에서 보편주의가 제국주의와 같다는 가정에서 비롯된다.'(Sobisch and Brox 2010: 161) 1990년대에 여러 아시아 국가(특히 중국의 강력한 지원을 받는 말레이시아, 인도네시아, 싱가포르)의 정치 지도자들은 서구의 지적 계보를 근거로 인권 개념을 비판하기 시작했다.(Langlois 2001) 그들의 인권에 관한 이야기는 더 공동체 지향적인 것으로 알려진 '아시아적 가치'와 대조되는 개인주의를 조장한다.(Narayan 1993) 인권은 저개발국이 감당할 수 없는 사치라며 경제 발전을 최우선 과제로 삼아야 한다는 주장도 제기됐다. 어떤 경우에는 이런 '문화비판'(아마르티아 센Amartya Sen의 용어)을 특정 아시아 및 중동 국가의 열악한 인권 기록을 은폐하기 위한 연막으로 보지 않을 수 없다. 센은 그러한 가치에 대해 특별히 '아시아적'인 것이 있다는 견해에 이의를 제기했고(1997), 달라이 라마도 인권이 '문화적인 차이와 사회적, 경제적 발전의 차이 때문에 아시아와 다른

지역의 제3세계에 적용될 수 없다'라는 견해를 부인했다.(Keown et al. 1998: xavi)

20세기의 마지막 수십 년 동안 인권이 진화함에 따라, 문화 다원주의가 점점 더 인식되고 인권의 초국가적 사고에 통합되었다. 클래펌Clapham은 '땅 위의 구호'는 '서양의 곡조에 맞춰 노래하지 않았음'을 관찰하며, '반식민주의, 반제국주의, 반노예제, 반-아파르트헤이트[2], 반인종주의, 페미니스트, 및 곳곳의 토착민 투쟁의 맥락에서' 인권이 어떻게 주장되었는지에 주목한다.(2007: 19) 소비슈와 브룩스는 '인권에 대한 담론의 세계화는 단순한 서구화와 동일하지 않다'라고 지적한다. 왜냐하면 '인권과 같이 떠돌아다니는 관념은 명확하게 구성되고 번역되고 표현되지 않기 때문이고 항상 해석의 여지가 있다'라는 것이다.(2010: 161) 사이먼 캐니Simon Caney는 비-서구의 윤리적 전통이 어떻게 인권을 포용할 수 있는지에 대한 사례로 상좌부불교를 제시하고(2001), 반면에 하딩Harding은 태국에 대해 '나는 국가가 인권을 불교 용어로 설명하려는 시도의 타당성을 부정할 이유가 없다고 본다'라고 언급한다.(2007: 20) 그러나 슈미트-루켈Schmidt-Leukel이 지적한 것처럼, '아시아적 가치'와 '서구 자유주의' 사이의 적절한 균형에 관한 질문은 남아 있다.(2010: 59) 집단주의를 지나치게 강조하는 것은 개인의 발전을 방해할 수 있지만, 반면에 개인의 권리에 대한 일방적인 강조는 공동체 의식과 사회적 책임감을 길러내지 못할 수 있다. 분명히 '중도'가 바람직하다.

---

[2] 역주: 예전 남아프리카공화국의 인종차별정책 반대.

2) 개념적 반대

현대에 이르러 권리라는 용어는 정치적, 윤리적 담론의 공통어가 되었다. 그러나 오늘날의 세계화된 세계에서 권리에 대한 보편적인 언급과는 대조적으로, 불교의 어떤 경전적 표준 언어에서도 주관적 자격으로 이해되는 권리의 개념을 전달하는 용어는 없는 것으로 보인다. 아베 마사오阿部 正雄는 '서구적 의미에서 "인권"이라는 문구와 정확히 일치하는 표현은 불교 문헌 어디에서도 찾을 수 없다'라고 쓰고 있다.(Trauer 1995: 9 n.11에서 인용) 그러나 권리에 대한 구체적인 언급이 없다고 해서 불교가 그 생각에 반대한다는 의미는 아니다. 때로는 동일한 개념적 근거를 의미상 다른 방식으로 다룰 수 있는데, 예를 들어 당사자들 사이에 빚진 것을 표현하기 위해 '의무(ought)' 또는 '당위(due)'와 같은 표현을 사용하는 것이다. 앨런 구워스Alan Gewirth는 '사람들은 권리에 대한 단 한마디의 명시적인 표현 없이도 권리의 개념을 갖고 사용할 수 있다'라고 주장했다.(Dagger 1989: 286에서 인용) 앤드루 클래펌Andrew Clapham은 '성경과 코란과 같은 종교적 텍스트는 의무뿐만 아니라 권리를 창출하는 것으로 읽을 수 있다'라고 제안하며, '자기 성취, 타인에 대한 존중, 타인의 안녕에 이바지하려는 추구와 관련된 관심은 유교, 힌두교, 불교 전통에서 명백하다'라고 믿는다.(2007: 5)

적어도 불교가 상호 의무의 존재를 인정한다는 것은 분명해 보인다. 사회 정의와 관련하여 바지라그나나Palane Vajiragnana Thero 스님은 다음과 같이 논평한다:

우리 각자는 사회 정의와 질서를 유지하고 증진하는 역할을 한다. 부처님께서는 부모와 자녀; 교사와 학생; 남편과 아내; 친구, 친척과 이웃; 고용주와 직원, 성직자와 재가 신도 … 사이에 존재하는 상호 의무로서 이러한 역할을 매우 명확하게 설명하셨다. 누구도 소외되지 않았다. 여기서 설명하는 의무는 상호적이며 신성한 의무로 간주된다. 왜냐하면 그 의무들이 지켜진다면 정의롭고 평화롭고 조화로운 사회를 만들 수 있기 때문이다.(1992)

이 저자는 여기서 분명히 붓다가 일련의 여섯 가지 상호 의무를 설명하는 디가 니까야 31번째 선생경善生經(Sigalovāda Sutta: DN 31)을 염두에 두고 있는 것 같다. 이러한 관계를 수혜자의 관점에서 분석해보면 권리라는 용어의 사용은 무리가 없어 보인다. 따라서 부모는 자녀에 대한 의무가 있고, 자녀는 부모로부터 지원, 양육, 교육 및 보호를 받을 권리가 있다. 이를 바탕으로 보면, 권리와 의무의 구분은 체험적 관점의 변화에 지나지 않는다. 헤산미Hesanmi가 지적한 것처럼, '권리'와 '의무' 사이에 잘못된 이분법을 세우는 것보다, 그들의 상관성과 서로의 함의를 확인하는 것이 더 합리적으로 보인다.(2008: 504) 폴 로렌Paul Lauren은 간디가 '권리의 진정한 원천은 의무'라고 주목한 것을 상기시키며, '인간의 의무에 관한 생각, 혹은 마땅히 해야 할 일에 관한 생각은 아주 자연스럽게 인권에 관한 생각으로 이어졌다'라고 덧붙였다.(2011: 11) 이를 바탕으로 볼 때, 고전 불교의 어휘목록의 한계에도 불구하고 권리가 불교의 가르침에 수용될 수 있다고 시사하는 것은 무리가 없어 보인다.

그러나 모든 사람이 이 결론에 동의하는 것은 아니다. 크레이그 이하라Craig Ihara는 발레 공연의 예를 들며, 무용수 중 어느 한 사람의 형편없거나 결함이 있는 공연을 다른 무용수의 권리 침해로 묘사하는 것은 '기이하다'라고 결론짓는다. 왜냐하면 이것은 개인이 '더 큰 프로젝트의 참여자이며, 그들이 해야 할 일은 타인에게 빚진 것의 상관관계도 아니며, 빚진 것이 적절하게 분석되지도 않았기' 때문이다.(1998: 45) 그는 불교에도 같이 적용할 수 있다고 제안한다: 따라서 '나는 다르마의 개념이 인간의 삶이 이상적으로 잘 정의된 역할-책임이 있는 일종의 춤이라는 사회 비전 일부일 수 있다고 주장한다.'(1998: 47) 이것은, '만약 … 다르마가 같은 종류의 협동사업이라면 … 그렇다면, 불교 윤리를 매우 근본적으로 바꾸지 않고 권리를 도입하는 것은 불가능하다'라는 것을 의미한다.(1998: 49)

이하라Ihara는 다르마 사회의 어떤 모델을 염두에 두고 있는지 구체적으로 밝히지 않고 있으며, 인간의 삶을 춤으로 보는 그의 비전은 유토피아적으로 들린다. 우리가 가지고 있는 다르마 사회의 가장 좋은 모델은 승가인 것 같다. 따라서 공동 공연이 어떻게 동일한 '협동사업'에서 권리와 의무가 함께 공존할 수 있는지를 설명하기 위해 승가를 예로 들 수 있다. 만약 승가의 구성원 중 하나(예를 들어 승려 A)가 법복 착용을 거부하는 경우, 승려 B가 자신의 권리가 침해되었다고 주장하는 것은 참으로 이례적일 것이다. 그러나 이것은 승려 A가 올바른 법복을 입을 의무가 없음을 의미하는 것이 아니라, 승려 A의 의무가 특별히 승려 B에게만 있지 않다는 것을 의미할 뿐이다. 그의 의무는 승가에 대한 것이며, 승려 A의 의무를 '타인에 대한 의무'로 분석하는 것은 지극히 타당하다. 이 의무의 위반은 승가에 대한 부당한 일이다. 승가는 역으로, 비나야(Vinaya, 계율) 규정에 따라 승려 A의 법복 입기를 기대할 권리가 있는데, 이것은 수계의 조건이기 때문이다. 승가는 사원 계율 위반에 대해 징계 제재를 가하고 심지어 승려를 승단에서 추방할 수 있는 추가적 권리를 가지고 있는데, 이는 쉽게 '협동 활동'으로 특징지을 수 없는 행위이다.(Ihara 1998: 49) 사실 비나야는 관련된 모든 당사자의 권리를 보호하기 위해 분쟁 해결(adhikaraṇa-samatha; 멸쟁滅諍)을 위한 '적법한 절차'의 규칙을 정의하는 데 상당한 시간을 할애한다. 우리는 더 나아가, 예를 들어 행자와 스승 사이처럼, 각각의 승려들 사이에 상호 의무가 존재한다는 점을 더 주목할 수 있다. 타니사로Thānissaro가 언급했듯이, 마하박가(Mahāvagga[3]: I.25.6; 32.1)에서는, 제자는 스승을 아버지로, 스승은 제자를 아들로 여겨야 한다고 말한다. 그런 다음 마하박가는 일련의 상호 의무로 이 관계를 설명한다.(2013 vol. 1: 36) 따라서 승가의 구성원들은 확실히 의식-수행적 집단 역할(바라제목차婆羅提木叉의 공동 낭송과 같은)이 있지만, 그들은 추가로 (1) 승가에 대한 일반적인 의무(승가가 소유한 권리와 상관관계가 있는), (2) 개별 동료에 대한 특정한 의무(그 의무에 상응하는 상관 권리를 가진)를 모두 가지고 있다. 그렇다면, 권리라는 용어는 근본적인 방식으로 '불교 윤리를 바꾸지' 않고서도 불교의 '협동사업'(승가)의 패러다임 사례에서 이해

---

3 역주: 비구계의 여덟 가지 등급 중 대품大品.

하기 쉽게 사용될 수 있을 것 같다.

권리의 철학적, 법리적 차원은 복잡하기에(예: Hohfeld 1964 참조), 여기서 포괄적인 분석을 제공하는 척하지 않겠다. 그 목적은 더 제한적인데, 즉 권리를 위한 개념적 공간이 불교의 가르침에 그럴듯하게 차지할 수 있다는 것을 보여주는 것이다. 이는 권리를 '숙련된 방편'으로 간주함으로써 파생적인 방식 외에는 불교가 현대 인권 담론에 의미 있게 참여할 수 없다는 이유로 논의에서 조기에 배제되는 것을 피하기 위해 필요하다. 그러나 개념적 근거가 존재한다고 하여도, 권리개념의 채택과 증진이 본래 바람직하다고 볼 수는 없다. 실제로, 일부 주석가들의 견해에 따르면, 권리라는 개념 자체가 불교의 형이상학과 구원론 모두와 충돌한다.

3) 형이상학

여기서 '무아(anātman)' 교리와 관련된 우려가 일어난다. 궁극적으로 자아가 없다면, '문제의 권리 보유자는 누구 또는 무엇인가?'라는 논쟁이 일어난다. 크리스토퍼 켈리Christopher Kelley는 이를 '공허한 사람의 내재적 존엄성의 역설'이라고 설명한다.(2015: 3) 우리가 앞에서 살펴본 바와 같이 인권 자연주의자들은, 인간의 존엄성을 선험적 인간 본성이라는 개념에서 근거를 찾고자 하지만, 켈리는 그러한 개념이 선험적 존재에 대한 믿음을 전제로 하기 때문에, '본질에서 불교의 가장 근본적인 개념인 무아이론과 양립할 수 없다'라고 시사한다.(2015: 13) 샐리 킹Sallie King은 이와 관련하여 무아의 가르침을 끌어들이는 것은 '훈제 청어'[4]라고 시사하며(2005: 128), 불교 윤리가 영구적인 자아의 존재를 가정하지 않고도, 여러 맥락에서 완벽하게 잘 기능한다는 점을 매우 정확하게 지적한다. 무아 교리는 초월적 자아(ātman)의 존재를 부정할 뿐이며, 현상적, 경험적 자아를 부정하지 않는다. 무아 교리는 독특한 자아 형태의 정체성을 가진 인간 개인의 존재를 부정하지 않으며, 그러한 정체성이 붓다가 분명히 믿었던 것처럼 의무를 귀속시키기에 충분히 안정적인 존재론적 토대를 제공한다면, 아마도 그 정체성은 권리를 위해서도 그렇게 할 것이다.

로렌 레브Lauren Leve가 네팔 불교의 맥락에서 지적했듯이, 무아 교리는 인권 보호를 주장하는 불교도들에 제약을 가하지 않는 것 같다. 그녀는 '불교도들이 민족적 힌두교가 종교적 평등에 대한 그들의 인권을 침해한다고 주장할 때, 그들은 자신들을 특정 유형의 사람들, 그리고 정치적 주체로 표현한다'라고 언급한다.(2007: 98) 그녀는 원로 상좌부 명상 지도 법사의 예를 언급하며, '그와 그의 많은 제자가 자아에 대한 반-실재론적 이해를 세속적 인권 또는 인권의 묵시적 정체성에 대한 요구와 결합하는 데 아무런 문제가 없는 것처럼 보였다'라고 언급했다.(2007: 105) 더욱이 스리랑카, 미얀마, 티베트와 같은 나라의 불교 민족주의자들은 그들의 정치적 요구의 기반으로 민족화된 불교의 종교적 정체성에 의존하고 있다. 따라서 많은 불교도가 무아 교리를 행위 주체 그리고 정체성의 존재론과 양립할 수 없다고 보지 않는 것으로 보인다. 우리는 이 장의 두 번째 문문에서 구체적인

---

4 역주: 주제와 관계가 없는 것을 꺼내어 관심을 딴 데로 돌리는 것.

반-토대주의 제안을 고려할 때 이 주제로 돌아올 것이다.

4) 구원론

구원론적 반대는 권리에 내포된 개인주의가 자아를 강화하고 이기적인 태도를 조장하기 때문에 정신적 진보와 사회적 안정 모두에 해롭다고 주장한다. 파유토Payutto는 서구의 권리 개념이 '경쟁, 불신, 두려움'을 수반한다고 관찰한다. 인권은 '요구를 통해 획득되어야 한다'라고 그는 지적한다.(Seeger 2010: 82f.에서 인용) 파유토의 우려를 반영하는 사네 차마릭Saneh Chamarik은 '자유의 성취를 정말로 방해하는 것은 사회적, 관습적 "사슬"이나 제한이라기보다는 자신의 자아, 그리고 삼독, 즉 탐貪, 진瞋, 치癡'라고 말한다.(Seeger 2010: 91에서 인용) 이에 대응하여, 불의, 억압, 차별도 또한 부정적인 정신 상태를 일으키며, 정의에 의지할 수 있게 함으로써 인권은 이러한 정신적 오염을 몰아내고 그것을 일으키는 조건을 제거하는 방법을 제공한다고 지적할 수 있다.

일부 비평가들은 개인의 권리를 요구하는 아우성에 의해 가해지는 사회에 대한 위협은 강력한 사회 통제를 통해 반대되어야 한다고 제안한다. 태국의 불교 개혁가 붓다다사Bhikkhu Buddhadāsa 스님은 개인이 국가에 확고히 종속되어야 한다는 견해를 밝히고, '다르마 독재 사회주의'라고 부르는 동명의 논문에서 이를 주장했다.(1989) 슈미트-루켈Schmidt-Leukel이 지적한 바와 같이, 이러한 종류의 견해의 배경에는 아시아 공산주의[아마도 권위주의적 담마라자(Dhammarāja; 법왕) 개념과 연결된]의 영향이 아니라고 보기 어렵다.(2010: 61) 권리

확대에 대한 요구가 기득권 세력의 적대적 반응을 불러일으킬 수 있다는 점은 인정해야 하지만, 권리가 필연적으로 사회적 불안정을 초래할 수 있다는 두려움은 과장된 것으로 보인다. 세계인권선언 제17조에 명시되어 있는 권리인 재산 소유권에도 특정한 두려움이 따른다. 어떤 사람들은 이것을 소비주의와 이기적인 부의 축적을 승인하는 것으로 본다. 이에 반하여, 불교의 가르침에는 재산 소유를 금지하는 내용이 없으며(도둑질에 대한 계율이 그것을 전제로 하는 것 같다), 승가는 전통적으로 재가 후원자의 관대함에 의존하여 존재해 왔다. 달라이 라마가 표현한 견해는 붓다다사의 견해와 현저한 대조를 이룬다. 그는 '국가, 민족, 개인들이 그들의 권리와 자유에 대한 존중을 요구하고 억압, 인종차별, 경제적 착취, 군사 점령, 그리고 다양한 형태의 식민주의와 외국 지배를 종식하기 위해 투쟁하는 것은 자연스럽고 정의로운 일이다'라고 말했다.

권리들이 때때로 이기적인 이유로 주장되는 것은 사실이지만, 그것들은 또한 공동의 이익을 보호할 수도 있다. 예를 들어 결사의 자유에 대한 권리(세계인권선언 제20조 i)는 개인주의적인 점이 거의 없으며, 킹King이 지적하듯이, 달라이 라마가 종교의 자유와 같은 인권 존중을 요구할 때 티베트 사람들의 이름으로 종종 그렇게 한다.(2005: 136) 집단적 권리는 공동체 자체에서도 주장한다. 2005년에 미얀마의 마을 사람들은 유노칼Unocal 회사에 대한 합의를 얻기 위해 강제 노예 제도에 반대하는 인권 협약에 의존했다. 합의금은 부분적으로 생활 조건을 개선하고 영향을 받는 지역 사회에 의료 서비스와 교육을 제공하는 프로그램을 개발하는 데 사용되었다.(Clapham 2007: 27f.;

cf. Goodale and Merry 2007) '유엔 원주민의 권리에 관한 선언'에서 선포된 인권과 같은, 후대의 인권은 본질적으로 '개인주의'로 분류하기 어렵다.

이 장의 나머지 부분에서 고려해야 할 것은, 지금까지 고려된 비평과 대조되는, 더 긍정적인 종류의 접근 방식이다. 이들 중 더 야심 찬 사람들은 인권 교리가 불교의 가르침에 완전히 예시되어 있다고 주장하는 반면, 다른 사람들은 특정 교리가 다르마와 인권 사이의 가능한 교두보라고 강조한다.

인권에 관한 불교의 토대

다양한 인권 선언들은 그들이 선언한 권리에 대한 구체적인 정당성을 제공하는 경우가 거의 없다. 섬너 트위스Sumner Twiss가 관찰한 바와 같이, 이는 다양한 이론적 토대에 대한 범위를 벗어난다.(1998) 찰스 테일러Charles Taylor는 인권에 대한 '비강제적 합의'를 언급하며 인권 규범에 다른 경로가 있음을 시사했으며(1999), 다른 이들은 다원주의 문화 및 철학적 관점에도 불구하고 합의에 도달할 수 있는 '구조적 등가물' 또는 '다중 기반'에 대해 언급했다.(Donnely 2013) 태국의 경험을 바탕으로 앤드류 하딩Andrew Harding은 '포스트모던, 다문화적 국제인권 세계'에서 '우리는 인권의 준수를 위한 정당성보다는 인권의 내용에 동의하려고 노력하는 것이 더 낫다'라고 관찰하면서 이 접근 방식을 지지한다.(2007: 21: 원본 강조) 세계인권선언은 이런 종류의 합의였으며, 동시에 신학적 또는 철학적 만장일치를 표명하지 않고 계몽주의적 가치라는 매개체를 통해 공동의 열망을 표현하고자 했다. 자크 마리탱Jacques Maritain의 유명한 보고와 같이, 세계인권선언은 '누구도 우리에게 이유를 묻지 않는 조건'의 권리에 대한 합의였다.(Beitz 2009: 21; 원문 강조에서 인용) 이런 의미에서 세계인권선언과 같은 선언은, 그것의 광범위하고 야심찬 범위를 고려할 때, 세계정부의 정치적 선언 또는 사회적 책임의 제스처로 볼 수 있다. 그들이 선포한 '권리 선언'은 이에 따라 원하는 바를 표현하지만, 법적 권리를 창출하지는 않는다.(Feinberg 1973: 67) 이런 식으로 이해하면, 앞서 언급한 '권리'를 지지하는 불교에 대한 반대는 그 힘을 많이 잃게 된다: 문제는 단순히 불교가 제안된 선언문의 조건에 양심적으로 서명할 수 있는지가 된다.

합의 개념들의 주된 매력은 도덕적 다양성을 인정하고 가부장주의라는 비난을 피한다는 것이다. 주된 문제점은 그들이 인권을 보편적인 도덕적 가치에 근거를 두고 있다는 주장을 포기한다는 것이다.(Beitz 2009: ch. 4; Schaefer 2005: 48-50) 여기서 문제는 심오한 철학적 차이를 우회하는 합의가 피상적일 수 있으며, 보편적 동의를 요구할 수 있는 모든 합의는 '미니멀리스트'이고 '빈약'할 가능성이 있다는 것이다.(Ignatieff 2003: 56) 제임스 니켈James NickelJames Nickel이 지적한 바와 같이, '현대 선언문에서 선포된 모든 권리와 같은 것을 지지할 만큼 충분한 합의가 세계적으로 있는지 의심스럽다.'(Freeman 1994: 493) 더욱이 일부 불교도들은 전통적인 믿음을 타협하지 않고는(노녁적 전제로부터의 결론에 대한 반대로), 단순히 권리를 공리로 지정하는 합의에 참여하는 것이 어렵다는 것을 알게 될 것이다. 예를 들어,

불교도들은 신화적, 보편적 통치자 전륜성왕(Cakkavatti)이 법(다르마)을 세계의 사방으로 퍼뜨릴 때, 그는 먼저 지역 통치자들과 법의 어떤 측면이 받아들여질 수 있는지에 대해 협상하거나, 그렇지 않은 측면에 대해 타협을 하지 않음으로써 법을 전파한다고 지적할 수 있다. 오히려 지역 통치자들은 법의 타당성을 보편적 규범으로 인정하기 때문에 법을 온전하게 받아들인다.(DN.iii.62) 기본 원칙을 타협하여 도달한 합의는 다르마에 구현된 가치가 객관적인 의미에서 보편적이고 영원하다는 전통적인 관점과 조화를 이루기 어려울 수 있다.

1) 다르마와 인권

한 주석가는 세계인권선언이 문자적으로나 정신적으로나, 적어도 초기불교의 가르침과 조화를 이룬다는 점을 발견한다. 스리랑카 학자인 페레라L. N. Perera는 세계인권선언의 30개 조항 각각에, 도움이 될 만큼 설명하려는 목표로, 주석을 제공했다.(일본 불교 가르침에서 파생된 것으로 알려진 인권에 대해서는 Peek 1995 참조) 아난다 구루게 Ananda Gurugé는 그의 서문에서 다음과 같이 쓰고 있다:

> 페레라 교수는 세계인권선언의 모든 조항, 심지어 공정한 임금, 여가, 복지에 대한 노동권까지도, 붓다에 의해 삶과 사회의 전반적인 관점에서 요약되고, 설득력 있게 옹호되고, 의미 있게 통합되었음을 보여준다.(Perera 1991: xi)

페레라는 인권을 위한 가능한 기반에 대해 세 가지 제안을 한다.

첫 번째는 '모든 생명은 자신을 보호하고 자신을 편안하고 행복하게 만들고자 하는 욕구가 있다는 근본적인 생각'이다.(1991: 29) 그러나 인간 본성에 관한 보편적 사실에 근거한 권리는 철학적 인류학의 어려운 질문을 제기하며, 경험적 증거는 종종 불편한 반증(예: 자신의 운명에 거의 관심이 없는 것처럼 보이는 자기 파괴적인 개인)을 낳는다. '편안하고 행복하다'라는 목표 또한 도덕적 기준으로 작용하기에는 너무 모호하다: 인신매매범들은 조직적으로 인권을 유린하며 '편안하고 행복'한 삶을 꿈꾸고 있을지도 모른다. 마지막으로 욕망은 불교의 가르침에서 일반적으로 부정적으로 묘사되는 것을 고려할 때 권리의 의심스러운 기반으로 보인다. 페레라의 두 번째 제안은 인간의 존엄성과 연결된다. 그는 '장-쟈크 루소Jean-Jacques Rousseau가 훨씬 후에 한 것처럼, 불교는 인간의 존엄성의 본질은 자신의 권리에 대한 인간의 책임을 전제로 상정한다'라고 쓴다.(1991: 28) 다시 말하지만, 불교가 인간의 존엄성을 정치와 매우 밀접하게 연관시키고 싶어 할 것 같지는 않다. 정치 제도는 인간 고유의 능력을 발휘하여 만들어질 수 있지만, 불교가 그 창조에서 '인간 존엄의 본질'을 찾을 가능성은 작다. 디가니까야 27번째 소연경小緣經(Aggaña Sutta: DN 27)에 따르면 정치 사회의 진화는 타락과 쇠퇴의 결과이며, 이는 인간 존엄성에 대한 미심쩍은 증거가 된다.

 페레라는 세계인권선언 1.52조('모든 인간은 태어날 때부터 자유롭고 존엄과 권리에 있어 평등하다')에 대한 주석에서, 그의 마지막 제안으로 인권에 대한 보다 유망한 토대를 확인한다. 그는 세계인권선언 제1조 첫 번째 문장을 논하면서, '불교 자체는 모든 인간이 도달할 수 있는 범위 내에 있다. … 만약 모든 사람이 붓다가 될 수 있다면 존엄성과 권리에 있어서 이보다 더 평등한 것이 어디 있겠나?'라고 언급한다. 그는 제1조에 대한 그의 주석의 끝부분에 있는 발언에서 이를 확장한다:

> 불교가 모든 행위를 평가하는 것은, 그 행위목표의 관점에 있다. 따라서 불교사상은 불교적 목표를 향한 인간의 진보를 촉진하는 한도 내에서, 세계 인권 선언의 이 조항, 그리고 기타 조항과 일치한다.(1991: 24)

여기서 불성, 인간의 존엄성, 인권 사이에 이루어진 연결은 이제 우리가 보게 될 다른 사람들에 의해서도 확인된다.

2) 불교 계율

필자(Keown 1998)를 포함한 몇몇 주석가들은, 불교의 계율, 특히 타인에게 해를 입히는 것을 금하는 계율이 앞서 논의된 권리와 의무에 대한 상호 이해를 바탕으로 인권과 연결되어 있다고 제안했다. 따라서 계율을 어기면 누군가의 권리가 침해된다. 솜판 프롬타Somparn Promta(1994)는 오계가 인권을 보호한다고 주장했으며, 따라서 제1계는 생명권(또는 더 구체적으로는 살해당하지 않을 권리)의 표현으로 볼 수 있다. 같은 방식으로, 미셸린 이셰이Micheline Ishay는 '간통을 제외하고, 이러한 금지 명령의 요지는 형제애 정신과 생명권, 자유, 개인의 안전을 찬양하는 세계인권선언의 맨 처음 조항에 반영되어 있다'라고 언급한다.(2008: 30) 샐리 킹Sallie King은 캄보디아 원로 승려들이 인권이 '오계(sel pram)와 같다'라는 견해를 밝혔다고 보고한다.(King, 2005: 139) 킹 자신은 다음과 같은 방법을 관찰했다:

> 이 계율은 구성원들이 서로에게 해를 끼치거나, 도둑질하거나, 거짓말을 하지 않는 등 좋은 사회가 될 것임을 암시한다. 이것은 결국 좋은 사회의 구성원이 해를 입거나 도난당하지 않을 것이라는 합리적인 기대를 해야 함을 의미한다. 이제 사람들은 그러한 것을 '권리'라고 부르고 싶어 할 수도 있고 그렇지 않을 수도 있지만, 그것은 확실히 완전한 개념적인 의미는 아니더라도, 실용적인 의미에서 그 근거에 가까워지고 있다.(2005: 144)

대부분 사회에는 인간 생명을 보호하고, 도둑질과 거짓말을 금지하고, 성적 관계를 통제하는 규칙이 있다.〔마이클 왈저Michael Walzer는 그러한 부정적인 의무를 '최소한의 도덕'으로 특징지었다.(1994: 9f.)〕 그러므로 불교 계율이 인권 헌장의 핵심 관심사와 일치한다는 것은 놀라운 일이 아니다. 세비야Sevilla는 여기에서 계율을 지키는 동기와 관련하여 친숙한 문제를 제기한다(Evans도 논의한 문제 2012: 530ff.) : 좋은 업보를 쌓는 것이라면, 이것은 다른 사람의 권리에 관한 관심이라기보다는 이기주의에 해당하지 않는가? 그는, 그렇다면, '왜 내가 그 또는 그녀를 위해 다른 사람의 권리를 존중해야 하는가?'라고 수사학적으로 묻는다.(2010: 223) 그의 대답은 자비가 그것을 요구하기 때문에 타인의 권리가 존중되어야 한다는 것이다.

그러나 이 대답은 문제를 뒤로 미루는 것일 뿐이다. 사람은 자비로운 행동을 하려는 이기적인 동기를 가질 수도 있기 때문이다. 다른 대답은 계율을 존중함으로써 자신과 타인 모두의 이익을 증진하고 따라서 사회 전체의 이익을 위해 행동하며 이는 인권의 목표와 더 밀접하게 일치하는 것처럼 보인다는 점을 지적하는 것이다. 실제로 세비야는 '우리는 타인의 권리를 옹호함으로써 우리 자신뿐만 아니라 타인과 공유하는 불성의 실현에 참여해야 한다'라는 글에서 유사한 답변을 제시하고 있다.(2010: 249) 이를 바탕으로 계율을 지키는 정당성은 의무론적이며, 공동선에 대한 존중에 근거한다.(인권에 대한 불교와 칸트의 유사점은 Likhitpreechakul 2013 참조)

3) 연기

케네스 인나다Kenneth Inada는 불교 형이상학에서 인권의 구체적인 토대를 제시했다. '인권에 대한 불교적 관점'이라는 제목의 논의에서 인나다는 '불교 규범 또는 다르마와 인권의 규범 사이에는 친밀하고 중요한 관계가 있다'라고 제안한다.(1982) 그는 설명한다: '인간의 본성을 기본적인 위치에 배정하는 이유는 매우 간단하다. 그것은 인간관계가 사물의 진정한 실존적 본질, 즉 서로 접촉하는 사람들의 구체적이고 역동적인 관계적 성격에 확고한 기반을 부여하는 것이다.'(1982: 70) 여기에서 인나다는 인권에 대한 정당성을 찾을 수 있는 것은 특히 사람들의 상호 관련성에 있다고 제안하는 것 같다. 이것은 그가 '따라서 불교의 관심은 기술적으로 연기緣起(paṭicca-samuppada)로 알려진 각 개인의 경험적 과정에 집중된다'라고 관찰할 때 확인된다. 그는 '우리가 개인의 권리에 대해 말할 수 있는 것은 이를 기반으로 한다'라고 덧붙인다.(1982: 70f.)

우리가 다른 사람들에게 깊게 의존한다는 본질을 이해하면, 도덕적 감정이 자발적으로 발생할 것이라는 근거로, 상호의존성이 도덕적 존중의 근거를 제공한다는 가정이 종종 이루어진다. 불교 문헌에서 이에 대한 설명은, 부모, 친척, 친구, 스승, 그리고 사랑하는 사람들과 같이 우리에게 친절을 보인 사람들의 예를 인용하기 때문에, 종종 설득력이 있어 보인다. 그러나 그러한 사람들에 대해 우리가 느끼는 애정과 존경은 오로지 우리가 그들과 형이상학적 관계를 공유하고 있으므로 생기는 것일까? 아마 그렇지 않을 것이다. 왜냐하면 사람들은 인나다가 말하는 '상호 구성된 실존적 영역'의 모든 측면에 대해 같은 방식으로 느끼지 않기 때문이다. 인신매매를 당한 아동은 인신매매범과 상호의존적 관계에 있지만, 그러한 상황에 부닥친 아동의 안녕은 문제의 상호의존적 관계를 끊는 데 달려 있다. 따라서 세비야는 상호관계가 '존재론 수준이 아니라 구원론 수준'에서 중요하다고 지적한 것은 옳다. '우리는 단지 우리 자신이 무엇인가라는 점만이 아니라, 우리가 되어야 할 것이 되기 위한 투쟁에서 상호 연관되어 있다.'(2010: 227; cf. Shiotsu 2001: 149-152) 따라서 상호의존성이라는 단순한 사실은 인권의 유망하지 않은 근거이다. 형이상학적 기반보다는 '도덕적' 기반이 필요한 것 같다.

4) 자비

아마도 자비심은 이 요건을 충족시킬 수 있을 것이다. 불교의 자비

(karuṇā)의 미덕은 우리가 다른 사람의 고통과 완전히 동일시할 수 있을 정도로 인간의 공감 능력을 개발하도록 격려한다. 예를 들어, 입보리행론入菩提行論(Bodhicāryāvatāra)의 8장과 같은 일부 텍스트는 '자신과 타인의 교환'에 대해 말하고, 우리가 상상 속에서 자신을 타인의 위치에 두는 명상 수행을 권장한다. 서구에서는 '감상주의'로 알려진 견해가 오랫동안 도덕적 판단에서 감정의 역할을 강조해 왔다. 이러한 관점에서 인권의 귀속은 '타인을 자신과 같은 존재로 인식하고; 타인의 필요와 고통을 공감하는 경험을 위해; 다른 사람의 인간적 능력과 복지의 성취에 동의하고 지원하고 기뻐하는' 심오한 인간 능력의 표현이다.(Cahill 1999: 45) 마리아 반덴 아인데Maria Vanden Eynde(2004)는 마르타 누스바움Martha Nussbaum의 연구를 인용하여, 불교의 자비가 돌봄과 정의에 대한 윤리적 이론 사이의 양극화를 해결할 수 있다고 제안하고, 한편으로 제이 가필드Jay Garfield(1998)는 자비가 달라이 라마의 인권 관점에 대한 도덕적 토대를 제공할 수 있다고 믿는다.(Garfield의 에세이에 대한 평가는 Rice 2005 참조) 가필드는 영향력 있는 자유주의적 권리 철학이 불만족스럽다고 생각하고, 흄의 윤리 이론과 동시대 신감상주의자들의 연구를 바탕으로 '도덕적 삶은 자비의 함양과 실천에 기초한다'라는 미덕 또는 인격 윤리의 한 형태를 시사한다.(1998: 111) 이러한 이해를 바탕으로, 자비는 '자연스러운 자비의 범위를 확장하고, 사회의 모든 사람에게 가능한 선을 확보하기 위한 장치로서' '권리의 기구'가 건설되는 도덕적 기반을 제공한다.(124) 따라서 권리는 '각 개인이 자신을 보호하고 자신의 번영을 이룰 수 있는 도구'가 된다. 가필드는 '이러한 도구들은 우리의 자비심

이나 다른 사람들의 자비심이 실패할 때도 사용될 수 있을 것이며, 심지어 그 자비심을 다시 깨우기 위한 수사학적 수단으로도 사용될 수 있을 것이다'라고 덧붙였다.(124)

가필드는 특히 공적 영역과 사적 영역을 분리하는 자유주의적 인권 개념을 분명히 목표로 하지만 이러한 분리가 발생하지 않는 곳에는 대안적 권리 개념이 있다. 자연법 전통이 한 가지 예를 제공한다.(예: Finnis 2011; Oderberg 2013) 이러한 이해에서 가필드가 제안하는 2단계 해결책(자비의 기초 위에 놓여 있는 권리의 구조)은 필요하지 않다. 왜냐하면 도덕적 미덕(자비는 그중 하나이다)은 권리가 보호하는 일반적인 인간의 선에 통합되기 때문이다. 자비를 권리의 토대로 삼는 것과 관련된 더 실질적인 문제는 감정이 거의 공정하지 않고 종종 변할 수 있다는 것이다. 붓다와 위대한 보살들은 모든 중생에 대해 항상 동등한 자비심을 느낄 수 있겠지만, 대부분 평범한 인간들은 그렇지 않으며 앞으로도 그럴 것이다. 가필드는 권리의 법적 상부 구조가 제자리에 남아 있을 것이기 때문에 '자비심 감퇴'의 경우에도 인권을 이용할 수 있다고 믿지만(1998: 126), 동기 부여 기반이 약화하면 그에 기반한 권리에 대한 헌신은 확실히 줄어들 것이다. 스리랑카 내전에서 발생한 인권 유린은 불교적 자비심의 한계가 곧 시험대에 올랐음을 시사한다. 아마도 자비심은 주기적으로 '깨어날' 수 있지만, 개인 A가 자신의 인권을 확보하기 위해 B에 자비심을 일깨워야 한다는 것은, 인권 사고의 본질에 어긋나는 것으로 보인다. 그리고 자비심이 다시 일깨워지지 않는다면, 인권은 그들이 제공해야 하는 무조건적인 보호와 함께 증발할 것이다. 이러한 이해에서 세계인권선언 서문에서 선언하고 달라이 라마도 믿는 것처럼, 인권은 분명히 '양도할 수 없는 것'이다.

그는 자신의 입장에 대한 분류를 제시하지 않지만, 가필드의 설명은 권리와 관련하여 반-토대주의적이다. 이것은 '어떤 경우에도 도덕적 기반을 구성하는 것으로서 호소가 이루어진 권리를 취하는 것은 필요하거나 도움이 되지도 않는다'(1998: 126)라는 그의 논평에서 알 수 있다. 대신 '토대적'이고 '근본적'이라고 여겨지는 것은 자비이다. 그러나 아마도 이러한 요소들의 관계를 재정렬해야 할 필요가 있다. 만약 자비심이 권리의 구조를 건설할 동기를 제공하고, 권리가 인간을 번영하게 하는 선을 확보하는 기능을 한다면, 궁극적으로 두 가지 모두를 기반으로 하는 것은 인간의 번영처럼 보일 것이다. 따라서 권리는 자비심에서 나온다고 보기보다는, 존재의 조건이 존엄성이 요구하는 바에 미치지 못한다는 인식에 대한 덕망 있는 사람의 정서적 반응으로 자비를 보는 것이 더 정확할 수 있다. 따라서 자비심은 행복주의적 공리주의 평가를 통합하는 인지 구조를 갖는 것으로 생각할 수 있다.(Nussbaum 2001) 이러한 이해에 따르면, 인권의 특정 맥락에서 자비심은 사회가 다르마가 요구하는 대로 각자의 책임을 다하지 못할 때, 불의에 대한 불교의 적절한 대응이다. (물론 모든 종류의 고통에 대한 반응으로 자비심이 생길 수 있지만, 인권은 사회 정의 문제와 중점적으로 관련된다.) 권리는 이성(prajña)이 그러한 불의를 시정하고 장래에 일어날 불의를 방지하는 데 필요하다고 결정하는 법적 조치이다. 가필드의 주장을 이러한 맥락에서 재구성한다면, 권리는 더 이상 근거 없는 것이 아니며, 이성과 자비가 상호 보완적 역할을 하는 상태인 '최상의 완전한 깨달음'으로 알려진 인간 번영의 정점에 도달할 수 있는 능력에서 자연주의적 토대를 향유할 것이다.

5) 두 가지 진리

크리스토퍼 켈리Christopher Kelley는 이전 접근 방식과 어떤 면에서 관련이 있는 접근 방식을 개발했는데, 이는 불교적 관점에서 볼 때 인권을 완전히 다루는 유일한 방법으로 보이며, 우리가 여기서 완전히 다룰 수 없는 것이다. 본질에서, 켈리는 달라이 라마의 윤리, 특히 내재한 존엄성과 양도할 수 없는 권리라는 계몽주의 개념에 대한 그의 빈번한 지지를 중관파中觀派(Madhyamaka) 형이상학과 조화시키려고 한다. 달라이 라마는 자신의 인도주의적 윤리의 기초로서 인간의 공통 본성을 자주 언급했으며, '우리 모두를 같은 인류 가족의 구성원으로 묶는 기본 원칙'을 언급하고 있다.(Keown et al. 1998: xix) 켈리가 언급했듯이, 달라이 라마는 '우리의 "공유된 인간성"에 기반한 도덕적 보편주의를 분명히 지지한다.'(2015: 91) 이것은 토대주의를 암시하는데, 켈리는 이것이 달라이 라마의 중관파 철학의 반실재론 형이상학과 충돌한다고 믿는다. 켈리의 목적은 역설을 해결하고, '두 가지 진리(二諦)'라는 개념을 바탕으로 이 두 입장 사이의 '자연스러운 합의'에 도달하는 것이다. 그는 '나는, 두 가지 진리에 대한 이 설명이 실재가 공허한 인간의 타고난 존엄성의 역설을 우리가 이해하는 방법이라고 주장한다'라고 쓰고 있다.(2015: 30) 켈리는 이 전략을 통해 달라이 라마의 인권에 대한 입장을, '리처드 로티Richard Rorty와 같은 현대의 "반-토대주의" 사상가들이 옹호하는 포스트모던적인 선천적 인권과 존엄성에 대한 거부'와 일치하는 방식으로 해석할 수 있다고 믿는다.(2015: 2) 이러한 반-토대주의적 해석에 따르면, 공감의 감정은 다른 개인과 그들의 권리에 대한 존중으로 나타나는 도덕적 관심을 불러일으키는 정서적 동일시 또는 '거울 효과(mirroring)'로 이어진다고 생각된다. 켈리는 '이러한 공감 감정'은 '다양한 인권과 관련된 도덕적 원칙과 일치하는 〔방식〕으로 사람을 행동하도록 변함없이 이끈다'라고 말한다.(2015: 141) 따라서 권리에는 내재적 본질이 결여되어 있지만, 켈리는 세계인권선언과 같은 '특정한 실증적 틀'(2015: 30) 또는 '상징적 체계'(2015: 36) 측면에서 '의미와 중요성'을 갖는다고 말할 수 있다고 제안한다. 그런 까닭에, 변증법적 중심주의(중관파; Madhyamaka)의 형이상학은, 어떤 경우에도, '도덕적으로 올바른 대응은 개별 행위자의 고유한 일련의 상황에 상대적이어야 한다'라는 일종의 도덕적 특수주의를 지지하는 것으로 보인다.(2015: 164)

앞서 논의한 권리와 무아 교리의 양립 가능성과 마찬가지로, 어떤 사람은 '실재가 공허한 인간의 타고난 존엄성'이 진정한 역설을 수반하는 것은 아닌지 의문을 가질 수 있다. '타고난 존엄성'이 '본래부터 존재하는 존엄성', 즉 중관파 용어로 '자성自性(svabhāva)'을 소유하고 '자신의 편에서' 존재하는 존엄성으로 이해되는 경우에만 역설이 발생하는 것 같다. 그들은 오직 타고난 존엄성(그리고 양도할 수 없는 권리)이 세상의 다른 실체들이 존재하는 방식으로 존재한다고 주장하는데, 다시 말해, 켈리가 '관습적 실재'라고 묘사하는 것을 받아들이는 것이다.(2015: 33) 이를 바탕으로, 달라이 라마의 도덕적 보편주의는 그의 견해에 대한 가장 직관적인 해석을 제공한다고 생각할 수 있는 인권 토대주의와 양립할 수 있는 것으로 보인다. 물론, 켈리처럼 반-토대주의가 전반적으로 인권에 대해 더 나은 철학적 (그리고 심리적) 설명을 제공한다는 점을 합리적으로 주장할 수 있으며, 이러한 효과에 대한 켈리의 주장은 정교하며, 연구할 가치가 있다. 여기서 인권에 대한 근거 없는 정당화를 제공하는 것이 문제가 없는 것이 아니라는 점을 간단히 지적할 수 있다. 프리먼Freeman이 지적한 것처럼, '어떤 믿음도 확고하게 세워지지 않으면, 반-토대주의적 믿음 자체도 굳건히 세워지지 않고'(1994: 496), 실제적인 측면에서 '이유 없는 권리는 부정과 남용에 취약하다.'(1994: 493) 또한 리차드 로티Richard Rorty나 이그나티에프Ignatieff와 같은 저술가들이 주창하는 반-토대주의는 그 자체로 은밀한 방식으로 도덕적 토대에 호소하고(Schaefer 2005), '우리는 항상 우리 자신의 신념에 따라 행동해야 한다'라는 메타이론[5]을 전제로 한다는 주장도 있다.(Freeman 1994: 501) 마지막으로, 반-토대주의가 업보에 대한 믿음과 어떻게 조화를 이루는지는 명확하지 않다. 정통 불교의 가르침에 따르면, 고문과 살인과 같은 인권 남용은 필연적으로 부정적인 업보의 결과를 초래할 것이다. 왜냐하면 이것은 도덕적 인과법(kamma-niyāma: 업이숙業異熟)으로서의 업이, 열(utu-niyāma)과 생물학적 성장(bīja-niyāma)을 지배하는 물리적 법칙에 비유되는 자연법(dhammatā)의 존재론적 토대를 가지고 있다고 생각되기 때문

---

5 역주: metatheory. 두 개의 이론 A와 B가 있을 때, A가 B를 대상으로 하여 전개되고 있을 경우에, A는 B에 대하여 메타이론이라고 하고, B는 A에 대하여 대상이론(object theory)이라고 한다. 메타이론과 대상이론은 서로 상대적인 관계에 의하여 성립되는 개념들이다.

이다.(DN-a I.431) 그러나 이러한 종류의 객관적인 도덕률의 존재는 도덕적 진실이 오직 지역적인 실증적 틀에 기초하여 확립된다는 반-토대주의적 주장과 양립할 수 없는 것으로 보인다.

6) 불성

명백한 토대론적 제안은 불성이 인권에 필요한 기반을 제공할 수 있다는 것이다. 안톤 세비야Anton Sevilla는 '모든 중생이 불성의 공통된 본질을 가지고 있다는 사실은 대승불교의 윤리적 과제에 불가피한 연대감을 가져온다'라고 제안했다. 더 나아가 '불성을 실현하려는 윤리적 요구'는 '전체로서의 중생 공동체를 위해, 그리고 공동체와 함께 우리가 하는 일'이다.(2010: 227) 불성의 발현은 단번에 끝나는 사건이라기보다는 끊임없는 수행을 통해 역동적으로 펼쳐지는 것이다. 도겐道元은 이것을 '수행과 성취의 일체성(수증일여修證一如)'의 교리라고 부른다. 세비야는 '수행은 우리의 불성과 인간의 근본적인 선함을 나타내고 표현하는 바로 그 조건'이라고 언급하고(2010: 234), 윤리와 인권에 대한 도겐의 통찰의 적합성을 다음과 같이 요약한다:

> 불성과 그 실현에 대한 전통적 관념은, 이 윤리적인 길이 모든 중생과의 연대와 자비의 길 가운데 하나임을 보여준다. 여기서 우리는 삼사라(윤회하는 삶)에서의 투쟁을 공유하는 것으로 보고, 불성을 통한 우리의 해탈을 모두를 위한 해탈로 본다. 우리가 자신과 타자의 해탈을 위한 권리의 필요성과 권리의 중요성을 근거로 삼은 것은 이런 생각이었다.(2010: 248)

이러한 이해로부터 발생하는 권리들은 두 가지 특성이 있다고 한다. 첫째, 그 권리들은 '우리가 공유하는 투쟁의 가장 깊은 기반에서 인간과의 진정한 연대감에 기반을 둘 것'이다; 둘째, '다른 사람들이 동의하거나 동의하지 않을 수 있는 추정된 인간 본성이 아니라, 오히려 사람들의 실제 고통에 대한 역사적 반응과 그들의 투쟁에 대한 연대'에 기반할 것이다.(2010: 248) 인권이 어떻게 정의될 것인지에 대한 다양하고 일관성 없는 견해를 고려할 때, 인권을 인간 본성에 대한 특정한 개념에 기반을 두는 것을 피하는 세비야는 현명하다고 하겠다. 더 나은 후보는 고통과 투쟁에 대한 언급으로 요약되는 인간의 선이다. 그러한 투쟁이 수반하는 것은 복지를 가로막는 장애물을 극복하는 것이며, 장애물이 무엇인지에 대한 일반적인 합의(인권 헌장에 열거된 폭정, 불의, 차별 및 기타 학대)가 있으므로 복지를 구성하는 핵심 가치에 대한 합의에 도달하는 것이 더 쉬울 것이다. 시오츠 토루塩津徹는 '우리는 불성 교리에서 인간 존엄성 개념과 관련된 많은 것을 도출할 수 있다'라고 제안한다.(2001: 146) 인간 존엄성의 한 가지 근거는 (자유주의 권리 이론이 가정하는 것처럼) 최소한의 자율성의 의미에서가 아니라, 진정으로 인간의 복지를 구성하는 선을 선택하는, 합리적 선택을 할 수 있는 능력이다. 인간의 존엄성(인간으로의 환생 성취를 통해 이미 가장 근본적인 형태로 드러난 존엄성)은 이러한 선에 참여할 수 있는 타고난 능력에서 비롯된다. 생명과 건강(제3조 및 제25조 제1항에 의해서 보호된), 지식과 교육(제26조에 의해서 보호된), 우정과 사회성(제3조, 제13조, 제20조에 의해서 보호된), 종교적 신념(제18조에 의해서 보호된) 등이 그 예에 포함된다.

세비야가 설명하는 것처럼, 도겐의 인간 선에 대한 개념은, 미덕의 함양을 통한 잠재력의 점진적인 전개로 인간이 번영할 수 있다는 아리스토텔레스의 개념과(Nussbaum 1997 참조), 공동선을 촉진하고 증진하는 정의의 요구 사항으로 권리를 생각하는 서양의 자연법과도 많은 공통점이 있다. 따라서 '자신의 불성을 깨닫는 것은, 우리가 영적으로 의미 있는 삶을 추구하는 데 필요한 권리와 자유를 소유하도록 요구한다.'(2010: 249) 따라서 인권은 도덕 이론이 규범적 실천으로 전환되는 법적 수단이다. 세비야는 '권리는 어떤 일반적인 형태의 권리 행위를 유지하기 위한 제도적 수단으로 볼 수 있다'(2010: 222), 그리고 '불성을 실현하기 위한 윤리적 요구는 우리가 전체적으로 중생 공동체를 위해 일하고 그들과 함께 하는 것이다'라고 언급한다.(2010: 227) 반-토대주의와는 대조적으로, 그러한 권리는 모든 중생이 성불할 수 있는 혁명적인 능력에 존재론적 토대를 갖는 선천적 자격으로 여겨진다.

불성은 인권의 기반으로서 많은 매력을 가지고 있다. 불성은 인간의 선에 대한 권리를 근거로 한다; 불성은 왜 권리가 양도할 수 없고 보편적인지에 대한 이유를 설명한다; 불성은 '인간의 존엄성'에 대한 불교적 등가물을 제공한다; 그리고, 불성은 또한 인간이 아닌 생명의 형태를 아우를 수 있다. (존엄성은 절대적인 상태가 아니라, 존재의 등급이기 때문에 다양한 형태의 생명체는 그 본성에 적합한 권리를 가질 것이다.) 그러나 공식적인 교리로서의 불성은 종파적이며, 대승 종파 사이에서 다르게 이해된다. 중관파(Madhyamaka)와 같은 일부 종파는 심지어 본질주의적 전제에 도전하기를 원할 수도 있다. 페레라Perera가 지적한 것처럼, 비록 모든 중생이 깨달음을 얻을 수 있는 능력을 갖추고 있다는 믿음의 선례가 있기는 하지만, '불성'의 개념은 초기불교에서도 알려지지 않았다.

결론

인권에 대한 현대적 관념은 독특한 문화적 기원이 있지만, 인간의 선에 대한 근본적인 염원은 불교가 공유하는 것이다. 인권은 다르마에 따르는 '당연'에 대한 설명으로 볼 수 있고, 따라서 불교 가르침의 진정한 표현으로 볼 수 있다. 이 장의 첫 부분에서 논의된 각각의 제안은 인권과 그러한 가르침의 특정 측면 사이의 공명을 발견한다. 이런 의미에서 아마도 우리는 인권을 위한 다양한 기반에 관해 이야기했었어야 할 것이다. 그러나 개별적인 가르침에 초점을 맞추는 것은 불필요하게 배타적일 수 있다: 예를 들어, 자비심을 강조하는 접근 방식은 지혜에 대해 거의 말할 수 없다. 성공적인 인권의 기반은 포괄적이어야 하고, 그리고 모든 종파에서 수용하는 불교의 핵심 가르침에 뿌리를 두고 있어야 한다고 생각할 수 있다. 그러므로 어떤 토대가 제안되든지, 에반스Evans에 의해 공식화된 기준을 충족시키는 것이 바람직해 보일 것이다. 즉 (1) 단순성: 일반 불교도들이 주장을 이해할 수 있어야 한다; (2) 보편성: 모든 불교도가 수용하는 원칙에 근거해야 한다; (3) 권위나 존엄성: 이론은 인간의 도덕적 불가침성 또는 그에 상응하는 것을 분명히 표현해야 한다. (4) 불교도의 '체념(고통의 현실 수용)'과 인권 옹호를 통합해야 한다.(1998: 141)

아마도 가장 기본적인 불교의 교리적 토대인 사성제四聖諦가 이러한 요건을 충족시킬 수 있을 것이다. 모든 불교 종파는 사성제에 명시된 인간 본성과 그 성취에 대한 설명을 지지하며, 모든 접근 방식은 이 가르침의 어떤 측면이나 다른 측면에 기초를 두고 있는 것으로 생각된다. 계율은 네 번째 성스러운 진리, 즉 계(śīla) 또는 '도덕률'의 범주의 일부를 형성하며, 연기 교리, 특히 구원론적 형태의 연기 교리는 사성제의 두 번째 성스러운 진리와 관련이 있다. 깨달음(또는 '불성')에 대한 타고난 능력은 세 번째 성스러운 진리에서 확인된다. 보편적 자비는 첫 번째 성스러운 진리에 묘사된 인간의 고통에 대한 제한 없는 감수성에서 비롯되며, 붓다가 네 가지 진리를 가르치도록 동기를 부여한 미덕이다.(SN VI.1) 이러한 노선에 따른 해석은 에반스 Evans가 설명하는 단순성, 보편성, 권위 및 진정성에 관한 조건을 충족하는 것으로 보인다. 이를 바탕으로, 세계인권선언 및 이와 유사한 문서들에서 선포한 권리는 사성제에서 선언한 고통으로부터의 해방과 자아실현의 성취를 촉진하는 것으로 이해될 수 있다.

그러나 불교에 인권을 좀 더 공식적으로 통합하려면, 어느 정도 교리적 확장과 재구성이 필요할 것이다. 불교는 개인과 사회 사이의 관계에 대한 이론적 설명을 많이 제공하지 않았다. 초기불교는 자기계발을 통한 해탈의 길을 가르치고, 이 과업을 수행할 수 있는 공동체로서 승가를 제시한다. 대승불교는 보살들이 보편적인 해탈에 대한 책임을 스스로 짊어질 것이라고 믿는다. 적어도 고전적 자료에는, 인권이 중심적으로 관련되는 주제, 즉 공동선을 촉진하는 데 필요한 더 넓은 정치 공동체와 사회 구조의 책임에 대해서는 거의 언급되어 있지 않다. 불교는 이제 '새로운 정교한 연구를 위한 자원'(Cohen 2004: 213)을 발견하여 불교의 정치적, 사회적 가르침이 교리적 토대에 충실하면서도 새로운 상황에 대응하여 진화할 수 있도록 하는 과제에 직면해 있다.

인용 문헌

Beitz, C. R. (2009) *The idea of human rights*. Oxford: Oxford University Press.

Buddhadāsa, Bhikku (1989) *Me and mine: selected essays of Bhikkhu Buddhadasa*. Albany: State University of New York Press.

Cahill, L. S. (1999) Rights as religious or secular: Why not both? *Journal of law and religion*, 14, 41-52.

Caney, S. (2001) Human rights, compatibility and diverse cultures. In: S. Caney and P. Jones (eds), *Human rights and global diversity*. London: Frank Cass, 51-72.

Clapham, A. (2007) *Human rights: a very short introduction*. Oxford: Oxford University Press.

Cohen, J. (2004) Minimalism about human rights: the most we can hope for? *The journal of political philosophy*, 12, 190-213.

Dagger, R. (1989) Rights. In: T. Ball (ed.), *Political innovation and conceptual change*. Cambridge: Cambridge University Press, 292-308.

Donnelly, J. (2013) *Universal human rights in theory and practice*. Third revised edition. Ithaca, NY: Cornell University Press.

Evans, S. S. (1998) Buddhist resignation and human rights. In: D. Keown, C. Prebish, and W. Husted (eds), *Buddhism and human rights*. Richmond, UK: Curzon Press, 141-154.

Evans, S. A. (2012) Ethical confusion: possible misunderstandings in Buddhist ethics. *Journal of Buddhist ethics*, 19, 513–544.

Eynde, M. V. (2004) Reflection on Martha Nussbaum's work on compassion from a Buddhist perspective. *Journal of Buddhist ethics*, 11, 45–72.

Feinberg, J. (1973) *Social philosophy*. Englewood Cliffs, NJ: Prentice-Hall.

Finnis, J. M. (2011) *Natural law and natural rights*. Oxford: Clarendon Press.

Freeman, M. (1994) The philosophical foundations of human rights. *Human rights quarterly*, 16, 491–514.

Garfield, J. L. (1998) Human rights and compassion. In D. Keown, C. Prebish, and W. Husted (eds), *Buddhism and human rights*. Richmond, UK: Curzon Press, 111–140.

Glendon, M. A. (2001) *A world made new: Eleanor Roosevelt and the Universal Declaration of Human Rights*. New York: Random House.

Goodale, M., and Merry, S. E. (2007) *The practice of human rights: tracking law between the global and the local*. Cambridge: Cambridge University Press.

Gowans, C. W. (2015) *Buddhist moral philosophy: an introduction*. New York: Taylor and Francis.

Harding, A. (2007) Buddhism, human rights and constitutional reform in Thailand. *Asian journal of comparative law*, 2, 1–25.

Hesanmi, S. O. (2008) Human rights. In: W. Schweiker (ed.), *The Blackwell companion to religious ethics*. Malden, MA: Wiley-Blackwell, 501–510.

Hohfeld, W. (1964) *Fundamental legal conceptions*. New Haven: Yale University Press.

Ignatieff, M., et al. (eds) (2003) *Human rights as politics and idolatry*. Princeton: Princeton University Press.

Ihara, C. (1998) Why there are no rights in Buddhism: a reply to Damien Keown. In: D. Keown, C. Prebish, and W. Husted (eds), *Buddhism and human rights*. Richmond, UK: Curzon Press, 43–51.

Inada, K. K. (1982) The Buddhist perspective on human rights. In: A. Swidler (ed.), *Human rights in religious traditions*. New York: Pilgrim Press, 66-76.

Ishay, M. R. (2008) *The history of human rights: from ancient times to the globalization era*. Berkeley: University of California Press.

Junger, P. (1998) Why the Buddha has no rights. In: D. Keown, C. Prebish, and W. Husted (eds), *Buddhism and human rights*. Richmond, UK: Curzon Press, 53-96.

Kelley, C. D. (2015) Towards a Buddhist philosophy and practice of human rights. PhD diss., Columbia University.

Keown, D. (1998) Are there 'human rights' in Buddhism? In: D. Keown, C. Prebish, and W. Husted (eds), *Buddhism and human rights*. Richmond, UK: Curzon Press, 15-42.

Keown, D., Prebish, C., and Husted, W. (eds) (1998) *Buddhism and human rights*. Richmond, UK: Curzon Press.

King, S. B. (2005) *Being benevolence : the social ethics of engaged Buddhism*. Honolulu: University of Hawai'i Press.

Langlois, A. J. (2001) *The politics of justice and human rights: southeast Asia and universalist theory*. Cambridge: Cambridge University Press.

Lauren, P. G. (2011) *The evolution of international human rights: visions seen*. Philadelphia: University of Pennsylvania Press.

Leve, L. (2007) 'Secularism is a human right!' Double-binds of Buddhism, democracy and identity in Nepal. In: M. Goodale and S. E. Merry (eds), *The practice of human rights: tracking law between the global and the local*. Cambridge: Cambridge University Press, 78-113.

Likhitpreechakul, P. (2013) The Kantian dhamma: Buddhism and human rights. *Journal of the Oxford Centre for Buddhist Studies*, 5, 161-169.

MacIntyre, A. (1981) *After virtue: a study in moral theory*. London: Duckworth.

Mills, M. A. (2003) This turbulent priest: contesting religious rights and the state in the Tibetan Shugden controversy. In: R. Wilson and J. P. Mitchell (eds), *Human rights in global perspective: anthropological studies of rights, claims and entitlements*. London: Routledge, 54-70.

Montgomery, J. W. (1986) *Human rights and human dignity*. Grand Rapids, MI: Zondervan.

Narayan, U. (1993) What do rights have to do with it? Reflections on what distinguishes 'traditional nonwestern' frameworks from contemporary rights-based systems. *Journal of social philosophy*, 24, 186-199.

Nussbaum, M. C. (1997) Human rights theory: capabilities and human rights. *Fordham law review*, 66, 273-300.

Nussbaum, M. C. (2001) *Upheavals of thought: the intelligence of emotions*. Cambridge: Cambridge University Press.

Oderberg, D. S. (2013) Natural law and rights theory. In: G. Gaus and F. D'Agostino (eds), *The Routledge companion to social and political philosophy*. Abingdon, UK and New York: Routledge, 375-386.

Peek, J. M. (1995) Buddhism, human rights and the Japanese state. *Human rights quarterly*, 17, 527-540.

Perera, L. N. (1991) *Buddhism and human rights: a Buddhist commentary on the Universal Declaration of Human Rights*. Colombo, Sri Lanka: Karunaratne and Sons.

Promta, S. (1994) Rights in Buddhism. *Journal of Buddhist studies*, 1, 44-64.

Rice, E. (2005) Buddhist compassion as a foundation for human rights. *Social philosophy today*, 21, 95-108.

Rorty, R. (2010) Human rights, rationality, and sentimentality. In: C. J. Voparil and R. J. Bernstein (eds), *The Rorty reader*. Malden, MA: Wiley-Blackwell, 351-365.

Satha-Anand, S. (1999) Looking to Buddhism to turn back prostitution in Thailand. In: J. R. Bauer and D. A. Bell (eds), *The east Asian challenge for human rights*. Cambridge: Cambridge University Press, 193-211.

Schaefer, B. (2005) Human rights: problems with the foundationless approach.

Social theory and practice, 31, 27-50.

Schmidt-Glintzer, H. (2010) Is Mahayana Buddhism a humanism? Some remarks on Buddhism in China. In: C. Meinert and H.-B. Zöllner (eds), *Buddhist approaches to human rights*. Piscatawny, NJ: Transaction Publishers, 113-124.

Schmidt-Leukel, P. (2010) Buddhism and the idea of human rights: resonances and dissonances. In: C. Meinert and H.-B. Zöllner (eds), *Buddhist approaches to human rights*. Piscatawny, NJ: Transaction Publishers, 41-62.

Seeger, M. (2010) Theravada Buddhism and human rights: perspectives from Thai Buddhism. In: C. Meinert and H.-B. Zöllner (eds), *Buddhist approaches to human rights*. Piscatawny, NJ: Transaction Publishers, 63-92.

Sen, A. (1997) *Human rights and Asian values*. New York: Carnegie Council on Ethics and International Affairs.

Sevilla, A. L. (2010) Founding human rights within Buddhism: exploring buddha-nature as an ethical foundation. *Journal of Buddhist ethics*, 17, 212-252.

Shiotsu T. (2001) Mahayana Buddhism and human rights: focusing on methods of interpretation. *Journal of oriental studies*, 11, 141-155.

Shiotsu T., and Gebert, A. (1999) Buddhism and human rights: points of convergence. How can Buddhism clarify the modern view of human rights? *Journal of oriental studies*, 9, 58-77.

Sobisch, J.-U., and Brox, T. (2010) Translations of human rights, Tibetan contexts. In: C. Meinert and H.-B. Zöllner (eds), *Buddhist approaches to human rights*. Piscatawny, NJ: Transaction Publishers, 159-178.

Statement by UN High Commissioner for Human Rights Zeid Ra'ad Al Hussein via Videolink to the Human Rights Council (2015) Available from: www.ohchr.org, n.p.

Taylor, C. (1999) Conditions of an unforced consensus on human rights. In: D. Bell and J. Butler (eds), *The east Asian challenge for human rights*. Cambridge: Cambridge University Press, 124-146.

Thānissaro, Bhikkhu (trans.) (2013) *The Buddhist monastic code*, volume 1.

Third revised edition. Available from: www.accesstoinsight.org.
Traer, R. (1995) Buddhist affirmations of human rights. *Journal of Buddhist ethics*, 2, 1-12.
Tsedroen, J., Meinert, C., and Zöllner, H.-B. (2010) Women's rights in the Vajrayana tradition. In: C. Meinert and H.-B. Zöllner (eds), *Buddhist approaches to human rights*. Piscatawny, NJ: Transaction Publishers, 195-210.
Twiss, S. B. (1998) A constructive framework for discussing Confucianism and human rights. In: W. T. de Bary (ed.), *Confucianism and human rights*. New York: Columbia University Press, 27-53.
Vajiragnana, V. (1992) Justice in Buddhism. Vesak sirisara. Available from: http://enlight.lib.ntu.edu.tw/FULLTEXT/JR-AN/an140924.pdf.
Walzer, M. (1994) *Thick and thin: moral argument at home and abroad*. Notre Dame: University of Notre Dame Press.

추천 도서

Gowans, C. W. (2015) *Buddhist moral philosophy: an introduction*. New York: Taylor and Francis.
Inada, K. K. (1982) The Buddhist perspective on human rights. In: A. Swidler (ed.), *Human rights in religious traditions*. New York: Pilgrim Press, 66-76.
Keown, D., Prebish, C., and Husted, W. (eds) (1998) *Buddhism and human rights*. Richmond, UK: Curzon Press.
King, S. B. (2005) *Being benevolence : the social ethics of engaged Buddhism*. Honolulu: University of Hawai'i Press.
Meinert, C., and Zöllner, H.-B. (2010) *Buddhist approaches to human rights*. Piscatawny, NJ: Transaction Publishers.
Perera, L. N. (1991) *Buddhism and human rights: a Buddhist commentary on the Universal Declaration of Human Rights*. Colombo, Sri Lanka:

Karunaratne and Sons.

Sevilla, A. L. (2010) Founding human rights within Buddhism: exploring Buddha-nature as an ethical foundation. *Journal of Buddhist ethics*, 17, 212-252.

제26장 불교와 여성

앨리스 콜렛Alice Collett

서론

기본적인 불교 윤리 계율은 무해, 즉 아힘사(ahiṃsā: 불살생)이다. 어떤 식으로든, 어떤 모양이나 형태로든, 살아 있는 존재에 대한 차별은 해로울 수 있으며 종종 해롭다. 그러므로 불교에서 여성에 대한 주제를 논의할 때, 중심적인 질문은 바로 이것이다: 아힘사를 중심적 윤리 교리 중 하나로 가진 전통이 어떻게 여성에 대한 차별을 정당화할 수 있는가? 전통의 역사를 통해 이어져 온 이 질문의 문제는, 무엇이 차별을 구성하는지를 중심으로 다루어진다. 다시 말해, 여성이 남성보다 (선천적으로) 열등하다고 여겨진다면, 즉 무능하고, 능력이 떨어지고, 능숙하지 못하고, 지능이 떨어진다면, 남성에게 부여된 동일한 특권과 기회를 여성에게 거부하는 것은, 차별이기보다는 공정하다고 해야 할 것이다. 여기서 원칙은 비유로 요약할 수 있다: 동물은 본질에서 인간과 달라서 코끼리, 소 또는 집에서 기르는 개에게 매일 따뜻한 음식을 제공하지 않고, 동일한 대우가 필요하지 않다.

이 장에서 나는 여성의 열등성에 관한 생각이, 역사적으로 그랬던 것처럼, 오늘날 일부 불교 전통에서 매우 생생하게 존재지만, 그것이 교리상으로나 윤리적으로 근거 없는 견해라고 주장할 것이다. 나는 여성의 열등성에 대해 상정된 이유가 근거가 없으며, 전통 내에서 이에 대한 교리상으로나 윤리적으로 근거가 없음을 입증하는 것을 목표로 한다. 사실, 오히려 그 반대가 사실이다. 여성의 열등성을 옹호하는 주장은 불교의 핵심 교리와 전통의 핵심 윤리적 교리와 전혀 일치하지 않는다. 여성의 열등성에 관한 생각이 불교의 존재론적 또는 이념적 원리의 필요불가결한 부분이 아니라, 오히려 전통 사회의 규범과 관습의 섭취를 통해 불교에 유입되었다는 명백한 결론을 내리는 경우가 많다.

나는 이 장을 두 부분으로 나누어, 먼저 소위 상좌부 전통을 살펴본 다음 대승 전통을 살펴볼 것이다. 분명해지겠지만, 이 문제의 많은 측면이 상좌부와 대승의 문헌과 전통에서 같거나 유사한 방식으로 존재하지만, 각각의 전통의 초점들을 고려할 때, 몇 가지 중요한 차이점들도 있다. 이 둘을 비교하면 젠더 주제와 전통 전체(우리가 전체라고 말할 수 있는 범위 내에서)를 관통하는 문제늘을 상소하는 역할을 하므로 전통의 주요 내용이라고 할 수 있다. 이 둘을 비교하면 상황적, 역사적, 환경적 변화와 적응도 조명된다.

팔리어 경전의 가르침을 중심으로 하는 상좌부 전통과 관련하여, 나는 여성이 열등한 이유에 대해 제기된 주요 주장들이, 경전을 뒷받침하는 윤리와 교리에 따르면, 비윤리적이고 비-교리적임을 밝힐 것이다. 대승에서도 같은 교리적 신조가 계속되지만, 다시 형성되고 있으며, 어떻게 핵심 교리가 성차별 문제와 관련되어 성전환 현상에 대한 서술적 설명에서 나타나는지에 대한 의문이 자리한다. 이 절에서는 나는 또한 불교의 '유리천장'을 살펴보고, 더불어 여성이 상좌부 전통의 최고 목표인 아라한이 될 수 있는 것, 대승의 보살이 될 수 있는 것, 또는 궁극적인 깨달음 자체를 성취할 수 있는 것 등과 관련된 논쟁과 증거를 살펴볼 것이다.

상좌부 전통

내가 한 것처럼, 상좌부와 대승의 노선에 따라 이 장을 나누려는 시도만으로도 즉시 문제가 발생한다. 첫째, 무엇이 상좌부를 구성하는지에 관한 질문이 있는데, 이는 스킬링(Skilling et al.) 등의 최근 저서(2013)에서 탐구한 질문이다. 둘째, 그 질문의 필수적인 부분은 우리가 상좌부라고 부르게 된 것이 언제 시작되었는지에 대한 문제이다. 이러한 질문 중 어느 것도 이 장에서 논의 중인 주제와 특별히 관련이 없다. 상좌부 전통의 텍스트는 팔리어 경전, 주석(aṭṭhakathās), 하위 주석(ṭīkās) 및 기타 보충 작품이다. 여기서는 다른 팔리어 저작물에서 약간 의지하고, 그와 함께 팔리어 경전과 주석에 집중할 것이다.

지난 세기쯤에 서구 학문에서는, 팔리어 경전은 여성에 대해 특히 부정적으로, 대승 경전은 반대로 더 긍정적이라고 판단되었다.(이에 대한 논의는 Nattier 2003: 100; Collett 2006 참조) 그러한 평가가 일부 사람들에 의해 계속 지지를 받고 있지만(예를 들어, Powers 2009: 74 참조), 지난 10여 년 동안 의견은 더 다층적이고 다면적인 관점으로 전환되기 시작했다. 새로운 연구는 팔리어 경전과 주석에서 여성에 대한 더 긍정적인 태도를 찾아냈으며, 한문과 티베트어로 된 것과 같은 유사 작품들과 비교함으로써 팔리어 경전과 주석의 증거에 도전했다.(팔리어 경전의 긍정적인 태도에 대해서는, 예를 들어, Walters 1995, 2013, Collett 2011, 2013a 참조. 중국, 티베트와의 비교에 대해서는 Chung 1999, Anālayo의 많은 저서, Bingenheimer 2008, 2011 참조) 다른 초기불교 텍스트에서 여성에 대한 긍정적인 묘사도 더 많은 관심을 받았다.(예: Schopen 2008, 2010, Collett 2009, Clarke 2013, Muldoon-Hules 2013 참조) 비문의 금석학적 증거도 강조되었는데, 이것은 종종 텍스트 증거에 반하는 이미지를 제시하고(예를 들어, Barnes 2000, Skilling 2001, Schopen 2008, 2010, Collett 2015 참조), 초기 간다라 원고(Gandhārī manuscript) 사본 파편들로부터는 다른 초기 인도 전통의 여성에 대해 우리에게 무엇을 말할 수 있는지 연구되고 조사되었다.(Strauch 2013; Lenz 2013)

현재 팔리어 경전 자체는 여러 저자가 오랜 기간에 걸쳐 작성하고 제작한 계층화된 컬렉션으로 간주된다. 경전에는 여성에 대해 긍정적인 내용이 많이 있다; 예를 들어, 담마딘나Dhammadinnā 그리고 케마 Khemā와 같은 모범적인 여성 법사에 대한 묘사(Krey 2010; Collett 2013a, 2015a; Anālayo 2011 참조), 뛰어난 비구니와 재가자 여성 목록,

많은 전기적 설명, 그리고 다른 모범적인 여성들에 대한 시들이 있다. 반면에, 여성의 성품에 의문을 제기하거나 종교적 경험의 정점에 도달할 수 있다는 점을 부인하는 여성에 대한 부정적인 구절들이 있다. 몇 가지 긍정적인 면과 부정적인 면을 설명하고, 맥락에 맞게 설정하기 위해, 나는 팔리어 경전의 두 텍스트, 즉 경전의 초기 지층의 일부로 여겨지는 앙굿따라 니까야(Aṅguttara-nikāya, 증지부增支部)와 후기 작품인 본생담-선집(Jātaka-thavaṇṇanā)의 일부를 논할 것이다.

앙굿따라 니까야(II.82-83)에서, 아난다는 붓다께 왜 여성들은 정의의 법정에 앉지 못하는지, 사업에 착수하지 못하는지, 행위의 본질에 도달하지 못하는지를 묻는다. 붓다는 여성이 천성에서 지혜가 없고(duppañño), 통제할 수 없고, 탐욕스럽고, 시기하는 것과 같은 여성의 부정적인 특성을 열거함으로써 대답한다. 그러나 이 삽화는 다른 두 개의 다른 삽화들 사이에 위치하는데, 세 개를 합치면 모순적으로 보인다. 이 삽화들은 모두 제4장의 일부이다. 〔앙굿따라 니까야(AN)는 번호가 매겨진 담론의 모음이며,[1] 번호에 따라 그룹으로 분류되어 묶이며, 첫 번째는 제1장, 두 번째는 제2장 등으로 이루어진다.〕 아난다와 붓다의 문답(AN II.9) 이전에, '승가를 장식'하는 네 가지 유형의 사람들, 즉 그들의 존재로 승가 공동체의 질을 개선하고 높이는 사람들의 목록이 있다. 이 네 가지 유형의 사람들은 유능하고, 규율이 있고, 자신감이 있고, 학식 있고, 불법(다르마)의 전문가이며, 불법에 따라

---

1 역주: 증지부增支部: 짧은 길이의 경 2,308개를 11장(章; nipāta)으로 분류했다. 설법 주제가 수와 관계가 있는 짧은 길이의 경을 모아 그것을 1에서부터 11까지 장의 번호별로 분류했다.

수행한다고 한다. 이 네 가지 유형은 비구, 비구니, 우바새(남성 재가자), 우바이(여성 재가자)이다. 그러므로 우바이와 비구니는 모두 공동체의 자산이며 공동체에 힘과 활력을 가져다준다. 더 나아가, 우리는 제4장에서, 사람을 어리석고, 무능하고, 완전히 나쁘게 만드는 (asappuriso) 네 가지 목록을 발견한다.(AN II.230) 사람을 이렇게 만드는 네 가지 요소는 그 사람이 믿음이 없고, 부도덕하고, 게으르고, 어리석다(duppañño)는 점이다. 이러한 것들은 불리하며 사람이 번영하지 못하는 결과를 초래할 것이다. 그렇다면, 어떻게 그들 존재의 도덕적 선과 힘, 그리고 그들의 수행으로 '승가를 장식'하는 비구니들과 재가 여성들이, 단순히 여성이기 때문에, 지혜가 없어서 악업을 축적하는 '나쁜' 사람들의 범주에 속할 수 있을까? 이러한 판단 중 첫 번째와 세 번째는 어느 종교 공동체에서나 상당히 표준적이다. 전달된 메시지는 우리 공동체에서 우리의 근본적인 이상에 헌신하고 그에 따라 실천하는 사람들은 좋은 사람들이고 좋은 진전을 이룰 것이며, 반대로 부도덕한 사람들(우리의 윤리 강령에 따라) 또는 무지한 바보들(그들이 우리의 진실을 보지 못하기 때문에)은 고통을 겪으리라는 것이다. 첫 번째 장과 세 번째 장의 종교적 의제가 완전히 병치된다는 점을 고려할 때, 이 세 장의 중간 부분에 여성을 이런 식으로 제시하는 것은, 이 장의 편찬자들/교정자들의 측에서, 다른 무엇보다 사회적 규범 관습의 섭취에 더 가까워 보이는 작업 중인 다른 의제를 보여주는 것으로 보인다.

팔리어 문헌에서 여성에 대한 최악의 논평 중 일부는 본생담-선집에서 찾을 수 있다. 이 팔리어 텍스트에서, 여성들은 총칭의 여성,

또는 여성 전체를 매도하는 포괄적인 한 줄로 비방되고, 숭상된다. 이들 중 가장 두드러진 몇 가지는 다음과 같다:

> 여자들은 천성적으로 사악하고 … 당신을 상대로 악한 음모를 꾸민다.(Jat 6, I. 128)
>
> 여자들은 음탕하고, 부주의하며, 비열하고, 천박하다.…(Jat 61, I.285)
>
> 기회만 주면, 모든 여자는 사악해진다.(Jat 62, I.289)
>
> 여자들은 배은망덕하고 기만적이다.…(Jat 63, I.295)
>
> 여성들은 무기력하고 부도덕하다.…(Jat 64, I.300)
>
> 여성들은 모든 사람에게 공통적이며(성적 부정을 지칭하는), 이러한 부도덕성은 그들을 정의한다.(Jat 65, I.301-302)
>
> 여성들은 만족할 줄 모르는 성적 욕구가 있다.…(Jat 120, I.440)

나는 다른 곳에서, 본생담-선집의 이야기가 남성들에 대해서도 똑같이 부정적일 수 있으므로 이러한 논평을 문맥에서 벗어나 해석하게 되면 그 의미를 어느 정도 왜곡시킨다고 주장했다.(Collett 2016) 앙굿따라-니까야와 본생담-선집의 두 가지 예 모두 이 장의 중심 질문인 여성이 어떻게 그리고 왜 열등하다고 여겨지는지에 관한 질문과 관련이 있다. 본생담의 예에서 볼 수 있듯이, 문제로 보이는 것은 여성의 본성인데, 즉 여성은 천성적으로 악하고, 사악하며, 부도덕하다는 것이다. 상좌부 전통에서, 여성 열등성 개념은 텍스트 증거에 포착되는 정도까지, 이와 같은 개념화를 중심으로 형성되는데, 여성들의 성격을 뒷받침하는 명백한 선천적/내재적 결함과 관련되어 있다. 이러한 진술들(주장들, 우리가 그것들을 그렇게 부를 수 있다면)은 모순된 두 가지 관점을 중심으로 형성되는데, 내가 생각하는 바는; 첫째, 여성들은 지능이 낮고 지혜가 없다는 것, 둘째, 그들은 조작적이고 따라서 사악하고 위험하다는 것이다.[2]

다음에서, 나는 여성의 열등성을 옹호하는 주장의 근거인 여성의 본성 문제를 다룰 것이다. 첫째, 나는 조작적이고 기만적인 여성들에 관한 이야기가, 그 여성들을 다른 사람을 성공적으로 조종하는 것으로 묘사하는 경향이 있고, 조종에 성공하려면 높은 수준의 지능이 필요하다는 점을 보여줌으로써, 위의 두 가지 주장이 서로 본질에서 모순된다고 주장할 것이다. 둘째, 불교의 윤리적, 도덕적 분석의 핵심은 행동이 아니라 의도이며, 조작은 좋은 목적을 위해 이루어질 수도 있다는 점을 지적하면서, 불교 윤리의 관점에서 이 명제를 다룰 것이다. 셋째, 나는 연기에 초점을 맞추고, 핵심 초기 불교 교리의 광범위한

---

2 여성의 본성에 관한 이러한 묘사에 대해 일반화하는 것은 가능하지만, (즉 지능이 낮고 이중적/조작적이다라고) 그렇지만 텍스트에서 이런 일반화를 나타내는 표준 방법이 있는 것은 아니다. 즉 이러한 명백한 속성을 분류하기 위해 반복적으로 사용되는 일관된 공식, 구문 또는 단어가 없다. 예를 들어, 앙굿따라-니까야에 있는 위의 구절에서 둡판뇨duppañño는 낮은 지능을 설명하는 데 사용되지만, 이것이 항상 그것을 설명하는 데 사용되는 단어는 아니다. 비구니 소마Soma에 대한 유명한 세송에서, 여성들은 두 손가락으로 된 지혜(dvaṅgulapaññāya)를 가지고 있다고 하는데, 이는 비슷한 뜻을 가진 것으로 보이며, 낮은 수준의 지능을 의미하는 것으로 보이지만, 이것의 정확한 의미에 대해서는 주석마다 의견이 일치하지 않는다.(Collett 2009: 99)

전례典禮 안에서 핵심을 설정하여, 모든 불교 교리가 인간의 본성이 해방의 열쇠라고 하는 정반대의 관점을 전달하는데, 즉 인간의 탈바꿈 가능성 때문에 인간의 본성은 분명히 해탈의 열쇠라고 하는데, 어떻게 인간의 본성(여성 본성이 그 일부인)이 문제가 될 수 있고 종교적 성취를 방해할 수 있는지에 대해서 문제를 제기할 것이다.[3]

그렇다면, 먼저 모순에 관해 얘기하자. 지능이 낮고 지혜가 없다는 혐의와 조작적인 본성에 대한 혐의가 결합할 경우, 여성이 얼마나 교활한지에 대해 알려주는 이야기에서, 문제가 된 여주인공의 조작 기술에는 지능이 필요하므로, 여주인공은 조작 기술에 숙련되어 있다는 점이 증명된다면, 이 두 가지는 서로 모순될 것이다.

여기에 맞는 전형적인 이야기는 전통적으로 붓다의 직계 제자로 여겨지는 비구니 웁팔라반나Uppalavaṇṇā의 가장 유명한 전기 중 하나이다. 웁팔라반나의 이야기와 설명은 팔리어 불교와 다른 전통에서 모두 유명하다. 팔리어 문학에서 그녀에 대한 설명은 다양하며, 다음은 장로니게경長老尼偈經(Therīgāthā) 및 앙굿따라-니까야 주석을 기반으로 한 요약이다. 요약이 꽤 길긴 하지만, 여성 본성의 특성화가 텍스트의 이야기 전개에 내포되는 방식을 보여주기 위해 이를 포함했다.

다음 생에서 그녀는 산기슭 호수의 연꽃 안에서 태어났다. 호수

---

[3] 나는 이 장에서 여성의 본성이 인간 본성의 일부라는 것을 당연하게 여긴다. 나는 남자는 인간이고 여자는 인간 이하라고 명시적으로 말하거나, 틀림없이 암시하는 것으로 보이는 불교 경전을 읽은 적이 없다.

로 가던 한 고행자(tāpaso)가 연꽃을 보고 꺾자 연꽃이 활짝 열려 여자 아기가 모습을 드러냈다. 고행자는 그녀를 딸로 삼았고(엄지손가락에서 젖이 나와 그녀를 먹였다), 그리고 다시 한번 아이가 걸음마에서 뛰어다니기 시작할 때, 그녀의 발걸음에서 연꽃이 피어났다. 이번 생에서, 그녀는 파두마와티Padumavatī로 알려졌다. 그녀가 나이가 들었을 때, 한 산림 관리인이 그녀를 보았고 그렇게 아름다운 사람이 인간일 수 있다고는 상상하지 못했다. 그러나 은둔자인 '아버지'를 위해 음식을 준비하는 그녀를 보았을 때, 그녀가 정말 인간이라는 확신이 들었다. 삼림 관리인은 고행자와 함께 음식을 먹고, 그가 만난 이 '여인의 보석(itthiratanaṃ)'을 왕에게 알리기 위해 바라나시Vārāṇasī로 갔다. 왕은 그녀를 원했고, 고행자를 설득하여 그녀를 자신의 왕비로 삼았다. 그녀와 함께 있으면, 왕은 다른 아내들에게 관심을 두지 않았다. 다른 아내들은 그녀를 질투하게 되었고, 그녀와 왕 사이에 불화를 일으키기를 원했다. 그녀들은 왕에게 이렇게 파두마와티가 걷는 곳마다 연꽃이 피어나는데 그녀가 어떻게 사람일 수 있느냐고 물었다. '확실히 그녀는 악마(yakkinī)입니다'라고 그녀들은 말했다. 그녀가 임신하여 출산이 가까워졌을 때, 왕은 국경에서 전투하러 가야 했다. 질투하는 아내들은 이를 기회로 삼아 그녀에 대한 음모를 꾸몄다. 아내들은 간병인에게 뇌물을 주고 그녀의 아이가 태어났을 때 데려갔다. 비록 그녀는 한 아이밖에 낳지 못했지만, 그녀의 자궁의 습기로 사백구십구 명이 더 태어났다.[4] 이때, 500명의 질투심 가득한 여자들이 각각 한 아이씩 데려갔고, 간병인은 통나무에 피를 묻혀 아직 산고로부터 깨어나지 않은 파두마와티 곁에 두었다. 그녀가 정신을 차렸을 때, 간병인이 그녀를 꾸짖으며, 그녀 앞에 통나무를 들이밀고 이것이 그녀가 낳은 것이라고 말했다. 부끄러워하며 그녀는 간병인에게 통나무를 처리하도록 했다. 한편 500명의 아내는 각각의 아이를 위해 상자를 만들어 그 안에 아이들을 조용히 지켰다. 왕이 돌아왔을 때 아내들은 그 간병인에게 왕에게 사실은 말하라고 했고, 간병인은 왕의 사랑하는 사람이 통나무를 낳았다고 말했다. 무슨 일이 일어났는지 듣고 싶었던 왕은 질투심 많은 아내들로부터 이야기의 자초지종을 듣고, 파두마와티가 비-인간의 후손임이 틀림없다는 것을 깨닫고, 그녀를 집 밖으로 내쫓았다.

그녀는 한 노파가 데려갔고, 그러는 동안 질투심 많은 다른 아내들은 아이들의 시신을 처리할 계략을 꾸몄다. 그녀들은 왕에게 제물을 바치겠다며 그녀들을 갠지스강으로 데려가 달라고 요청했고, 그녀들은 저마다 자기들의 옷 밑에 한 아이씩 들어 있는 상자를 숨길 수 있었다. 강에 도착하자, 그녀들은 강 안으로 들어가 상자를 강에 띄워 보냈다. 그러나 상자들은 멀지 않은 곳에서 그물에 걸렸고, 강 밖으로 나온 왕은 그 상자들

---

4 팔리어 경전에는 가능한 출생의 네 가지 유형(역주: 난생卵生, 태생胎生, 습생濕生, 화생化生)이 나열되어 있는데, 이 유형에는 습생(saṃsedajā)이 포함된다.(예: MN I.73, DN III.230, Miln 128-129 참조) 그러나 습생은 여기에서 사용되는 방식보다는 썩은 음식이나 살과 같은 부패한 물질에서 박테리아 성장(우리가 부르는 것)의 증가에 대한 설명으로 자주 사용된다.

을 보았다. 왕은 그 상자들을 열게 했고, 사카Sakka는 상자들 중 하나에 글을 새겨, 상자 속 아이들이 파두마바테에게서 태어난 500명의 아들들이라는 사실을 왕이 알 수 있도록 했다. 그녀를 믿지 않은 것에 대해 가책을 느낀 왕은, 그녀가 어디에 있는지 아는 사람에게 천 개의 주화를 주겠다며 수색대를 보냈다. 그녀는 발견되었고 두 사람은 재회했다. 왕은 500명의 여자를 파두마바테의 노예로 삼았지만, 그녀들이 자신의 노예라는 것을 알고, 파두마바테는 그녀들을 풀어주었고, 그녀들 각각에게 아들 한 명씩 주어 (한 아이를 제외하고) 양육하도록 했다. 그녀는 자신이 키우기 위해 자궁에서 태어난(胎生) 아이를 지켰다.(Collett 2016: 77-78)

본질적으로, 이 설명에서 500명의 아내는 왕을 쉽게 조종한다. 유사하게 조작적이고 기만적인 여성에 대한 다른 이야기는 다양한 팔리어 텍스트에서 찾을 수 있다. 교활한 어머니의 예는 법구경(Dhammapada) 주석서 쿰바고사까Kumbhaghosaka 이야기에 나타난다. 여기서 교활한 여종은 자신의 목적을 위해 딸을 이용한다. 쿰바고사까에게 숨겨진 재산이 있는지 알아내려고, 그녀는 그의 매트리스를 훼손해, 그가 더 이상 그 위에서 잠을 잘 수 없도록 한 다음, 자신의 딸과 그 두 사람 사이의 결혼을 묵인하면서 딸의 침대를 공유하도록 제안한다. 본생담에는 게으른 브라민의 아내가 연인과 친구들과 함께 쾌락을 누리며 밤을 지새우고, 낮에는 병든 척하여 남편이 뛰어다니며 그녀를 돌본다는 이야기가 있다.(Jat 130)

각각의 경우에서 볼 수 있듯이, 여성들에 의한 조작은 대체로 상당히 성공적이다. 500명의 질투하는 아내들의 이야기에서 그녀들이 고안하고 조종한 각 부분은 작동했다. 그녀들은 잘 조직되고 세부적인 계획을 좌절시킬 그물이 강에 있다는 점만 몰랐을 뿐이다. 교활한 어머니의 조작 시도 또한 매우 성공적이었고, 브라만의 아내는 남편이 그녀의 게임을 발견한 후 그녀의 남편을 조종한 것에 대해 예외적인 잔인함으로 대우받았지만, 남편은 그녀의 속임수를 간파하는 데 제삼자(전생의 붓다)가 필요했다.

이러한 맥락에서 조작은 도덕적으로 선하지 않은 악으로 여겨지기에, 조작자가 결국 선으로 이어지는 부차적 계략이 아닌 한 조작자는 이기지 못한다. 그럼에도 불구하고, 여성들에 의해 전시되고 제정되는 조작의 유형들이 전략의 대상이 되는 (보통) 남성들에 의해 쉽게 식별되고 꿰뚫어 보이는 조잡하고 뭉툭한 형태는 아니다. 그 조작은 영리하고 성공적이다. 전반적인 음모는 실패할지 모르지만, 여성의 계략을 쉽게 꿰뚫어 보는 더 날카로운 지성을 가진 남자에게 결코 뒤지지 않는다. 그러므로 이 이야기들의 조작은 지능에 의해 뒷받침되어야 하는 상황을 평가하고 이해하는 고급 능력을 보여주며, 따라서 내가 위에서 언급했듯이, 낮은 수준 지능의 반대를 보여준다.

이제 윤리적 관점에서 여성의 본성에 대한 독설을 다루겠다. 이 책의 여러 부분에서 언급했듯이 불교 윤리는 의도의 윤리다. 즉 윤리적이거나 비윤리적인 것으로 간주되는 것은 행위 자체가 아니라 행위 이면의 의도이다. 따라서 여성이 조종하기 때문에 남성보다 열등하다고 말하는 것은 불교 윤리의 관점에서 볼 때 무의미하다. 조종은 좋은 의도로도 할 수 있기 때문이다. 그리고 사실 이를 증명하는, 팔리어 경전에 준비된 예들이 있다. 밧다 쿤달라케사Bhaddā Kuṇḍalakesā의 전기를 예로 들어보자.(Collet 2014b, 2016) 밧다 쿤달라케사의 삶에 대한 가장 유명한 이야기에서, 그녀는 처형장으로 끌려가는 도둑에게 첫눈에 반하게 된다. 그녀의 아버지는 그 도둑의 석방을 주선하고 그들은 결혼하지만, 도둑 남편은 그녀의 보석을 강탈하려고 한다. 밧다 쿤달라케사는, 극심한 마음의 고통 속에서도, 그의 의도를 예리하게 인식하고 상황을 역전시키고 그를 조종하여, 결국 자기방어처럼 보이는 행동으로 그를 절벽에서 떠밀어 죽인다. 또 다른 예에서, 붓다 자신은 좋은 의도로 조종하여, 여성에게 인간 삶의 무상함에 대한 가르침을 제공함으로써 여성의 고통을 덜어 준다. 키사-고타미 Kisā-gotami의 전기에서, 그녀의 아이가 죽었을 때 그녀는 슬픔에 잠겼고, 붓다는 그녀에게 죽음을 한 번도 겪지 않은 집에서 나온 겨자씨를 찾아달라고 부탁했다. 붓다는 모든 가정이 죽음을 경험했을 것이고 그녀의 (실제적인) 탐구가 헛수고가 되리라는 것을 잘 알고 있었지만, 붓다의 임무를 추구하면서 그녀는 죽음이 그녀가 하는 일의 자연스러운 부분이라는 점을 깨닫게 될 것을 알았다.[5]

여성들이 그들의 본성 때문에 열등하다는 '본성' 주장의 더 넓은

---

[5] 이 외에도, 예를 들어, 비나야의 네 번째 바라이죄(parājika) 설화 속에서, 승려들이 그들의 초능력을 사탕하씨 기근 중에 있는 마을 사람들에게 음식을 제공하도록 조작하는 등, 남자들이 그들 자신의 이기적인 목적을 위해 조종하는 예들이 있다. 더 나아가 대승에서의 우빠야upāya, 즉 '숙련된 방편'이라는 개념은 긍정적 조작의 한 형태로 볼 수 있다.

문제는, 인간의 본성이 정태적이며 변하지 않는다고 주장하는 것인데, 이는 불교의 기본 교리와 어긋난다. 불교의 근본적인 원리는 인간 변화의 가능성에 대한 믿음이다. 그런 가능성이 없다면, 불교는 거의 지금의 모습이 될 수 없었을 것이다. 그리고 이러한 믿음의 바탕에는, 초기 인도 불교와 상좌부 전통의 핵심 교리 가운데 하나인 연기緣起 교리가 있다. 이 교리는 세상에 원인 없이 존재하는 것은 아무것도 없다는 원칙에 기초한다. 그 원칙은 다음과 같이 설명할 수 있다: 이것의 일어남과 함께 저것이 일어나며; 저것이 일어남과 함께 이것이 일어난다.(MN II.32)

연기 교리에 따르면, 모든 것은 생겨나고 사라지며, 모든 것은 이 끊임없는 운동 상태에 있으며, 그 흐름 일부이다. 그리고 그 교리는 우리가 경험하는 전체 현상 세계와 우리 자신 모두와 관련이 있다. 거기에는 인간의 탄생과 죽음에 관한 그 교리의 특별한 적용이 있다. 이것이 12연기설이다. 인간의 각 측면은 다른 것에 의존하여 생성된다. 의식, 그리고 그에 따른 인간의 본성은 어떤 다른 조건에 의존하여 생성되고, 그리고 다른 조건에 따라 더 이상 지속되는 것을 멈춘다. 따라서 인간의 본성은 정태적이거나 불변하는 것이 아니라, 그 정반대이다. 그리고 인간 본성의 변화 가능성은, 현재 우리의 이해 수준을 넘어서는 어떤 것으로, 불교 전통의 바탕을 이루는 근본적인 부분이며, 이것이 없다면 불교 자체도 성립할 수 없을 것이다. 따라서 연기법에 따르면, 여성의 '여성적 본성' 때문에 여성을 남성보다 열등하다고 판단하는 것은 비-교리적이다. 여성의 본성 때문에 여성이 열등하다고 묘사하는 것은, 여성의 본성이 곧 인간의 본성임을 부정하는 것이다. 인간의 본성은 (동물과 달리) 깨달음을 가능하게 한다. 깨달음은 인간 본성의 변화가 가능하기에 가능하다. 인간 본성의 변화는 초기 인도 불교와 상좌부불교의 연기 교리 때문에 가능하며, 연기 교리는 대승의 유사한 원리에 기초하고 있기 때문이다.(다음 절에서 논의) 변화는 사물이 의존적으로 발생하기 때문에 가능하다. 우리가 자신을 변화시키고 싶다면, 우리는 그것을 실현하기 위한 조건을 설정할 수 있다. 인간 본성의 변화가 가능하다는 이 개념은 모든 종파에서 모든 근본적인 불교 교리를 뒷받침한다. 인간 본성의 변화 가능성이 없었다면 불교에는 목표가 없었을 것이고, 그것을 시작하는 붓다도 없었을 것이다! 변화를 겪은 최초의 인간 본성은 고타마 붓다의 본성이었다. 따라서 여성이 (정태적이고 변하지 않는) '여성적 본성' 때문에 남성보다 열등하다고 말하는 것은, 불교의 본질을 부정하는 것이다.

여성이 열등하다는 생각은 여성의 본성이 문제라는 개념에서 비롯된 것이며, 이는 비-교리적이며 불교 윤리나 도덕적 의사 결정의 기초가 되는 원칙과도 맞지 않는다는 점을 고려할 때, 여성에 대한 부정적 성향과 팔리어 문헌에서 우리가 산발적으로 접하는 여성 혐오는, 불교의 원칙이나 가르침에 근거한 교리적 동기나 윤리적으로 중요한 이유가 아니라, 고대 남아시아 사회에서 발견되는 여성에 대한 전통적인 (비-불교적) 관점을 섭취함으로써 그 길을 찾았음을 시사한다.

대승 전통

대승을 평가할 때, 아주 많은 텍스트가 아직 연구되지 않았고, 인도 대승에 대한 일반화된 견해를 나타내게 된 경전이 다소 '편향된 컬렉션'일 때, 여성에 대한 포괄적인 '대승의 입장'에 대한 관측이 어렵다는 것이 곧 분명해진다.(Natier 2003: 4-7) 우리가 대승 텍스트로 관심을 돌릴 때 우리는 저자의 의도에 대해 더 많이 이야기할 수 있고, 층을 이룬 팔리어 경전 저작물이나, 이에 유사한 근본설일체유부根本說一切有部 비나야(Mūlasarvāstivāda Vinaya)와 같은 다른 저작물보다는 여기서는 개인이나 집단 저자들의 견해를 암시하는 것으로 더 완전하게 텍스트를 배치할 수 있다. 이것은 이전에 자신의 견해가 아닌 '초기불교의 여성관'으로(Colllet 2013b), 그리고 팔리어 주석 문헌과 관련하여 해석됐었던(Collett 2016) 아슈바고샤Aśvaghoṣa[6]의 작업과 관련하여 내가 다루었던 문제이다. 상좌부와 팔리어 텍스트와 마찬가지로, 우리는 대승 텍스트에서 여성에 대한 동일한 종류의 포괄적인 진술을 다시 발견한다: 여자들은 지능이 낮고, 사악하며, 위험하다 등. 〔다시 말하지만, 그러한 논평은 맥락적으로 고려하는 것이 중요하다. 남성에 대한 유사한 논평에 대한 논의는 Dayal(1932) 1970: 225를 참조〕 아상가Asanga[7]의 보살지菩薩地(Bodhisattvabhūmi)는 이에 대한 예인데, 여성은 여성적

---

6 역주: 마명馬鳴, 80-150 추정, 인도의 학승, 작가, 불소행찬佛所行讚과 대승기신론大乘起信論 저술.

7 역주: 무착無著, 4세기 인도 승려, 그의 이복 아우 바수반두Vasubandhu(세친世親)와 함께 유식유가행파唯識瑜伽行派(Yogachara) 설립.

본성(정태적) 때문에 붓다가 될 수 없다고 단정적으로 말한다:

> 완벽한 붓다는 여성이 아니다. 왜냐고? 바로 그 이유는 보살은 (그의 경력에서) 헤아릴 수 없는 나이를 넘어서 처음으로 여성의 상태를 완전히 버렸기 때문이다. (이후) 가장 뛰어난 깨달음의 왕좌에 오른 그는 다시는 여자로 태어나지 않는다. 모든 여성은 본성적으로 더러움으로 가득하고 지능이 떨어진다. 그리고 더럽고 지능이 떨어지는 사람은 완벽한 붓다가 되지 못한다.(Dutt 1966: 66, 한 가지 변경포함 번역 Willis 1985: 69)

위에서 나는 완전한 진보를 불가능하게 만드는 인간 본성의 한 유형으로서 여성의 본성 문제를 다루었다. 대승 이전의 전통과 마찬가지로, 이와 같은 진술은 우리가 대승 텍스트에서 여성과 관련하여 발견하는 것의 대부분이 아니다. 사실은 정반대이다. 전반적으로, 여성들은 높은 수준의 종교적 경험에 도달하는 훌륭한 수행자로 묘사된다. 이에 대한 명확한 예는 대보적경大寶積經(Mahāratnakuṭa-sūtra)에 나오는 재가 신도 강곳따라Gaṅgottarā이다.(Chang 1983: 37-40) 강곳따라는 슈라바스티Śravāstī[8]의 재가 수행자이다. 그녀는 붓다를 뵈러 갔고, 그들은 강곳따라가 사물의 본질에 대한 진보적이고 정교한 이해를 보여주는 대화를 나누었다. 대승 텍스트에서 종교적으로 인상적인 여성의 다른 예는 화엄경 십지품華嚴經 十地品(Gaṇḍavyūha Sūtra)[9]

---

8 역주: 사위국舍衛國, 인도 고대 코살라 왕국의 수도, 붓다가 정각을 이룬 후 이곳에서 그의 생애 대부분 동안 머물며 설법한 곳.

에서도 찾을 수 있다. 오스토Osto는 이러한 '좋은 친구들(kalyāṇamitra)'
에 대해 논의하고, 그들의 성취를 강조한다. 화엄경 십지품에는 오직
혜안을 가진 보살에게만 보이는 재가 신자 아샤Āśā 여왕과, 그리고
'영적 성취의 인상적인 포트폴리오를 지배하는' 강력한 법사인 비구니
싱하비젬비타Siṃhavijṛmbhitā와 같은 여성들의 이야기가 있다.(2008:
95) 비슷한 좋은 자질을 가진 여성들의 다른 이야기는 영향력 있는
초기 반야경(Prajñāpāramitā) 문헌(Paul 1985: 115-134 참조)에서 해탈을
성취하도록 도와준 상인의 딸인 사다쁘라루디타Sadāprarudita의 친구
에서부터 더 지엽적인 후기(7세기) 한문 텍스트 홍찬법화전弘贊法華傳
(Stevenson 1995: 427-451)에 이르기까지 광범위한 대승 경전에서 찾을
수 있다. 이 후자의 텍스트 홍찬법화전은, 수행에 대한 열렬한 헌신을
보여준 두 비구니의 삶을 이야기하고(434), 그리고 쑤저우蘇州의 쿤산
昆山 지역 근처에 살면서 법화경을 하루에 두 번, 약 20년 동안 끊임없이
암송한 비구니를 포함하여 다른 비구니들에 대해 언급한다.(443-444)

비록 대승 문헌에는 저명한 여성에 대한 수많은 이야기가 수록되어
있지만, 여성의 열등성과 관련된 개념화와 추론은 계속되고 있다.
대승 전통에는, 여성이 보살이 될 수 있는지에 관한 질문이 있다.
지금까지 연구된 대승 경전 모두가 이 질문에 대한 답과 관련하여
명확한 증거를 제시하지는 않는다. 일부 텍스트에는 여성이 보살의
지위에 도달할 수 없다는 암묵적인 의미가 있지만, 실제로 식별할
수 있는 이유는 없다. 다른 경우에는 위의 보살지 예에서와 같이

---

9 역주: 불설나마가경佛說羅摩伽經이라고도 칭함.

도달할 수 없는 특정 수준이 있다고 명시되어 있지만, 종종 구체적인 이유가 제시되지 않는다. 그러나 다른 텍스트들에서는 여성이 보살이 될 수 있고, 보살들이 존재한다. 이 세 가지 입장 중 첫 번째 입장의 예는 위의 '화엄경 십지품'에서 논의된 여성들이다. 오스토Osto가 언급한 바와 같이, 이 여성들은 스스로 높은 수준의 종교적 경험을 쌓아서 그들 중 일부는 다른 사람들을 가르칠 수 있지만, 화엄경 십지품에 나오는 어떤 여성도 보살이라는 칭호를 받은 적이 없다. 이 점은 자신이 많은 고급 보살을 가르치는 비구니 싱하비젬비타와 관련하여 보면 가장 이상하다. 이와는 대조적으로, 여성 보살 타라 (Tārā: Beyer 1978: 10)와 관음에 바친 티베트어와 한문본 전체 작품들은, 불교의 목적을 위해 땅을 정복할 때의 탄트라 신에 대한 보조로서, 보살들이, 다른 것들처럼, 좀 더 캐주얼한 여성의 형태로 묘사될 수 있음을 보여준다.(Huber: 128-129년)

여성이 보살이 될 수 있는지에 관한 질문은, 상좌부나 다른 비-대승 불교 형태에서는, 대승에서 발견되는 보살의 이상에 초점이 없으므로, 완전히 나오지 않지만, 다음과 같은 관련 질문이 발생한다. 즉 여성이 아라한이 될 수 있는지, 아니면 실제로 여성 붓다와 같은 것이 실제로 존재할 수 있는지 등이다. 대승 이전의 전통에서 보살은 역사적 붓다의 전생 칭호로, 본생담에서 가장 자주 사용되었다. 그리고 이러한 유형의 보살과 관련하여, 이러한 역할을 하는 여성의 몇 가지 예가 있다. 오누마Ohnuma는 육체적 희생을 포함하는 붓다의 전생 이야기인 본생담에서 루빠와띠Rūpāvatī의 성격에 대해 논한다. 카렌 데리스Karen Derris(2008)는 여성으로서의 붓다(보살로서)에 대한 본생담 같은 이야기를 잊힌 중세 팔리어 텍스트에서 조명한다. 슈칭-메이釋恃顗는 붓다가 전생에 여성이었던 세 가지 이야기를 담고 있는 중국 자타카 컬렉션인 육도집경六度集經으로 우리의 주목을 끌었고(2008), 아날나요Anālayo는 한문본 증일아함경(Ekottarika-āgamain)에 있는 붓다가 전생에 공주였던 이야기를 출간했다.(2015) 아날나요와 나는 최근에 여성이 초기 전통에서 아라한이 될 수 있는지에 관한 질문에 대해 출판했다.(Collett and Anālayo 2014) 비록 아라한이라는 칭호는 여성에게 거의 사용되지는 않았고, 뱅크스 핀들리Banks Findley(1999)가 이를 여성이 이 역할을 거부당했음을 시사하기 위해 사용했지만, 우리는 아라한이 a) 남성 등가물의 대중적인 용어가 아니며, b) 그것이 항상 특정 남성과 관련하여 사용되는 것은 아니고, c) 여성은 이 수준에 도달했음을 시사하는 성취도를 보여준다고 주장한다.(1999)

여성이 붓다가 될 수 있는지에 관한 질문은 좀 더 복잡한 질문이다. 팔리어 텍스트들, 특히 다계경多界經(Bahudhātukasutta)에 따르면 여성이 얻을 수 없는 다섯 가지가 있는데, 그중 하나가 깨달음의 상태이다. 아날나요는 이 경전의 팔리어본, 그리고 그것의 평행 버전을 연구했는데(2009), 여성이 높은 상태 또는 발전된 상태에 도달할 수 없다는 주장은 나중에 전통 텍스트들에 추가되었을 수 있다고 결론지었다.(2009: 166) 도달할 수 없는 상태에 대한 이러한 질문은 대승에서도 불쑥 튀어나오기는 하지만(Schuster 1981: 27-29; Nattier 2003: 98 n.40 참조), 인도 불교 전통의 다른 문헌에서는 미래의 붓다가 되리라고 예언된 어린 소녀 이야기의 비유담譬喩譚(Avadāna)[10]과 같은, 이 개념에 대한 반대되는 것들이 있다. 근본설일체유부(Mūlasarvā-stivāda)와 연결된 텍스트인 백유경百喩經(Avadānaśataka)[11]의 비유담 2권은 붓다의 가르침을 따르기로 한 어린 소녀 야쇼마티Yaśomatī의 이야기를 들려준다. 그녀를 보고, 붓다는 앞으로 다가올 그녀의 삶의 궤적을 알고 이해하며, 그녀가 미래에 라트나마티Ratnamati라는 이름의 (남성) 붓다가 될 것이라고 예언한다. 이 예견(vyakaraṇa)은 단정적이다; 이것은 가능성이 아니라 현실이다. 그 이유는 야쇼마티가 아직 여성일 때, 미래에 붓다가 되는 데 필요한 모든 것을 다 했기 때문이다. 그렇다면 만약 여성의 몸으로 있는 동안 미래의 붓다가 되는 데 필요한 모든 것을 이루는 것이 가능하다면, 여성은 어떻게 그리고 왜 붓다가 될 수 없는 것일까? 대승 전통이 제시한 그 질문에 대한 유일한 다른 잠재적 대답은 화신化身에 관한 것 같다. 즉 문제가 되는 것은 단순한 생물학이며, 붓다는 여성의 몸을 가질 수 없다는 것이다.

위에서 인용한 보살지(Bodhisattvabhūmi)로 대표되는 '천성' 주장 외에, 대승의 또 다른 대중적인 주장은 여성의 몸에 관한 것이다. 이것은 붓다가 지니게 될 신체적 특성 중 하나인 남성의 음경이 어떻게 형성되는지를 말하는 '위인의 삼십이상경三十二相經(mahāpuruṣa)' 문헌에서 유래한 것으로 보인다. 붓다에게는 남성 생식기가 부여되어야 한다는 이 개념은 대승에서 더 두드러진다. 삼십이상 목록을 채택함으로써 붓다가 남자의 몸을 가졌다는 생각이 굳어졌고, 아마도 이것의

---

10 역주: 이야기에서의 사건과 비슷한 다른 사람들의 전생에 있었던 사건들에 대한 설명.

11 역주: 찬집백연경撰集百緣經, 또는 줄여서 백연경으로 번역.

필연적인 결과로서, 여성이 불도에서 진전을 이루기 위해서는 남성으로 다시 태어날 필요가 있다는 생각이 대승 전통의 주축이 되었고, 오늘날 살아 있는 많은 대승 전통에 의해 유지되고 있다. 이에 대한 명백한 문헌적 정당성은 대승 문학에서 일정한 빈도로 발생하는 성전환 현상과 관련이 있다. 이 이야기들에서, 여성들은 자발적으로 남성으로 변하거나, 그 반대의 경우도 있다.[12]

대승불교의 젠더 문제와 관련하여, 성전환은 현대 학자들이 가장 많이 논의하고 연구하는 주제이다.(Schuster 1981; Paul 1985; Gross 1993; Peach 2002; Young 2004 참조) 이 주제에 관한 초기 연구 중 일부에서, 낸시 반스Nancy Barnes와 다이애나 폴Diana Paul은 성전환이 아마도 페미니스트 의제라고 부를 수 있는 무언가를 설명하는 것처럼 보인다는 데 동의했는데, 이는 성과 젠더의 개념적 범주가 이러한 에피소드에서 사용되는 것처럼, 텅 비어 있음을 보여준다는 점에서 대승의 핵심 개념 '공空(śunyata)'을 조명한다. 이후 출판된 저작물, 특히 루신다 조이 피치Lucinda Joy Peach와 얀 나티에Jan Nattier의 저작물은 이러한 평가에 동의하지 않으며, 대신 성전환에 관한 서술적 에피소드들이 성평등과 유사한 것을 설명하려는 저자들의 욕구로 뒷받침되지 않는다고 주장한다.(Peach 2002; Nattier 2003: 98 n.42)

이러한 대승의 이야기 전개를 더 잘 이해하려면 역사적 맥락을 고려할 필요가 있다. 성의 자발적인 신체적 변형이라는 개념은 대승

---

12 Natier는 연구된 대승 텍스트에서 남성에서 여성으로의 변형에 대한 단 한 가지 예만 언급한다.(2003: 98n.42) 흥미롭게도, 힌두교 전통에서 그것은 반대이며, 남성에서 여성으로의 변형이 가장 흔하다.(Goldman 1993)

사건을 예시하는 텍스트인 브라만 전통에 뿌리를 두고 있다.[13] 곧 있을 논문에서 나는 이야기 전개 비유에 대한 이러한 맥락에 대해 논의하고, 대승의 성적 변형 현상의 출현은 브라만 세계관의 부분적 채택과 거부 모두로 보아야 한다고 주장한다. 이처럼, 이야기 전개 비유를 도입한 대승 작가들은 불교의 핵심 교리가 어떻게 양성평등의 옹호를 지지하는지를 설명하려는 의도로 그렇게 한 것이 아니라, 오히려 기존의 비유를 사용하여 공의 핵심 개념을 설명했다. 그렇게 함으로써, 이 대승 저술가들은 다소 부수적이며 우발적으로, 불교 교리와 관련하여 여성에 대한 차별은 도덕적이지 않다는 나의 위의 요점을 입증했다. 위에서 나는 연기 교리와 관련하여 이 점을 주장했다. 만물은 내재하는 존재가 비어 있다는 개념은 연기의 개념을 대승적으로 재개념화하고 재구성한 것으로 볼 수 있다. 비록 이렇게 말하는 것이 오히려 공의 복잡한 개념을 지나치게 단순화하는 것이긴 하지만. 그럼에도 불구하고, 모든 현상의 공허함을 성찰하고 받아들이는 것에 대한 종교 철학적 강조는 대승 수행의 핵심이다. 그리고 그러한 '공허한' 현상계의 한 측면은 성별 구분과 분류이다. 그리고 대승 작가들은 성적 변형에 관한 이야기 전개식 설명에서 이 점을 지적할 의도가 없었을지 모르지만, 오히려 무심코 그렇게 했다.

---

13 Goldman이 언급한 바와 같이, Palli 문학에서 자발적인 성 변화 사건이 하나 있는데, 이것은 주석에 있고, 경전에 있지 않다.(1993: 391 n.9) 따라서 이 에피소드는 브라만 자료보다 나중일 것이다. 이 에피소드에 대한 자세한 내용은 Anālayo 2014와 Appleton 2011을 참조.

결론

서론에서 언급한 바와 같이, 여성에 대한 차별의 유일한 근거가 될 여성의 열등성 문제에 대해 불교의 종파들과 전통들은 이 명제를 지지하는 유사하고, 똑같이 근거가 없는 이유를 제시한다. 상좌부와 대승의 주요 차이점은, 대승 텍스트들이 (무심코) 성차별이 도움이 되지 않으며, 수행자를 그들의 목표로 이끌지 않을 것임을 보여준다는 점이며, 성과 젠더 범주의 공허함을 선포하는 것이 현대 대승불교에서 여성에 대한 대우로 이어지지는 않는다. 여성의 열등성에 관한 생각을 고수하는 주된 이유는 비-교리적이며, 불교 윤리 또는 도덕적 의사 결정의 기초가 되는 원칙과도 무관하며, 따라서 근본적인 불교 원칙으로 전파되는 것보다는 사회 문화적 규범과 가치의 섭취로 더 많이 나타난다. 그러나 이것에도 불구하고, 여성은 오늘날 특정 불교 전통과 불교 공동체에서 차별을 받아왔고, 여전히 차별을 받고 있으며, 남성과 동등한 기회를 거부당하고 있다. 여성에 대한 이러한 부정적인 견해는 종종 신성불가침한 것으로 여겨지는 경전 및 기타 문헌에 포함되어 여성의 가치를 평가 절하하는 데 사용될 수 있으며, 이러한 평가 절하는 비록 전 세계적인 것은 아니지만, 일부에서는 불교 전통의 주류가 되었다.

인용 문헌

Anālayo (2009) The Bahudhātuka-sutta and its parallels on women's inabilities. *Journal of Buddhist ethics*, 16, 137-190.

Anālayo (2011) Chos sbyin gyi mdo, Bhikṣuṇī Dharmadinnā proves her wisdom. *Chung-Hwa Buddhist journal*, 24, 3-33.

Anālayo (2014) Karma and female rebirth. *Journal of Buddhist ethics*, 21, 108-151.

Anālayo (2015) The Buddha's past life as a princess in the Ekottarika-āgama. *Journal of Buddhist ethics*, 22, 95-137.

Appleton, N. (2011) In the footsteps of the Buddha? Women and the bodhisatta path in Theravāda Buddhism. *Journal of feminist studies in religion*, 27 (1), 33-51.

Banks Findly, E. (1999) Women and the arahant issue in early Pali literature. *Journal of feminist studies in religion*, 15 (1), 57-76.

Barnes, N. J. (2000) The nuns at the stūpa: inscriptional evidence for the lives and activities of early Buddhist nuns in India. In: E. Banks Findly (ed.), *Women's Buddhism, Buddhism's women: tradition, revival, renewal*. Somerville, MA: Wisdom, 17-38.

Beyer, S. (1978) *The cult of Tārā: magic and ritual in Tibet*, Volume 1. Berkeley and Los Angeles: University of California Press.

Bingenheimer, M. (2008) The Bhikṣuṇī Saṃyukta in the shorter Chinese Saṃyukta Āgama. *Buddhist studies review*, 25 (1), 5-26.

Bingenheimer, M. (2011) *Studies in Āgama literature, with special reference to the shorter Chinese Saṃyuktāgama*, Taiwan: Shi Weng Feng Print Company.

Chang G. C. C. (ed.) (1983) *A treasury of Mahāyāna sūtras: selections from the Mahāratnakuṭa sūtra*. University Park, PA and London: The Penn State

University Press.

Ching-mei S. (2008) A few good women: a study of the Liu Du Ji Jing (A Scripture on the Collection of the Sex Perfections) from literary, artistic and gender perspectives. PhD diss., Cornell University.

Chung I. Y. (1999) A Buddhist view of women: a comparative study of the rules for bhikṣuṇīsand bhikṣus based on the Chinese prātimokṣa. *Journal of Buddhist ethics*, 6, 29-105.

Clarke, S. (2013) *Family matters in Indian Buddhist monasticisms*. Honolulu: University of Hawai'i Press.

Collett, A. (2006) Buddhism and gender, reframing and refocusing the debate. *Journal of feminist studies in religion*, 22 (2), 55-84.

Collett, A. (2009) Somā the learned brahmin. Religions of south Asia, 3 (1), 93-109.

Collett, A. (2011) The female past in early Indian Buddhism: the shared narrative of the seven sisters in the Therī-Apadāna. *Religions of south Asia*, 5 (1), 209-226.

Collett, A. (2013a) *Women in early Indian Buddhism: comparative textual studies*. New York: Oxford University Press.

Collett, A. (2013b) Beware the crocodile: female and male nature in Aśvaghoṣa's Saundarananda. In: F. Ferrari and T. Dähnhardt (eds), *Charming beauties and frightful beasts: non-human animals in south Asian myth, ritual and folklore*. Sheffield: Equinox Publishing, 49-63.

Collett, A. (2015) Women as teachers and pupils in early Buddhist communities: the evidence of epigraphy. *Religions of south Asia*, 9 (1), 29-43.

Collett, A. (2016) *Lives of early Buddhist nuns: biographies as history*. New Delhi: Oxford University Press.

Collett, A. (forthcoming) Brahmanical influences on the phenomena of sexual transformation in Indian Mahāyāna literature.

Collett, A., and Anālayo (2014) Bhikkhave and bhikkhu as gender-inclusive terminology in early Buddhist texts. *Journal of Buddhist ethics*, 21, 760-797.

Dayal, H. ([1932] 1970) *The bodhisattva doctrine in Buddhist Sanskrit literature*. Delhi: Motilal Banarsidass.

Derris, K. (2008) When the Buddha was a woman: reimagining tradition in the Theravāda. *Journal of feminist studies in religion*, 24 (2), 29-44.

Dutt, N. (ed.) (1966) Bodhisattvabhumi. Patna: KP Jayaswal Research Institute.

Goldman, R. P. (1993) Transsexualism, gender, and anxiety in traditional India. *Journal of the American Oriental Society*, 113 (3), 374-401.

Gross, R. (1993) *Buddhism after patriarchy: a feminist history, analysis, and reconstruction of Buddhism*. Albany: State University of New York Press.

Krey, G. (2010) On women as teachers in early Buddhism: Dhammadinnā and Khemā. *Buddhist studies review*, 27 (1), 17-40.

Lenz, T. (2013) The British Library Kharosthī fragments: behind the birch bark curtain. In: A. Collett (ed.), *Women in early Indian Buddhism: comparative textual studies*. Oxford and New York: Oxford University Press, 46-61.

Muldoon-Hules, K. (2013) Avadānaśataka: the role of brahmanical marriage in a Buddhist text. In: A. Collett (ed.), *Women in early Indian Buddhism: comparative textual studies*. Oxford and New York: Oxford University Press, 192-220.

Nattier, J. (2003) *A few good men: the bodhisattva path according to the Inquiry of Ugra (Ugraparipṛcchā): a study and translation*. Honolulu: University of Hawai'i Press.

Paul, D. Y., and Wilson, F. (1985) *Women in Buddhism: images of the feminine in Mahāyāna tradition*. Berkeley and Los Angeles: University of California Press.

Peach, L. J. (2002) Social responsibility, sex change, and salvation: gender justice in the Lotus Sutra. *Philosophy east and west*, 52 (1), 50-74.

Powers, J. (2009) *A bull of a man: images of masculinity, sex, and the body in Indian Buddhism*. Cambridge, MA: Harvard University Press.

Schopen, G. (2008) Separate but equal: property rights and the legal independence of Buddhist nuns and monks in early North India. *Journal of the American Oriental Society*, 128 (4), 625-640.

Schopen, G. (2010) On incompetent monks and able urban nuns in a Buddhist monastic code. *Journal of Indian philosophy*, 38 (2), 107-131.

Schuster, N. (1981) Changing the female body: wise women and the bodhisattva career in some Mahāratnakūṭasūtras. *Journal of the International Association of Buddhist Studies*, 4 (1), 24-69.

Skilling, P. (2001) Nuns, laywoman, donors, goddesses: female roles in early Indian Buddhism. *Journal of the International Association of Buddhist Studies*, 24 (2), 241-274.

Stevenson, D. B. (1995) Tales of the Lotus Sutra. In: D. S. Lopez (ed.), *Buddhism in practice*. Princeton: Princeton University Press, 311-338.

Strauch, I. (2013) The Bajaur collection of Kharoṣṭhī manuscripts: Mahāprajāpatī Gautamī and the order of nuns in a Gandhāran version of the Dakṣiṇāvibhaṅgasūtra. In: A. Collett (ed.), *Women in early Indian Buddhism: comparative textual studies*. Oxford and New York: Oxford University Press, 18-45.

Walters, J. S. (1995) Gotamī's story: introduction and translation. In: D. S. Lopez, Jr (ed.), *Buddhism in practice*. Princeton: Princeton University Press, 107-132.

Walters, J. S. (2013) Wives of the saints: marriage and kamma in the path to arahantship. In: A. Collett (ed.), *Women in early Indian Buddhism: comparative textual studies*. Oxford and New York: Oxford University Press, 160-191.

Willis, Janice D. (1985) Nuns and benefactresses: the roles of women in the development of Buddhism. In: Y. Yazbeck Haddad and E. Banks Findly (eds), *Women, religion and social change*. New York: State University of New York Press, 59-86.

Young, S. (2004) *Courtesans and tantric consorts: sexualities in Buddhist narrative, iconography, and ritual*. New York: Routledge.

추천 도서

Anālayo (2009) The Bahudhātuka-sutta and its parallels on women's inabilities. *Journal of Buddhist ethics*, 16, 137-190.

Analayo (2014) Karma and female birth. *Journal of Buddhist ethics*, 21, 109-154.

Blackstone, K. R. (2000) *Women in the footsteps of the Buddha: struggle for liberation on the Therīgāthā*. Delhi: Motilal Banarsiddass.

Collett, A. (ed.) (2013) *Women in early Indian Buddhism: comparative textual studies*. New York: Oxford University Press.

Collett, A. (2016) *Lives of early Buddhist nuns: biographies as history*. New Delhi: Oxford University Press.

Goodwin, A. A. (2012) Right view, red rust, and white bones: a re-examination of Buddhist teachings on female inferiority. *Journal of Buddhist ethics*, 19, 198-343.

제27장 불교와 성

에이미 패리스 랑겐버그Amy Paris Langenberg

서론

금욕적인 사원 생활이 불교도 생활의 중심에 있기 때문에, 불교의 성 윤리라는 주제는 단순하고 지루하다고 생각할 수 있다.[1] 학자들과 일상적인 관찰자들 모두는 종종 불교를 성에 대해 부정적인 종교로 간주해 왔다. 예를 들어, 로저 콜리스Roger Corless는 퀴어 이론(queer theory)[2]과 다르마의 교차점에 대한 탐구를 시작하면서, ('붓다는 욕망이 매우 낮다'라는 시인 제임스 브로튼James Broughton의 재담에 대한

---

[1] 필자는 초기 원고에 대해서 세심하게 읽어 주시고 예리하게 논평해 주신 아날라요 Anālayo님께 감사를 표하고 싶다.
[2] 역주: 정상적인 성생활을 강화하고 당연시하는 전제들에 저항하는 이론으로, 1990년대 초 이후 본격적으로 대두된 비판 이론의 한 분야.

반응으로) '불교는 왜 그렇게 욕망이 매우 낮고, 따라서 섹스에 대해서도 그럴까? 섹스에 조금이라도 관심을 높이면서도 여전히 불교로 인식될 수 있을까?'라는 질문을 던진다.(2004: 229) 미나모토 준코源淳子는 '수년 동안 일본의 지배적인 성문화는 부정적 성향이 스며들었다'라고 관찰함으로써 일본 성생활의 역사적 구성에 관한 연구를 시작한다. '불교는 성생활에 대한 일본 문화의 부정적인 관점에 강한 영향을 미쳤다.'(Minamoto and Glassman 1993: 87) 그러나 불교계의 성생활을 둘러싼 상황은 미셸 푸코Michel Foucault가 그의 저술 '성애의 역사 1권'(1978)에서 묘사한 빅토리아 시대 유럽의 복잡한 성문화와 유사하다는 점에서 더 유용하게 이해될 수 있다. 푸코는 성적 금지가 규율적이고 적절하게 성적인 (또는 무-성애적) 개인을 직접적으로 산출하지 못하며, 오히려 성적 금지가 억압되거나 범법적인 성애가 나타날 수 있는 조건을 만든다고 주장한다. 푸코의 분석에 따르면, 예를 들어 빅토리아 시대 유럽에서 일어난 동성애에 대한 환자 취급이나 범죄화가 없었다면, 현대 동성애자는 그렇게 존재하지 않았을 것이다. 금지와 함께 저항과 비판이 오고, 그로부터 일탈적이고 반항적이며 도덕률-폐기론적 인격 형태가 생겨난다.

예를 들어, 팔리 비나야 제1장(Pāli Vinaya I)의 바라이죄波羅夷罪(pārājika)³에서 원숭이를 애인으로 삼은 승려, 중생을 성숙시키기 위해 매춘 업소를 방문하는 재가 보살 유마거사維摩居士(Vimalakīrti), 또는 중세 탄트라 텍스트를 채우는 뒤엉킨 요가 애호가를 생삭해

---

3 역주: 승가에서 퇴출되는 가장 엄한 범계.

보라. 게다가, 심지어 제한된 성의 표출(단추를 꽉 채워 입은 세련된 영국 귀족의 남성성, 또는 아마도 불교 승려의 독신주의)도 그에 못지않게 매력적이다. 우리는 미스터 다아시Mr Darcy에 대한 미스 베네트Miss Bennett의 연기가 자욱하게 피어오르는 매력을 믿는 데 문제가 없으며[4], 고전 텍스트에서 붓다 또는 그의 제자 중 일부가 아름답고 매력적인 남자로 묘사될 때 충격을 받아서도 안 될 것이다.

비록 지금까지 불교와 성이라는 주제에 관한 학술 연구의 수가 제한적이지만, 대부분은 명시적이든 묵시적이든, 붓다가 승려들에게 감각 인식이 욕망(또는 증오와 망상, 슬픔과 탄식, 탄생과 죽음)의 불꽃으로 타오르기 시작할 수 있다고 경고하는 쌍윳따-니까야(Sanyutta-nikāya: 상응부相應部 35.28)의 '불타는 설법경(Ādittapariyaya-sutta)'과 같은 가르침에 동의하지만, 그 주제에 대한 학문적 토론을 끝내도록 허용해서는 안 된다는 데 일치한다.(Cabezón 1993; Faure 1998; Gyatso 2005; Perera 1993; Powers 2009; Wilson 2003) 베르나르 포레Bernard Faure가 관찰한 바와 같이, 불교의 주요 전통은 '이 영역의 어떤 일반화도 부적절할 정도의 내적 복잡성을 제공한다.'(1998: 9) 더욱이 '불타는 설법'과 같은 불교 담론에서 발견되는 괴로움(dukkha)의 한 요소로서의 감각적 욕망에 대한 합리적이며 근거 있는 비판은 순결이나 무성애를 일률적으로 산출한다고 가정할 수 없다.

포레Faure에 이어, 이 장에서는 불교의 성적 규범과 이상을, 성적으로 다양한 사람들에게 생산적이며 진화하는 담론으로 여겨지는 푸코

---

4 역주: 제인 오스틴Jane Austen의 소설 '오만과 편견'의 주인공들.

Foucault적 접근 방법을 취할 것이다. 이 접근 방식에 따라, 이 장은 불교의 성 윤리가 보편적으로 적용 가능한 일련의 도덕적 의무로서의 불교 윤리보다는, 특정한 역사적, 사회적 맥락에서 개인의 번영에 도움이 되는 자아 상태를 육성하고자 하는 방식에 초점을 맞춘다. 이 장은 주로 고대, 고전, 중세의 인도 불교 성 윤리의 산만한 풍경을 불교 세계에 영향을 미치는 전통과 텍스트 본문에서 조사하고, 그 교차 문화적 차원(이런 성에 대한 담론이 오늘날까지 범아시아 불교 공동체에서 어떻게 구현되었고, 반기를 들었고, 재해석되었는지)을 특정 불교 전통의 전문가들이 설명하도록 남겼다.

정행 이론

브라흐마짜리야(Brahmacarya; Pāli. brahmacariya)는 '순수한 행위(淨行)'로 번역할 수 있으며, 불교 경전에서 승려의 영구적인 독신 생활을 나타내는 데 사용되는 단어이다. 브라흐마짜리야는 또한 포살布薩(uposatha)[5]에서 경건한 재가자들에 의해 행해지는 일시적인 독신 생활을 가리킨다. 팔리어 문헌 자료에서, 현자 고타마와 그의 제자들의 브라흐마짜리야는 특별한 존경을 받고 있으며, 때로는 저속한 마을 관행 가마담마gāmadhamma와 대조된다. 예를 들어, 범망경梵網經(Brahmajāla-sutta)의 규율에 관한 긴 부분(이 담론의 다른 곳에서도 발견됨)에서 '금욕적인 고타마는 불순함을 버리고 성에 대한 마을의

---

5 역주: 매달 두 번 15일/30일 승려들과 재가자들이 한곳에 모여 특별히 계율을 지키고 수행하는 의식.

관행으로부터 멀리 떨어져 산다'라고 말한다.(Walshe 1987: 68) 비나야 Vinaya와 그 주석 전통에서 섹스는 죄가 되는 관행(asaddhamma), 그리고 저속한 행위(vasaladhamma)로 더 많이 해석된다.(Perera 1993: 62) 피터 하비Peter Harvey는 그의 불교 윤리에 대한 포괄적인 조사에서, '비구나 비구니와 재가자 사이의 가장 명백하고 핵심적인 차이점은, 전자의 금욕에 대한 헌신, 즉 성교의 완전한 회피'라고 관찰한다.(2000: 89) 사실 비구와 비구니가 성관계를 하면 패배할 것이라는 바라이죄波羅夷罪(pārājika) 규칙을 승려 행동 규범인 바라제목차婆羅提木叉(prātimokṣa)의 맨 위에 배치한 것은, 독신주의가 붓다의 가르침을 실천하는 승가의 방식에 완전히 헌신한 사람들과 그 약속을 하지 않은 마을에 남은 사람들 사이를 분리하는 루비콘강[6]임을 시사한다.

팔리어 자료에서, 불교 출가자들은 자신들의 순수한 성행위를 평범한 사람들의 세속적 관능과 구별하고, 또한 일부 금욕주의 종파의 잘못되고 부패한 관행과도 구별하는데, 이들 종파 일부는 성에 탐닉한다고 한다.(Perera 1993: 74; Wijayaratna 1990: 104-105) 독신주의가 출가 생활의 타협할 수 없는 전제라는 점은, 담론에서 반복적으로 그려지는 감각적 쾌락과 고통 사이의 연관성으로부터 논리적으로 이어진다고 볼 수 있다. 맛지마-니까야(Majjhima-nikāya, 중부中部)의 근본법문경根本法門經(Mūlapariyāya-sutta)은 '(여래는) 기쁨(nandī)이 괴로움의 근원임을 이해했다'라고 말한다.(Ñāṇamoli and Bodhi 1995: 89) 여기서 난디nandī는 성적 즐거움(실제로 경에서 구체적으로

---

6 역주: 돌이킬 수 없는 지점.

언급하지 않음)뿐만 아니라, 모든 형태의 즐거움을 의미한다. 붓다와 그의 제자들에게, 고통으로부터의 해탈은 감각을 넘어서는 것이므로, 행복을 얻으려면 (단순한 감각적 기쁨이 아니라) 성생활을 포함한 모든 종류의 관능에서 물러나야 한다.

까마Kāma는 감각적 욕망과 욕망의 대상을 얻음으로써 느끼는 기쁨 모두를 가리키는 말로, 이러한 맥락에서 자주 사용되는 또 다른 중요한 용어이다. 까마는 임야와 재산과 돈에 대한 욕망을 포함하여 모든 유형의 물질적 욕망을 포함할 뿐만 아니라, 전형적으로 성적 접촉에 대한 욕망도 포함한다. 숫타-니파타(Sutta-nipāta: 경집經集 4.1)의 까마-숫타Kāma-sutta는 일련의 은유를 사용하여 까마를 추구함으로써 위험과 고통이 필연적으로 발생한다고 여섯 개의 게송으로 간결하게 설명한다. 탐욕스럽게 부와 여자를 좇는 쾌락 중독자는 곧 '부서진 배에 물이 들어가듯' 불행의 늪에 빠지지만, 마음챙김을 통해 쾌락의 끌림을 다스리는 사람은 뱀의 머리를 밟지 않는 사람과 같다. 까마를 터득한, '그는 물을 퍼낸 배를 타고 먼 기슭으로 간 사람처럼 홍수를 건널 것이다.'(Norman 2001: 103)

맛지마 니까야(64)의 마하말루인키야-숫타Mahāmāluṅkya-sutta는 성욕이 인간의 상태에 내재하여 있으며 그것은 우리가 그것을 개념화하거나 행동할 능력을 갖추기도 전에 잠재적으로 존재한다고 말한다: '누워 있는 연약한 어린 유아는 "감각적 쾌락"이라는 개념조차 가지고 있지 않은데, 어떻게 그에게서 관능적인 욕망이 일어날 수 있을까? 그러나 관능적인 욕망에 대한 근본적인 경향은 그 아이의 내면에 있다.'(Bodhi and Nāamoli 1995: 538) 이 잠재적인 성욕은 경험, 정신적 습관 및 행동을 통해 활성화된다. 연기 교리(Skt. pratītyasamutpāda, Pāli. paticcasamuppāda)에 따르면, 쾌락에 대한 집착은 갈애渴愛(Skt. tṛṣṇā, Pāli. taṇhā)의 산물이며, 감각(vedanā)에 의해 자극되고, 이는 다시 접촉(Skt. sparśa, Pāli. phassa)에 의해 자극된다.(Majjhima-nikāya 38; Dīgha-nikāya 15) 따라서 특정 형태의 감각 접촉이 중단되면, 특정 종류의 집착과 갈애가 감소한다. 성적 접촉은, 접촉(sparśa/phassa)의 한 형태로, 일련의 감각, 갈망, 집착으로 이어져 고통을 초래한다. 그러므로 지혜를 함양하고 애착을 극복하고자 하는 사람들은 부적절한 유형의 성 접촉을 피해야 하며, 만약 성 접촉이 발생했을 때 그에 대한 올바른 태도를 이해하고 만들어내야 한다.(Perera 1993: 37-38)

팔리어 텍스트의 담론과 그 주요 주석가인 붓다고사Buddhaghosa에 따르면, 까마와 그에 따르는 불행으로 이어지는 것은 성행위 그 자체만이 아니다. 앙굿따라 니까야의 한 구절에 이어 청정도론清淨道論(Visuddhimagga)에서 붓다고사가 '성의 일곱 가지 결합'이라고 나열한 다른 성적인 행위들은 금욕적인 승려의 순결한 상태를 오염시키는 일련의 감각적 반응을 끌어낸다. 여기에는 여성에게 마사지 받기, 여성과 농담하기, 여성의 눈을 응시하기, 여성의 목소리 듣기, 예전 여성과의 유쾌한 사회적 교류 회상하기, '오욕'에 탐닉하는 가구주의 삶을 자세히 관찰하기, 또는 청정한 삶(brahmacariya)의 결과로 천상계에서 환생하는 환상에 빠지는 것이 포함된다.(Buddhaghosa 1976: 51; Bodhi 2012: 1037-1039) 마지막 '결합'에 함축된 비판이 시사하듯이, 초기불교 전통에 따른 독신 생활의 명시적인 목적은 고통의 종식이지,

리그베다와 다른 곳에서 말하는 것처럼, 천상계의 환생 성취가 아니다. 다음 생에서 천상계 선녀들과의 성적 매력을 즐기기 위해 서약을 한 붓다의 이복동생 난다Nanda의 경우처럼, 천상의 보상을 목적으로 한 독신주의는 '바보의 정행淨行'이라고 불린다. (Perera 1993: 84)

팔리어 문헌 자료에는 감각적 기쁨에 대한 양면성의 흔적이 포함되어 있다. 예를 들어, 우각사라림경牛角娑羅林經(Mahāgosiṅga-sutta: MN 32)은 '샬라sāla 나무들이 꽃을 피우고, 하늘의 향기가 공중에 떠도는 것 같은' 낭만적인 달빛 숲에서 아라한의 기쁨을 묘사한다. (Bodhi and Ñāṇamoli 2005: 308) 때때로 이러한 양면성은 불교의 가르침에 정통하지 않은, 까마와 난디에 대한 남아시아의 광범위한 견해에 대한 반응으로 심지어 성적 쾌락까지 포함하는 것처럼 보인다. 예를 들어, 브리아다란야카-우파니샤드Bṛhadāraṇyaka-upaniṣad와 같은 브라만 자료는 때때로 생식적인 성을 성찬聖餐으로 묘사한다. 힌두교 베다 의식에서 희생자 아내의 여러 가지 행동은, 그녀가 제단의 빗자루와 상징적으로 성행위를 하거나 '뒤에서 잡기(anvārambhana)'라고 불리는 반복적인 의식 행위를 수행할 때와 같은 성적 상징성으로 가득 차 있다. 그리고 브라만 가구주 법에 따르면, 까마는 삶의 네 가지 주요 목표 중 하나이다.

이러한 것들과 성생활의 정신적, 도덕적 이점에 관한 범-인도적인 직관은 승가 공동체 내부와 주변에서 퍼졌을 것이다. 팔리 비나야Pāli Vinaya의 승잔법僧殘法(Saṅghādisesa IV)[7]은 사랑스러운 젊은 과부를

---

[7] 역주: 바라이죄(pārājika) 다음으로 무거운 죄로서, 이것을 범하면 일정 기간 권리를 박탈당하고 다른 곳에서 근신해야 한다. 그러나 참회함으로써 승가에

방문하여 법문으로 그녀를 기쁘게 하는 비구 우다인Udāyin의 이야기를 들려준다. 그녀는 그에게 유용한 공양물이 무엇인지 묻는다. 그는 비구가 가사, 탁발 음식, 숙소, 약은 쉽게 구할 수 있지만, 성교는 드물고 구하기 어려운 것이라고 대답한다. 부인은 이 요청에 당황하지 않고 흔쾌히 따른다.(Collett 2014: 69-73; Horner 1938: 222) 이 이야기를 읽을 때, 우다인은 취약하고 속기 쉬운 여성을 냉소적으로 이용하고 있지만, 사실 그와 젊은 과부는 섹스가 승가에 대한 희귀하고 가치 있는 공양물이라는 믿음에 진심이었을 수도 있다. 팔리 비나야의 섹스에 관한 연구에서, 페레라L. P. N. Perera는 팔리어 문헌 자료 내에서 반복되는 비유인 '최고의 공물(aggadāna)'을 섹스에 대한 아이디어로 식별하고 다른 많은 예를 인용한다.(1993: 100-102; Horner 1938: 61) 페레라는 브라만 전통과 특히 브리아다란야카-우파니샤드를 일반적으로 색인 작업하면서, 이 주제가 '붓다 시대의 원시적인 문화적 생존을 강하게 풍미한다'라고 추측한다. '원시적'이라는 수식어는 불필요하게 극단적이고, 시간상으로 부정확하며(브라만 고행 전통과 가구주 법은 비나야 편찬 당시 결코 먼 과거의 산물이 아니었기 때문에), 우다인 이야기를 '붓다 시대'에 역사적으로 위치할 수 있다고 간주할 명확한 이유는 없지만, 그럼에도 불구하고, 그릇된 재가 후원자와 심지어 승려들이 때때로 주류 불교 교리를 엄격하게 따르지 않는 섹스에 대한 긍정적인 견해를 신봉했다는, 페레라의 주장은 잘 받아들여지고 있다.

남기 때문에 '승잔'이라 한다.

더욱이 팔리어 담화를 읽을 때, 때때로 성행위의 브라만적 신성화뿐만 아니라 성적 자제와 정신적 열기 사이의 리그-베다 비유는, 완전히 정통적이고 주류적인 관점에서 불법(Buddha Dharma)을 표현하는 사람들에게조차도 은유로 나타난다는 느낌을 받는다. 디가 니까야(Dīgha-nikāya 21)의 제석문경帝釋問經(Sakkapañha-sutta)에서 오결락자五結樂子(Pañcasikkha)라는 천상의 음유시인은 붓다가 들을 수 있는 곳에서 사랑의 노래를 부르는데, 이 노래에서 그는 자기 연인에 대한 자신의 감정을 아라한의 법 경험과 비교한다. 명상하고 있던 붓다는 그의 노래를 칭찬하기 위해 나온다. 디가 니까야의 같은 컬렉션(DN2) 사문과경沙門果經(Sāmaññāphala-sutta)은 오르가슴 언어의 일종으로 특징지어질 수 있는 것을 사용하여 다섯 가지 장애(욕망, 악의, 나태, 흥분, 의심)에서 자신을 정화하고 선정禪定(jhāna)의 첫 단계에 들어간 사람을 묘사한다:

… 감각적 욕망에서 벗어나, 불건전한 상태에서 벗어나, 첫 번째 선정에 들어 머문다. … 기쁨과 즐거움으로 가득 차 있다. 그리고 무착無著에서 생겨난 이 기쁨과 즐거움으로 너무나 충만하고, 흠뻑 적시고, 채우고, 빛나게 되어, 그의 온몸에 이 무착에서 생긴 기쁨과 즐거움이 닿지 않은 곳이 없다. (Walsh 1987: 102)

사문과경은 이 문구에 이어, 한 숙련된 목욕하는 사람이 기름진 비누 덩어리를 주물러 기름으로 가득 차게 하는 직유를 포함한다.

같은 방식으로, 명상하는 출가자의 몸은 온통 기쁨과 즐거움(pīti-sukha; 희락喜樂)으로 흠뻑 적시게 된다. 주무름에 대한 언급이 있는 비누 덩어리 이미지는 명상하는 사람의 기쁨이 구현된 본성을 크게 부각하는 것으로 보이며, 이는 일반적인 쾌락과 불교 구원론에서의 역할에 대한 양면성을 얘기한다.(Anālayo 2014) 육체적으로 관능적인 신체적 자질과 경험이 정신적 성취에 필수적일 수 있다는 것은 이 장의 후반부에서 논의될 대승의 보살 비전에서 채택된 주제이다.

불교의 반출생주의

불교의 뿌리 깊은 반출생주의는 불교의 성 윤리의 근본으로 보아야 한다. 생식적 성은 신화, 다산 숭배, 종교적 도덕성, 결혼의 신성화를 통해 일부 종교 체계에서 가치를 부여하는 반면, 인도의 사원 불교를 인가한 텍스트들과 전통들은 인간 생식의 도덕적, 구원론적 가치를 부인하고, 생식과 일반적인 출생은 불도에 방해가 되는 현실이 있음을 나타낸다. 예를 들어, 법문 전반에 걸쳐 되풀이되는 대표적인 진리의 진술에서, 붓다는 '태어남으로 인해 늙음, 죽음, 슬픔, 비탄, 고통, 불만, 절망이 생긴다. 태어남이 바로 이 모든 괴로움의 근원이다'라고 주장한다.(Bodhi 2000: 533) 첫 번째 바라이죄(Pārājika I)는 승려의 경력을 망칠 죄목의 최상위에 생식적 성을 설정한다.(Giatso 2005: 280) 비생식적인 성관계는 금지되어 있기는 하지만, 승려들에게는 그렇게 문제가 되지 않는다.

고전 불교에서 출생 과정에 대한 취급은 특히 인도 불교의 반출생주의를 잘 보여준다. 예를 들어, 초기 1천 년경에 나온 '태아의 강림'이라고 불리는 불위난타설출가입태경佛爲難陀說出家入胎經(Garbhāvakrānti-sūtra)에서는 출생 과정에 대해 압도적으로 부정적인 설명을 제공하며, 인도 불교의 축적된 이미지에서 신체의 추악함을 지나칠 정도로 끌어낸다.(Kriszer 2014) 건강할 때조차도, 자궁은 정액, 피, 고름으로 가득 차 있다고 하며, 악취가 진동하는 늪이나 진물이 나는 상처에 비유된다. 갓 태어난 몸이 아무리 매끄럽고 완벽하더라도, 즉시 썩어지는 대상이 된다고 한다. 불위난타설출가입태경은 자궁을 발육 중인 태아를 위한 따뜻하고 아늑하며 편안한 요람으로 여기지 않는다. 반대로 태아는 자궁에 있는 동안 거의 끊임없는 고통과 불편함을 경험한다고 한다. 때로는 태아가 자궁에서 죽는데, 이 경우 산파가 태아를 조각내어 한 조각씩 추출한다. 이 경전에 따르면, 아기가 태어난 직후에도 다양한 고문을 겪는다고 한다. 건강한 임신의 만족, 성공적인 출산의 승리, 건강한 신생아 수유의 평화는 언급되지 않는다. 오히려 이 텍스트에서는, 출산, 그리고 이에 연관된 여성과의 생식을 위한 성관계는 모두 죽음으로 붕괴되어, 그것들을 불길하게 만든다.(Langenberg 2017)

고전 불교의 반출생주의에 주목하는 것은, 욕망의 문제에 추가하여, 고전 불교의 성 윤리의 기초가 되는 두 번째 근본적인 관심사를 조명한다. 성욕의 속박은 고통으로 이어지지만, 성욕은 또한 윤회의 수레바퀴를 돌려 인간 환생의 순환에 연료를 공급하는 생물학적 엔진이기 때문에 문제가 된다. 출산을 위한 섹스에 참여하는 것은, 무지와 불행을 끝없이 만들어내는 우주적 메커니즘에 참여하는 것이다. 몇몇 저명한 학자들은 아시아 전역에서 다양한 형태로 나타나는 불교의 반출생주의에 대해 논평했다. 무엇보다도 일본 낙태 의식에 관한 연구로 유명한 윌리엄 라플뢰르William Lafleur는 잘 알려지지 않은 논문에서 일본 불교에서 '반-다산주의'라고 부르는 것의 윤리적 의미를 분석한다.(2003) 리타 그로스Rita Gross는 티베트 전통에 뿌리를 두고, 인구 압박과 관련된 현대의 환경 문제의 맥락에서 불교의 반출생주의를 조사한다.(Gross 2000) 두 저자는, 어떻게 전근대 인도 불교가 출산에 대한 깊은 부정의 결과로, 예를 들어, 빅토리아 시대 기독교인 푸코Foucault가 이해하려고 했던 것과는 다른, 성적인 관심으로 구조화된 개념과 규율 관행을 낳았는지 조명한다. 두 사람 모두 생식과 성생활 사이의 도덕적으로 필요한 연결을 끊는 잠재적으로 자유로운 효과에 대해 언급한다: 라플뢰르는 일부 불교 사원 맥락에서 입증된 동성애에 대한 비교적 자유로운 태도에 우리의 주의를 환기하는 반면, 그로스는 구원론적으로 유효한 탄트라 섹스의 이미지를 불러일으킨다. 유사한 통찰력을 바탕으로 작업한 호세 카베종José CabezónJosé Cabezón은, 인도 불교 사원 생활의 성은 올바름(생식)과 일탈(동성애, 음탕, 자위)의 경계라기보다는, 주로 독신과 이성애, 승가 생활과 재가자, 생물학적 과정에서의 탈퇴와 참여의 경계를 표시하는 선을 따라 규제되었다고 언급한다.(Cabezón 1993)

만약 전근대 인도의 사원 불교가 생식의 금지를 주된 목적으로 성을 규제했다면, 구성원 대다수에게 이를 달성하게 하는 가장 좋은 방법은 당연히 엄격한 금욕을 요구하는 것이었다. 두 번째 최선은 일반적인 이성애보다 동성애 섹스 또는 비-사정 성행위를 용인(때로는 권장)하는 것이다. 자넷 갸초Janet Gyatso는 비나야Vinaya 법에 관한 그녀의 연구에서, 사원 환경에서 동성 상대의 섹스가 가능하긴 해도, '인간 여성은 섹스의 황금 표준으로 여겨지며: 비구의 가장 가능성 있는 파트너이자, 비구의 행동이 가장 엄격하게 규제되는 대상'인 점을 발견한다.(Gyatso 2005: 280) 고전 불교의 동성애에 관한 초기 논문 저자인 레너드 즈윌링Leonard Zwilling은 초기불교 문헌 자료에서 섹스와 젠더 비-순응자에 대한 만연한 편견에도 불구하고, 동성애 관계에 대한 '어느 정도의 방만'을 발견할 수 있다고 언급하는데, 다음과 같은 사실을 반영한다:

> 동성애적 우정은 말할 것도 없고, 동성애 자체가 승가 생활과 완전히 양립할 수 없는 것은 아니다. 동성애는 관련 당사자들이 그들이 헌신하는 질서를 포기하도록 유혹하지도 않고, 많은 사람이 탈출하기 위해 승가에 입문했던, 가족의 부담 문제로도 이어지지도 않는다는 점에서 그렇다.(1992: 209)

존 개릿 존스John Garret Jones는 본생담-선집에서 묘사된 것처럼, 그가 붓다와 아난다Ānanda의 전생 동안의 관계를 동성애적 친밀감으로 묘사한 것을 언급한다.(Jones 1979: 107-115; Cabezón 1993: 88-89) 이 주제는 또한 존 파워스John Powers에 의해 채택되는데, 그는 설법모음과 비나야에서, 남성의 우성은 동성애적으로 충전될 수 있지만, '남자들이 사랑에 빠지거나, 질투를 일으키거나, 이성애 커플들에게서 흔한 일종의 관계 문제를 경험할 수 있다는 것은 의미가 없다'라고 관찰한다.(Powers 2009: 161) 일본 사원의 남-남 사랑 전통은 고전적 전통에서 이러한 윤리적 저류를 끌어낼 수 있다.(Faure 1998: 233-278; Langenberg 2015) 데이비드 그레이David Gray와 자넷 갸초가 문서로 만든 인도와 티베트의 중세 탄트라 전통에서, 삽입은 하지만 사정하지 않는 섹스는 자격을 갖춘 수행자들에게 금욕보다 우월한 것으로 간주하는, 해탈을 실현하는 빠른 경로로 이론화되었다.(Gray 2007; Gyatso 1998) 이러한 발전은, 또한 고대, 고전, 중세 불교에서 문제가 되는 섹스 문제가 적어도 잘못된 욕망의 위험만큼이나 여성의 생식력이나 자녀 출산과 관련이 있다는 생각을 뒷받침한다.

불교 승가에서 적용된 성 윤리로서의 정행

승려의 '패배', 즉 승가로부터의 추방을 수반하는 첫 번째 바라이죄波羅夷罪(pārājika I) 규칙은 '승려는 그가 성관계에 탐닉하는 것은 무엇이든 패배한 사람이 되며, 그는 더 이상 승가에 있을 수 없다'라고 말한다.(Horner 1938: 38) 공동체의 공식 회의를 통한 판결을 수반하는, '패배 다음으로 두 번째로 심각한 범죄의 범주, 즉 승잔법僧殘法의 첫 번째 규칙(saṅghādisesa I)은, '고의적인 정액 방출은 교단의 공식 회의를 수반하는 문제이다'라고 명시한다.(Horner 1938) 여성과의 신체적 접촉, 외설적인 말, 여성과 단둘이 만남 등 기타 성적으로 관련된 범죄는 비구계 전체에 산재해 있다. 주석서 위방가vibhaṅga는 이러한 규칙을 풀어서 중요한 각 요소를 자세히 설명하고 가능한 많은 시나리오 적용을 설명한다. 이잘린 블루 호너Isaline Blew Horner

는 그녀의 1938년 '팔리어 경전 협회(Pali Text Society)' 번역에서 음란한 주석 텍스트로 여겨지는 내용을 삭제한 것으로 유명하다. 그녀는 서론에서 '우리 현대인만큼은 솔직한 말을 두려워하지 않는(초기불교 시대 사람들)'의 '조잡함'과 '자제력 부족'에 대한 현대인의 당혹감을 언급하면서 자신의 결정을 설명한다.(Horner 1938: xxxvii) 호너Horner 의 '계율서(Book of Discipline)' 최근 판에서 삭제된 구절은 페트라 키퍼-퓔츠Petra Kiefer-Pülz에 의해 번역되어 부록에 포함되었다.(2014: 349-373) 호너와 페레라L. P. N. Perera 모두는 팔리 비나야Pāli Vinaya의 주석서 숫타-위방가(sutta-vibhaṅga; 경분별經分別) 부분에 있는 성적 상황에 대한 자세한 내용은 승가 공동체만을 위한 것이고, 승가의 구성원 내에서 성적 불결을 입법화해야 할 시급한 필요성에 의해 동기가 부여되었기 때문에, 외설적이거나 의도적인 외설로 간주해서는 안 된다고 주장한다.(Horner 1938: xxxvii; Perera 1993: 39) 페레라는 성적으로 노골적인 비나야 텍스트는 까마(kāma; 감각적 욕망)와 파싸(phassa; 촉觸)에 대한, 그리고 그 구원론적 결과에 대한 경전적 진술의 맥락에서 해석되어야 한다고 생각한다. 반면에, 자넷 갸초는 자신의 연구에서 이러한 텍스트들의 명백한 유머, 이중적 의미, 그리고 뒤틀린 자기-지시성을 무시하기 어렵다는 것을 발견했다.(Gyatso 2005: 271-272) 갸초는 자신의 연구에서 유머, 판타지, 학문적 결벽성, 윤리적 모호성의 가능성을 소개하면서, 페레라와 호너보다 더 큰 수준의 해석학적 복잡성을 가진 '비나야의 금지된 성행위에 대한 과잉-분석'에 의문을 제기할 수 있게 한다.(Gyatso 2005: 271)

팔리 비나야의 성에 관한 규칙들은, 화려한 풍요로움과 겉보기에 인간의 성적 충동의 구석구석을 탐구하는데, '억압 가설'에 대한 푸코 Foucault의 비평을 완벽하게 설명한다. 불교 사원의 승려 계율이 취한 금지적인 입장은 성을 폐쇄하기보다는, 역사적인 현실은 아니더라도, 적어도 비나야라는 담론적 공간에서는, 성적 행동의 바이러스적 확산을 방출하는 것처럼 보인다. 그곳에서 섹스는 모든 다양성으로 정량화되고 측정되고 명시된다. 성교는 법적으로 '남성의 성기가 여성에게 삽입될 때마다 … 참깨 알맹이 깊이만큼일지라도'라고 정의된다.(Horner 1938: 47) 어떤 비구가 보상을 두고 암컷 원숭이를 설득한 후, 그 암컷 원숭이와 반복적인 성관계를 했다고 전해지기 때문에 (Horner 1938: 38-40, 341; Kieffer-Pülz 2014: 350-351, 354), 동물과의 성관계도 정행(brahmacariya)의 최종 위반으로 지정된다. 바라이죄 제1조에 대한 주석은 또한 소변을 보는 동안 사슴에게 접근하는 한 비구의 이야기를 서술한다. 사슴은 그 비구의 음경을 입에 물고 '소변을 마신다.' 비구는 허락하고 패배한다.(Kieffer-Pülz 2014:358-359) 다양한 다른 가능한 상대들과 구멍들(orifices)도 열거된다. 파트너에는 인간 여성과 동물 암컷 외에도 다음이 포함된다: 인간이 아닌 암컷; 자웅동체의 인간, 비인간, 동물; 우리가 빤다까paṇḍaka[8]라고 부를 수 있는 인간, 비인간, 동물; 인간 남성, 비인간, 동물이 있다.(Anālayo 2015: 439-443; Gyatso 2003; Gyatso 2005: 278; Kieffer-Pülz 2014: 351-352; Zwilling 1992) 구멍에는 다음이 포함된다: 항문, '소변의

---

8 역주: 전통적인 성별, 성 기능으로 구별되지 않는 성적 소수자, 불남不男 또는 무근無根으로 번역.

경로' 또는 '액체의 경로'(기능에 대한 심각한 오해를 암시하는 질에 대한 용어), 그리고 입이다.(Horner 1938: 341; Kieffer-Pülz 2014: 351) 위의 모든 파트너 유형의 모든 구멍에 참깨 깊이만큼이라도 삽입하면 '패배'로 이어지는 성관계로 인정된다.

우리는 또한 다양한 의상 선택; 엄지손가락으로 삽입;[9] 곡예적인 자기성애; 다양한 분해 단계의 시체에서 발견되는 다양한 구멍들과의 섹스; 근친상간; 나무 인형이나 석고 인형과의 섹스; 여성 후원자에 의한 손 자극; 나가nāga[10], 야차yakkha 및 유령과의 섹스; 남자에 의한 비구니 강간; 여성에 의한 비구 강간; 수련생, 여성 행자, 매춘부, 빤다까, 여성 가구주, 또는 다른 비구와 강제로 성관계를 맺는 비구와 관련된 성행위에 대해 듣는다.(Horner 1938: 46-64; Kieffer-Pülz 2014: 350-359) 이렇게 열거된 성적 행위들은 상황과 승려의 정신적 태도에 따라 다양한 수준의 징계 조치를 초래한다. 예를 들어, 만약 어떤 비구가 자신의 성기를 자신의 입에 넣을 만큼 곡예를 한다면, 별도의 파트너가 관여하지 않았음에도 불구하고 그는 패배한다. 어떤 승려가 '상대방'에 의해 그 파트너가 누가 되었든, 어떤 의식 상태(깨어 있거나, 자고 있거나, 술에 취했거나, 미쳤거나, 죽었거나)에서 관계를 맺도록 강요 받았다고 하더라도, 성행위의 일부 또는 모든 단계(청원, 삽입, 질에

---

9 바라이죄 I의 주석에는 비구가 등을 대고 누워 있는 어린 소녀(dārikā)와 마주치는 시나리오가 포함되어 있다. 비구는 흥분해서 엄지손가락을 그녀의 음부에 집어넣는다. 그 소녀는 죽는다. Kieffer-Pülz는 여기서 설명하는 것은 유아의 성적 학대라고 제안한다.(2014: 354 n.3)
10 역주: 반은 인간 반은 뱀인 신.

머묾, 빼기)에 동의하는 경우, 그는 패배한다. 그러나 성행위 당시에 그가 규칙을 모르거나, 동의하지 않거나, 잠자고 있거나, 영구적으로든 일시적으로든 자신의 정신 상태를 통제할 수 없거나, 초심자일 때는 위법행위가 아니다.(Horner 1938: 49-51, Kieffer-Pülz 2014: 353-354) 승려가 석고 조각상이나 나무 인형을 사용하여 자신을 자극한다면, 그것은 단지 경죄輕罪인 둑까따(dukkaṭa; 악작죄惡作罪)를 범하는 것에 해당한다.(Horner 1938: 55; Kieffer-Pülz 2014: 355) 비구가 무력한 상태에서 강간을 당했다면, 비록 그의 몸이 성적인 반응을 보였고 그가 정액을 사정했더라도 범죄가 아니다.(Horner 1938: 58; Kieffer-Pülz 2014: 357-358) 비구가 여성과 성행위를 할 의도가 있으나 그녀를 만질 때 양심에 가책을 느낀다면, 그는 승가의 공식적인 징계조치(승잔죄; saṅghādisesa: 근신)를 받지만 패배하지는 않는다.(Horner 1938: 58) 어떤 승려가 단지 섹스를 꿈꾸는 것이라면, 범죄는 아니다.(Horner 1938: 60-61) 만약 어떤 비구가 완전히 수동적이지만 성적인 쾌락이라는 '최고의 공양물'을 주는 경건한 재가자 여성의 자위행위에 굴복한다면, 그는 공식적인 징계를 받지만 패배하지는 않는다.(Horner 1938: 61)

갸초가 지적한 바와 같이, 욕망(Kāma)은 성범죄를 심판하는 데 있어서 유일하거나 심지어 가장 중요한 요소가 아닌 것 같다.(2005: 280) 능력이 손상되어 생식기에서 즐거움이나 고통을 느끼지 못하는 어떤 승려가 성행위를 하는 것은, 범죄가 아닐 것으로 생각하는 예도 있지만, 붓다는 그가 패배했다고 판결한다. 일반적으로, 범죄의 정도는 성적 쾌락의 부재 또는 존재로 측정되지 않는다. 나무 인형과 성행위를 하고, 아마도 많은 즐거움을 경험하는 비구(사실 그는 '흥분'한 것으로 묘사됨)는 단지 가벼운 잘못을 저질렀을 뿐이다.

갸초는 또한 열거된 구멍에서 열거된 파트너와 삽입 성교는 패배를 초래하지만, 다른 성적 족쇄(만지기, 사귀기, 희롱)를 지배하는 덜 심각한 범죄 범주에 속하는 규칙에서는 이 '파트너 등가성'이 떨어진다고 지적한다. 예를 들어, 비구가 죽은 여자나 남자보다 살아 있는 여자와 신체 접촉을 하거나 몸을 비비는 것이 더 심각하다.(Gyatso 1005: 280) 완전한 계를 받은 비구니의 경우, 비구들의 패배를 초래하는 네 가지 결점 대신 여덟 가지가 있는데, 파트너 등가성은 바라이죄 위반 수준에서도 떨어진다. 비구니를 위한 바라제목차(prātimokṣa, 비구니계)는 쇄골과 무릎 사이를 만지거나 손을 잡는 것과 같은 남성과의 의도적인 음탕한 신체 접촉은 결과적으로 성교가 발생하지 않더라도 바라이죄라고 명시한다. 성적 끌림으로 은둔하고 있는 남자를 만나거나, 추파를 던지거나, 정숙하지 못하거나, 외설적인 몸짓을 하는 것, 역시 비구니에게 바라이죄 수준의 위반이다.(Tsomo 1996: 28-29, 82-83; Wijayaratna 1990: 93-94; Wijayaratna 2010: 119-122) 그러나 비구니가 접착제로 인공 남근을 만들거나, 그것을 사용하거나, 다른 비구니와 함께 상호 자위행위를 하거나, 스스로 자위행위를 하거나, 자신의 질에 첫 번째 관절을 지나 두 손가락을 삽입하는 경우는, 속죄를 요구하는 사소한 수준의 죄를 범하는 것이다.(Tsomo 1996: 50, 111; Wijayaratna 2010: 128-129)[11] 여기서 우리는 다시 한번, 성행위

---

11 이러한 규칙에 대한 변형은 종파적인 비구니 율장에서 증명된다. 예를 들어, 법장부法藏部 계율(Dharmaguptaka Vinaya)에서는 비구니들이 서로 자위하는

가 아무리 즐거울지라도 그것이 잠재적으로 생식적인 이성애 성교로 귀결될 것 같지 않다면 덜 심각하게 받아들여진다는 것을 본다.

갸초는 또한 의도나 정신적 태도가 비나야에서 성범죄를 판결하는 데 있어서 갖는 모호하고 놀라운 역할을 탐구한다. 의도는 일반적으로 행위의 도덕적 질(kamman)을 결정하는 가장 중요한 요소로 이해된다. 그러나 승가 공동체의 성적 행동을 실질적으로 관리할 때, 의도는 결과의 심각성을 결정하는 여러 요소 중 하나일 뿐이다. 승려가 성행위에 동의 또는 의도하는지 아닌지는, 우리가 본 것처럼, 그 행위가 패배를 수반하는지를 결정하는 데 가장 중요하다. 그런데도, 승려 성범죄의 전형인 비구 수딘나Sudinna의 경우에는, 성행위를 하려는 의도(그리고 욕망)가 다소 부족하다. 비록 수딘나가 성적으로 반응하여 그의 전 부인을 임신시켰지만, 처음에 그는 가족에 대한 의무와 책임감에서, 극도로 꺼리는 마음으로 전 부인과 성관계를 갖는 데 동의한다. 그가 섹스하려는 의도는 그 자신보다는 단호한 어머니에게 더 속해 있다.

갸초는 비나야 계율의 이러한 놀라운 특징들이 '정신적인 성취나

것을 금지하는 반면, 근본설일체유부根本說一切有部 계율(Mūlasarvāstivāda Vinaya)에서는 비구니가 스스로 자위하는 경우만을 언급한다. 마찬가지로, 법장부 전통은 비구니들이 인공 남근을 만드는 것을 금지하지만, 사용을 금지하는 것은 아니다. 근본설일체유부 전통은 인공 남근을 사용하는 것은 반대하지만, 그것을 만드는 것은 반대하지 않는다고 말한다. 팔리 비나야 전통도 마찬가지로 이러한 규칙의 가변성을 증명한다. 간결함을 위해 (그리고 내가 말하는 더 큰 요점에 크게 영향을 미치지 않기 때문에) 여기서는 이러한 다양한 전통을 구별하지 않는다.

깨달음에 관한 것'이 아니라 '공동체를 정의하는 역할을 한다'라는 사실에서 비롯된다고 주장한다.(2005: 281) 즉 승가 공동체는 일상적인 가사를 반대하는 것으로 정의되는데, 이는 직간접적으로 아이들의 출생으로 이어질 수 있는 성행위나, 생식적인 성행위와 유사한 성행위가 단순히 관능적인 욕망을 표현하고 불을 지르는 성행위(자위행위와 같은)보다 더 심각한 것으로 여겨진다는 것을 의미한다. (가임의 젊은) 여성과의 섹스가 '섹스의 황금 표준'이라는 갸초의 주장(2005: 280)은 이러한 통찰에서 비롯된다.

이 분석 방법은 성과가 있고, 이전 학자들이 명확하게 표현하지 못한 이 텍스트 내의 놀라운 긴장 관계의 발견을 기반으로 하지만, 나는 여러분이 괜찮다면, 경(經, suttas)의 세계를 율(律, Vinaya)의 세계에서 엄격하게 분리하는 것을 주저할 것이다. 비나야는 확실히 특정한 사회-역사적 맥락 안에서 '공동체를 정의'하지만, 동시에 '정신적 성취 또는 깨달음'과 의심할 여지없이 연결된 미덕의 수행을 위한 실용적 지침서로서 작동해야 한다. 갸초의 발견이 도움이 된다는 것을 인정하면서도, 나는 바라이죄 1과 그 주석(그리고 팔리어 율장의 다른 부분)에서 분명하게 드러나는 의도와 행위, 쾌락과 다산 사이의 긴장, 이성애자 대 비-이성애자 사이의 긴장에 관한 논쟁을 다른 방향으로 밀고 나갈 것이다. 비구들이 여성들과 아이를 갖는 것을 막는 것은, 비록 그것이 아무리 중요할지라도, 순전히 공동체의 온전함을 지키는 문제만은 아니다. 그것은 또한 불교의 구원론과 도의 실천적 표현 모두의 기본 구성 요소인, 심오한 불교의 반출생주의 차원이기도 하다. 그러므로 여성과의 성관계가 비구가 피해야 할

'황금 표준'이며, 갸초가 이것(그리고 다른 많은 것들)을 올바르게 이해하고 있다는 사실은, 불교의 제도적 이론의 한 요소로서만이 아니라, 불교의 응용 윤리의 기본적인 특징으로 볼 수 있다.

비록 비나야 입법자들이 일반적으로 수딘나Sudinna에 의해 예시되는 규범적이고 잠재적으로 생식적인 성을 규제하는 것에 관심이 있었지만, 그들은 말하자면, 선교사-체위[12]를 훨씬 뛰어넘는 인간적이고 친밀한 성애에 대한 이해를 보여준다. 그들은 성별 다양성, 동성애, 물품 음란증, 성적 공격성, 비-삽입적 성행위, 그리고 자기성애를 솔직하게 인정하고 판결한다. 아이를 낳도록 강요받은 승려는 단순히 오르가슴을 원하는 승려와는 다르게 행동하며, 다소 다른 축을 따라 징계를 받아야 한다. 마찬가지로, 경건한 재가 여성으로부터 성적인 제의를 받는 비구는 음탕한 행인에게 강간당한 무능한 비구와는 다르게, 재가 여성에 의해 자위행위를 하는 비구와 감방 동료와 성관계를 하는 비구와는 다르게, 만족을 위해 자신의 구멍 중 하나를 사용하는 승려와 석고 섹스 용품 등등을 사용하는 승려와는 다른 방식으로 징계를 받아야 한다.

비나야는 때때로 깨져서는 안 되는 일련의 규칙으로 단순화된 방식으로 읽히지만, 사실 내가 읽은 바에 따르면, 비나야 입법자들은 인간의 성에 대해 혹독한 금지의 벽으로써 대항하지는 않는다. 오히려, 그들은 다양한 가능한 시나리오의 미묘한 차이에 정교하게 반응한다. 따라서 나는 비나야에서 승려들의 성적 행위가 징계 되는 여러

---

12 역주: 남성 상위 자세라고도 불리는, 여성의 등이 바닥을 향해 누운 성행위 자세.

교차 축(의도적/무의식적 또는 비의도적, 능동적/수동적, 이성애적/비-이성애적, 삽입/비삽입, 생식적/비생식적, 열정적/비-열정적, 살아 있는 파트너/죽은 파트너 또는 무생물 파트너)을 그것들 자체가 단순히 '자연적'이거나 불교 이전의 것들이 아니라, 오히려 불교의 성적 담론의 모체에서 백 배로 나타나는 성적 행위(상상하거나 관찰한)의 복잡성의 수용으로 해석한다. 불교 사원의 승려 계율은 적어도 두 가지 주요한 초점(고통의 구원론과 출산에 대한 비판)을 가진 금지적인 불교의 성 담론에 반응하고 구성하기 때문에, 정교한 규율 논리를 채택하며, 그리고 그것은 다수의 미시적 저항과 위반, 그리고 다중 주관성의 여러 주머니를 생성하며, 이 모든 것은 입법자들이 범죄의 분기 분류법으로 정렬해야 한다.

'붓다는 섹시하다', 정행에 대한 후기 고전, 중세, 초기 현대의 해석

작고한 페미니스트 불교학자 리타 그로스Rita Gross는 인구와 소비에 대한 불교적 관점을 논의한 2000년의 논문에서, 금욕이라는 사원의 이상에도 불구하고, 생식과 성생활을 분리하는 불교의 반출생주의는 종교적 맥락에서 보기 드문 다양한 인간의 성생활에 대한 개방의 여지를 만든다고 주장한다. 그로스는 예를 들어, 로마 가톨릭교회의 출생주의는 자위행위나 동성애와 같은 비생식적인 성적 행위에 대해 도덕적 비난으로 이어지지만, 반면에 불교에서는 일차적 선으로서의 재생산을 평가절하함으로써, 다양한 성적 표현의 가능성을 부수적으로 허용한다고 관찰한다. 그로스는 또한 '성애가 가장 심오한 종교적 진리의 상징이자 자신의 타고난 깨달음을 발전시키기 위한 사색적 운동'으로 공공연하게 묘사되는 금강승 불교에서의 파트너 요가와 얍윰[13] 이미지(성적 포옹으로 묘사된 신)를 칭송한다.(Gross 2000: 421-422)

그로스는 역사가로서가 아닌, 건설적인 방식으로 글을 쓴다. 그런데도, 성애와 생식이 분리될 때 나타나는 가능성에 대한 그녀의 통찰력은, 하나의 놀라운 후기 고전, 중세 및 초기 현대 불교 주제를 볼 수 있는 유용한 렌즈를 제공한다. 고대인도에서 불교적 사고와 수행이 발전함에 따라, (그리고 티베트와 그 너머의 문화와 상호 작용하면서) 붓다는 일종의 성적 상징으로 등장하고, 보살들은 적절할 때 성을 교육 도구로 사용하도록 권고받으며, 결국 성은 불교의 구원론적 목표에 활용된다. 그로스는 욕망에 대한 부정적인 평가에도 불구하고 불교와 같은 반출생주의 전통에서 가능한 섹스(그리고 섹시함)의 긍정적인 참여를 고려하도록 우리에게 요청한다. 비록 그녀가 성애에 관한 푸코Foucault의 연구를 인용하지는 않았지만, 불교 구원론이 생식과 성애의 분리를 지지하는 방식에 대한 그녀의 통찰은 푸코의 억압적 성애가설을 보완한다. 두 사람 모두 어떤 특정한 종류의 성에 대한 도덕적, 형이상학적 의심, 그리고 전반적인 인간의 성애에 대한 의심은, 성적 상상력과 행위의 위축이 아니라 점점 더 창의적이고 복잡한 성에 대한 참여를 뒷받침한다고 주장한다.

---

13 역주: Yab-yum, 티베트어로 아버지-어머니, 탄트라 남녀 포옹상, 지혜와 자비의 합일을 상징, 남성상은 자비와 숙련된 방편을 여성상은 통찰을 상징, 얍윰에서는 여성상이 남성상의 무릎에 앉고, 반대로 남성상이 여성상의 무릎에 앉는 경우 윰얍Yum-yab이라고 칭함.

그러한 참여는 항상 미미한 것이 아니라, 말하자면, 눈에 잘 띄지 않는 곳에 숨어 있는, 종종 주류적인 것으로 밝혀졌다. 존 파워스John Powers는, 붓다와 그의 제자들이 남자답고, 정력이 넘치고, 성적 매력이 있다고 자주 묘사하는 인도의 산스크리트어와 팔리어 문헌에서 끌어온 그의 불교 남성성에 관한 연구에서, 성적 매력이 불교 전통의 중심에 자리 잡고 있다고 주장한다.(2009) 파워스에 따르면, 고대인도 불교의 문학과 예술에서, 불도에 정진하는 독신 남성들은 냉정하거나, 동떨어져 있거나, 추상적이거나, 무-성애적이거나, 지적이지 않다. 오히려 그들의 신체적 아름다움과 힘이 많이 강조된다. 이미 언급한 바와 같이, 비나야 문헌에서 비구들은 여성들에 의해 성적 행위가 제안되고, 심지어 성적으로 공격당하기도 하며, 여성들은 비구들이 거부할 수 없다고 생각하는 것처럼 보인다. 역사적으로 복잡하고 독특한 이유로 인해, 유럽과 미국인들의 학문과 대중적인 담론은, 불교의 강한 남성성이 용어상 모순처럼 보이고, 따라서 그런 이미지를 차단하는 지점에 이를 정도로, 중성적이고 성적으로 무기력한 불교 승려의 이미지를 전면에 내세웠다. 그러나 파워스는 불교의 남성성에 관한 연구를 시작하면서, '인도 불교 문헌에 나타난 초남성적 이미지의 충만함'(그는 그중 일부를 이전에 이 사실을 알아채지 못한 채 여러 번 읽은 적이 있다)에 얼마나 '충격'을 받았는지 말한다. 그는 이렇게 언급한다:

'내가 보기 시작했을 때, 그런 이미지들은, 페이지에서 뛰어내려 완전히 새로운 버전의 붓다, 인도 전사 계급(kṣatriya)의 이상을 의인화한 붓다, 그의 육체적 아름다움으로 여성을 기절하게 만들고, 그의 비범한 체격의 지각적 영향을 통해 사람들을 그의 가르침으로 개종시킨 붓다로서 대면하는 것 같았다.'(Powers 2009: 3)

파워스의 더 큰 요점은, 비평가들에 의해 도전받지 않은 것은 아니지만(Ciurtin 2010-2011), 붓다가 '궁극적 인간(puruṣottama)' 또는 '인간 중의 황소(puruṣarṣabha)'로 묘사될 때, 이 별명은 그의 궁극성이 단순히 지도자로서의 지혜나 중요성의 구현으로서만이 아니라, 그의 이상적인 남성성에 대한 것이며, 또 그렇게 이해되어야 한다는 것이다. 파워스의 관점에서 볼 때, '짱끼Cankī에 대한 담론'(맛지마-니까야 MN94)에서 붓다가 '잘생기고, 곱고, 우아하고, 최상의 안색의 아름다움을 소유한' 것으로 묘사될 때(Bodhi and Ñāṇamoli 1995: 776; Powers 2009에서 인용: 3), 그리고 붓다에 대한 인도의 예술적 묘사가 그의 이상적인 아름다움, 완벽한 비례, 신체적으로 뛰어난 몸매를 찬양할 때(Powers 2009: 56-62), 진정으로 강조되는 점은 그의 아름다움이 나타나는 것으로 여겨지는 미덕과 비범한 지혜에 있는 것이 아니라, 형상화된 형태의 카리스마적 본질, 기본적인 신체의 매력 수준에 있다.

이 읽기에서, 일부 인도 불교 문헌들은 붓다의 생식기의 완벽함과 변형적 특성을 강조하면서, 요점에 더욱 다가간다. 붓다의 몸에 나타나는 삼십이상三十二相(lakṣaṇa) 중 하나는 종마, 황소 또는 수컷 코끼리의 음경처럼 외피에 싸여 있는 남근이다.(Mrozik 2007: 64; Powers

2009: 13) 디가-니까야 30(Dīghanikāya 30: 장부長部)의 삼십이상경三十二相經(Lakkhaṇa-sutta)에 따르면, 이 특별한 위대함의 표시(팔리어로 kosohitta vatthag-uhya로 기술됨)는, 이 위대한 남자(mahāpuruṣa)가 세상에 남아 있기로 선택한다면, 그는 많은 아들의 아버지가 될 것임을 나타낸다. 만약 그가 속세를 떠나 정신적 스승이 된다면(고타마처럼), 그는 또한 그의 가르침을 따르는 많은 자녀(puttā vacanānasārino)를 갖게 될 것이다.(DN 3.162)[14] 붓다의 특별한 남근은 설득의 도구이자 정당성을 부여하는 표지로 기능하는 경우가 많다. 예를 들어, 맛지마니까야(91)(MN 91)의 범마경梵摩經(Brahmāyu-sutta)에서 붓다는 한 젊은 브라만에게 자신의 외피에 덮여있는 남근을 보이면서 자신이 진정으로 '성취한 자, 완전히 깨달은 자, 세상의 베일을 벗긴 자'라고 설득한다.(Bodhi and Ñāṇamoli 1995: 744-745) 한문본으로만 존재하는 '바다 같은 붓다 추모 묵상의 설법'이라는 제목의 대승 문헌에 따르면, 붓다는 그의 등을 대고 누워 특별한 외피에서 그의 음경을 밀어내어 그것이 마법에 걸린 수미산의 이미지를 세 번 감싼 후 하늘까지 뻗어 오르게 함으로써 자이나교 고행자 집단을 개종시켰다.(Powers 2009: 14) 이 경우에 그의 특이한 음경이 유혹적이라기보다는 인상적으로 보이는 것은 사실이다.(비록 이것은 아마도 차이가 없는 구별일 수 있지만) 불교의 화신 논리에 따르면, 붓다의 몸은 욕망이 아닌 순결의 직접적인 결과로서 잘 만들어졌고, 천부적인 존재라는 점을 강조하는 것 또한

---

14 나는, 나탈리 거머Natalie Gummer가 붓다의 인상적인 큰 혀, 웅변적이고 생산적인 연설, 덮인 남성 성기와의 사이를 연결하는 팔리어 자료에서, 지금까지 출판되지 않은 그녀의 연구를 공유해 준 것에 대해 감사드린다.

중요하다. 즉 그는 욕정의 대상일 수 있지만, 그 자신은 욕정을 품지 않는다. 더욱이, 불설나마가경佛說羅摩伽經(Gaṇḍavyūha-sūtra)에서와 같이, 붓다의 완벽한 순결은 때때로 그의 추종자들의 모든 성욕 감정에 장애가 된다고 한다.(Powers 2009: 13) 그러나 이러한 금지적 시각은 붓다의 완벽하고 순수한 금욕이, 금욕이 아니라 특별한 종류의 남성적 활력과 카리스마를 낳는다는 점을 암시하는 남성적 묘사의 배경으로 고려되어야 한다. 사실 누군가는, 푸코 방식으로써, 붓다의 순결이 그의 남성성을 생산하고 강조한다고 주장할 수도 있다. 그런 경우 이 모델은 승려들에 의해 모방될 수 있다.

수잔느 므로지크Susanne Mrozik는 인도 불교 윤리의 화신 차원에 관한 중요한 연구를 수행했는데, 이는 학처요집學處要集(Śikṣāsa-muccaya)이라는 제목의 인도 날란다Nālandā 승려 산티데바Śāntideva[15]의 중세 초기 논문에 초점을 두고 있으며, 이것은 파워스의 강조점인 초남성적인 이미지에 대한 이론적 근거를 설명하며, 에틱[16]이 아닌 이믹[17]적이다. 학처요집은 보살들에게 항상 다른 존재들을 기쁘게 하고 즐거움을 제공하라고 조언한다. 왜? 므로지크가 설명했듯이 산티데바에 따르면, 보살들은 다음을 수행해야 하기 때문이다:

---

15 역주: 적천寂天, 8세기 인도 승려, 중관파 철학자, 저서로는 학처요집, 제경요집, 입보리행론 등이 있다.
16 역주: etic; 언어와 기타 인간 활동을 분석하고 기술하는 데 있어서 기능 면을 문제 삼지 않는 비구조적 분석.
17 역주: emic; 인간 행동을 분석하고 기술할 때 기능 면을 중시.

그들이 가진 모든 것을 사용하여 중생을 그들에게, 즉 불법(Dharma)으로 끌어와야 한다. 보살이 중생을 끌어들일 수 없다면, 윤회하는 중생의 고통에서 중생을 완전히 해방할 수 없다. 중생을 끌어들이는 일은 너무나 중요하기에, 보살이 (그렇게 하려고) 재가자 또는 승려의 계율을 위반할 수도 있을 정도이다.(Mrozik 2007: 26)

때때로 즐거운 중생들은 성적 또는 낭만적인 만족의 형태를 취한다. 예를 들어, 혜상보살문대선권경慧上菩薩問大善權經(Upāyakauśalya-sūtra: 학처요집에서 인용)에서는 42,000년 동안 독신 생활을 유지했음에도 불구하고, 불법에 인도하기 위해 그에게 청혼한 여성과 결혼한 조티스Jyotis의 이야기를 전하고 있다.(Mrozik 2007: 27) 학처요집에 따르면, 쁘리얀카라Pryaṃkara 보살은, 욕망을 가지고 그를 바라보는 모든 여성은 남자로 환생하도록 강력한 서원을 한다. 다른 대승 경전과 샤스트라śāstra[18] 텍스트에는 보살들이 자신의 성을 사용하여 중생을 변화시키는 비유가 포함되어 있다. 불설수능엄매경佛說首楞嚴三昧經(Śūraṅgamasamādhi-sūtra)에서는 마라고카란울릎타Māragocarānulipta 보살이 마라[19]의 여성 수행원 200명을 유혹하는 이야기를 서술한다. '그 보살의 완벽한 아름다움을 보고 그녀들은 그에게 반했다. 그 여자들은 각각 별도로 선언했다. 그 남자가 우리와 사랑을 나누면, 우리는 모두 그의 지시에 따를 것이나.'(Lamotte 2009: 177) 그 보살은

---

18 역주: 계율, 규칙, 설명서, 개요, 조약 등을 뜻하는 산스크리트어.
19 역주: Māra, 천마天魔; 죽음, 환생, 욕망과 연관된 사악한 천신.

마라의 여인들과 놀아나며 그들의 성적 욕구를 완전히 충족시킨 다음 사라진다. 유혹을 받고 개종한 그들은 불법을 따르겠다는 확고한 결의를 나타내고, 보살로부터 종교적 가르침을 받고 깨달음의 마음, 즉 보리심菩提心(bodhicitta)을 품는다. 유마경維摩經(Vimalakīrti-sūtra)에 따르면, 재가자 보살 유마거사는 중생을 성숙하게 하려고 매춘업소를 방문한다.(Thurman 1976: 21) 또한 3세기의 학자 아상가(Asaṅga, 무착無著)는 보살지菩薩地(Bodhisattvabhūmi)의 '윤리에 관한 장'에서, 재가 보살의 무절제(그가 '성적 포용의 다르마'라고 부르는 것)가 중생에게 건전한 태도를 불러일으키는 최선의 방편을 포함한다면 무방하다고 옹호한다. 그러나 그는 그러한 방편(upāya)은 사원 보살들에게는 불가능하다고 경고한다.(Asaṅga 2016: 280-281; Tatz 1986: 71) 14세기 티베트 학자 총카파Tsongkhapa는 이러한 견해를 더욱 정교하게 설명하는 자신의 논평에서, 자신의 이익이 아닌 다른 중생의 이익을 위한 살인, 도둑질 또는 거짓말이 '패배'를 초래하지 않는 것과는 달리, 의식적으로 부정행위를 하는 것은, 그것이 다른 사람을 위해 행해졌다고 하더라도, '훈련의 포기'로 정의된다라고 주장한다.(Tatz 1986: 213) 따라서 승려가 무절제한 행위를 할 때, 그는 사실상 재가 보살이 된다.

승려 규율의 문제와 업과業果의 문제는 이러한 윤리적 논의에서 융합되지 않는다. 보살은, 비록 그가 그의 서원을 되돌려야 할지라도, 자비심으로 섹스를 통해 다른 중생의 건전한 정신 상태를 고취할 것이다. 그리고 결정비니경決定毘尼經(Upāliparipṛccha: 학처요집에서 인용)에 따르면, 보살이 중생을 유혹할 목적으로 범한 '음욕의 죄'는,

예를 들어, 그의 승려 지위에 대한 패배를 초래하지만, 분노의 죄에 비하면 사소한 죄라고 한다.(Mrozik 2007: 27) 더욱이 산티데바의 학처요집과 같은 대승 경전은 평범한 관능적 욕망이 오직 불행과 파멸만을 가져올 뿐이라고 반복해서 언급하지만, 여성이 보살을 원할 때 그녀는 죄가 아니라 공덕을 생성한다.(45)

흥미롭게도, 여성 보살의 몸은 남성 보살의 몸과 같은 방식으로 공덕의 공장 역할을 하지 않는 것으로 보이는데, 이 사실은 학처요집에 나오는 찬드로따라Candrottarā 보살의 이야기[20]에서 잘 드러난다. 높게 성취한 존재로서의 그녀의 지위에도 불구하고, 찬드로따라의 놀라운 아름다움은 남성들에게 정신적인 산만함을 안겨준다. 그녀는 자유로운 욕망의 부정적인 업과에 대한 설법에서 큰 소리로 그 위험을 경고한다.(Mrozik 2007: 57) 그러나 다른 곳에서 산티데바는 유마힐소설경維摩詰所說經(Vimalakīrti-nirdeśa)을 인용하여, '욕정의 갈고리로 남자들을 유인'하여 불법에 정착시키는 창녀 보살을 언급한다.(Śāntideva 1971: 291)

중세인도, 그리고 중세와 근대 초기 티베트에서 이론화되고 실행된 탄트라의 성적인 요가는, 유럽 학자들이 이에 대해서 비교적 최근까지 주변적이고 일탈적이며 기원이 부족하다고 이해했지만, 그것은 파워스의 섹시한 금욕과 므로지크의 보살의 신체적 쾌락 논리의 확장이며, 또 그것과 관련이 있다. 그러나 탄트라 전통은 보살과 깨달은 존재에 대한 비나야가 정의한 정행淨行을 재해석하는 데 있어서, 위에서

---

20 역주: 한역본은 불설월상녀경佛說月上女經.

설명한 주류 대승 전통의 성생활을 뛰어넘는다. 붓다는 남성적인 아름다움의 화신이고, 특이하지만 강력한 남성의 일원으로 남아 있지만, 붓다는 초기 및 고전 인도 문헌에서 금욕적으로 해석된다. 탄트라 이미지에서 붓다들은 성적 결합을 유지한다. 예를 들어, 헤바즈라 탄트라Hevajra Tantra[21]는 '나는 이렇게 들었다(如是我聞)'(담화가 시작되는 표준 구)라는 문구로 시작하여 배우자의 성기(bhaga)에 거주하는 주존主尊에 대한 설명이 뒤따른다.(Snellgrove 1959, 2: 2) 더욱이 므로지크가 조사한 대승 텍스트에서는, 보살은 어떤 특수한 상황에서만, 그리고 다른 중생을 영적으로 성숙시키기 위해서만 성관계를 갖지만, 일부 탄트라 저술, 특히 마하-요가Mahāyoga와 요기니(Yoginī: 요가 수행하는 여성)로 분류되는 불이不二 탄트라 불교 문헌에서는 보살에게 붓다의 힘인 싯디siddhi와 불이 영지(gnosis)를 얻기 위해 행하는 정신적 수행(caryā)의 필수 구성 요소로서 성적 결합에 참여하도록 권한다. 예를 들어, 헤바즈라는 수행자들에게 '예쁜 얼굴, 큰 눈, 젊음의 빛, 푸른 연꽃처럼 어두운 몸, 자기-주도적이고 자비로운 씨족(vajra)의 소녀를 데려와 차르야caryā[22] 수행을 하도록 조언한다.'(Wedemeyer

---

21 역주: 주존主尊인 헤바즈라Hevajra와 이에 화합하는 나이라트먀Nairatmya를 중심으로 반야와 방편이 일치할 때 생기는 대락大樂, 즉 상바라밀의 실현을 꾀한다. 남성원리와 여성원리의 화합을 전제로 진행되며, 남성원리에는 방편 · 대비大悲 · 헤바즈라 · 바즈라(vajra: 남성 생식기), 여성원리에는 반야 · 공성空性 · 나이라트먀 · 파드마(padma: 여성 생식기)가 있다. 이들을 각각 대응시켜 보리심을 일어나게 하여 상바라밀을 실현한다는 것이다.
22 역주: 중급 수행자를 위한 것인데 Upa tantra 또는 Ubhaya tantra라고도 부른다. 명상을 통해 내적 행동과 외적 행동 사이의 균형을 유지하는 수행.

2013: 140)

　이론적으로, 탄트라 불교의 성적인 요가들은 이원론적 개념과 구성 범주를 넘어서는 특별한 형태의 마음을 얻기 위해 성적 접촉 중에 발생하는 강력한 에너지를 활용한다. 그것들은 차크라cakras라고 불리는, 생식기, 배꼽, 심장, 목구멍, 그리고 머리에서 폐쇄적인 매듭에 의해 차단되는, 회음부에서 정수리까지 도달하는 중앙 채널을 소유하고 있는 미묘한 신체의 구조에 대한 복잡한 시각화를 포함한다. 섹스하는 동안 탄트라 요기(일반적으로 남성)는 사정을 자제하고 대신 섹스로 인해 생성된 강력하고 미묘한 '바람'을 중앙 채널로 밀어 넣어 위쪽으로 이동시켜 방해하는 차크라를 뚫고 강렬한 행복의 경험을 만들어내는데, 이때 그는 불이不二를 인식한다. 이러한 유형의 요가는 파트너 없이 수련할 수 있지만, 파트너와 함께 수련하는 것은 비-이원적 (불이) 영지의 생성을 돕는 행복의 경험을 촉진하고 강화하는 것으로 이해된다.(예: Gyatso 1998: 190-197 참조) 일부 인도 문헌들은 남성 수행자들이 사정한 다음 혼합된 체액을 재흡수하는 '역 요도 흡입술'을 설명하지만(Gray 2007: 121), 배우자와 함께하는 대부분의 불교 성-요가에서는 사정하지 않는다. (성적인 요가에 대한 거의 모든 가능한 설명은 남성의 생리를 가정하고 남성의 관점을 가정한다.) 그리고 그런 의미에서 여전히 초기불교의 비생식적 금욕 정신에 충실하다.

　어떤 경우에는 이러한 정행(brahmacarya)에 대한 탄트라적 재해석이 명백하다. 자압하드라Jayabhadra는 요기니 급의 중요한 탄트라인 차크라삼바라 탄트라Cakrasaṃvara Tantra에 대한 그의 주석에서, '명상할 때 순결(brahmacarya)을 관하라'라는 텍스트의 지시를, '사정된 정액의 정수가 흘러내릴 때, 수행자는 수행, 순결 등을 관해야 한다'(Gray 2007: 123) : 즉 정액을 유지해야 한다고 해석한다. 18세기 티베트 탄트라 승려 지그메 링파Jigme Lingpa[23]는 성적인 요가가 정행에 어긋난 승려가 자신을 정화하는 효과적인 방법이라는 반직관적인 진술을 한다. 자넷 갸초Janet Gyatso는 링파Lingpa의 자서전적 저술에 관한 연구에서, 이러한 주장에 대한 논리를 제안한다: '사실 성적 유형의 요가 수행은 모든 것 중에서 가장 철저한 형태의 서원을 포함할 것이다: 오르가슴의 바로 직전에서 사정을 멈추고, 중심 채널을 따라 흐르는 성 체액의 흐름을 되돌리려고 시도하기보다 더 어려운 금욕이 어디에 있겠나?'(G.yatso 1998: 195) 비록 링파는 여기서 우리가 주로 관심을 두는 전통보다 다소 늦은 시기에 글을 썼지만, 그의 견해는 오래된 믿음을 반영할 수 있다. 예를 들어, 총카파는 아상가의 '윤리에 관한 장'에 대한 그의 논평에서, 그러한 종류의 입장에 명백히 동의하지 않으며, '우리는 보살이다. 우리는 탄트라 수행자이다. 우리가 바라제목차를 "폐지"하더라도, 후자의 지위는 우리를 정화할 것이다'라고 말하는 사람들을 비판한다.(Tatz 1986: 211)

이 시점에서 성을 포함하는 불교 형태의 탄트라 수행을 고려할 때, 우리는 전문화되고 고도로 제한적인 소수만 이해하는 비전의 영역으로 들어가고 있음을 주목하는 것이 중요하다. 2013년 탄트라 불교에 대한 그의 중요한 연구에서, 웨더마이어Wedemeyer는 중세 탄트라 밀교 문학에서의 성적인 수행(그리고 기타 도덕률-폐기적 의식)

---

23 역주: 길미림파吉美林巴로 음역.

에 대한 설명과 관련하여 두 가지 중요한 요점을 제시한다. 첫째, 그는 성적인 수행은 이러한 텍스트의 외연적 내용뿐만 아니라 내포적 내용과도 관련이 있다고 주장한다. 즉 그러한 의례의 이행 가능성은 그들의 기호학에 필수적이지만, 그러한 의례가 이행되었기 때문에 기술되었다고 단정적으로 가정할 수는 없다는 것이다. 그들의 묘사는 또한 담론적 창의성의 행위인데, 즉 인간 번영에 대한 불교적 비전을 불러일으키는, 언어학적으로 기반을 둔 중세인도의 복잡한 상징적, 사회적, 의례적 어휘로부터 그 의미를 구축한다. 둘째, 경전들 자체에 따르면, 성적인 것을 포함하는 밀교 탄트라 수행(caryā 또는 vrata 또는 caryāvrata)은 고도로 자격을 갖춘 사람에 의해서만, 제한된 기간에, 매우 제한적인 의례적 특정 환경에서만 이행되어야 한다. 웨더마이어는 '매일(nitya) 또는 일상적인 탄트라 수행으로 특징지어지는 차리야브라타caryāvrata는 어디에도 없다. … 브라타vrata는 공간뿐만 아니라 시간적으로도 구분된다'라고 언급한다.(Wedemeyer 2013: 152) 따라서 팔리어 담론에 나타난 욕망과 생식에 대한 개방적인 불교의 비판, 그리고 보살의 성적 매력에 대한 대승의 비전을 통한 율장에서 발견되는 성의 윤리적 규제로부터 일부 사람들만 이해하는 비-이원적(불이) 불교 탄트라의 세계에 이르기까지의 기나긴 역사적 여정은 또한 모든 사람을 위한 실용적인 불교 성 윤리로부터 불교의 정신적 영웅에 적합한 전문적인 성 윤리로, 그리고 어느 정도는 성에 대한 상대적으로 직접적인 취급에서 점차 복잡하고 상상력이 풍부한 성에 대한 불교 기호학으로의 이동이기도 하다.

재가자의 성 윤리

초기 인도 불교에서 승려들의 성이 매우 정교하고 심오하게 이론화되었는데, 반면, 아마도 더 많은 성관계를 갖는 불교도들, 즉 승려가 아닌 불교도들[보통 영어권 학계에서 '평신도(laypeople)'라고 부르는 사람들]에 대한 성 윤리는 넓은 획에서만 고려된다는 점은 푸코Foucault의 아이러니이다. 여기서 나는, 전통 자체가 그러하듯이, 위에서 논의한 재가 보살과 재가 탄트라 수행자와는 구별되는 평범한 재가불자를 취급한다. 재가불자의 성 윤리는 담론에서 빈약하게 설명되어 있으며, 승려의 행위만 다루는 비나야에는 전혀 들어가지 않는다. 비록 아래에서 제안하는 것처럼, 승려의 성은 항상 암묵적이지만, 재가불자의 성생활 모델은 때로는 명시적이고 윤리적이다. 재가자의 성적 비행은 경건한 재가자 우바새(upāsaka)가 준수하는 세 번째 계(śīla)에 의해 금지되며, 일반적으로 디가-니까야(31)의 선생경善生經(Sigālovāda-sutta)에서 간통(문자 그대로 '다른 남자의 아내에게 가는 것')으로 이해된다.(Cabezón 2008; Collins 2007: 263; Harvey 2000: 71) 매춘부를 방문하는 것과 같은 성적 음란은 또한 승인되지 않으며, 술의 영향과 잘못된 부류의 친구들과 연관된다.[24] 스티븐 콜린스Steven Collins의 팔리어 문헌에 나오는 세 번째 계율에 관한 연구에 따르면, 가족 구성원이 '보호하는' 미혼 여성에게는 보호자의 허락 없이는 '가서는 안 된다'라고 되어 있고, 오직 어떤 한 남성과 약속된 미혼

---

24 예를 들어, 숫타-니빠타(Sutta-nipāta, 경집經集)의 선생경善生經(Sigālovāda-sutta) 또는 패망경(Parābhava-sutta) 참조.

여성들만이 세 번째 계율에 의해 남성들과의 성관계가 금지되어 있다.(후자는 절도의 한 형태를 구성하므로)(Collins 2007: 263-268) 세 번째 계율에 대한 자료와 주석에서 언급되는 요점은, 비나야에서 나타나는 승려의 동성애, 그리고 다른 형태의 비-이성애에 대한 솔직한 취급과는 대조적으로 이성애에 관한 것이다.

4세기에 바수반두Vasubandh[25]는 재가자의 성적 비행이라는 주제에 대해 길지는 않지만 다소 확장한다. 그의 조언은, 다시 기혼 남성 가구주들을 겨냥한 것이다. 우바새는 성적 비행을 피하려면 다음을 피해야 한다: '금지된 여자'와의 성행위, 즉 다른 사람의 아내나 자신의 가까운 친척과의 성관계; 금지된 구멍을 통한 성교; 공공장소, 종교 사원 또는 사원을 포함한 부적절한 장소에서의 성교; 아내가 수유 중이거나, 임신 중이거나, 일시적인 금욕 서약을 했을 때를 포함한 부적절한 때의 성행위.(Vasubandhu 1988, 2: 604) 5세기에 중국에서 번역된 인도의 문헌인 우바새계경優婆塞戒經(Upāsakaśīla-sūtra: 재가자 계율 경전)에도 세 번째 계율에 대한 논의가 포함되어 있다. 우바새계경은 간통 금지 명령을 반복하며, 승려, 다른 재가 신자, 동물, 죄수, 도망자, 죽은 여성의 시신, 부모의 보호를 받는 소녀, 스승의 아내와의 성관계를 금한다. 바수반두의 주석처럼, 이 텍스트도 잘못된 장기와 관련된 성행위와 불탑이나 사찰과 같은 부적합한 장소에서의 성행위를 금한다. 또한 이 텍스트는, 어려움으로 집을 떠나 방황했던 아내와 성관계를 맺는 남자, 자기 아내를 다른 사람으로 생각하고 성관계를

---

25 역주: 세친世親, 4-5세기(추정) 인도의 승려, 이복형 아상가(Asaṅga; 무착無著)의 유식학唯識學을 계승하여 이를 완성했다.

하거나, 다른 여자를 자기 아내로 생각하고 성관계를 하는 남자를 구체적으로 비판한다. 도덕적인 비구처럼 도덕적인 우바새는 의도와 의식적인 행위 모두에서 청정을 위해 노력해야 한다. 마지막으로, 이 텍스트는 비나야 결의를 연상시키는 논리적인 움직임으로 특정 형태의 성적 비행이 다른 형식보다 더 심각하다는 것을 독자에게 상기시킨다.(Shih 1994: 173)[26]

인도 전통의 영향을 받은 여러 저명한 중세와 근대 초기 티베트 학자들도 재가자의 성적 비행이라는 주제를 확장한다. 람림 첸모 Lamrim Chenmo에 있는 총카파Tsongkhapa의 의견은 특히 권위가 있다. 사실 14대 달라이 라마가 불교 내에서 동성애가 허용되지 않는다는 견해를 공개적으로 밝힌 것도 이 텍스트를 근거로 한다. 이후 그는 1997년 샌프란시스코에서 걱정하는 게이 및 레즈비언 불자 그룹과의 모임에서 '사회가 성적 지향성을 근거로 사람들을 거부하는 것은 잘못이다'라고 말하면서 동성애에 대한 자신의 진술을 명확히 하고 유연하게 했다.(Cabezón 2008) 그의 인도의 전임자들과 마찬가지로 총카파의 견해는 이성애-규범적이고 남성 중심적이며 성적 비행을 파트너, 신체 부위, 장소 및 시간 측면에서 분석한다. 예를 들어, 남자는 다른 남자나 빤다카pandakas[27]와 성관계를 가져서는 안 된다.

---

26 안타깝게도 이 텍스트의 BDK(역주: 불교전도협회) 영어 번역에는 몇 가지 중요한 오류가 포함되어 있다. 나는 이 구절을 해석하는 데 도움을 준 Robert Kritzer에게 감사를 표하고 싶다.

27 역주: 다섯 가지 형태의 성도착자: 구강성교(Asitta), 관음증, 고자, 반 빤다카(달이 기운 후에만 중성이 됨), 성기가 없이 태어남.

그들은 또한 남이 잡은 사람(즉 남의 아내), 가까운 가족(즉 어머니), 가족이 보호하는 자(즉 남의 딸), 여성 출가자, 또는 왕이 보호하는 자와 성관계를 가져서는 안 된다. 후자에는 '형법이 내려진 사람'을 포함하며, 우바새계경에 언급된 도망자와 죄수들이 포함된다고 그는 덧붙여 설명한다. 다른 사람이 비용을 지급한 매춘부와 성관계를 가져서는 안 되는데, 이는 자신이 비용을 지불한 매춘부와 성관계를 가질 수 있음을 의미한다. 잘못된 구멍들은 '질 이외의 신체 부위'로 지정되는데, 이는 입, 항문 또는 다리를 꼬아 압박하는 것을 의미한다. 총카파는 일반적인 부적절한 장소 목록에 '성교하는 상대에게 해로운 고르지 않거나 딱딱한 장소'와 '주지', '스승 또는 부모의 주변'을 사려 깊게 추가한다. 총카파는 부적절한 시간 목록에 아내의 생리 기간과 질병을 추가한다. 그는 또한 유덕한 재가자는 낮에는 성관계를 가져서는 안 되며, 밤에도 다섯 번 이상 성관계를 가져서는 안 된다고 언급한다.(2000: 220-224) 이러한 원칙 중 많은 것들이 감포파(Gampopa, 1079-1153)와 파트룰 린포체(Patrul Rinpoche, 1808-1887)의 저술에서도 발견된다. 파트룰 린포체에 의한 비교적 짧은 성적 논의는 또한 특히 자위행위와 사춘기 이전의 아이와의 성관계를 금지한다.(그러나 명백히, 사춘기 아이와의 성관계는 금지가 아니다.)(Patrul Rinpoche 1998: 107; Harvey 2000: 73)

서기 1000년 중반에 느슨하게 시작된 학문적 텍스트에 표현된 이런 준-체계적인 재가자 성 윤리는 호세 카베종José Cabezón이 관찰한 것처럼, 파트너와 구멍 측면에서 구조화된 사원 승려들의 법적 담론에서 부분적으로 패턴화된 것으로 보인다.(Cabezón 2008) 이러한 윤리를 체계화한 사람들은 승려들이었고, 그들 스스로 가정을 본질에서 타당하고 그 자체로 가치 있는 삶의 방식으로 여기지 않고, 오히려 승가-중심주의에서의 열등한 두 번째 대안으로 여기는 경향이 있었기 때문에, 이러한 패턴화는 이해가 된다. 일반적으로, 경전과 주석 문헌은 우바새를 가구주 그 자체로 정의하지 않고, 피난처를 찾아오게를 실천하겠다고 서약한 사람으로, 다시 한번, 열등한 승려 버전으로 정의한다.(Agostini 2008) 바수반두는 그의 아비달마구사론(Abhidharmakośabhāṣya)에서, 비록 이상적이긴 하지만, 가구주들은 '어려운 일을 할 능력이 없기 때문에' 성적인 행위 자체가 아닌 성적 비행만 자제할 수 있다고 추측한다. 그는 또한 유덕한 재가자는 '아리아인들이 그로부터 금욕을 얻었기 때문에' 성적 비행을 자제해야 한다고 말하는데, 따라서 출가자의 윤리적 이상으로부터 재가자 윤리를 명시적으로 모형화한다.(1988, 2: 603-604)

총카파는 또한 비-인간 환생을 피하는 데 주로 관심이 있다고 말하는 재가자의 성 윤리를 보살과 싯다siddha[28]의 더 높은 규율에서 절정에 이르는 도덕적 사다리 위에 올려놓는다. 그러나 규범적 우바새가 이성애자이고 기혼자라고 가정하고, 여기에서 고려된 가르침의 경우처럼 이성애자의 생식적 성관계가 명시적으로 허용되는 경우, 사원 환경에서는 생식을 위한 잘못된 이성애 성교보다 더 용인되는 경향이 있는 비-이성애자(예: 남성, 빤다카)와의 성관계 또는 구멍(예: 항문, 입) 성행위는, 불교 재가자 윤리에서 명시적으로 금지된다.(달라

---

28 역주: 성취된 사람.

이 라마가 다양한 공개 발언에서 증언한 바와 같이) 따라서 인도-티베트 불교에서 (일반적으로 남성) 재가자에 대한 명시적인 동성애 금지는 심오하게 이론화된 남성 동성애 혐오의 산물이라기보다는, 재가자 성 윤리에 대한 학자들의 논문에서 명백한 비나야 원칙의 윤리적 차용과 개편의 우연한 결과에 가깝다고 주장할 수 있다. 흥미롭게도, 재가자를 위한 이러한 윤리적 가르침의 추정된 주제가 이성애 기혼 남성이기 때문에, 동성 여성의 성적 접촉은 그들의 범위를 완전히 벗어나므로 명시적으로 금지되지 않는다.

결론

불교의 성을 이해하는 데 필수적으로 중요한 몇 가지 문제들이 이 짧은 장에서 언급되지 않았다. 아마도 가장 심각한 누락은 고대, 고전, 그리고 중세인도 불교에서 여성의 성 윤리에 대한 포괄적인 논의일 것이다. 일부 페미니스트 불교학자들은 남성 금욕주의적 관점에서 여성의 성에 대한 표현을 분석하지만(Gross 1993; Lang 1986; Shaw 1994; Wilson 1996; Young 2004), 상대적으로 소수의 연구(Collett 2014; Collins 2007)는 고전 불교에서 여성의 규범적 성 윤리에 초점을 맞추고 있으며, 현재까지 극소수의 연구만이 여성불교 수행자들의 제한된 성적 윤리를 언급했다. 여기서 살펴본 인도-티베트 전통과 밀접한 관련이 있는 여성 티베트 불교의 숙련된 **탄트라 수행자** 세라 칸드로(Sera Khandro, 1892-1940)의 견해와 경험에 대한 사라 자코비 Sarah Jacoby의 2014년 연구는 주목할 만한 예외이다. 불교에서 구현된 여성 성 윤리 영역에서 사용할 수 있는 연구에서 두 가지 중요한 주제가 등장한다: 즉 성 노동, 요가 파트너 관계, 자기성애, 여성-여성 성적 접촉 등을 통해 표현되는 적극적인 불교 여성의 성생활; 그리고 강간, 괴롭힘 및 착취에 대한 여성의 취약성이다.

불교의 성 윤리에 관한 이 장은 특히 초기, 고전, 중세의 인도-티베트 자료에 초점을 맞추었지만, 그것은 현대의 몇몇 중요한 담론들에 의해 제기되었고 이와 매우 관련성이 높다. 예를 들어, 여기에서 포착된 고전적 관점은 불교 법사에 의한 여러 성적 학대 사례에 대응하여 북미와 유럽 전역의 다르마 공동체에서 분출하는 성 윤리에 대한 논쟁과 관련이 있다. 이들 중 가장 악명 높은 사례는 1984년 제자들과의 성관계가 폭로된 후 샌프란시스코 선원의 원장직을 사임한 리처드 베이커Richard Baker, 그리고 에이즈(HIV) 양성 상태에도 불구하고 제자들과 수많은 성관계를 한 바즈라다투(Vajradhatu: 쵸기암 뜨룽파 Chogyam Trungpa가 설립한 티베트 불교 승가)의 섭정인 외셀 텐진Ösel Tendzin과 관련이 있다.(Butler 1990) 1990년대 초 외셀 텐진 사건의 폭로 이후 미국 불교계에서 성적 학대 사례가 다수 드러났는데, 2010년대 초 시마노 에이도嶋野 榮道 사건, 최근에는 뉴욕타임스가 보도한 사사키 조슈佐々木承周 사건, 그리고 소걀 린포체Sogyal Rinpoche 등이 이에 해당한다.(Lion's Roar Staff 2014)

이 주제에 관해 연구하는 몇 안 되는 학자 중 하나인 앤 글리그Ann Gleig는, 이러한 위기에 대한 미국 불교 승가의 대응에서 서구식 치료 모델의 중요성을 강조했다. 불교 공동체의 자기 이해와 자기 통제에 대한 심리 치료적 통찰력과 방법의 중요성은, 글리그의 말을 빌리자면, '새로운 불교 담론, 수행, 권위, 조직 구조, 심지어는 구원론적 모델까지 만들어냈다.'(Gleig 2015) 예를 들어, 글리그는 미국 불교 생활에 파문을 일으키고 있는 성 추문에 대응하여 떠오르는 '투명성의 윤리'를 확인했다. 이 새롭게 표현된 윤리는 전통적인 불교 규율의 고백 방식과 투명성과 책임성이라는 현대 민주주의 이상을 결합하는 동시에, 비전적祕傳的 불교 밀교와 대조된다.(Gleig 2015)

불교 법사들은 다양한 심리적 이유로 제자들과 해로운 성적 관계를 갖는데(또는 갖지 않거나), 그렇게 함으로써, 그들은 또한, 여기에서 설명된 전통에 직접적 또는 간접적으로 근거를 두고 있는 불교도의 성, 고통, 신체, 권위, 숙련된 교수법(upāya), 자비심, 젠더에 대한 특별한 견해를 표현하고 부당하게 이용한다. 예를 들어, 사사키는 제자들과의 성관계가 그들이 자아에서 벗어나는 데 도움이 된다고 주장한 것으로 알려져 있으며, 외셀 텐진은 업보의 영향에서 자유롭게 된다고 주장했다. 제자들을 부적절하게 성적 대상으로 보는 불교 법사들을 단순히 혼란스럽거나, 미숙하거나, 자기애적이라고 분류하는 것만으로는 충분하지 않을 것이며, 그러한 설명은 임상적으로 뒷받침될 수 있을 것이다. 그들의 행위는 또한 그들(그리고 그들의 제자들)이 뿌리를 내리고 있는 불교사상과 수행과 관련하여 이해되어야 하는데, 이는 특히 글리그가 지적한 것처럼, 심리 치료적, 민주적, 그리고 다르마 담론들이 앞으로 나아갈 길을 모색하는 미국 불교 승가의 노력과 얽혀 있기 때문이다.

현대 불교에서 또 다른 중요한 담론은 불교 공동체에서 비규범적인 젠더와 성-정체성을 표현하는 개인들에 의해 촉진된다. 미국과 유럽의 성소수자(LGBTQI)[29] 불교도들은 남녀이분법적 성별이 아닌, 성별에 맞추지 않는 공동체, 그리고 다양한 성적 지향과 표현에 대한 자신들의 비전에 반하는 전통적인 텍스트 자료들을 읽어 왔다. 예를 들어, 일부 퀴어 불교도들은 동성애에 반대하는 불교 규칙을 단순히 '문화적 불교'로 거부하고, 대신 그들의 퀴어의 정당성을 입증하기 위해 무아와 공관 교리에 의존한다.(Corless 2004; Cabezón 1993; Cabezón 2008; Gleig 2012; Hopkins 1997) 따라서 퀴어 불교도들은 적응하고, 비판하고, 용도를 변경하는 이 창조적인 작업을 달성하기 위해 여기에서 부분적으로 설명된 고전 불교 전통과 대화에 나서고 있다.

푸코가 예측했듯이, 욕망과 다산에 대해서 근본적으로 부정적인 불교의 입장은 성적 황폐함을 낳는 것이 아니라, 성적으로 혁신적인 승려, 카리스마적인 금욕주의자, 성적 절제를 추구하는 탄트라 요기, 그리고 우리의 현대적 환경에서의 퀴어 수행자들, 그리고 성적으로 착취하는 그루들이 사는 복잡한 사회의 산만한 풍경을 만들어낸다. 이러한 풍경은 불교의 성 윤리가 의무론으로 가장 잘 이해되지 않는다는 점을 우리에게 확신시키기에 충분할 것이다. 우리는 그것을 생생한 불교 구원론과 공동체의 비전으로부터 역사적으로 복잡한 변증법으로 나타나는 구현된 존재 방식으로 인식하는 것이 좋다.

---

[29] 역주: LGBTQI; 레즈비언Lesbian, 게이Gay, 양성애자(Bisexual), 성전환자(Transgender), 퀴어(Queer; 비주류 성), 간성(Intersex; 남성/여성의 생식기를 모두 가지고 태어남).

인용 문헌

Agostini, G. (2008) Partial upāsakas. In: R. Gombrich and C. Scherrer-Schaub (eds), *Buddhist studies*. Delhi: Motilal Banarsidass, 1-34.

Anālayo (2014) Perspectives on the body in early Buddhist meditation. In: Chuang K. (ed.), B*uddhist meditative traditions: their origin and development*. Taipei: Shin Wen Feng, 21-49.

Anālayo (2015) The Cullavagga on bhikkhuni ordination. *Journal of Buddhist ethics*, 22, 401-448.

Asaṅga (2016) *The bodhisattva path to unsurpassed enlightenment: a complete translation of the Bodhisattvabhūmi*. Translated by A. B. Engle. Boulder: Snow Lion.

Bodhi, Bhikkhu (trans.) (2000) T*he connected discourses of the Buddha: a new translation of the Saṃyutta Nikāya*. Boston: Wisdom.

Bodhi, Bhikkhu (2012) *The numerical discourses of the Buddha: a complete translation of the Aṅguttara Nikāya*. Boston: Wisdom.

Bodhi, Bhikkhu, and Ñāṇamoli, Bhikkhu (trans.) (2005) *The middle length discourses of the Buddha: a translation of the Majjhima Nikaya*. Boston: Wisdom Publications.

Buddhaghosa (1976) *The path of purification: Visuddhimagga*. Translated by Bhikkhu Ñāṇamoli. Berkeley: Shambhala Publications.

Butler, K. (1990) Encountering the shadow in Buddhist America. *Common boundary magazine*. Available from: http://www.katybutler.com [accessed 13 July 2016].

Cabeźon, J. I. (1993) Homosexuality and Buddhism. In: A. Swidler (ed.), *Homosexuality and world religions*. Valley Forge, PA: Trinity Press International, 81-101.

Cabeźon, J. I. (2008) Thinking through texts: towards a critical Buddhist theology of sex. Frederic P. Lenz Distinguished Lecture, Naropa University. Available from: info-buddhism.com/Buddhism-Sexuality-Cabezon.html [accessed 11 April 2016].

Collett, A. (2014) Pali vinaya: reconceptualizing female sexuality in early Buddhism. In: A. Collett (ed.), *Women in early Buddhism: comparative textual studies*. Oxford: Oxford University Press, 62-79.

Collins, S. (2007) Remarks on the third precept: adultery and prostitution in Pali texts. *Journal of the Pali Text Society*, 29, 263-284.

Corless, R. (2004) Towards a queer dharmology of sex. Culture and religion, 5 (2), 229-243.

Faure, B. (1998) *The red thread: Buddhist approaches to sexuality*. Princeton: Princeton University Press.

Foucault, M. (1978) *The history of sexuality*, volume 1. Translated by R. J. Hurley. New York: Vintage.

Gleig, A. (2012) Queering Buddhism or Buddhist de-queering? Reflecting on differences amongst western LGBTQI Buddhists and the limits of liberal convert Buddhism. *Theology & sexuality*, 18 (3), 198-214.

Gleig, A. (2015) The shadow of the roshi: sex, scandal, and secrecy in American Zen Buddhism. *Sweeping Zen*. Available from: http://sweepingzen.com/the-shadow-of-the-roshi-sexscandal-and-secrecy-in-american-zen-buddhism/ [accessed 13 July 2016].

Gray, D. (2007) T*he Cakrasamvara tantra: the discourse of Śrī Heruka (Śrīherukā bhidhāna)*. New York: Columbia University Press.

Gross, R. M. (1993) *Buddhism after patriarchy: a feminist history, analysis, and reconstruction of Buddhism*. Albany: State University of New York Press.

Gross, R. M. (2000) Population, consumption, and the environment. In: S. Kaza and K. Kraft (eds), *Dharma rain: sources of Buddhist environmentalism*. Boston: Shambhala, 409-422.

Gyatso, J. (1998) *Apparitions of the self: the secret autobiographies of a Tibetan visionary*. Princeton: Princeton University Press.

Gyatso, J. (2003) One plus one makes three: Buddhist gender, monasticism, and the law of the non-excluded middle. *History of religions*, 43 (2), 89-115.

Gyatso, J. (2005) Sex. In: D. Lopez (ed.), *Critical terms for the study of Buddhism*. Chicago: University of Chicago Press, 271-290.

Harvey, P. (2000) *An introduction to Buddhist ethics: foundations, values and issues*. Cambridge: Cambridge University Press.

Hopkins, J. (1997) The compatibility of reason and orgasm in Tibetan Buddhism: reflections on sexual violence and homophobia. In: G. D. Comstock and S. E. Henking (eds), *Que(e)rying religion: a critical anthology*. New York: Continuum, 372-383.

Horner, I. B. (trans.) (1938) *The book of the discipline (Vinaya-pitaka)*, volume 1. Bristol, UK: Pali Text Society.

Jacoby, S. (2014) *Love and liberation: autobiographical writings of the Tibetan Buddhist visionary Sera Khandro*. New York: Columbia University Press.

Jones, J. G. (1979) *Tales and teachings of the Buddha: the Jataka stories in relation to the Pali canon*. London: George Allen & Unwin.

Kieffer-Pülz, P. (2014) Pārājika I and Saṅghādisesa I: hitherto untranslated passages from the Vinayapiṭaka of the Theravādins. In *The book of discipline (Vinaya-piṭaka), volume 1*. Bristol, UK: Pali Text Society, 349-373.

Kritzer, R. (2014) *Garbhāvakrāntisūtra: the sūtra on entry into the womb*. Studia Philologica Buddhica, 31. Tokyo: International Institute for Buddhist Studies.

Lafleur, W. R. (2003) Sex, rhetoric, and ontology: fecundism as an ethical problem. In: S. Ellingson and M. C. Green (eds), *Religion and sexuality in cross-cultural perspective*. London: Routledge, 51-82

Lamotte, É. (2009) *Śūraṃgamasamādhisūtra: the concentration of heroic progress*. Translated by S. Boin-Webb. Honolulu: University of Hawaiʻi Press.

Lang, K. (1986) Lord Death's snare: gender-related imagery in the Theragāthā and the Therīgāthā. *Journal of feminist studies in religion*, 2, 59-75.

Langenberg, A. P. (2015) Sex and sexuality in Buddhism: a tetralemma. *Religion compass*, 9 (9), 277-286.

Langenberg, A. P. (2017) *Birth in Buddhism: the suffering fetus and female freedom*. London: Routledge.

Lion's Roar Staff (2014) Confronting abuse of power. Lion's roar: *Buddhist wisdom for our time*, 20 November. Available from: http://www.lionsroar.com/confronting-abuse-power/[accessed 13 July 2016].

Minamoto J. and Glassman, H. (1993) Buddhism and the historical construction of sexuality in Japan. *U.S.-Japan women's journal*, English supplement, 5, 87-115.

Mrozik, S. (2007) *Virtuous bodies: the physical dimensions of morality in Buddhist ethics*. New York: Oxford University Press.

Norman, K. R. (trans.) (2001) *The group of discourses (Sutta-Nipāta)*. Oxford: Pali Text Society.

Patrul Rinpoche (1998) *Words of my perfect teacher: a complete translation of a classic introduction to Tibetan Buddhism*. Revised edition. Translated by the Padmakara Translation Group. New York: Altamira Press.

Perera, L. P. N. (1993) *Sexuality in ancient India: a study based on the Pali Vinayapitaka*. Kelaniya, Sri Lanka: Postgraduate Institute of Pali and Buddhist Studies, University of Kelaniya.

Powers, J. (2009) *A bull of a man: images of masculinity, sex, and the body in Indian Buddhism*. Cambridge, MA: Harvard University Press.

Śāntideva (1971) *Śikṣā Samuccaya: a compendium of Buddhist doctrine*. Translated by C. Bendall and W. H. D. Rouse. Reprint. Delhi: Motilal Banarsidass.

Shaw, M. (1994) *Passionate enlightenment: women in tantric Buddhism*. Princeton: Princeton University Press.

Shih H.-C., Bhikṣuṇī (1994) *The sutra on upāsaka precepts*. Berkeley: Numata Center for Buddhist Translation and Research.

Snellgrove, D. L. (ed.) (1959) *The hevajra tantra: a critical study*. 2 volumes. Oxford: Oxford University Press.

Tatz, M. (trans.) (1986) *Asanga's chapter on ethics with the commentary of Tsong-Kha-Pa. The basic path to awakening. The complete bodhisattva*. Lewiston: The Edwin Mellen Press.

Thurman, R. A. F. (trans.) (1976) *The holy teaching of Vimalakīrti: a Mahāyāna scripture*. University Park, PA: The Pennsylvania State University Press.

Tsomo, K. L. (1996) *Sisters in solitude: two traditions of Buddhist monastic ethics for women*. Albany: State University of New York Press.

Tsongkhapa (2000) *The great treatise on the stages of the path to enlightenment, volume 1*. Edited by J. W. C. Cutler and G. Newland. Boston: Snow Lion.

Vasubandhu (1988) *Abhidharmakośabhāṣyam*. Translated by L. de la Vallée Poussin and L. M. Pruden. Berkeley: Asian Humanities Press.

Walshe, M. (trans.) (1987) *The long discourses of the Buddha: a translation of the Dīgha Nikāya*. Boston: Wisdom.

Wedemeyer, C. (2013) *Making sense of tantric Buddhism: history, semiology, and transgression in the Indian traditions*. New York: Columbia University Press.

Wijayaratna, M. (1990) *Buddhist monastic life: according to the texts of the Theravāda tradition*. Translated by C. Grangier and S. Collins. Cambridge: Cambridge University Press.

Wijayaratna, M. (2010) *Buddhist nuns: the birth and development of a women's monastic order*. Kandy, Sri Lanka: Buddhist Publication Society.

Wilson, L. (1996) *Charming cadavers: horrific figurations of the feminine in Indian Buddhist hagiographic literature*. Chicago: University of Chicago Press.

Wilson, L. (2003) Buddhist views on gender and desire. In: D. W. Machacek and M. M. Wilcox (eds), *Sexuality and the world's religions*. Oxford:

ABC-CLIO, 133-174.

Young, S. (2004) *Courtesans and tantric consorts: sexualities in Buddhist narrative, iconography and ritual.* London: Routledge.

Zwilling, L. (1992) Homosexuality as seen in Indian Buddhist texts. In: J. Cabezón (ed.), *Buddhism, sexuality, and gender.* Albany: State University of New York Press, 203-214.

추천 도서

Cabeźon, J. I. (2017) *Sexuality in Classical South Asian Buddhism.* Somerville, MA: Wisdom Publications.

Faure, B. (1998) *The red thread: Buddhist approaches to sexuality.* Princeton: Princeton University Press.

Gleig, A. (2012) Queering Buddhism or Buddhist de-queering? Reflecting on differences amongst western LGBTQI Buddhists and the limits of liberal convert Buddhism. *Theology & sexuality* 18 (3), 198-214.

Gyatso, J. (2005) Sex. In: D. Lopez (ed.), *Critical terms for the study of Buddhism.* Chicago: University of Chicago Press, 271-290.

Jacoby, S. (2014) *Love and liberation: autobiographical writings of the Tibetan Buddhist visionary Sera Khandro.* New York: Columbia University Press.

Lafleur, W. R. (2003) Sex, rhetoric, and ontology: fecundism as an ethical problem. In: S. Ellingson and M. C. Green (eds), *Religion and sexuality in cross-cultural perspective.* London: Routledge, 51-82.

Langenberg, A. P. (2015) Sex and sexuality in Buddhism: a tetralemma. *Religion compass*, 9 (9), 277-286.

Wilson, L. (2003) Buddhist views on gender and desire. In: D. W. Machacek and M. M. Wilcox (eds), *Sexuality and the world's religions.* Oxford: ABC-CLIO, 133-174.

제28장 낙태와 생식에 대한 불교적 관점

마이클 G. 반하트Michael G. Barnhart

서론

낙태만큼 다루기 힘든 의견 불일치의 더 나은 사례를 제공하는 도덕적 문제는 거의 없다. 여성의 낙태 시술 선택권을 재확인한 미국 대법원의 여러 차례의 판결조차도 이 문제를 해결하지 못했고, 전 세계적으로 낙태가 가능한 경우가 종종 있지만, 일반적으로 낙태는 기껏해야 필요악으로 간주된다.[1] 물론 근본적인 반대는 낙태가 살아 있는 존재, 뚜렷한 인간의 살아 있는 존재를 죽인다는 것이다. 이 사실은 불가피하게 낙태 선택 옹호자들을 도덕적으로 방어하게 만든다. 게다가, 그것

---

1 Pew Research Center는 최근 글로벌 도덕성에 대한 표본 조사에서 전 세계적으로 56%의 반대 의견을 발표했다. http://www.pewglobal.org/2014/04/15/global-morality 참조.

은 낙태와 체외수정이나 태아 조직을 이용한 줄기세포 연구와 같은 보조 생식을 둘러싼 논쟁 사이의 연관성을 설명한다. 여기서도, 여전히 근본적인 문제는 일반적으로 태아 조직의 파괴를 중심으로 진행된다는 것이다. 이러한 문제를 둘러싼 다른 이의 제기도 있는데, 예를 들어, 그것이 '신의 역할'을 하고 있다는 것이다. 그러나 반대자들을 하나로 묶고 실행자들을 방어적으로 만드는 것은 그러한 모든 관행의 파괴적인 요소이다.

불교는 생명 자체의 가치를 강력하게 주장한다는 점을 고려할 때, 당연히, 종종 낙태와 태아를 파괴하는 생식 관행에 적대적으로 해석된다. 흔히 말하는 '첫 번째 계율'은 생명을 죽이는 것을 금하고, 불살생(ahimsa) 또는 비-상해의 중요성을 확인한다. 불교와 관련된 다른 가치들인 자애(mettā), 보시(dāna), 연민(karuṇā)은 다른 사람들의 복지를 위한 희생을 선호하기 때문에 낙태 선택을 지지할 수 있는 이유를 약화한다. 여기에 불교 경전이 이를 아예 금지하거나 부정적으로 묘사하고 있어, 좀 더 자유주의적인 시각에 대한 전망이 현저히 줄어든다는 사실도 덧붙인다. 그러나 불교 전통이 강하고 불교 신자가 많은 나라에서 낙태의 전례가 없는 것은 아니다. 법과 관행은 다양하지만, 낙태는 스리랑카, 버마, 태국, 그리고 특히 일본에서 이루어지고 있다. 그리고 일본에서는 불교 승려들과 사찰들이 낙태로 인해 야기될 수 있는 모든 고통과 피해를 완화하는 것을 특별히 목표로 하는 의식인 미즈코 쿠요水子供養라는 의식을 만들었다. (LaFleur 1992, 1998 참조) 특정 불교적 가치는, 낙태를 원하는 여성을 지원하여 그들 자신이나 잠재적 자녀의 삶에 미치는 해로운 영향을 완화하는 데 활용될 수 있다. 게다가 대부분 서양인이지만, 일부 현대 불교도들은 여성의 낙태 선택에 대한 관용과 자비로운 이해를 주장한다. 이 모든 것은 이것과 관련된 문제에 대한 불교적 사고에 사람들이 예상할 수 있는 것보다 더 '자유로운' 긴장이 있을 수 있음을 시사한다.

물론 이것은 다른 맥락에서도 생소한 상황은 아니다. 비록 로마 가톨릭교회가 낙태를 강력히 비난하고 광범위한 생식 문제에 대해 매우 보수적인 태도를 유지하고 있지만, 낙태는 가톨릭이 강한 국가와 가톨릭 교리를 실천하는 신자들 사이에서 흔하다. 따라서 불교가 낙태를 좀 더 자유롭게 받아들일 가능성이 있는지에 대해 주의를 기울여야 할 것이다. 실천이 믿음을 주도한다고 가정해서는 안 되지만, 좀 더 자유화된 접근법에 찬성하는 사례가 있다는 것은 정확히 이 논의가 검토할 내용일 뿐만 아니라, 이것이 불교의 정통성에서 어느 정도 벗어나는가 하는 점도 검토할 것이다. 할 수 있는 한, 이것이 불교가 도덕적으로 바람직한 방향으로 움직이게 만들 수 있을지에 대한 의문도 제기될 것이다.

낙태, 체외수정, 줄기세포 연구: 도덕 문제

낙태, 체외수정, 이와 유사한 보조 생식 기술들〔ARTs: 단일 정자가 난자 세포에 주입되는 체외수정(IVF)의 한 형태인, 난자-세포질 내 정자-주입술(ICSI)과 같은〕, 그리고 배아 줄기세포 연구는 모두 유사한 종류의 도덕적 반대를 일으킨다. 이렇게 반대가 많은 경우에 종교적 근거가 있다는 것은 분명하다. 그러나 그 반대들은 상대적으로 중립적인 용어로 다시 말할 수 있다. 핵심적인 반대 의견은 이러한 각 관행이 도덕적 지위와 보호를 받을 자격이 있는 살아 있는 인간을 죽이는 일과 관련이 있다는 것이다. 이것이 마이클 툴리Michael Tooley(1972)에 이어 우리가 '보수적 반대'라고 부를 수 있는 것이다. 실제 주장은 다양한 형태로 나온다. 돈 마퀴스Don Marquis는 낙태가 다른 형태의 살인과 마찬가지로 반대를 받는다고 주장했다: 낙태는 희생자에게서 귀중한 미래를 박탈하는 것이다. 그 점이 우리의 경우에 살인을 잘못된 것으로 만들고 따라서 우리와 합리적으로 유사한 미래를 가진 어떤 존재도 똑같이 잘못되게 만드는 것이다. 태아에게도 우리와 같은 미래가 있으므로, 태아를 죽이는 것도 마찬가지로 잘못된 것이다.(Marquis 1989) 다른 사람들은 태아와 영아의 구별은 근본적으로 자의적이며, 따라서 낙태가 영아 살해와 다르지 않다고 반대한다. 태아는 가장 초기 배아 단계에서조차도 분명한 인간의 유전자형을 가지고 있기 때문에, 태아는 적어도 잠재적인 사람이며 따라서 실제 사람과 동일한 도덕적 지위를 가질 자격이 있다는 취지의 잠재성 논쟁이 있다.

낙태 문제를 넘어 보수적 입장을 확장하면서, 보수주의자들은 불가피한 배아 파괴가 수반되는 보조 생식 기술들(ARTs)을 공격한다. 체외수정은 일반적으로 산모의 자궁에 실제로 착상되는 것보다 더 많은 수의 수정란을 생성해야 하므로 사용되지 않는 수정란은 파괴된다. 줄기세포 연구 또한 파괴적인 배아 사용 방법이 포함되는데, 줄기세포를 사용하는 한, 배아를 '죽이는' 것이 포함된다. 특정 유형의 자궁내피임기구(IUCD) 또는 수정란 세포의 배출을 유도하는 낙태

약물과 같이 착상을 막는 피임 기술에도 유사한 반대가 적용된다.

반면에 툴리를 따라 우리가 낙태의 '자유주의적' 방어라고 부를 수 있는 것은 두 가지 광범위한 전략을 따르는 다양한 형태와 주장으로 나타난다. (1) 자유주의자들은 태아와 영아/유아 사이의 구분이 자의적이지 않다고 주장한다.[또는 그 구분이 이해하기 어렵다는 점이 문제가 되지 않는다고 주장한다. 예를 들어 Tooley와 Mary Anne Warren(1973) 참조] 그리고, 이런저런 이유로 도덕적 차이를 만든다. (2) 자유주의자들은 여성이나 부모가 낙태를 시도하는 매우 타당하고 도덕적으로 변호할 수 있는 이유(예: 산모의 생명이나 건강을 보호하기 위해)를 가질 수 있다고 주장한다. 물론 다양한 변형이 있다. 주디스 자비스 톰슨 Judith Jarvis Thomson은 태아의 지위가 지배적인 도덕적 관심사가 아니라고 주장한 것으로 유명(또는 악명 높은)하다.(Thomson 1971) 임신은 어머니와 태아 사이의 거래 관계이며, 어머니 자궁에 대한 태아의 권리는 절대적일 수 없으며, 궁극적으로 어머니의 동의에 달려 있다는 것이다.

이러한 문제에 대해 지나치게 자유주의적 입장을 선호하는 것처럼 보이지 않으면서도, 여성들이 낙태를 추구하도록 이끄는 다양한 상황과 이유를 지적하는 것이 적절해 보인다. 물론, 익숙한 것들이 있다: 태아를 출산함으로써 엄마의 생명이 위험; 강간이나 근친상간; 산모의 심리적 건강이 위태롭다; 엄마 그리고/또는 부모가 너무 어려서, 아기의 교육 접근성과 같은, 아이들의 삶의 기회를 위태롭게 할 수 있다; 가족계획의 이유; 유전적 질병 또는 장애 상태의 전승 방지. 그러나 덜 친숙할 수 있는 다른 것들이 있다: 중국에서와 같은 가족의 크기에 대한 법적 제한; 일반적으로 여아보다 남아 성별 선택 또는 성별 선호—특히 개발도상국에서 익숙한 문제; 태아 감소—다태아의 위험을 제거하고 성공적인 단태아 출산의 기회를 높임; 바라건대 흔하지 않은 메데이아[2] 방식의 복수.

위의 모든 것이 도덕적으로 칭찬받을 만큼 낙태를 추구하는 이유를 구성하지는 않지만, 일부는 확실히 대부분 선행과 연민에 근거하고 있다. 마지막 이유는 매우 나쁜 이유가 될 수 있지만, 일부는 혼합되어 있다. [스타인복Steinbock(1999)은 낙태에 나쁜 이유가 있을 수 있지만, 대부분의 낙태 자체는 사실 잘못된 것이 아니라고 주장했다.] 중국이 가족 규모에 제한을 두는 것은 논란의 여지가 있지만, 법을 위반하지 않기 위해 어떤 가족이 낙태하는 것은 변명할 수 있는 이유가 될 것이다. 그러나 비-정체성 문제에도 불구하고, 미래의 고통 초래를 피하는 것은 일반적으로 칭찬할 만한 이유로 여겨진다.(이것은 결정이 내려졌을 때 아무도 해를 입지 않았기 때문에, 실존의 결정으로 인해 해를 입을 수 없는 문제이다. Parfit 1984, ch.16 참조) 낙태나 낙태 선택권을 옹호하는 자유주의자들은 그러한 우려를 호의적으로 인용한다; 낙태 자체에 대해 상대적으로 부정적인 관점을 취하는 사람들조차도 어떤 상황에서 행해질 전반적인 선보다 악이 훨씬 더 불가피한 일이라고 주장할 수 있다. 이 점이 방어할 수 있는 위치라는 것을 지적할 가치가 있다.

---

[2] 역주: Medea complex; 그리스 신화에서 유래, 남편에 대한 분노와 적개심 때문에, 그를 닮은 자식에게 분노하고 자식을 해치려는 심리적 경향.

불교와 낙태: 경전 출처와 전통적 견해

불교 경전과 관련하여 낙태의 가장 주목할 만한 측면은 그 주제가 실제로 얼마나 적게 나오느냐 하는 것이다. 중요한 관심사인 낙태는 대체로 현대적인 현상으로 보인다. 그러나 이 관습은 아마도 인류 그 자체만큼이나 오래된 것일 것이고, 따라서 불교 문헌의 상대적인 침묵은 대부분의 다른 종교 문헌에서도 그러하듯이, 전통적인 판단과 태도를 재구성하려는 시도에는 많은 양의 주의를 기울여야 함을 시사한다. 즉 낙태가 나오면 거의 항상 매우 부정적인 시각으로 묘사된다. 많이 인용되는 사원 문헌의 예는 다음과 같다.

> 계를 받은 승려는 비록 개미에 불과하더라도, 의도적으로 생물의 생명을 빼앗아서는 안 된다. 고의로 인간의 생명을 박탈하고, 심지어 낙태까지 유발할 정도의 승려는 더는 부처님의 제자가 아니다.[3]

비나야Vinaya에는 낙태의 부당성을 명확히 하는 몇 가지 다른 구절이 존재하며, 이 문제에 대한 논의에서 다시 많이 인용된다. 예를 들어, 피터 하비Peter Harvey가 보고한 바와 같이, 낙태 요청에 응하는 승려는 종교적 탐구에서 만약 다음과 같은 경우에 '패배'[4]하게 된다:

---

[3] 대미언 케이온Damien Keown(1995: 93)과 피터 하비Peter Harvey(2000: 313)는 모두 호너Horner(1938-1966, 1:97)의 율장(Vinaya Piṭaka)에서 이 구절을 인용한다.

[4] 역주: 승가에서의 추방.

승려가 후회하더라도 만약 아이가 죽을 때; 아이는 살지만, 어머니가 죽는 경우; 그리고 심지어 그가 단순히 낙태를 시키는 방법을 알려주어 둘 다 살거나 둘 다 죽는 경우.(2000: 314) 하비는 마지막 사례에서, 만약 그 여성이 승려가 지지했던 것과 다른 방법을 사용한다면, 그의 범죄는 '덜 심각'해진다고 언급한다. 또 다른 상좌부 권위자인 5세기 붓다고사(Buddhaghosa; 불음佛音)는 이 문헌들에 대한 그의 주석에서 다음과 같이 설명한다.

> 개인은 이 작은 물질로부터 시작하여 120년의 자연 수명까지 점차 늙어간다. 죽을 때까지 이 모든 단계를 밟는 것이 인간이다. … 이러한 생명을 빼앗는 것은 배아의 단계에서 태우거나 부수거나 약을 사용하거나, 또는 그다음 단계에서 유사한 종류의 폭행을 가해 생명에서 분리하는 것을 의미한다.(Keown 1995: 94에서 인용)

이 모든 것은 중대한 범죄로 간주된다.

케이온Keown은 또한 비나야에 일곱 건의 낙태 사례가 기록되어 있다고 보고한다. 거기에는 연인의 아이를 임신한 유부녀에게 낙태약을 제공하는 승려에서부터 가정의 지배관계를 이유로 다른 아내에게 낙태를 유도하려는 공동 아내들 사이의 경쟁 사례에 이르기까지 다양하다. 케이온은 '낙태가 의도한 대로 아이의 죽음을 초래하는 모든 사례에서, 사법적 결정은 범죄가 "인간의 생명을 박탈하는 것"의 범주에 속한다는 것이었다'라고 보고한다. (1995: 95)

그러나 상좌부이든 대승이든 초기 경전의 방대함을 고려할 때, 확실히 존재하고 널리 퍼졌을 수 있었던 낙태 관행에 대해 거의 언급되지 않은 것은 놀라운 일이다. 리타 그로스Rita Gross는 유용한 정보를 주는 그녀의 책 '가부장제 이후의 불교'에서, 비록 그녀가 여성 자궁의 전형적이고 매우 부정적인 특성에 대해 몇 가지 흥미로운 말을 하지만, 흥미롭게도, 낙태 관행에 대해서는 전혀 언급하지 않는다.(1993: 83-84) 불교가 개인의 변화를 통한 고통으로부터의 열반과 해탈에 초점을 맞추는 것을 고려할 때, 이 중 어느 것도 놀라운 일이 아니다. 승려들은, 남녀를 불문하고, 정상적인 삶의 과정에서 그러한 다소 세속적인 문제에 관여할 위치에 있어서는 안 된다.

낙태에 대해 언급된 점을 고려할 때, 하비와 케이온이 초기불교 자료들이 낙태 행위를 부정적으로 판단한다는 결론을 내린 점은 아마도 옳을 것이다. 그 이유도 상당히 명확하다. 하비가 주장하듯이, '도덕적, 정신적 발전을 위한 모든 잠재력을 가진 인간으로 태어나는 것은 환생의 순환 속에서 방황하는 중생에게는 드물고 귀중한 기회로 여겨진다.'(2000: 314) 그러므로 임신은 아마도 수많은 전생의 삶을 통해 고군분투해 온 중생이 깨달음을 얻을 독특한 기회를 나타낸다. 그리고 낙태는 마치 경주에서 우승하기 직전의 달리기 선수를 걸어 넘어뜨리는 것과 같다. 이것은 마르키우스Marquis가 제시하는 일종의 이유, 즉 낙태의 잘못은 살인의 잘못과 마찬가지로, 한 사람에게서 우리에서와 같은 소중한 미래를 박탈한다는 것과 다르지 않다. 그러니 초기 출처를 정확하게 어떻게 해석해야 하는지와 완전한 금지에 대한 예외를 허용하는 정도에 약간의 차이가 있다는 점은 지적할 가치가 있다. 케이온은 산모의 생명이 위험에 처한 경우를 제외한 모든 경우에서 낙태를 단념시키기 위하는 전통적인 자료를 취하는 반면(Keown 1995: 186 n.56), 하비는 '불교 윤리 개론'에서 달리 주장하며 낙태를 '필요악'으로 만들 수 있는 네 가지 상황을 열거한다(2000: 326):

1) 산모의 생명에 실질적인 위협이 있는 경우
2) 산모의 생명을 위협할 우려가 있는 경우
3) 중대한 트라우마를 유발하는 강간이 있는 경우
4) 입양을 위해 그녀 자신의 아이를 포기해야 하는 정신적 고통을 겪는 정신 질환의 여성이 대안인 경우

좀 더 유연한 접근 방식을 따르는 하비의 주장은 태아를 죽이는 것은 본질에서 도덕적 범죄이지만, 그 범죄의 중대성은 무엇보다도 '태아의 나이'(318)와, 그에 따른 발달 단계에 따라 달라진다는 것이다. 이는 붓다고사Buddhaghosa가 맛지마 니까야에 대한 그의 논평(Harvey 2000: 52, 316)에서 특정한 살생 행위의 도덕적 범죄 성립은 크기, 복잡성, 선한 성품의 유무 등 다양한 요인에 결정적으로 좌우된다고 주장했기 때문이다. 하비는, 이러한 고려 사항을 낙태의 경우에 적용하면서, 태아가 크기와 복잡성 척도에서 완전히 발달한 인간과 침팬지 사이 중간에 있기 때문에, 각각을 죽이는 것의 심각성은 상당히 다르다고 주장하는 것은 타당하다고 결론짓는다. 구체적으로, 태아를 죽이는 것의 심각성은 유아 인간과 침팬지 사이의 도덕적 척도의 중간에 놓이게 될 것이고, 상황에 따라, 태아를 죽이는 것은, 다른 것이

아닌 바로 그 하나를 죽이는 것과 더 비슷할 수도 있다. 강간당한 여성의 트라우마를 완화할 수 있는 약물을 추출하기 위해서는 침팬지를 죽임으로써 가능하다고 가정해 보자. 인간보다 덜 복잡한 생명체를 포함하는 그러한 희생은 강간 행위를 통해 잉태된 태아의 낙태와 마찬가지로, 붓다고사의 척도에서는, 그럴싸하게 덜 사악한 것이다. 비록 우리가 유아를 비슷하게 다루지는 않겠지만, 강간의 상황을 고려할 때, 태아의 희생은 침팬지의 희생에 더 가깝고 따라서 필요한 악이다. 따라서 위의 네 가지 예외는 내가 전통 불교도라고 부르는 상좌부불교도가 이러한 각각의 상황에서 우리가 여성을 구하기 위해 유아를 희생하지는 않겠지만, 침팬지를 희생하는 것은 당연하다는 이유로 낙태에 동의할 수 있는 상황을 나타낸다. 그리고 도덕적 척도에서 침팬지와 태아의 근접성은 그러한 낙태를 정당화할 수 있다.

케이온은 인간을 대할 때 크기와 복잡성이 도덕적인 차이를 만들지 않는다고 주장하면서, 이러한 추론에 강하게 동의하지 않는다. 그는, 엄밀히 말해서, 붓다고사가 인간에게 크기 고려를 적용하지 않는다는 점에 주목한다. 그러나 하비는 붓다고사가 인간을 그들의 좋은 자질에 근거하여 차별화한다고 지적한다: '(인간을 죽이는 행위-좋은 자질을 가진 사람은) 그들(피해자)이 좋은 자질이 적을 때는 덜 잘못이고, 좋은 자질이 많을 때는 더 큰 잘못이다.'(Harvey 2000: 52) 그러나 이는 태아가 보여주는 자질이 더 완전히 발달한 인간보다 어떤 식으로든 열등하다는 점이 전혀 명확하지 않기 때문에, 오히려 문제를 복잡하게 만든다. 요컨대 태아가 발달한 인간보다 순위가 낮은 척도의 존재라는 점을 뒷받침하는 증거는 거의 없다. 오히려 하비의 해석은 5세기

불교 가르침에 대한 실행 가능한 해석이라기보다는 낙태에 대한 현대의 광범위한 태도를 정당화하려는 시도에 더 가까운 것으로 보인다. 어쨌든, 초기 문헌에 근거하면, 낙태가 허용되는 상황의 범위는 적고 오늘날 세계 대부분에서 합법화된 것보다 훨씬 더 제한적이다.

불교와 낙태: 현대적 자료, 현대적 관점 및 관행

물론, 불교의 '경전'으로 간주되는 것, 그리고 이 낙태 문제에 대한 보다 현대적인 선언이 우리가 '불교적 견해'라고 여기는 것을 알리는 데 중요할지에 많은 것이 달려 있다. 이러한 출처를 헤아려 보면 상황이 좀 더 복잡해진다. 케이온이 인용한 많은 출처(2000: 320-326)는 상당히 부정적인 견해를 가지고 있지만, 하비는 더 관용적인 입장을 취하는 많은 현대 불교도들, 예를 들어 필립 캐플로Philip Kapleau와 로버트 에이트켄Robert Aitken을 고려한다. (1995: 101-103)[5] 캐플로와 에이트켄은 낙태를 정확히 옹호하는 것은 아니지만, 여성이 '두려움과 이기적인 걱정이 없다면 "올바른" 행동 방침'으로 낙태를 선택할 수 있도록 허용한다. 둘 다 또한 선택에 직면한 여성에 대한 연민, 그리고 그녀가 경쟁적인 고통의 균형을 맞추는 방식으로 선택할 수 있다는 이해를 강조한다. 그러나 다른 서구 불교도들과 논평가들은 낙태가

---

5 역주: 앞에서 (그리고 뒤에서) 설명한 내용을 종합해 보면 분명히 케이온은 낙태에 부정적인 입장이고, 하비는 관용적이었는데 이 구절의 영어 원문에서는 그들의 입장을 정반대로 바꿔 진술했다. 아마도 저자의 실수로 보이기에 번역자가 바로 잡는다.

생명을 빼앗는 것과 관련이 있고, 살인과 마찬가지로 불교의 제1계율을 명백히 위반한다는 이유로 낙태의 허용에 대해 단호하게 부정적인 결론을 내렸다.

비서구 불교도의 견해는, 비록 낙태가 결코 유익하다고 생각할 가능성은 작지만, 비슷한 양면성을 나타낸다. 케이온이 지적한 것처럼, 달라이 라마와 티베트 전통의 많은 다른 사람들은 낙태를 부정적으로 여긴다. 그러나 특히 일본의 많은 불교도나 불교 동조자들은 때때로 필요에 따라 낙태를 옹호할 것이다. 윌리엄 라플뢰르William LaFleur는 그의 저서 '액상 생명(Liquid Life)'에서 신문특파원이자 불교도인 오치아이 세이코(落合 誓子)의 말을 인용해, 그가 제한 없는 선택의 '자유주의' 입장과 낙태를 '종교적 가치에 대한 깊은 모욕'으로 보는 '신-신토주의新-神道主義'[6] 전통이라고 말하는 것 사이에서 실용주의적 중간지대로 간주하는 것을 나타낸다.(1992: 193)

> 물론 불교도인 우리는 태아가 '생명'이라는 결말을 고수할 것이다. 어떤 종류의 조건이 낙태를 필요로 하는지에 관계없이 우리는 그것을 완전히 정당화할 수 없다. 그러나 우리에게 그것은 단지 태아만이 아니다; 모든 형태의 생명체는 우리의 존경을 받을 자격이 있다. 우리는 그것들을 우리의 사적인 소유물로 만들지 않을 것이다. 동물들도 마찬가지다. 쌀과 밀조차도 생명의 신성함을 공유한다. 그럼에도 불구하고 우리가 살아 있는 한, 우리는 그러한 다양한 종류의 생명을 계속 '빼앗는' 것이

---

6 역주: neo-Shintoist, 종교적 가치와 전통을 강력하게 추구하는 강경우파.

필요하다.(LaFleur 1992: 170)

그러나 오치아이와 같은 '실용주의'는 생명의 손실 때문에, 여전히 낙태가 도덕적으로 문제가 있다고 생각한다.

사람들이 말하는 것으로부터 그들이 행하는 것으로 눈을 돌리면, 적어도 오늘날에는, 그림이 그만큼 어둡다. 낙태가 고대 자료에 나온다는 사실을 감안할 때, 불교 인구가 많은 아시아 사회에서 낙태가 항상 존재했다고 가정하는 것이 타당해 보인다.[7] 현재 태국, 스리랑카, 버마, 일본 등 불교의 영향력이 큰 사회에서 낙태가 합법이다. 불교는 매우 영향력이 크다. 그러나 그것은 종종 무작정 자유롭지는 않다. 스리랑카에서 낙태는 산모의 생명을 보호하기 위할 때만 합법이다. 비록 비합법적 낙태가 매우 일반적이기는 하지만, 낙태는 태국에서도 비슷하게 제한된다.(여성의 건강을 보호하기 위해, 또는 강간이나 근친상간의 경우에만 허용) 1993년에 이루어진 태국 병원의 낙태에 관한 연구에서는 2,000건 이상의 낙태 중 8%만이 실제로 합법적인 것으로 나타났다.(Harvey 2000: 331) 태국 사회는 일반적으로 가장 어려운 상황을 제외하고는 낙태를 상당히 반대하지만, 환자와 의료 전문가 사이에서는 낙태에 대해 좀 더 너그러운 태도가 보인다.(Lerdmaleewong 1998) 게다가 전문가들, 특히 산부인과 의사들은 대부분, 예를 들어, 에이즈 감염이나 독일 홍역과 같은 결과로 발생한 아이의 건강에 영향을

---

[7] 비나야의 제약을 감안할 때, 승려들은 때때로 여성의 낙태를 도왔을 것이다. 일부는 부패한 이유로 그렇게 했지만, 일부는 캐플로Kapleau와 에이트켄Aitken이 분명히 밝힌 자비로운 이유에 의해 동기가 부여되었을 가능성이 있다.

미치는 경우와 관련하여 태국 낙태법의 일부 자유화가 필요하다는 견해를 가지고 있다. 이러한 견해에도 불구하고, 조사에 참여한 거의 모든 불교도 응답자들이 낙태를 '불교의 가르침에 반하는 것'으로 간주한다는 점은 주목할 가치가 있다.(Lerdmaleewong 1998: 37)

일본은 스리랑카나 태국에서 볼 수 있는 종류의 제한 없는 낙태를 허용한다. 그러나 미즈코쿠요水子供養, 즉 태아를 추모하고 태아가 무정형 상태에서 왔다가 무정형 상태(무정형 세계의 물 같은 종류의 개념)로 되돌아가는 것에 대해 사과하기 위한 의식의 존재는, 오치아이의 논평이 시사하는 바와 같이 일종의 도덕적 양면성을 말해준다.

요약하자면, 아시아인이건 비-아시아인이건 간에 불교도들은 낙태라는 주제에 대해 상당한 양면성을 나타낸다. 역사적으로 불교가 영향력을 행사해 온 아시아 사회에서, 이 관행은 많은 비-아시아 국가들보다 법적으로 더 제약을 받는다. 아시아 불교도들은 태아는 '생명'이고, 낙태는 잘 봐줘도 상황이 가장 절박한 상황에서야 필요악이 된다고 생각한다. 따라서 미즈코쿠요 의식과 같은 일종의 속죄가 필요하다는 사실을 강조하는 경향이 있다. 흥미롭게도, 이 의식은 낙태된 태아의 잠재적으로 화난 정신을 달래거나 사과로 구성되는 대신에, 종종 낙태로 인해 생길 수 있는 슬픔에 대한 치유 수단으로 보이지만, 미국 불교의 관행으로 자리 잡았다.(예: Wilson 2009: 177 참조)

대조적으로, 캐플로와 같은 비아시아계 불교도들은 임신모妊娠母의 동기와 그것이 낙태 이유에 대해 충분히 폭넓은 성찰을 반영하는지에 더 중점을 둔다. 그 행위 자체에 대해 노골적으로 비난하는 어조를 가진 경우는 거의 없는 것으로 보인다.

불교와 낙태의 도덕성 및 관련 관행: 전통적 논쟁

지금까지 우리는 경전 자료와 현대의 관행 및 태도 모두에서 뚜렷한 양면성을 보았다. 한편으로는 '낙태는 도덕적으로 허용되지 않는다'라는 강경한 태도를 보이고 있는데, 이는 케이온이 주장하는 경우이다. 그것은 확실히 고대 자료와 일치하며 불교의 계율과 가르침에 의해 잘 뒷받침된다. 다른 하나는 태아의 도덕적 지위를 생명으로 인정하면서도 어머니나 다른 사람들의 잠재적인 이해관계를 중시하는 '실용주의적' 접근 방식이다. 낙태에 대한 미묘한 접근 방식의 문제는 위선이다. 우리는 상충하는 우려, 특히 어머니 생명의 경우를 제외하고, 불교의 첫 번째이자 사실상 신성불가침한 계율인 지각이 있는 생명의 의도적 탈취 금지에 대해 말하지 않는 점과 어느 정도까지 균형을 잡을 수 있을까?

낙태와 제1 계율을 위반할 가능성이 있는 다른 모든 행위가 허용될 수 없다는 전통에 근거한 사례는 지각이 있는 생명이 언제 시작되는지에 대한 설명에 근거한다. 여기서 불교 문헌은 계속해서 상당한 양을 제공한다.[8] 전통적인 불교의 발생학은 임신의 순간에 세 가지 조건이 발생한다고 주장한다: 부모의 성적 결합; 어머니의 적절한 가임성, 즉 그녀의 '적절한 시기'; 그리고 '중간-존재'의 입장 또는 '하

---

[8] 다음에 나오는 것에서 나는 케이온이 '불교와 생명윤리(Budhism and Bioethics, 1995)'에서 만든 특히 명확하고 박식하며 설득력 있는 사례에 크게 의존한다.

강.'(Keown 1995: 69) 이 마지막 요소는 해석이 필요하다. 케이온은, 다른 두 가지 요소가 있을 때, 그 '중간-존재'가 어머니의 자궁으로 하강하여 (일부 설명에 따르면 성적 활동의 존재에 이끌릴 수도 있음) 수정의 행위를 완료하고 새로운 개별 인간의 삶을 시작하는 '환생을 추구하는 중생의 영혼'으로 간주한다. '영혼'은 개인의 주요 오온五蘊 (skandhas)의 기본 요소 중 하나를 나타내는 팔리어 용어 비냐나(viññana: 일반적으로 '의식意識'으로 번역됨)에 대한 케이온의 개념적 번역이다.[9] 이 마지막 요소는 처음 두 조건인 난자와 정자에서 형성되는 배아에 들어가는 것으로 생각된다. 이러한 요소들이 결합하면 개별 인간의 삶을 구성하는 정신-물리학적 총체성이 완성되고, 따라서 케이온에 따르면, '도덕적 지위의 귀속을 위한 합법적인 근거'가 된다.(Keown 1995: 29) 다시 말해, 그것은 제1 계율에 명시되어 있는 종류의 보호를 받을 자격이 있는 생명이 되며, 따라서 이 생명을 '종료'시키는 낙태와 같은 행위는 용납될 수 없다.

이와 같은 케이온의 해석이 전통적인 상좌부 교리와 대체로 일치한다는 것은, 붓다고사Buddhaghosa의 주장 일부와 오래된 많은 사원 규칙을 고려할 때 뒷받침된다. 사원 규칙에서 '인간'이라는 용어는

---

[9] 물론 무아(anattā)라는 불교의 '교리'를 감안할 때, 비냐나viññana는 일반적인 의미에서 '사람'이 아닌 다른 것을 나타낸다는 점을 유념하는 것이 중요하다. 예를 들면 '영혼'과 같이, 그것은 어떤 형이상학적인 의미에서, 요소들이 전체에 합산되지 않는다고 이해되는 사람의 요소이다. 물론 이것이 사람에 대한 환원주의적인 설명에 해당하는지는 논란의 여지가 있으며 우리가 나중에 다시 이야기할 요점이다.

세 가지 요소가 모두 존재하는 완전한 수태의 첫 순간부터 죽음이 일어나는 지점까지로 이해된다. 붓다고사는 '인간의 생명을 박탈해야 한다는 문구는 처음부터 인간의 본성을 의미한다'라고 주장한다. 그는 또한 임신한 여성과 그녀의 태아가 죽는 경우, '살생을 금하는 계율을 두 번 위반한 것으로 간주한다'라고 주장한다.(Keown 1995: 96) 요약하자면, 전통적인 관점에 대한 케이온의 해석은 다음과 같은 주장으로 표현될 수 있다:

1. 인간의 생명은 수태되는 바로 그 순간에 존재한다.
2. 낙태는 태아의 초기 단계에서도 인간의 생명을 끝내는 것을 수반한다.
3. 사람을 죽이는 것은 제1 계율을 어기는 것이므로 잘못된 것이다.
4. 그러므로 낙태는 항상 잘못된 것이다.

물론, 이 주장은 상충하는 이해관계와 의무의 문제를 다루지 않는다. 앞에서 생각한 것처럼 어머니의 목숨이 위태롭다고 가정해 본다면? 케이온 자신은 이러한 갈등을 별로 고려하지 않지만, 이해관계가 상충하거나 심지어 의무가 있다고 해서 낙태의 잘못이 바뀌지는 않는다고 응답할 수 있다. 따라서 사회와 일부 불교도들이 종종 산모의 생명을 구하기 위해 낙태를 하겠지만, 이 사실이 낙태로 인한 잘못을 최소화하지는 않는다. 사실 '죽게 내버려 두는 것'이 '살인'보다 덜 악하다면, 임신한 여성을 죽게 내버려 두는 잘못이 낙태를 통해 태아를 죽이는 잘못보다 작다고 주장할 수 있다.

그러나 '생명은 수태에서 시작된다'라는 첫 번째 전제가 불교 자료에서 실행 가능한 유일한 해석인지 확실히 의문을 가질 수 있다.(Garrett 2008: 94, 97 참조) 전통주의자들은 첫 번째 전제를 어떻게 이해하고 옹호하는가? 케이온의 경우, 위에서 논의한 발생학에 의존한다. 요약하면, 여성이 임신하기 위해서는 세 가지 조건이 있어야 하는데, 중요한 것은 '중간-존재(gandhabba, 건달바乾闥婆)'가 나타나는 것이다. 그렇게 케이온이 '존재론적 개체'라고 부르는 것, 즉 부분의 합도 아니고 단순히 전체 중 일부도 아닌 별개의 존재를 의미하는 것의 삶이 시작된다.(Keown 1995: 47) 물질적 요소[색色(rūpa)-어머니의 생리혈과 섞인 아버지의 정자]에 '중간 존재'를 더하면 존재론적 개인의 총체성을 나타내므로 그 순간에 도덕적 지위를 가진 생명이 존재하게 된다.

물론 중간-존재가 정확히 무엇이며 이것이 전통적인 오온(skandha) 이론 및 무아 교리와 어떻게 관련이 있는지 궁금할 수 있다. 중간 존재가 묘사되는 방식 중 일부는, 예를 들어, 그것이 환생의 기회를 찾는 일종의 윤회하는 영혼임을 암시할 수 있다. 더욱이 불교도들은 역사적으로 중간-존재가 한 삶에서 다른 삶으로 즉시 전환되는지, 아니면 삶 사이의 일종의 불확실성 속에서 일정 기간 존재하는지를 논쟁해 왔다. 중간-존재가 독립적으로 존재할 수 있고 또 다른 실존적 기회를 적극적으로 '찾는' 일을 할 수 있다면, 그것은 매우 자아적이기나 영혼적인 것으로 보인다.

이 딜레마에 대한 케이온의 대답은 이 세 번째 발생학적 요소가 실제로 오온 중 하나, 특히 비냐나viññana라는 것이다.(Keown 1995: 26) 그리고 케이온은 식을 가리켜 '한 사람의 도덕적 정체성의 전달자' 또는 '영적 DNA'라고 설명하지만, 그것은 어떤 식으로든 뚜렷한 존재론적 개인은 아니다. 그렇다면 중간-존재는 실제로 존재하는 것이 아니라 존재의 요소이다. 그것은 단순한 요소로서 영혼 또는 더 적절하게는 자아(atman)가 될 자격이 없다. 만약 우리가 중간-존재를 단순히 비냐나라고 생각한다면, 불교도들에게는 도덕적으로 의미 있는 생명은 의식, 우리의 영적 DNA, 도덕적 정체성의 전달자 파동, 혹은 우리가 그것에 대해 어떻게 생각하고 싶어 하든 간에, 그것이 이미 존재하는 수정란 또는 수태-배아 개념 속에 있어야 하는 나머지 요소들과 합류하는 순간 시작된다고 말할 수 있다. 이 발생학은 오온 가운데 느낌, 생각, 성향이 물리적으로, 아마도 신경학적으로 예시된 요소임을 시사할 것이다. 분명한 것은 비냐나의 요소가 다른 요소와 별개의 요소라는 것이다.

케이온은 수태-배아가 중간-존재(gandhabba)와 별도로 존재할 수 있다는 것을 인정한다: '불교는 모든 수정된 배아가 살아 있다는 관점에 전념하지 않는다. 대신, 수정란은 중간-존재에게는 환생할 기회로 가장 잘 보여질 수 있다.'(1995: 84) 이것은 수태-배아가 아마도 20주 후에 실제 태아로서의 의식이 명백한 징후로 나타날 때까지, 중간-존재 없이 다소 오랜 기간 존재할 가능성을 열어준다. 아마도 중간-존재는 그 시점에서만 '하강'할 것이고, 그때서야 비로소 우리는 도덕적 정체성을 부여받은 존재를 갖게 될 것이다.

분명히, 이러한 가능성은 모든 요소가 수태 순간에 함께 모인다는 붓다고사의 주장과 모순되지만, 그럼에도 불구하고 발생학과 모순되지는 않는다. 이 해석은 필수적인 요소들이 모여서 도덕적 지위를 부여받은 온전한 사람을 창조하고 그 요소들이 자궁 속에서 함께 한다는 기본적인 주장을 수용한다. 바뀌는 것은, 이러한 사건들이 일어나는 시간대이다. 명백한 점은, 만약 인간성이 모든 요소가 함께 모이는 것에 달려 있고, 이것이 비냐나가 아닌 요소가 결합하여 수태-배아를 만든 지 한참 후에 일어날 수 있다면, 불교의 관점에서 볼 때, 도덕적인 인간성은 임신 후기까지 존재하지 않을 수도 있다는 것이다. 그러면 첫 번째 전제[10]는 거짓이 될 것이기 때문에, 임신 후반에 발생하는 낙태만이 불교적 근거에서 잘못될 것이다. 그러나 케이온은 '새로운 생명은 생겨나지 않았고, 오직 하나의 생물학적 기초만 생겨났을 뿐'이라는 이유로 시간표 수정을 거부한다.(1995: 81) 중간-존재가 없는 비활성 배아는 '아마도 비정상적으로 발달하여 월경 주기 중에 사라질 것이다.' 즉 불교 발생학에 따르면, 배아는 중간-존재(gandhabba)가 존재하는 경우에만 정상적이고 발달할 수 있다. 그 요소가 부족하면, 그것은 본질적으로 유산이며, 우리가 그것이 완전히 발달한 태아와 관련된 감각을 발달시키리라고 생각할 이유가 없다.

그러나 왜 불교도가 이것을 생각해야 하는지는 매우 불분명하다. 우선 케이온의 주장 논리는 확실히 순환적이다. 왜 비활성 배아가 비정상적이라고 생각하는가? 만약 그것이 활성화되었다면, 그것이

---

10 역주: 생명은 수태에서 시작된다.

정상적으로 발달했을 것이기 때문인가? 그리고 만약 죽는다면 그것은 비활성으로 되어야 하는가? 그 주장을 거부할 수 있는 경험적인 이유도 많이 있다. 생명의 생물학적 기반이, 만약 우리가 '비활성' 배아와 관련하여 가지고 있는 것이라면, 실험실 환경에서 연구할 때 발달할 수 있는 온갖 능력을 보여주는 것일 수 있다. 케이온이 여기에서 이러한 배아가 '아마도' 정상적으로 발달하지 못할 것이라고만 주장하면서 자신의 진술을 얼버무린다는 점에 주목하는 것은 흥미롭다. 이는 물론 생명의 생물학적 기반이 중간-존재 없이도 꽤 잘 발달하는 일과 적어도 얼마간은 잘 지낼 가능성을 열어두고 있다. 케이온은 실험실에서 연구되는 것도, 중간-존재가 존재하는 것으로, 전체적인 의미에서 똑같은 배아라고 대답할 수 있을 것이다. 하지만 우리가 어떻게 아는가? 정상적으로 발달하고 있기 때문인가? 그러나, 다시 말하지만, 이것은 순환적 추론이다. 사람들은 붓다고사가 옳고, 중간 존재가 수태할 때 존재한다는 믿음을 받아들여야 한다. (또한 그것은 일부 사람들이 공개적인 질문이어야 한다고 주장할 수 있는 것, 즉 비냐나viññana를 엄격하게 의식으로 번역할 것인지에 대해 편견을 갖게 한다. 왜냐하면 경험적 근거에서 초기의 배아에는 의식이 있다는 증거가 거의 없는 것 같기 때문이다.)

첫 번째 전제를 거부하는 또 다른 경험적 근거는 쌍둥이와 재조합에 대한 케이온의 논의에서 나타난다. 케이온은 쌍둥이와 관련하여 '문제는 이 개체 중 하나가 "수정受精" 후에 다른 개체로부터 출현함으로써 존재하게 되는 것으로 보인다'라고 언급한다.(1995: 88) 재조합의 경우는 정반대인데, 붓다고사 이론에 따르면, 서로 다른 두 개체가 하나가 되는 것으로 추정된다. '이것은 "수정이 개인의 삶의 시작을 알리는 것"이라는 개념에 의문을 제기하는 것처럼 보인다.'라고 케이온은 말한다. 하지만 그는 이것이 설명될 수 있다고 주장한다. 쌍둥이의 경우, 이것은 '접합체가 자신의 유전적 복제물을 생산하는 과정으로 생각되어야 한다. 그렇게 함으로써 원래의 접합체는 그 개성을 유지하면서 유사분열 난할卵割을 통해 또 다른 개체를 생성한다.'(1995: 89) 재조합의 경우, '발생한 것에 대한 설명은 (하나의 배아가) 죽었고, 이전과 같이, 첫 번째 배아가 세포를 동화시켰다는 것으로 되어야 한다.'(1995: 91)

하지만, 만약 그것이 임신 과정의 어느 시점에서 쌍둥이 또는 재조합을 위한 수정된 난자의 잠재성 안에 있다면, 그것은 우리가 원래의 수태-배아 개념과 관련하여 두 개의 생명을 다루고 있는지 아니면 하나의 생명을 다루고 있는지에 관한 질문을 하게 만들지 않는가? 만약 수태-배아가 한 번 이상 재생산할 수 있다면, 아마도 우리는 여러 생명에 대해 이야기하고 있는 셈이 될 것이다. 우리가 의심을 할 마음이 있다면, 케이온이 합리적이라고 생각하는 것만큼 그의 대답은 의심을 해결하는 데 거의 도움이 되지 않는다. 우리가 단 하나의 생명을 다루고 있지만 동시에 다른 생명들의 생물학적 기반을 다루고 있다고 주장하는 것은 실제로 도움이 되지 않는다. 중간-존재의 유무와 관계없이 단일 수태-배아를 고려할 때 하나 이상의 생명이 위태로운가? 다른 설명 시나리오도 생각할 수도 있다. 여러 중간-존재가 모두 동일한 배아 공간을 놓고 경쟁할 수 있을까? 각각이 수용될 수 있도록 배아를 몇 개 더 만들 수 있을까? 재조합에서, 두 개의 서로 다른 중간-존재가 동일한 배아 내에서 함께 지낼 수 있다고 결정하는 것이 가능할까? (그리고 이것이 나중에 인생의 다중 인격 장애를 설명할까? 아니면 조현병을?) 우리는 훨씬 더 괴이한 가능성을 상상할 수 있다. 그러한 설명 중에서 우리는 어떻게 선택하나?

하나의 접합체가 자발적으로 동일한 접합체를 생산할 수 있다는 사실은 전통적인 발생학에서 의심을 불러일으킨다; 왜 이 동일한 배수가 실제로는 별개의 개인이라고 주장하며 이 문제를 명확하게 하는 이유는 무엇인가? 그 질문은 경험적으로 대답할 수 없다. 과학이 쌍둥이 또는 그 문제에 대한 재조합에 대해 말할 수 있는 것은 세포 분열의 생화학적 역학의 관점에서 말하는 것이지, 중간-존재 또는 정신적 존재에 관한 것이 아니다. 대조적으로, 수정란을 개별 생명이 아닌 단순한 생물학적 기반으로 간주하는 것은 전통적인 발생학이 하는 것과 같은 방식으로 '의문을 제기하는 것처럼 보이지는 않는다'라고 케이온은 인정한다. 그것은 이용 가능한 사실 또는 과학이 발견할 가능성이 있는 것을 넘어서지 않는다. 만약 수태-배아가 생명의 단순한 생물학적 기반이기는 하지만 의식이 아직 존재하지 않기 때문에 그 자체로 생명이 아니라면, 자발적으로 생성되거나 재흡수되는 쌍둥이의 존재론적 지위를 설명할 윤리적 필요성이 없다. 공평하게 말하자면, 케이온, 그리고 아마도 붓다고사도 그들의 발생학에 대한 경험적인 이유를 제시하지 않고 있다. 〔가렛Garrett(2008) 또한 티베트 불교와 관련하여 이 점을 지적한다.〕 대신에 그들은 관측 가능한 사실과 모순되지 않는 관측 불가능한 사실에 대한 설명을 제공한다. 그러나 만약 그렇다면, 이것은 발생학이 사실을 넘어서는 것을 받아들이는 것이다. 그러나 만약 어떤 의미에서 비냐나를 '의식'으로 번역하고 전통적인 발생학의 시간표 측면을 삭제한다면, 발생학은 전적으로 사실과 상관관계가 있다. 설명이 필요한 비-경험적 사실은 없다.

다시 말해, 배아를 비냐나viññana 없이 시작하는 생명의 생물학적 기반 이상으로 취급하는 것에 찬성하는 경험적 주장은 없다. 수태-배아가 비냐나를 발현하는지 여부와 시기에 관한 의미 있는 경험적 질문이 있으나, 그 시점이 수태-배아에 있다고 생각할 이유는 없다.

더욱이 수정된 발생학을 선택함으로써, 인간의 고유한 생명이 수태에서 시작된다는 전제를 거부하는 것은 모든 명백한 불교 원칙과 모순되는 것이 아니라, 붓다고사의 발생학에만 모순되는 것이다. 그러나 나 또한 수정된 견해를 선택하는 데는 타당한 불교적 이유도 있다고 생각한다.

이 중 첫 번째는 개정된 관점의 경험 지향적 측면이다. 팔리어 경전을 통해, 붓다는 오직 믿음에만 의존하는 것과는 반대로 경험적으로 명백한 것의 권위를 주장하는 것으로 묘사된다. 붓다는 아트만 ātman[11]과 같은 주장이나 그 효과에 대해 증거가 없다는 이유로 전통적인 가르침과 교리를 거듭 거부한다. 즉 전통적인 가르침과 교리는 실천자들의 삶에 변화를 주는 시험에 실패한다는 것이다.(예를 들어, 'Discourse to the Kālāmas'; Holder 2006: 21 참조) 붓다고사에서 영감을 받은 발생학이 경험적으로 명백한 것과 모순되지 않는 것은 사실이지

---

11 역주: 고대인도의 우파니샤드 철학에서 브라만(Brahman 梵)과 함께 가장 중요한 원리 가운데 하나. 끊임없이 변화하는 '물질적 자아'(육체, 생각, 마음)와 대비해 절대 변치 않는 가장 내밀하고 '초월적인 자아'(영혼)를 말한다.

만, 그것은 우리가 검증할 수 있는 것을 넘어선다. 대조적으로, 변형된 관점은 경험적으로 검증될 수 있는 것에 달려 있다: 수태-배아는 우리가 볼 수 있으므로 존재한다. 그것은 우리가 의식의 징후를 볼 수 있는 지점에서 의식의 징후를 보이기 때문에 비냐나를 가지고 있다. 인정하건대, 이 마지막 요점은 경험적으로 검증하기 어렵고 다소 추론적인 신경학적 증거에 의존할 것이다. 그러나 약간의 불확실성이 있다고 해서 수태-배아가 비냐나를 의식하고 소유하고 있다는 판단이 기본적으로 경험적이지 않다는 의미는 아니다.

불교에서 개정된 발생학적 시간표를 선호하는 두 번째 이유는 비냐나viññana가 가장 기본적인 의미에서 의식이 되어야 하기 때문이며, 따라서 그 사람에 대한 무아의 이해와 일치하기 쉽기 때문이다. 사람은 '자아'나 '영혼'이 아니라, 수정이나 심지어 착상, 그리고 아마도 20주 정도 범위에서의 태아 발달보다 늦은 임신 후기의 어느 시점에서 비냐나의 시작과 함께 완성을 찾는 다섯 가지 복합적인 요소(오온五蘊)에 귀속된다.[12] 물론 이 입장은 어떤 것도 정확하게 다시 태어나는 것처럼 보이지 않기 때문에, 중간-존재(gandhabba)로나 환생의 교리로 생각하는 것과는 다소 조화를 이루기 어렵다. 따라서 개정된 (더

---

12 내가 어떤 사람은 그의 자아가 아니라고 말할 때, 이것은 내가 파핏(역주: Derek Antony Parfit, 1942-2017, 개인 정체성, 합리성, 윤리에 중점을 둔 영국의 철학자) 스타일의 어떤 형태의 '사람 환원주의'에 동의한다는 것을 의미하지 않는다. 어떤 사람을 지칭할 때 그의 자아가 아니라고 말하는 것은, 케이온이 주장하는 것처럼, 단순히 한 사람이 필요하고 충분한 조건을 구성하는 다섯 가지 복합적인 요소를 넘어서는 것이 아니라고 말하는 것이다. 예를 들어, 사람은 다섯 가지 요소를 그 사람의 속발적 기반으로 생각할 수 있다.

현대적인?) 관점을 채택하는 것은 이러한 개념을 더 미신적인 과거의 흔적으로 포기하는 것을 수반할 수 있다. 그러나 약간의 왜곡으로 중간-존재와 환생을 수용할 수 있다. 중간-존재는 단순히 의식이 시작되는 비냐나의 '하강'이며, 모든 스칸다(skandhas, 오온)는 시간이 지남에 따라 다양한 방식으로 연결되고, 다시 연결되기 때문에 환생을 약속하는 카르마(업)적 연속성을 나타낸다. 환생은 개체의 환생이 아니라 요소의 환생일 뿐이다.[13]

낙태와 생식에 대한 자유주의적 불교관은 어떤 모습일까?

낙태와 관련하여 개정된 견해는 어떤 종류의 자유주의를 수용하는가? 앞서 언급했듯이, 더 자유주의적인 관점에서 어떤 종류의 낙태가 허용되는지에 대한 다양한 입장이 있다. 게다가, 각각의 철학적 근거는 일반적으로 생식에 관한 생각과 여성과 태아 사이에 존재할 수 있는 의무에 대한 영향을 미친다.

수정된 불교적 관점과 가장 부합하는 것으로 보이는 '자유주의' 입장은 흔히 '관심관關心觀'이라고 불리며, 보니 스타인복Bonnie

---

13 이것은 생명 단계들 사이에 강력한 정체성 관계를 갖는다는 의미에서 개인도 존재하지 않는다는 것이 또한 사실이라면 가장 설득력이 있다. 불교 스칸다 이론이 사람의 환원주의의 한 형태라면 이런 경우가 될 것이다. 이른바 '개인'의 부분들은 단순히 식識 (느낌, 생각, 성격 또는 성향)을 포함하는 것일 뿐이며, 의식이 중간-존재라기보다는 의식으로 생각된다면, 그것은 개인의 단순한 부분일 가능성이 더 크다. 중간-존재(gandhabba)는 전인숙人이나 완전한 존재가 아니라 단지 과도기적 부분에 불과하다.

Steinbock에 의해 매우 훌륭하게 표현된다.(1992, 1999, 2006) 그녀는 이렇게 썼다:

> 내 논문은 태아를 죽이는 것과 아기를 죽이는 것은 도덕적으로 다르다는 것이다. 왜냐하면 태아는 지각력이 없고 아기들은 있기 때문이다. 지각이란 고통과 즐거움을 경험할 수 있는 능력을 의미한다. … 지각은 단순한 것이든 신경계가 없는 생명체(예: 식물)이든 간에 중요하다. … 그러므로 무지각 존재는 우리가 고려해야 할 관심사에 속하지 않는다.(1999: 248)

물론 임신 중 어느 시점에서 태아는 의식을 갖게 된다. 아마도 약 20주에서 26주 사이에 의식과 함께 지각이 시작되는데, 이 시점에서 태아는 고려해야 할 관심사가 생긴다. 일단 관심사를 갖게 되면 스타인복이 말하는 '도덕적 지위'를 갖게 되는데, 이는 어떤 사회적 상호작용에서도 타인에 의해 자신의 관심사가 고려되어야 한다는 것을 의미한다. 미지각 태아는 관심이 없고 따라서 도덕적 지위가 없다; 지각이 있는 태아는 관심이 있고 따라서 도덕적 지위가 있다. 물론 자신의 이익을 고려할 필요가 있다고 말하는 것은 그들이 해야 할 일을 전적으로 결정한다는 것을 의미하지는 않는다. 그러나 그것은 관련된 다른 사람들의 이익과 함께 고려되어야 한다. 관심이 부족하다고 해서 가치가 전혀 없는 것은 아니라는 점도 유의해야 한다. 예를 들어, 야생지역이나 예술 작품과 같은 지각이 없는 존재는 가치를 가질 수 있다. 그러나 지각 있는 존재가 '자신의 존재에 대한 이해관계'로 고통을 받을 수 있는 것과는 달리 고통을 겪을 수 없다.

갓 지각한 태아가 갖는 관심은 고통받지 않는 것에 관한 관심이다. 일단 지각하면 고통을 느끼고 고통을 경험할 수 있는데, 이는 모두가 피하고 싶어 하는 부정적인 경험이다. 그 외에는 갓 지각한 태아는 적어도 관심을 가질 수 있다거나 이해관계를 가질 수 있다는 의미에서는 관심이 거의 없다. 물론 관심은 단순히 고통을 받지 않는 것 이상으로 확장될 수 있다. 비평가들은 이러한 이해관계 해석 방식이, 내가 일시적으로 무의식 상태라면, 이해관계가 결여되어, 나를 죽이는 것이 내 이해관계를 침해하지 않을 가능성을 열어둔다고 주장할 수 있다. 아니면 내가 심하게 미쳐버린다면, 관심이 부족할 것이다.

그러나 이는 '관심 관'에서 '관심'이 의미하는 바를 오해한 것이다. 나에게는 여전히 욕망과 신념이 있기 때문에, 일시적 무의식 상태에도 관심이 있다. 그것들은 발생하는 욕망이나 믿음이 아닐 수도 있지만, 발생하지 않는다고 해서 존재하지 않는 것은 아니다. 그것들은 말하자면 내가 그러한 의식적 욕망을 형성했다는 사실 때문에, 내 기질의 저수지 일부로 남아 있는데, 이는 내 기질이 나의 복합적인 요소 중 하나를 구성한다는 점에서 불교도라면 기꺼이 인정해야 할 점이다. 나는 X에 대한 욕구가 있으므로, 비록 내가 현재 X를 생각하고 있지 않거나 X를 생각할 능력이 없더라도 X를 얻는 것에 관심이 있다. 예를 들어, 내가 죽은 후에도, 그러한 지향성에 관한 관심은 나의 마지막 유인징에 표현된다. 스타인복이 그렇게까지 갈지는 불분명하지만, 그녀의 주장(2006)은 이 방향으로 나아가고 있다.

반면에 초기 배아와 임신 1기에서 2기(3개월)의 초기 태아는 결코 욕망을 형성한 적이 없고 의식이 부족하다; 그들은 기껏해야 미-지각 상태이다. 그러므로 그들에게는 우리가 무엇을 할지 결정할 때 고려해야 할 관심사가 없다.

낙태에 대한 의미와 우리가 생식에 대해 생각하는 방식은 꽤 명확하다. 내가 이해관계를 가질 수 있는 삶은, 개정된 불교적 관점에서처럼, 의식적 경험, 적어도 고통받을 만큼의 의식적 경험에 필요한 조건에서 시작되는 삶이다. 이런 일이 일어나기 전에 중절하는 것은 내 이익을 해치지 않는 것이다. 왜냐하면 나는 아무것도 가지고 있지 않기 때문이다. 이것은 내가 가치가 부족하다거나 낙태가 사소한 행동이라는 것을 말하는 것이 아니다. 낙태를 권장하지 않는 다른 가치 기반 이유가 있을 수 있다. 그러나 태아의 이익(또는 스타인복에 따르면 태아의 생명 1999: 250)에 기초한 전반적인 도덕적 금지는 없다. 개정된 관점에서 보면, 미지각, 무지각 태아의 낙태는 단순히 인간 생명의 생물학적 기반 발달의 끝이다. 왜냐하면 그 행위가 비냐나 또는 중간-존재가 개입하기 이전의 것을 나타내기 때문이다.

이러한 입장은 또한 고통의 부당함에 대한 거의 보편적인 불교적 평가와 일치한다. 초기 경전에서 붓다는 자신이 가르치는 모든 것은 괴로움을 덜어 주기 위한 것이라고 여러 번 공표한다. 사실 우파야 upāya 또는 방편의 개념은 고통에 대한 붓다의 관심 확장으로 해석될 수 있다: 모든 교리와 가르침은 고통 문제의 최종 해결인 열반을 향한 진행에 따라 측정되어야 한다. 물론 이해관계 관점에서 보면, 괴로움을 피하는 것은 한 사람이 가질 수 있는 많은 이해관계 중 하나일 뿐이다. 그러나 괴로움은 확실히 가장 기본적이고 원초적인 것 중 하나이며, 태아의 경우에는 틀림없이 태아가 가질 수 있는 유일한 관심이다.

그렇다고 그것은 미지각 태아를 중요시할 다른 고려 사항이나 이유가 없거나 낙태 여부에 관한 결정이 우연이라는 말은 아니다. 일본 저널리스트이자 불교도인 오치아이 세이코(落合 誓子)를 인용한 라플뢰르LaFleur의 저서 '액상 생명(Liquid Life)'의 구절로 돌아가, 태아 생명의 신성함과 때때로 그러한 생명을 빼앗아야 할 필요 사이의 균형을 맞출 필요성에 주목하면서, 우리는 예를 들어, 마가렛 올리비아 리틀Margaret Olivia Little이 다음과 같이 강조하는(2009) 일종의 심사숙고 반향을 발견한다:

> 그러나 창조물에 대한 존중이라는 생각은, 덜 자주 인정되기는 하지만, 때때로 여성이 임신을 끝내기 위해 움직이는 이유이기도 하다. … 낙태하기로 한 결정들은 종종 파괴 결정이 아니라 창조 거부를 나타낸다. … 어떤 여성들은 낙태하기로 결정한다. 즉 아이를 원하지 않기 때문이 아니라, (실제로 그들은 더는 아무것도 바라지 않고, 상황이 그렇지 않기를 간절히 바라면서) 아이를 세상에 데려오는 것이 옳은 일이라고 생각하지 않기 때문이다. (2009: 583)

사람들은 그 행위에 일종의 정당성이 있으므로, 출산을 선택할 수 있는 것과 똑같은 이유로 낙태를 선택할 수 있다: 이해관계와 가치의 균형이 그것을 감탄하거나 칭찬할 만하게 만든다는 이유,

즉 삶을 긍정적으로 만드는 이유 때문이다. 우리는 적어도 우리가 최고의 상태일 때, 창조에 대한 일종의 존중을 확신할 때, 우리가 아이들을 만들지만, 이것이 또한 우리가 임신을 끝내기로 결정하는 이유가 될 수 있는데, 형성되고 있는 생명과 창조의 영역에서 그것이 차지하는 위치에 대한 우려에서 비롯된다. 여기에 '관심 관'이 더해지는 것은 태아의 이해관계가 이미 깊고 복잡한 것에 얽히게 되면, 임신을 계속할 것인지에 관한 결정이 훨씬 더 어려워진다는 단순한 이해일 뿐이다.[14]

물론 낙태와 생식 문제의 자유주의적 입장에 있는 일부 사람들에게는, 이해관계 관점이 임신한 여성의 권리를 너무 하찮게 평가하거나 임신 후기 낙태에 대해 충분히 관대하지 않은 것으로 보일 수 있다. 비록 여성들에게는 분명히 미지각 상태의 태아를 낙태할 권리가 있다고 하더라도, 그 선택의 도덕성은 일단 태아가 의식을 갖게 되면, 즉 적어도 태아가 지각하는 지점에서는 훨씬 더 모호해진다.

자유주의 편에 있는 일부 사람들은 낙태와 관련하여 태아의 매우 제한된 이익이 도덕적으로 거의 관련이 없다고 주장한다. 마이클 툴리Michael Tooley와 메리 앤 워렌Mary Anne Warren은 보수주의자들이 어떤 의미에서는 옳다고 주장한다: 어떤 단계의 태아와 유아 사이에는 도덕적으로 관련된 차이가 없다는 것이다. 그러나 보수주의자들은 유아를 죽이는 것이 명백히 잘못된 것이라면 태아를 죽이는 것도

---

14 특히 두드러진 현대적인 예는 소뇌증과 같은 지카 바이러스의 합병증을 피하기 위한 중절 수술이다. 불교도들은 그러한 출산이 매우 '불길한' 것이고, 중절 수술이 그런 태아 형성에 대한 친절한 행위라고 쉽게 느낄 수 있다.

마찬가지라고 주장하는 반면, 툴리와 워렌은 낙태가 잘못된 것이 아니라면 유아를 죽이는 것도 명백하게 잘못된 것은 아니라고 주장한다. 툴리와 워렌은 도덕적 지위를 가질 자격이 있는 존재와 그렇지 않은 존재 사이에는 임의적이지 않은 도덕적으로 중요한 차이가 있으며, 이는 개인이 자신을 영속적인 존재로 생각할 수 있는지에 따른다고 주장한다. 유아와 태아는 분명히 자아 개념이 없기 때문에, 그러한 것에 가치를 두거나 그 지속성에 대한 이해관계를 가질 수 없다. 따라서 그들은 어머니가 하는 것과 달리 도덕적으로 인지 가능한 관심사를 가지고 있다고 말할 수 없으며, 어머니의 관심사는 모든 낙태 결정 필요에 관련된 기본 고려 사항이 된다. 물론 툴리와 워렌은 어린아이들이 자신에 대한 감각과 타인과의 사회적 상호작용 능력을 갖추고 있다는 이유로 그들을 죽이는 것에 선을 그었다.

스타인복의 '관심 관' 버전도 다음과 같은 점에서도 취약하다. 스타인복에게 있어 고통받을 수 있는 능력, 본질적으로 원하지 않는 경험 (Parfit 2011: 73-82 참조)은 감각이 있는 태아에게 관심을 준다. 물론 동의할 수 있지만, 그것은 태아에게 삶을 지속하는 것이 아니라 고통을 피하는 데 관심을 두게 할 뿐이라고 덧붙일 수 있다. 모든 낙태, 그리고 아마도 영아 살해는 고통이 없어야 하며, 따라서 잠재적인 고통을 완화해야 한다. 그러나 그것은 태아가 죽지 않는 것에 관심이 있다는 점을 보여주지 않는다. 이것은 이해관계의 관점에 대한 공격이라기보다는 정확히 어떤 이해관계가 위태로우며 그것이 실제로 낙태에 반대하는지 여부에 대한 비판이다.

이것이 스타인복에게 극복할 수 없는 문제인지 아닌지는 말하기 어렵다. 그녀는 지각이 있다는 것은 현재의 순간을 즐기는 것일 뿐만 아니라 그것이 지속되는 것, 적어도 고통 없이 지속되는 것에 감사하는 것이라고 대답할 수도 있는데, 이는 툴리/워렌의 입장도 놓치고 있는 지점이다. 만약 그렇다면, 태아를 죽이는 것은 태아의 이해관계와 상반된다. 그러나 더 넓은 문제는 자유주의적 불교 입장이 이러한 관점의 집합에 부합하는 위치이다.

'관심 관'과 자유주의적 불교 사이의 중요한 유사점은, 첫째, 도덕적 지위가 의식의 도래와 고통받을 수 있는 능력과 함께 시작된다는 사실이다. 자유주의적 불교 입장에서는, 단지 온전한 존재가 존재하지 않는다는 이유만으로 20주에서 26주 시점 이전에 낙태하는 것이 제1 계율을 어기는 것이 아니다. 둘째, 이해관계 관점이 옹호하는 모든 낙태 결정에 대한 이해관계의 도덕적 균형은 일반적으로 현대 불교도들이 보여주는 실용적인 태도의 종류와 매우 잘 들어맞는다. 그러나 이해관계 관점은 태아에게 귀속될 수 있는 이해관계가 있을 때 그러한 균형을 가정한다는 점에 주목할 필요가 있다. 그러한 이해관계가 존재하는 점에서, 물론 임신 중절은 불교 신자라면 누구나 제1 계율을 위반하는 것이다. 따라서 자유주의적 불교도가 지각 후에 이해관계의 균형을 일관되게 지지할 수 있는지는 분명하지 않다. 만약 그렇다면, 자유주의적 불교도는 허용 가능한 낙태와 허용 불가능한 낙태 사이에 스타인복 또는 확실히 툴리가 수용할 수 있는 것보다 더 보수적인 선을 그을 것이다.

이해관계 관점과 불교적 관점 사이의 마지막으로 주목할 만한 유사점은 두 관점 모두에서 태아의 지각력이 결여된 경우에도 낙태 결정이 도덕적 비판을 받을 수 있다는 것이다. 언급한 바와 같이, 태아는 도덕적 지위가 부족할 수 있지만, 가치는 유지하며, 이 가치는 누군가의 출산 또는 임신 종료 이유에 대해 우리가 내리는 도덕적 평가에 반영된다. 사실 스타인복은 '아이를 갖는 데에는 끔찍한 이유가 있을 수 있다'라고 주장한다. 예를 들어, '15세 또는 16세의 꽤 많은 어린 십대의 아이들이 엄마가 되는 것에 따르는 지위와 명성 때문에 아기를 키우기로 결정한다.(Steinbock 1999: 261) 마찬가지로, 복수심에 불타는 낙태는 도덕적으로 공격적인 행위로 간주될 것이다. 그것은 어머니의 편에서 보호할 가치가 있는 중요한 이해관계의 균형추 없이 가치 있는 것, 즉 발달 중인 태아를 죽이는 것이다. 반면에, 산아제한 조치가 실패했거나 심지어 그들의 문화가 특정 성별을 중시하는 등 여성들이 낙태를 찬성하는 이유 대부분은 명백히 옹호할 수 있다. 여아에 대한 선택적 낙태를 시행하는 문화에서 '그 일이 발생할 수 있는 사회적 현실'에는 산모나 그 결과로 태어난 아이를 학대할 가능성이 포함된다.(Steinbock 1999: 262) 어떤 종류의 불교도에게든, 이것들은 단순히 자기 자신에 대한 만족이 아니라, 행위에 영향을 받는 모든 사람에 대한 자비로운 관심을 포함하는 올바른 종류의 고려 사항일 것이다.

인용 문헌

Garrett, F. (2008) *Religion, medicine, and the human embryo in Tibet*. London and New York: Routledge.

Gross, R. (1993) *Buddhism after patriarchy: a feminist history, analysis, and reconstruction of Buddhism.* Albany: State University of New York Press.

Harvey, P. (2000) *An introduction to Buddhist ethics: foundations, values and issues.* Cambridge: Cambridge University Press.

Holder, J. J. (2006) *Early Buddhist discourses.* Indianapolis: Hackett.

Horner, I. B. (trans.) (1938-1966) *The book of discipline.* 6 volumes. London: Pali Text Society.

Keown, D. (1995) *Buddhism and bioethics.* New York: St. Martin's Press.

LaFleur, W. R. (1992) *Liquid life: abortion and Buddhism in Japan.* Princeton: Princeton University Press.

LaFleur, W. R. (1998) Abortion, ambiguity, and exorcism: a review essay based on Helen Hardacre's Marketing the menacing foetus in Japan. *Journal of Buddhist ethics*, 5, 384-400.

Lerdmaleewong, M. (1998) Abortion in Thailand: a feminist perspective. *Journal of Buddhist ethics*, 5, 22-48.

Little, M. O. (2009) The morality of abortion. In: B. Steinbock, J. D. Arras, and A. J. London (eds), *Ethical issues in modern medicine: contemporary readings in bioethics.* Seventh edition. Boston: McGraw Hill, 576-584.

Marquis, D. (1989) Why abortion is immoral. *Journal of philosophy*, 86, 183-202.

Parfit, D. (1984) *On reasons and persons.* Oxford: Oxford University Press.

Parfit, D. (2011) *On what matters*, Volume 1. Oxford: Oxford University Press.

Steinbock, B. (1992) *Life before birth: the moral and legal status of embryos and foetuses.* Oxford: Oxford University Press.

Steinbock, B. (1999) Why most abortions are not wrong. In: R. B. Edwards and E. E. Bittar (eds), *Advances in bioethics: bioethics for medical education,* Volume 5. Stamford, CT: JAI Press, 245-267.

Steinbock, B. (2006) The morality of killing human embryos. *Journal of law, medicine and ethics,* 34 (1), 26-34.

Thomson, J. J. (1971) A defense of abortion. *Philosophy and public affairs,*

1 (1), 47-66.

Tooley, M. (1972) Abortion and infanticide. *Philosophy and public affairs*, 2 (1), 37-65.

Warren, M. A. (1973) On the moral and legal status of abortion. *Monist*, 57, 43-61.

Wilson, J. (2009) *Mourning the unborn dead: a Buddhist ritual comes to America*. Oxford: Oxford University Press.

추천 도서

Barnhart, M. (1998) Buddhism and the morality of abortion. *Journal of Buddhist ethics*, 5, 276-297.

Florida, R. (1991) Buddhist approaches to abortion. *Asian philosophy*, 1, 39-50.

Jones, K. (1989) *The social face of Buddhism*. London: Wisdom.

Keown, D. (1999) Buddhism and abortion: is there a 'middle way'? In: D. Keown (ed.), *Buddhism and abortion*. Honolulu: University of Hawai'i Press, 199-218.

LaFleur, W. R. (1990) Contestation and consensus: the morality of abortion in Japan. *Philosophy east and west*, 40 (4), 529-542.

Lesco, P. A. (1986) A Buddhist view of abortion. *Journal of religion and health*, 26, 214-218.

Steinbock, B. (2007) Moral status, moral values, and human embryos: implications for stem cell research. In: B. Steinbock (ed.), *The Oxford handbook of bioethics*. Oxford: Oxford University Press, 416-440.

제29장 안락사

대미언 케이온Damien Keown

서론

이러한 종류의 논의는 공간의 제약 때문에 우리가 간략하게만 언급할 수 있는 방법론적 문제를 제기한다.(더 자세한 논의는 Keown 2001: 11-21 참조) 첫 번째 문제는 불교 자체의 본질에 관한 것이다. 잘 알려진 바와 같이 불교는 종파와 학파의 집합체로 구성되어 있으며, 이들 중 많은 종파는 서로 다른 문화권의 다양한 역사적 시기에 진화했다. 이 점이 합의 가능성을 낮추는 것으로 생각될 수 있지만, 증거는 안락사에 대한 규범적 입장이 식별될 수 있음을 시사한다.

 이 입장을 명확히 하기 위해 우리는 두 가지 주요 출처에 의지할 것이다. 첫 번째는 불교도들이 권위 있다고 간주하는 종교 문헌 집적이다. 사실상 모든 불교 종파는 경전, 특히 붓다의 구전 가르침을 기록했다고 주장하는 경전을 교리와 윤리의 문제에서 권위적인 것으로 간주한다. 그러나 여기서 문제가 발생한다: 불교의 주요 전통들이 각각 그들만의 경전을 가지고 있고, 이러한 각각의 컬렉션이 광범위하다는 점을 고려할 때 어떤 텍스트 자료들이 사용되어야 하는가? 다행스럽게도 승가 규칙, 즉 비나야Vinaya 같은 우리의 현재 탐구와 특히 관련이 있는 경전의 한 부분에 상당한 공통점이 있다. 폴 윌리엄스Paul Williams가 언급한 바와 같이, '불교에 존재하는 통합 요소, 대승과 비-대승은 승려들 그리고 그들의 승가 규칙 준수로 규정된다.' 그는 '따라서 불교에는 상당한 다양성이 있음에도 불구하고 도덕률에는 상대적인 통일성과 안정성이 있다'라고 결론짓는다.(1989: 4-6) 특히 비나야는 붓다가 심판한 안락사와 조력자살의 실제 사례를 기록하고 있어 현대적 실천의 선례를 제공한다는 점에서 가치가 있다. 따라서 비나야는 이 장의 '텍스트 자료' 부문에서 참조할 문헌 자료가 될 것이다.

우리가 끌어낼 두 번째 자료는 불교 인구가 많은 아시아의 두 국가, 즉 일본과 태국의 동시대의 태도와 관행에 대한 짧막한 조사(불가피하게 제한적이지만, 대표적이기를 바라는)이다. 현대적 관점이 논의에 반영되도록 하기 위해서는 이러한 동시대의 관점을 포함하는 것이 바람직해 보인다. 일본과 태국을 선택한 이유는 두 가지인데, 첫째, 이들 국가에 대해 더 많은 출판된 정보가 있고, 둘째, 그들은 대승과 상좌부 관점의 예를 제공한다. 언급한 바와 같이, 다음 절에서는 동시내 티베트 불교 교사들의 견해에 대한 일부 언급도 이루어질 것이며, 이는 증거 기반을 더욱 넓힐 것이다.

출처에 관한 질문과는 별개로, 더 일반적인 관심사는 안락사에 대한 서구 논쟁의 특성이 보편적으로 받아들여질 수 있는지 여부이다. 서구에서는 이 문제를 주로 개인의 권리(특히 '죽을 권리') 중 하나로 보는 반면, 아시아에서는 가족의 의무와 약정 측면에서 이 문제를 더 규정한다. 이러한 종류의 상쇄적 균형잡기 차이는 문화 간 대화를 촉진하는 특성이다. 서양 의료 훈련 및 기술의 세계화는 의료 윤리의 문제가 다른 사람들이 하지 않는 방식으로 문화적 경계를 넘나든다는 것을 의미한다. 이는 의료 윤리를 논의할 때 '태국 의사와 미국 의사의 용어가 상당히 중복됨'을 시사하는 태국과 미국 의사의 태도를 비교한 연구에서 어느 정도 확인할 수 있다.(Grol-Prokopczyk 2013: 92) 이 연구는 또한 다른 문화 간 의사소통과 이해의 인식론적 문제가 단순히 아시아와 서구의 상이한 윤리적 패러다임의 존재로 환원될 수 없음을 보여준다. 태국의 의사들은 또한 '어떤 이들은 세속적이고 의무론적인 모델에 가깝고, 어떤 이들은 불교의 원칙을 자유롭게 인용하고 의사의 선한 인격의 역할을 강조하는 덕-윤리를 수용한다'라는 측면에서 그들의 태도와 '윤리 양식의 분파'의 다양성을 보여준다.(Grol-Prokczyk 2013: 92) 분명히 이 문제에 접근할 수 있는 다양한 출발점이 아시아와 서양 모두에 있다. 여기에서 채택된 접근법은 가능한 한 주류 전통의 견해를 반영하는 것을 목표로 한다.

안락사의 정의

자살은 이 책 별도의 장의 주제이므로 아래에서 이야기하는 방향 외에는 언급하지 않을 것이다. 그러나 자살 윤리에 관해 도달한 결론이 안락사에 그대로 적용되는 것은 아니라는 점에 유의해야 한다. 안락사를 둘러싼 추가적인 의학적, 법적 문제들은 개인의 자살이 가지고 있지 않은 사회적 의미를 지닌다. 이 중 가장 중요한 것은 안락사에는 국가로부터 면허를 받고 종종 보수를 받는 의료인이 국가의 승인을 받아 생명을 종료하는 행위를 한다는 사실이다. 따라서 사회와 국가는 자살의 경우와는 다른 방식으로 죽음을 초래하는 데 연루되어 있다.(Somerville 2014: 210) 게다가, 많은 사법 관할권에서 자살을 범죄로 규정하지 않았다는 사실은 입법부가 그 관행을 승인한다는 것을 의미하지는 않는다: 그것은 단지 자살의 범죄화가 복잡한 사회 문제를 해결하는 적절한 수단으로 보이지 않는다는 것을 의미할 뿐이다. 국가는 여전히 자살을 방지하기 위해 노력하고 있으며, 이것이 사법권 대부분에서 자살 방조가 여전히 범죄로 남아 있는 이유이다. 두 가지 이유로 '의사 조력자살(PAS: physician-assisted-suicide)'도 논의에서 많이 다루지 않을 것이다. 첫째, 안락사에 대해 말하는 많은 부분이 PAS에 준용하여 적용될 것이며, 둘째, 불교와 관련하여 PAS에 대한 구체적인 논의가 거의 없었다는 이유이다. 안락사와 관련하여, 이 장에서 안락사가 어떻게 이해될 것인지를 명확히 하는 것이 중요하다. 안락사의 모든 형태에서 필수적인 요소는 의도적인 수명 단축이며, 이것이 일반적으로 의학적 맥락에서 고려되기 때문에, 여기에서 안락사는 환자의 의료 행위의 일부로서 또는 의료 행위의 생략에 의한 의도적인 죽음으로 이해될 것이다. 아래에서 명확하게 알 수 있듯이, 안락사의 의도적인 자격 요건은 중요하다.

안락사의 형태는 종종 적극적 방식과 소극적 방식으로 구분된다.

적극적 안락사는 예를 들어 치사 주사와 같은 행위로 사람을 고의로 살해하는 것이다. 소극적 안락사는 예를 들어 영양, 수분 공급 또는 기타 생명에 필요한 필수 조건을 제공하지 않음으로써 의도적으로 사망에 이르게 하는 것이다. 일부 의견과는 달리, 죽음을 초래한다는 공통의 목적을 공유한다는 점, 그리고 이러한 이유로 우리의 설명이 안락사를 동등하게 취급한다는 점에서 이 두 가지 안락사 방식 사이에 의미 있는 도덕적 차이를 보기는 어렵다. 방금 설명한 두 가지 안락사 방식(적극적/소극적)은 각각 (1) 자발적, (2) 비자발적, (3) 본의 아닌 안락사의 세 가지 형태를 취할 수 있다. 자발적 안락사는 법적 권한이 있는 환자가 자신의 생명을 끝내야 한다는 요청을 포함한다. 비자발적 안락사는 법적 권한이 없는 환자를 죽이는 것이다. 본의 아닌 안락사는 환자의 동의 없이 의도적으로 환자를 죽이는 것이다.

1) 안락사와 치료의 철회

소극적 안락사와 환자를 죽음으로 이끄는 치료의 거부 또는 철회와 동일시하는 데서 종종 혼란이 발생한다. 전형적인 사례는 생명 유지 장치를 끄는 것이다. 이 행위에 대해 적절한 평가를 하기 위해 우리는 먼저 그 도덕적 유형을 분류할 필요가 있다. 살인 행위, 즉 환자를 죽음으로 종식하기 위해 지시받은 행위인가? 아니면 치료 행위, 즉 정상적인 의료 범위 내에서 환자의 신체적, 정신적 안녕(이것이 달성될 수 있는 정도가 무엇이든)을 위해 지시받은 행위인가?

우리는 단순히 '외부에서' 그 행위(때로는 '물리주의'로 알려진 입장)를 보는 것만으로는 그 문제에 관한 판단에 도달할 수 없다. 분명히 의사는 죽이거나 치료하려는 의도로 같은 행위(예: 주사 투여)를 할 수 있지만, 이것들은 매우 다른 유형의 도덕적 행위들이다. 그러므로 우리는 행위의 주관적 차원, 즉 의사로서의 그/그녀의 행위 의도(목표 또는 목적)를 고려해야 한다. 이것은 우리가 의사의 숙고, 또는 그/그녀가 기계를 끄는 행위로 귀결한 일련의 추론의 단계에 대해 알 필요가 있다는 것을 의미한다. 그것은 다음과 같이 진행될 수도 있다: 환자는 고통받고 있다; 죽음은 환자의 고통을 끝낼 것이다; 인공호흡기를 끄면 환자가 사망할 것이다; 그러므로 나는 인공호흡기를 끌 것이다. 이 경우에는 분명히 살인 의도가 있다: 인공호흡기를 끄는 것이 환자를 죽음에 이르게 하는 수단이고, 이는 결국 환자의 고통을 덜어 주는 수단이다. 이 경우에는 안락사가 있다. 여기서 의사의 결정은 환자의 삶에 대한 암묵적인 가치 판단, 즉 그러한 열악한 삶은 더 살아야 할 가치가 없으며 환자는 '죽는 편이 나을 것'이라는 최종 정당성을 찾는다.

그러나 의사의 일련의 추론은 아마도 다음과 같이 다른 방향으로 진행될 수도 있다: 의사로서 나의 의무는 가능한 경우 환자의 건강을 회복시키거나 그의 증상을 완화하는 것이다; 내가 시행하고 있는 치료는 아무것도 하지 않고 단순히 죽어가는 과정을 연장할 뿐이다; 그러므로 나는 (동료들과 가족과 충분한 협의를 거친 후) 쓸데없는 치료를 철회하고 환자를 이 침습적 의료 개입의 부담에서 벗어나게 할 것이다. 의사는 인공호흡기를 끄는 결과가 환자의 기의 즉각적인 죽음이 되리라는 것을 확실히 알고 있지만, 그/그녀의 추론은 살인 의도를 포함하지 않으므로 안락사 사례를 구성하지 않는다. 여기서는, 유캄포余錦波[1]에게는(2007) 미안하지만, 환자의 삶의 가치 등에 대해서는 판단하지 않고 치료의 효능 등으로만 판단한다.

어떤 사람들은 위의 구별이 효력이 없거나 단순한 궤변이라고 생각할 수 있다. 특히 결과주의 철학자들은 감명을 받지 못할 수 있다. 그들의 결과의 우선순위를 고려할 때, 그들은 동기와 의도의 문제가 중요하다고 생각하지 않거나 기껏해야 도구적 가치만 있는 것으로 간주할 수 있다. 그러나 이것은 전문적인 의료 윤리와 법률에 따라, 또는 내가 제안하는 바와 같이 불교 법학에 따라 관습적으로 이 문제를 고려하는 방식이 아니다. 전통적인 의료 윤리나 법은 의사가 생명 유지 장치를 제거하는 것이 환자를 죽이는 수단이라고 가정하지 않는다. 장군이 병사 중 많은 수가 죽을 것을 예견하면서 병사들을 전투에 투입할 때 그들의 죽음을 의도하거나 원하지 않는 것처럼, 이 경우 의사는 환자의 죽음을 예견하지만, 죽음을 의도하지는 않는다. 예견되는 수명 단축이 도덕적으로 허용될 수 있다는 것은 '이중 효과'라는 윤리적 원칙을 암시한다.(Cavanaugh 2006) 이 원칙에 따라 의료 윤리와 법률은, 환자의 사망이 확실한 결과로 예견되더라도, 생명 유지 장치를 철회하는 의사가, 환자의 수명을 단축하려는 의도가 아니라면, 이를 적절하게 수행할 수 있다고 인정한다.(법적 권한에 관한 것은 Jackson and Keown 2012: 107f. 참조) 이러한 이유로 사망 진단서에는 사망 원인을 '의사에 의한 인공호흡 중단'으로 표시하지 않고 암과 같은 일부 기저 질환으로 표시된다.

---

[1] 역주: 홍콩 폴리테크닉대학교 종합교육센터장.

결과적으로 수명이 단축되더라도, 부적합한 치료(즉 무의미하거나 지나치게 부담스러운 치료)의 중단이 흔한 보통의 의료 행위라는 배경에서 인공호흡 중단과 같은 극적인 사례를 고려하는 것이 가장 좋다. 예를 들어, 여러 차례 뇌졸중을 앓은 적이 있고 신부전과 같은 동반 질환이 있을 수 있는 노인성 환자에게 항생제를 투여하여 폐렴을 치료하는 것은 별 의미가 없다. 감염과 싸우기 위해 항생제를 처방함으로써 수명이 약간 연장될 수는 있지만, 치료가 환자의 상태를 전반적으로 개선하거나 근본적인 예후를 바꾸지는 못할 것이다. 심폐소생술을 보류하는 '소생금지(DNR: Do Not Resuscitate)' 프로토콜(규약)도 마찬가지이다. 의사의 결정에 따른 직접적인 결과로 환자의 생명이 단축되었고 의사가 이러한 결과를 충분히 예상했음에도 불구하고, 아무도 그러한 상황에서의 이런 죽음을 의도적 살인의 경우로 합리적으로 간주하지 않을 것이다. 생명을 단축하게 하는 부작용이 있을 수 있는 진통제나 기타 약물의 사용(실제로는 거의 발생하지 않음)도 안락사의 예가 아니다.

환자의 죽음을 재촉할 의도로 치료를 시행, 보류 또는 철회하는 경우에만 안락사로 분류한다면, 이는 논의에 명확성을 가져오고 행위의 두드러진 도덕적 특징이 밝혀진다. 소극적 안락사와 치료 철회를 혼동하는 위험은 (안락사가 합법적인 소수의 사법 권역을 제외하고) 안락사가 허용되지 않은 경우에도 이미 의료 행위의 일부로 허용된 것처럼 보이게 한다는 것이다. 그리고 소극적 안락사가 정당한 치료 옵션으로 받아들여진다면, 적극적 안락사에 반대할 근거가 무엇인지 알기 어렵게 된다.(Varelius 2016) 독극물 주사가 신속한 죽음을 가져올 것인데 왜 환자에게 질질 끄는 죽음을 강요하는가?

사물에 대한 이러한 전통적인 서구적 관점은 불교가 도덕적 책임의 핵심 기준으로서 의도의 역할을 강조하는 점을 뒤쫓아 가는 것 같다. 의도(cetanā)가 없으면 선업이나 악업도 없다.(AN III.415) 루퍼트 겟힌Rupert Gethin이 지적한 바와 같이, 상좌부의 주석은 '우리가 의도적으로 그리고 완전한 의식을 가지고 일을 하는지 아닌지는 사물에 대한 불교적 관점에서 책임을 결정하는 결정적인 요소이다'(2004: 170)라는 점을 매우 명확하게 한다. 같은 주석서에서는 살생 행위(첫 번째 계율에 어긋나는 행위)를 다음과 같이 정의한다: '살아 있는 생명체를 죽이는 것은, 살아 있는 생명체를 살아 있다고 인식한 사람이, 살아 있는 생명체의 신체나 언어의 문을 통해 일어나는 생명력을 차단하려는 노력을 의미한다.'(Gethin 2004: 171)

그렇다면 분명히 생명 유지 장치를 끄는 것이 첫 번째 계율을 어기는지 아닌지는 그 행위의 의도가 무엇인지에 달려 있고, 칸잔나핏차른Kanjanaphitsarn Supre[2]에게는 미안하지만, 그 행위의 결과가 무엇일지를 '완전히 깨달았는지의' 여부에 달려 있지 않다.(2013: 8) 붓다고사Buddhaghosa가 분명히 밝혔듯이, 과실치사 행위는 단순히 '나는 생명을 빼앗을 것이다'라는 완전한 깨달음(sañjānanta)으로 이루어지는 행위가 아니다. 완전한 깨달음 행위는 또한 '목적적으로'(cecca) 행해져야 하며, '죽이려는 의도(cetanā), 즉 계획적'이라는 말로 해석된다.(Heim 2013: 164) 즉 죽음은 계획에 필수적이어야 하며, 일반적으로

---

2 역주: '불교에서의 안락사: 붓다다사 비구의 죽음의 경우(*Euthanasia in Buddhism: A Case of Buddhadasa Bhikkhu's Death*)'의 저자.

행위자가 자신의 목적을 달성하는 데 필요하다고 가정하는 인과관계에서 필수적인 연결 고리를 구성한다. 이러한 종류의 의도적인 살해는 항상 배제된다는 조건으로, 우리는 불교도의 말기 치료에 사용하기 위한 다음의 기준을 공식화할 수 있다: 치료가 환자의 상태를 전반적으로 개선하기 어렵고 단순히 죽어가는 과정을 연장하는 것이라면, 그렇게 하는 것이 환자의 죽음을 재촉하더라도 치료를 중단할 수 있다. 〔이것은 지속적인 식물인간 상태(PVS)에 있는 환자들이 비록 의식이 없거나 인공호흡을 받지는 않지만 제외된다는 점에 유의해야 한다.〕

2) 티베트 불교의 관점

이 기준은 때때로 안락사를 지지하는 것으로 여겨지는 티베트 불교 지도자들의 선언을 해석할 때 도움이 될 수 있다. 예를 들어, 달라이 라마는 1985년에 아시아위크Asiaweek에 보낸 많이 인용된 편지를 포함하여 이 주제에 대해 수많은 언급을 했다. 그는 '어떤 사람이 분명히 죽을 것이고, 그가 고통스럽거나 사실상 식물인간이 되었고, 그의 존재를 연장하는 것은 다른 사람들에게 어려움과 고통을 줄 뿐일 때에는, 대승불교 윤리에 따라 그의 생명의 단절은 허용될 수 있다'라고 말했다.

달라이 라마는 여기서 안락사를 용납하는 것이라기보다는, 대신 죽어가는 과정을 인위적으로 연장하는 것에 대한 우려를 표명하는 것일 수 있다. 안타깝게도 여기에 언급된 기준은 생각만큼 명확하지 않다: 예를 들어, '식물'이라는 말은 의학적 맥락에서 사용하기에는 조잡한 용어이다. 이 말이 환자가 '뇌사'라는 것을 의미한다면, 도덕적 문제가 발생하지 않는다. 왜냐하면 현대 의학의 기준(아마도 티베트 불교의 기준은 아닐지라도)에 따르면 환자는 이미 시체이기 때문이다. 그렇다면 달라이 라마는 환자가 아직 임상적으로 사망하지는 않았지만 죽음이 임박했고 회복의 가능성이 없는 경우를 염두에 두고 있는 것 같다. 이러한 상황에서 유일하게 관련이 있는 문제는 생명 유지 장치의 제거 시기이며, 보통은 환자의 가족과 논의하여 해결되는 문제이다. 개별 사례에 따라 예후가 다를 수 있음을 인정하면서도, 불교가 원칙적으로 이런 종류의 사례를 도덕적으로 문제가 있다고 생각할 이유는 없어 보인다. 서양 의학이든 불교 의학이든 간에 의학의 목적은 어떤 연대기적 척도에 따라 생명을 연장하는 것이 결코 아니었다.

다른 고위 라마들의 유사한 발언과 관련하여 같은 결론이 도출될 수 있다. 피터 하비Peter Harvey가 보고한 바와 같이, '칼루 린포체Kalu Rinpoche는 스스로 생명 유지 장치를 떼어내기로 선택한 말기 환자가 업보 상으로 나쁘지도 좋지도 않은 행위를 하고 있다고 말했다.'(2000: 302) 만약 그 행위가 업보 상으로 중립적이라면, 이것은 아마도 살인 의도가 포함되지 않았기 때문일 것이고, 살인 의도가 없다면 우리가 이해하는 안락사가 있을 수 없다. 하비가 보고한 소걀 린포체Sogyal Rinpoche의 논평에 대해서도 같은 말을 할 수 있다.

> 생명 유지 조치나 소생술은 죽음의 결정적인 순간에 혼란, 성가심, 산만함의 원인이 될 수 있습니다. … 일반적으로 단순히 죽어가는 과정을 연장하는 연명 치료는 죽어가는 사람에게 불필

요한 집착, 분노, 좌절감을 불러일으킬 수 있는 위험이 있습니다. 친척들은 … 진정한 회복의 희망이 없다면, 사랑하는 사람의 삶의 마지막 날이나 마지막 시간의 질이 단순히 그 사람의 생명을 유지하는 것보다 더 중요할 수 있음을 반영해야 합니다. (Harvey 2000: 301)

다시 한번, 이 논평은 환자가 자연사할 수 있도록 헛된 치료를 중단할 것을 언급하고 있다. 이것은 티베트를 포함하여 수 세기 동안 병원에서 논란의 여지없이 일어난 일이다. 아마도 학식 있는 라마들의 의견은 '불교 전통에서 일하는 의사들이 어떤 대가를 치르더라도 환자의 생명을 보호하거나 연장해야 하는 절대적인 자선 의무는 없었다'라는 권위 있는 티베트 의학서인 규드브치(rGyudbzhi)의 가르침에 의해 알려졌을 것이다. '대신, 의학적 관점에서 추가 치료를 무의미하게 만드는 죽음의 결정적 징후를 인식하는 것이 지침의 원칙이었다.'(Schlieter 2016: 14) 비록 현대 기술의 출현으로 특정 치료가 중단되고 죽음이 일어나는 사이의 간격이 크게 단축되었지만, 원칙은 그대로다. 치료를 중단했을 때 환자가 죽지 않으면, 자연사와 실제 안락사와의 차이점은 의사가 치사 주사를 투여하는 후속 조처를 하지 않는다는 점이다.

달라이 라마가 행한 1996년 캐나다에서의 추가 논평은 '안락사는 특정 예외적인 상황에서 허용될 수 있다'라는 그의 발언에 비추어 '합법화된 안락사 지지자들의 정신을 북돋웠다'라고 보고되었다.(WTNN 1996) 그가 인용한 예는 '회복 가능성이 없는 혼수상태에 빠진 사람의 경우'였으며, 다른 곳에서는 '절망적이고 돌이킬 수 없는 경우'에 대해 말한 적이 있다.(Schlieter 2014: 324) 판단을 내리기 위해서는 좀 더 자세한 내용이 필요하겠지만, 회복 가능성이 없다는 전문가의 진단이 내려지면, (의사는 항상 지나치다 싶을 정도로 주의를 기울여야 한다) 치료를 계속할 필요가 없다; 그리고 그러한 상황에서 쓸데없는 치료(인공호흡기와 같은)를 중단할 때 환자가 의학적 도움을 더는 받을 수 없다는 점을 부득이 받아들이는 것을 넘어서서는 안 된다. 같은 경우에서의 안락사에 대한 그의 견해를 묻자, 달라이 라마는 '나는 그것을 피하는 것이 좋다고 생각한다'라고 대답했고, 불교도들은 '모든 생명은 소중하고 인간의 생명보다 더한 것은 없다'라고 믿는다고 덧붙였다. 이것은 일부 사람들이 생각하는 안락사에 대한 강력한 지지가 아니었으며, 이러한 종류의 복잡한 윤리적 문제에 대한 즉석 의견을 해석할 때 주의가 필요함을 강조하고 있다. 안락사에 대한 티베트 불교의 견해에 대한 보다 체계적인 분석은 초모Tsomo에 의해 제공되었으며(2006), 티베트 라마들의 안락사에 대한 지지가 없음을 보여준다.

도덕적 가치

1) 자율성

서구에서 안락사에 대한 논의는 주로 의료 윤리에 대한 영향력 있는 '네 가지 원칙' 접근 방식의 맥락에서 이루어졌다.(Beauchamp and Childress 2013; Florida 1993) 네 가지 원칙은 자율성, 무해성, 자선 및 정의다. 이 중 자율성의 원칙은 안락사 논의에서 특히 중요하다고 여겨졌으며, 종종 역사적으로 의료 분야에 만연한 가부장적 태도에 대한 필요한 교정으로 간주되었다. 말기 치료의 맥락에서 이것은 종종 주치의 측의 지나친 치료와 완고함의 한 형태인 '디스타나시아(dysthanasia: '안락사'의 반대)'를 야기했다. 디스타나시아는 치유의 희망이 없을 때도, 그리고 환자에게 추가 고통이 발생하는 것을 무시하고 가능한 한 사망을 지연시키는 것으로 구성된다. 이와는 대조적으로 환자의 자율성에 대한 존중은 그 균형을 환자에게 유리하게 이동시키며, 의사-환자 관계에서 치료 결정을 지배하는 '정보에 입각한 동의'의 기초가 된다. 이처럼, 그것은 의사에게 환자의 자율적인 선택을 존중해야 할 일견 중요한 의무를 부여하고, 많은 안락사 지지자들은 자율성을 '죽을 권리'의 주요 도덕적 근거로 간주한다.

그러나 의사의 개입은 이 문제를 환자의 자율성 측면에서만 배타적으로 규정할 수 없음을 의미한다. 의사는 단순히 환자의 의지를 나타내는 도구가 아니며, 모든 의료 개입과 마찬가지로 치료를 시행하기 전에 치료가 의학적으로나 윤리적으로 적절한지 스스로 판단해야 한다. 이것은 비판적 판단이 실제로 환자의 손에서 벗어나 자발적인 안락사에서 비자발적인 안락사로 가는 논리적인 '미끄러운 경사'로 보이는 상황을 초래한다는 것을 의미한다. 여기에서 논거는 환자가 '죽는 편이 낫다'라는 의사의 판단이 자발적 안락사의 경우에 타당하다면, 비자발적 안락사의 경우에도 타당하지 않은 이유를 찾기 어렵다는 것이다. 만약 환자가 반대 의견을 표명하지 않았다면, 그의 자율성은 거의 틀림없이 침해되지 않을 것이며, 자선만으로도 그의 고통을 끝내는 것을 정당화하기에 충분하다고 생각할 수 있다.

더욱이 자율성은 불교의 중심 가치가 아니며, 이를 중시하는 것은, 불교가 부정하는 독립된 '자아(ātman)'에 대한 믿음을 강화하는 것으로 생각할 수 있다. 불교에서 강조하는 것은 자율성이 아니라 관계적 상호의존성인 연기(緣起, pratītya-samutpāda)이다. 이 가르침의 관점에서 개인은 자율적인 도덕적 입법자나 윤리적 원자로 생각되지 않고, 각 부분이 서로 연결된 관련 네트워크 내의 접속점으로 생각된다. 차이차로엔Chaicharoen과 라타나쿨Ratanakul이 다음과 같이 제안한 것처럼;

> 이 개념은 모든 존재의 상호의존성을 확인한다. … '죽을 권리'로서의 자살 또는 조력자살은, 사람들이 혼자 사는 것이 아니라, 그들의 죽음 또는 그러한 죽음을 장려하는 사회정책에 의해 상처를 입을 수 있는 공동체의 구성원이기 때문에 절대적일 수 없다. (1998: 39)

이러한 견해는 '상호의존이란 의사, 환자, 그리고 친척들이 의학적 결정에 관련된 모든 당사자의 감정과 이익에 대해 생각해야 함을 의미한다'(2006: 1681; Fan 2015; Akabayashi 그리고 Hayashi 2014)에 대해 주목하는 스토닝턴Stonington에 의해 반향을 일으킨다.

특히 일본인들은 임종 결정에서 자율성의 역할에 대해 회의적인 것 같다. 하마노浜野는 '특정 상황에서 선택의 여부는 환상일 수 있다'라고 관찰하고(2003: 17), 나카무라 하지메中村 元는 '우리는 한 사람의 삶은 사회적 연결이 있고, 넓은 의미에서 보편성과 연결되어 있다는 것을 잊지 않는다. 그것은 헤아릴 수 없는 삶의 응결이다'라고 논평했다.(Koike 2006: 31에서 인용)

일본의 생명윤리 학자 고마쓰 요시히코小松 美彦는 비슷한 개념을 표현하기 위해 '반향을 일으키는 죽음'이라는 용어를 만들었다. 그는 다음과 같이 쓴다. '나는 "죽음"이 반향을 일으킨다고 제안한다. 죽어가는 사람과 그 죽음을 지켜보는 사람, 또는 죽은 사람과 그로 인해 깊은 영향을 받은 사람 양쪽 모두 영향을 받는다.'(2007: 182) 그는 '죽을 권리'라는 수사학이 어떻게 사람들 사이의 연결을 끊고, 그러한 관계를 확장할 가능성을 뿌리 뽑으며, 우리를 조용히 죽음으로 유인하는지에 주목한다. 그는 의학적 가부장주의에 대한 해결책으로 자율성을 촉진하는 것이 위험하다고 결론짓는다. '우리는 권력을 한쪽에서 다른 쪽으로 이동시키지만, 기본적인 "이원론적 패턴"은 남아 있다.'(2008: 195, 원래 강조)

이러한 사실은 합리적인 자살을 지지하는 것으로 잘 알려진 마가렛 파브스트 배틴Margaret Pabst Battin과 같은 서구 생명윤리 학자들에게도 점점 더 인정받고 있다. 뉴욕타임스의 한 보도는 그녀가 사지마비 남편을 돌보는 동안 어떻게 '우리는 사회적인 존재이고, 우리 중 가장 불행한 사람들만이 진공 상태에서 살고 있다. … 모든 사람의 자율성은 다른 사람의 자율성과 관련이 있다'라는 사실을 더 잘 인식하게 되었는지를 설명한다. 불교 심리학 역시 자율적 의지의 존재에 대한 믿음을 약화하는 것으로 보이며, 동기와 선택에 관련된 심리적 역학에 대한 보다 미묘한 이해를 제공한다.(Heim 2013) 결정론적

극단으로 가지 않고, 자유의지의 행사를 형성하고 통제하는 강력한 힘이 있는 것이 분명해 보이는데, 이는 죽음의 '선택'이 종종 공허한 구호에 지나지 않는다는 것을 시사한다.

2) 자비심

안락사를 지지하는 것으로 종종 생각되는 두 번째 가치는 자비심이다. 자비심은 불교에서 매우 중요하며 특히 모든 중생이 고통에서 해방될 때까지 무수한 영겁에 걸쳐 환생을 택하겠다고 서원하는 보살의 대승 이상과 관련이 있다. 죽고 싶다는 소망을 표현하는 사람은 당연히 자비심과 이해심으로 대해야 하지만, 그러한 상황에서는 자비심이 정확히 무엇을 요구하는지 명확하지 않은 경우가 많다. 젠스 슐리이터 Jens Schlieter가 지적한 것처럼, '비록 자비심이라는 불교적 개념이 고통을 경감시키는 목적과 밀접하게 연결되어 있지만, 전통적으로 실용적인 방식으로 특정한 치료적 의무로 정의되지는 않았다.'(2014: 328)

자비심은 도덕적인 원칙이라기보다는 감정이며, 다른 감정들과 마찬가지로 항상 윤리적인 제약 안에서 표현되어야 한다. 서구의 '네 가지 원칙' 접근 방식에서 자비심의 미덕은 자선의 원칙과 연결될 것이다. 이것은 환자를 건강하게 회복시킬 의무를 부여하거나, 이것이 불가능한 경우, 질병의 증상을 완화하고, 불편함과 통증을 조절하며, 기본적인 간호를 제공할 의무를 부여한다. 태국의 생명윤리 학자 피닛 라타나쿨Pinit Ratanakul은 불교에서 '네 가지 원칙'을 재구성하면서 자비심을 '표면(일견)의 의무'[3](진실성, 생명에 대한 비-손상, 정의와 함께)로 간주한다.(1988: 301f.) 그러나 고통을 덜어줄 의무는 어떤 대가를 치르더라도 해야만 하는 의무는 아니다. 차이차로엔과 라타나쿨이 아래와 같이 관찰한다;

> … 자비심은 회복의 희망이 없고 환자가 죽어가고 있을 때 최후의 수단으로 암 환자들이 경험하는 것과 같은 극심한 통증을 완화하기에 충분한 양의 약물을 투여하는 것으로 제한된다. 이것은 자비심이 갈 수 있는 가장 먼 곳이다. 이 시점을 넘어서면 생명을 빼앗는 것을 금하는 계율에 위반된다.(1998: 38)

라타나쿨은 '어떤 경우에 자비심은 환자가 쓸데없는 치료의 연장 없이 자연스럽게 종말을 맞이하도록 허용하는 것을 의미할 수도 있다. … 그러나 불교가 안락사, 즉 고통을 덜어 주기 위한 빠르고 자비로운 삶의 종말에 반대한다는 것은 분명하다'라고 추가로 언급한다.(2009: 15)

보살은 가능한 한 고통으로부터 즉각적인 구제를 제공하는 것을 목표로 해야 하지만, 더 깊은 의무는 열반으로 고통의 최종 종식을 찾을 때까지 많은 생애를 통해 길고 고된 길에서 친구이자 동반자가 되는 것이다. 안락사만으로는 중생을 고통에서 해방시킬 수 없다. 왜냐하면 사성제의 첫 번째 성스러운 진리에 따르면, 고통은 존재에 내재하여 있기 때문이다.

---

3 역주: prima-facie duty, 다른 고려 사항이 적용되기 전에 일반적인 방식으로 준수해야 하는 의무.

게다가 고통이 업보 때문일 경우에는, 죽이는 것은 고통을 나중으로 미루는 것일 뿐이다. 이는 달라이 라마가 안락사와 자살 방조 모두에 반대하는 주장이다.(Delhey 2006: 54) 분명히 이것은 환생을 믿지 않는 불교도에게는 해당하지 않을 것이며, 그러한 '불교 현대주의자'는 안락사에 관한 사례를 더 매력적으로 여길지도 모른다. 그러나 그들조차도 안락사가 중생과 더 깊은 연대와 그들의 고통을 공유하려는 의지를 표현하는 것이 아니라 고통받는 환자와의 관계를 단절시키는 것이라고 믿을 수도 있다.

자비심은 또한 사람들이 고통스러운 상황에서 죽거나 죽을 것이라는 두려움을 갖지 않도록 호스피스 돌봄을 제공함으로써 보다 건설적인 방식으로 표현될 수 있다.(Florida and Ratanakul 2012; Chaiccharoen and Ratanakul 1998; Bruce 2012) 라타나쿨이 관찰한 바와 같이, '안락사의 이유로서 참을 수 없는 고통의 경험에 대한 불교의 반대는 정당하다. 호스피스 운동은 우리가 이미 고통을 통제할 수 있는 수단과 심한 고통이 없도록 사람들을 버티게 할 수 있는 지식을 가지고 있음을 보여준다.'(2009:15) 환자가 존엄하게 자연사하도록 돕는 고통 완화 의료 전문가들이 (장애인 권리단체와 함께) 안락사에 대한 가장 강력한 반대자에 속한다는 사실이 흥미롭다. 마지막 분석에서 안락사의 정당성은 자비심에 있는 것이 아니라 계속 사는 것보다 죽는 것이 환자에게 최선의 이익이라고 생각되는 이유에 달려 있다. 그러므로 자비심을 전제로 한다고 해서 안락사가 반드시 결론으로 도출되어야 한다는 것을 의미하지는 않는다.

텍스트 자료

안락사와 가장 관련이 있는 텍스트 자료는 승가 계율(Vinaya)로 알려진 불교 경전의 부분에서 찾을 수 있다. 이것은 주로 비구와 비구니를 위한 행동 강령이지만, 아날라요Anālayo가 지적한 것처럼, '불교 승려 입법자들은 재가 신도와 승려 사이의 명확한 구분의 관점에서 운영하지 않았다.'(2014: 29) 비나야에 기록된 결정들은 승가법을 초월하는 법리학적 원칙에 기반을 두고 있으며, 관련 주석과 함께 계를 받은 사람과 그렇지 않은 사람 모두에 의한 과실치사를 구성하는 것이 무엇인지 정확하게 설명할 수 있다.

인간 생명을 취하지 말라는 승려 계율인 바라이죄波羅夷罪(pārājika) 의 세 번째 규칙을 선포하게 된 상황은 안락사와 직접적인 관련이 있다.(Vin III.68ff.) 자료들은 일부 비구들이 자신들의 몸에 혐오감을 느끼고 자살하거나, 죽어가는 동안 서로 도움을 준 사건(현존하는 모든 비나야 판본에 기록됨)을 서술하고 있다. 다른 사람들은 '가짜 은둔자(samaṇa-kuttaka)'가 그들을 '건너도록' 도와 열반에 도달하게 한다는 믿음으로, 그들을 죽인 그 '가짜 은둔자'의 예배 의식에 참여했다.(Heim 2013: 161-165; Anālayo 2014) 붓다는 무슨 일이 일어났는지 알게 된 다음, 직접 사람의 생명을 취하거나 자살할 수 있는 '치명적인 도구(sattahāharakaṃ)'를 아무에게나 제공하는 것을 금지하는 계율을 선포했다.[4] 그 후, 다른 사건(Vin III.71)에서 많은 비구가 병든 재가

---

4 치명적인 도구(sattahāharakaṃ)의 의미에 대해서는 Gombrich의 Anālayo 부록

신도에게 자살을 권유했다. 그런 일들이 일어난 다음, 붓다는 누구에게나 삶을 끝내도록 설득하거나 격려하지 못하도록 다음과 같이 계율로 확장했다:

> 어떤 비구가 의도적으로 인간의 생명을 빼앗거나, (그를 돕기 위해) 어떤 치명적인 도구(satthahārakaṃ)를 찾거나, 죽음에 대해 호의적으로 말하거나, (누군가를) 죽도록 선동하여 '나의 착한 사람이여, 이 사악하고 어려운 삶이 당신에게 무슨 필요가 있겠습니까? 죽음이 삶보다 당신에게 더 나을 것입니다'라고 말하거나, 또는 고의적이고 의도적으로 다양한 방법으로 죽음에 대해 호의적으로 말하거나 (누군가를) 죽음으로 선동하는 사람: 그는 또한 패배자이며 승가에 있지 못한다.(Vin III.72)

아날라요가 언급한 바와 같이, 이 계율은 '의도적으로 인간의 생명을 빼앗거나, 다른 사람들의 자살을 돕거나, 자살하도록 선동하는 것'을 금지한다.(2014: 25) 안락사와 별도로, 이 금지는 특히 취약한 노인들이 동정심이 없는 친척의 손이나 불친절한 의료기관에서 경험할 수 있는 일종의 정서적 협박을 포함한다. 바로 다음 사례에서 알 수 있듯이, 이 계율에는 더 자비로운 감정에 동기 부여되어 죽도록 격려하는 것도 포함된다. 그 짧은 보고서에 따르면: '그때 어떤 비구가 아팠다. 다른 비구들은 자비심으로 그에게 죽음에 대해 호의적으로 말했다. 그 비구가 죽었다.'(Vin III.79) 주석은 다음과 같은 간결한

참조.(2014: 43f.)

설명으로 확장된다:

> '자비심으로'라는 뜻은 그 비구들이 그 아픈 비구가 병으로 괴로워하는 것을 보고, 가엾은 마음을 품고 그에게 말한 것이다. '그대는 선한 사람이고 선행을 하였는데, 왜 죽는 것을 두려워합니까? 진실로, 덕이 있는 사람에게는 죽는 순간에 극락이 보장됩니다.' 이리하여 그들은 죽음을 그들의 목표로 삼았고 … 죽음에 대해 호의적으로 말했다. 그 아픈 비구는 그들이 죽음에 대해 호의적으로 말한 결과로 곡기를 끊고 일찍 죽었다. 이로 인해 그들은 계율을 범했다. (Vin-a II.464)

여기서 우리는 고통을 덜어 주고자 하는 동정심으로 동기 부여가 되었을 때도 죽음을 목표로 삼는 것은 잘못된 것임을 알 수 있다. 이 원칙을 확인하는 추가 사례의 일부를 요약 형식으로 언급할 수 있다. 한 사례는 친척들의 요청에 따라 두 다리가 절단된 환자에게 치명적인 음료를 처방함으로써 그의 죽음을 초래하는 것을 돕는 비구에 관한 것이다. (Vin III.85) 그 비구는 추방되었다. 같은 상태에 있는 다른 환자의 죽음을 초래하는 수단으로 다른 혼합물을 추천한 한 비구니에게도 유사한 판결이 내려졌다. (Vin III.86) 세 번째 경우는, 사형수가 지정된 사형집행 시간을 기다리는 정신적 고통을 덜어 주기 위해 어떤 비구가 사형집행인에게 형을 즉시 집행하도록 중재하였고, 이는 적법하게 이루어졌다. 자비로운 동기와 죄수의 죽음이 불가피하다는 사실에도 불구하고, 그 비구는 유죄 판결을 받고 추방되었다. (Vin

III.85)

말기 치료에서 발생하는 도덕적 딜레마는 분명히 오늘날과 마찬가지로 초기 사원 공동체에서도 문제였다. 우리는 죽음에 가까운 사람들이 때때로 음식과 약 복용을 중단하는 세 가지 상황을 유용하게 구별하는 상좌부 비나야 주석의 논의에서 이 점을 본다.

1) 만약 어떤 사람이 병에 걸려서, 죽기를 바라며, 약과 간병인이 있을 때도 식사를 중단한다면, 이것은 계율 위반(dukkaṭa)이다. 2) 그러나 만약 어떤 사람이 매우 아프고 오랜 병으로 고통받고 있고, 시중드는 비구들이 '우리가 언제 그의 병을 고칠 수 있을까?'라고 생각하며 지치고 낙담하고 있다면, (그때) 만약 그 환자가, '간호를 받는 이 몸도 살아남지 못할 것이고, 비구들도 지칠 것이다'라고 생각하고, 먹는 것을 멈추고 약을 먹지 않는다면, 그것은 용인된다. 3) 만일 어떤 사람이 '이 병이 심하고, 나는 죽어가고 있으며, 나의 이 특별한 (명상) 성취(visesādhigamo)가 가까이에 있다'라고 생각하며 곡기를 끊는다면, 그것은 용인된다. (Vin A.2.467)

여기서 첫 번째 사례와 다른 두 가지 사례 사이에는 중요한 차이가 있다. 첫 번째 사례는 환자가 죽으려는 의도로 구별된다. 그의 상태는 다른 두 경우만큼 심각하지는 않지만, 자신의 상태를 호전시키거나 완화할 수 없기 때문이 아니라 자신의 삶을 끝내기를 원하기 때문에 얻을 수 있는 의료 자원을 거부한다. 그런 상황에서 의도적으로 죽음을 추구하는 것은 부당하다고 한다. 두 번째 사례는 만성 질환을 앓고 있어 의학적 도움을 받을 수 없는 환자에 관한 것이다. 이 환자는 의료 지원을 중단하고 식사를 중단하기로 결정한다. 그의 추론은 추가 치료와 생명 유지의 불편함이 자신과 타인 모두에게 더 이상 정당화될 수 없다는 것이다. 음식을 먹고 소화하는 역학이 부담스럽다고 느끼는 것 외에도, 말기 환자들은 종종 음식의 대사 작용을 할 수 없으므로, 죽어가는 몸에 영양을 공급하려는 시도는 어떤 경우에도 소용이 없다. 세 번째 사례의 경우, 죽어가는 환자는 비슷한 결론에 도달하지만, 더 이상 산만하게 되지 않고 정신 수행에 전념하려는 바람을 가지고 있다. 두 번째와 세 번째 경우에는 죽음이 임박하고 피할 수 없는 것으로 받아들여지지만, 첫 번째 경우와는 대조적으로 죽음이 의도적으로 선택되지 않는다.

붓다 자신의 입멸 상황은 이 맥락과 관련이 있으며, 어떤 면에서 위에서 설명한 세 번째 옵션과 유사하다. 80세에 그는 '심한 고통이 그에게 닥치고 심지어 죽음에 이르게 하는' '심각한 병'에 시달렸지만, 그는 자신의 제자들에게 설법하고 승단을 떠날 때까지 강한 의지로 병과 싸워 생명을 붙들어둘 것을 결심했다. 붓다가 그의 개인 시자 아난다Ānanda에게 말했듯이: '아난다야, 낡은 수레가 가죽끈의 도움을 받아야만 계속 갈 수 있듯이, 여래의 몸도 붕대로 감아야만 계속 갈 수 있다고 생각한다.'(Rhys Davids 1910: 108) 그는 마음이 편해지는 유일한 시간은 깊은 명상에 잠길 때뿐이라고 덧붙였다. 나중에 그는 자신이 '생명 기능을 포기(ayusaṅkhāraṃossaji)'했다고 발표하고, 그의 입멸은 3개월 후에 일어날 것이라고 예언했다. 비록 어떤 사람들은 이것을 '자살의 일종'으로 해석하지만(Delhey 2006: 36; cf. Anālayo 2014: 165ff.), 붓다가, 죽음이 임박했고 그의 '생명을 연장하려는 노력은 단지 죽어가는 과정의 연장일 뿐이라는 생각(따라서 디스타나시아 dysthanasia)'을 받아들인 것을 의미하는 것으로 더 잘 이해될 수 있다. 이를 근거로(그리고 초자연적 힘을 통해 붓다의 생명을 영겁으로 연장할 수 있는 붓다의 능력에 대한 미화된 성인열전聖人列傳적 주장을 무시하고), 그의 죽음은, 남은 시간 동안 가족과 함께 더 짧지만 충만한 삶을 즐기기 위해 또 다른 화학 요법을 포기하기로 결정한 암 환자의 죽음보다 더한 자살이 아니었다.

비록 논의된 비나야의 사례들이 오래되었지만, 그들이 현대 말기 치료에 대해 세운 선례는 매우 명확해 보인다. 이러한 판단들이 현대 의학이나 고통 완화 의료의 혜택을 받을 수 없던 시기에 내려졌다는 점에서 그 의미가 더욱 크다. 이러한 사례들은 안락사를 추구하는 이유가 크게 변하지 않았음을 보여주고 있으며, 이 사례들은 오늘날 일반적으로 안락사가 정당하다고 생각되는 주요 근거, 즉 자율성, 자비심, 삶의 질을 다루고 있다. 그 판단들은 직접 생명을 빼앗는 것은 잘못이고, 다른 사람들이 자살할 수 있는 수단을 제공하는 것은 잘못이며, 누군가를 죽이라고 부추기는 것은 잘못이며, 죽음의 긍정적인 측면과 삶의 부정적인 측면을 강조하는 것은 잘못임을 보여준다. 이러한 판단의 기초가 되는 통일된 원칙은 고통을 끝내기 위한 수단으로 죽음을 초래하려는 의도는 비도덕적이라는 것으로 보인다.

일본과 태국의 안락사

1) 일본

이 마지막 부분에서 우리는 불교 세계의 두 지역에서 얻은 경험적 증거를 고려한다. 비록 많은 나라에서 안락사에 대한 논쟁이 증가하고 있지만, 아시아 어디에서도 안락사는 합법화되지 않았다.

일본에서는 시한부 환자 진료에 대한 법적 규정이 없지만, 1990년대 중반 이후 일련의 법원 판결이 사법적 지침을 제공하고 있다.(Kai 2009: 4ff.) 2007년 5월 후생노동성은 법적 입장을 더욱 명확히 하기 위해 '말기 진료에서의 의사-결정-절차에 관한 지침'이라는 문서를 발행하였다.(Kai 2009: 10) 일본-존엄사협회(이전 일본-안락사협회)는 1983년부터 서구 단체와 유사한 방식으로 안락사 합법화 운동을 벌여 왔지만, 불교도들의 견해를 어느 정도 대변하는지는 분명하지 않다.

불교적 관점은 일본에서 40년 동안 정신과 의사로 일했으며 자살과 안락사와 관련된 광범위한 불교 경전을 번역한 고이케 키요유키小池淸之에 의해 조사되었다. 그는 '내 생각에는 대부분의 일본인과 많은 아시아인은 마음 깊은 곳에서 죽을 권리를 받아들이기를 꺼린다고 생각한다'(2001, 189)라는 논평으로 증거에 대한 긴 검토를 마무리한다. 고이케가 보기에 일본에서는 안락사에 대한 요구가 거의 없다. 그는 '거의 예외 없이, 가족 구성원과 전문의들은 노인성 치매, 심각한 정신 장애 및 식물인간 상태의 환자들을 죽을 때까지 돌본다. 사랑하는 사람과 환자의 생명은 소중한 가치가 있다'라고 말한다.(2006: 27)

다른 연구자들은 '현대 일본 사회는 이 문제에 대한 접근 방식이 많은 서구 국가보다 더 제한적'이라고 결론지었다.(Hugaas 2006)

종교적 태도에 대한 증거는 타니다 노리토시谷田 憲俊가 일본 종교 단체 338곳을 대상으로 실시한 1998년 조사에서 확인할 수 있다.(2000) 이런 종류의 조사로는 최초인 이 조사에는 다양한 일본 종파에 속한 157개 불교 단체가 포함되었다. 타니다는 '적극적인 안락사는 일반적으로 속세 사람들 사이에서 그랬던 것처럼 종교인들 사이에서도 부정적인 반응을 받았으며, 20% 미만의 응답자들만이 찬성한다'라고 보고했다. 필자도 또한 '신토神道와 불교 단체는 말기 상황에서 치료가 무의미해질 때 "자연스러움"을 옹호했다'라고 주목하면서, '말기 상황에서 무의미한 치료를 거부하는 불교의 경향'을 언급했다.(2000: 339) 1991년에 실시된 초창기 전국적 조사에 따르면, 일본인의 16%만이 생명은 가능한 한 오래 유지되어야 한다고 생각한 반면, 78%는 말기 환자의 고통 완화 처치가 수명을 단축할 수 있음에도 불구하고 바람직하다고 생각했다.(Kimura 1996) 일본 의사들의 견해에 대한 한 조사는 메이서Macer, 호사카保坂 등(1996)에 의해 수행되었다. 분명히, 도덕적 문제는 여론조사로 해결할 수 없지만, 이러한 결과는 우리가 규범적 불교의 입장으로 묘사한 것, 즉 '자연사'에 찬성하는 안락사 거부와 일치하는 것으로 보인다.

일본은 자살과 유아 살해(마비키間引き: 솎아냄) 모두에서 독특하고, 아마도 특유의 역사가 있는데, 일부는 그러한 관행을 불교가 안락사를 용인하는 증거로 보았다.(Becker 1990; Perrett 1996) 그러나 사무라이 전사의 조력자살(세푸쿠切腹: 할복자살)과 현대 안락사의 경우를 대조

하는 베커Becker의 비교는 적에 의해 '잘리는' 것과 암에 의해 '잘리는' 것 사이의 유사점을 도출하는 긴장이 생긴다. 두 상황은 여러 가지 이유로 '동일함'(Becker 1990: 551)과는 거리가 멀다. 암은 도덕적 행위자가 아니다; 사무라이는 의사에 의해 죽임을 당하지 않을 것이다; 그는 병을 앓고 있지 않다; 그는 육체적 고통을 겪고 있지 않다; 그리고 그는 자신의 무사도에 의해 죽음을 추구할 강한 의무가 있기 때문에, 진정으로 자율적인 선택을 하지 않는다. 더욱이 제2차 세계대전 당시 일본 선승들의 전쟁 도발(Victoria 1997, 2003)이 불교가 광신적인 민족주의와 무자비한 학살을 용인한 것이 아니듯이, 일본 사무라이들이 선불교를 받아들였기 때문에 그들의 무사도가 불교의 윤리적 가치의 진정한 표현으로 보아야 한다는 것이 아니다. 그러나 사무라이가 더 이상 사회에서 유용한 역할을 할 수 없으므로 죽음이 그의 유일한 선택이라는 불명예스러운 사무라이의 감정은 안락사를 추구하는 많은 사람이 경험하는 쓸모없고 고립된 감정에서 메아리를 찾을지도 모른다. 그렇다고 해서, 이것이 죽음이 그러한 질병에 대해 적절하거나 정당한 치료법이라는 것을 의미하지는 않는다. 피터 하비가 언급한 바와 같이, '불교의 중심적인 반응은 한 사람이 그의 삶을 너무 일찍 끝내도록 하는 것이 아니라, 심지어 매우 어려운 상황에서도, 그 또는 그녀의 "귀중한 인간 환생"을 위해 계속해서 최선을 다할 수 있도록 돕는 것이다.'(2000: 309)

2) 태국

태국에서는 1993년 저명한 승려이자 스승인 붓다다사Buddhadasa가

사망한 이후 시한부 환자 진료라는 주제가 대중의 논란거리가 되었다.(Ratanakul 2000; Jackson 2003; Kanjanaphitsarn 2013: 2015) 뇌졸중 후, 그는 혼수상태로 시리라즈Siriraj 병원으로 급히 이송되었고, 한 달 남짓한 기간을 중환자실에서 보냈다. 승려가, 사전 의료의향서에 명시된 대로, 숲속 사원에서 평화롭게 죽음을 맞이할 수 있도록 허용해야 했는지, 아니면 그의 생명을 연장하기 위해 노력해야 했는지에 대한 논쟁이 격렬했다. 결국 그는 인공호흡기와 영양공급 튜브를 제자리에 남겨두고 비행기로 사원으로 돌아갔고, 도착한 지 한 시간도 안 되어 세상을 떠났다.

스토닝턴Stonington이 언급한 바와 같이, 붓다다사의 죽음은 '생의학에 대한 비판'에 박차를 가했고, 그의 제자인 프라 파이살Phra Paisal이 '죽음은 대신, 직면하고, 연구하고, 이해할 수 있는 "경험과 과정"이 되어야만 한다'라는 전제에 기초한 훈련 프로그램을 개발하도록 이끌었다.(Stonington 2011: 120-121) 유사한 우려에 자극을 받아, 고통 완화 치료 프로그램은, 호주에서 완화 치료 교육을 받은 템삭 풍라싸미 박사Dr Temsak Phungrassami의 선구적인 연구에서 영감을 받아 시작되었다.(Wright 2010) 2007년 7월, 방콕에서 열린 '문화, 죽음, 삶의 종말'이라는 제목의 대규모 회의에서 다양한 "삶의 종말" 단체조직들의 작업이 통합되었다.(Stonington 2011: 130f.)

환자가 자신의 의료 서비스에 관한 결정을 내릴 수 있도록 허용하는 환자의 '권리 장전'(The Thai Medical Council 2000)이 있음에도 불구하고, 태국 의사들은 말기 환자의 인공호흡기를 분리하는 것을 꺼린다. 일부 의사들은 환자 가족 구성원들이 호흡관을 제거하는 것을 허용하지만, 일반적으로 그들 스스로 그렇게 하지 않을 것이다. 스토닝턴과 라타나쿨은 '태국 의사들이 인공호흡 장치 제거를 거부하는 데에는 의료 교육, 소송에 대한 두려움, 생명의 신성함에 대한 믿음을 포함한 복잡한 이유가 있다'라고 설명한다.(2006: 1680) 그러한 행동을 하는 의사는 필연적으로 정신적인 결함이 발생한다고 생각한다. 또한 일반적인 태국인들은 마지막으로 죽는 신체의 부분이 호흡이라고 믿고 있는데, 따라서 '환자의 인공호흡기를 뽑는 것은 환자의 영혼을 뽑는 것처럼 느껴질 수 있다.'(1680) 대신 태국 의료 서비스는 환자가 자신을 살아 있게 하는 정신적 애착을 내려놓도록 권장하는 데 초점을 맞추고 있으며, 환자가 준비되었을 때, 그냥 놓아두고 인공호흡기가 부착된 채로 죽기를 바란다. 태국 상황에는 더 독특한 측면이 있다. 자녀들은 종종 부모에게 '생명의 빚'을 지고 있다고 느끼는데, 부모를 중환자실에 두는 것은 '생명(hai chīwit)'을 드리는 것이며, 부모가 자신들에게 부여한 생물학적 존재의 기본 요소인 '살(neua), 피(leuat), 호흡(lom haijai)'의 빚을 갚는 그들의 방식이다.(Stonington 2012: 840) 인공호흡기는 호흡의 빚을 '갚는(chai nī)' 중요한 도구로 여겨진다. 스토닝턴은 다음과 같이 보고한다:

> 한 가족은, 집에 가서 죽겠다는 아버지의 끊임없는 간청에도 불구하고, 아버지에게 세 차례의 심폐소생술을 시행할 정도로 아버지에 대한 의료에 매우 적극적이었다. 결국 가족은 여러 차례 소생시킨 후 노인을 집으로 모셨다.(2012: 840)

가족이 결국 환자를 집으로 데려간 이유가 흥미롭다. 입원과 집중치료는 부모에게 빚을 갚는 수단으로 여겨지는 반면, 병원은 죽기에는 불길한 장소로 여겨지기도 한다. 병원은 악령과 죽은 사람들의 유령이 출몰하는 형이상학적 오염의 장소로 여겨진다. 이러한 이유로, 병원에서 거행되어야 하는 의식들은 동일한 영적 효력을 가지고 있지 않다고 생각되며, 따라서 죽어가는 사람이 성취할 수 있는 공덕이 훨씬 더 적게 된다. 반면에 집은 죽기에 훨씬 더 상서로운 장소이다. 스토닝턴이 언급했듯이, '집은 신성하고 친숙하다. 집은 안전하고 따뜻하다. 집은 많은 의식에서 승려들의 축복을 받아온 곳이고, 평생에 걸친 선행과 헌신적인 사랑의 현장이었기에 청정의 오랜 역사를 지니고 있다.'(2012: 843) 환자가 집에 돌아오게 되면, 기관氣管 내 호흡관을 빼는 것은 윤리적 행위가 된다. 한 간호사의 말처럼 '병원에서 튜브를 빼는 것은 비윤리적이지만, 집에서 빼는 것은 윤리적이다.'(Stonington 2012: 836) 이 역설적인 판단의 근거는 일단 병원에서 생명의 빚을 갚고 나면 집에서 인공호흡기를 제거함으로써 환자가 합법적으로 좋은 죽음을 맞이하도록 도울 수 있다는 것으로 보인다.

그러나 병원에서의 생명 유지 장치를 철회하는 것을 꺼리면서 기계에 의해 생명을 유지하고 있는 환자들이 누적되었다. 스토닝턴은 환자의 절반이 인공호흡기를 사용하는 병동을 묘사한다. '공기는 무균 상태였고 기계의 삐 소리로 가득 찼다. 간호사들은 장갑을 끼고, 현대의 사이보그[5]처럼 생명을 지키는 의료 혁신적 기계에 묶인, 거의

---

5 역주: 신체 일부가 기계로 개조된 인조인간.

시체처럼 보이는 환자들의 침대 사이로 혈압 검사기를 끌고 다니며 이리저리 실랑이를 벌이고 있었다.'(2012: 841) 자원에 가해지는 부담을 고려할 때 이는 지속 가능한 상황이 아니다. 스토닝턴과 라타나쿨이 지적한 바와 같이, '실패한 보편적 의료 시스템을 보완하고 태국인들이 임종 개입에 대한 어려운 결정을 내리도록 돕기 위해 "인공호흡기 문제"에 대한 해결책이 시급히 필요하다.'(2006: 1681) 비용 문제는 태국의 한 철학자(솜파른 프롬타Sompam Promta)가 생명 유지 장치가 있는 장애아와 난치병 환자의 안락사를 지지하기 위해 제시한 이유이다.(Kanjanaphitsarn 2013: 5)

그러나 차이차로엔과 라타나쿨이 지적한 것처럼, '조력자살을 포함한 적극적 안락사가 불교의 가르침에 어긋난다는 것은 명백하다.'(1998: 37) 그들은 '태국 재가 불교도 또한 소극적 안락사를 수용하는 일반적인 정책이 채택되는 것을 보고 싶어 하지 않는다. 항상 위험과 불확실성이 존재하기 때문에, 그들은 삶에 반대하는 것이 아니라 삶을 위해 위험을 감수할 것이다'라고 덧붙인다.(1998: 38) 그럼에도 불구하고, 그들은 '94세 여성이 1년 넘게 인위적인 방법으로 살아 있다', '11세 소녀가 수년간 돌이킬 수 없는 혼수상태에 빠져 있다' 등의 사례 앞에 직면한 대중의 혼란에 주목한다.(1998: 38) 그들은 임종 시의 의사 결정에서 어떤 요소가 중요하게 생각되어야 하는지 재가 불자들에게 질문했을 때 '아무도 명확한 불교적 대답을 할 수 없었다'라고 보고한다. 어떤 이들은 그렇다고 하고 어떤 이들은 아니라고 말했지만, 그들은 불교에서 그들의 대답을 뒷받침할 만한 근거를 찾을 수 없었다.(1998: 38)

결론

아마도 앞에서의 논의는 답이 놓여질 수 있는 방향을 나타낼 것이다. 요약하자면, 불교는 안락사를 거부하지만, 그렇다고 어떤 대가를 치르고서라도 생명을 보존해야 할 의무는 부여되지 않는다고 시사했다. 티베트 비구니 카르마 렉셰 초모Karma Lekshe Tsomo는 다음과 같이 요약한다: '두 가지 핵심 쟁점에 대한 논의와 불교 전통의 반응을 검토한 결과, 나는 난치병이 안락사를 정당화하지 않으며, 생명을 보호하고 양육하는 원칙이 특별한 의료 절차가 필요하지 않다는 결론을 내렸다.'(2006: 174)

안락사에 대한 많은 지지는 의학의 부적절한 사용에 대한 걱정에서 비롯된다. 많은 사람이 자연의 섭리대로 사는 것이 적절한 결정이라고 생각할 때, 거기에는 환자들이 '기술의 포로'로 살아 있는 것에 대해 이해할 만한 우려가 있다. 여기서 확인된 규범적 입장은, 죽어가는 환자들이 생명 유지 장치에 연결된 살아 있는 죽음을 견디도록 강요하지 않으며, 말기 환자들이 사랑하는 사람들과 함께 평화롭고 존엄한 죽음을 갈망할 때 의사들이 그들에게 단편적인 의학적 절차를 밟도록 의무화하지도 않는다.

의사도 환자도 순전히 생명 그 자체를 목적으로 생명을 연장할 의무가 없다. 불교도에게 죽음은 최후의 목적이 아니라 환생과 새로운 삶으로 가는 문이다. 차이차로엔Chaicharoen과 라타나쿨Ratanakul이 보고한 바와 같이, '점점 더 많은 나이 든 불교 승려, 재가자 모두는 그들의 삶의 마지막 단계에서 그들에게 자연스러운 죽음이 허락되기를 바라는 마음을 표현하고 있다. 왜냐하면 그들은 단지 이것이 피할 수 없는 죽음에 직면하는 불교적인 방법이라고 믿기 때문이다.'(1998: 40) 붓다는 인간의 고통의 문제를 충분히 인식하고 있었고, 그의 말과 본보기 사례를 통해 그의 추종자들이 병들고 죽어가는 사람들을 돌보도록 격려했다.(de Silva 1994) 그러나 기록에서 알 수 있듯이, 그는 의료 치료의 선택 사항으로 안락사를 거부했다. 불교의 의사들은 2천 년이 훨씬 넘게 그의 선례를 따라왔고(Keown 2014), 오늘날 불교도들이 이것이 바뀌어야 하는 설득력 있는 이유를 본다는 증거는 거의 없다.

인용 문헌

Akabayashi, A., and Hayashi Y. (2014) Informed consent revisited: a global perspective. In: A. Akabayashi (ed.). *The future of bioethics: international dialogues*. Oxford and New York: Oxford University Press, 735-749.

Anālayo, Bhikkhu (2012) Dabba's self-cremation in the Saṃyukta-āgama. *Buddhist studies review*, 29, 153-174.

Anālayo, Bhikkhu (2014) The mass suicide of monks in discourse and vinaya literature. *Journal of the Oxford Centre for Buddhist Studies*, 11-55.

Beauchamp, T. L., and Childress, J. F. (2013) *Principles of biomedical ethics*. Seventh edition. Oxford: Oxford University Press.

Becker, C. B. (1990) Buddhist views of suicide and euthanasia. *Philosophy east and west*, 40, 543-556.

Bruce, A. (2012) Welcoming an old friend: Buddhist perspectives on good death. In: H. Coward and K. I. Stajduhar (eds), *Religious understandings of a good death in hospital palliative care*. Albany: State University of New York Press, 51-76.

Cavanaugh, T. A. (2006) *Double-effect reasoning: doing good and avoiding evil*. Oxford and New York: Oxford University Press.

Chaicharoen, P., and Ratanakul, P. (1998) Letting-go or killing: Thai Buddhist perspectives on euthanasia. *Eubios journal of Asian and international bioethics*, 8, 37-40.

Delhey, M. (2006) Views on suicide in Buddhism: some remarks. In: M. Zimmerman (ed.), *Buddhism and violence*. Lumbini, Nepal: Reichert Verlag, 25-63.

de Silva, L. (1994) Ministering to the sick and the terminally ill. *Access to insight (legacy edition)*. Available from: www.accesstoinsight.org [accessed 30 December 2015].

Fan, R. (ed.) (2015) *Family-oriented informed consent: east Asian and American perspectives*. New York: Springer.

Florida, R. (1993) Buddhist approaches to euthanasia. *Studies in religion/sciences religieuses*, 22, 35-47.

Florida, R., and Ratanakul, P. (2012) Buddhist hospice care in Thailand. In: H. Coward and K. I. Stajduhar (eds), *Religious understandings of a good death in hospital palliative care*. Albany: State University of New York Press, 167-190.

Gethin, R. (2004) Can killing a living being ever be an act of compassion? The analysis of the act of killing in the Abhidhamma and Pāli commentaries. *Journal of Buddhist ethics*, 11, 166-202.

Grol-Prokopczyk, H. (2013) Thai and American doctors on medical ethics: religion, regulation, and moral reasoning across borders. *Social science & medicine*, 76, 92-100.

Hamano K. (2003) Should euthanasia be legalized in Japan? The importance of the attitude towards life. *The journal of the Literary Association of Kwansei*

제29장 안락사 **623**

Gakuin University, 52, 15-27.

Harvey, P. (2000) *An introduction to Buddhist ethics: foundations, values and issues*. Cambridge: Cambridge University Press.

Heim, M. (2013) *The forerunner of all things: Buddhaghosa on mind, intention, and agency*. Oxford and New York: Oxford University Press.

Henig, R. M. (2013) A life-or-death situation. *New York Times magazine*, 17 July 2013.

Hugaas, J. V. (2006) Ethos, ethics, and end-of-life issues in Japan. PhD diss., University of Bergen.

Jackson, E., and Keown, J. (2012) Debating euthanasia. Oxford and Portland, OR: Hart Publishing.

Jackson, P. A. (2003) Buddhadasa: Theravada Buddhism and modernist reform in Thailand. Chiang Mai: Silkworm Books.

Kai K. (2009) Euthanasia and death with dignity in Japanese law. *Waseda bulletin of comparative law*, 26, 1-13.

Kanjanaphitsarn, S. (2013) An analytical study of euthanasia in Buddhism with special reference to the case of Buddhadāsa Bhikkhu's death. *International journal of Buddhist thought and culture*, 21, 141-154.

Kanjanaphitsarn, S. (2015) *Euthanasia in Buddhism: a case of Buddhadasa Bhikkhu's death*. Saarbrücken, Germany: Scholars' Press.

Keown, D. (2001) *Buddhism and bioethics*. London: Palgrave.

Keown, D. (2014) Buddhism and healthcare. Japanese religions, 36, 143-156.

Kimura R. (1996) Death and dying in Japan. *Kennedy Institute of Ethics journal*, 6, 374-378.

Koike K. (2001) Suicide and euthanasia from a Buddhist viewpoint: on Nikāya, Vinaya piṭaka and the Chinese canon. *Journal of Indian and Tibetan studies*, 5 (6), 144-190.

Koike K. (2006) The philosophical argument against the right to die, from a Buddhist viewpoint. *Journal of Philosophy and ethical health care and medicine*, 1, 27-42.

Komatsu Y. (2007) The age of a 'revolutionized human body' and the right to die. In: W. R. LaFleur, S. Shimazono, and G. Bohme (eds), *Dark medicine: rationalizing unethical medical research*. Bloomington, IN: Indiana University Press.

Macer, D., Hosaka T., Niimura Y., and Umeno T. (1996) Attitudes of university doctors to the use of advance directives and euthanasia in Japan. *Eubios journal of Asian and international bioethics*, 6, 63-69.

Perrett, R. W. (1996) Buddhism, euthanasia and the sanctity of life. *Journal of medical ethics*, 22, 309-313.

Ratanakul, P. (1988) Bioethics in Thailand: the struggle for Buddhist solutions. *Journal of medicine and philosophy*, 13, 301-312.

Ratanakul, P. (2000) To save or let go: Thai Buddhist perspectives on euthanasia. In: D. Keown (ed.), *Contemporary Buddhist ethics*. London: Curzon, 169-182.

Ratanakul, P. (2009) Compassion, health care, and Buddhist monks. *Dharma world* (April), 14-18.

Rhys Davids, T. W., and Rhys Davids, C. A. F. (trans.) (1910) *Dialogues of the Buddha*, Volume 2. London: Oxford University Press.

Schlieter, J. (2014) Endure, adapt, or overcome? The concept of 'suffering' in Buddhist bioethics. In: R. M. Green and N. J. Palpant (eds), *Suffering and bioethics*. Oxford and New York: Oxford University Press, 309-336.

Schlieter, J. (2016) Buddhist principles of Tibetan medicine? The Buddhist understanding of illness and healing and the medical ethics of the rGyud-bzhi. In: A. Weissenrieder and G. Etzelmüller (eds), *Religion and illness*. Eugene, OR: Wipf and Stock, 90-113.

Somerville, M. (2014) Exploring interactions between pain, suffering, and the law. In: R. M. Green and N. J. Palpant (eds), *Suffering and bioethics*. Oxford and New York: Oxford University Press, 201-230.

Stonington, S. (2011) Facing death, gazing inward: end-of-life and the transformation of clinical subjectivity in Thailand. *Culture, medicine, and psychiatry*, 113-133.

Stonington, S. (2012) On ethical locations: the good death in Thailand, where ethics sit in places. *Social science and medicine*, 75, 836-844.

Stonington, S., and Ratanakul, P. (2006) Is there a global bioethics? End-of-life in Thailand and the case for local difference. *PLoS medicine*, 3, 1679-1682.

Tanida, N. (2000) The view of religions toward euthanasia and extraordinary treatments in Japan. *Journal of religion and health*, 39, 339-354.

The Thai Medical Council (2000) The declaration of patient's rights. *The Thai Medical Council of Thailand bulletin*, 7, 2-3.

Tsomo, K. L. (2006) *Into the jaws of Yama, lord of death: Buddhism, bioethics, and death*. Albany: State University of New York Press.

Varelius, J. (2016) On the moral acceptability of physician-assisted dying for non-autonomous psychiatric patients. *Bioethics*, 30 (4), 227-233.

Victoria, B. D. (1997) *Zen at war*. New York: Weatherhill.

Victoria, B. D. (2003) *Zen war stories*. London: RoutledgeCurzon.

Williams, P. (1989) *Mahayana Buddhism: the doctrinal foundations*. London: Routledge.

World Tibet Network News (WTNN) (1996) Dalai Lama backs euthanasia in exceptional circumstances, 18 September. Available from: www.tibet.ca, n.p. [accessed 30 December 2015].

Wright, M. (2010) *Hospice and palliative care in southeast Asia: a review of developments and challenges in Malaysia, Thailand and the Philippines*. Oxford and New York: Oxford University Press.

Yu K. P. (2002) Terminating futile medical treatment and passive euthanasia: is there a difference? *Eubios journal of Asian and international bioethics*, 12, 137-138.

추천 도서

Harvey, P. (2000) *An introduction to Buddhist ethics: foundations, values and issues*. Cambridge: Cambridge University Press.

Jackson, E., and Keown, J. (2012) *Debating euthanasia*. Oxford and Portland, OR: Hart Publishing.

Kanjanaphitsarn, S. (2015) *Euthanasia in Buddhism: a case of Buddhadasa Bhikkhu's death*. Saarbrücken, Germany: Scholars' Press.

Keown, D. (1995) *Buddhism and bioethics*. London: Palgrave.

Nakasone, R. Y. (1990) *Ethics of enlightenment*. Fremont, CA: Dharma Cloud Publishers.

Ratanakul, P. (2004) *Bioethics and Buddhism*. Bangkok: College of Religious Studies, Mahidol University.

Tsomo, K. L. (2006) *Into the jaws of Yama, lord of death: Buddhism, bioethics, and death*. Albany: State University of New York Press.

제30장 존재와 타자

불교 윤리에서의 자살

마르틴 코반Martin Kovan

서론

시공을 초월한 윤리적 전통이 자살에 독특한 철학적 지위를 부여한 것은 놀라운 일이 아니다. 자살의 심리적, 윤리적, 그리고 잠재적인 구원론적 특성은 자살을 이해하고 평가하기 가장 모호한 행위 중 하나로 만든다. 자살은 그것의 맥락에 따라 비참하거나 경외감을 불러일으킬 수 있다. 자살은 존재와 존재하지 않는 초월적 범주를 논리적으로 그리고 실존적으로 불러온다. 자살은 인간의 행위 중에서 독특하게 자기 죽음을 자신의 손에 맡기는 것이다. 자살은 극단적인 자율성의 전형을 보여준다: 자아의, 자아에 의한, 사아를 위한 행위는 바로 그 자아의 존재를 미화하고 부인하는 것처럼 보인다.

불교의 최고선(summum bonum)은 우리가 모두 알고 있는 괴로운 삶의 소멸(열반으로서)이다; 불교는, 하나의 중요한 의미에서, 우리가 우리 자신으로 생각하는 자아로 이미 존재하지 않는다고 주장한다. 사실상 불교는 다음과 같이 묻는다: 우리의 판단에 대한 많은 전제가 근거가 없는 경우 그러한 행위를 어떤 근거로 비난하거나 묵인할 수 있는가? 이 장에서는, 불교 생활 세계에서 자살의 일부 명백한 사례에서 입증된 것처럼, 생명의 가치와 생명을 포기함으로써 얻을 수 있는 가치에 대해 실질적인 판단을 내리기 때문에, 그 질문에 대한 답을 시도하는 불교 윤리적 사고의 형태를 설명할 것이다.

그러나 불교에서 자살의 지위는 가장 초기의 팔리어 기록에서부터 20세기 대승 관례에 이르기까지 논쟁의 여지가 있고 모호하다. 불교사상은, 구현된 고통으로부터의 궁극적인 자유에 대한 비전에 뿌리를 두고 있으며, 이러한 실존적 난제와 씨름하고 자신의 것을 더 도입하고 있다.

자살의 조건들은 물론 광범위하기에, 그들의 논의를 제한하는 것은 어느 정도 필요하다. 불교와 자살에 관한 부차적 문헌은 광범위하고 이런 부차적 문헌은 점점 더 깊이 집중을 받고 있다. 이 장은 현대 티베트 불교의 소신공양燒身供養 사례를 불교의 자살에 대한 개요 설명에 배치하고 있는 코반Kovan(2013; 2014)에 근거하고 있다.[1] 여기

---

[1] 대미언 케이온Damien Keown의 초기 연구를 바탕으로, 불교의 자살에 관한 최근의 팔리어, 산스크리트어, 한문 문헌 주석 자료를 정의하는 것으로서 인정되어야 하는 연구는 무엇보다도 아날라요Anālayo와 마르틴 델헤이Martin Delhey의 작업이며, 이 장은 이들의 연구에 빛을 지고 있다. 또한 일본어와 다른 불교 자료를 이용하는 일본어로 된 연구도 증가하고 있다.

서 나의 초점은 윤리적이고 철학적인 논의의 더 넓은 맥락과 관련된 이 다양한 기록에서 결론을 도출하는 것이다. 이 장은 세 가지 주요 영역에 초점을 맞출 것이다: (1) 현존하는 성문승聲聞乘(Śrāvakayāna)과 대승 전통에서 정의하는 자살에 대한 경전적 설명; (2) 자살에 대한 불교의 심리학적, 현상학적 이해에서의 이론화; (3) 현대 사회 및 의료 관행, 즉 조력자살, 자기-결정 안락사, 그리고 무엇보다도 2009년 이후 계속되고 있는 티베트 불교의 소신공양 현상을 평가하기 위한 최근 불교 역사에 대한 이해의 파급 효과 등이다.

이 장에서는 전통적인 불교-사원과 재가불자 사회에서의 수천 년에 걸친 자살에 대한 이해와 그것의 발현에 대한 광범위한 인류학적, 사회학적, 역사적 측면, 그리고 교정본이나, 사후-경전적인 모든 텍스트 측면을 고려하지 않을 것이다. 대신 이 장은 초기불교 기록에 의해 일반적으로 제기된 철학적, 심리학적 딜레마에 초점을 맞출 것인데, 이는 자살의 자아(attā), 무아(anattā), 고(dukkha), 의도(cetanā)에 대한 형이상학적 그리고 구원론적 주장을 고려할 때, 불교 규범에 대해 자살이 의미하는 바에 관한 질문을 알려주기 때문이다. 이 장에서는, 만약 그 질문을 완전히 해결하지는 못하더라도 명확히 하려고 노력하면서, 불교 세계관에 대한 즉각적인 윤리적 관심의 대상으로서 자살의 구성과 영향을 논의할 것이다.

자살에 대한 경전과 정통파의 설명

자살은, 불교의 텍스트 스펙트럼을 가로질러, 두 개의 불안하게 대립하는 진영으로 떨어지는 경향이 있는 모호한 것으로 간주된다. 텍스트의 담론은 복잡하고 논쟁적이며, 성문승과 대승 사이에서, 이론적 연속성에도 불구하고, 서로 약화시키기도 한다.

오래전 1920년대 초, 드 라 발레 푸생de la Vallée Poussin과 우드워드Woodward와 같은 불교학자들은 살인을 금지하는 비나야Vinaya의 첫 번째 계율과 세 번째 바라이죄波羅夷罪(pārājika) 모두에서 성문화된 타자에 대한 비폭력에 대한 규범적 주장에도 불구하고, 불교 전통은 자살에 대해 모호하다고 시사했다. 첫째, 자살은 정신적 진보에 도움이 되는 금욕적 행위가 아니며, 둘째, 어떤 아라한이나 깨달은 존재도 자살하지 않을 것이라는 텍스트의 확인에도 불구하고, 1922년 푸생은 '우리는 이 두 가지 중요한 결론에서 우리가 틀렸다는 점을 논란의 여지없이 입증하는 많은 이야기에 직면하고 있다'라고 결론지었다.(Keown 1996: 10에서 인용)

그 이후로 많은 학자가 푸생의 주장을 반복했는데, 특히 라모트Lamotte는 왁칼리Vakkali[2]의 사례가 '아라한이 자살할 수 있다는 초기불교의 규범적 입장을 대표한다고 믿었다.'(Delhey 2009: 72 n.12) 푸생-라모트의 가설이라고 추정되는 '초월 가설', 즉 '아라한과 같은 해탈한 사람은 "선악을 초월하기 때문에" 도덕률을 초월할 수 있다'라는 논리에 따라 아라한의 자살을 가정한 것이고(Delhey 2009: 72 n.11), 이는

---

2 역주: 쌍윳타 니까야의 왁칼리 숫타에 나오는 이야기; 왁칼리 비구는 죽음을 앞에 두고 병에 걸려 매우 고통스러워 자살을 시도할 지경이었고, 사후에 대한 두려움으로 붓다를 친견하길 소망하여 붓다가 그를 만나 연기법을 설하며 썩어갈 육체에 미련을 두지 말라고 얘기한다.

보다 최근에 케이온Keown과 하비Harvey에 의해 반박되었는데, 그럼에도 불구하고, 2013년 3월 14대 달라이 라마의 이론적으로 중요한 진술에 반영되었다고 말할 수 있다. 이 진술은 불교적 맥락에서 소신공양에 관한 질문에 대한 답변으로 제공되었지만, 자살에 대한 심리와 윤리적 평가에 대한 일반적인 주장이기도 하다:

> 자살은 기본적으로 폭력의 한 형태이지만, 자살이 좋은 것이냐 나쁜 것이냐의 문제는 실제로 자살의 동기와 목표에 달려 있습니다. 제 생각에 목표에 관한 한, (만약) (소신공양한) 이 사람들이 술에 취하지 않았다면, 그리고 가족 문제가 없다면, 이것은 불법佛法을 위한 것이고, 티베트의 국익을 위한 것입니다. 하지만 궁극적인 요인은 그들의 개인적인 동기라고 생각합니다. 만약 (그들의) 동기가 지나친 분노와 증오로 (구성되어) 있다면, 그것은 부정적입니다. (그러나) 동기가 더 자비롭고 차분한 마음을 동반한다면, 그러한 행위들도 긍정적일 수 있습니다. 이것은 엄밀히 말해서 불교의 관점에서 말하는 것입니다: 폭력적이든 비폭력적이든 모든 행위(에 대한 윤리적 평가)는 궁극적으로 동기에 (의존하는) 판단입니다. (Gyatso 2013; 유려함을 위해 편집)

'폭력의 한 형태'로서의 자살 행위는 종종 심각한 정서적 고통, 혼란 그리고 정신적 고통에 의해 유발되며, 자살은 오직 후회될 수 있고, 이상적으로는 배제될 수 있다. 그러나 달라이 라마는 자살의 가치, 의미, 효과를 판단하는 데 필수적인 중재자는 그것을 알려주는 행위자의 의도(cetanā) 또는 동기에 있으며, 그것은 전형적으로 자신을 향하든 다른 사람을 향하든 모든 건전하거나 선한(kusala) 행위를 결정하는 요인이라고 말한다.[3] 그 의도가 욕망(또는 탐욕; lobha)이나 무지(moha)의 '독', 특히 혐오나 증오(dosa)를 수반할 경우라면, 이것은 필연적으로 자신과 자신의 삶을 향한 '불건전 또는 불선不善(akusala)'인 것이다. 대부분의 자살 행위가 그렇게 특징지어질 수 있다는 것은(케이온Keown과 같은 논평가가 시사하듯이), 사실일 가능성이 매우 크다.

그러나 케이온은 또한 대표적인 규범적 추론에 대한 이러한 근거를 일관되게 반박한다. 그에게 그것은 자살을 포함한 어떤 치명적인 행위 책임의 객관적 결정을 설명하지 못하는 주관주의적 도덕 철학을 암시한다.(1996: 12) 우리가 보게 되겠지만, 그의 비평은 어떤 불교적 논의에도 중요하다. 왜냐하면 그의 비평이 도덕철학에 대한 원칙적인 이론적 저항을 나타내고 있어, 자살이, 치명적인 행위로서, 파괴적이거나 생산적인 가치로 더 적절하게 인식되어야 하는지에 대한 구체적인 질문의 맥락에 놓일 수 있기 때문이다.(Delhey 2009: 72 n.11 참조) 달라이 라마의 경우처럼, 자살의 반사적 특성이 잠재적으로 윤리적

---

3 이 경우 불교 윤리를 순전히 의도주의로 읽지 않는 것이 중요하다. 그럼에도 불구하고, 인과적 '의도주의'는 그 담론에서 매우 깊숙이 흐르고 있으며, 티베트 불교 맥락에서는 꿈 상태와 꿈-행위의 깊은 심리적 작용을 포함한다. 총가파 Tsongkhapa는 계戒(sīla)의 전체 스펙트럼에 꿈 행위를 포함함으로써 찬드라키르티(Candrakīrti, 월칭月稱)를 따른다.

지위를 수정하는가? 이 질문은 특히 불살생(ahiṃsā) 또는 비폭력에 대한 불교의 가르침에서 도덕률 폐기론자의 배제를 정당화하는 것으로 보이는 불교에 정통한 사람들의 규범적 맥락과 더욱 관련이 있다.

성문승聲聞乘

다른 사람의 자살을 부추기는 선동과 관련하여, 살인에 대한 상좌부 비나야 주석(Vin III.68-86)은, 자살 자체가 네 가지 바라이죄(pārājika) 중 세 번째에 해당하는 금지된 범죄가 아니며, 어떤 경우에는 아라한에 대한 자살 허용 가능성을 지지한다고 자주 언급됐다.(특히 Lamotte 에 의해서 1987: 105) 성공적인 자살이 승가로부터의 추방에 이를 만큼은 아닌 것으로 보이기 때문에, 이에 대한 규칙의 부재는, 살해와 동등한 세 가지 행위, 즉 다른 사람들을 죽이라고 선동하는 것; 합의된 상호 살해; 그리고 다른 사람들에게 살해를 강요하는 행위 등이 성공했을 때와는 대조된다. 그러나 델헤이Delhey가 지적한 바와 같이, '치명적이지 않은 자살 자체가 상좌부 비나야 율장에서 범죄로 취급되지 않는다'라는 사실을 고려할 때(2009: 30-31), 죽음만으로는 자살에 대한 규칙이 없다는 점을 설명할 수 없다.

하비Harvey는 같은 비나야에서, '독수리 봉우리'[4]에서 자신을 내던져 자살을 시도하다가 무고한 다른 사람을 우연히 죽게 만든 승려를 포함한 두 가지 사례를 보고한다. 붓다의 반응은 승려가 '자신을

---

4 역주: Griddharaj Parvat; 인도의 북동부 산의 이름, 영취산으로 번역.

내던져 버리는 것'이 허용되지 않는다는 것이다.(Vin III.82) 다른 사례에서는, 한 무리의 승려들이 같은 장소에서 돌을 던져 같은 결과가 나왔다. 붓다는 두 사건은 '패배[5]를 수반하는 범죄가 아니라, 두 가지 등급, 즉 중죄(thullacccaya)와 경죄(dukkaṭa)[6]의 두 가지 가운데 하나에 가까운 어떤 것이라고 했는데, 돌을 던져 죽게 만든 두 번째 사례가 덜 심각하다.'(Harvey 2000: 289-290) 하비와 델헤이에게는(2006: 30 n.12), 이 공통된 판단에서 공유하는 과실 요소는 다른 사람에게 가해진 피해라는 것을 보여주는데, 여기서 '첫 번째 경우, 즉 자살 시도 경우에는 범죄가 성립되지 않았다.'(Harvey 2000: 290) 그러나 붓다의 관련 규칙(Vin III.82)이 문자 그대로 '자신을 버리지 말라'(na… attānaṃ pātetabbabṃ)라는 문구인데, 이는 비유적으로 '자신을 죽여서는 안 된다'라는 뜻을 가진 구절이라는 점에서 의미가 크다. 만약 그렇다면, 분명히 다른 사람들에게 초래된 (치명적인) 피해 때문에 둑카따(dukkaṭa)에 귀속되는 '내던져 버리기'는 그것의 자살 차원을 완전히 무시할 수 없게 만들며, 자살 시도를 명시적으로 그 규칙에 적용한 주석(Vin A II.467)이 이를 뒷받침할 것이다. [또한 나선비구경那先比丘經(Miln 195-197), 그리고 아래의 이 판결에 대한 비-팔리어 개정판 변형 참조]

그러나 자살에 대한 직접적인 금지가 없는 것은 비나야 주석 문헌에서도 분명하다. 승가 내에서 상호 자살 또는 자살 시도가 발생한다;

---

5 역주: 승가에서 추방.
6 역주: Skt. duṣkṛta, Pali. dukkaṭa; 악작惡作 또는 악설惡說이라 번역. 행위와 말로 저지른 가벼운 죄.

붓다는 부정적인 평가로 응답하는데(예: Vin III.71, 82), 다시 말하지만, 어떤 경우에는 사소한 것으로 판명되는 자해 때문이 아니라, 우연히 수반한 무고한 타인에게 해를 입히기 때문이다.(가장 심각한 것은 사고사) 요약하자면, 자살은 살인 범죄와 동등하지도 않고, 살인의 형태도 아니다: 그러나 자살과 살인은 그것들이 초래하는 본질적인 해가 아니라, 다른 중요한 환경에서 발생하는 영향에 근거하여 암묵적으로 결합된다. 자살은 그 자체로 모든 명시적 규칙을 벗어나는 데 대한 비-승인의 간접적인 원인으로 나타난다. 델헤이는 전체적으로 성문승 학파의 텍스트 교정본에 대해, '여러 다른 종류들로 이뤄진 자료에 표현된 자살에 대한 견해들이 서로 현저한 차이가 있는 것 같다'라고 주장한다.(2006: 28; 또한 2009: 71-72)

게다가 이러한 모든 치명적인 의도의 경우, 특히 다른 사람들에 대한 그것의 부수적인 영향의 중심 기능은 과실을 결정하는 것으로 보인다. 자살은 의도된 것이기는 하지만, 비폭력의 첫 번째 계율과 반대되는 일견 상의 진실이 있는 면을 고려할 때, 자기-주도적이다. 그러나 자살이 만약 치명적인 행위에 대한 금지에 명시적으로 포함된다고 하더라도, 승가에서 추방되는 것 자체가 비난의 근본 원인을 설명하는 것이 아니라, 단지 처벌일 뿐일 것이다. 우리는 단지 자살이 그렇게 처벌받을 수 있다는 것이 아니라, 아직도 그 원인에 대한 설명을 찾고 있는 것이다. 붓다가 자살을 면죄하는 것으로 보이는 몇 가지 구체적인 사례들을 고려하는 것이 긍정적인 설명을 시도하는 가장 좋은 방법일 수 있다.

특별한 경우: 아라한 자살

초기불교 경전에서 발견되는 승가에서 발생한 세 가지 주요 자살 사례의 중심적이고 자주 논의되는 예는 상좌부의 맛지마 니까야(Majjhima Nikāya: 중부中部)의 찬노바다 숫타Channovāda Sutta에 있다. 찬나Channa는 중병에 걸린 비구로 은둔생활을 하고 있으며, 붓다와 불법에 모두 충실하지만, 참을 수 없는 고통을 끝내기 위해 '칼을 사용'하겠다고 공언한다. 두 명의 사원 방문객 사리불Sāriputta과 마하쭌다Mahā-Cunda로부터 관용에 대한 적절한 가르침을 받았음에도 불구하고, 찬나는 자신의 목을 베었다. 이 이야기를 들었을 때, 붓다는 사리불에게 찬나가 다시 환생하지 않을 것이며, 따라서 흠이 없다고 보장한다.

이 경전(sutta)에 대한 팔리어 주석은, 찬나가 자살 행위 자체의 바로 그 과정에서 깨달음을 얻었다고 주장함으로써, 붓다의 반응을 정당화하는 데 어느 정도 이바지한다. 자살 행위가 일어나는 과정에서, 또는 그 직후에 일어나는 갑작스러운 깨달음(돈오頓悟)은 불교 문헌 전반에 걸쳐 드문 일이 아니다. 주석들은 모든 치명적인 행위, 특히 일반 승려 또는 아라한의 자살에 대한 일반적인 반감과 이 경우에 그것을 용서한 붓다의 이유를 효과적으로 화해시킨다.

이전의 많은 부차적인 논평과 달리, 케이온Keown(1996)은 붓다의 반응이 아라한의 자살을 묵인하는 것이 아니라고 결론을 내린다. 다른 경우와 마찬가지로 이 사건에서, 특정 상황에서의 '죄책감의 제거'로 보는 면책과 행위 등급으로서의 '행해진 것의 승인'으로 보는 묶인 사이의 법적, 윤리적 차이를 올바르게 인식하는 케이온의 독해는 (18) 모든 종류의 자해의 잠재적 가치를 부인하는 팔리어 경전의 많은 주장에 의해 뒷받침된다. 그것은 또한 제14대 달라이 라마의 도덕 철학적 추론은 아니더라도 케이온의 위의 정통적인 입장을 확인시켜 준다. 케이온은 다음과 같은 상식적인 결론을 내린다:

> 주석서의 눈에는, 찬나는 중병의 고통과 괴로움에 시달리다가 스스로 목숨을 끊은 깨닫지 못한 보통 사람(puthujjana)이었다. 이러한 관점에서 볼 때, 윤리적 문제는 거의 발생하지 않는다. 깨닫지 못한 자에 의한 자살은 슬프지만, 너무 흔한 일이다.(28)

그러나 이 점을 지지하는 많은 경전적인 이유에도 불구하고, 케이온이 보고한 바와 같이, '자살에 대한 단 하나의 근본적인 반대도 명시되지는 않는다.'(29-30)

팔리어 주석은 찬나가 삼마쉬신samasīsin, 즉 죽으면서 동시에 열반을 얻는 사람이라고 말한다. 따라서 케이온이 준-정경적 주석을 이용하여 찬나가 보통 사람이라고 주장한, 찬나가 자살 행위를 시작한 순간을 제외하면, 찬나는 일반적인 의미에서 깨달음을 얻지 못한 보통 사람, 즉 뿌뚜자나puthujjana의 평범함과는 거리가 멀다. 그러나 불교-심리학에서는 깨달음을 구성하는 심오한 덕과 통찰이 맥락적 원인 없이 나타나는 것은 아니라고 이론화하고 있다. 사람의 정신적 연속체가 도의 성취를 즉시 일으키는 돈오의 순간은, 그 성취를 방해하기에 충분한 방식으로 정상적인 것으로나 더럽혀진 것으로 이해될 수 없다.

오히려, 강력한 공덕 기반과 인지적-원인 기반이 마음의 바로 앞의 연속체에 있어야 한다. 만약 찬나가 그의 죽음의 순간에 정말로 아라한이라면, 그가 자살 행위를 시작한 직전 순간에 자기 파괴적인 번뇌에 길잃은 어리석은 영혼이라고 주장하는 것은 부당해 보인다.[7] 그렇다면 거기에는 여전히 찬나에 대한 붓다의 예외주의적 (그리고 케이온에게는 독특한) 주장을 알려주는 것이 무엇인지 고려할 이유가 있다.

경장經藏, 즉 숫타 삐따카Sutta-piṭaka에 있는 다른 사례들은 자살(대부분 찬나 이야기의 변형)을 명백하게 수용할(vaṭṭati) 수 있는 행위로 간주하는 적어도 세 가지 주요 조건을 특징으로 삼는다: (1) 사원 밖에서 발생하지만, 출가자 맥락 안에서 발생한다; (2) 추정되는 아라한을 포함한다; (3) 대부분 (전적인 것은 아니지만) '스스로 행하는 죽음'이다.〔(1)과 (2)의 경우 모두는 (3)을 겸함〕〔나는 치유나 회복을 합리적으로 기대할 수 없는 중증 또는 말기 질환의 상태로 인해 자발적으로 삶을 마감하는 것을 나타내기 위해 자살의 별개 하위 집합으로 '자기-결정 안락사(autothanasia)'라는 용어를 사용하고 있다.〕 따라서 경전적 맥락에서 이러한 후자의 자살은, 사원에서의 타자보다는, 출가하고, 깨어 있고, 심각하게 병든 자아의 독특한 종류에 내재한 요인들 때문에

---

7 왁깔리Vakkali의 자살에 대한 붓다의 면책을 정당화하는 최신 교정본에 대한 Delhey의 조사(2009)와 그것을 정신적 실천에 필수적인 것으로 보는 경전 주석 주장(85-86)을 참조하라. 또한 이 사례에 대해 반대 설명을 제공하는 한문본 증일아함경(Ekottarikāgama) 개정판(Delhey 2006: 36; 2009; Anālayo 2011)은 위의 동일한 인과적 주장에 비추어 볼 때 사실일 것 같지 않다.

문제가 된다.

이 세 가지 귀속 조건은 차례로 고려되어야 한다. 첫째, 세 가지 개별 사례 중 적어도 두 가지는 격리된 은둔생활을 하는 위독한 승려에 관한 것이다. 이것은 비나야(III.65)와 상윳타 니까야(Saṃyuttanikāya V.320: 상응부相應部)에 상술된 승려들의 악명 높은 집단자살과 대조되어야 하는데, 붓다의 이 자살에 대한 평가절하가 명백하기 때문이다. 그 이유는 자살로 유발된 세 번째 바라이죄(pārājika) 규칙이 승가 공동체에서 시작되고 공동체 주위에 구조화되어 다른 사람에게 가해진 도덕적, 신체적 상해를 언급하기 때문이다.(이 에피소드에 대한 가장 철저한 최근 텍스트 연구는 Anālayo 2014 참조)

따라서 이 집단자살에 대한 붓다의 반응은, 자살을 사회적으로 조건화된 행위라기보다는 유아론적唯我論的 행위로 규정하며 독단적으로 행동하는 승려들에게서 나타난 반응과는 완전히 다르다. 그 조건은 아날라요Anālayo의 올바른 결론에서 '단순히 바라이죄(pārājika) 규칙 범주에 속하지 않는'(2014: 25-26 n.55) 그들의 행위를 만들어주는 '윤리적 결론을 차단하는 법적 결론'이다. 이것은, 우리가 보았듯이, 바라이죄와 둑카타dukkaṭa의 판결이 모두 자살에 적용되지 않는다면, 아라한이 아닌 사람들을 포함한 어떤 단독 승려의 자살도 승가의 사법권을 회피한다는 것을 의미한다. 그러나 의도된 행위로서의 자살은 규범적으로 바라이죄(pārājika: Vin III.73) 규칙과 그것의 파생에 불가결한 일부 학파[특히 화시부化地部(Mahīśasakas) 그리고 매우 영향력 있는 상좌부 주석 전통]에 연루되어 있다: '다른 사람의 자살을 막는 것은 붓다가 처음으로 촉발한 것이다.'(Vin III.71)

둘째, 아라한은 무아를 실현하고, 환상을 쫓아내고, 정서적 순수성을 성취한 모범자이며, 따라서 깨달음을 얻지 못한 재가불자와 수련 중인 승려 모두가 환상적 자아의 인과관계에 얽매이는 망상적 자기-구축의 업과로부터 해방된다. 따라서 행위의 의도적 근거를 평가할 때, 자살 충동에 있는 아라한이 실제로 이미 깨달았는지, 아니면 자살 행위 도중이나 이후에만 깨닫게 되었는지에 관한 질문이 그들에 관한 경전(sutta)의 주석에 매우 중요하다는 점은 주목할 만하다. 업의 구조에서 자유로운 것은 인지적, 정서적 고통으로 더럽혀지지 않은 의도뿐이며, 따라서 그것은 해로운 행위에 대한 일반적인 금지이다.

셋째, 중환자(의문의 여지없이 찬나Channa와 왁깔리Vakkali가 그렇듯이)에게 실현될 수도 있거나, 또는 실현되지 않을 수도 있는 개별 사례에 따라 판단되는 것으로 보인다. 찬나의 자살에 대한 붓다의 면책(케이온은 이를 정식 규칙을 증명하는 유일한 예외로 받아들임)은 사례 별로 다르며, 델헤이는 왁깔리의 경우도 마찬가지라고 본다.(Delhey 2009: 78) 그리고 고디까Godhika의 경우도 그의 자살 이후 그의 아라한 자격은 붓다에 의해 유사하게 확인되었다. 따라서 델헤이의 주장은 다음과 같다:

> 경전 텍스트에서 자살에 대해 일관되게 부정적인 견해를 감지하는 것은 불가능하다. 오히려. … 자살에 대한 견해가 다른 것은 … 각각의 사건에 연루된 사람과 상황뿐만 아니라 고려 중인 텍스트의 구절이나 교정본에 따라서도 다른 것 같다. (2006: 36)

이 요약된 결론은, 두 가지 특징 모두 문헌 기록에 명백한 만큼, 초기불교에서 자살에 대해 순전히 허용하거나 아니면 금지적인 설명을 지지하지 않는 특정 독해를 확인하는 경향이 있다. 아라한의 자살 자체에 관해서도, 아날라요는 '초기 담화 버전을 참조하면 아라한이 자살할 수 있다는 인상을 받을 수 있는 반면, 다른 텍스트들에서는 이것이 불가능하다고 본다'라는 중요한 결론에 도달한다.(2011: 167) 그가 제안한 것처럼, 산스크리트어와 한문으로 된 경전 텍스트의 대체 수정본은 우리가 위에서 고려한 패턴에 대한 더 많은 변형을 보여준다.

비-팔리어 경전 자료

최근의 불교학 연구는 이미 접한 특정 주제에 대한 흥미로운 강조를 추가하여, 상좌부 기록에서 친숙한 자료의 팔리어, 산스크리트어, 한문 경전 및 사후 개정본에 초점을 맞추고 있다. 우리는 상좌부 숫탄타(Suttānta; 경전)[8]가 자살에 대한 일반적인 금지를 기록하고 있으며, 상좌부의 비나야와 주석이 자살을 명시적으로 금지하지 않는다는 것을 보았지만, 다른 성문승(Śrāvakayāna) 학파들은 어떨까?

설일체유부說一切有部(Sarvāstivāda) 비나야가 '자살은 범죄가 아니다'라고 명백하게 진술하는 곳에서(Anālayo 2010: 132), 화지부化地部는 자살에 대한 규칙을 특히 언급한다. 붓다가 여기서 자살을 비리야죄

---

8 역주: sutta와 동의어.

지위에는 살짝 미치지 못하는 '중죄(sthūlātyaya)'로 언급한 것은 자살에 관한 명시적인 법적 주장뿐만 아니라, 왜 그것이 완전한 '패배(추방)'를 수반하는 범죄로서의 자격에는 미치지 못하는지에 관한 질문을 하는 데 중요하다. 설일체유부 비나야의 다른 쪽 극단의 경우에서, 승려가 자살할 때, 유사하게 바라이죄 지위를 수반하지 않는 살인의 형태로 명확하게 지정된다고 델헤이는 언급한다.

자칼의 우발적 죽음을 초래한 병든 승려의 실패한 자살 시도를 비난하지 않은 붓다에 대한 일화도 있는데, 아마도 희생자가 인간이 아니기 때문일 것이다. 그러나 자살에 대한 명백한 설일체유부의 관용은 또한 붓다가 여기에서 이 자살 행위를 범죄로 규정하지 않은 이유를 설명할 수도 있는데, 이는 다른 학파의 비나야가 경죄(dukkaṭa) 판결을 유지할 수도 있고, 〔특히 법장부法藏部(Dharmaguptaka), 근본설일체유부根本說一切有部(Mūla-Sarvāstivāda) 그리고 화지부化地部(Mahīśāsakas)의 경우〕 심지어 중대한 범죄를 유지할 수도 있기 때문이다.(Anālayo: 2010.36) 여기서 주목해야 할 중요한 점은, 성문승의 기록 전반에 걸쳐 심지어 자살 시도에 대한 명확한 일치된 반응이 없다는 것이다.

이러한 발견에서 덜 모호한 것은, 이러한 학파들에서 자살이 다른 존재(인간)에게 해를 끼치는 경우 더 금지적이며, 그렇게 하지 않는 경우 자살이나 자살 시도가 완전한 살인죄가 아니라는 점을 확인한다는 점이다. 화지부는 자살에 덜 관대한 조건으로 나타나고,[9] 설일체유

---

9 상좌부의 사후-경전에서 계속되는 추세는 나선비구경(Milindapañha)에서 다시 한번 분명해지는데, 아라한은 불치병에 걸렸어도 지속되는 삶의 고통, 그리고

부는 더 관대하며, 상좌부는 그들 사이의 중간 지점을 차지한다. 또한 이러한 개정본들의 변형에서 확실한 것은, 자살이 윤리적으로나 법적으로 결코 살인과 동일시될 수 없으며, 따라서 특히(고디카 Godhika와 같은) 승가 고위층 자살의 경우에는 다르게 생각된다는 것이며, 불치병(찬나와 왁깔리와 같은)에 걸렸고, 그들의 자살 행위 전, 도중 또는 후에 깨달음을 성취한 아라한은 공덕의 벌점 없이 자살할 수 있는 유일한 종류를 나타낸다.

이들 학파와 상좌부 사이에는 더 명확하게 융합되는 선이 존재한다. 화지부 비나야는 또한 위대한 덕목 덕분에 천상계로의 환생을 기대할 수 있는 중병에 걸린 승려의 경우 허용되는 자살 가능성을 제기한다. 그러나 이러한 사고방식은 덕 있는 삶의 유지가 그 질이 무엇이든 더 나은 공덕을 쌓을 수 있는 행위와 업과業果적 공덕(puṇya)에 호소하는 개념에 더 이바지한다는 이유로 거부된다. 살아 있는 동안 불법을 함양함으로써 고통 자체의 최악의 결과를 개선하는 동기로 작용한다는 주장은 재가자의 상황에도 같이 적용된다.

마찬가지로, 팔리어 디가 니까야(Dīgha Nikāya: 장부長部)의 파야시 숫타Pāyāsi Sutta에서, 환생의 증거라고 알려진 것에 관한 토론 과정에서, 회의적인 파야시Pāyāsi 왕자는 유덕한 고행자가 확실히 더 나은 환생을 할 수 있는데 왜 자살을 주저하는지 궁금해한다. 쿠마라─깟사빠Kumāra-Kassapa 비구의 대답은 유덕한 삶 자체가 본

죽음으로써 고통에서 해방되는 가상의 기쁨에 무관심하기 때문에, 자살하지 않는다고 주장한다.(Miln 44-5) 붓가고사Buddhaghosa는 찬나가 자신의 고통에 취약한 것이 그가 아라한이 아니라는 증거라고 주장하면서 같은 주제를 반복한다.

질적으로 의미가 있으므로 고행자는 그것을 성급하게 끝내지 않을 것이라고 말했다:[10]

> 그들의 삶은 그러한 고행자들과 브라만들에게 유익합니다. 왜냐하면 그러한 도덕적이고 선한 고행자들과 브라만들이 오래 살수록 그들이 만드는 공덕이 더 커지기 때문입니다; 그들은 세상에 대한 자비심으로 많은 사람의 복지, 많은 사람의 행복을 위해 수행합니다. (DN 23:13; Walshe 1987: 357-358)

쿠마라-깟사빠의 주장은 유덕한 승려나 고행자에게만 국한된 것이 아니다. 모든 사람이 다양한 덕을 이룰 수 있기에, 자살은 그들의 미덕 함양에 방해가 된다. 불교의 관심사는 소위 윤회하는 세계에서의 화신化身이 다른 고통받는 중생에게까지 확장되는 자비와 현명한 행동의 형태로 더 많은 공덕의 축적을 허용한다는 것이다. 자살을 거부하는 이러한 이유는 대승의 맥락과도 관련이 있으며, 소위 '큰 수레'라는 광범위한 윤리적 특성에서 환생하려는 보살의 동기에 대한 개방적인 기반을 형성한다. 그러나 불교가 역사적으로 진화함에 따라 자살도 완전히 다른 모습으로 같은 주제를 과장하는 초월적 포기의

---

[10] 초-경전적인 나선비구경은 아라한 자살의 합법성을 거부한다는 점에서 주목할 만하다. 이는 (아라한 사리불이 증명한 것처럼) 구현된 삶이 붙잡히거나 밀려나지 않는 것과 마찬가지인 현명한 시간성의 미학과 같은 이유 때문이다. 무아의 깨달음은 이런 의미에서 삶과 죽음의 독립적인 자연적 과정에 대한 근본적인 방임을 의미한다.

한 형태로 새롭게 등장한다.

대승

대승의 묘법연화경妙法蓮華經(Saddharma Puṇḍarīka), 그리고 월등삼매경月燈三昧經(Samādhirāja Sūtra)은 보살의 소신공양을 찬양하는 가상의 찬가를 등재한 것으로 유명하다: 여기서 소신공양은 붓다에 대한 가장 크게 칭찬받을 만한 자기희생의 행위이자 높은 지혜의 깨달음을 보여주는 행위이다. 더욱이 나가르주나Nāgārjuna의 대지도론大智度論(Mahā-prajñāpāramitā-śāstra)[11]은 비나야 자체는 자살이 각각 다른 사람에게 행한 잘못(para-viheṭhana)으로 인해 생기는 범계犯戒(āpatti), 또는 다른 사람에게 행한 이로움(para-hita)에 뒤따르는 공덕(puṇya) 모두를 회피한다고 나타낸다.(Lamotte 1949: 740-742)

같은 텍스트의 11장에서는 내적 공양(외적 공양보다 더 중요한 것으로 판단되는)이 자신의 머리나 골수, 심지어는 몸 전체나 생명을 바치는 것을 포함하는 보시(dāna)의 범주를 명시적으로 설명한다. 이 대승경전의 경우 이보다 더 큰 이타적 덕행은 없는 것 같다. 이러한 태도는 특히 월등삼매경과 법화경의 한문본 전승에서 전형적으로 나타나는데, 이는 중세 중국불교의 소신공양의 알려진 역사적 사례를 뒷받침하며, 소신공양이 명시적인 논의와 지지를 받는 것이다.

---

11 역주: 인도의 승려 나가르주나(용수龍樹)가 저술했다고 알려진 대품반야경의 주석서. 현재 산스크리트 원전은 없고 쿠마라집Kumārajīva의 번역 한역본만 전한다.

대승 전통에서, 소신공양은 또한 전통적으로 가장 소중히 여기는 대상인 인간의 몸에 불을 붙여 무지를 지혜로 정화하는 완전한 희생을 의미한다. 〔많은 비나야 텍스트는 '불덩어리(aggikhandha)'라는 은유로 아라한의 자격을 부여한다.〕[12] 소신공양은 관습적으로 가장 급진적인 '완전한 자기희생(ātmaparityāga)'에 중요한 비-허무주의적 용어로 접근하거나 완전히 전형화한다. 다시 말하지만, 자살은 망상(치痴), 애착(탐貪) 또는 증오(진瞋)로 동기 부여되는 경우에만 업보를 수반하며, 이는 앞서 인용한 달라이 라마의 심리학적 주장으로 거슬러 올라간다.

팔리어 불교 자료에서는 탐, 진, 치 삼독의 부정적인 심리적 자극을 받지 않은 자살은 일부 도덕적 불확정 상태로 남지만(Gethin 2004: 190), 대승의 경우에는, 삼독이 없는 경우 자살은 도덕적-구원론적 힘의 분명한 행위이다. 그러나 종교적 자살의 다른 사례들(예를 들어 산티데바의 학처요집學處要集)에서 그렇게 가치가 인정되지 않기 때문에, 특히 종교적 자살이 명백히 거룩한 존재들에 의해 저질러지지 않을 때, 이것이 어느 정도까지 윤리적 무죄를 반영하는지는 불분명하다.

케이온으로부터 10년이 지난 후, 마이클 짐머맨Michael Zimmerman (2006)은 델헤이Delhey(2006: 57)와 다른 사람들이 다음과 같이 주장하는 것을 반영한다:

---

12 아날라요Anālayo(2012)는 팔리어 경전 우다나Udāna의 한문본 평행 계정 잡아함경雜阿含經(Saṃyuktaāgama) 개정판에서 발견되는 답바Dabba 담론의 불 이미지와 그의 자기-화장에서 소신공양의 기원에 대한 추측적이지만 인과적 설명을 제공한다.

… 일반적인 학문적 견해에 반하는 것이다. 불교 사상가들은 자살을 다른 중생을 죽이는 것과는 분명히 다른 것으로 취급했으며, 인간의 생명을 신성한 것으로 여기는 서양의 관념과 달리 불교에서는 생명이 그러한 기본적인 가치를 갖고 있지 않다고 생각했다.(Zimmerman 2006: 28)

짐머맨의 끝 무렵의 주장은, 전형적인 기독교의 신성한 또는 신성하게 승인된 가치가, 비록 도구적일지라도, 불교가 가지고 있는 생명의 가치와 의심할 여지없이 동일시되는 경우에만 그럴듯하다. 그러나 자살을 포함한 모든 폭력 행위를 금지하는 불교의 자명한 원칙은, 짐머맨이 식별한 이분법과 여전히 해결되지 않은 긴장 상태로 남아 있으며, 최근 티베트 불교의 소신공양에 대한 대응에 이르기까지 상당한 모호성을 주고 있다. 14대 달라이 라마와 틱낫한과 같은 대승불교의 명사들은 자살에 관하여 정치 및 기타 불교 기관의 합법적인 형태로서 표명하며 이러한 규범적 분열을 계속 만든다.

따라서 자살에 대한 초기불교도의 태도는 대승 전통에서 자살의 종교적 형식을 노골적으로 높이 평가하는 방향으로 진화했다. 짐머맨이 주장한 생명의 존엄성에 대한 초기의 암묵적 무관심에서부터, 나중에 헌신적인 자살은 자발적인 희생의 위대한 미덕을 입증하는 것으로 보이는데, 예를 들어, 본생담(Jātaka) 설화, 현관장엄론現觀莊嚴論(Abhisamayālaṃkāra)의 제4장, 뱌그리피리바르타Vyāghrīparivarta, 금광명경金光明經(Suvarṇabhāsa Sūtra), 법화경(Lotus Sūtra)에서 매우 분명하게 나타난다. 게다가 이 미덕은 생명을 간접적으로 규정하는 윤리적으로 자율적인 가치를 무시하는 것처럼 보일 것이다. 이러한 강조점의 변화는 고정된 교리에 의해서가 아니라, 마음의 일시적인 구성, 그리고 무아로 정의되는 불도에 종사하는 사람들의 다른 능력을 인식하고 합법화하는 구원론적 발전을 나타내는 것으로 볼 수 있다. 이러한 인식은 대승 전통뿐만 아니라 광범위하고 인과적으로 모호한 변형을 가진 초기 팔리어 기록까지도 뒷받침할 수 있었다.[13]

따라서 도출되어야 할 윤리적 구분은 자살을 치명적인 자해 행위 또는 다른 행위로 이해하는 것과 자살의 종교적, 정치적 또는 다른 유용성이 불교 윤리에 의미가 있는 것인지의 여부 사이에 있다. 다양한 형태의 이념적 가치를 규정하는 치명성에 대한 폭넓은 이해를 고려할 때, 종교적, 특히 정치적 행위로서의 자살은 상징적 구조와 의도를 수반한다. 이러한 후자의 의도적 행위 형태는 무유애無有愛(vibhavat-ṛṣṇā), 즉 '비존재에 대한 갈애'의 범주에서 의미하는 병리학적 자기 소멸의 관점에서 철저하게 이해될 수 없다. 오히려 여기서 '자살'은 단일 용어로서의 다양한 규범적 의도를 포괄하고 감추기 때문에, 동일한 행위가 내포하는 광범위한 윤리적 뉘앙스가 있다.

자아의 의지에 의한 행위로서, 자살은 형식적으로 역설적이다. 자아로서의 정신적 연속체가 자신의 소멸을 의도하며 자신을 스스로 주장하기 때문이다. 아마도 그 실제 모호함을 해결하기 위해, 비나야는 자살이 타인에게 미치는 피해를 자살의 (간접) 금지의 객관적

---

13 Delhey(2009: 67-68)는 이러한 변화를 역사적으로 결정된 것으로 읽는다.(72) 그러나 그가 동시대 텍스트 계층화의 특정 가닥 내에서조차 광범위한 변화를 인정한 것은, 폭넓은 해석 경향에 대한 내부 기준을 암시하는 것으로 보인다.

근거로 식별했을 것이다. 자해가 명시적으로 금지되지 않은 경우, 특히 초기불교 담론에서 무아(anattā)의 중심성을 고려할 때, 심리적으로 역설적인 자살 구조가 델헤이와 아날라요가 언급한 규범적 변형을 알려줄 수 있는지도 분명하지 않다. 앞서 언급한 규범적 주장을 뒷받침하는 심리학적 이론을 고려하면 그들의 이질성을 이해하는 데 도움이 될 수 있다.

불교 심리학과 자살의 현상학: 마음, 동기, 윤리적 인과

불교에 있어서 궁극적으로 자율적 자아가 존재하지 않는다면, 누가 또는 어떤 행위 매개체가 자기 소멸 행위의 윤리적 지위를 결정하는 것처럼 보이는가? 아비달마(Abhidhamma) 심리학의 관점에서 자살은 불건전한 의도(akusala cetanā)와 의지적 특성(saṃskāras)의 극단적 구성의 결과이다. 그러나 만약 의도가 윤리적으로 결정적이라면, 의식적인 의도가 무엇이든 간에, 그것은 또한 후자의 고통스러운 동기(hetu)의 결정 요인에 부수된다. 동시에, 의도의 대상은 타자를 향한 의도된 행위와 구별된다. (따라서 대상은 자살하는 신체에 한한다.) 기껏해야 행위자의 질적 의도를 간접적으로만 추론할 수 있다면, 우리가 어떻게 자살 행위를 평가할 수 있을까?

겟힌Gethin(2004)은 팔리어 경전 텍스트의 경우, "살인"을 알리는 잠재적으로 자비로운 동기는, 적어도 심리직으로는 유지될 수 없다고 주장한다:

> … 의도적으로 살아 있는 존재를 죽이는 것이 잘못이라는 것은 사실 불교사상에서 윤리적 원칙으로 전혀 제시되지 않는다; 그것은 마음이 어떻게 작용하는지, 특정 정신 상태의 본질과 그들이 일으키는 행위의 종류에 관한 주장이다. 특정한 정신 상태(자비심)가 마음에 있을 때 특정한 방식(의도적으로 살생)으로 행동할 수 있다는 것이 단순히 불가능하다는 주장이다.(190)

우리는 이것을 아비달마-심리학적 '내적 논거'라고 부를 수 있다. 케이온Keown(1996)은 우리가 어떤 의미에서 '외적 논거'로 더 친숙하게 식별할 수 있는 또 다른 제안을 한다. 우리가 보았듯이, 케이온에 따르면, 만약 우리에게 주권을 가진 타자의 살인을 비난할 객관적인 이유가 있다면, 그러한 이유는 순전히 행위자의 주관적인 정신 상태에 의존할 수 없다. 오히려 그러한 이유는 자율적인 사람으로서의 타자의 주권에 기반을 두고 있으며, 여기서 그 주권은 행위로 (말이나 생각보다 훨씬 더) 위협받는다.

이러한 이유로, 주관적 동기는 살인 및/또는 자살 행위의 가치, 의미 또는 효과에 대한 최종 결정권자가 될 수 없다: '물론 자살에는 피해자가 없지만, (살인과 자살의) 비교는 도덕적 판단이 일반적으로 행위자의 마음 상태뿐만 아니라 무엇이 행해지는지에 주의를 기울인다는 것을 보여준다.'(Keown 1996: 12) 비록 케이온의 주장이 자살에 대한 이전의 불교적 주장이 아니라 살인에 대한 윤리적 개념에 기초하고 있지만, 케이온에게는 자살로서의 살인은 이타적인 관점으로 정당화될 수 없다. 두 사례를 합치면 이 경우 서구 윤리와 불교적 추론

사이의 본질적인 차이가 메꿔지게 되며, 자살과 살인도 마찬가지이다. (이러한 차이는, 우리가 보았듯이, 찬양할 만한 신체 공양 의식에 대한 초월적 주장이 케이온이 암묵적으로 주장하는 주체-객체 이원론을 약화하는 대승의 소신공양 표현에서 명백하다.)

요약하자면, 만약 (1) 불교의 규범성이 공적인 금지에 의해서라기보다는 그러한 규범이 지배하는 덜 의식적인 것을 포함한 내재한 심리적 조건에 의해서 결정되고, (2) 살해의 상태가 마침내 가장 깊은 수준의 심리적 의도와 그것이 알려주는 의지적인 마음의 문제에 의존한다면, 자살에 대한 규범적인 하부 구조도 다르지 않을 가능성이 커 보인다. 따라서 케이온이 살인과 자살을 동일시하는 것은, 적어도 심리적으로는 잘못된 것은 아니라고 보이며, 자살의 허용 가능성은 (겟힌Gethin의 아비달마 용어인 내적-논거로) 살인과 같은 추론으로 결정될 수 있는 것처럼 보인다.

우리가 보았듯이, 불교의 자살에 대한 관대한 견해에 반대하는 케이온의 '외적 논거'는 자살과 살인 사이의 윤리적 동등성에 관한 주장에 의존한다. 케이온에게 있어서, 불교에서 자살의 허용 가능성에 대한 논거인 주관주의가 일반적으로 살인을 정당화하는 데 사용된다면, 그것은 주권자인 타자를 죽이는 터무니없는 허용을 초래한다. 이는 받아들일 수 없으므로, 초기 전제도 마찬가지이다:

> 도덕적 평가에 대한 '악의 뿌리' 접근법은 … 자실하는 사람의 마음 상태에 따라 동일한 행위(자살)가 옳거나 틀릴 수 있다고 주장할 정도로 주관적이다: 욕망(또는 두려움)의 존재는 그 행위

를 잘못된 것으로 만들고, 욕망(또는 두려움)의 부재는 그 행위를 옳게 만든다. … 살인의 경우, 살인자의 정신 상태와 관계없이 누군가에게 중대한 불의가 가해진다. 살인의 부당함을 오직 욕망 속에서 찾는 것은, 살인 행위의 이 중요한 도덕적 특징을 놓치는 것이다.(Keown 1996: 12)

케이온의 주장에서 언급되지 않은 전제는 자살이 살인만큼이나 중생을 죽이는 사례라는 점이다. 이것은 확실히 일반적으로 사실이다. 살아 있는 (종종 젊고 건강한) 몸은 지각 있는 생명의 총합으로부터 얻어지며, 그들 모두 똑같이 의식적인 감각 자체의 높은 가치를 구현한다. 그 주장은 타당하지만, 전제는 건전한가?

케이온의 주장은 (틱낫한이 시사하는 바와 같이) 자살의 의도적인 목적들이 존재론적으로뿐만 아니라 심리적으로도 구별되기 때문에, 자살을 살인과 절대적으로 동등하지 않게 만드는 것을 지지하는 쪽으로 바뀔 수 있다. 자살에서는, 첫째, 무력화되거나(살인에서처럼), 상징적으로 가치가 교환되는(의식의 희생 제물처럼) 타자의 살아 있는 몸이 아니라, 자신의 것이다. 둘째, 우리는 (케이온이 추론하듯이) 타자가 인격체로서 구현하는 자기-결정의 자유를 떠나서 의미 있는 '타자'를 생각할 수 없다. 따라서 케이온의 주장은 살인의 도덕적 책임을 결정하는 데 결정적으로 중요한 것은 타자의 자기-결정이라는 점을 암시한다.

그러나 타자의 살아 있는 몸과 자율성이라는 이 두 가지 요소는 자살에 문제가 되지 않는다. 오히려 자살은 아마도 가능한 가장 극단적인 자기 결정으로 인해 자신의 신체와 자율성을 위태롭게 한다. (그러나 이것은 여전히 겟힌의 내적 논거를 보존하는 불건전한 동기에 의해 근본적으로 특징지어질 수 있음에 유의하라.) 따라서 자살의 존재론적, 심리학적 조건들이 자살을 정당화하는 것은 아니지만, 케이온이 그 조건들을 살인과 자살의 동등성에 관한 주장으로 추정한다는 의미에서 자살이 연루되는 것도 아니다.

명백한 반론은 문제가 되는 가치가 신체나 구성적인 인격 의지가 아니라 그것이 예시하는 순전한 '생명'이라는 것일 수 있다.(Keown 1998-1999: 18에서 표현됨) 이에 대해 같은 반박이 나온다: 인간의 '살아 있음'을 생각하기 위해서는 그것이 항상 (첫 번째 경우에) 주체(아무리 사소한, 또는 타협된 것이라고 해도)를 위한 삶이라는 의미가 필요하며, 누구를 위한 삶인가, 또는 항상 그들의 '살아 있음'이 그들에게 무엇을 의미하는지에 관한 질문이 된다. 주관적 가치화에 부차적인 것만 주어진 타자들(사랑하는 사람이나 사회 전반)이 그것에 대해 다양한 반응을 할 수 있다. 인간성에 대한 그러한 이해는 인간 내부의 행동과 대부분의 비인간 지각 생물을 포함하는 행동과 구별되는 것이다.

생명의 일차적 가치만큼이나 자율성의 보존이 살인과 자살 모두를 금지하는 데 케이온에게 결정적이라면 자살은 자율성을 피해야 한다: 자살은 구현된 자율성에 대한 무조건적인 주장을 표현한다.(자율성이 타자를 강제할 가능성이 있는 것과 마찬가지로) 이를 위해서는 자율성을 농일한 자율적 존재의 고통받는 자유 의지(saṃskāras), 의도(cetanā), 더 깊은 정신적 동기(hetu) 및 물질적 형태(rūpa) 사이의 거의 관찰할 수 없는 일련의 거래로 인식할 필요가 있으며, 자율성에는 타자의 것이 아니라 자신의 살아 있는 감각이 위태로운 곳에서 순전히 심리적인 이유만큼이나 도덕적인 이유가 있는 경우가 많다.

자살에 대해 다루는 것은 단지 주체의 본성과 도덕적 의지일 뿐이며, 부차적으로는 단지 그 주체가 관찰하는 (그리고 아마도 상호 투자된) 사회 세계와의 관계일 뿐이다. 아비달마에서의 겟힌의 결론은 여전히 유효하다(그리고 우리가 본 것처럼, 자살에 대한 결정적인 도덕적 표현이 부족함에도 불구하고) :

> 비록 마음이 작용하는 방식의 아비달마 모델이 살아 있는 생명체를 죽이는 행위에서 진정한 자비가 어느 정도 역할을 할 수 있는 일련의 상황을 수용할 수 있지만, 그 방식은 살아 있는 존재를 죽이는 결정적인 의도가 건전하지 않고 어떤 형태의 혐오(dosa)와 연관될 수 있다는 것을 허용하지는 않는다.(2004: 189)

아비달마의 주장은 근본적으로 심리적이다; 그것은 단지 이차적으로만 윤리적이며, 따라서 주체-자아에 대한 (다소 오도된) 심리적인 이해가, 실제로는, 정확성으로 상징되는 바른 견해(正見, sammā diṭṭhi)의 비교적 '객관적으로' 확정된 종교적 교리로 탈바꿈될 수 있는 구체화한 허위 진술에 취약하다. 그 교리적 견해는 그것을 옳게 만드는 것, 즉 이익을 주는지 아닌지를 결정하는 심리적-규범적 상태를 파악하는 것은 항상 주체라는 원래의 근거를 잘못 해석할 것이다. 바로 이 지점에서 불교 윤리의 현상학적 과제가 흘러나온다.

그러나 전술한 내용은 여전히 불교적 맥락에서 자살을 정당화하지 않으며, 그 목적이 개인적이든 정치적이든 종교적으로 이타적이든 간에 불교의 자살에 대한 관대한 견해를 암묵적으로 지지하려는 것이 아니다. 그것은 자살의 윤리적 본질을 이해하는 것과 관련하여 단지 주관성의 문제가 완강하게 구성된 것으로 보인다는 점을 보여줄 뿐이다. 불교 심리학에서는 자살이 대체로 불건전하고(akusala) 고통스러운 정신적, 정서적 상태와 동기를 예시한다고 시사하지만, 자살 행위자에게 자살이 무엇을 의미하고, 나타내고, 예시하는지에 대한 자기 성찰적인 행위로서의 자살은 현상학 측면에서도 고려되어야 하는 것으로 보인다. 그것은 진술되거나 추론되거나 비교적 은밀한 의미일 수 있지만, 불교의 윤리적 평가에 있어서는 항상 중요하다.

그 윤리적 평가의 주요 기준으로서의 의도는 규범적 지위를 고려할 때 바로 이러한 의미이다: 자살은 단지 그가 해야 할 일이라고 믿기 때문에 그렇게 행동한다. 이런 의미에서 문제가 되는 것은, 자살 그 자체가 아니라, 자살을 저지른 특정한 이유이며, 이는 종종 매우 다양할 것이다. 타자를 관찰하는 것이 아무리 잘못 안내되거나 무의미하게 보일 수도 있다고 하더라도, 심지어 겉보기에 명백히 비참한 자기 소멸 행위조차도 삶과 세상을 거부한다는 점에서 의미를 준다는 뜻의 표현이다. 그러나 적어도 어떤 경우에는, 그러한 세속적인 조건을 거부하는 데에는 설득력 있는 이유가 있을 수 있고 어느 정도의 도덕적인 존엄성도 있을 수 있다.

자살과 21세기 불교

1) 정치적, 이타적 자살: 티베트 불교의 소신공양

이러한 고려 사항은 1960년대 베트남에서 발생한 이후 승려와 재가불자 모두가 행한, 불교에서 영감을 받은 자살의 가장 급진적인 형태인 최근 티베트 불교의 소신공양 사례와 매우 관련이 있다. 주로 2009년부터 중국이 지배하는 티베트 영토 내에서 발생한 티베트 불교의 소신공양은 중년부터, 아주 빈번하게, 10대 청소년에 이르는 남녀에 의해 행해졌다. 2017년 중반까지 최소 151건의 알려진 사례가 기록되어 있으며, 이 중 전부는 아니지만, 대부분은 치명적이었다.(최근의 철저한 조사는 Whalen-Bridge 2015 참조)

종교적, 정치적 자기희생은 세계적 논쟁의 레퍼토리에서 작동한다. 그것은 자기 주도적이고 그런 의미에서 테러적이지 않으며, 종종 특히 이상주의적인 종류의 일탈로 간주된다. 이타적 자살 시위는 타인에게 해를 입히지 않으려고 하기에, 무고한 타인을 대규모로 죽이려는 시위만큼 흔하지도 않고 '효과적'이지도 않다. 그러나 자살 희생의 이타주의는 종교적 또는 이념적인 희생으로 생명을 포기하는 사람들뿐만 아니라, 위험에 처한 중생들의 가장 높은 가치에 호소한다는 것이다. 우리는 그러한 희생의 본질을 세속적인 의미로 해석할 수 있다. 윤리적으로 납득할 수 있는 이유로 부모들은 자녀의 몸을 구하기 위해 자신들의 몸을 희생할 것이다.(심지어 둘 다의 생존이 이론적으로 가능한 경우에도) 왜냐하면 그들은 몸을 새롭게 구현하는 사람들을 위해 최상의 생존 희망을 보존하는 본질적인 가치를 인식하기 때문이다.

따라서 더 큰 목적으로 추정되는 것을 위해 자신의 삶을 바치는 관습적 가치는 윤리적 삶의 광범위한 스펙트럼에 걸쳐 분명하며, 나는 티베트 불교의 소신공양도 같은 열망에 속한다고 주장하고 싶다. 그러한 절대적인 희생을 함으로써, 불교의 소신공양 행위자는 억압받는 타자의 정당한 자유를 대신하여 이기적 자아의 필요와 욕망을 초월할 것을 무조건으로 다짐한다.

우리는 이미 타자의 고통을 자신의 고통보다 훨씬 더 우선시하는 대승주의자로부터 같은 충동을 관찰했다. 이 자기-희생의 몸짓은 소신공양 행위의 상징적 특성이다: 소신공양 행위자의 몸이 그 행위 자체가 예시하는 자유의 가치를 대변하거나 의미하는 열망의 주장이다. (반대로, 자살 폭탄 테러범의 희생된 몸은, 예를 들어 근본주의적 우월주의의 영광이라는 매우 다른 가치를 의미할 수 있다.) 소신공양은 그 가치를 부정적으로 예시하는가? 아니면 긍정적으로 예시하는가? 건전한 (kusala)가? 아니면, 그 반대인가? 어떤 대답이든 행위 자체의 의도에 대한 해석적 틀에 의해 결정되는 것처럼 보일 것이다. 대승 용어로 그것은 자아(불교의 경우 궁극적으로 환상)와 그렇지 않으면 자아의 고립된 영역에 윤리적으로 내재한 초월을 규정한다.

그러나 그 행위는 살아 있는 존재가 지불할 수 있는 가장 큰 대가를 치러야 하는데 동의한 덜 실제적인 상징으로서가 아니다. 그것은 존재론적으로 생명의 가치에 의존한다.

그럼에도 불구하고, 많은 비불교도(또한 불교도)와 세속적 관찰자들은 이러한 방식으로서의 자유의 상징화를 환상적이며 희망적인 생각이라고 일축하거나 부인한다. 이는 합의된 살해(상호 자살에 해당)를 통한 희생을 더 높은 가치로 교환하는 전쟁 영웅주의에서 관습적으로 인식되는 동일한 상징적인 의미를 고려할 때 아이러니하다. 불가사의한 것일 수도 있지만, 동일한 상징적 생명의 양도가 관습적으로 정당화되고 정치적으로 승인되고, 심지어 치명성을 미화하는 것을 뒷받침할 때는 거의 환상적이지 않다. 소신공양 경우에서의 주요 차이점은, 추정되는 더 큰 대의를 위해 무수한 (그리고 종종 무고한) 다른 사람 대신 행위자 자신만 살해된다는 것이다. 그러나 위에서 자세히 설명한 바와 같이, 살인과 자살을 윤리적으로 비교가 되지 않게 만드는 것에 대해서도 그 차이는 매우 중요하다.

의무론적 윤리(예를 들어 인권 담론의 중심)가 개인의 행동 지침에 대해 보편적으로 구속력 있는 합리적인 정당화에 기반을 두고, 유사하게 인도되는 타자의 세계에서 거래되는 경우, 개인적 또는 정치적 자살이 나타내는 유일한 정당성은 성찰적 자아에 주어진 것이다. 이것은 윤리적으로 이성적이고 계약적인 타자의 더 넓은 세계에 얽매이지 않음으로써, 자살의 구성적 유아론唯我論은 제거할 수 없는 것처럼 보인다. 그러나 이타적 자살은 윤리적 제스처로서의 유아론을 근본적으로 수정하지만, 보편적이고 추상적인 타자에 대한 의무론적이고 대칭적인 의무 측면에서는 수정하지 않는다. 오히려, 이타적 자살은 각각의 강압 상태에 있는 타자에게 호소하는 비대칭적으로 구체적이고 상징적인 선물을 다룬다. 여기서는 분명히, 억압받는 티베트인들뿐만 아니라, (다시 대승론적 용어로) 그들을 억압하는 중국인들에게도 주는 선물이다.

따라서 이타적 소신공양은 지적 (또는 종교적) 주장의, 도덕적인 '머리로부터의 사고'(주장할 수 있는 문화적 특징, 개념적 가치의 감소)와, 윤리적인 '영혼으로부터의 사고'(논쟁의 여지는 있지만, 가치 자체에 대한 보편-세속적 사고) 사이의 차이를 의미한다. 그러므로 분신자의 주장은 내재적 가치를 유지하는 곳에서도 합리적인 윤리적 논쟁의 대상이 될 수 있는 일종의 정당성을 초월한다.(확장되고 상세한 논의는 Kovan 2014 참조) 그것은 자력으로, 국가의 강압 아래서 정치적으로는 강조되지만, 주체의 윤리적인 무력함을 강조하지 않는 생물-정치적 현상을 전복한다.

베트남에서와 마찬가지로, 현재 티베트에서 동일한 주체(궁극적으로 집단적 주체)의 결속과 정치화는 보편적 인간 호소라는 선물로 자기희생을 투자한다: 불교 용어로 순전한 자아의 끝에 있는 원초적 취착取著(upādāna)[14]에 반한다는 완전한 증거이다. 소신공양은 그때나 지금이나 문화-정치적 경계를 넘어 공감을 불러일으킨다. 소신공양의 바로 그 이타주의는 비난도 하지 않고 도구화도 하지 않으면서, 그 대가로 아무것도 요구하지 않는다. 망상, 악의, 혐오에 의존하는 사람들의 불필요한 고통을 웅변적으로 지적할 수 있고, 그것을 완화해야 하는 정치적 명령을 집단적 양심의 의지에 맡길 수 있는 것은 바로 그 근본적으로 자비로운 무착無著 안에 있다.

---

[14] 역주: upādāna에는 ①감각욕망에 대한 집착인 욕취(欲取, kāmupādāna), ②견해에 대한 집착인 견취(diṭṭhupādāna), ③계율과 의식에 대한 집착인 계금취(戒禁取, sīlabbatupādāna), ④자아교리에 대한 집착인 아어취(attavādupādāna)의 네 가지가 있다.

그렇다면 타자를 향한 테러리즘이 하는 방식으로 도덕적 증인을 협박하지 않는다면, 그러한 윤리적 관대함이 어떤 의미에서 정당하게 정치적일까? 소신공양의 극단성은 공감과 소외를 모두 불러일으키고, 1963년 베트남의 틱꽝덕Thich Quang Duc이 성공적으로 수행한 것처럼, 정치적 준거의 전통적인 틀을 재구성하는 반면, 고통스러운 역사적 상황에 대한 우발적인 인간의 원인에 대한 저항을 기록한다: 그 명백한 대상이 없으면 그것은 일어나지 않을 것이고(필요가 없고), 반복되지 않을 것이다. 틱꽝덕의 행위의 힘은 당면한 역사적-정치적 부당함에 대해 명백하게 말했고, 그 진실은 그 부당함의 배상을 요구했다는 것이다.

따라서 윤리와 정치 사이에서, 소신공양은 한 쪽의 도덕적 힘이 다른 쪽의 진실성을 효과적으로 결정할 수 있는 정도를 보여준다. 불교사상의 경우 전통적 도덕의 진리-가치가 본질적으로 수정 가능하다면, 그러한 헌신의 증거가 더 넓은 세상에 보내는 보편적 부름에 대한 응답에서도 마찬가지로 수정이 가능할 것이다. 불교에서 영감을 받은 분신자들이 자신들의 행위의 절대적인 진술에 자신들의 권리를 주장하고 있는 것은 바로 그러한 희망적인 가능성에 있다.

2) 조력자살, 자기-결정 안락사, 삶의 종말

말기 질환이나 다른 불치병을 이유로 그 또는 그녀의 삶을 끝내기로 선택한 행위자에 관련하여 어떤 가치를 확인할 수 있는가? 여기서, 죽음은 다른 삶의 목적을 위한 수단이 아니라, 목적 그 자체로 추구된다. 여기서 자살은 상징적 의도성보다는 실존적 결정의 문제이며,

죽음은 후자의 경우가 의도한 것처럼 타자에게 영향을 미치기 위한 것이 아니다. 우리가 위에서 보았듯이, 경전 기록에서 이와 가장 가까운 사례는 중병에 걸린 아라한을 언급하며 실용적인 해방을 추구한다. 케이온이 지적한 바와 같이, '이러한 죽음은 예외적인 상황에서 발생하며 모두 매우 높은 수준의 성스러움이나 종교적 경건함을 수반한다. 아라한들의 죽음들은 대부분의 자살이 일어나는 상황과 거의 공통점이 없다.'(2001: 58) 게다가, 붓다가 중병에 걸린 아라한의 자살을 면책하는 것처럼 보이는 만큼이나, 일반적인 말기 환자들의 자살(건강한 사람의 자살은 고사하고)이 규범적인 불교적 관점에서 유사하게 면책될 것이라고 추론할 수는 없다. (경전 기록에서 붓다가 높게 성취한 고행자의 자살을 면책한 세 번째 사례인 고드히카Godhika는, 적어도 경전 자료에서는 병에 걸린 경우가 아니었지만, 이때도 같은 점을 확인시켜 줄 뿐이다.)

우리는 여기서 파야시 숫타Pāyāsi Sutta에서 쿠마라-깟사빠Kumāra-Kassapa가 고행자가 자살로 서둘러 죽는 것을 반대하는 주장을 기억할 수 있다. 왜냐하면 아직 깨닫지 못한 존재의 죽음은 유도 분만 조산만큼이나 시기상조일 것이기 때문이다. 이와 비슷하게, '열매가 떨어질 준비가 되기 전에 흔들어 떨어뜨리려고 하는 것보다 익을 때까지 기다리는 것이 더 현명하다.'(DII.332) 마찬가지로 아라한은 윤회의 환생과 관련된 새로운 업을 형성하는 제약을 넘어서면서, 자살이 분명히 타협할 수 있는 길의 예를 구체화한다. 이것은 또한 아라한이 어떤 치명적인 행위도 할 수 없다는 경전의 격언과도 일치한다.

그러나 우리는 붓다가 아라한의 자기-결정 안락사의 경우에 대해 무죄를 선고하는 예외를 보았다. 금지는 매우 구체적인 맥락에서, 불안한 정당화로 이어지며, 이는 추가적인 모호성을 초래한다. '불환 不還'[15]으로서 아라한의 사회적 가치는 다른 사람들을 위한 가르침의 내재적 이상으로서의 그의 역할을 반영하는데, 이 경우의 아라한에게 명백하게 허용되는 자기-결정 안락사 같은 행위는 아라한 자격이 아니면 용인되지 않는 것으로 보인다.

그러나 우리는 또한 대승 전통이 자비에 근거를 둔 자살의 가능성을 생각하고 있다는 것을 보았으며, 방금 고려된, 깊은 신앙을 가진 불교도들(구원론적 지위가 불확실한 경우)에 의해 이루어진 윤리적으로 설득력 있는 티베트의 이타적 자살 사례들은 대승의 주장을 무시할 수 없는 것으로 확인한다. 그러나 위의 논의에서 확인된 바와 같이, 심지어 심오한 윤리적 진술이 해당 진술에 급진적이고 상황에 따라 달라지는 의미를 부여하는 맥락에서 발생할 때도, 이타적 자살에 대해 규범적인 것은 없다. 기록된 것이 많은 것을 암시하기 때문에 자살에 대한 면책과 비난 사이에 규범적인 중간 근거가 인정될 필요가 있다.

그러나 그 과제에는 중대한 차이가 있는데, 팔리어 기록이 아마도 다시 가장 명확한 단서를 제공할 것이다. [코이케小池(2001)는 산스크리트어와 한문본 자료에서도 분명하게 나타나는 자살과 생명의 '단축'과 '포기',

---

15 역주: 상좌부불교 전통에서 네 단계 수행목표(向)와 그 도달경지(果)를 가리키는 말이 있는데, 불환은 마지막 단계 아라한의 수행목표, 즉 다시 윤회의 환생으로 다시 돌아오지 않겠다는 뜻.

자연적인 '존엄사' 사이의 차이를 유용하게 요약한다.] 나는 위에서, 경전에서 붓다가 명백히 무죄로 인정한 자살 사례들이 주로 불치병이나 심각한 질병과 관련이 있다고 언급했다. 따라서 이러한 사례들은 자살과 심리학적 병리학과 구별하기 위해 나는 제한적으로 자기-결정 안락사라고 부른다. 비록 붓다 자신의 명백한 의지에 의한 죽음에도, 자기-결정 안락사는 여전히 자살의 한 형태로 남아 있지만(Delhey 2006: 36), 그러한 자기-의지적 죽음은 자살이라기보다는 자연의 섭리에 맡기도록 허용하는 문제라는 케이온의 의견에 동의할 만하다.

죽음에 대한 비저항과 죽음에 대한 능동적 의지 사이에는 미세한 경계가 있으며, 이는 여전히 해결할 수 없을 가능성이 있다. (예를 들어 흡연자, 스턴트맨 또는 군인과 같은 건강한 행위자가 각자의 선택에 따라 죽음을 성사시킬 수 있다.) 그럼에도 불구하고, 의도적 자살과 자기-결정 안락사 사이의 이러한 구별은 아마도 불교의 자살에 대한 모든 논의에서 만들어져야 할 가장 중요한 것이다. 왜냐하면 그것이 붓다가 윤리적으로 인정한 것으로 보이는 첫 번째 계율 위반의 유일한 예를 제공하기 때문이다: 승려(그리고 재가불자)는 어떤 형태의 살인도 금지되어 있지만, 극히 일부의 경우에는 자기-결정 안락사가 허용되는 것으로 보인다. 우리는 상대적으로 평범한 사람들에 대한 자기-결정 안락사의 허용 가능성, 그리고 더 나아가 말기 환자의 조력자살이 아라한 자살의 경전적 사례에서 추론될 수 있는지에 초점을 맞출 수 있다.[16]

---

16 일체선견율주切善見律註[Samantapāsādikā: (역주: 붓다고사의 비나야 율장 주석서, 선견율비파사소善見律毘婆沙疏라고도 번역)]와 같은 상좌부 경전의 주석은 단식으로

조력자살은 경전적 논의 측면에서 상대적으로 단순한 경우이다. 다시 말해서, 비나야 텍스트(Vin III.68ff.) 기록에서 분명히 볼 수 있다. 승려들의 집단자살 이후, 붓다는 치명적인 도구와 같은 자살을 위한 수단의 제공을 명시적으로 금지하는데, 이것은 당면한 목적을 위해 독극물 주사와 같은 현대적인 형태의 기술적 중재에도 일반화될 수 있다. 세 번째 바라이죄는 이 금지 사항을 법전화하고 있으며, 그것의 다음 계율(Vin III.71)은 병든 재가자의 자기-결정 안락사를 언어적으로 돕고 방조한 승려들의 사례에서 촉발되었다. 비나야(Vin III.72)는 불교 교단에서 추방되는 고통에 동등하게 책임이 있는 금지 사항으로서 치명적인 행위, 타자의 자살 또는 살인에 대한 도구의 지원, 언어적 격려 또는 선동을 명시한다.

고대 사원 판례법을, 의사의 조력자살로써, 오래 끌어온 고통을 끝내고 죽음을 촉진하는 것을 전제로 하는 현대의 임상 환경에 대해 직접 해석 적용할 수 있을까? 결정적으로 이 금지는, 동정적인 의도조차도, 죽음에 이르는 선동으로까지 확장 해석되며, 그 비나야는 의심할 여지없이 언어 행위로 하는 조력자살까지도 방어할 수 없는 일련의 원형적인 사례를 제공한다.

이러한 사례는 쇠약하게 만드는 질병(Vin III.79), 장애(Vin III.85-86) 또는 처형에 의한 임박한 죽음의 위협(Vin III.85)으로 고통받는 사람들

죽음을 맞이하는 것을 고려할 때 그러한 우려를 사전에 배제했다. 거기에 조력자살이 금지되어 있으나 불치병의 경우에는 예외가 발생하며, 또한 음식을 섭취하면 생존 그 자체보다 중요시되는 정신적 통찰의 달성이 어려워지기 때문이기도 하다.

에 관한 것이며, 이 계율 조례들은 모두 그 고통을 완화하고자 하는 행위자들에 대한 부정적인 판단으로 결론을 내린다. 다시 말하지만, 초기불교 생활계에서는 전문적인 의료중재의 형태로 자살의 규범화 가능성 자체가 불건전한 행위로 간주되었던 것으로 보인다.

자기-결정 안락사는, 적어도 어떤 경우에는, 그렇게 명확하게 표현되지 않는다. 여기서도 비나야 주석서(Vin A.467)는 아마도 초기의 가장 명확한 징후일 것이며, 따라서 아마도 가장 근본적인 관점을 보여줄 것이다. 잠재적으로 용인될 수 있는 자살에 대해 두 가지 사례만 제공되는데, 이는 자기-단식에 의해서만 가능하다: 말기 질환에 대한 모든 치료(간병 노력 포함)의 소진과 자연사가 임박한 경우; 같은 상황이 요가 적응에 도움이 되는 경우, 집중적인 명상 수행에 도움이 되는 경우이다. 그러나 이것이 삶의 단절이라는 점에서, 자살이라고 말하는 것이 적절한지 분명하지 않고, 오히려 죽음을 준비하는 것이라고 해야겠다.

두 경우 모두 자연사의 과정이 우선시되며, 삶을 지나치게 서두르기보다는 삶에서 최적의 죽음을 보장하기 위해 내밀하게 관여할 수 있다. 주석서에서는 아라한을 이러한 조건의 대상으로 명시하지 않았지만, 고타마 붓다 자신도 이 후자의 과정을 택한 것으로 보인다. 그것은 삶과 죽음의 과정 모든 곳에서 가장 확실한 의식적 자기-방향에 가치를 두는 불교 수행의 전형이다.

자살에 대한 반감에도 불구하고, 초기불교 자료에서 (다른 사람들에 대한 선동을 제외하고) 재가불자나 승가 사이에서 자살에 대한 법적 금지가 분명하게 나타나지 않는다는 것을 우리는 관찰했다.

붓다는 불치병을 앓고 있는 아라한의 자기-결정 안락사라는 예외를 면책하는 것처럼 보인다. 이 예외주의적 주제는 자기희생적인 보살행을 새롭게 가치 평가하는 대승을 통해 발전된다. 자살 이타주의에 대한 이러한 가치 평가는 동아시아 불교 종교사를 통해 이어지고, 정치적으로는 지난 세기에 이르러 이행되었으며, 이제 티베트 불교에도 이행된다.

불교에서 자살의 규범적 지위는, 사람들이 많고 다양한 가치를 표현하기 위해 자살 행위에 참여한다는 것을 인식하면서, 종교의 구원론적 목표에 대한 초월적 깨달음과 금지 사이의 극과 극 사이의 모든 범위를 가로지른다. 어떤 것도 맥락과 행위자와 관계없이 윤리적으로 평가될 수 없다. 불교 윤리는 각각의 윤리를 서로 존중하고 이해하려고 노력해야 한다.

인용 문헌

Anālayo (2010) Channa's suicide in the Saṃyukta-āgama. *Buddhist studies review*, 27 (2), 125-137.

Anālayo (2011) Vakkali's suicide in the Chinese Āgamas. *Buddhist studies review*, 28 (2), 155-170.

Anālayo (2014) The mass suicide of monks in discourse and Vinaya literature. *JOCBS*, 7, 11-55.

Delhey, M. (2006) Views on suicide in Buddhism, some remarks. In: M. Zimmermann et al. (eds), *Buddhism and violence*. Lumbini, Nepal: Lumbini International Research Institute, 25-63.

Delhey, M. (2009) Vakkali: a new interpretation of his suicide. *Journal of the International College for Postgraduate Buddhist Studies*, 13, 67–107.

Gethin, R. (2004) Can killing a living being ever be an act of compassion? The analysis of the act of killing in the Abhidhamma and Pāli commentaries. *Journal of Buddhist ethics*, 11, 167–202.

Gyatso, T., the 14th Dalai Lama (2013) 'Times Now TV' India Interview; https://www.youtube.com/watch?v=-XXZslT3mmE.

Harvey, P. (2000) *An introduction to Buddhist ethics: foundations, values and issues*. Cambridge: Cambridge University Press.

Keown, D. (1996) Buddhism and suicide: the case of Channa. *Journal of Buddhist ethics*, 3, 8–31.

Keown, D. (1998–1999) Suicide, assisted suicide and euthanasia: a Buddhist perspective. *Journal of law and religion*, 13, 385–405.

Keown, D. (2001) *Buddhism and bioethics*. London and New York: Macmillan/St Martin's Press.

Kovan, M. (2013) Thresholds of transcendence: Buddhist self-immolation and Mahāyānist absolute altruism, part one. *Journal of Buddhist ethics*, 20, 775–812.

Kovan, M. (2014) Thresholds of transcendence: Buddhist self-immolation and Mahāyānist absolute altruism, part two. *Journal of Buddhist ethics*, 21, 385–430.

Lamotte, E. (1949) *Le traité de la grande vertu de sagesse de Nāgārjuna (Mahāprajñāpāramitāśāstra)*, Volume 2. Louvain: Bureaux du Muséon.

Walshe, M. (trans.) (1987) The long discourses of the Buddha. Boston: Wisdom.

Zimmerman, M. (ed.) (2006) *Buddhism and violence*. Lumbini, Nepal: Lumbini International Research Institute.

추천 도서

Anālayo (2012) Dabba's self-cremation in the Saṃyukta-āgama. *Buddhist studies review*, 29 (2), 153-174.

Koike K. (2001) Suicide and euthanasia from a Buddhist viewpoint: on nikāya, vinaya piṭaka and the Chinese canon. *Journal of Indian and Tibetan studies*, 5/6, 144-190.

Kovan, M. (2013) Thresholds of transcendence: Buddhist self-immolation and Mahāyānist absolute altruism, part one. *Journal of Buddhist ethics*, 20, 775-812.

Kovan, M. (2014) Thresholds of transcendence: Buddhist self-immolation and Mahāyānist absolute altruism, part two. *Journal of Buddhist ethics*, 21, 385-430.

Lamotte, E. (1987) Religious suicide in early Buddhism. *Buddhist studies review*, 4 (2), 105-118.

Shakya, T. (2012) Self-immolation: the changing language of protest in Tibet. *Revue d'études tibétaines*, 25, 19-39.

Whalen-Bridge, J. (2015) *Tibet on fire: Buddhism, protest, and the rhetoric of self-immolation*. New York: Palgrave Macmillan.

제31장 불교와 동물의 권리

폴 왈도Paul Waldau

서론

인간과 비인간 생명체의 다양한 교차점은 오랫동안 윤리적 문제가 가득한 만남의 장소였다.[1] 전 세계의 많은 논의에서, 인간과 비인간 동물의 필연적인 만남에 의해 제기된 도덕적 문제는, 인간이 비인간과의 만남에 의해 제기된 문제가 인간 대 인간의 만남에 의해 발생된 문제보다 훨씬 덜 중요하게 여겨지기 때문에, 엄격하게 인간의 관심에 종속된다. 그러나 불교도, 일부 다른 종교 전통, 전 세계의 상당수의 소규모 사회들, 산업화한 사회의 많은 개별 시민들과 동물 보호 단체들

---

1 나는 처음에 Damien Keown이 편집한 '현대 불교 윤리'(Richmond, UK: Curzon Press, 2000)의 한 장으로 '불교와 동물의 권리'(81-112)라는 제목으로 논문을 썼다.

에는, 인간과 비인간의 피할 수 없는 상호 작용은, 살아 있는 개인이 다른 생명체의 생명을 해치거나 소멸시킬 때 제기되는 도덕적 문제의 중요한 부분 집합으로 구성된다.

불교의 윤리적 성찰에 대한 피상적인 참여에서조차도 불교도들이 종의 경계 안팎에서 살아 있는 존재를 돌볼 수 있는 인간의 방대한 능력을 소중히 여겼다는 점을 보여준다. 그러나 인간과 다른 동물의 관계에 대한 불교적 성찰을 더 자세히 살펴보면, 우리 인간종 밖의 생명체들을 보호할 뿐만 아니라, 주목하고 진지하게 받아들이기를 원하는 모든 인간에게 정기적으로 발생하는 복잡하고 다면적인 도전을 볼 수 있다. 이 장의 첫 번째 부분에서, 다른 생명체를 해치지 않는 것의 중요성에 대한 불교적 통찰을 식용 동물, 반려동물, 자유롭게 사는 동물 또는 야생 동물, 그리고 사역 동물, 식품 및 기타 재료의 공급원, 오락 또는 단순한 연구 도구로서 인간의 이익을 위해서만 사용되는 존재인 비인간 동물을 포함하여, 인간과 비인간 사이의 상호 작용의 많은 친숙한 범주와 관련하여 검토한다. 두 번째 부분에서는 현대 용어로 '동물권'에 해당하는 문제들이 다루어지는데, 그것들은 비인간 동물에 대한 불교적 태도뿐만 아니라 또한 매우 존경받는 20세기 한 선구자가 지구의 '더 큰 공동체'라고 언급했던(Berry 2006: 5) 것의 날줄과 씨줄인 개인과 공동체에 관심을 기울이는 인간의 윤리적 능력의 본질과 범위에 대한 깨달음의 관점을 제공한다.

불교도와 다른 동물들

불교도는 현대 과학과 모든 문화권의 상식이 그러하듯이 인간이 동물이라는 사실을 오랫동안 인식해 왔다. 그러나 현대 세계의 많은 주요 영역(이 장의 두 번째 부분에서 언급하는 법, 교육, 공공 정책 및 경제와 같은)이, 우리의 명백한 동물성을 부정함으로써 인간을 고양하는 인위적인 구분으로서, 마치 '인간 대 동물'의 이원론이 자연 세계의 특징인 것처럼 작동하는 점을 고려할 때, 가장 친숙한 비인간 동물에 대한 불교적 태도의 주요 특징을 탐구할 가치가 있다. 이 주제를 잘 탐구하기 위해서는 주목할 만하면서도 뚜렷한 두 가지 다양성을 고려해야 한다.

첫째, 현대 과학이 '비인간 동물'이라고 명명한 그룹에서 살아 있는 생명체를 조사할 때 현저한 차이가 확실히 존재한다. 그러나 오늘날의 지배적인 대화 방식은 대부분 사람이 비인간 동물만을 인간 동물과 구별하기 위해 '동물'이라고 부르는 명백히 반과학적 습관을 사용하도록 조건을 달았다. 우리의 지구가 셀 수 없이 많은 다른 종류의 생물들로 채워져 있다는 점은 이제 인정되는 사실이다. 다른 생물 종의 수는 잘 알려지지 않았다―사실, 지구상의 종의 수를 세는 지난 세기의 엄청난 노력에도 불구하고, 현존하는 종의 수에 대한 그들의 가장 최선의 추측을 제시하는 과학자들은 그러한 추정치가 열 배나 어긋날 수도 있다는 점을 인정한다. 다시 말해, 현재의 추정치에 따르면 800만에서 1,000만 종(이 중 200만 종만 확인됨)이 존재하는데, 실제로는 8,000만에서 1억의 다른 종이 있을 수 있다. 이 장의 두 번째 부분에서 더 자세히 언급하듯이, 지구상의 생명체의 대다수는 우리의 맨몸 감각으로 감지하거나 별개의 개체로 연관시킬 수 없는 '미시적 생물'로 가장 잘 묘사된다. 예를 들어, 어떤 한 개인(또는 다른 모든 거시적 동물의 개체)의 위와 안에 있는 미시적 생물 개체군은 헤아릴 수 없을 정도로 많다. 쿠로가와黑川가 쓴 것처럼 '성인의 경우 결합된 미생물 개체 수는 인체를 구성하는 총 세포 수의 약 열 배인 100조 개를 초과한다.'(2007: 169-170)

분명한 이유로, 불교 윤리를 포함한 우리 인간 조상이 우리에게 물려준 윤리의 형태는 우리에게 쉽게 눈에 띄는 많은 '거시적' 비인간에 초점을 맞추고 있다. 우리가 물려받은 윤리 체계는 태곳적부터 인간이 다른 거시적 동물들과의 상호작용에 관해 관심을 가져왔다는 것을 나타낸다. 게다가, 이 장의 두 번째 부분에서 설명한 바와 같이, 지난 수십 년 동안 비인간 거시적 동물들에 대해 더 많은 구체적인 세부 정보가 학습되어, 그들을 포획하거나, 그들의 서식지를 분쇄하거나 파괴하고, 음식과 재료를 위해 그들을 죽이는 직접적이고 즉각적인 결과를 평가하는 것을 훨씬 더 쉽게 만들었다. 이러한 지식의 엄청난 증가의 결과로, 현대의 모든 윤리적 전통이 비인간 이웃에 대해 오늘날 더 복잡해진 명백한 사실을 고려하여, 우리가 그들을 배려하고 미묘한 방식으로 대응해야 하는 새로운 과제에 직면해 있다는 것이다. 아래에 언급된 바와 같이, 불교 전통은 인간이, 우리가 알아차릴 수 있는 다른 생명체에 주의를 기울여야 하고, 윤리적 의미에서 그러한 존재를 진지하게 받아들여야 할 의무가 있다는 것을 거의 무수한 방법으로 확인해 왔다. 이런 확고한 주장(이 절의 뒷부분에서 논의됨)은, 이 장의 두 번째 부분에서 논의되는 것처럼, 세계의 거시적 동물 중 수천 종만 포함하는 대부분의 현대 동물 보호 형태를 훨씬 능가한다.

윤리적으로 자격 있는 모든 관찰자에게 일련의 과제를 제기하는 비인간 생명체들 삶의 놀라운 다양성과 편재성은, 초기불교도들에 의해 인간의 일상과 정신적 인식에서 타자를 돌보는 중심적인 역할을 잘 모형화하는 흥미롭고 윤리 집약적인 방식으로 충족되었다. 이것은 우리 자신과 코끼리와 개와 같은 친숙한 거시적 동물들에 대한 인간의 윤리적 능력이 매우 분명하게 풍부하고 주목할 만하다는 사실에도 불구하고, 이 장의 두 번째 부분에서 지적되었듯이, 의심할 여지없이 많은 매우 중요한 방법으로 제한되어 있다는 것도 사실이다.

두 번째 다양성 또한 주목할 만하다. 이것은 불교에서 발견되는 하위 전통의 전혀 다른 종류의 다양성이다. 전통에 대한 설명은 상좌부, 대승, 금강승, 즉 탄트라 밀교로 나누어져 접하는 것이 일반적이지만, 이들 각각의 주요 하위 전통들은, 탐구를 통해, 더 많은 세부적인 부분들로 구성된 것으로 발견된다. 가장 친숙한 하위 전통 너머에는 티베트 불교, 선불교, 정토불교와 같은 더 잘 알려진 형태의 불교가 있으며, 이들은 오늘날 일부 학자들이 '새로운 불교 운동'이라고 부르는 많은 형태로 보완된다. 사실 불교의 전통은 모든 성숙한 종교적 전통과 마찬가지로 내적 다양성이 큰 특징인데, 이는 20세기 불교의 위대한 학사 중 한 명인 리처드 곰브리치Richard Gombrich가 '모든 불교도에 대해 유효한 일반화는 거의 불가능하다'라고 관찰한(1988: 2) 이유이기도 하다. 그럼에도 불구하고, '다른 동물'이라는 복잡하고 어려운 문제에서 '다른 종의 실제 살아 있는 개체들이 불교도들이 마음속에 품고 있는 (윤리적) 중요성에 대한 일종의 만장일치'를 확인할 수 있음을 드러내고 있다.(Waldau 2001: 153)

1) 놀라운 기반 - 첫 번째 계율

인간의 뛰어난 윤리적 성취 중 하나는 종종 '첫 번째 계율'로 묘사되는 불교 전통의 서원에서 나타난다. 이러한 도덕적 서약이나 약속은 다양한 방식으로 언급되는데, 때로는 의도적인 살생을 가리키기도 하고, 다른 때에는 다른 생명체(중생)에 해를 입히는 것을 피하는, 더욱 일반적인 문제에 초점을 맞추기도 한다.(Waldau 2001: 146-149) 적어도 첫 번째 계율을 따르는 것은 불교도가 의도적으로 어떤 생명체를 죽이는 것을 자제하려는 의식적인 노력을 하게 한다. 람버트 슈미트하우젠Lambert Schmithausen이 제안한 바와 같이, '첫 번째 계율이 적용되는 범위는, 따라서 재가불자에게도, 사회는 좁은 의미의 인간 사회가 아니라, 모든 살아 있거나 지각 있는 존재로 구성된 더 넓은 의미의 공동체로 확대되어 받아들여져야 한다.'(1991a: 40; 1991b 참조)

첫 번째 계율은 아마도 불교의 성취만이 아닐 것이다. 왜냐하면 이 중요한 약속은 거의 확실하게 불교 전통보다 앞서 있기 때문이다. 슈미트하우젠이 제안한 것처럼, 살생을 자제하겠다는 약속은 '동물(심지어 식물, 흙, 물까지)을 죽이는 것이, 적어도 어떤 의미에서는, 사람을 죽이는 것(물론 자신의 씨족은 아니다)만큼 심각했던 초기 문화 계층의 유산인데, 이는 동물도, 가능하면, 저세상에서 살생자에게 복수한다고 믿었기 때문이다.'(1991a: 38-39; 또한 McDermott 1989:

274 참조) 예를 들어, 뱀은 뱀의 살을 먹은 것에 대해 화를 내며, 가해자에게 보복하는 것으로 생각되었다. 다른 동물들은 먹은 고기의 냄새를 감지하는 것으로 생각되었으며, 이 냄새는 그러한 종류 동물의 공격을 부추겼다.

이 핵심적인 금지는 다른 뿌리를 가지고 있을 가능성이 매우 크다. 특히 흔한 것으로는, 예를 들어, 인도 아대륙 전통의 특징인 환생에 대한 믿음을 초기불교가 채택한 것과 첫 번째 계율을 연결하는 주장들이며, 그 환생에 대한 믿음은 첫 번째 계율이 중요하다는 추론을 가능하게 하는데, 지금 살아 있는 모든 다른 존재가 전생에 자기의 아버지나 어머니였을 것이기 때문이다. 이런 종류의 가족적 사고의 반향은 자애경慈愛經(Metta Sutta)에서 찾을 수 있다: '어머니가 그녀의 목숨을 걸고 그녀의 아들, 그녀의 유일한 외아들을 보호하는 것처럼, 사람은 모든 중생에 대한 무한한 마음과 온 세상에 대한 자애를 함양해야 한다.'(Sn I.8; Norman 1984: 149-150) 대미언 케이온Damien Keown은 어떤 형태의 생명이 가치가 있고 왜 그러는지에 대한 결정적인 진술은 없지만, 불교도들은 '업보적' 또는 '목적적(목적인目的因을, 또는 목표를 갖는) 생명의 형태에 가치를 둔다; 이러한 종류의 평가에 대한 근거는 아마도 다른 생명체가 '내재적' 가치를 가지고 있다는 가정, 즉 '다른 것을 위한 수단으로서보다는(즉 그 생명의 가치가 도구적이지 않은), 그 자신을 위해 확정적으로 가치가 있다'라는 가정일 것이라고 말한다.(1993: 36ff.)

첫 번째 계율과 관련하여 인용된 그러한 다양한 가능성은 호너Horner가 첫 번째 계율을 모든 종류의 불교도들에게 중심이 되게 만드는 데 있어 '의심할 여지없이 작용하는 동기의 혼합'이라고 제안하는 이유를 설명한다. ─첫 번째 계율의 우위성에 대한 다음의 설명이 이 약속을 인간의 다양한 가치와 경험과 어떻게 연결하는지 주목하라:

> 그러한 챔피언 지위는 승려들의 도덕적 복지를 증진하는 해롭지 않은 방법으로 보았을 수도 있다; 그것은 사심 없는 사회 개혁 운동의 일부였을 수도 있다; 그것은 희생의 경우와 마찬가지로 본질에서 논쟁적이었을 수도 있고, 반-브라만주의적이었을 수도 있다; 그리고 그것은 인간과 마찬가지로 동물들도 그들의 삶과 그들의 연민에 대한 많은 권리를 가지고 있다는 가정 때문일 수도 있다.(Horner 1967: 27)

불교도 개인이 어떤 생명체도 죽이지 않겠다는 일상적인 일에 대해 어떤 이유를 제시하든, 이 약속은 여러 가지 의미에서 근본적으로 윤리적인 일이다. 그것은 분명히 관심을 가져야 할 존재의 범위를 넓혀준다; 게다가 그것은 이 약속이 일상생활에서 실행된다는 의미에서도 중요하다. 또한 그러한 약속은 인간이 아닌 이웃을 주목하고 진지하게 받아들이는 것을 요구한다.

따라서 자신의 바로 주변에 있는 코끼리와 호랑이, 이웃에 사는 사슴과 개, 그리고 인간을 포함한 많은 다른 거시적 동물들의 실제 생명은 도덕적으로 중요하게 여겨진다. 이러한 기본적 특징들은 동물의 생명을 보호하는 방식으로 행동하겠다는 불교도의 약속을 지속해서 재확인하는 효과와 함께, 왜 첫 번째 계율이 다양한 방식으로 불교도의 인식에 지속해서 강조되는지에 대한 이유를 설명하는 데 도움이 된다. 이런 끊임없는 재확인은 매우 현실적인 방식으로, 우리 인간의 삶이 개인적 삶의 존엄성을 주요 특징으로 하는 포괄적인 도덕 질서 내에서 살고 있다는 불교적 통찰을 존중한다. 그 결과는 동물 보호를 불러일으키고 일상적인 자비심을 전통의 중심에 두는 것이다.

사실 이 성취는 다른 많은 종교 전통과 문화와도 일치하는데, 아마도 그중 자이나교가 가장 잘 알려져 있다. 또한 많은 소규모 사회에서 유사한 약속을 찾을 수 있으며, 크고 다양한 힌두교, 시크교, 중국 및 아브라함 전통[2] 안에서도 많은 하위 전통을 찾을 수 있다. 여러 장소에서 그리고 서로 다른 역사적 시대에서 그러한 약속이 발생한 것은, 우리가 선택한다면, 우리 각자가 우리의 지역 세계와 더 큰 생명 공동체 모두를 아우르는 윤리적 비전으로 살아갈 수 있다는 것을 인간이 인식했음을 시사하는 데 사용될 수 있다. 그러나 비록 그 전통이 인간 공동체와 생태적, 지리적 공간을 공유하는 비인간 이웃들의 삶의 세부 사항에 대한 제한된 인식을 가진 시기에 시작되었음에도, 불교도들보다 더 인상적으로 그렇게 한 인간 공동체는 거의 없다고 자신 있게 주장할 수 있다.

그렇다면, 비인간 동물들의 명백히 많은 다양성에 비추어 첫 번째 계율의 중요한 결과를 생각해 보라. ─이미 언급한 바와 같이, 많은 다른 종의 동물들은 종의 경계를 넘어 인간과 생명체들의 상호작용

---

[2] 역주: 아브라함의 신을 믿는 종교 전통, 즉 유대교, 기독교, 이슬람교 등.

때문에 첫 번째 계율의 근본적인 관심의 범위 안에 있다. 예를 들어, 여흥을 위해 동물을 포로로 잡는 사람들은 끔찍한 운명을 겪게 될 것이라고 붓다가 말했다고 전해진다.(Rhys Davids 1922: 172) 오늘날 고래목(고래와 돌고래)의 공연을 주최하는 해양 공원에서 발생하는 것처럼, 여흥을 위해 특정 동물을 전시하는 것이 윤리적으로 타당한지에 대해 전 세계적으로 많은 논란이 일고 있다. 일부 국가에서는 그러한 전시회를 금지했으며, 일부 소유주들은, 예를 들어, 범고래와 코끼리의 번식 프로그램을 종료하는 데 자발적으로 동의했다.(항의와 언론 기반의 심한 비판에 대한 응답으로)

물론 첫 번째 계율은 인간이 식품과 재료를 위해 인간이 아닌 동물을 지배하는 훨씬 더 크고 전통적인 영역에도 적용된다. 역사적인 붓다가 사슴 사냥꾼, 돼지 도살자, 양 도살자, 새 사냥꾼과 같은 다른 동물을 죽이는 사람들에게 끔찍한 운명이 기다리고 있다고 말한 것이 불교 경전에서 반복적으로 인용된다. 이 특정 영역에서, 첫 번째 계율은 현대 인간이 다른 동물에 관해 이야기하는 가장 중요한 방법 중 일부를 지배하는 오랜 추정에 도전하는 근거를 제공한다. 그 추정은, 예를 들어, 모든 비인간 동물이 단지 인간에 의해 정당하게 소유되는 자원일 수 있다는 법에 기반한 그리고 경제에 기반한 담론뿐만 아니라, 번영하는 인간의 삶에 명백하게 필수적이지 않은 사치품에 포함되어 인간의 변덕에 따라 죽임을 당할 수도 있다는 것이다. 붓다는 오늘날 소비되는 고기 대부분을 생산하는 산업화한 '공장식' 농업 방식으로 식용 동물을 가두는 사람들을 불교도들이 분명히 비난하도록 요구하는 접근 방식을 제시했다.

현대경제의 특징인 연구 및 제품 개발을 추구하기 위해 매년 전 세계에서 수억 마리의 실험실 동물이 도살되는 현상의 일부인 감금, 살생, 그리고 죽음에까지는 미치지 않는 해악에도 유사한 추론이 적용될 수 있다. 그러한 관행에 대한 정당화는 때때로 공리주의적 사고를 불러일으킨다. (이러한 관행으로 인해 인간에게 흘러가는 선은 비인간에 대해 인정된 피해보다 훨씬 더 중요하다고 주장된다.) 그러나 자주, 비인간 동물에 끼치는 해악과 살생의 정당화는, 간단히 말해서, 비인간 실험 대상들의 생명에 대한 모든 가치를 노골적으로 부인하는 것이다. 그러한 살생 및 기타 심각한 해악에 대한 합리화는 오늘날 주류 과학, 교육 및 정부 부처에서 거의 의심의 여지가 없이 대부분 존재한다.(Waldau 2001, 2006, 2011, 2013, 2016)

해악에 대한 그러한 관심은 또한 오늘날 가장 친숙한 비인간 존재, 즉 전통적으로 '애완동물'로 불렸고, 더 최근에는 '반려동물'로 지칭되는 '길든 동물'에 대한 중요한 통찰력을 만들어낼 수 있다. 이 동물들은 주로 개, 고양이, 말뿐만 아니라 토끼, 새, 돼지, 쥐, 생쥐, 기니피그, 그리고 수십 종의 다른 동물들인데, 주인들에게 매우 친숙해서 종종 가족 구성원이라고 불린다. 물론 이런 언어 관습은 생물학적으로 정확하지는 않지만, 그럼에도 불구하고, 화자가 그러한 존재들을 진지하게 받아들인다는 점을 모든 청자에게 효과적으로 알린다.

산업화한 현대 사회에서, 소유된 반려동물들은 확실히 완전히 보호되는 것은 아니지만, 점점 더 보호받고 있다. 그러나 떠돌이 개, 고양이, 말 등등은 오늘날 잘 보호되지 않고 있으며, 첫 번째 계율은 이 '반려동물' 집단의 소유되지 않고, 원치 않는 '야생' 구성원들을 의도적으로 죽이는 것에 대해 분명히 할 말이 많다. 예를 들어, 오늘날 살아 있는 대략 10억 마리의 개 중 약 4분의 1만이 인간 가족과 함께 사는 소유 동물의 일반적인 패러다임에 적합하다는 점을 생각하라.(Coppinger and Coppinger 2016) 단지 좋은 집이 부족하다는 이유로 매년 전 세계에서 의도적으로 죽이는 숫자는 정확하게 알 수는 없으나 분명 수천만에 달할 것이다.

첫 번째 계율은 그러한 의도적 살생뿐만 아니라, 이 친숙한 범주에서 소유하거나 소유하지 않은 동물들에 가해지는 의도적인 잔혹 행위에 대해서도 말한다: 현대 사회의 의도적인 잔혹 행위의 문제는 명목상으로는 학대-방지법에 따라 다루어지지만, 그러한 법들은 소유한 동물들에게 일관성 없이 시행되고, 오늘날 지구에서 배회하는 수억 마리의 떠돌이 개, 고양이, 그리고 비인간 동물들에게는 거의 적용되지 않는다.

첫 번째 계율은 현대의 학대-방지법이 전혀 효과적인 방법으로 초점을 맞추지 않는 또 다른 주요 동물 범주, 즉 우리가 전통적으로 '야생 동물'이라는 용어로 묶고 있는 자유로운 생명 개체 및 공동체의 광대한 범주와 특히 관련이 있다. 살생을 금지하는 첫 번째 계율은, 이 동물들에 대한 단순히 그 계율의 직접성과 범위에서 주목할 만하다. 이는 오락 동물, 식용 동물, 연구용 동물 및 반려동물과 같은 다른 범주가 인간의 용도와 필요에 통합적으로 연결된 범주로 구성되기 때문에 중요하다. 그들 자신의 공동체에 살고 있고 인간의 사용과 소유의 필수적인 부분이 아닌 비인간 동물에 대한 문제는 또 다른 이유로 중요하다: 이 자유롭게 사는 개체들과 공동체는 오늘날 위험에 처해 있다. 이 동물 그룹은, 한 범주로서, 지난 몇 세기 동안 엄청난 황폐화를 겪었으며, 이 사실은 비인간 종의 멸종이라는 현재의 위기뿐만 아니라, 존경받는 캐나다 박물학자의 다음과 같은 논평으로 통렬하게 포착된다; '생명 창조 조직 전체의 엄청난 감소 … 여전히 별개의 생명체로 살아남았지만 끔찍한 감소를 겪은 종들.'(Mowat 1996: 14)

따라서 첫 번째 계율은 살생과 관련된 근본적인 도덕적 문제를 무시하는 인간의 선택에 대해 강력한 질문을 촉발한다. 첫 번째 계율은 오늘날 더 큰 공동체의 동료 시민으로서가 아니라 인간에게 이익이 되는 자원으로서 비인간 동물의 사용과 남용을 평가하기 위해 엄격한 공리주의적 계산을 사용하는 경향에 도전한다.

동물의 권리와 다른 동물들

위에서 논의된 비인간 동물에 대한 주목할 만한 감수성이 현대 동물 보호 정서의 특정한 핵심적 특징과 일치하는 삶의 방식을 촉진한다는 점을 간과하기 어렵다. 이러한 세계적인 운동은 여러 면에서 다양하며, '동물 보호'와 '동물의 권리' 외에도 '동물 복지', '반-잔혹 행위', '동물 해방' 등 다양한 이름으로 진행된다.(Singer 1975) 현대적 형태의 동물 보호는 오늘날 동물법, 동물과 종교, 동물 연구, 인간-동물 연구, 동물-인문학, 비판적 동물 연구 등과 같은 많은 학문 분야에서 지원되고 있다.(Waldau 2013) 그러나 첫 번째 계율에 비하면 전 세계 동물보호단체의 초점은 여전히 눈에 띄게 좁다. 대상 동물은 약 5,000종의 포유류, 10,000종의 조류, 그리고 아마도 1,000종에 미치지 못하는 양서류, 파충류, 어류와 곤충에서 추출한 추가 종 가운데 속한다. '환경윤리'나 '생명윤리'와 같은 윤리의 형태는, 때로는 확실히 거시적 동물과 가장 카리스마 있는 곤충(제왕나비와 같은)을 넘어서 갈 수 있지만, 이러한 관대한 노력조차도 지구상의 수억 종의 생물 가운데 극소수 비율만을 다루고 있다. 사실 많은 환경 보호가 인간 수준의 관심에 너무 치우쳐 있어서, 누군가가 이 대규모 운동이 전체적으로 인간 중심 사업으로 남아 있다고 결론을 내린다고 해도 이상하지 않을 것이다.

따라서 오늘날 '동물의 권리'와 그것의 많은 동의어는, 현대 인류가 인간과 비인간의 삶의 윤리적으로 충전된 교차점을 탐구하면서 지난 2세기 동안 발전된 다양한 의미를 지니고 있다.(Waldau 2011) 이러한 의미들은 도덕적 가치를 특징적으로 불러일으키지만, 개인에 대한 특정 법적 권리 그리고 잔인하다고 여겨지는 특정 행위에 대한 광범위한 입법적 금지와 같은 법적 개념과 도구를 요구하기도 한다. '동물의 권리'(이 용어를 모든 동물 보호 노력의 총칭 설명으로 사용)는 1970년대 이후 전 세계적으로 주목할 만한 영향을 끼쳤다. 즉 높아진 인식은 결국 전통적이면서 새로운 윤리적 비전이 비인간 생물에 끼치는 인간의 영향에 어떻게 반응할 수 있는지에 대한 일련의 논의를 지속해서 촉발해 왔다. 불교, 자이나교, 소규모/원주민 사회, 그리고 다양한 세속적 운동으로 인해 잘 알려진 한 가지 선택은 첫 번째 계율의 정신에 상당히 가깝다. 즉 특정 비인간 동물을 윤리적 논의의 중심으로 끌어들임으로써, 인간에 대한 독점적 초점에서 벗어나는 것이다. 또 다른 선택은 일부 고대 문화(그리고 다시 말하지만, 이 문제에 있어서 불교 전통은 모범적인 예를 제공한다)가 인간과 비인간의 교차가 필연적으로 가장 높은 수준의 윤리적 문제를 제기한다고 오랫동안 주장해 왔다는 사실을 연구하는 것이다.

동물 보호 운동의 주목할 만한 결과는 더 많은 보호법의 제정과 인간계 범위 밖의 세계에 대한 인간의 의무를 다시 한번 진지하게 받아들이는 교육 형태의 출현을 포함하지만, 오늘날 인간과 비인간의 교차점에서 있는 문제에 대한 높아진 인식의 영향은 훨씬 더 멀리 간다. 예를 들어, 오늘날 전 세계의 많은 윤리학계에서 르네상스가 일어나고 있는데, 이는 수 세기 동안 우리가 '윤리'와 '도덕'과 같은 용어로 명명한 '타자'를 배려하는 소중한 인간 능력에 대한, 근본적으로 인간 중심적인 설명을 특징으로 하는 유럽-아메리카 영역에서 특히 그렇다. 이 르네상스의 효과뿐만 아니라 그것을 더욱 발전시키는 힘은 불교 전통, 그리고 물론, 그 전통의 비인간 동물에 대한 포용의 오래된 윤리적 참여였다. 서로 다른 많은 문화와 종교적 전통의 비범한 업적을 고려하는 이러한 비교적이며 교차-문화적 작업은, 모든 사람이 종의 경계를 넘어 윤리를 확장하는 것이 인간이 매일 직면하는 윤리적 도전에 대한 귀중한 통찰력을 생성할 수 있는 다른 방법을 모색하는 데에 도움이 될 전망이 있다.

동물의 권리(동물 보호라는 일반적인 의미에서)가 불교 전통이 첫 번째 계율에 대한 심오한 헌신에서 더 많은 가능성을 보도록 돕는 추가 통찰력을 제공하는지 고려해 보라. 사소한 예 하나가 이 문제를 잘 보여준다. 다른 생명체를 죽이지 않겠다는 약속에 대한 한 가지 가능한 설명은, 거시적 동물 대 거시적 동물의 만남에서 다른 한쪽에게 해를 끼치는 것이, 자기방어나 자신의 가족 보호와 같은 어떤 상황에서는, 실질적으로 필요할 수 있다는 인식이다. 그러한 경우에 공격자를 죽이는 것이 공격을 막는 유일한 방법일 수 있으며, 많은 사람은 그러한 상황에서 최후의 수단으로 죽이는 것이 도덕적 존재에게 완전히 금지되어서는 안 된다고 주장해 왔다. 그러나 불교도들은 어떤 경우에 붓다가 전생에 비인간 동물이었을 때, 의도적으로 자신의 목숨을 희생하기로 선택했다고 대답할 수 있다. 비록 이것은 단순히 공격을 멈추기보다는 종종 다른 사람들을 위한 것이었지만—마찬가지로 맛지마 니까야Majjhima Nikaya의 숫타Sutta 145에는 붓다가 뿐나Punna에게 폭력의 위협에 대한 유사한 비폭력적 대응을 보여주는 조언이 포함되어 있다.(Nanamoli and Bodhi 1995: 1117-1119)

이 작은 문제는 다른 생명체의 개별적이고 사회적인 현실을 분별하는 우리의 능력의 근본적인 한계 때문에 발생하는 훨씬 더 복잡한 문제들에 의해 가려진다. 인간은 동종 구성원들의 그러한 현실을 고려할 때 어려움을 겪으며, 종종 다른 감각 능력과 근본적으로 다른 의사소통과 인식 방식을 가진 비인간 동물들의 실제 현실을 고려할 때 더욱 그러하다. 또한 미시/거시 문제의 또 다른 특징을 고려해 보라. 인간의 유한한 윤리적 능력의 눈에 띄지 않는 측면은, 우리의 일상적인 선택이 인간의 눈에 보이지 않는 수많은 생명체에게 닥치는 시련과 환난을 통제하는 것은 고사하고, 식별조차 할 수 없다는 것이다. 17세기 후반부터 개발된, 현미경과 같은 기술의 도움으로, 우리는 우리의 일상 세계가 우리에게 훨씬 더 친숙한 거시적 동물의 삶과는 상상할 수 없을 정도로 다른 아주 작은 생물들의 삶으로 채워져 있음을 알고 있다. 거시적인 동물이 거시적 개체의 위, 내부 및 근처에서 종종 미시적인 동물들을 죽이는 방식으로 행동하는 일상생활에서, 첫 번째 계율을 따르는 쉬운 방법은 없다. 물론 첫 번째 계율은 인간이 동료 '거시적' 동물들을 대하는 지침으로서 강력하게 남아 있다. 이 친숙한 영역에서, 첫 번째 계율은 오늘날 산업화한 세계에서 일어나는 많은 의도적인 살생에 대한 강력한 비판을 제공한다. 그것은 또한 다른 거시적 동물들을 포획하거나 비인간 공동체의 서식지를 방해하거나 파괴함으로써 야기되는 심각한 해악과 직접적인 관련이 있다. 인간의 선택이 거시적이거나 미시적인 다른 생명체에게 고통과 죽음을 안겨주는 다양한 방식에 관한 지식 증가의 결과로서, 오늘날 모든 윤리적 전통은 우리의 지역 공동체뿐만 아니라 더 크고 공유된 지구 공동체에서 수없이 많고, 종종 보이지 않는 비인간 이웃의 현실과 능력에 관해 오늘날 우리에게 명확하게 알려진 것으로서 그들을 배려하고 미묘한 방식으로 대응해야 하는 새로운 도전에 직면해 있다.

1) 균형잡기

인간 이외의 동물에 대한 불교의 견해에 어떤 함의가 있는지 파헤치려면, 불교가 인간 이외의 생명까지도 중시하는 점을 경탄하는 데 그치지 말고 한걸음 더 나아가 성찰할 필요가 있다. 사실 일상생활에서 살생을 삼가는 것의 중요성을 전통 초기부터 주장한 불교도들의 깊은 헌신에 감명받은 학자들의 명백히 정당한 흥분과 마주칠 때 균형 잡는 행동과 유사한 어떤 것이 필요하다. 비인간 동물에 초점을 맞춘 주요 윤리적 출처에 굶주린 오늘날의 세계에서, 긍정적인 성과에 너무 집중하는 것은, 이해할 수는 있지만, 전통에 관련된 다른 특징을 모두 모호하게 할 수 있다. 예를 들어, 불교 경전을 대충만 검토해도, 불교도들은 때때로 죽음까지는 미치지 않지만 해로운 행위(코끼리에 관해 아래에서 논의함)를 묵인했고, 따라서 불교 전통이 탄생한 사회의 중심 무대를 차지한 심각한 해악을 알아차리지 못했다는 것이 분명해진다. 아래에 언급된 바와 같이, 불교가 승인한 광범위한 관행의 일부로 특정 비인간 동물이 겪는 죽음까지는 미치지 않는 해악에 주의를 기울일 때, 비인간 동물에 대한 불교의 태도에 관한 완전하고 공정한 평가는, 특히 현대 동물의 권리 옹호자들이 발전시킨 사상과 가치 측면에서, 특정한 죽음까지는 미치지 않는 해악에 대한 불교의 태도가 고의적인 살생을 피하라는 첫 번째 계율 명령의 주목할 만한 정신과 추진 통찰력이 일치하는지에 관한 질문을 포함한다.

우리가 그러한 균형잡기를 시도할 때, 불교 전통의 결정적인 특징이 충분히 고려되어야 한다. 왜냐하면 불교 전통은, 현대 동물 권리 논의에서 분명한 근본적인 가치를 창출하는 것과 그 정신이 현저하게 다르기 때문이다. 불교도들은 오늘날의 동물 보호주의자들처럼 세상을 목록화하는 데 관심이 없었다. 다른 동물 종의 목록, 다른 동물의 진정한 능력과 실체에 대한 탐색, 인간이 다른 동물에 대해 진정으로 안다고 주장할 수 있는 것에 대한 냉정한 설명과 같은 친숙한 성취는 열정적이고 윤리적인 걸출한 기질이 진실에 대한 현대 과학 탐구의 냉정한 방법 중 최선과 서로 손을 맞잡고 일한 것이다. 고려해야 할 한 가지 조심스러운 점은 불교도들은 과학에 입각한 관점이나 사고방식에 의해 동기 부여를 받지 않았기 때문에, 고대 종교 전통이 수천 년 후에 발전된 논의에서 도출된 용어로 우려 사항을 어떻게 처리했는지 묻는 것이 시대착오적인지의 여부이다.

2) 현대 동물 권리

오늘날 세계적인 동물 보호 운동은 불교의 하위 전통 전반에 걸쳐 볼 수 있는 다양성에 필적하는 다양한 아이디어로 가득 차 있으며, 첫 번째 계율의 정신과 성취와는 다른 인상적인 결과로 많은 중요한 통찰을 키워왔다. 그러나 두 운동 모두 윤리적으로 작용하기 때문에, 이 두 가지 인간의 업적은 놀라울 정도로 흥미로운 중첩이 있다. 두 운동 모두 첫째, 다른 동물들을 주목하고, 둘째, 그들을 진지하게 받아들이는 것의 중요성을 인식하는 사람들이 사용할 수 있는 통찰력을 고갈시키지 않는다.

현대의 동물 보호 노력은, 불교의 전통과 마찬가지로, 비인간 동물에 대한 근본적인 보호 문제에 대해 놀라울 정도로 혼합되어 있다. 현대 동물 보호에는 비인간 동물 살생에 대한 근본적인 한계를 제안하는 접근 방식이 포함된 것이 사실인데, 이러한 특징에서 현대 운동은 불교의 첫 번째 계율 일부와 중첩된다. 오늘날 전 세계적 동물 보호 운동은 연구, 식품 생산, 오락에 사용되는 특정 동물 또는 인간 공동체 안이나 근처에 사는 야생 동물에 의도적으로 가해지는 수많은 해악을 폐지하거나 개선하기 위한 특별한 범위의 노력을 특징으로 한다. 따라서 두 운동 모두 보호받는 비인간 개체를 단순한 자원으로 사용하는 인간의 이익보다 그러한 보호를 특히 중요시하는 이익이 더 중요하다는 것을 암시하는 방식으로 개별 비인간 개체의 특정 이익을 보호한다.

그러나 '동물권'(동물 보호라는 포괄적인 의미에서)은, 불교와 마찬가지로, 획일적인 사상과 가치의 집합이 아니다. 실제로 자세히 살펴보면, '동물권'은 말하자면 몇 가지 구별 가능한 개념, 즉 그중 네 가지가 여기에 나열된 포괄적 용어로 기능한다. 예를 들어, '동물권'에는 특정 비인간 동물에 대한 '도덕적 권리'라는 개념과 소수 종의 비인간 동물 개체에 대한 '법적 권리'라는 완전히 별개의 개념이 모두 포함된다.(Dalal and Taylor 2014; Chapple 2014; Waldau 2011: 57-61, Keown 외 1998) '동물 복지'라는 세 번째 개념도 구별되어야 한다. 왜냐하면 이것은 많은 사람이 '동물권'이라는 용어와 연관시키는 동물 보호의 형태를 나타내지만, 이 용어는 극적으로 다른 두 가지 의미를 지니고 있기 때문이다. 첫 번째 계율과 관련된 동물 보호나 심각한 해악으로부터 생명체를 보호하는 법적 권리와는 다른 미지근한 감각의 '동물 복지'가 있다. 내가 다음과 같이 쓴 것처럼:

> 오늘날 (많은) 사람들은 특정 동물에 대한 인간의 지배를 지속하기 위해 "동물 복지"라는 개념을 사용한다. 인간의 우월성을 옹호하는 일부 사람들은 그러한 지배가 동물에게 초래되는 끔찍한 상황을 사소한 방식으로 개선하려는 시도에 초점을 맞춤으로써 다른 생명체에 대한 인간의 지배를 합리화했다. 그러한 합리화는 일부 사람들에게, 우리가 농장 동물이나 연구 동물에 대한 사소한 복지 개선을 인정할 때, 이러한 동물에 대한 우리의 지배가 "더 온화"하거나 "덜 가혹"하고 따라서 윤리적으로 적절하

다고 생각하게 만든다. 이 "동물 복지"의 버전은 "동물들의 복지를 개선하자"라는 제안으로 이어지지만, 동시에 우리가 그들을 실험하거나 식품이나 자원… 등으로 사용함으로써 인간의 완전한 지배권을 유지한다. "동물 복지"가 주로 동물에게 열악한 조건이 어떤 사소한 측면에서 개선되는 것을 의미할 때 … '복지'라는 단어의 의미가 너무 극적으로 과장되어 오해의 소지가 있다. … 따라서 정보에 입각한 도덕적 선택을 할 수 있는 청자의 능력을 해치게 된다. (2011: 95-96)

이 미지근하고 약한 '동물 복지'의 의미를 원래의 훨씬 더 강력한 '동물 복지'의 의미와 분리하는 것은 첫 번째 계율에 표현된 정서를 밝히는 작업에 크게 도움이 된다. 나는 계속했다:

복지에 대한 보다 실질적인 생각은 동물들이 감금이나 고통과 같은 해악으로부터 자유로울 뿐만 아니라 이동할 수 있는 자유를 포함한다. 이러한 중요한 자유 중 하나가 침해되면, "동물 복지"라는 사소한 의미가 만연한 경우가 종종 그렇듯이 제안되는 진정한 "복지"가 거의 없게 된다. … (일반적인 경우와 마찬가지로) 다른 동물에 대한 진정한 도덕적 보호의 선을 따를 때, 더 강력한 (동물 복지) 개념이 있다. 왜냐하면 후자는 그 자체로 중요하기 때문이다. (2011: 95, 99)

'동물 복지'라는 확고한 의미와 첫 번째 계율에서 매우 강력하게 언급된 불교의 명령에는 겹치는 부분이 상당히 있다. 다른 동물의 살생은 도덕적으로 문제가 있다고 주장하며 비인간 동물에 대한 해악을 최소화하는 현대적 삶의 형태(예: 윤리적 완전 채식주의)를 양심적으로 선택하여 그러한 약속의 윤리적 정신 안에서 정직하게 사는 현대 동물 보호론자들은 분명히 첫 번째 계율에 따라 살기 위해 열심히 노력하는 불자들의 다짐과 겹치는 약속을 하고 있다.

3) 동물 보호에 대한 불교적 관점과 동물권 비교

현대 동물 권리 운동은 첫 번째 계율을 뒷받침하는 통찰이 얼마나 강력한지를 밝히는 데 사용할 수 있는 곳에 한계가 있다. 현대 운동은, 현실적인 문제로서, 모든 비인간 동물 보호를 제공하지 않는다. 특징적으로, 21세기 초 동물 보호 노력에서 보호받는 비인간은 친숙한 동물(예: 반려동물)이거나, 멀리 떨어져 있어 식품이나 기타 경제 기반 산업에 사용되지 않는 카리스마 있는 야생 동물이다. 즉 세속 세계의 주요 동물 보호 단체가 집중하는 생명체는 수백만 종의 비인간 동물 종 중 단지 수백에서 수천 종에 불과하다. 첫 번째 계율은 거의 그렇게 제한되지 않는다.

현대 동물 보호의 협소성은 일부 서유럽 국가에서 19세기 후반에 대중적인 운동이 된 현대적이고 세속적인 동물 보호 운동의 젊은이들에 의해 부분적으로 설명된다. 이 운동의 21세기 초 버전은 상당히 확장되었지만, 소유한 반려동물에 집중되어 있으며 소유하지 않는 떠돌이 개와 고양이는 훨씬 보호받지 못하는데, 현대 동물 보호 운동의 많은 부문이 인간이 길들이고 여전히 지배하고 있는 동물을 주로 보호한다는 의미에서도 뚜렷하게 인간적 운동으로 남아 있다는 점을 보여준다. 완전히 다른 의미에서도, 현대 동물 보호 운동은 현대 민권운동에서 발전된 변화의 기술(예를 들어 법에 기반한 보호를 확보하려는 노력인데, 특히 특정 개인들이 소유하지만, 결코 모든 비인간 동물이 소유하지 못하는 법적 권리를 사회도덕의 변화를 촉진하는 방법으로 확보하려는 노력)을 사용하기 때문에 '인간적' 특성을 반영한다. 또한 세속적인 동물 보호 운동은 혁명의 초기 단계에서 혁명의 성공을 유지하는 도전에 직면해야 할 때 도래하는 종류의 많은 현대적 어려움에 직면한다. 이러한 점에서, 현대의 운동은 첫 번째 계율에 분명하게 나타난 불교적 서약의 성숙과 의미 있게 대조될 수 있다.

또한 위에서 설명한 인간 중심적 '동물 복지'의 형태와 현대 동물 보호 운동의 많은 국가적 버전은 비인간 동물을 감금 또는 서식지 상실로 인한 죽음으로부터 실질적으로 보호하지 못하는 결정적으로 약한 접근 방식을 전면에 내세운다는 점을 고려해 보라. 이 점에서도, 현대 동물 보호는 첫 번째 계율을 주도하는 서약과 근본적으로 다를 수 있다.

마지막으로, 헌신적인 개인과 조직의 출현에도 불구하고, 지금까지 전 세계적으로 어떤 법적 또는 국가 정책도 첫 번째 계율 서약의 절대성 또는 그 범위와 일치하는 보호를 시행하지 못했다.

4) 덜 아첨하는 유사성 및 비교

위의 비교는 첫 번째 계율로서의 성취를 잘 보여준다. 그러나 다른 동물에 대한 불교도의 태도에는 첫 번째 계율만큼 인상적이지 않은 다른 특징이 있다. 초기불교 경전 전반에 걸쳐, 인간을 비인간과 구별하고 인간을 높이는 경향이 뚜렷하다. 이 책략은 때때로 위에서 언급한 동물 복지의 약한 감각을 주도하는 인간 중심성과 다르지 않은 인간-비인간 교차 특징에 대한 불교적 접근을 제공한다. 사실상, 각각의 경우에서 인간 중심성은 인간과 다른 동물 사이의 명백한 공유 기능에 대한 인식을 방해하는 분리와 우월감과 특권의식을 조장한다.

그럼에도 불구하고, 모든 중생에 대한 불교도의 배경 추정에는 연속성에 대한 인식이 분명히 수반된다는 것은 명백하다.(인간과 비인간을 막론하고 모든 동물은 출생, 죽음, 업, 그리고 끊임없는 환생에 종속되어 있음) 현대 동물 권리 운동이 진화론적 통찰에 근거한 과학적 관점에 크게 의존하기 때문에 현대 동물 권리 운동을 지배하는 관점에도 연속성이 나타난다. 이러한 이유로, 동물 보호 운동은 많은 비인간 동물들도 인간에게 전형적인 감정, 지능, 지각, 고통과 같은 특성들을 가지고 있다는 사실을 강조한다. 그러나 불교도와 현대 동물 보호 운동 모두 인간과 비인간이 하나의 범주에 속하는 것으로 정당하게 이해되는 점을 인식하고 있음에도 불구하고, 각각은 결정적인 전략적 지점에서, 인간이 초래한 해악과 같은 인간의 이익과 비인간의 불이익을 생산하는 방식으로 인간을 다른 동물과 구별한다.

물론 그러한 이원론의 기원과 심리적 닻은 상당히 다르다. 현대 운동에서, 위에서 논의된 '약한 복지주의' 형태의 '보호'는 인간의 특권에 봉사하는 것으로 특징지을 수 있는데, 그 이유는 그런 형태들이 인간이 아닌 동물들에게 사소한 보호를 제공함으로써 죄책감을 완화하는 반면, 그것들의 전반적인 효과는 인간의 지배력을 유지하고 식품과 연구에 사용되는 비인간 동물들에게 중대한 해악을 끼치기 때문이다. 불교 전통의 이원론은, 많은 불교 하위 전통에 나타나는 특정 성별 기반 설명이 그러하듯이, 문화유산과 관련된 뿌리 깊고 복잡한 이유로 우세하다. 왜 '인간 대 비인간' 이원론이 각각의 경우에 우세한지에 대한 누군가의 결론이 무엇이든 간에, 그 결과는 인간의 특권과 지배를 조장하는, 때로는 암묵적이고, 때로는 노골적인 인간중심주의이다.

그러나 중요한 자격을 갖추어야 한다. 불교의 경우, 실질적인 측면에서, 현대 세계의 많은 주요 영역을 지배하는 딱딱하고 빠른 구분과 크게 다르지 않다. 그 구분의 예를 들면: (1) '법인'으로서의 인간과 '법적 사물'로서 비인간 사이의 이원론이 지배하는 현대 법률 시스템(Waldau 2016: 21ff.); (2) 주요 비과학 분야를 인간의 학문인 '인문학'이라고 부르는 교육; (3) 현대 경제학자들이 종종 레온 발라스Leon Walras의 '인간만이 인격체이다. 광물, 식물과 동물은 사물이다'라는 고전적 주장과 유사한 진술을 하는 공공 정책 분야를 지배하는 현대 경제학의 사상과 가치(Walras 1954: 62); (4) 19세기 후반의 지도적인 가톨릭 신학자에 의해 만들어진 자극적인 주장으로 배타주의 사상을 촉진하는 주요 종교적 전통은 다음과 같이 서술한다:

> 짐승들은 우리의 관점에서 〈사물〉과 같다. 그들이 우리에게 유용한 한, 그들은 우리를 위해 존재하는 것이지 자신을 위해 존재하는 것이 아니다; 그리고 우리의 무자비함 때문이 아니고,

우리의 필요와 편의를 위해 그것들을 아끼지 않고 사용하는 것은 옳은 일이다.(Rickaby 1888: 250. 원본에서 〈사물〉 강조)

불교계는 이런 무신경한 이원론을 잘 드러내지 않지만, 인간의 많은 가치가 그렇듯, 권력이 제도화되면 왜곡이 생긴다. 불교에서의 이러한 현상의 예는 스리랑카의 두타가마니Duttagāmani 왕이 전쟁 중 엄청난 인명 손실에 대해 회한을 표명했을 때 고위 불교 승려들이 한 조언에 나타난다:

그 행위는 폐하께서 극락으로 가시는 길을 방해하지 않습니다. 폐하께서는 단 한 사람 반의 죽음을 초래했을 뿐입니다. 한 사람은 오계를 받았고 다른 하나는 삼보 귀의례를 했습니다. 나머지는 짐승처럼 죽은 (또는 짐승으로 간주되는) 그릇된 견해를 가진 사악한 자들이었습니다.(Gombrich 1988: 141)

핵심 불교도들(고문 승려들)의 이러한 조언이, 말하자면, 첫 번째 계율의 정신과 문자 그대로의 뜻 모두에 얼마나 완전히 어긋나는지 주목하라. 삼보 귀의(즉 불, 법, 승)만을 취하고 오계를 취하지 않은 개인을 '반쪽 사람'으로 세는 것은, 아이러니하게도, 오계가 그 승려들에 의해서 전통을 지키는 결정적인 측면으로 여겨졌지만, 그 승려들은 많은 인간의 죽음을 묵살함으로써, 이러한 기본적인 계율의 가장 중요한 요지를 무시했다. 그들은 또한 첫 번째 계율이 분명히 '짐승'에게도 적용된다는 사실도 무시했다.

현대의 제도화된 동물 보호 측면은, 다른 사회 운동에서 일어난 것처럼, 사회 운동의 가장 깊은 가치 중 일부가 희석되는 곳이기도 하다. 그 이유는 물론 다양하지만, 한 가지 확실한 것은 정치적 이점을 가져오는 바로 그 타협이 또한 근본적인 수준에서 훨씬 더 명백한 메시지와 약속 모두의 희석을 가져온다는 것이다. 현대 동물 보호 운동은 계속해서 다양화되고 있으며, 이는 어떤 경우에는, 의심할 여지없이, 정부와 교육을 이끄는 공공 정책 또는 기업의 운영이 가능한 민간 정책에서 다양한 변화를 확보하기 위해 운동의 핵심 통찰력이 희석될 것임을 의미한다. 그 결과는 비인간 동물의 가장 기본적인 이익을 희생시키면서 인간의 이익을 선호하는 산업화 사회의 가장 확고한 관행을 실제로는 거의 축소하지 않는 가벼운 버전의 '동물 보호'가 될 수 있다.

5) 불교의 본질적 차이점과 과제 – 다른 동물들의 실체

'다른 동물들의 능력은 무엇인가?'라는 질문은 광범위한 맥락에서 그 대답보다 더 큰 힘을 가지고 있는 질문이다. 증거에 기반하고 비판적으로 생각하는 답변은 여러 가지 이유로 개발하기 어렵다. 여기에는 인간을 피하는 많은 다른 동물들의 성향뿐만 아니라, 특정한 비인간 동물들의 존재에 남아 있으려는 시도로 인해 발생하는 일련의 윤리적 문제(해악과 같은)가 포함된다. 그러나 아마도 가장 도전적인 점은 어떤 생물에서는 지능, 감성, 그리고 다른 종류의 비인간 동물의 인식과 같은 파악하기 어려운 현상을 식별하는 데 내재한 어려움일 것이다.

다른 동물들의 실체를 식별하려고 시도하게 만드는 최소한 세 가지 적절한 요소가 있다. 첫 번째는 자신의 의도적, 그리고 비의도적 행위로 인해 야기된 해악이 자신의 행동 윤리적 특징에 대한 평가와 관련이 있다는 상식적인 명제이다. 두 번째 요소는 또 다른 상식적인 명제, 즉 다른 동물들은 인간이 이러한 실체를 (잘못) 구성하는 것과 구별되는 그들만의 실체를 가지고 있다는 것이다. 세 번째 요인은 역사적 추세이다. 많은 인간 집단은 다른 동물의 실체에 관해 묻는 데 진지한 헌신을 보이지 않았다. 이러한 거부의 두드러진 결과는 너무 자주 그러한 실체를 쉽게 무시하는 것이었다. 다른 동물에 대한 증거의 부재는 비극적으로(다른 동물뿐만 아니라 인간 공동체에도), "다른 동물들의 중요한 특성의 부재의 증거"로 채택됐는데, 다른 동물들의 중요한 특성은 지능, 풍부한 의사소통 시스템, 복잡한 사회, 도구 만들기, 감정과 같은 인간의 특징적인 특별한 능력 일부와 유사하거나 심지어 경쟁할 수도 있다.

다른 동물에 대한 불교의 태도와 주장에 대한 평가는 특히 불리하다. 고대 전통에서 정기적으로 일어났던 것처럼, 영광스러운 장소에 주어진 글들은 다른 동물들의 재고목록, 또는 그들의 삶에 대한 실상에 기반한 설명과는 전혀 관련이 없는 목적이 있었다. 재고목록은 확실히 종교적인 전통이 아니라 과학의 재고와 거래이다. 나의 '종 차별의 망령: 불교와 기독교의 동물관(The Spectre of Speciesism: Buddhist and Christian Views of Animals)'에서 볼 수 있듯이, 불교도들은 사실 다른 동물의 삶에 대해 매우 중요한 몇 가지 특징을 알고 있었다.(Waldau 2001: chs 6 and 7) 그러나 가장 존경받는 불교학자 중한 사람인 에드워드 콘즈Edward Conze는 '불교 저술가들의 진술들은 실체의 특징에 대한 서술적 명제가 아니라 어떻게 행동해야 하는지에 대한 조언, 행동 양식 및 그 진술들과 연결된 경험을 의미한다'라고 관찰했다.(1975: 16) 그는 '**만약** … 수행하려는 과업에서 붓다의 말씀을 분리하면, 의미가 없어지고 모든 힘을 잃게 된다'라고 덧붙인다.(1975: 17. **만약** 강조 추가) 다른 많은 불교학자도 이러한 점을 지적했는데, 그러한 저술의 비목록적 특성에 대해 에티엔 라모트Etienne Lamotte는 다음과 같은 은유로 말한다: '부처님의 말씀은 오직 한 가지 맛(rasa), 즉 구원의 맛을 가지고 있다.'(1991: 46)

다른 동물을 논평하는 불교 자료를 평가할 때 그러한 특징에 주목하는 것이 중요하다. 왜냐하면 참고 문헌은 '행간의 뜻'을 상당히 드러낼 수 있지만, 다른 동물과 그들의 환경에 대해 배울 수 있는 것은 곰브리치가 다음과 같이 주장한 불교의 중요한 특징에 의해 제한되기 때문이다: '불교는 이 세상사에 관한 것이 아니다. 예술과 과학과 같은 인간 활동의 영역은 불교의 관심 분야가 아니다.'(1991: 10) 따라서 다른 동물에 대한 불교적 논평은 관심 있는 인간 관찰자가 원한다면 경험적 조사를 통해 발견할 수 있는 비인간 생명의 세부 사항과는 기껏해야 간접적인 관계가 있는 경우가 많다. 훨씬 더 자주, 그러한 논평은 언급된 동물에 대한 설명이 주요 목적이 아니라, 대신 '구원'에 대한 담론의 기존 관습 또는 전통 창시자의 구원론적 선입관을 반영한다.

따라서 도전 과제가 발생한다. 다른 동물을 언급하는 불교의 논평이 주로 이 세상, 그리고 언급된 존재의 세부 사항에 대한 평가와 관련이 없다는 점을 감안할 때, 죽음에는 미치지 못하는 해로운 관행에 대한 불교의 묵인으로 보이는 점을 어떻게 평가할 수 있을까?

이는 어떤 행위의 선함이나 악함이 주로 적절한 질서와 형태로 행해진 일련의 행위의 부산물이 아니라(당시 붓다의 동시대 브라만 종교에서 강조했듯이), 대신 의도의 문제라는 역사적 붓다의 혁명적 이해의 초점과 명백하게 관련성이 있다. 곰브리치가 이 요점을 구성한 것처럼, 붓다는 의례적 정확성 추구에 맹종하는 순응보다 의도에 초점을 맞추면서 업보의 개념을 윤리화했다.(1988: 46)

결국, 불교도들이 의도라는 중요한 문제와 해탈이라는 중요한 실존적 문제에 어떻게 관여하는지를 평가하려면 불교도들이 다른 동물의 실체에 대해 무엇을 알고 있었는지 또는 구체적인 노력으로 알았을 수도 있는 것에 대해 질문해야 한다. 예를 들어, 다른 동물에 대한 해악은 심각하게 잘못된 정보에 근거한 것일 수 있는데, 선의를 갖고 구원을 추구하는 불교도가 심각한 해악을 간과하는 경우 대상 동물에 대해 더 친숙한 외부인에 의해 쉽게 식별될 수 있다. 어떤 경우에는, 심각하지만 무시된 해악은, 질문하기를 원하는 사람이라면 누구라도 쉽게 식별할 수 있다는 사실을 알 수 있다. 그러한 경우에 솔직함과 학문적 성실성은 불교도와 비인간 동물 모두에게 공평해야 한다. 그러한 테스트가 윤리적으로 중요할 뿐만 아니라, 그러한 질문은 비인간 동물에 대한 불교적 견해를 논의할 때 시대착오의 명백한 위험을 무릅쓰는 것을 허용할 만큼 아주 중요하다는 주장이 있다. 왜냐하면 그렇게 함으로써, 불교 윤리의 배경 특징과 비인간 동물에 대한 관련된 태도를 평가할 수 있기 때문이다. 여기서 문제가 된 관행이 식별될 수 있을까, 그리고 의도적으로 가해진 해악을 초래했는지 아닌지에 관한 질문은 윤리적 주장의 깊이와 폭에 대한 어떤 테스트보다도 완벽하게 진단할 수 있다. 동물에 대한 불교의 태도를 평가하는 데 있어 많은 현대적인 관심을 불러일으키는 이러한 분석은 불교도의 첫 번째 계율을 실천하라는 명확한 요구와 완전히 접촉해야 하는데, 이는 첫 번째 계율이 비인간 동물의 문제에서 불교 윤리의 본질과 범위를 평가할 때 똑같이 필요한 핵심 진단 도구이기 때문이다.

6) 죽음까지는 미치지 않는 해악에 대한 진단 질문

불교가 죽음까지는 미치지 않는 명백한 해로운 관행을 묵인하는 것으로 간주할 수 있는 것에 관한 다음의 논쟁을 생각해 보라. 이 질문은 불교도와 비인간 동물 모두에게 공평하게 말하는 데 관심이 있는 21세기 독자들이 인간과 다른 동물과의 관계에 대한 불교의 주장에서 논쟁의 여지가 있는 차이가 무엇인지 분별할 수 있도록 돕기 위한 취지로 제기된 것이다.

승려들을 제물로 바칠 가치가 있는 특성에 대한 확장된 구절에서, 붓다는 전쟁에서 코끼리를 사용하는 일반적인 도구 사용을 배경 비유로 사용했다.

> 왕의 수코끼리가 전투에 나갔을 때, 만약 그 코끼리가 한 발의 화살이나 두 발, 세 발, 네 발, 다섯 발의 화살에 뚫려 주저앉고, 넘어지고 싸울 수 없어 전투에 들어갈 수 없다면 … 이런 … 요소들을 가지고 있는, 왕의 수코끼리는 왕에게 합당하지 않

다.(Bodhi 2012: 751)

코끼리의 바람직하지 않은 특성에 대한 이 언급은 전쟁에 사용되는 코끼리가 상처를 견뎌야 한다고 제안하는 다른 구절(Bodhi 2012: 752, 756)과 일치하는데, 이 점은 왕의 코끼리 소유를 가치가 있게 만드는 것이다.

> 왕의 수코끼리가 전투에 들어갔을 때, 창과 칼과 화살과 도끼에 맞아도 참을성 있게 견딘다. 이러한 … 요소들을 가지고 있다면, 이 수코끼리는 왕에게 가치가 있다.(Bodhi 2012: 756)

이 교훈은, 비록 코끼리로 은유된 승려들에 대한 것이지만, 간접적인 방법으로, 코끼리를 전쟁 도구로 사용하는 것뿐만 아니라 인간 대 인간 전쟁의 부산물로서 코끼리에게 큰 해악을 끼치는 것을 정상적인 일로 만든다. 코끼리에 대한 해악은 분명히 매우 심각할 수 있는데도, '왕에게 가치 있는 것'의 부산물로 취급된다.(Waldau 2001: 132ff.) 인간의 이익을 위해 봉사할 때 코끼리에게 생기는 해악과 폭력의 정상화는 코끼리의 가치에 대한 이러한 특성화에서 계속된다.

> 그리고 왕의 수코끼리는 어떻게 파괴할까? 여기서, 왕의 수코끼리가 전투에 돌입하면, 그 수코끼리는 코끼리와 코끼리 기수, 말과 기병, 전차와 전차 기병, 그리고 보병을 죽인다. 왕의 수코끼리는 이런 식으로 파괴한다.(Bodhi 2012: 755)

불교 경전에는 코끼리가 불교도들에게 중요하다고 여겨졌고, 개별화된 이름과 영예의 칭호가 주어졌으며, 붓다와 비교할 수 있는 존재 또는 적어도 붓다의 이미지로 이해되었음을 분명히 하는 구절이 많이 있지만, 적어도 코끼리가 인간 왕의 소유물에 적합하게 만드는 특성이 있다고 주장한 위의 구절과 같은 것을 포함하여 인간의 코끼리 사용을 정상화하는 구절은 많으며, 아마도 더 많을 것이다. 이러한 이미지들은 분명히 존경심을 전달하면서도, 코끼리들이 주로 그들의 개체를 위해 가치가 있는 것이 아니라, 인간의 도구와 재산으로 가치가 있지 않을까 하는 의문을 불러일으킨다. 여기에서 문제가 되는 점은 도구와 재산으로서의 코끼리의 '가치화'가 심각한 윤리적 문제의 원천으로 공개적으로 고려되지 않는다는 점이다.

이 첫 번째 문제 외에 두 번째 문제가 있는데, 이는 코끼리의 도구적 사용의 혜택을 누리는 것은 불교 전통이 현실과 윤리적 삶의 핵심이라고 여기는 도덕 규범에 따라 행동한 것에 대한 보상이라는 문화적 믿음으로 요약될 수 있다. 이 믿음은 붓다가 가르치면서 물고기를 잡아서 파는 어부들에 대해 논평하는 구절에서 분명히 드러난다. 그는 비구들에게 말하면서 '물고기 장수가 물고기를 죽이고 팔아 그 일과 생업을 통해 코끼리나 말을 타고 돌아다닐 수도 있고… 부를 향유하거나 많은 부를 축적하며 살 수도 있다는 것을 보거나 들어본 적이 있습니까?'라고 묻는다.(Bodhi 2012: 875) 붓다는 분명히 생명체를 죽이는 것을 비난하고 있으며, 그러한 행위에는 부정직인 업보의 결과가 있음을 지적함으로써 그렇게 말한다. 그러나 그 배경에는 코끼리(그리고 말)의 공리적 사용에 대한 암묵적인 제재가 있는데,

그 물고기 장수는 '코끼리를 타고 돌아다닐 수 있는' 보상을 받지 못한다는 것이다. 어부가 물고기를 죽이는 문제에 대한 교훈(그리고 사슴을 죽이거나 나중에 도살하기 위한 식용 동물 포획에 대한 비슷한 교훈)에는 포획한 코끼리 자체를 타고 다니는 것에는 부정적으로 보지 않았다는 점을 보여주며, 코끼리를 타고 다닐 수 있는 것은 분명히 선한 행동에 대한 보상이다. 하위 텍스트는, 말하자면, 코끼리의 도구적 사용의 타당성에 대한 수용이다.

"코끼리를 주목하고 진지하게 받아들이기로 선택했다면", 분별할 수 있는 것은 코끼리 길들이기가 윤리적으로 매우 문제가 있다는 점이다. 이는 현대 태국인들의 어린 야생 코끼리 순치에 대한 설명을 무심코 접한 사람도 쉽게 알 수 있는 명백한 해악을 수반하기 때문이다.

> 어린 코끼리를 나무에 묶은 후, 남자들은 며칠이고 계속해서 막대기로 찌르고, 쑤시고 두들겨 팼다. … 어린 코끼리가 괴롭히는 사람들에게 몸부림치는 것을 멈추고 멍해져 기진맥진한 상태로 완전히 진압될 때까지. 일단 동물이 반응을 멈추면, 남자들은 막대기가 아닌 손으로 코끼리를 만지기 시작했고, 다소 빠르게 동물은 사람들의 지배를 받아들이고 그들의 요구를 수용하게 되었다. 그렇지 않은 경우에는, 목에 상처를 입히고 소금을 문지른 다음 목에 가시가 박힌 등나무 목걸이를 씌워 동물의 순응도를 더 높일 수 있다.(Chadwick 1994: 378)

항상 이런 종류의 지배가 필요한 코끼리 길들이기의 현대적 사례는 고대 기술을 포함하는데, 고타마의 논평에서 볼 수 있듯이, 이미 오래전 불교 경전이 구성될 때 인도에서 확립된 전통이었다.

또 다른 구체적인 예는 지배권이 확립된 후에도 의도적으로 고통과 학대를 가하는 것이 멈추지 않는다는 점을 전달한다. 심각한 부상과 해악이 계속되고 있으며, 비록 그 해악이 죽음에는 미치지 못하는 명백한 이유가 있지만, 초기와 후기 불교 공동체 모두에서 확실히 주목되었을 것이다.

> 인도에서 코끼리를 다루는 전통적인 방법 중 일부는 매우 가혹하다. 새로 포획된 동물, 고집 센 동물 또는 발정하여 광포한 동물을 제지하기 위해, 안쪽으로 뻗은 스파이크가 있는 철제 고리에 다리를 고정할 수도 있다. 동물이 이 기구에 힘을 더 많이 줄수록, 스파이크의 뾰족한 부분들에 더 깊게 물린다. 발리아 콜레valia kole라고 불리는 긴 장대는 핸들러가 몸통과 엄니가 닿지 않는 곳에서 이 거대 동물의 민감한 발목과 손목 관절을 찌르는 데 사용된다.(Chadwick 1994: 297)

포획된 코끼리를 지배하기 위해 고통과 다른 괴로움을 가하는 의도적인 선택을 인식하는 것 외에도, 어떤 관찰자라도, 크고 훈련 가능하며 지능이 있는 포유류의 이익이 포획으로 인해 축소된다는 것을 인식하는 일이 얼마나 쉬운지 진달하는 것이 중요하다. 그러나 이것은 특히 인간이 코끼리의 더 완전한 삶의 다양한 차원, 즉 코끼리 사회라는 진지한 사회적 현실 속에서 성장하는 코끼리가 사용할 수

있는 차원을 박탈할 때 분명해진다.(Waldau 2001: 75-80)

　이러한 박탈감으로 인한 심각한 해악은 물론이고 게다가 불교 사회 전체가 그러한 해악에 기꺼이 동조하겠다는 의지를 뒷받침했던 맥락은 채드윅Chadwick의 다음 현대적 사례에서 분명하게 드러난다.

> 그리고 그는 자신이 서 있는 약간 높은 플랫폼에서 자신의 다리를 묶고 있는 사슬을 계속해서 흔들었다. … 이 수컷 코끼리는 우리 밖으로 내보내지 않았다. … 그래서 지금까지 수십 년 동안 그는 여기 단상에서 헤아릴 수 없는 힘으로 흔들고, 안간힘을 쓰고, 앞뒤로 솟구쳤다. 영원히 혼자. 거대한 몸. 그리고 아마도 미쳤을 것이다. 그 눈에 담긴 메시지는 광기였다.(1994: 352-353)

　이 코끼리의 이름은 프라 바롬 나코트Pra Barom Nakkot이었다. 물론, 아이러니한 것은, 이 개체가 흰 코끼리로 여겨졌기 때문에, 즉 인간의 관점에서 볼 때 독특한 외모를 가졌기 때문에 사슬에 묶인 명예로운 코끼리였다는 것이다. 〔프라 바롬 나코트는 일반 관찰자에게 흰색이 아니라 대부분 코끼리보다 색상이 더 밝을 뿐이었을 것이다. 주요 특징은 밝은 색상의 피부에서부터 걸음걸이, 자세 및 전체 모양에 이르는 7가지 전통적인 표시들이다.(1994: 348)〕

　21세기 초 동물 보호 담론에서 직접적으로 끌어낼 수 있는 용어로, 프라 바롬 나코트는 그를 포획한 불교도 인간들과 인간들이 만들어준 그의 지위의 직접적인 결과로서, 정상적인 삶의 기회를 박탈당했다.

그는 어떤 식으로든 야생 코끼리가 선천적으로 소유하고 있는 종류로 개발된 관심사를 위한 잠재력으로 성장하도록 허용되지 않았다. 그는 모든 어린 코끼리들의 삶을 특징짓는 복잡한 사회적 네트워크에서 상호 작용할 수 없었다. 그는 큰 두뇌를 소유하고, 복잡한 사회 시스템의 구성원이었고, 프라 바롬 나코트에게 풍부한 방식으로 의사소통을 가르칠 능력이 있었고, 경험 많은 개체들(그녀 자신의 모계)로 가득 찬 오래된 사회 집단 속에서 살았던 어미와 함께 성장할 기회가 없었다.

사실 프라 바롬 나코트는 '코끼리들 사이에서 많이 발전할 자'와 같은 인간이 부여한 많은 이름과 칭호를 받았고, 심지어 그를 가리켜 '왕자 중 최고의 왕자'처럼 말했기 때문에 대부분 인간보다 "우월"하다고 주장하기도 했다.(1994: 352) 물론 그러한 이름들은 프라 바롬 나코트가 단순한 상징으로 축소되었다는 것을 언급하지 않는다. 왜냐하면 그는 자기의 존재가 태국 왕실의 권력과 전망을 증대시킨다는 전통적인 믿음의 포로였기 때문이다.

고대부터 코끼리에 대한 인간의 소유는 그 코끼리 개체를 비사회적이고 심리적으로 부적절하게 만든다고 제안됐다.(1994: 311) 인간의 개입은 포로가 된 비인간의 현실을 왜곡하는데, 그중 코끼리는 특히 좋은 예를 제공한다. 프라 바롬 나코트에게 주어진 열악한 삶에서 볼 수 있듯이, 그가 자신의 삶을 살도록 허락받았다면 가질 수 있었을 완전한 사회적 덮개와 대조된다. 요약하자면, 이 개별 코끼리는 개별적인 것으로 인식되지 않았고, "그가 실제로 누구인지"에 대해 심각하게 받아들여지지 않았다. 대신 그는 불교의 영향을 받은 문화에서의 오래된 현실, 즉 인간의 이익을 위해 프라 바롬 나코트와 같은 생물의 이익을 무시하는 데 직접적인 영향을 미치는 관행의 도덕성을 수용하는 현대적 예가 될 수 있도록 지배당했다.

7) 조명되고 있으나 부분적인 동물권 도전

물론, 동물 권리에 기반을 둔 옹호자는 그러한 죽음까지는 미치지 않는 해악에 대한 수동적인 수용에 의문을 제기할 수 있다. 그러나 실질적인 문제로서, 그리고 첫 번째 계율의 힘에 관하여 위에서 제기된 이유로 인해, 그러한 불교적 실천에 대한 도전은, 어떤 의미에서는, 부분적일 수밖에 없는데, 그 배경에서 그리고 명백하게 가까운 곳에서 첫 번째 계율을 움직이는 생명을 긍정하는 가치뿐만 아니라, (i) 기본적 선으로서의 고통 없음, (ii) 연민과 친절을 발전시키는 인간의 중요성에 대한 가치도 있기 때문이다. 이러한 모든 가치는 동물 권리 옹호자들이 매우 다양한 현대 관행에 제기하는 과제에 분명히 호의적이다. 그러나 심각하지만 죽음까지는 미치지 않는 해악에 대한 모호함과 윤리적 맹목성에 대한 비판적 사고와 솔직한 평가를 위해서는 비인간 동물에 대한 불교적 관점의 긴장이 완전하고 공정하게 전개되어야 한다. 더욱이 불교는 단지 오래전에 불교의 초기 역사에 따라 확정된 것이 아니라, 살아 있는 전통이기 때문에, 전통의 현재 상태를 고려하는 것이 매우 중요하다. 오늘날 불교도들은 종의 경계를 넘어선 많은 형태의 생명을 소중하게 여기고 있으므로 첫 번째 계율의 정신이 계속해서 현대 불교를 인도하고 있다고 말할 수 있다. 이러한 이유만으로도, 코끼리와 다른 생물에 해를 끼치는 특정 관행이 첫 번째 계율을 일깨우는 통찰의 정신과 일치하는지, 아니면 긴장 상태에 있는지

물어볼 수 있다. 그렇게 하는 것은 동물 보호 운동이 바로잡으려고 시도하는 종류의 현대적 문제와 관련된 살아 있는 전통으로서의 전통을 지키는 것이다. 이를 바탕으로, 불교의 다른 중생의 살생 금지는 프라 바롬 나코트와 다른 코끼리들에 대해 '함부로' 대하는 것이 부도덕하다는 결론에 이르게 하는 정신을 담고 있다고 말할 수 있다.

8) 반복: 인간 세계를 넘어선 다양성의 도전

균형 감각은 불교 전통과 관련된 현대 학문을 읽을 때 특히 중요한 요소이다. 그러한 학문은, 모든 오랜 종교 전통에 관한 학문과 마찬가지로, 매우 다양하다. 한편으로는 불교도들이 종교 전통의 맨 처음부터 일상생활에서 다른 동물의 살생을 삼가는 것의 중요성에 관해 주장하는 깊은 헌신에 감명받은 학자들의 분명히 정당한 흥분과 마주친다. 지난 수 세기 동안 전 세계 많은 곳에서 비인간 동물에게 가해진 해악을 배경으로 볼 때, 그러한 헌신은 다른 동물에 대한 불교 전통의 관심이 놀랍다는 것을 나타낸다. 그런데 불교 전통의 이러한 인상적인 특징에 대한 흥분은, 일부 학자들에게 '불교 경전에서 동물은 항상 큰 자비심과 이해심으로 다루어진다'(Story 1964: 6-7)라는 문구와 함께 매우 긍정적인 주장을 하도록 이끌었다. 그러나 그러한 평가는, 비판적으로 검토한다면, 모든 인간 문화와 마찬가지로, 불교도들이 윤리적 탐구와 매우 관련이 있는 방식으로 다른 동물들에 대해 많은 것을 알아채지 못했다는 것을 드러내는 전통의 중요한 특징들을 모호하게 한다. 이것은 불교의 성취에 대한 비판이 아니라, 인간이 겸손한 마음으로 다양한 다른 문화와의 공유를 통해 어떻게 다른 동물들의 삶을 주목하고 진지하게 받아들인 다음 우리의 상당한 도덕적 능력을 사용하여 그들에게 의도적인 해악을 끼치지 않을 수 있는지를 더 잘 탐구할 다양한 방법에 대한 집단적 이해를 고려한 관찰이다. 사실 이 초대는 초기불교도들에게 계속해서 첫 번째 계율을 전면에 내세우도록 이끈 것이다.

인간이 다른 동물 개체와 그들의 공동체에 해를 끼치지 않는 협정(modus vivendi)을 만들 가능성은 21세기 초에 여러 가지 이유로 더욱 분명해졌다. 물론 다른 동물들을 진지하게 받아들인 사람들에 의해 만들어진 과학적 연구 결과가 등장한 점도 한 가지 이유인데, 이러한 과학은 다양한 비인간 동물들에 대해 21세기 초에 고대 불교도들이 알 수 있었던 것보다 훨씬 더 많이 알 수 있다는 점은 분명하다. 아마도 현대 불교도들과 그들의 살아 있는 전통이 그 점을 감사할 수 있을 것이다.

9) 전체적인 관점의 문제

온갖 종류의 불교 자료에서 쉽게 발견할 수 있는 비인간 동물에 관한 관심을 고려할 때, 이 깊고 감동적인 전통 속에서 우리 인간종 밖의 개별적인 생명체의 위치에 관해 묻는 것은 당연하다. 사실 우리는 그 질문에 대해 매우 개인적인 버전으로 물어볼 수 있다. '불교 전통의 지혜를 확신하는 사람은 현재 이 순간에 세상에 존재하는 다른 종의 개체들을 어떻게 대해야 하는가?' 자신의 전통에 충실하기를 원하는 불교도가 아프리카와 아시아에서 가장 복잡하거나 가장 단순한 살아 있는 개체들, 또는 살아남은 코끼리와 비인간 유인원들의 위치에 대해 무엇을 말할 수 있을까? 다른 불교도들은 비인간 특정 동물을 동물원과 실험실에 가두는 도덕성에 대해 뭐라고 말할 수 있을까? 다른 사람들은 육상의 인간으로부터 멀리 떨어진 해안에서 고래목을 돕거나 해치는 윤리적 중요성에 대해 무엇을 제안할 수 있을까?

분명히, 불교 전통은 처음부터 비인간 동물을 윤회하는 세상에서의 동료 여행자로 대하는 것에 상당한 윤리적 관심을 나타냈기 때문에, 불교 전통은 비인간 동물에게 특별한 위치를 부여한다고 말해야 한다. 그러나 동시에, 불교 전통의 신성한 경전들에서, 불교 전통이 다양한 방향에 걸쳐 비인간 동물의 존재에 대한 부정적이고, 심지어 경멸적인 견해를 조장한다는 견해를 뒷받침하는 풍부한 증거가 있다. 사실 나는 이전에, 불교 경전이 '인간 이외의 생물학적 존재에 대한 끊임없는 경멸 또는 경시를 특징으로 하고 있으며, 이러한 비하가 다른 모든 동물을 단일 범주로 묶는 조잡한 그룹화와 밀접하게 관련되어 있어서' 우리 인간종 밖에 있는 생명체들이 불교 전통의 다양한 이유로 덜 긍정적으로 자주 묘사된다고 주장했다.(Waldau 2001: 153-155)

1. 불교는 '인간이 아닌 동물로 태어난다는 사실 자체에 대해 부정적인 시각'을 갖고 있었다.

2. '악행의 산물은 (다른) 동물로서 존재하는 것이다.' 이와 관련하여, 불교 경전은 현대적 기준에서 '비표준적인 인간들, 즉 가난하고 추하며 어떤 식으로든 장애기 있는 인간들'을 경멸하는 것으로 보이는 점도 특징이다.

3. 불교 경전에는 '(타) 동물성에 일종의 과실'이 있다는 견해가

있다.

4. 모든 비인간 동물들은 '단순하며 인간이 쉽게 이해할 수 있는 것'으로 보였으며, 따라서 비인간 동물들의 더 복잡한 실체를 알아차릴 수 있는 '잠재적인 지지자들'의 능력을 제한하는 방식으로 그룹화되었다.

5. '다른 동물은 해충이거나 고상한 인간과 경쟁하는 것이 정당하지 않다', 그리고 심지어 '반-인류', '비인간적', '인간 기준으로 보면 저급하다.'

이러한 견해를 유지하는 것은 인도 아대륙 전역에 만연한 삶/죽음/환생 주기에 대한 계층적 이해에 관한 불교 전통의 수용이다.

동기 부여 요인이 무엇이든 간에, 단순한 사실은 불교 경전에는 전반적으로 확실히 비인간 동물에 대한 부정적인 설명이 종종 포함되어 있다는 것이다. 이러한 부정성은 '가장 근본적인 방식으로 (다른) 동물의 존재가 불행해야 한다는 견해의 발전을 뒷받침했다. … 왜냐하면, 모든 비인간 동물로 구성된 영역은 불교 정신에서 비통한 장소 중 하나이기 때문이다.'(Waldau 2001: 154)

그렇다면 고대 불교도들에게 인간종의 구성원 자격은 가장 중요한 패러다임이며, 그 인간 자격은 고통으로부터 어떻게 스스로 해탈할 수 있는지에 대한 붓다의 가르침에 의해 확립됨으로써 한층 더 고양된 인간의 훨씬 더 중요한 패러다임이다. 그러한 가르침의 결과는 불교 전통이 다른 동물을 그들의 실체의 관점에서 보는 것을 강조한 적이 없다는 것이다. 오히려 다른 동물들에 대한 지배적인 주장들은 이데올로기적인 경향, 즉 다른 동물들의 제한된 본성에 대한 편견으로 기울었다. 예측 가능한 결과는, 오늘날 일부 인간의 눈에는 관찰 가능한 사실에 의해, 과소평가된 비인간 동물의 가능성에 대한 부정적인 예단이었다. 물론 현대 과학 시대는 양날의 검이었다. 왜냐하면 많은 과학 기반 관행이 큰 해악을 초래했기 때문이다. 그러나 과학적 전통은 또한 일부 다른 동물의 지능, 감정 및 사회적 능력에 대한 매우 상세한 정보를 제공했다. 우리 자신의 우월성과 아름다움에 관해 과장되게 주장하는 인류의 오랜 과거와 직면하여, 탐구와 겸손의 유산을 지닌 과학은, 우리 인간종이 그러한 주장에 대한 해독제, 즉 우리 각자가 다른 동물의 관찰 가능한 능력을 참조하여 자신의 개인적인 견해를 결정할 수 있도록 만드는 접근 방식을 개발하는 데 도움을 주었다.

그렇다면, 첫 번째 계율이 이끄는 강력한 자비심과 현대 동물 권리 운동의 통찰력과의 연결에서 가능한 이점 중 하나는 후자가 다른 생명체의 일상생활에 대한 세심한 조사를 강조하는 것의 이점이다. 그렇게 주장하는 것은, 이런 비교 관찰에 항상 시대착오의 위험이 도사리고 있다는 이전의 경고를 부정하는 것은 결코 아니다. 마지막으로, 긍정적이든 부정적이든, 비인간 동물에 대한 불교적 관점을 느슨한 일반화로 묶었다는 의문은 여전히 남아 있다. 왜냐하면, 이미 언급했듯이 '모든 불교도에 대해 유효한 일반화는 거의 불가능하다'이기 때문이다.

결론

따라서 '다른 동물'이라는 다양하고 도덕적으로 우려되는 문제에 대해서 불교도들의 만장일치를 주장할 때는 무엇이든 상당한 주의를 기울여야 한다. 그러나 주의 깊게 살펴보면, 불교도의 마음에는 다른 종의 개체가 갖는 중요성에 대한 일종의 동의가 있다고 주장할 수 있다. 왜냐하면 심지어 무심한 관찰자조차도, 이 전통이 인간의 삶에서 최고 순위의 윤리적인 성찰에 대한 심오한 서원을 촉진하고, 따라서 "자신을 도덕적 존재로 여기는 어떤 사람에게도 비인간들의 삶이 중요하다"라는 것을 빠르게 배우기 때문이다.

따라서 불교 전통은 인간이 종의 경계를 넘어 돌볼 수 있는 놀라울 정도로 살아 있고 폭넓은 능력을 보여주는 심오하고 감동적인 예를 제공한다. 동시에, 인간과 다른 동물의 관계에 대한 불교적 성찰은 인간이 윤리적 삶을 살려고 노력할 때 직면하는 벅찬 복잡성을 나타낸다. 모든 인간이 알고 있듯이, 인간의 능력은 제한적이다. 게다가 우리는 다른 생명체에 대한 불완전한 평가를 물려받았고, 그들의 삶은 우리가 최선을 다했을 때도 알아차리기 어렵다. 인간이 우리 인간종 밖의 생명체들을 보호하고 싶을 뿐만 아니라 주목하고 진지하게 받아들이기를 원할 때 정기적으로 발생하는 복잡하고 다면적인 도전에 직면하면서, 불교도들은 그러한 문제들을 해결하지는 못했지만, 존경과 감탄을 요구하는 많은 것들을 분명히 성취했다.

인용 문헌

Berry, T. (2006) Loneliness and presence. In: P. Waldau and K. Patton (eds), *A communion of subjects: animals in religion, science, and ethics*. New York: Columbia University Press, 5-10.

Bodhi, Bhikku (2012) *The numerical discourses of the Buddha: a translation of the Anguttara Nikaya*. Somerville, MA: Wisdom Publications.

Chadwick, D. H. (1994) *The fate of the elephant*. San Francisco: Sierra Club.

Chapple, C. K. (2014) Nonhuman animals and the question of rights from an Asian perspective. In: N. Dalal and C. Taylor (eds), *Asian perspectives on animal ethics: rethinking the nonhuman*. New York: Routledge, 148-168.

Conze, E. (1975) *Buddhism: its essence and development*. New York: Harper and Row.

Coppinger, R., and Coppinger, L. (2016) *What is a dog?* Chicago: University of Chicago Press.

Dalal, N., and Taylor, C. (2014) *Asian perspectives on animal ethics: rethinking the nonhuman*. New York: Routledge.

Gombrich, R. (1988) *Theravada Buddhism: a social history from ancient Benares to modern Colombo*. London and New York: Routledge.

Gombrich, R. (1991) The Buddhist way. In: H. Bechert and R. Gombrich (eds), *The world of Buddhism: Buddhist monks and nuns in society and culture*. London: Thames and Hudson, 9-14.

Horner, I. B. (1967) *Early Buddhism and the taking of life*. The Wheel Publication, No. 104. Kandy, Ceylon: Buddhist Publication Society.

Keown, D. (1995) *Buddhism and bioethics*. London: Macmillan.

Keown, D., Prebish, C., and Husted, W. (1998) *Buddhism and human rights*. Surrey: Curzon.

Kurokawa, K., et al. (2007) Comparative metagenomics revealed commonly

enriched gene sets in human gut microbiomes. *DNA Research*, 14 (4), 169-181.
Lamotte, E. (1991) The Buddha, his teachings and his saṅgha. In: H. Bechert and R. Gombrich (eds), *The world of Buddhism: Buddhist monks and nuns in society and culture*. London: Thames and Hudson, 41-58.
McDermott, J. P. (1989) Animals and humans in early Buddhism. *Indo-Iranian journal*, 32 (4), 269-280.
Mowat, F. (1996) *Sea of slaughter*. Shelburne, VT: Chapters Publishing.
Nanamoli, Bhikku, and Bodhi, Bhikkhu (1995) *The middle length discourses of the Buddha: a translation of the Majjhima Nikaya*. Boston, MA: Wisdom Publications.
Norman, K. R. (trans.) (1984) *Sutta Nipāta*. Oxford: Pali Text Society.
Rhys-Davids, Mrs (trans.) (1922) *The Book of the Kindred Sayings (Saṃyutta-Nikāya) or Grouped Suttas*. Pali Text Society's Translation Series No. 10. London: Oxford University Press.
Rickaby, J. (1988) *Moral philosophy*. London: Longmans, Green.
Schmithausen, L. (1991a) *Buddhism and nature: the lecture delivered on the occasion of the EXPO 1990—an enlarged version with notes*. Tokyo: The International Institute for Buddhist Studies.
Schmithausen, L. (1991b) *The problem of the sentience of plants in earliest Buddhism*. Tokyo: The International Institute for Buddhist Studies.
Singer, P. (1975) *Animal liberation: a new ethics for our treatment of animals*. New York: New York Review of Books/Random House.
Story, F. (1964) *The place of animals in Buddhism*. Kandy, Ceylon: Buddhist Publication Society.
Waldau, P. (2001) *The specter of speciesism: Buddhist and Christian views of animals*. New York: Oxford University Press.
Waldau, P. (2011) *Animal rights*. New York: Oxford University Press.
Waldau, P. (2013) *Animal studies—an introduction*. New York: Oxford University Press.

Waldau, P. (2016) Second wave animal law and the arrival of animal studies. In: D. Cao and S. White (eds), *Animal law and welfare—international perspectives*. New York: Springer, 11-43.

Waldau, P., and Patton, K. (eds) (2006) *A communion of subjects: animals in religion, science, and ethics*. New York: Columbia University Press.

Walras, L. (1954) *Elements of pure economics or the theory of social wealth*, trans. W. Jaffe from the 1883 edition of *Elements d'economie politique pure*. London: George Allen and Unwin.

추천 도서

Chapple, C. K. (2014) Nonhuman animals and the question of rights from an Asian perspective. In: N. Dalal and C. Taylor (eds), *Asian perspectives on animal ethics: rethinking the nonhuman*. New York: Routledge, 148-168.

Dalal, N., and Taylor, C. (2014) *Asian perspectives on animal ethics: rethinking the nonhuman*. New York: Routledge.

Keown, D., Prebish, C., and Husted, W. (1998) *Buddhism and human rights*. Surrey: Curzon. Story, F. (1964) T*he place of animals in Buddhism*. Kandy, Ceylon: Buddhist Publication Society.

Waldau, P. (2001) T*he specter of speciesism: Buddhist and Christian views of animals*. New York: Oxford University Press.

Waldau, P., and Patton, K. (eds) (2006) *A communion of subjects: animals in religion, science, and ethics*. New York: Columbia University Press.

찾아보기

【ㄱ】

가다머Gadamer 18, 19
간디Mahātma Gandhi 211, 338, 358, 437
감포파(Gampopa) 75, 539
겔룩파(Gelukpa) 309
고엔카(S. N. Goenka) 386
공空(śunyata) 36, 37, 492, 493
공산주의 149, 164, 191, 197, 213, 216, 223, 301, 302, 366, 442
교넨凝然 373
교도소다르마네트워크(Prison Dharma Network) 376
국민총행복지수(GNH: Gross National al Happiness) 270
규카이空海 336
근본설일체유부根本說一切有部 486, 491
금강수보살金剛手菩薩(Vajrapannii) 297
긱스 392, 393

【ㄴ】

나가르주나 100, 130, 131, 134~137, 168, 176, 301, 372, 386, 645

나왕 롭상 갸초(Ngawang Lobsang Gyatso) 309
낙태 183, 251, 291, 310, 512, 551~568, 571, 577, 580~585
니치렌日蓮 293, 319, 333
닛폰잔 묘호지日本山妙法寺 333
닝마Ningma 297

【ㄷ】

다르마 긱스(Dharma Geeks) 377, 406
다르마라크쉬따(Dharmarakṣita) 76
다윈(Darwin) 415, 416, 418
달라이 라마 173, 280, 282, 289, 309, 330, 334, 350, 352, 356, 357, 361, 362, 386, 401, 429, 430, 434, 443, 452, 454~456, 538, 563, 597~600, 606, 631, 632, 637, 646, 647
데모크리토스(Democritus) 221
데이비드 흄(David Hume) 86, 102
데카르트 103
도겐道元 458, 460
동성애 501, 512, 513, 523, 537, 538, 541, 544
듀이(John Dewey) 413~419, 421

【ㄹ】

레닌(Lenin) 221
로자 룩셈부르크(Rosa Luxemburg) 204
로크(Locke) 25
루크레티우스(Lucretius) 210, 221
리차드 로티(Richard Rorty) 457
릿쇼코세이카이立正佼成會 333

【ㅁ】

마르크스(Marx) 199, 201, 203~205, 218, 219, 221, 222, 227, 229, 233, 415
마르크스주의 198, 213, 214, 220, 221
마음챙김 72, 210, 223, 231, 241, 242, 249, 268, 274, 344, 356, 378, 391~394, 396~399, 401~405, 408, 505
마음챙김 기반 스트레스 완화(MBSR: Mindfulness Based Stress Reduction) 272, 391
마틴 루터 킹(Martin Luther King Jr) 287, 318
마하 고사난다(Maha Ghosananda) 321, 353, 358, 429
마하시 사야도(Mahāsī Sayadaw) 408
메타 포레스트 사원(Metta Forest Monastery) 381, 382
무아無我 36, 45, 78, 98, 100, 102, 113, 129, 130, 134, 138, 225, 301, 343, 355, 357, 359, 375, 440, 441, 456, 544, 569, 576, 629, 640, 648, 649
무어(Moore) 32
문수보살 309
미륵불 54, 55, 80, 81, 85, 284
미셸 푸코(Michel Foucault) 501
미팜 린포체(Mipham Rinpoche) 59

【ㅂ】

바뱌키르티(Bhavyakīrti) 295, 296
바수반두(Vasubandh) 66, 70, 71, 537, 540
백련사白蓮社 283
법고산法鼓山 333, 339
법장부法藏部(Dharmaguptaka) 642
벤담(Jeremy Bentham) 411
본생담(Jātaka) 51, 159, 160, 172, 173, 182, 240, 250, 252, 306, 476, 481, 489, 647
부르디외(Bourdieu) 207
불교 지구촌 구제회(Buddhish Global Relief) 254
불교의 반출생주의 510~512, 521, 523
불교자제자선사업기금회佛敎慈濟慈善事業基金會 333
불교평화우의회(Buddhist Peace Fellowship) 242, 254
불성(tathāgatagarbha) 30, 36, 165,

179, 252, 292, 318, 355, 413, 448, 450, 458~461
붓다고사(Buddhaghosa) 57, 58, 60, 61, 64, 66, 68, 69, 73, 80, 82, 83, 89, 90, 298, 506, 558, 560, 561, 567, 568, 571, 572, 574, 575, 596
붓다다사(Buddhadasa) 213, 410, 442, 443, 615, 616
브라만교 150
브루노 221
비트겐슈타인(Wittgenstein) 29

【ㅅ】
사르보다야 슈라마다나 운동(Sarvodaya Shramadana Movement) 149, 371, 372, 331, 339, 348, 354, 371
사무량심四無量心(brahmavihāras) 23, 53, 54, 56, 57, 67, 78, 79, 81, 82, 91, 92, 249, 374
사성제四聖諦 36, 45, 135, 228, 247, 261, 354~356, 373, 375, 383, 387, 462, 605
사프란 혁명 332, 362, 365
사회주의 149, 201, 206, 207, 211, 213, 216, 288, 338
산티데바(Śāntideva) 38, 62, 71, 74, 87, 88, 386, 412, 528, 531
삼보三寶 46, 297, 317, 694

삼보 불교회 340
삼학三學 723
상가락쉬타(Sangharakshita) 389
상즉종相卽宗 149
샤카디타-국제여성불자협회 340, 372, 377
샤쿠 소엔釋 宗演 286
선禪 평화중재자 명상회(Zen Peacemakers' retreats) 376
선종 28, 285
설일체유부說一切有部(Sarvāstivāda) 641, 642
세 칠부 초퀴 걀트센(Se Chilbu Chokyi Gyaltsen) 76
세계인권선언(UDHR: The Universal Declaration of Human Rights) 431, 434, 443, 444, 446~448, 453, 456, 462
센노오 기로妹尾 義郎 226
셩엔聖嚴 339
소비주의 213, 214, 223, 240, 241, 250, 256, 258~263, 265, 267, 269, 271, 273, 380, 443
소크라테스 19
숙련된 방편(upāya-kauśalya) 39, 43, 248, 249, 261~263, 266, 268, 269, 271, 292~295, 297, 308, 309, 376, 440
술락 시바락사(Sulak Sivaraksa) 149,

214, 232, 365, 429
슈마허(E. F. Schumacher) 198~213, 223, 227, 230, 232, 233
스즈키 다이세츠 데이타로鈴木 大拙 貞太郎 286
스즈키 순류鈴木 俊隆 385
스토아 학파 32
스티브 잡스(Steve Jobs) 385, 386, 390
스피노자Spinoza 199, 210, 221, 227
신란 8
신토神道 563, 614
심우도尋牛圖 343
싱윤星雲 339

【ㅇ】
아나키즘 201, 211, 212
아라한 44, 99, 150, 157, 179, 472, 489, 490, 507, 509, 630, 633, 636, 638~641, 643, 646, 661~663, 665, 666
아리스토텔레스 14, 23, 27, 28, 31, 32, 41, 44, 45, 126, 189, 190, 225, 411, 460
아리야라트네(A. T. Ariyaratne) 331, 354, 429
아마르티아 센(Amartya Sen) 199, 434
아비달마(Abhidharma) 70, 114, 129, 130, 408, 649, 654
아상가(Asaṅga) 54~56, 59, 80~82, 85, 86, 373, 486, 530, 534
아소카(Aśoka) 160, 161, 174, 175, 180, 213, 283, 305, 336, 372
아웅 산 수 치(Aung San Suu Kyi) 165, 332, 429, 430
아이리스 머독(Iris Murdoch) 79, 81
아퀴나스(Aquinas) 32
아티샤(Atiśa) 373
안락사 281, 291, 310, 588, 589, 591~593, 595, 597~601, 604~608, 612~615, 619~621, 629, 662~666
알도 레오폴드(Aldo Leopold) 257
암베드카(B. R. A. Ambedkar) 213, 214, 232, 331, 334, 363~365, 389, 413, 414, 416~418, 420
앙굴리말라 트러스트(Angulimala Trust) 179
애덤 스미스(Adam Smith) 86
에피쿠로스(Epicurus) 199, 210, 211, 220, 221, 227
엘리자베스 앤스콤(Elizabeth Anscombe) 111
엥겔스(Engels) 221
여성 보살 타라(Tārā) 489
연기緣起(pratītya-samutpāda) 35, 36, 43, 45, 225, 241, 245~248, 251, 262, 266, 272, 355, 357, 415, 450, 462, 477, 484, 485, 493, 506, 602
오계 42, 152, 251, 290, 300, 341, 373,

400, 410, 448, 449, 540, 694
우 오타마(U Ottama) 285
웬델 베리(Wendell Berry) 230
위스덤 2.0 컨퍼런스 397
유대교 258
이제二諦 301
인본주의 불교 333, 339, 365, 366, 367
인순印順 339, 365
일련종日蓮宗 149, 233, 292, 319, 372
일반체계이론 414, 418
임제종 286

【ㅈ】
자본주의 149, 191, 193, 195, 197, 198, 201, 203, 206~209, 211~214, 216, 223, 226, 232, 234, 338, 393
자유 티베트 운동 279
자이나교 161, 527, 677, 682
자제회慈濟會 333, 346, 349, 367, 377
장 프랑수아 리오타르(Jean-Francois Lyotard) 29
장-쟈크 루소(Jean-Jacques Rousseau) 447
잭 케루악(Jack Kerouac) 385
정토종淨土宗 284, 372
정토진종淨土眞宗 284
정토회 333
존 로크 100
존 스튜어트 밀(John Stuart Mill) 200

중관파中觀派(Madhyamaka) 100, 129~134, 136~138, 455, 456, 460
지오르다노 브루노(Giordano Bruno) 210
지장보살 311

【ㅊ】
차르바카(Cārvāka) 학파 221
찬드라키르티(Candrakīrti) 158
참여 불교 149, 318, 329~345, 347, 348, 352, 356~358, 362, 363, 365~368, 371~373, 376~382, 386, 388~390, 396, 410, 411, 413~416, 419~421
참여불교국제네트워크(INEB) 241, 254, 340, 372, 377
창가학회創價學會 165, 333, 377
천태종 292
쳉엔證嚴 333, 346, 347, 367
총카파 66, 70, 71, 75, 76, 530, 534, 538
총카파(Tsongkhapa) 62
쵸기암 뜨룽파(Chögyam Trungpa) 385, 542

【ㅋ】
카스트 150, 151, 181, 316, 331, 364, 371, 374, 389, 411, 414, 416
칸트(Kant) 104~109, 125~128, 450

쾌락주의 206, 220, 221
키르티 111

【ㅌ】
타라 207
타사하라산 선원(Tassajara Zen Mountain Center) 385, 396
탄트라 295, 296, 298, 315, 489, 501, 512, 514, 531~536, 541, 544, 673
태허太虛 334, 339, 340, 365
톨스토이(Tolstoy) 211, 287
틱낫한(Thich Nhat Hanh) 149, 212, 241, 246, 248, 318, 321, 331, 334, 339, 341, 342, 344, 345, 352, 353, 356, 359, 360, 361, 372, 647

【ㅍ】
파트룰 린포체(Patrul Rinpoche) 54, 58, 59, 61~63, 68, 69, 72, 80, 82, 84, 539
팔정도 19, 21, 23, 25, 30, 152, 201, 208, 224, 247, 354, 373, 374, 394
폴 틸리히(Paul Tillich) 387
푸코 502, 512, 516, 524, 528, 536, 544
프란치스코 교황(Pope Francis) 266
피에르 테야르 드 샤르댕 258

【ㅎ】
하이데거(Martin Heidegger) 387
헨리 데이비드 소로(Henry David Thoreau) 220
혜초慧超 175
화엄종華嚴宗 246
화지부化地部 641, 642
후지이 니치다쓰藤井 日達 319~321
흄(Hume) 32, 38, 132, 452
힌두교 151, 158, 175, 290, 297, 331, 362, 364, 436, 441, 507, 677

역자 후기

이 책 '불교 윤리: 초기불교 전통에서 서구의 모더니즘 불교까지'의 제목이기도 하고, 이 책을 구성하는 31편의 에세이 전편에 걸친 다양하고 방대한 이야기의 주제를 관통하는 핵심적 주제는 윤리다. 그렇다면 윤리는 무엇을 뜻하며, 철학의 한 분야로서의 윤리학은 무엇을 다루는 학문일까? 일찍이 독일의 철학자들이 철학과 역사를 얘기할 때 구분한 방식, 즉 현상(sein) 대 당위(sollen)의 측면에서 범주화해 보면 윤리를 설명할 때 약간 도움이 되지 않을까 한다. 우리 인간들이 '살아가는 방식'이라는 넓은 현상적 범주에서 보면 윤리는 우리가 살아가는 방식의 기원, 발달, 그리고 그 방식과 인간 생활과의 관계 등을 다룬다고 생각된다. 그렇다면 '어떻게 살 것인가?'라는 당위의 범주로 좁혀진 개념이 떠오른다. 인간이 마땅히 행하거나 지켜야 할 도리, 그 도리의 본질, 옳고 그름의 기준, 즉 인간 행위의 규범에 관한 얘기로 자연스럽게 흐른다고 본다.

윤리, 또는 윤리학을 뜻하는 영어 단어 'ethics'의 어원을 따라 올라가 보면, '성격' 또는 '도덕적 본성'을 의미하는 고대 그리스어의 어근 êthos(ἦθος)에서 파생한 ēthikós(ἠθικός)에서 유래했다고 하는데, ēthikós는 라틴어 'ethica'로, 그 다음에 프랑스어 'éthique'로 된 후 다시 영어 'ethics'로 옮겨졌다고 한다. ēthikós라는 말의 뜻은 '인간의 품성과의 관련'을 함의한다고 한다. 그렇다면 ethics라는 말이 함의하는 것은 현상적인 측면과 당위적인 면 모두를 아우른다고 보인다.

한편 유교문화의 역사에 영향을 받은 동아시아 문화권에 사는 우리가 윤리를 생각할 때 먼저 떠오르는 말은, 삼강오륜三綱五倫이라는 유교적 윤리를 대표하는 결구이겠다. 여기서 倫이라는 말을 옥편에서 보면, 1) '人道也, 인륜 륜', 2) 類也, 무리 륜, 3) 理也, 의리 륜, 4) 條理也, 조리 륜으로 되어 있다. 이를 조합하여 보면, 倫이란 사람이 무리 지어 함께 살 때 가야 하는 길을 가리키는데, 이는 많은 사람이 승인하는 공동생활의 원리인 도리道理이며, 사회통념이고, 선량한 풍속이며, 사물의 본질적 법칙이라고 요약할 수 있겠다.

그렇다면 불교 전통에서는 윤리를 어떻게 정의하고 규정하는가? 다른 오래된 종교 전통들이 그러하듯이, 불교 전통도 그 오래된 역사만큼이나 다양한 형태로 발전 진화되었고, 그 진화된 전통들이 미치는 시간과 공간의 폭과 함께 다양한 방법으로 정교하게 다듬어지거나 해석되기도 했기에 '이것이 불교의 윤리다'라고 한마디로 요약하여 말하기는 쉽지 않다. 그러나 그러한 다양성에도 불구하고 모든 불교 형태에서 일관되게 유지하고 함의하는 윤리는 아마도 붓다의 깨달음의 관점으로 설명되는 네 가지 성스러운 진리, 즉 사성제四聖諦를 바탕으로 요약될 수 있다고 생각한다. 불교의 모든 종파는 사성제에 명시된 인간 본성과 그 성취에 대한 설명을 지지하며, 모든 접근 방식은 이 가르침의 어떤 측면이나 다른 측면에 기초를 두고 있는 것으로 생각된다.

역사적 붓다의 첫 번째 설법에서 분명히 밝힌 이 윤리의 핵심은 고성제(苦聖諦, Dukkha), 집성제(集聖諦, Samudaya), 멸성제(滅聖諦,

Nirodha), 도성제(道聖諦, Marga-satya)의 네 가지 진리의 요소로 구성된다. 첫째, 붓다는 이 세상에 존재하는 모든 것을 괴로움(Dukkha)으로 보았다. 태어나고, 늙고, 병들고, 죽고, 사랑하는 사람이나 사물과 헤어지고, 밉고 싫은 존재나 사물과 함께하고, 구하고 원하는 것을 얻지 못하고, 색色, 수受, 상想, 행行, 식識의 오음五陰에 집착하여 생기는 모든 것을 괴로움으로 보았다. 둘째, 붓다는 그 괴로움은 그 괴로움의 원인을 알거나 이해하지 못하는 무명無明에 있다고 보았으며, 그 원인은 이 세상의 모든 현상은 서로 상호의존적인 원인과 결과로 이루어진다는 연기(緣起, paîṭcca-samuppāda)로 설명된다고 추론한다. 셋째, 괴로움의 원인을 이해하면 괴로움을 없앨 수 있다고 확인함으로써 희망과 동기를 부여하고 그 괴로움이 없어진 상태가 열반이라고 설명하는 가르침이 멸성제이다. 넷째, 붓다는 괴로움을 멸하기 위한 바른 삶의 방법, 즉 바른 말(正語), 바른 행위(正業), 바른 생활(正命)로 요약되는 여덟 가지 바른 길, 팔정도八正道를 제시한다. 이는 괴로움을 멸하는 깨달음(앎)은 결코 '머리로 깨치는 이론'이 아니며, 평생을 수행해야 하는 팔정도 그 자체라는 것을 가리킨다. 붓다의 가르침은 단순히 이해하거나 받아들여야 할 철학적 체계가 아니라, 수행하고 완성해야 할 구원론적 길(magga)인 것이다.

불교에서도 윤리에 대한 현상(sein)적 자연주의와 유사한 논증을 찾을 수 있다. 연기의 기본 원리는 모든 것이 무상하다는 것을 암시한다. 불교의 또 다른 원리는 모든 인간은 본래 연속성에 대한 갈애(渴愛, tṛṣṇā)를 가지고 있다는 것이다. 이 두 가지 원리는 충돌하며, 이러한 방식으로 우리의 존재는 존재가 스스로 일으키는 지속적인 불만족

(duḥkha, 고苦) 상태로 특징지어진다. 이것들은 인간의 조건이 근본적으로 서로 충돌함으로 인해 나타나는 사성제四聖諦의 첫 번째(고苦)와 두 번째(집集)이다. 그러나 사성제의 세 번째 진리(멸滅)는 인간 본성의 또 다른 측면, 즉 연속성에 대한 갈증을 멈출 수 있는 방식으로 발전할 수 있다는 점을 지적한다. 따라서 사성제의 처음 세 가지 진리에서는, 우리가 처한 자연 상태를 감안하면, 깨달음을 실현하려고 노력하는 것은 합리적이라는 점을 분명히 한다. 그런 다음 네 번째 사성제 진리(도道)에서 '어떻게 할 것인가'에 대한 설명, 즉 '어떻게 살 것인가'에 대한 불교의 당위(sollen)적인 대답이 이어진다. 즉 계(śīla)를 포괄하는 팔정도八正道가 그 대답이다.

이 책의 저자들이 서문에서 서술한 바와 같이, 지난 20년 동안 불교 윤리의 하위 분야 학문은 방법론적 관점의 폭과 연구의 깊이의 측면에서 확장되었다. 학자들은 불교의 자원과 자료를 활용하여 인권, 여성의 권리, 동물의 권리, 성, 전쟁, 테러, 폭력, 사회, 경제 및 업보의 정의뿐만 아니라 생물의학 및 환경윤리에 대한 다양한 관심사를 포함한 많은 현대의 논란을 분석해 왔다. 인류학자와 사회학자들은 불교의 철학 및 응용 윤리 문제를 넘어 불교가 아시아의 다양한 문화에 미치는 영향을 연구했다.

이 책 '불교 윤리: 초기불교 전통에서 서구의 모더니즘 불교까지'는 각 해당 분야에서 세계적인 명성을 얻은 29명의 학자가 그들의 현재 연구와 관련된 불교 윤리의 특정 측면에 대해 균형 있고 비판적으로 검토한 31편의 에세이를 담고 있다. 이 책은 이렇게 급성장하는 학문 분야에서 현재와 미래의 학자들을 위한 선도적인 자료의 역할을 할 것이다. 하지만 이 책은 윤리에 관심이 있는 학자, 승가에 몸담은 스님, 그리고 재가불자는 말할 것도 없고, 불교 윤리와 다른 종교의 윤리나 서양철학의 윤리와 비교하여 연구하고자 하는 불자나 불자가 아닌 모든 사람에게 엄청난 가치가 있다고 생각된다. 또한 불교의 가르침이나 불교 윤리에 관해서 알고자 하는 일반 독자들에게도 흥미를 줄 것이라고 확신한다. 이 책은 처음부터 차례로 읽어도 되고 각각의 독자 취향에 이끌리는 대로 순서에 상관없이 읽어도 되겠다.

이 책은 위에서 언급한 바와 같이 31가지의 다양한 주제를 가지고 각 분야의 세계적인 전문가들이 작성한 학술 논문이며 그 양 또한 700여 페이지(원서 기준)에 육박하는 엄청난 것이기에, 나에게 이러한 책을 번역한다는 것은 어떤 언어를 다른 언어로 옮긴다는 사전적 의미를 훨씬 뛰어넘는 도전적 과제였다. 그중에서 가장 어려웠던 점 중의 하나는 저자들이 나타내고자 했던 그들의 철학적 메시지가 함의하는 의미를 정확하게 이해하여야 함은 말할 것도 없고, 어떤 말이나 용어가 내포하고 있는 다의성을 어떻게 우리말로 잘 바꾸어 전달하느냐였다. 한 가지 예를 들면, 산스크리트어 śīla(팔리어 sīla)라는 말을 번역할 때, 필자를 포함한 대다수의 사람은 흔히 계戒, 도덕률 등으로, 말하자면 당위(sollen)적인 관점에서 바꾸는데, 때에 따라서는 문장이나 글 전체의 흐름의 맥락을 살펴 이 말을 '윤리'라는 좀 더 포괄적인 말로 번역해야 하는 일도 있었다. 구체적으로는 이 책의 제3장 '윤리(계戒), 명상(정定), 지혜(혜慧)'에서, 불교의 삼학三學, 즉 계(戒, sīla), 정(定, samādhi), 혜(慧, paññā)를 이 장의 저자들인 저스틴

휘태커Justin S. Whitaker와 더글라스 스미스Douglass Smith는 ethics(윤리), meditation(명상), wisdom(지혜)으로 표기했는데, 이는 불교 윤리가 전통적으로 붓다의 깨달은 관점에 기반을 두고 있고 sīla라는 용어는 윤리 또는 도덕이라는 의미를 포괄하고 있기에, 바르게 표기한 것으로 생각한다. 산스크리트어 śīla(팔리어 sīla)라는 말의 불교적 정의를 엔사이클로피디어 브리태니커Encyclopedia Britannica에서는 도덕 또는 바른 행동으로 표현한다. 위키피디아Wikipedia에서는 윤리 또는 도덕이라고 말한다: '해탈로 가는 길에서 자신의 헌신에 따라 내적이고 인식적이며 의도적인 윤리적 행동이다. śīla는 영어 단어 '도덕률'(즉 복종, 의무감, 외부 제약)과 연계된 것이라기보다는 자신과 자신과의 관계 안에 있는 윤리적 나침반이다.' 필자는 저자들의 영어 번역을 존중하여 이 부분에서는 sīla를 '윤리'로 번역했다.

다른 어려움 가운데 하나는 산스크리트어나 팔리어로 된 불교 용어나 경전의 이름을 번역하는 문제이다. 예로부터 산스크리트어나 팔리어로 된 불교 용어를 한문으로 번역할 때, 많은 용어, 특히 고유명사를 고대나 중세 중국어로 소리 나는 대로 음사하여 번역한 것이 눈에 띄는데, 이런 한문 번역을 그대로 사용하면 현대 우리말의 소리와 다른 점이 많아 기이하게 들리고 심지어 난삽한 느낌을 주는 경우가 많아서 망설여지기는 했어도, 그런 한문 번역이 이미 우리 불교 전통에 오랫동안 자리 잡은 점을 고려하여 가능한 한 기존의 한문 번역을 찾아 사용했다. 이 책을 읽는 독자들께서 혹시나 잘못 번역한 부분이나 더 좋은 번역 아이디어를 발견하시면 기탄없이 가르쳐 주시기 바란다.

이 책을 번역하기 시작한 2022년 5월부터 지금까지, 힘들기도

했지만 한편으로는 무문관 수행을 하는 수도승처럼 한 가지 일에 집중하여 정진할 수 있었던 행복한 시간이었다. 이 책이 나올 때까지 격려해 주신 대한불교진흥원 관계자들, 출판심사위원 여러분들, 그리고 이 책을 출판한 운주사 김시열 사장님의 세심한 검토와 조언에 특별히 감사드린다.

2024년 1월
이동수 합장

저자 소개

실라바딘 메이나르드 바센Silavadin Meynard Vasen : 홀란드와 벨기에에서 철학을 공부. 그의 관심 연구 분야는 윤리학, 현상학, 그리고 마음의 분석 철학이며, 특히 주관성과 자아에 관한 영역이다. 삼보三寶불교종 회원이다.

에밀리 맥레이Emily McRae : 미국 뉴멕시코 대학교 철학 부교수. 티베트 불교철학, 윤리, 도덕 심리학, 페미니즘이 전공 분야이다. 그녀의 많은 저술은 감성 철학에 관한 것이다. 이런 주제들에 관한 논문들을 '계간 아메리카', '동서 철학', '종교 윤리 저널', '계간 철학의 역사' 등에 기고했다. 번역서(제이 가필드Jay Garfield와 공역)로 19세기 티베트 불교 마스터 파트룰 린포체의 '성스러운 수행의 진수' 출간(2017).

댄 아널드Dan Arnold : 미국 시카고 대학교 신학대학 종교철학 부교수. '불교도, 브라만, 신앙: 동아시아 종교철학의 인식론'(2005), '뇌, 붓다, 믿음: 고전적 불교의 의도성과 인지과학적 마음 철학의 문제'(2012) 저술.

피터 하비Peter Harvey : 영국 선덜랜드 대학교 불교학과 명예교수. 그의 연구는 초기불교의 사상, 수행, 그리고 윤리에 중점을 두고 있다. 영국 불교학 협회 학술지인 '불교학 개론'의 편집인이다. '불교 개론: 가르침, 역사, 수행'(1990; 2013), '이타심: 초기불교에서의 개성, 의식, 열반'(1995), '불교 윤리 개론: 기반, 가치, 수행'(2000) 등을 저술했다.

제임스 마크 쉴즈James Mark Shields : 펜실베이니아주 루이스버그 벅넬 대학교 비교인류학 및 아시아 사상 교수. 캐나다 맥길 대학교, 영국 케임브리지 대학교, 일본 교토 대학교에서 교육받고, 현대 불교사상, 일본 철학, 비교 윤리, 종교철학 등에 관한 연구를 수행하고 있다. '아시아 철학', '동양 불교', '일본 개관', '종교/수녀학 연구', '일본 종교연구 저널', '종교와 사회 저널', '문화와 정치 철학',

'문화와 전통' 등을 포함한 수많은 논문, 챕터, 그리고 번역을 학술지에 기고 출판했다. 그는 '비판 불교: 현대 일본 불교사상과의 교감'(Farnham, Surrey, 2011)의 저자이며, '서양에서 불교 가르치기: 바퀴에서 웹까지'(런던, 2003)의 공동 편집인(빅터 소겐 호리Victor Sōgen Hori, 리처드 헤이Richard P. Hayes와 함께)이다. 그는 '불교 윤리 저널'의 부주필이며, 일본 불교의 진보주의와 급진주의에 관한 책 '화합에 맞서다: 현대 일본의 진보적이고 급진적인 불교'를 출간하였다.(2017)

스테파니 카자Stephanie Kaza : 미국 버몬트 대학교 환경학과 명예교수. 저서로 '법우法雨: 환경불교의 원천'(2000), '탐욕, 욕구, 소비 충동에 페이다'(2005)가 있다. 현재 식습관과 기후변화에 관한 불교적 접근을 연구.

마이클 제리슨Michael Jerryson : 미국 영스타운 주립대학 종교학 교수. 그의 연구 분야는 종교와 정체성에 관한, 특히 젠더, 인종, 그리고 계급에 중점을 두고 있다. '옥스퍼드 현대 불교 편람'의 편집인이며, '길 위에서 부처님을 만난다면: 불교, 정치, 폭력에 관한 에세이' 출간(2018).

샐리 킹Sallie B. King : 미국 제임스 매디슨 대학교 철학, 종교학 명예교수, 조지타운 대학교 신학부 부속 교수이자 불교학 교수. 그녀는 불교철학과 윤리 분야를 연구하고 있는데, 특히 참여 불교, 불교도와 기독교도의 대화, 종교의 교차문화 철학 등의 주제에 관심을 두고 있다. '자비롭게 살기: 참여 불교의 사회윤리'(2005), '사회 참여 불교'(2009)를 저술했다.

크리스토퍼 퀸Christopher Queen : 하버드 대학교 평생교육부 강사. 그곳에서 그는 학생회와 동창회 사무국장으로 20년간 일했다. 오벌린 대학, 뉴욕시 유니언 신학대학, 그리고 보스턴 대학교에서 종교, 신학, 역사, 종교의 현상학으로 학위 취득. '액션 드라마: 참여 불교의 새로운 연구'(2003), '서구의 참여 불교'(1995; 2000), '미국 불교: 최근 학계의 발견과 방법론'(1998), '참여 불교: 아시아 불교 해방운동'(1996) 등을 공동 편집, 기고했으며 그밖에 현대 아시아와 서구 불교 전반에 걸친 수많은 참고 논문, 챕터 출판.

대미언 케이온Damien Keown : 영국 런던 대학교 골드스미스 대학 불교 윤리학

명예교수. 그의 주요 연구 관심사는, 특히 현대 문제와 관련이 있는 불교 윤리의 이론 및 응용 측면이다. '불교 윤리의 특성'(1992; 2001), '불교와 생명 윤리'(2001), '불교: 간편 입문서'(옥스퍼드, 2000), '불교 윤리: 초간편 입문서'(옥스퍼드, 2006), '옥스퍼드 불교 사전'(옥스퍼드, 2003) 등을 저술했다. 1994년 찰스 프레비쉬Charles S. Prebish와 공동으로 '불교 윤리 저널'을 창간했으며, 또 그와 공동으로 '라우틀리지Routledge 불교 비평 연구' 시리즈를 창립했다.

엘리스 콜렛Alice Collet : 웨일스 카디프 대학교 박사. 인도 나란다 대학교 불교학, 철학, 비교종교 대학 학장. 그녀의 연구는 초기 인도 불교에서의 여성에 집중됐으며 여러 권의 책과 논문이 이 주제로 출판됐다. '초기 인도 불교에서의 여성: 문헌 비교 연구'(옥스퍼드 대학, 2013)의 편집인이며 '초기불교 비구니들의 삶: 역사로서의 전기'(옥스퍼드 대학 인도출판부, 2016)의 저자. 현재 출연 연구 기금으로 초기불교 비문에서 여성 연구 진행.

에이미 패리스 랑겐버그Amy Paris Langenberg : 컬럼비아 대학교 박사. 미국 에커드 대학 종교학 부교수. 인도 불교 전문가인 그녀의 관심 연구 분야는 법적 전통, 그리고 성, 젠더, 육신, 불교-의학에 관한 불교적 이해이다. 수많은 논문 외에 '출생의 불교적 시각: 고통받는 태아와 여성의 자유'를 저술했다.

마이클 반하트Michael G. Barnhart : 미국 뉴욕시립대학교 킹스보로 커뮤니티 대학 철학 교수이자 역사학, 철학, 정치학 학과장. 불교의 철학적 측면, 비교 윤리, 국제 인권, 정치적 자유주의, 도덕과 인식론적 상대주의의 도전 등을 포함한 다양한 주제에 관하여 폭넓게 저술.

마르틴 코반Martin Kovan : 오스트레일리아 멜버른 대학교에서 철학 연구로 박사학위 취득 (2020). 그의 연구는 특히 국가가 승인한, 종교적인 이유 또는 테러의 형태로 인간들끼리 저지르는 살상에 관한 불교의 형이상학적 관점에 집중된다. 그의 출판된 에세이는 불교도의 폭력적 저항과 비폭력 저항, 티베트 소신공양, 그리고 불교도의 징집 참여와 인권, 심리학과 행위자, 규범과 도덕철학 사이에 있는 이론적 문제점들에 관한 것이다.

폴 왈도Paul Waldau : 미국 카니시우스 대학 교수. 동물학, 법학, 종교학, 문화학의 교차점을 연구하는 교육자. 2011년 인간-동물학이 창설된 이래 그 분야 대학원 석사과정 선임 교수. 하버드 법대와 터프츠 대학교 수의학과에서 강의해 오고 있다. 지금까지 다섯 권의 책을 저술했는데 최근의 책은 '동물 연구 개론'(옥스퍼드, 2003) 그리고 '동물의 권리'(옥스퍼드, 2011)이다. 또한 그는 신기원을 이룬 '대상의 교감: 종교, 과학, 윤리학에서의 동물'(2006)의 공동 편집인이기도 하다.

옮긴이 이동수

붓다의 가르침을 배우고 익히는 학인 수행자이다. 경희대학교 문리대 영어영문학과 학부 및 동 대학원을 수료했으며, 현재 번역 활동을 하고 있다. 역서로는 『철학의 본질』, 『실리콘밸리, 유토피아 & 디스토피아』, 『언어와 공동체』를 비롯한 다수의 에세이/논문이 있다.

대원불교 학술총서 14 | 불교 윤리 2

초판 1쇄 인쇄 2024년 3월 4일 | 초판 1쇄 발행 2024년 3월 12일
다니엘 코조트 & 제임스 마크 쉴즈 편집 | 옮긴이 이동수
펴낸이 김시열 | 펴낸곳 도서출판 운주사

(02832) 서울시 성북구 동소문로 67-1 성심빌딩 3층
전화 (02) 926-8361 | 팩스 0505-115-8361

ISBN 978-89-5746-772-5 93220   값 43,000원
http://cafe.daum.net/unjubooks 〈다음카페: 도서출판 운주사〉